RICHELIEU

FRANÇOISE HILDESHEIMER

RICHELIEU

FLAMMARION

© Éditions Flammarion, Paris, 2004.
ISBN : 2-08-210290-4

« Les caractères qui nous conservent la mémoire des grands hommes et des grandes choses qu'ils ont faites ne sont pas mauvais de leur nature, mais très utiles et bien souvent nécessaires »

Richelieu,
*Traité qui contient la méthode la plus facile
et la plus assurée pour convertir ceux qui
se sont séparés de l'Église* (livre III, chapitre v).

Introduction

« La porte s'ouvrit brusquement, et Richelieu, en robe de chambre de soie violette, bonnet de nuit brodé sur la tête, foudroya la petite assemblée d'un regard qui glissait sur ma personne. "Mon chat est évidemment parti sous votre nez, bande d'endormis ! Cent livres à celui qui le retrouve. Faites passer…" Et la porte se referma sur cette brève et fantomatique vision[1]. »

Bref, chacun cherche son chat et Richelieu n'échappe pas à la règle.

Mais chacun peut aussi chercher son Richelieu. Alexandre Dumas et ses modernes continuateurs ont fait de cette terrible apparition comme l'essence d'un cardinal aussi cruel aux hommes qu'aimable aux chats. L'image est dans toutes les mémoires, à défaut d'être dans les documents, car les chats de Richelieu y sont quasiment introuvables. À défaut, une anecdote témoigne de cet amour cardinalice pour les chats : « La chatte Pioillon […] appartenait à une vieille fille, Mlle de Gournay [Marie de Jars, demoiselle de Gournay, la fille spirituelle de Montaigne], qui, présentée au cardinal par Boisrobert, prouva son esprit par ses réponses. Richelieu, qui d'abord l'avait plaisantée, s'en excusa, lui fit une pension de deux cents écus et comme Boisrobert répondait au cardinal : "Mon-

---

1. H. Monteilhet, *De plume et d'épée*, Paris, 1999, p. 171.

seigneur, elle a une domestique Mlle Jamin, et une chatte, mamie Pioillon. – Je donne cinquante livres à Mlle Jamin et vingt livres de pension à la chatte. – Mais, Monseigneur, Pioillon a chatonné." Le cardinal se mit à rire et ajouta une pistole pour les chatons [1]. »

L'image de l'homme à la main sanglante qui caresse négligemment la tête d'un chat en appelle une autre : celle de l'homme rouge des grands portraits. Statufié par Philippe de Champaigne dans sa *capa magna* écarlate, avec sa petite tête d'oiseau – perspective oblige –, son regard tombe, lourd d'intelligence et d'autorité, sur le spectateur subjugué. Ces portraits irradient l'ambition, le pouvoir et la démesure, qui s'imposeront comme des évidences à ses biographes [2]. Richelieu l'a voulu ainsi.

Il semble aussi s'être complu à mystifier ses historiens, en tout cas à les pousser à développer leurs facultés critiques. Date et lieu de sa naissance, authenticité de ses œuvres littéraires, recherche de manuscrits originaux… depuis Voltaire, les querelles n'ont pas manqué d'objets, et l'érudition a pris, depuis des siècles, les couleurs d'une enquête policière [3]. Si les polémiques qui portent sur la paternité de l'œuvre appartiennent au passé, celles qui touchent la personnalité du cardinal-ministre nourrissent des débats toujours vifs aujourd'hui : Richelieu fut-il un génie politique ou un ecclésiastique opportuniste ? Un chrétien exemplaire ou un arriviste sans scrupules ? Le temps semble venu de dépasser la lecture univoque d'un Richelieu machiavélique, sans céder à la tentation hagiographique, dénoncée avec bon sens par François Bluche dans son récent essai [4]. *A priori*, Richelieu fut un grand politique davantage qu'un saint, mais il n'oublia jamais sa condition ecclésiastique ; on ne saurait l'ignorer.

Pour trouver son Richelieu, il est indispensable de revenir aux sources, autrement dit de ne pas donner à lire sa vie sans l'avoir intégralement relu. Et Dieu sait qu'il a écrit – ou fait écrire – sans relâche dans les domaines les plus divers : mémoires administratifs, traités politiques, ouvrages d'histoire, de théologie, pièces de théâtre, pamphlets, articles de presse… sans parler de sa correspondance quotidienne. Soit des milliers de pages. Et il faut le relire, en bonne

1. T. Cahu, *Richelieu*, Paris, 1901, p. 66. Cet auteur nous livre même les noms de neuf chats de Richelieu ! L'anecdote est quasi textuellement reprise de Tallemant des Réaux, *Historiettes*, Paris, 1960, I, p. 380.

2. À la suite de Philippe Erlanger (*Richelieu, l'ambitieux, le révolutionnaire, le dictateur*), Michel Carmona (*Richelieu. L'ambition et le pouvoir*) et Roland Mousnier (*L'Homme rouge ou la Vie du cardinal de Richelieu*) poursuivent cette tradition.

3. Sur ces débats, voir *infra*, p. 502 sq.

4. F. Bluche, *Richelieu*, Paris, 2003, p. 272 sq.

méthode historique, avec esprit de critique, afin de se prémunir, autant que possible, contre les pièges de la propagande et l'opacité du secret, deux moyens de gouvernement dont le cardinal fut adepte.

Les écrits théologiques de Richelieu, rarement lus, se révèlent ainsi une ressource extraordinaire pour le biographe. Le plus volumineux (plus de neuf cents pages), son *Traité qui contient la méthode la plus facile et la plus assurée pour convertir ceux qui se sont séparés de l'Église*, dégage au premier abord, disons-le sans ambages, un ennui profond, avec ses incessantes répétitions destinées à « enfoncer le clou », son effet de rouleau compresseur programmé pour écraser l'hérésie. Pourtant, il en dit long sur la personnalité de son auteur, sur ses intérêts et ses modes de raisonnement, sur son obstination et sa volonté, sur sa foi en la rhétorique… On voit le cardinal à l'œuvre, on perçoit sa jubilation triomphante quand il estime qu'un argument fait mouche. Au fur et à mesure que se succèdent ces pages obstinées, on a le sentiment de mieux le comprendre, tout comme on devine l'agacement de Louis XIII face à cet insupportable raisonneur, dont la présence à ses côtés lui est indispensable.

Cette volonté de persuasion s'accompagne chez Richelieu du dessein d'écrire l'histoire, celle du roi, dont il est le premier artisan. C'est l'un des mobiles de son célèbre *Testament politique*, rédigé à la fin de sa vie. Lire ce texte, c'est partir à la recherche des passages plus personnels, pas forcément originaux, mais exprimant les vues de leur auteur et donnant une intelligibilité à son action politique. À partir de là, force est de constater que l'image traditionnelle de l'homme rouge doit être reconsidérée : son allégeance à la raison d'État, son ambition forcenée, sa vocation religieuse suspecte, sa relation dominatrice au roi prennent des couleurs qui, pour être plus nuancées, n'en sont que plus humaines.

Même s'il nous faut admettre que la personnalité d'un homme du XVIIᵉ siècle est condamnée à nous demeurer largement étrangère – s'agissant de surcroît d'un personnage aussi inquiétant et héroïque, en qui Malherbe n'hésitait pas à discerner « quelque chose qui excède l'humanité[1] » –, le meilleur moyen de l'aborder reste de lui donner la parole. Pour le rencontrer et lever les masques de la légende dorée ou noire, écoutons-le parler dans ses multiples écrits, qui jalonnent en constant contrepoint son action.

Richelieu se réclamait d'« une vertu mâle qui passe parfois par-dessus les règles de la prudence ordinaire[2] ». Il s'en autorisait pour

[1]. Lettre à Racan, 10 septembre 1625.
[2]. *Testament politique*, éd. F. Hildesheimer, Paris, 1995, p. 70 et 247.

exclure les femmes de la « conduite des États », estimant qu'elles sont menées par les passions, en marge de la raison. De fait, au nombre des passages qui nous restituent la voix de Son Éminence, figure celui-ci : « Leur esprit, qui est d'ordinaire plus faible que celui de l'homme, peut plus facilement se flatter en la douceur d'une imagination avantageuse [1]. » Qu'aurait-il pensé, voyant l'histoire de sa vie livrée à l'une de ces créatures fantasques ?

On aime à croire qu'il se serait rallié aux conclusions des érudits, qui affirment que Richelieu aimait les femmes [2], comme il a sans doute aimé les chats. Partons donc sans complexes à la recherche de notre Richelieu ; lui-même ne saurait nous l'interdire.

---

1. *Traité de la perfection du chrétien*, éd. S.-M. Morgain et F. Hildesheimer, Paris, 2002, p. 396.
2. M. Deloche, *Le Cardinal de Richelieu et les Femmes*, Paris, 1931.

I

L'ASCENSION

1585-1624

1

Regi Armandus

Les biographes accordent ordinairement peu d'intérêt à l'enfance de leur héros ; celle-ci relève le plus souvent du récit quasi légendaire, émaillé d'anecdotes prémonitoires généralement acceptées sans discussion. Or la personnalité de Richelieu s'est bel et bien formée en grande partie avant l'âge de cette raison qui lui sera si chère.

Sa naissance est d'ailleurs la première embûche semée sur la route de ses biographes, qui la situaient soit à Paris, soit à Richelieu, jusqu'à ce que l'historien Joseph Bergin[1] ait apporté par la chronologie la preuve sans appel de sa qualité de Parisien, qu'il s'attribuait d'ailleurs lui-même : sa mère, moins de quatre semaines avant sa naissance, était témoin à la signature d'un contrat de mariage dans la capitale et, cinq semaines après, y réglait une facture ; il lui aurait été impossible et même suicidaire de se rendre à Richelieu pour y donner naissance à l'enfant.

Armand Jean du Plessis voit donc le jour le 9 septembre 1585, à Paris[2], en l'hôtel de Losse, rue du Bouloi – on disait alors « du Boullouer » –, à l'angle de la rue des Petits-Champs, une rue tranquille et peu aristocratique, mais fort proche des centres parisiens du pouvoir, à deux pas du logis royal de l'hôtel de Soissons et du Louvre. Il est le cinquième enfant de messire François IV du Plessis, seigneur de Richelieu en Poitou, grand prévôt de France, et de dame Suzanne de La Porte, son épouse (fille d'un célèbre avocat

1. J. Bergin, *L'Ascension de Richelieu*, trad. fr., Paris, 1993, p. 86-87.
2. À 9 heures 34 minutes selon la tradition des astronomes.

au Parlement de Paris, lui-même originaire de Parthenay), dont le mariage avait été célébré en 1566.

Outre le délai nécessaire pour réunir les membres de la famille à Paris, c'est sans doute en raison de sa santé déjà fragile qu'il est baptisé si tard, le 5 mai 1586, en l'église paroissiale de Saint-Eustache. Armand Jean doit ses prénoms à ses parrains, deux maréchaux de France, Armand de Gontaut-Biron, gouverneur du Poitou, et Jean d'Aumont ; il a pour marraine sa grand-mère, Françoise de Rochechouart, d'illustre lignée, vivante manifestation du statut social de la famille.

La cérémonie du baptême, dont curieusement certains biographes nient la solennité – car il n'y eut aucune fête à l'intérieur de l'hôtel, en raison, dit-on, de la mauvaise santé de la mère –, a été reconstituée par l'érudit Maximin Deloche [1]. Tout se passe à l'extérieur, en forme de démonstration à usage du public et du pouvoir ; les auspices qui présideront à la destinée de l'enfant y sont présents avec une prémonitoire insistance. L'hôtel du grand prévôt est orné pour l'occasion d'une décoration due à un peintre en vogue, Antoine Le Carron. La porte est surmontée des armes des Richelieu – trois chevrons de gueules (pourpre) sur champ d'azur –, ornées de deux épées nues symbolisant la prévôté. Les montants de la porte, divisés en caissons, sont peints. En haut à droite est représenté un enfant nu, jeune Moïse enlisé dans les roseaux d'une rive, dont le bras droit brandit une épée. La devise explicative, *Regi Armandus*, est sans ambiguïté : le jeune Armand, conformément à la tradition de sa famille, est « voué au roi ». Au-dessous, une gerbe d'épis mûrs se dresse vers le ciel, commentée par un *Ut sint unum* [2] qui évoque la nécessaire unité des Français de toute confession, placés sous l'autorité de Dieu et du Roi Très Chrétien. À gauche, le service de la foi – *Vicissim servant fidem* [3] – et la Providence divine – *Dominus providebit* [4] – sont évoqués respectivement par un chêne debout dans la tempête et un château fort battu par les flots. Dieu et le roi, deux fidélités qui gouverneront la vie et la carrière de celui qui écrira au terme de son existence : « Le règne de Dieu est le principe du gouvernement des États et c'est une chose si absolument nécessaire que, sans ce fondement, il n'y a point de prince qui puisse bien régner ni d'État qui puisse être heureux [5]. » Déjà, le grand prévôt

1. M. Deloche, *Le Père du cardinal*, Paris, 1923, p. 216-229.
2. « Pour qu'ils soient un ». Jn. 17, 11.
3. « À leur tour ils sauvegarderont la foi ».
4. « Le Seigneur y pourvoira ». Genèse, 22, 8.
5. *Testament politique*, p. 241.

maîtrisait parfaitement cet art de la publicité et de la symbolique dans lequel son fils sera orfèvre.

Le cortège qui se rend à l'église Saint-Eustache passe sous les fenêtres de la reine mère, Catherine de Médicis, dont le valet de chambre Patras, brodeur fameux, avait figuré les armes des Richelieu sur le vêtement du jeune Henri, frère aîné du baptisé, qui, avec sa sœur Françoise, ouvrait la marche. L'enfant, aux bras de sa nourrice, une Poitevine de Braye, localité proche de Richelieu, passe ensuite devant l'hôtel de Soissons, résidence du roi, accompagné de deux groupes d'assistants : celui des gentilshommes, nobles d'épée menés par la grand-mère et marraine Rochechouart ; celui des parlementaires, parents ou amis de Suzanne de La Porte qui n'assiste pas à la cérémonie. Suivent les deux capitaines des gardes du roi, et le cortège se ferme avec une double rangée d'archers manifestant la puissance du grand prévôt qui, à cette occasion, reçoit du roi Henri III un don généreux de plus de cent mille écus affectés sur le produit d'un emprunt d'État.

Un tel déploiement de magnificence et d'allégeance au pouvoir royal met à mal, d'entrée de jeu, une légende tenace : celle de la naissance obscure au sein d'une famille de très petite noblesse. « Le père du cardinal de Richelieu était fort bon gentilhomme », écrira sans barguigner Tallemant des Réaux [1], pourtant la méchante langue que l'on sait. De fait, François du Plessis avait bien réussi au service d'Henri III, et son troisième fils, bien que cadet, venait au monde sous d'heureux auspices, ce que le cardinal de Retz, autre témoin peu suspect de complaisance, traduira quant à lui en ces termes : « Richelieu avait de la naissance [2]. »

La réussite du grand prévôt sanctionnait l'ascension, menée au service de la monarchie avec persévérance et fidélité, d'une famille noble dont l'ancienneté semble remonter à un certain Guillaume du Plessis, intitulé « varlet [3] » au début du XIIIᵉ siècle, sous le règne de Philippe-Auguste. En dépit de la susceptibilité qui sera celle du cardinal pour tout ce qui touchait à sa famille et de sa volonté de faire éclater l'excellence de sa noblesse et l'ancienneté des services rendus à la couronne par ses ancêtres – la version « officielle » accordera aux Plessis-Richelieu de remonter à Louis le Gros –, on peut affirmer qu'il s'agissait d'une de ces nombreuses familles de noblesse indiscutée, mais dépourvue d'illustration notable, prati-

---

1. Tallemant des Réaux, *Historiettes*, I, p. 233.
2. Cardinal de Retz, *Mémoires*, Paris, 1998, p. 303.
3. Un varlet est, au Moyen Âge, un jeune noble non encore armé chevalier et qui est placé auprès d'un seigneur pour apprendre le métier des armes.

quant une politique d'alliances et de services sans éclat particulier. La chronique familiale est marquée par deux mariages quelque peu exceptionnels : celui, en 1506, de François III, le grand-père du grand prévôt, avec Anne Le Roy, fille d'un vice-amiral de France ; et celui de Louis, son père, avec Françoise de Rochechouart, d'illustre famille, certes, mais vieille fille constituant un parti difficile à marier. Peu à peu les Richelieu se placent sous la protection des Bourbon-Montpensier, princes du sang et grands seigneurs catholiques fastueusement établis à Champigny, à proximité de Richelieu, et capables de représenter leurs intérêts auprès du souverain, tandis que les guerres de Religion leur donnent l'opportunité de manifester leur fidélité à la couronne et de parfaire leur intégration au système politique. Ils se rapprochent ainsi de la cour et s'illustrent en participant âprement, dans le camp catholique, aux conflits armés, mais également à des vendettas privées jalousement entretenues. Et c'est ainsi que le grand prévôt, justicier professionnel chargé de la répression du crime, et père de cet acharné de l'obéissance à la loi que sera le ministre de Louis XIII le Juste, débute sa carrière comme meurtrier.

L'itinéraire de François du Plessis a fait l'objet de quelques enjolivements, sans doute pour le rendre plus brillant. Françoise de Rochechouart, sa mère, était déjà veuve lorsqu'elle perdit son fils aîné Louis, guidon (porte-étendard) d'une compagnie d'ordonnance du fils du duc de Montpensier, tué à la suite d'une querelle de préséances par un voisin, le seigneur de Mausson, en l'église de Braye. On dit qu'elle aurait aussitôt fait revenir de la cour le cadet François, page de dix-sept ans, et que, intraitable sur les principes, elle lui aurait assigné la mission de venger son frère. Le fils obéissant s'en acquitta par surprise : à l'aide d'une roue de charrette lancée du haut d'un talus, il tendit une embuscade à l'ennemi précautionneux qui, sortant de son château par un souterrain, s'était engagé dans un gué où il ne resta qu'à l'achever. Ce guet-apens, qui n'avait rien d'un duel glorieux, aurait obligé son auteur, pour se soustraire à la justice, à quitter la France et à rejoindre en Pologne le duc d'Anjou qui y avait été élu roi, et dont il serait alors devenu la créature fidèle. Devenu le roi de France Henri III à la mort de son frère Charles IX, celui-ci aurait par la suite dépêché François en avant-garde pour préparer son retour en France en 1574.

La réalité, telle que l'a reconstituée Joseph Bergin par un examen serré de la chronologie, est moins romanesque [1] : rien ne permet d'établir la présence de François de Richelieu en Pologne, ainsi que

1. J. Bergin, *L'Ascension de Richelieu*, p. 45.

l'existence de poursuites judiciaires à son encontre. En revanche, il est vraisemblable que le meurtrier, qui en août 1566 signe à Paris son contrat de mariage sans le moindre problème, a tout simplement obtenu sa grâce du roi Charles IX et n'a pas quitté sa province. Il s'y signale dans les campagnes militaires de ces années 1560-1570 sous le commandement général du duc d'Anjou.

Une fois celui-ci devenu roi de France, François du Plessis continue ses services militaires comme capitaine de régiment et gagne peu à peu la confiance et la faveur du souverain ; il est récompensé par les charges de prévôt de l'Hôtel, puis de grand prévôt de France, autrement dit de policier en chef des maisons royales et de la cour, et de justicier des délits qui s'y commettent. En outre, il reçoit, le 31 décembre 1585, quelques mois après la naissance d'Armand Jean, le collier de l'ordre du Saint-Esprit, cet ordre de chevalerie que le roi avait créé en 1578 pour distinguer une élite nobiliaire fidèle.

Par le service du roi et de l'État, le vengeur meurtrier s'est ainsi tout naturellement mué (mais avec moins de panache et de goût de l'aventure que l'épisode polonais ne le laissait entendre) en un très honorable et respecté serviteur de la justice. S'il a ouvert à sa famille le champ d'ambition nouveau de la cour, le grand prévôt dégage néanmoins une image dépourvue de charme : taciturne et sévère, homme d'action, rigide et peu soucieux de séduction verbale, affairiste et spéculateur, il semble avoir parfaitement été l'homme de son emploi de justicier au service rapproché, « domestique », de la personne royale. Il reste malgré tout vraisemblable de penser que ce secret de famille, ce poids de la volonté maternelle qui le poussa au meurtre, pesa sur celui dont la triste apparence était à l'origine du surnom de « Tristan l'Hermite » sous lequel il était connu à la cour.

Ses fonctions s'exercent dans un contexte politique alors fort troublé. Les conflits sont partout, à l'extérieur comme à l'intérieur du royaume. Charles Quint disparu de la scène politique en 1556, l'adversaire direct de la France n'est plus tant l'Empire germanique que l'Espagne, dont on peut estimer qu'elle assume véritablement l'héritage impérial et que, bien que sans titre mais appuyée sur l'immensité de ses possessions, elle poursuit le vieux rêve de l'établissement d'une monarchie universelle. Son ancien contentieux avec la France s'accroît par une lutte pour la domination d'une Europe désormais divisée au plan religieux. En ce début de XVIIe siècle, l'Espagne, forte des ressources du Nouveau Monde, apparaît encore comme la détentrice de la suprématie, comme la première puissance mondiale même, en dépit de l'apparition de signes d'épuisement et de déclin que ses compétiteurs exploiteront bientôt. Dans cette constante rivalité, outre les conflits déclarés, tout est prétexte à tenter de causer des troubles chez l'adversaire et à profiter de ses dissensions internes. Or, depuis le milieu du XVIe siècle, les questions religieuses dominent aussi l'histoire européenne : brisant le grand idéal d'unité chrétienne dans laquelle l'Occident médiéval a vécu, la Réforme protestante représente un événement-fracture absolument inédit. Elle s'est répandue dans les pays du Nord, l'Angleterre, l'Allemagne, les Pays-Bas et, en France, a été à l'origine des sanglantes guerres de Religion.

La défense de la foi catholique et de son unité est le mobile de la politique étrangère de l'Espagne – dont l'intransigeance catholique interdit au protestantisme de prendre pied sur son territoire ; un mobile souvent plus affiché, il est vrai, que réel, qui n'exclut pas de pragmatiques exceptions, comme le soutien accordé aux protestants français en lutte contre le roi de France. La fidélité des Habsbourg à la notion de chrétienté, dans une Europe désormais composée d'États indépendants, est en fait la seule justification idéologique d'une politique interventionniste qui intègre la volonté d'hégémonie européenne largement fondée sur la puissance espagnole. Et les événements qui se déroulent en France à la fin du XVIe siècle et au début du XVIIe fournissent bien des prétextes à ces interventions.

En 1584, la mort du duc d'Anjou, frère d'Henri III et héritier de la couronne, fait du protestant Henri de Navarre son nouvel héritier ; or, le jour même de la naissance de Richelieu, le 9 septembre 1585, le pape Sixte Quint fulmine une bulle qui déclare le Béarnais déchu de ses droits au trône comme hérétique et relaps [1], et l'excommunie. Cette année 1585 est précisément celle de la formation de la Ligue qui entend promouvoir un programme politique ultra-catholique et conteste violemment les orientations de la politique royale et jusqu'à la personne même du roi ; le règne d'Henri III s'achève dans l'anarchie de la huitième guerre de Religion (1585-1598), marquée par la prise de pouvoir de la Ligue à Paris et la journée des Barricades (12-13 mai 1588), l'assassinat du duc de Guise sur ordre du roi (23-24 décembre 1588), et enfin, le 2 août 1589, l'assassinat du roi par un jeune moine jacobin fanatisé, Jacques Clément.

En vertu de la loi salique réglant la dévolution de la couronne par ordre de primogéniture mâle, Henri de Navarre devient aussitôt roi sous le nom d'Henri IV, tandis que les ligueurs se rallient au car-

1. Le relaps est un hérétique retombé dans son erreur doctrinale, ce qui aggrave son cas.

dinal de Bourbon (Charles X) au nom de la catholicité de cette même couronne, et signent avec Philippe II un traité qui leur accorde les subsides de l'Espagne, laquelle envisage de s'emparer du trône de France. Henri IV doit se convertir ; il reconquiert le royaume par les armes, puis parvient à le pacifier.

Pour le nouveau roi, la partie n'est pas gagnée : comment s'imposer à des catholiques qui doivent admettre la dévolution de la couronne à un hérétique, et à des protestants qui ne sont plus ses coreligionnaires, puisqu'il a abjuré leur foi ? La solution se trouve dans l'affirmation d'un État souverain dont l'autorité s'impose sans partage et sans distinction à tous les sujets. Dans l'obéissance qu'elle requiert, la monarchie absolue ne fait plus entrer en ligne de compte les questions d'appartenance confessionnelle ; celles-ci sont neutralisées du point de vue politique. Tel est le coup de maître du Béarnais !

De cette soumission déconfessionnalisée à l'autorité civile, le grand prévôt se fait précocement l'artisan auprès d'Henri IV. Par ses fonctions, il veillait à la sécurité du précédent roi, mais il n'a pas su empêcher le moine Jacques Clément d'attenter à la vie d'Henri III ; il a assisté à la longue agonie du souverain assassiné et instruit le procès fait au cadavre du meurtrier. Ce catholique zélé se rallie sans état d'âme à Henri IV encore hérétique, reprend du service comme chef de guerre et combat à ses côtés à Arques, à Ivry, aux sièges de Vendôme, du Mans, de Falaise, sous les murs de Paris enfin. Non seulement il conserve sa charge de grand prévôt, mais il est nommé premier capitaine des gardes. Sa carrière prend brutalement fin le 10 juin 1590, à Gonesse où une fièvre pernicieuse l'emporte à l'âge de quarante-deux ans. Armand Jean a cinq ans.

Richelieu n'est donc pas un nobliau obscur et provincial, mais un noble d'épée dont la famille a connu, avec son père, une réelle réussite ; sa naissance se situe précisément à l'apogée de cette ascension qui a fait du grand prévôt, non un favori du roi, mais l'un des tout premiers personnages du second cercle de ses familiers. Sa mère, quant à elle, est une fille d'avocat ; à côté de la noblesse d'épée qui compte dans ses rangs les du Plessis, d'ancienne origine et à vocation militaire, elle incarne une seconde noblesse, dite « de robe », composée de ces bourgeois d'origine, fortunés, qui s'affirment dans la société par l'acquisition d'offices – de charges publiques –, en se faisant agents du roi en matière judiciaire et financière ; ils représentent bientôt d'indispensables auxiliaires de l'État, et, par d'habiles et sonnantes alliances, pénètrent au sein des plus illustres familles pour en réargenter le blason. En cela, l'ascendance sociale du futur cardinal-ministre est bien caractéristique de son époque, qui est marquée par la réorganisation de l'élite sociale.

Durant toutes ces années troublées, l'enfant fut le plus souvent privé de présence paternelle ; dans son imaginaire, les images masculines ne furent sans doute pas des plus éclatantes, avec ce père absent, resté dans les mémoires pour sa triste figure, meurtrier d'occasion et justicier de profession, qui cumulait violence, opportunisme politique et, on va le voir, imprévoyance financière. Il n'en connaissait guère que ce que pouvait lui en transmettre sa mère et sa grand-mère ; l'association malaisée de ces deux femmes, qui formèrent longtemps son environnement exclusif, marqua de son empreinte sa petite enfance. C'est ainsi que, jeune homme, Armand Jean hérita naturellement de la morgue de sa grand-mère, la fière Rochechouart, qui avait vécu le mariage de son fils comme une mésalliance, alors que sa bru pouvait se prévaloir, mais par les femmes, d'alliances avec la noblesse d'épée. Définissant la noblesse comme « un des principaux nerfs de l'État, capable de contribuer beaucoup à sa conservation et à son établissement », Richelieu précisera ainsi : « Elle a été, depuis quelque temps, si rabaissée par le grand nombre d'officiers que le malheur du siècle a élevé à son préjudice, qu'elle a grand besoin d'être soutenue contre les entreprises de tels gens [1] ». Ce qui ne l'empêchera pas, pragmatique, de conjoindre à cette fierté du noble d'épée l'héritage maternel, et le souci de conciliation des « robins »…

À l'heure de la mort et à défaut de fortune, le triste grand prévôt laissait à ses enfants un double héritage : une conscience aiguë de leur rang social et du statut de leur famille, ainsi que le choix opportuniste du patronage royal pour soutenir ce statut. C'est désormais la condition pour ne pas retomber aussitôt dans l'obscurité : le roi est le soleil dans la lumière et dans l'orbite duquel il leur faut absolument se maintenir.

---

1. *Testament politique*, p. 149.

2

« La gloire de notre nom »

François du Plessis meurt en 1590. Henri IV fut, dit-on, ému de
cette perte qui le privait d'un fidèle en un moment où ses affaires en
avaient encore fort besoin. Il lui restait alors, pour établir sa situation, à
abjurer le protestantisme avant d'être sacré en 1594 à Chartres, solennité qui préluda à son entrée à Paris. Puis ce fut la déclaration de guerre
à l'Espagne, la signature de l'édit de Nantes en 1598, qui imposait
la tolérance religieuse, et, la même année, la paix de Vervins avec
l'Espagne et la Savoie. Le grand prévôt était mort trop tôt pour jouir
des bienfaits par lesquels le roi n'aurait pas manqué de récompenser sa
fidélité ; surtout, il n'avait pu pourvoir à l'avenir de ses enfants.

De son vivant, d'ailleurs, il avait très largement profité de sa position, et, s'il est quasiment impossible de reconstituer le détail de ses
opérations financières, complexes et embrouillées, du moins peut-on
affirmer qu'il développa avec talent et ténacité des activités d'affairiste, profitant de sa position pour investir et spéculer dans les
finances royales. Si François du Plessis n'hésita pas à mettre au service d'un roi impécunieux son propre crédit, il n'est pas douteux qu'il
tira ou escompta profit de ces services, et qu'il ne cessa de participer
à des opérations et spéculations financières sur une vaste échelle.
Il se mouvait avec aisance dans ce monde de la cour où politique et
finance, spéculation et trafic d'influence laissaient espérer des bénéfices largement gagés sur les finances publiques, mais obligeaient à
emprunter dans des proportions tout aussi importantes, la faveur
royale constituant la meilleure garantie contre un éventuel désastre.
Pour le malheur de sa famille, son chef disparut au moment le moins
opportun ; ses finances étaient alors au plus bas.

À sa mort, en effet, son impécuniosité était telle qu'il fallut,
dit-on, vendre son collier de l'ordre du Saint-Esprit pour le faire

inhumer. Mais de là à prétendre qu'Armand Jean avait vu le jour dans une famille ruinée, il y a encore un grand pas. Une telle situation, en ces temps de troubles, n'avait rien d'exceptionnel dans la noblesse, et l'infortune du familier du roi était alors partagée par beaucoup d'autres grands personnages, de sorte qu'il ne faut pas en conclure trop vite à une ruine définitive. D'une part, François du Plessis possédait un patrimoine foncier poitevin, ainsi que son hôtel parisien ; d'autre part, il avait bénéficié de largesses royales sous forme de dons en argent ou, ce qui ne coûtait rien aux finances royales, de mise à disposition de bénéfices ecclésiastiques, comme l'évêché de Luçon, vacant en 1584 du fait du décès de son titulaire René La Salla. Cette pièce, alors secondaire sur l'échiquier de sa fortune, allait bientôt se muer en position stratégique pour ses héritiers. Il avait aussi spéculé sur le commerce maritime, monnayé son influence et réalisé d'importants placements en rentes : il laissait certes des créances importantes, mais aussi un capital non négligeable, bien que provisoirement improductif. Ce sont donc les circonstances qui, lui ayant interdit de gérer sa fortune de manière suivie et d'en percevoir les revenus, mirent, à sa mort, sa famille dans une situation délicate. Tallemant résume à nouveau la situation : « Il embrouilla furieusement sa maison [1] », laissant des créanciers que sa position à la cour lui avait permis jusque-là de tenir en respect et qui devinrent rapidement virulents face à des femmes et des héritiers mineurs. Son imprévoyance correspondait à son statut de noble ; ce n'est qu'avec sa mort inopinée que, de glorieuse, elle devint nécessiteuse. La succession paternelle ne se réglera pas avant 1624, où elle se fond dans celle de son fils aîné, Henri, trente-quatre ans après son ouverture.

Au tableau familial de l'enfance de Richelieu, Suzanne de La Porte donne une note bienvenue d'humanité. Veuve dépourvue de ressources comme d'un réseau familial efficace pour la soutenir, elle découvre l'étendue de la banqueroute et se débat dans les difficultés. Du fond de sa province en proie aux malheurs du temps – la guerre d'escarmouches qui oppose catholiques et protestants vient parfois battre jusqu'aux portes soigneusement closes du château –, où le manque d'argent l'oblige à demeurer, elle doit pourvoir à l'entretien et à l'éducation de ses enfants, âgés de six à douze ans (Françoise, Henri, Isabelle, Alphonse, Armand Jean et Nicole) ; faire face à l'écheveau inextricable de ses affaires et aux emprunts de son mari auxquels elle a donné sa garantie ; affronter les créanciers du grand prévôt, qui finiront par obtenir le séquestre

1. Tallemant des Réaux, *Historiettes*, I, p. 233.

des propriétés. Les revenus sont maigres ; ses biens propres ont disparu, alimentant le train de vie noble du ménage, et les terres et les seigneuries ont été cédées à Françoise de Rochechouart, à titre de remploi de son douaire (autrement dit l'ensemble des biens que son mari lui laissait en usufruit). Avec sérieux et intelligence, sous l'œil impérieux et sans doute méprisant de sa belle-mère dont elle doit supporter la lourde et quotidienne présence, prenant également en charge une belle-sœur, Françoise de Marconnay, l'active bourgeoise se consacre avec abnégation à la restauration du statut de la famille qui l'a accueillie. Elle y déploie les vertus de bonne gestion qu'elle a héritées de ses propres aïeux, se donnant corps et âme à la protection et à l'avancement des siens. Sa personnalité se révèle alors sous son véritable jour ; elle joue pleinement ce rôle de chef de famille qui lui est désormais dévolu, et, à la rudesse militaire sans grâce de son époux, substitue une adresse avisée, un sens aigu de la négociation, illustrant par avance cette maxime politique que formulera son fils : « Celui qui négocie toujours trouve enfin un instant propre pour venir à ses fins, et, quand même il ne le trouverait pas, au moins est-il vrai qu'il ne peut rien perdre [1]… »

C'est du vivant du père déjà, et afin d'échapper aux troubles qui affectaient la capitale, que la mère et les enfants s'étaient repliés sur leurs terres poitevines [2], dans le manoir familial. La construction de cette lourde bâtisse de pierre couverte d'ardoises remonte au XVe siècle, aux temps troublés de la guerre de Cent Ans. Au dire d'un bénédictin du temps, Dom Mazet, c'était « un petit castel bien bâti, dans un lieu plaisant, avec une jolie chapelle gothique et de grands corps de servitude au milieu de cours et de jardins, entouré de murailles et de fossés remplis d'eau courante ». Il semble que, dans les années 1580, François du Plessis ait amorcé une reconstruction de l'édifice. Perdu sur un îlot élevé au milieu d'une plaine fertile arrosée par le Mable, un affluent de la Veude, dont les eaux alimentaient ses douves, le château était situé sur la route de Chinon à Châtellerault, entre Tours et Poitiers, les deux capitales régionales les plus proches. Quand les troubles s'éloignaient, ses habitants recevaient les familles des environs, recueillant ainsi l'écho affaibli des événements qui jalonnent la reconquête du royaume par Henri IV.

1. *Testament politique*, p. 265.
2. Bien que le découpage de la France en départements ait ultérieurement placé Richelieu en Indre-et-Loire, la localité n'appartient pas à la province de Touraine, mais au Poitou.

C'est dans ce cadre à la fois provincial, féminin [1], noble et désargenté que le jeune Armand grandit jusqu'à huit ans et que son esprit perçoit ses premières impressions ; il y restera attaché au point d'en respecter la disposition quand, une fois sa fortune faite, il fera luxueusement reconstruire le château familial. Et pourtant, comme ne manqueront pas de le faire ironiquement remarquer les adversaires du futur cardinal, la dénomination de Richelieu est une véritable antiphrase, s'appliquant à un pays pauvre, marécageux et stérile...

Inlassablement, pour lors, la mère se bat, sollicite, calcule, écrit, consulte, plaide, argumente, paie, transige, récupère des créances, des arrérages de rentes, oscille entre détermination et angoisse ; chez elle ne transparaît aucune résignation devant une fatalité que sa condition féminine la condamnerait à subir : elle est en permanence sur la brèche pour rétablir la situation de sa famille. Cette activité anxieuse et inlassable ne pouvait que retentir sur la personnalité de ses enfants, pour lesquels elle manifeste son instinct maternel protecteur et son affection avec une spontanéité exceptionnelle. Chez cette femme assurément atypique, l'affectivité et l'anxiété qui découlent de l'adversité se muent en source d'action et d'inventivité.

Enfant sensible et fragile, malingre, sujet aux fièvres et aux maux de tête, couvé par une mère aimante, ne pouvant se définir par référence ou opposition à son père du fait de l'absence, puis de la mort de celui-ci, notre Armand Jean s'identifie tout naturellement à cette mère dont il est si proche ; elle lui transmet cette hypersensibilité maladive que l'homme politique devra s'employer à dominer (lui qui prétendra : « Mes colères ne sont fondées qu'en raison », mais qui pourra s'oublier jusqu'à piétiner de fureur sa rouge calotte), cette part émotive, féminine de sa personnalité qu'il s'obstinera à déprécier (« Je m'assure tenir pour maxime certaine qu'il faut, en certaines rencontres où il s'agit du salut de l'État, une vertu mâle [2]... »). Aux impressions de son enfance, Richelieu doit son caractère d'actif anxieux à l'esprit sans cesse en mouvement, son horreur des dettes et son souci de la famille. Sans entrer plus avant dans des hypothèses indiscrètes marquées au sceau d'une psychana-

1. Cette imprégnation féminine de son enfance, le cardinal en donnera comme la reproduction inconsciente, quelque trente ans plus tard, en offrant, si l'on en croit Tallemant, à sa nièce Claire-Clémence, la petite duchesse d'Enghien, « une petite chambre où il y avait six poupées, une femme en couches, une nourrice quasi au naturel, une garde, une sage-femme et la grand-maman » (cité par Marc Pierret, *Richelieu ou la Déraison d'État*, Paris, 1972, p. 14).

2. *Testament politique*, p. 70.

lyse *a posteriori*[1], il est évident que, dans un tel contexte, l'enfant a précocement développé une personnalité émotionnelle, contre laquelle il ne cessera de lutter en mettant obstinément la raison en exergue de ses actions.

Mais pour l'instant, il n'est qu'un obscur cadet ; il lui faut encore trouver sa place dans une famille où l'individu est au service de l'ensemble. Armand Jean va se plier sans état d'âme à cette stratégie : il a parfaitement intégré l'héritage de ses parents qui fait de la promotion du nom des du Plessis l'objectif prioritaire et du service du roi son moyen le plus assuré.

Quant à l'origine de son ambition, elle se trouve sans doute, pour une grande part, dans cette gêne financière et dans son amour pour une mère triste et soucieuse dont il veut attirer l'attention, et qu'il souhaite inconsciemment délivrer de ses peines. Il ne faut cependant pas exagérer la part d'affectivité dont il était alors possible de se prévaloir : discipline et devoir sont les vertus qui président à l'harmonie de cette vie familiale, non une quelconque quête anachronique d'un bonheur résultant d'un épanouissement individuel qui ne sera pas à l'ordre du jour avant le XVIIIᵉ siècle.

Mais, avant de s'affirmer socialement, Armand doit grandir et s'instruire, et ce que Suzanne récupère à force d'instances et de sollicitations sert à l'entretien des enfants. En 1592, le décès de Jacques du Plessis, évêque de Luçon, lui permet de percevoir le temporel de l'évêché ; en 1593, elle perçoit vingt mille écus en règlement de l'acquit du don d'Henri IV au grand prévôt ; la mort de Françoise de Rochechouart, vers 1595, lui fait recouvrer les revenus des seigneuries que percevait sa belle-mère et améliore sa situation.

Les années qui passent égrènent ses reconquêtes financières, lui permettant de soutenir le rang de sa famille. L'aînée des filles, Françoise, épouse en 1597 un seigneur du voisinage, un certain Jean de Beauveau, qui la laisse veuve l'année suivante. Henri a rejoint la cour comme page du roi. Également destiné à suivre le chemin d'un jeune gentilhomme, Armand quitte peu à peu la tutelle des femmes. Il débute son éducation sous la férule du prieur de Saint-Florent de Saumur, un certain Hardy Guillot (du moins selon la plupart de ses biographes), à Richelieu ou comme pensionnaire de l'abbaye, on ne sait exactement. L'instruction primaire comprend la lecture, l'écriture, le calcul, des rudiments de français, mais surtout le latin, enseigné par le *Donat*, traité composé au XIVᵉ siècle par Aelius

1. Elizabeth Wirth Marvick, *The Young Richelieu. A Psychoanalytic Approach to Leadership*, Chicago-Londres, 1983.

Donatus, dont Richelieu a sans doute partagé la fréquentation avec Gargantua ; il s'exerce à traduire les *Distiques* du moraliste Dyonisius Cato, avant d'aborder quelques auteurs classiques à l'aide de la grammaire latine de Jacques Dubois, *alias* Johannes Sylvius. Comme ses contemporains, y compris l'enfant Louis XIII, il connaît la sanction du fouet et s'adonne aux jeux enfantins et campagnards ainsi décrits dans un recueil du temps :

> « Les uns s'en vont pour les papillons prendre ;
> Autres au vent rouent le moulinet ;
> Autres aussi, d'un maintien sotinet,
> Contre le mur vont les mouches attendre.
> Un peu plus grands, d'une façon nouvelle,
> Ils font tourner la gente crécerelle,
> Courent, dispos, sur un cheval de bois [1]… »

En 1594-1595, la paix civile se rétablissant, l'enfant rejoint Henri à Paris, où son oncle Amador de La Porte, chevalier de Malte (en reconnaissance des services rendus à l'ordre par son père qui en a été l'avocat), et soutien efficace de sa demi-sœur Suzanne, prend en charge sa formation – une autre tradition le place sous la protection de Denis Bouthillier, avocat parisien originaire d'Angoulême, qui aurait, toujours selon la tradition, débuté comme clerc chez son grand-père François de La Porte. Il fait ses classes, sans qu'on puisse en déterminer précisément la chronologie, au collège de Navarre : fondé en 1304 par Jeanne de Navarre, femme de Philippe le Bel, c'est l'un des établissements les plus aristocratiques de la capitale. Il étudie, en plus des principes de la religion, la grammaire, les humanités, la rhétorique ; un enseignement fondé sur l'appel constant à la mémoire, dont le latin est la langue ordinaire, mais dans lequel on vient d'introduire deux nouveautés aux côtés des lettres classiques : la grammaire française, ainsi que les sciences mathématiques et naturelles, qui sont alors en plein essor. Bon latiniste, Armand apprend également le grec (mais on ne dit point qu'il y ait excellé), sans doute un peu d'italien et d'espagnol, et développe ce goût des belles lettres et du bien-parler qui ne le quittera plus. C'est au collège de Lisieux ou à celui de Calvi qu'il étudie ensuite la philosophie, c'est-à-dire exclusivement Aristote, et s'initie à l'art tout scolastique de la controverse où il entendra toujours briller.

Outre ces studieux travaux, en cadet conscient d'appartenir au groupe social dominant, il mène, sous le nom de marquis du Chillou (une terre située à proximité de Richelieu), l'existence insouciante

---

1. *Les Trente-Six Figures, contenant tous les jeux qui se peuvent jamais inventer…,* Paris, 1587.

d'un jeune gentilhomme destiné à la carrière des armes et à la vie du courtisan, autrement dit à poursuivre la tradition militaire de sa famille. Sa maison comprend deux laquais et un précepteur-secrétaire qui demeurera tout au long de sa vie son compagnon et son indéfectible homme de confiance : Michel Le Masle. Dans le cadre mondain de l'académie à la mode, fondée et dirigée par un gentilhomme dauphinois, premier écuyer de feu Henri III et bientôt écuyer principal du futur Louis XIII, Antoine de Pluvinel, auteur d'une *Instruction du Roy en l'exercice de monter à cheval*, il apprend encore et surtout, durant ces années d'étude, la discipline du corps : le maniement des armes et des chevaux, mais aussi la danse et la musique [1]. La maîtrise de l'escrime passe par l'enseignement de l'estocade et de la pointe, tandis que la danse est alors considérée comme une bonne préparation aux armes ; il pratique ainsi la voltige, le saut, la lutte et le maintien, se familiarise avec les « cinq bonnes positions », acquiert la connaissance des pas et mouvements de bras, ainsi que des danses collectives, pavane, volte, bourrée, courante, menuet, branle.

Le dressage en douceur des chevaux est le point fort de l'éducation dispensée par Pluvinel, impliquant une discipline soutenue de la part du cavalier : Armand apprend que le cavalier et l'escrimeur, comme le danseur et le joueur de paume, ne doivent pas se départir de sang-froid et de raison. Le cavalier est qualifié par Pluvinel de « prudent » et de « sage », faisant preuve de « raison » et de « vertu » ; de même qu'il lui « faut réduire les chevaux à la raison », ses propres actes doivent être conformes à la raison et au bien, l'amenant à maîtriser son art à des fins utiles et à le décliner en fonction des circonstances auxquelles il lui faut en permanence savoir s'adapter. Qui plus est, le pédagogue Pluvinel met en œuvre une méthode se voulant d'accès aisé, logique et précise : selon lui, le dialogue éducatif doit user d'une forme simple et technique dont Richelieu retiendra les leçons pour les faire siennes. C'est sans doute cet aspect de son éducation qui le marquera de manière indélébile, et lui fera acquérir ce « style » si particulier qu'il conservera dans ses écrits ultérieurs.

Les fruits de la formation du jeune du Plessis se situent donc non seulement dans le domaine littéraire de la rhétorique et de la controverse, mais encore dans celui, noble, des armes et des exercices martiaux. Il en est assurément marqué à vie ; ainsi son allure géné-

---

1. D. Carabin, « Deux instructions de gentilshommes sous Louis XIII : *Le Gentilhomme* de Pasquier et l'*Instruction du Roy* de Pluvinel », dans *XVIIᵉ siècle*, n° 218, janv.-mars 2003, p. 27-38.

rale conservera-t-elle toujours les traces de cette formation militaire qu'il aura l'occasion d'exercer, et avec bonheur, sur le terrain.

C'est sans doute à la même époque, probablement à l'imitation de son aîné, qu'Armand Jean connaît des aventures féminines (dont la légende ne cessera de le créditer généreusement tout au long de sa vie), qui, entre autres conséquences, conduiront en 1605 au traitement du jeune homme par Jean de La Rivière, médecin ordinaire d'Henri IV, pour une *gonorrhœa inveterata* [1]. Rappelons ici les bruits qui courront avec insistance pour lui attribuer une idylle fugitive, en juin 1607, à son retour de Rome, avec Marie de Bragelongne, la femme de Claude Bouthillier, le fils de Denis, cet avocat parisien lié à sa famille qui l'avait fait bénéficier de sa protection à son arrivée dans la capitale ; de cette idylle serait issu Léon Bouthillier, dont il fera la carrière et avec la mère de qui il ne cessera d'entretenir des relations de confiance et d'affection, en faisant même la seconde mère de ses neveux Maillé-Brézé [2]... Mais, quelle que soit notre curiosité indiscrète à ce sujet, il faut se résigner à ne rien savoir de certain en ce domaine intime.

Enfin, dans les années 1602-1603, le jeune Richelieu semble prêt à faire bonne figure à la cour et à l'armée, un monde où, dans le même temps, Henri, l'aîné du clan, travaille activement à restaurer le crédit social et financier des du Plessis. Mais quelle place peut-il rester pour le troisième des fils, puisque la profession des armes et la carrière courtisane étaient déjà le lot d'Henri, maintenant l'homme important de la famille, et qu'à son autre frère Alphonse était dévolue l'illustration ecclésiastique ? En sacrifiant à la tradition guerrière de la famille, tout au plus peut-il espérer un régiment... En tout cas, le cursus de droit, vers lequel la tradition maternelle aurait pu le pousser, ne semble pas avoir retenu son attention.

Cependant, l'inadéquation du deuxième frère à la discipline du groupe familial pose alors problème. Le dévot Alphonse, personnalité malhabile et timide jusqu'à la limite du déséquilibre (on dit avec malveillance que, dans ses habits sacerdotaux, il se prendra parfois pour rien de moins que Dieu le Père), était destiné à la vie religieuse ; mais il refuse de se sacrifier sur l'autel des intérêts familiaux, lesquels le vouaient au siège épiscopal de Luçon, et, répugnant aux fonctions de représentation et attiré par la vie monastique,

1. J. H. Elliott, « Richelieu, l'homme », dans R. Mousnier (dir.), *Richelieu et la culture*, Paris, 1987, p. 191.

2. L. Petit, « Un fils naturel de Richelieu », dans *Revue des Deux Mondes*, 15 juillet 1966, p. 207-219.

entre en 1602 comme novice à la Grande Chartreuse [1]. Cette défection, même si elle n'impliquait pour la famille aucun effort pécuniaire pour l'établissement d'Alphonse, portait un grave coup à l'économie familiale, car l'évêché de Luçon constituait une source de revenus dont Henri ne pouvait se priver pour soutenir son rang à la cour. Cet élément secondaire dans la recherche de profit menée par le grand prévôt allait s'avérer désormais décisif, et pour les ressources de la famille, et pour la destinée de ses membres. Jacques du Plessis, un des grands-oncles d'Armand, pourvu de l'évêché en 1584, n'avait jamais pris possession de son siège ; à sa place, on avait alors chargé de l'administration du diocèse, « par confidence [2] », le curé de la paroisse de Braye, dont dépendait Richelieu. Ce curé, un certain François Hyver, avait continué ses fonctions après la mort de Jacques du Plessis en 1592, à charge de verser à la famille de Richelieu une partie des revenus et de remettre le bénéfice à Alphonse lorsqu'il aurait atteint l'âge requis. Or les chanoines de Luçon supportaient de plus en plus difficilement un prélèvement financier effectué par l'intermédiaire de simples administrateurs, et entendaient même obtenir des du Plessis une contribution à la restauration de la cathédrale. Contrairement à Alphonse, Armand Jean ne se dérobe pas. Il était d'épée, il sera d'Église ; n'y a-t-il pas là deux formes de ce service du roi auquel sa généalogie le voue ?

Ce revirement, il écrit à son oncle Amador qu'il le fait « pour le bien de l'Église et la gloire de notre nom », se pliant sans hésiter à la discipline du clan familial pour mettre en œuvre les valeurs emblématiques de son ordre : qui dit noblesse dit en effet grandeur et donc très normalement ambition, mais aussi, en théorie, vertu et excellence. Et Armand Jean trouve dans la carrière ecclésiastique un merveilleux révélateur de ses qualités intellectuelles et d'expression. Tout le dispose à ce rôle nouveau : le goût des connaissances, de la dialectique, la précision du raisonnement et de la parole, la présence d'esprit et la passion des joutes intellectuelles. En l'espèce, conformément à l'esprit d'un temps qui nous est devenu bien étranger, la loi du clan lui tient sans problème lieu de bonheur individuel.

De tout cela il résulte encore un cliché qu'il convient de mettre à mal : la représentation du futur cardinal en ambitieux sans foi ni

---

1. L. Batiffol, *Un frère de Richelieu, le cardinal Alphonse de Richelieu*, Paris, 1936.

2. Mot qui recouvre une promesse faite par un bénéficiaire de rendre le bénéfice ou d'en donner le revenu, en totalité ou en partie, au résignant, au collateur ou à toute autre personne désignée par eux. Il s'agit d'une pratique suspecte de simonie, autrement dit un trafic vénal de choses saintes, et, comme telle, condamnée par le concile de Trente.

scrupules. En réalité, un tel comportement n'est que le fruit très naturel de sa naissance et de son éducation. Ce virage à cent quatre-vingt degrés témoigne en effet, pour lors, autant de la détermination raisonnable de son caractère, de son sens de l'action immédiate et de sa plasticité intellectuelle, que de son adhésion à cette politique familiale menée de longue date par Suzanne de La Porte, dont il reste bien, ce faisant, le fils obéissant et dévoué. La perception par l'enfant des difficultés financières dans lesquelles se débattait sa mère et de son inlassable souci de la promotion de la famille, le désir de complaire à cette mère aimée, d'alléger ses soucis, comptent assurément parmi les mobiles personnels de cette adhésion à la discipline du clan. Le reste est de l'ordre du transfert rhétorique, de la sublimation en Dieu de cet amour filial. C'est dans sa relation à sa mère et à son frère, qui lui montre la voie dans l'accession à la faveur royale, que s'ancre sa subite vocation, et il n'y a pas lieu de lui attribuer un quelconque cynisme machiavélique : dans l'esprit du temps, une telle carrière s'offre au libre choix de tout chrétien sans impliquer un appel mystique exceptionnel ; elle n'a rien que de normal.

« Maison » ; « lignée » ; « nom » ; « noblesse » ; « carrière militaire » ; « carrière ecclésiastique » ; « cour royale » ; ces mots, qui sont devenus pour nous quasiment lettre morte, furent « les premières balises de la vie de Richelieu[1] » dans un monde structuré par les hiérarchies. Pour résumer sans guère caricaturer, notre personnage sera un noble prélat dont le caractère militaire, dû à sa formation initiale, s'accommodera d'une certaine pédanterie et d'un évident goût de briller, toutes choses dont il ne se départira jamais. Mais on ne saurait rien comprendre à sa future carrière si l'on ignore le poids d'une stratégie familiale qui vient de loin, ainsi que l'héritage de sa petite enfance. « Le ressort d'acier d'un noble pauvre[2] » bandé par un orgueil chatouilleux et souvent froissé impose le sens de sa trajectoire, un sens dont les nombreux prélats vivant dans l'orbite de la cour et participant à la vie politique lui montraient la direction. Ce qui relève de l'équation personnelle sera la capacité d'Armand Jean à exercer cette vocation familiale de service du roi ; mais, pour cela, il faut encore attendre, et le chemin qui conduit au pouvoir est long et n'a rien de facile ni d'aisé.

1. M. Fumaroli, dans H. T. Goldfarb (dir.), *Richelieu, l'art et le pouvoir*, Montréal-Cologne, 2002, p. 16.
2. *Ibid.*

3

De Rome à Luçon

Pour l'heure, même s'il l'accepte sans broncher, Armand Jean n'est ni l'auteur ni le négociateur de la décision qui le concerne : la direction de la famille appartient à son frère Henri qui se fait appeler « marquis de Richelieu », et qui se réserve d'ailleurs une pension fort substantielle de quatre mille livres sur les revenus de l'évêché de Luçon, ce qui peut alors donner à penser que le cadet n'est à nouveau que le confidentiaire de son aîné.

En dépit de cela, l'état ecclésiastique lui permet de trouver sa place propre face à ce frère qui a pris le relais des mains de sa mère et joue, à son tour, le rôle de chef de famille et de gestionnaire de l'héritage paternel. Si Henri constitue un admirable modèle de réussite courtisane, il barre aussi l'horizon de son cadet. Avantage supplémentaire, l'épiscopat assure à Armand Jean un rang que la carrière militaire lui aurait fait longtemps attendre, lui donnant de surcroît l'autorité d'un magistère de parole, et lui ouvrant des possibilités inespérées de promotion rapide. Mais, avant d'y parvenir, il lui faut se remettre au travail, car, pour celui qui se destine à l'Église, les études sont plus longues que pour le praticien des armes ; il doit prendre ses grades à la faculté de théologie, la *Sacratissima divinorum*. Ce n'est pour lui en rien un obstacle, et, à la formation du gentilhomme, il adjoint le cursus universitaire et clérical.

Sur le déroulement de ses études théologiques, nous n'avons que peu d'indications ; encore sont-elles parfois contradictoires. En tout cas, ces études furent rapides et intenses, et il mit à s'aguerrir dans l'art de la controverse une ardeur qui ne l'abandonnera jamais. Ferme dessein, claire et forte volonté sont, et c'est ce qui frappe et fascine de prime abord chez ceux qui approchent désormais le jeune homme, la manifestation d'une puissance intellectuelle hors du commun. Celle-ci se traduit aussi par un agaçant côté de « fort en thème », sûr de lui, capable de passer de l'art militaire à la théologie, et sans cesse désireux de prouver et d'éprouver sa supériorité en argumentant et controversant. On pense qu'il négligea le cursus traditionnel des études de théologie (scandé par les grades de bachelier, licencié et docteur) au profit d'études personnelles pour lesquelles il aurait eu pour maître l'évêque d'Aire, Philippe Cospeau. Vers la fin de 1606, sans attendre l'obtention de ses grades, et, cinq ans avant l'âge canonique, Armand Jean est nommé évêque de Luçon par Henri IV. Cette mesure indique la faveur dans laquelle le roi continue à tenir la famille du grand prévôt, dont le fils aîné brille désormais à sa cour ; Henri IV a également souhaité revoir Suzanne de La Porte, à qui il avait, quelques années plus tôt, proposé sans succès une charge de dame d'honneur de la reine Marie de Médicis. Ajoutons en passant que, en 1603, le roi a fait à la famille l'honneur d'apposer sa signature au contrat du remariage de Françoise, la fille aînée, avec René Vignerot, seigneur de Pont-Courlay, un ancien compagnon d'armes de feu le grand prévôt, qu'il a, pour l'occasion, nommé capitaine de ses gardes.

Mais, pour obtenir l'évêché de Luçon, la nomination du roi ne suffit pas ; en vertu du concordat de Bologne qui, depuis 1516, régit les relations entre la France et le Saint-Siège, le pape doit fournir l'investiture canonique assortie de la dispense d'âge de vingt-six ans nécessaire à l'ordination (Richelieu n'en a que vingt et un). En dépit des sollicitations réitérées dont le roi charge ses ambassadeurs à Rome, l'affaire traîne en longueur : le candidat est bien jeune et il y a lieu de supposer que sa nomination n'est que la poursuite de la pratique condamnable de la confidence en faveur de son frère. Qu'à cela ne tienne ! Armand Jean trouve le moyen le moins coûteux et le plus efficace de plaider sa cause : s'en faire lui-même l'avocat. Rome est à une vingtaine de jours de voyage de Paris, par une route certes fréquentée, mais aussi semée d'embûches qui ont noms épidémies et brigands, inconfort des auberges et des chemins. Une fois celles-ci surmontées, l'acclimatation des nouveaux venus est rapide, grâce au grand nombre de Français présents dans la ville. Montaigne, qui s'y était rendu en 1580-1581, assurait que « chacun y est comme chez soi », se fâchant même « d'y trouver un si grand nombre de Français qu'il ne se trouvait en la rue quasi personne qui ne le saluait en sa langue », ajoutant cette description : « Il trouva nouveau le visage d'une si grande cour et si pressée de prélats et gens d'Église, et lui sembla plus peuplée d'hommes riches et coches et chevaux de beaucoup, que nulle autre qu'il eut jamais vue [1]. »

1. Montaigne, *Journal de voyage*, Paris, 1962, p. 1204.

Armand se rend donc dans cette métropole où il passe quelques semaines qui lui permettent de se familiariser avec le monde de la curie, et qui fournissent à ses biographes la matière à plusieurs anecdotes aussi piquantes qu'invraisemblables, susceptibles de contribuer à la légende – dorée ou sombre – de leur héros. Sa noirceur de fourbe se découvre avec son mensonge au pape, transcrit avec une évidente complaisance par Tallemant des Réaux : « Il alla à Rome et y fut sacré évêque. Le pape lui demanda s'il avait l'âge ; il dit que oui, et après lui demanda l'absolution de lui avoir dit qu'il avait l'âge, quoiqu'il ne l'eût pas. Le pape dit : *Questo giovane sara un gran forbo*[1]. » En effet, le 17 avril 1607, il est sacré par Paul V après avoir obtenu sa dispense d'âge sur production d'un faux acte de baptême qui le vieillit de deux ans.

De manière élogieuse cette fois, on rapporte qu'il suscite l'admiration du pape en étant capable de réciter de mémoire un sermon qu'il vient d'entendre, et même d'en improviser un de son cru sur le même sujet ; qu'il est associé aux travaux portant sur la question de la grâce divine de la congrégation romaine *De Auxiliis* ; et, généralement, qu'il éblouit le pontife par son savoir et sa tête déjà politique.

Il est certain que ce voyage hors des frontières du royaume marque profondément Richelieu, car Rome est bien, alors, une cité sans égale. Fer de lance de la Réforme catholique à l'issue du concile de Trente, elle est aussi un modèle culturel et diplomatique qui en fait un pion central sur l'échiquier européen. La Renaissance et la Contre-Réforme lui ont rendu sa dignité de capitale mondiale rayonnant sur la chrétienté et attirant à elle, comme une patrie religieuse et culturelle, voyageurs, pèlerins et artistes en nombre de plus en plus important. Rome dispose de pouvoirs exorbitants sur la pensée et la société catholique qui se veut universelle : instructions, jugements, décisions finales en partent comme d'un centre qui, par cercles concentriques (la cour pontificale, la ville, la chrétienté), englobe la catholicité tout entière. La politique et la diplomatie, la finance, l'administration et la culture (incluant la passion bâtisseuse des pontifes – c'est notamment le temps de l'achèvement de Saint-Pierre – et la récupération du passé antique) sont les armes de cette souveraineté qui se fonde sur une alliance du sacré et du politique à laquelle la lutte contre la Réforme a donné une vigueur nouvelle : le sacré impose la soumission par des raisons surnaturelles, mais la politique enseigne aussi la prosternation séculière du courtisan devant le souverain.

---

1. « Ce jeune homme sera un grand fourbe » (Tallemant, *Historiettes*, I, p. 234).

La magnifique cour pontificale à l'aune de laquelle les autres puissances sont jugées se révèle, pour Richelieu, pleine d'enseignements qu'il retiendra toute sa vie : « Il n'y a point de lieu où la puissance soit plus considérée qu'en cette cour, ce qui paraît si clairement que le respect qu'on y rend aux ambassadeurs croît et diminue ou change de face selon que les affaires de leurs maîtres vont bien ou mal, d'où il arrive souvent que des ministres reçoivent deux visages en un jour, si un courrier qui arrive le soir apporte des nouvelles différentes de celles qui sont venues le matin [1]. » Rome est le centre de la diplomatie, une capitale où la grandeur culturelle témoigne de la présence d'un pouvoir exceptionnel, et un mécanisme politique et diplomatique sans égal. Richelieu en méditera assurément la leçon : « Il est presque impossible d'être en grande réputation dans cette ville qui a longtemps été le chef et qui est le centre du monde sans l'être par tout l'univers au grand désavantage des intérêts publics [2]. » Le modèle romain, politique, administratif, diplomatique, artistique et culturel sera celui vers lequel il ne cessera de regarder et dont, plus tard, il reconnaîtra en Mazarin l'influence.

Mais il ne peut s'attarder, et, quelque six mois plus tard, il doit quitter Rome. « Je ne puis qu'éprouver du chagrin quand je pense quel ciel, quelle campagne, quelles bibliothèques, quelles promenades, quelles douces conversations avec des lettrés, quelles lumières du monde [...] j'y ai si aisément quittés [3] », se lamentait Érasme quittant la Ville. Pour Richelieu, dont ce fut la plus lointaine incursion hors de France, l'heure n'est pas à la nostalgie, pas davantage aux desseins planétaires. Il s'agit d'entrer enfin en possession de cet évêché nourricier.

De retour à Paris, il achève ses études de théologie. Les érudits débattent encore pour savoir s'il passa effectivement tous les examens requis pour le doctorat [4] ; on sait que la faculté lui accorda à plusieurs reprises des facilités, notamment en raccourcissant les délais. Il n'obtint, semble-t-il, ni la licence ni le doctorat en théologie ; quant à l'épisode si souvent rapporté de la brillante soutenance de thèse à l'épigraphe – provocatrice ou prémonitoire, en tout cas trop belle peut-être pour être vraie – empruntée à l'Écriture sainte : *Quis erit similis mihi ?* – « Qui sera semblable à moi ? » –, il ne se trouve attesté par aucun contemporain. Il demeure que, étudiant assurément brillant et sérieux, il est aussitôt admis au nombre

1. *Testament politique*, p. 266.
2. *Ibid.*
3. Érasme, *Correspondance générale*, I, Paris, 1967, p. 475.
4. Dernière mise au point dans J. Bergin, *L'Ascension de Richelieu*, p. 101.

des membres du collège de Sorbonne. Par rapport au cursus normal des études, il a gagné environ quatre ans, lui qui, en moins de trois années et en dépit d'une santé fragile, a déblayé tous les obstacles sur la route de sa carrière ecclésiastique inopinée. Le marquis du Chillou, entré à neuf ans au collège de Navarre, est devenu, à vingt et un ans, « Monsieur de Luçon », mais reste avant tout le « frère de Monsieur de Richelieu », cet Henri plus en vue de la tutelle duquel il va mettre encore quelque temps à s'affranchir.

Il ne rejoint pas immédiatement son diocèse, mais, en 1608, il demeure à Paris où il se crée d'utiles relations ; il prêche à la cour où, comme beaucoup de ses confrères, il est aumônier de la chapelle royale. Henri IV l'appelle familièrement « mon évêque ». Puis, soudain, dix-huit mois après son retour de Rome, et après quelques mois de maladie, il interrompt cette carrière de courtisan et gagne son diocèse.

Très loin à présent de la vie parisienne, ainsi que des fastes romains auxquels il s'était presque habitué, le jeune et nouvel évêque échoue sur les terres de son évêché, découvrant un palais si délabré qu'il lui est impossible de s'y établir, et une ville qui promet un séjour singulièrement dépourvu d'agréments… Située en Bas-Poitou, à deux lieues de la mer à laquelle elle est reliée par un chenal, et environnée de marais, Luçon se distingue par sa cathédrale, monument composite dont les parties les plus anciennes datent du XIIᵉ siècle, flanqué d'un cloître du XVIᵉ siècle, construit sur l'emplacement d'un monastère bénédictin dont subsiste, au transept nord, une partie romane. La cité s'est développée à l'ombre de ce monastère de Sainte-Marie, réunissant le bourg et un village de pêcheurs jadis séparés par les marécages. Son érection en évêché, démembré de celui de Poitiers en 1317 par le pape Clément V, est son principal titre de gloire administrative. Mais c'est la boue qui constitue son emblème ordinaire, dégorgée sans cesse des marais pour envahir les rues de la ville qui, n'étant pas pavées, deviennent impraticables à la moindre pluie. L'eau affleure partout, partout l'humidité est pénétrante. Qualifier Luçon, comme le fait son évêque, d'évêché « crotté » n'est pas une exagération littéraire, mais la pure et simple expression de la réalité quotidienne d'un pays pauvre au climat malsain et insalubre. Le printemps y est pluvieux, la chaleur étouffante l'été, l'hiver sujet aux bourrasques.

De plus, les années antérieures ont été pour la région une période particulièrement sombre : à l'épidémie de 1557 ont succédé les ravages des guerres de Religion, avec, de l'autre côté du marais, la présence hostile de la citadelle huguenote de La Rochelle, la division religieuse entre catholiques et protestants, et les saccages de la ville, en 1562, en 1568 et de nouveau en 1570. La cathédrale en a été la victime et elle fait encore mauvaise mine : ses cloches sont brisées, son clocher brûlé, ses voûtes effondrées et ses autels ravagés. Pour la restaurer, Richelieu passe un traité avec les chanoines, ratifié en 1609 par le Parlement de Paris.

En tous domaines, la reconstruction est à l'ordre du jour pour le nouvel évêque qui, s'il porte fièrement le titre de baron de Luçon, n'a guère les moyens de mettre en valeur une dignité qui chatouille son orgueil aussi agréablement que celui-ci est froissé au quotidien par sa pauvreté et la modestie de sa situation. Il lui faut tout autant s'établir et soutenir son rang que réformer son diocèse, conformément aux directives et impulsions du concile de Trente. Il n'y dispose pas même d'une résidence convenable, car l'évêché, construit au siècle précédent, a été pillé et saccagé à plusieurs reprises par les protestants, et ce n'est qu'en 1623 qu'il parviendra à remettre en état un des bâtiments ; pour l'instant il doit se contenter d'une maison en ville, dans laquelle, faute de jardin pour se promener, il se sent emprisonné. De plus, le climat est incompatible avec sa santé, le coût d'un pied-à-terre parisien est prohibitif, il lui faut engager un maître d'hôtel, acquérir au meilleur prix literie, argenterie, tentures, ornements sacerdotaux nécessaires pour manifester son rang ; bref, tout est à restaurer et à remettre en ordre et il n'hésite pas à en faire l'aveu : « Je vous puis assurer que j'ai le plus vilain évêché de France, le plus crotté et le plus désagréable [1]. »

De ses déprimants tourments domestiques, il fait la confidence épistolaire à une certaine Mme de Bourges, une relation qu'il avait certainement acquise au temps de ses études parisiennes dans le monde bourgeois des La Porte, et dont le mari semble avoir été son avocat et procureur parisien. La correspondance qu'il entretient avec elle nous le montre sous un jour exceptionnellement familier : il lui expose ses ambitions ramenées au niveau du paraître quotidien : « Je suis gueux, comme vous savez, de façon que je ne puis faire fort l'opulent ; mais toutefois, lorsque j'aurai plats d'argent, ma noblesse sera fort relevée [2]. » Il déploie sa capacité à faire retour avec humour sur lui-même, exprime sa satisfaction enjouée quand il parvient à ses fins et qu'il lui semble qu'on veut lui faire croire qu'il est « un grand monsieur en ce pays [3] ». Et ce n'est

---

1. *Lettres, instructions diplomatiques et papiers d'État du cardinal de Richelieu*, par M. Avenel, I, Paris, 1853, p. 24 (ci-après abrégé en Avenel).

2. *Ibid.*, p. 17.

3. *Ibid.*, p. 25.

pas tant par son réel zèle épiscopal que Richelieu, qui se qualifie lui-même d'« évêque de campagne », est demeuré pour la postérité célèbre comme évêque de Luçon, mais par sa condition médiocre et sa répugnance pour la pauvreté, les tracas domestiques et problèmes d'image qui en découlent. Car il est très soucieux de l'image qu'il renvoie, ce tout jeune évêque vif et nerveux, dont les yeux dissymétriques brillent d'intelligence et d'ironie mordantes, et qui, bien que de petite taille, conserve sous l'habit ecclésiastique l'allure du gentilhomme formé à l'art militaire, et reste toujours prompt à manifester avec fierté, sinon avec vanité, sa science universitaire.

En réalité, sa situation n'est pas catastrophique : ce petit diocèse rapporte à Richelieu 13 000 livres par an (d'où il faut déduire les 4 000 livres concédées à Henri, mais ajouter 2 000 à 3 000 livres provenant des quelques prieurés dont il dispose néanmoins), ce qui n'est pas ridicule (Joseph Bergin note qu'en 1641 il y a, sur un total de quelque cent treize évêchés, plus de quarante prélats à disposer de revenus inférieurs). Il n'en est pas moins vrai que son évêque, qui se dit lui-même « gueux », se trouve dans une position qui lui permet fort difficilement de soutenir son rang et ses prétentions à être un évêque-gentilhomme doté d'une maison respectable.

Car il a parfaitement conscience de l'importance que doit lui donner sa robe violette, et l'exprime sans hésitation quand il lui faut commenter pour ses diocésains le quatrième commandement de Dieu, dans son *Instruction du chrétien* : « Tu honoreras ton père et ta mère ». Sous sa plume, la notion de parents s'élargit de proche en proche à celle plus générale d'autorités, au premier rang desquelles figurent bien évidemment les prélats : « Par ce nom de père, les pères et mères qui nous ont engendrés ne sont pas seulement entendus, mais en tous les prélats de l'Église qui méritent ce nom, à raison de leur autorité spirituelle et des saintes instructions par lesquelles ils nous conduisent à une vie plus excellente » (leçon 15).

En bon évêque de la Réforme catholique, il tente avec zèle, sinon avec plein succès, de mettre en place l'absolutisme épiscopal qui convient si bien à son tempérament impérieux. Il trouve là la carrière qui convient à sa nature active : l'épiscopat lui donne matière à s'exercer à la direction des hommes et à la gestion des affaires, à pratiquer la controverse, art qui lui montre la force et le pouvoir de la parole. Les premières années le voient sur le terrain. Il s'essaie à rétablir de bonnes relations avec le chapitre et à négocier une transaction financière pour la restauration des bâtiments de la cathédrale, à obtenir la coopération des nobles titulaires des puissantes abbayes qui exerçaient sur son diocèse une autorité concurrente. Il attire des ordres religieux nouveaux, des prédicateurs et mission-

naires, capables de seconder sa volonté de réforme : en 1612, les
oratoriens sont à Luçon ; les capucins, qui y prêchent depuis les
années 1602, s'établissent aux Sables-d'Olonne en 1616 et à Luçon
même en 1619. Son dessein est d'accéder au peuple par le moyen
d'un clergé mieux formé auquel il cherche à imposer une discipline
plus stricte : réunions et instruction dans le cadre de synodes diocésains, promulgation de règlements et d'instructions, visite pastorale
sont des armes dont il partage l'usage avec l'ensemble des réformateurs de son temps.

On ne peut s'empêcher de penser que, s'il y eut de la part de
Richelieu quelque relent de retour sur soi dans ce conseil qu'il formulera plus de trente ans plus tard à l'intention de Louis XIII, il ne
fut pas accompagné de mauvaise conscience : « Ceux qui recherchent les évêchés par ambition et par intérêt pour faire leur fortune
sont d'ordinaire ceux qui s'attachent à faire leur cour pour obtenir
par importunité ce qu'ils ne peuvent obtenir par leur mérite ; aussi
ne doit-on pas les choisir, mais ceux qui sont appelés de Dieu à cet
état, ce qui se connaît par leur manière de vie différente. » Car c'est
bien d'abord comme bon évêque de la Réforme catholique, comme
dévot, bien davantage que comme politique, qu'il va se faire
connaître et se constituer un réseau de relations, accédant très progressivement à une relative notoriété. Itinéraire qui passe d'abord
par l'exercice des vertus chrétiennes en un siècle où la sainteté est à
l'ordre du jour : « Pour avoir un évêque à souhait, il le faudrait
savant, plein de piété, de zèle et de bonne naissance. [...] Il faut surtout qu'un évêque soit humble et charitable, qu'il ait de la science et
de la piété, un courage ferme et un zèle ardent pour l'Église et pour
le salut de ses âmes [1]. »
Sonder les consciences, en dépit de l'envie qu'il en puisse avoir,
est tâche impossible pour l'historien qui doit se contenter d'indices
lui permettant de retrouver la cohérence d'une vie. L'engagement
de Richelieu en matière spirituelle a fait l'objet de jugements souvent sceptiques, parfois malveillants, mais le plus souvent extérieurs aux critères de son époque. On a conservé un témoignage
direct qui permet à tout le moins de mieux connaître son style, une
lettre que, jeune évêque de Luçon, il adresse, sans doute vers 1609,
à une correspondante inconnue dont il semble assurer la direction de
conscience [2]. À sa lecture on éprouve peu d'émoi mystique, plutôt le
sentiment de la restitution d'une doctrine certes de bon aloi, mais

1. *Testament politique*, p. 89.
2. Avenel, I, p. 38-42.

bien convenue, tant dans le diagnostic énoncé – « Vous êtes recherchée par deux esprits contraires, dont l'un vous représente la croix et l'autre la douceur ; l'un vous appelle au ciel, l'autre vous tire à la terre » –, que dans le remède proposé – « Consultez-en la foi, et elle vous dira que Dieu est un bien si grand qu'il mérite bien d'être recherché avec attente, peine et travail »… Les pratiques de méditation – essentiellement considérées sous l'angle du mal de tête qu'elles causent à sa correspondante – et d'examen de conscience proposées à cette âme dévote le sont d'une plume docte mais extérieure, et peut-être les accents les plus sincères et personnels sont-ils à entendre dans cette évocation de la simple volonté, où l'expression (ou la plume du copiste) se fait trop rapide et dérape quelque peu : « Souvenez-vous, Madame, que, quelque agitation que vous ayez, il est toujours en vous de vaincre si vous voulez ; l'issue de ces combats dépend entièrement de vos volontés. Ne méconnaissez la force de cette volonté que Dieu vous a donnée et [qui] ne peut être vaincue si vous ne le voulez être. » Pour être plus volontaire et actif que contemplatif et mystique, « Monsieur de Luçon » en est-il moins conscient des devoirs spirituels de sa nouvelle charge ?

Au vrai, le jeune évêque n'est pas avare de « saintes instructions », au premier rang desquelles il faut placer son *Instruction du chrétien*, ouvrage communément dénommé *Catéchisme de Luçon* en raison de son caractère pédagogique, qui n'est pas un catéchisme par questions et réponses à proprement parler, mais une série de prônes à l'intention de l'ensemble des fidèles [1]. Ce traité succède à une *Briefve et facile instruction pour les confesseurs* publiée sous la signature de son grand vicaire Flavigny, elle-même suivie de statuts synodaux destinés à donner aux clercs les instructions nécessaires à la dignité de leur état. Sa mise au point semble dater de 1618, une année sombre sur laquelle on reviendra, et répond à cette volonté d'instruire prêtres et fidèles : « Apprenant du souverain Pasteur des Pasteurs, que le principal office du Pasteur est de paître son troupeau… », telle est sa première phrase en forme de programme.

L'ouvrage ne se signale pas par son originalité de fond, mais suscite l'intérêt par ce qu'il révèle de la personnalité de son auteur. La méthode est le commentaire de textes : Symbole des Apôtres, Décalogue et commandements de l'Église, oraison dominicale, salutation angélique. Il ne s'agit de rien de moins que d'une exposition ordonnée de la doctrine chrétienne plus orientée vers l'éthique que vers la mystique. Désireux de s'adresser aux chrétiens ordinaires, de faire

---

1. J. Joncheray, « L'*Instruction du chrétien* de Richelieu. Prône ou catéchisme ? », dans *Aux origines du catéchisme*. Actes de colloque, 1988, Paris, 1989, p. 229-246.

œuvre élémentaire de christianisation, Richelieu pratique la plus grande simplicité de raisonnement et d'expression, afin d'être aisément compréhensible ; il évite notamment d'évoquer expressément les spéculations ou les controverses théologiques qui n'entrent pas dans le cadre de son dessein, à l'exception de la réfutation des thèses de « nos adversaires », les calvinistes bien présents dans la région.

Cependant, la question que l'on peut se poser à la lecture attentive de l'ouvrage est de savoir s'il remplit bien cette vocation ; les fidèles et le clergé de Luçon devaient en effet être largement dépassés par cet exposé magistral – virtuose même dans certaines de ses démonstrations. On est bien loin du style fleuri et familier d'un François de Sales, son contemporain, qui s'adressait, dans sa célèbre *Introduction à la vie dévote*, à l'affectivité de sa Philotée pour la conduire par une voie toute de douceur à Dieu ; Richelieu fait avant tout appel à l'abstraction du raisonnement. Prenons l'exemple de cette caractérisation de la Trinité qui devait quelque peu dérouter le fidèle auquel elle était destinée : « Le Père, par une action de son entendement, a produit le Fils, et ce Fils qui est produit, aimant son père comme celui de qui il reçoit l'être, et le père son fils comme celui à qui il l'a donné, il arrive que, par cette action mutuelle d'amour, un troisième terme que nous appelons Saint-Esprit est produit » (leçon 7).

Rédigé par un jeune prélat sans doute plein de zèle pastoral, mais également soucieux de montrer à ses pairs l'étendue de sa science et son habileté littéraire à l'exposer, le texte révèle en tout cas son goût de l'expression, ainsi que sa croyance en son pouvoir. Autrement dit, négocier, persuader, par la parole ou – et cela revient au même – par l'écrit, est et restera la méthode pédagogique naturelle à Richelieu qui manifeste une inaltérable confiance dans le pouvoir des mots et du raisonnement de gagner l'esprit et le cœur des hommes. Comme prêtre, il croit que les fidèles ont à être informés de leurs états en matière spirituelle, et instruits par le ministère de la parole. C'est sans doute qu'il perçoit ceux-ci comme des créatures définies par l'usage de la raison et, par là, perfectibles, avec un plus grand respect de leur liberté que ne le suggèrent d'ordinaire ses biographes, lesquels mettent davantage l'accent sur sa volonté de domination que sur le désir insatiable de persuasion dont il ne cessera jamais de faire preuve.

Ce goût de la persuasion s'exerce encore à l'endroit de la « Religion prétendue réformée » (RPR). C'est dans le contexte local que s'ancre son intérêt pour la résolution de ce problème auquel il est confronté au quotidien et qui lui permet de s'illustrer comme controversiste. Profondément engagé naguère dans les guerres de Religion, le Poitou du début du XVIIᵉ siècle ne s'est guère apaisé de ce point de vue. Le protestantisme ne peut en effet passer inaperçu dans une province dont Sully est gouverneur, où s'élève la forteresse de La Rochelle et où le célèbre pasteur Duplessis-Mornay est à la tête de l'Académie protestante de Saumur. La harangue que l'évêque de Luçon délivre à ses ouailles au moment de la prise de possession de son évêché [1] montre qu'il a parfaitement conscience du problème (« Je sais qu'en cette compagnie il y en a qui sont désunis d'avec nous quant à la croyance ») ; il s'y déclare avec éclat partisan d'une politique de tolérance mutuelle (« Je souhaite en revanche que nous soyons unis d'affection »), tandis que les événements quotidiens le font apparaître sous le jour d'un défenseur résolu des intérêts catholiques face aux empiètements huguenots, et d'un serviteur convaincu de la politique antiprotestante de la Contre-Réforme. Il n'hésite pas à recourir ponctuellement à l'autorité du roi pour soumettre les huguenots aux dîmes, ou pour réprimer les incursions et violences par eux faites dans les églises afin d'y enterrer leurs coreligionnaires, comme c'est le cas en 1613 dans la paroisse de Boufféré. On se souvient qu'à son arrivée à Luçon, faute de palais épiscopal en état, il dut se loger en ville ; par malchance, la maison dans laquelle il s'installe alors est située en face du temple protestant en construction. Il s'emploie aussitôt à obtenir d'Henri IV une ordonnance du 14 avril 1609 qui interdit aux réformés d'en continuer les travaux « au devant de la maison en laquelle […] le sieur évêque de Luçon est contraint de demeurer à cause que, durant les guerres avenues en notre royaume, ceux de ladite religion ont entièrement démoli son palais et manoir épiscopal ». Et, plus généralement, suivant la pente naturelle de son caractère de polémiste, Richelieu entreprend un effort résolu pour faire face à leur supériorité intellectuelle : par la multiplication des missions, il cherche sans doute à concurrencer l'action de l'Académie de Saumur, et, bientôt, n'hésitera pas à se signaler encore comme auteur ecclésiastique en intervenant, cette fois, dans les polémiques nationales.

À la mort d'Henri IV, il fait ainsi adresser, de la part du clergé et des fidèles du diocèse de Luçon, une lettre au gouverneur du Poitou, M. de Parabère, l'assurant de leur fidélité monarchique et de leur résolution de vivre en bonne union, sans considération de confession religieuse : « Or, comme, dès le commencement, notredit sieur le révérend évêque nous y a acheminés et disposés par ses exhorta-

---

1. Avenel, I, p. 15.

tions, prières et sollicitations, et nous a encore derechef sollicités d'en rendre témoignage par écrit, et non seulement de l'obéissance que nous devons à notre souverain roi et prince, mais aussi d'une protestation que nous tous habitants de cedit lieu, ecclésiastiques et autres de l'une et l'autre religion voulons vivre sous l'obéissance dudit seigneur roi et de vous, gouverneur de ce pays [1] »... Tous les actes du jeune évêque démontrent ainsi que son accord avec les aspirations à une réforme religieuse s'accompagne d'une adhésion sans faille à l'autorité royale.

De la Réforme catholique, il partage les idéaux et aspirations essentiels ; son action épiscopale se veut une exemplaire tentative pour les mettre en œuvre. Ainsi, Richelieu adhère pleinement aux exigences de la Contre-Réforme quant à la dignité éminente de la vocation sacerdotale. Il exprime sa volonté de contrôler la capacité des prêtres ayant charge d'âmes et, pour améliorer leur recrutement et leur formation, est l'un des premiers en France à s'engager dans la voie de la fondation d'un de ces séminaires recommandés par le concile de Trente.

L'histoire de cette fondation montre parfaitement les limites de son zèle réformateur. S'il pousse la prudence et la prévoyance jusqu'à obtenir en 1611 des lettres royales autorisant la fondation et la perception d'une taxe pour son fonctionnement, s'il négocie avec son clergé et achète lui-même une maison en ville en 1612, Richelieu ne se heurte pas moins aux réticences des détenteurs de bénéfices ecclésiastiques, soumis à la taxe nouvelle qu'il doit faire confirmer par d'itératives lettres patentes en 1613. En 1616-1617, les oratoriens prennent l'établissement en main ; cependant, l'abstention financière persistante du chapitre le condamne à une mort lente, qui est effective en 1625. Richelieu, on le verra, a alors depuis longtemps cessé de résider à Luçon, et n'est plus en mesure d'imposer personnellement sa volonté au clergé local.

En effet, son zèle de néophyte, ardent au début de son épiscopat où il est personnellement sur le terrain, s'il demeure de l'ordre de la volonté tenace, s'émousse quelque peu du fait des résistances et de la routine auxquelles il se heurte, comme de ses absences de plus en plus fréquentes ; car résider en sa ville épiscopale reste pour lui dépourvu d'agrément. C'est pourquoi on ne peut guère isoler ses tâches d'administration pastorale de l'ensemble plus large de ses activités de l'époque dont les chronologies s'entremêlent. Il réside assidûment dans son diocèse les premières années, puis n'y fait plus que des séjours de plus en plus brefs et cesse pratiquement d'y venir

---

1. *Archives historiques du Poitou*, I, 1872, p. 320-321.

à compter du milieu de 1616, à l'exception de deux courtes apparitions en 1617 et 1619. De plus, dès avant 1616, sa résidence est entrecoupée de séjours à Paris ou dans ses prieurés des Roches ou de Coussay, plus salubres, où il se remet de divers accidents de santé et se livre à des travaux intellectuels – notamment en compagnie du théologien anglais réputé Richard Smith, qui s'engage à ses côtés et lui sert de maître en controverse [1] –, soit encore de visites dans la ville proche et plus attrayante de Poitiers.

L'épisode épiscopal de la carrière de Richelieu comporte un aspect social essentiel ; il y poursuit la constitution d'un réseau de parents, d'amis et de relations qui lui seront d'un grand secours pour la suite de sa carrière. Outre quelques fidélités domestiques, au premier rang desquelles le doyen du chapitre de Luçon, Sébastien Bouthillier, abbé de La Cochère, l'un des fils de ce Denis Bouthillier que nous avons déjà rencontré, pourvu par lui de ce canonicat et préposé à toutes les missions de confiance, il noue des relations durables dans le monde ecclésiastique. L'Église constituait l'une des collectivités les mieux organisées et les plus efficaces du temps. Il faut en effet avoir conscience de l'importance qu'a alors ce milieu, qui travaille au renouveau spirituel du royaume de France et à la réforme de l'Église ; voulant un État chrétien et plaçant la politique sous la dépendance de la religion, les dévots [2], ces catholiques encore frais émoulus de la Sainte Ligue, ralliés autour de l'idée de l'unité religieuse de l'Europe, pèsent alors d'un poids politique certain, et, pour l'heure, Richelieu leur semble être animé d'un zèle prometteur.

C'est ainsi qu'il se lie avec Pierre de Bérulle, quand, le premier dans l'épiscopat français, il sollicite les services de l'Oratoire de France que celui-ci vient de fonder en novembre 1611 ; il œuvre à la réforme de l'abbaye proche de Fontevrault avec un capucin au zèle ardent, François Le Clerc du Tremblay, en religion le père Joseph, initiant alors un compagnonnage qui deviendra de plus en plus étroit et conjoindra, au fil du temps, intérêts religieux et visées politiques.

1. A. F. Allison, « Richard Smith's Gallican Backers and Jesuit Opponents. Smith at Paris as protégé of Richelieu », dans *Recusant History*, XIX, 1989, p. 234-285.
2. La sensibilité catholique, heurtée par les pratiques jugées iconoclastes et sacrilèges des huguenots, s'était exprimée sous la forme de ligues, dans le cadre desquelles la fidélité catholique avait le pas sur l'obéissance au roi. Le mouvement insurrectionnel culmina sous Henri III et à l'avènement d'Henri IV qui en vint à bout en rétablissant l'ordre et la paix civile avec l'édit de Nantes en 1598. J.-M. Constant, *La Ligue*, Paris, 1996. Voir aussi L. Châtellier, *L'Europe des dévots*, Paris, 1987.

Ce capucin, dont la postérité a retenu la robe de bure grise et la barbe en broussaille, a une excellente connaissance du monde : né en 1577, fils aîné d'un président de chambre au Parlement de Paris et d'une descendante de la famille auvergnate des Motier, Marie de La Fayette, filleul du duc d'Alençon et de Diane de France, fille naturelle d'Henri II, orphelin de père à dix ans, il a fait des études classiques, voyagé en Italie et fréquenté la cour d'Henri IV sous le nom de baron de Maffliers, avant de céder à la vocation religieuse en 1599. Son idéal de service de l'Église contre l'hérésie l'a conduit dans les provinces de l'ouest du royaume ; en septembre 1613, il est élu provincial de Touraine. Sa position l'amène à connaître des affaires ecclésiastiques, mais aussi à intervenir dans les négociations plus politiques qui vont se dérouler dans ces régions entre le pouvoir et les Grands, le mettant ainsi en contact durable avec l'évêque de Luçon, dont il comprend très vite les services politiques qu'il est susceptible de rendre à la cause dévote.

À Poitiers, Richelieu a aussi l'opportunité de s'intégrer à l'entourage du nouvel évêque, Mgr Chasteignier de La Rocheposay d'Abain, tout à la fois clerc, militaire et lettré, fidèle serviteur de la cause royale, qui arrive à Poitiers en 1612. C'est également là qu'il rencontre un certain Duvergier de Hauranne, le futur abbé de Saint-Cyran, alors grand vicaire du diocèse. L'érudition de ces ecclésiastiques, qui forment un cercle agréable et savant, séduit sans conteste Richelieu et le conforte dans son goût de l'étude. C'est dans ce contexte d'intimité amicale qu'il laisse assurément le plus paraître ses ambitions et sa personnalité, laquelle devait être séduisante et donner les plus grands espoirs, puisque c'est parmi ce petit groupe de réformateurs, uni par un même idéal, que se trouveront les artisans les plus convaincus et les plus dévoués de son ascension politique future.

Après ses séjours à Paris, après l'épisode romain, dans sa province même, Richelieu a su se forger une image et se construire un réseau de relations et d'amitiés ecclésiastiques ; il est devenu un membre, remarqué par son zèle et sa science, d'un groupe actif entretenant des relations suivies entre la province et la capitale, et s'est ainsi créé une image dévote exemplaire de jeune prélat partisan du concile de Trente. Il s'est constitué un capital d'estime qui portera ses fruits sous la forme du patronage du « parti dévot », dont il aura, dans un premier temps, les faveurs.

Pour l'instant, de sa province, il entretient ses réseaux de relations à la ville et à la cour, sollicite secours et dégrèvements d'impôts pour ses diocésains, cherche au plus haut de l'État des soutiens face au problème de la RPR ou aux oppositions à son programme réformateur, pratique avec emphase la louange à l'intention des Grands. Il s'adresse ainsi au protestant Sully, non seulement surintendant des Finances, mais aussi gouverneur du Poitou : « Si j'avais autant de moyen de vous servir comme j'ai d'occasion de vous importuner, je vous rendrais les preuves de mon affection et de mon devoir avec autant de contentement que je prends la plume avec déplaisir pour mendier les témoignages non mérités de votre bienveillance [1]... »

C'est à la lecture de telles lettres, et en se basant sur ce style, qu'il partage avec beaucoup de ses contemporains, que la plupart de ses biographes lui ont, par la suite, taillé son traditionnel costume d'ambitieux « Rastignac mitré ». On a même pu, dans ce contexte, outrepasser les bornes de la critique en lui attribuant la paternité d'un texte intitulé *Instructions et maximes que je me suis données pour me conduire à la cour* qui contient des préceptes relevant d'une courtisane servilité envers le roi auquel, par exemple, il est recommandé de réitérer sans relâche de plates offres de service louangeuses en répétant à temps et à contretemps « que ç'a été par malheur que jamais on ne lui a pu faire service qu'en petites choses et qu'il n'y a rien d'impossible à une bonne volonté pour un si bon maître, un si grand roi [2] ». Ce texte, Richelieu n'en est pas l'auteur, on le sait maintenant depuis fort longtemps ; du reste, il n'est pas un néophyte à la cour et n'a nul besoin de se donner des règles de conduite.

On lui attribue encore sans déplaisir une cruelle déconvenue quand il échoue, en 1610, à se faire élire représentant de sa province ecclésiastique – celle de Bordeaux – à l'Assemblée du clergé qui doit se réunir à Paris. Il en aurait conçu une vive amertume, voire une véritable dépression, l'obligeant à se retirer dans la solitude de son prieuré de Coussay pour remâcher son humiliation. L'épisode, qui se place en fait en 1611 et dont on ne connaît pas les détails, manifeste tout au plus sa maladresse juvénile, son défaut de jugement et les limites de son prestige dans le monde ecclésiastique – à moins qu'il n'ait tout bonnement renoncé de lui-même – et demeure un épisode mineur de ces années de pénombre.

Il est vrai qu'un dessein politique semble souvent percer derrière les mots du jeune évêque. D'entrée de jeu, son propos en ce domaine est assuré et sa ligne de conduite invariable : c'est celle,

---

1. Avenel, I, p. 90-91.
2. A. Baschet, *Mémoire d'Armand du Plessis de Richelieu, évêque de Luçon, l'année 1607 ou 1610, alors qu'il méditait de paraître à la cour*, Paris, 1880 (reconnu par Jules Lair comme étant de Pierre Mathieu, historiographe d'Henri IV, dans *Rapports et notices sur l'édition des Mémoires du cardinal de Richelieu*, fasc. 1, 1905, p. 78-87).

dont il a très naturellement hérité de sa famille, d'adhésion à la politique royale ; elle se révèle à ceux qui veulent l'entendre, à commencer par ses diocésains de Luçon à qui il tient, dès son arrivée, le 21 décembre 1608, un discours invitant, on l'a vu, catholiques et protestants à « être unis d'affection », ajoutant : « Je ferai tout ce qui me sera possible pour vous convier à avoir ce dessein, qui leur sera utile aussi bien qu'à nous et agréable au roi, à qui nous devons tous complaire [1] ». Voilà un ton nouveau pour une harangue épiscopale – nouveau, certes, mais dans la ligne politique des édits de pacification du royaume dont l'édit de Nantes constituait l'aboutissement, prônant cette coexistence pacifique entre catholiques et protestants invités à « vivre paisiblement ensemble comme frères, amis et concitoyens » ; un ton qui, s'il lui était rapporté, ne pouvait que plaire à Henri IV ; « son » évêque poursuivait la tradition de fidélité à la politique royale de sa famille.

Écoutons-le encore prêcher du haut de la chaire, quatre jours plus tard, à la Noël 1608, en sa cathédrale de Luçon. Il commente ce texte de circonstance : *Et verbum caro factum est* [2], et s'adresse à ce qu'il appelle « les colombes » pour faire à nouveau entrer en scène, à partir de la paix des âmes, la thématique de la paix civile : « Mais, de même que Jésus-Christ, en venant sur la terre, y apporta la paix, il faut, pour qu'il demeure en nous, que nous fassions régner la paix dans nos âmes. » Rapidement, il passe à la paix des armes, unissant dans son raisonnement la religion et la politique ; de fidèles, les destinataires du sermon se transforment en sujets du roi, à moins que ces deux qualités ne soient, pour leur évêque, indissociables : « Dieu par sa bonté a tellement favorisé les armes de notre roi qu'apaisant les troubles il a mis fin aux misères de son État. [...] La paix est en ce royaume, mais ce n'est point assez pour inciter le doux Jésus à venir faire sa demeure avec nous. Il faut qu'elle soit en nos villes, en nos maisons, et principalement en nos cœurs. » Mieux même, le discours devient purement politique, sous la forme d'un appel au respect de la loi et à l'obéissance au roi : « La paix publique s'entretient par l'obéissance que les sujets rendent à leur prince, se conformant entièrement à sa volonté en ce qui est du bien de son État. [Elle se maintient dans les villes lorsque les personnes] se contiennent modestement dans le respect qu'elles doivent aux lois et aux ordonnances de ceux qui ont autorité. La paix est aux maisons quand ceux qui demeurent ensemble vivent sans envie, sans querelle, sans inimitié les uns contre les autres. » Enfin, en

---

1. Avenel, I, p. 15.
2. « Et le Verbe s'est fait chair ». Jn., 1, 14.

conclusion, Richelieu retrouve la thématique d'une paix qui rejoint la raison d'État : « La paix est en nos cœurs lorsque la raison commande comme reine et maîtresse, que la partie inférieure qui contient le peuple séditieux de nos appétits obéit et que toutes deux se soumettent à la raison éternelle, de laquelle la nôtre emprunte ce qu'elle a de lumière [1]. » La certitude d'avoir à délivrer un message politique en conformité avec la royauté et à son service imprègne déjà jusqu'à l'obsession son discours pastoral.

En fait, l'ambition de Richelieu doit être mesurée à l'aune de sa situation réelle et non estimée à la lumière de sa carrière ultérieure. Il n'y a pour les contemporains rien de surprenant – et *a fortiori* rien de regrettable – dans ce qui peut aujourd'hui nous apparaître comme une confusion des genres, voire un dévoiement de la mission spirituelle de l'Église au profit d'une prise de pouvoir temporel. L'Ancien Régime trouve en effet sa meilleure définition dans cette proximité entre politique et religion, la sphère religieuse ayant vocation à englober et à dominer le domaine dévolu à l'action politique qui tend lentement mais irrésistiblement à s'en émanciper pour se constituer en domaine autonome. Les affaires religieuses sont tout naturellement, dans ce contexte, affaires d'État, tout comme paraît normale la vocation des hommes d'Église à une carrière politique. C'est pourquoi se borner à suspecter la sincérité religieuse de Richelieu, dévaluée par l'opportunisme de l'arriviste qu'il serait fondamentalement, est insatisfaisant. Retracer le cheminement qui fut celui de sa première accession au pouvoir oblige à faire table rase de l'idée anachronique selon laquelle son talent politique extraordinaire trouva comme automatiquement la scène où il pourrait s'exercer au service de l'État, service auquel il était tout naturellement voué. Il connut d'abord une longue période de semi-obscurité provinciale que l'on ne peut ignorer, même si elle est moins glorieuse que la vulgate convenue de l'ascension fulgurante [2].

Une carrière politique n'est pas le fruit du hasard et Richelieu n'a rien en ce domaine d'un *self-made man* ; sa formation a été longue,

1. P. Ingold, « Un sermon inédit de Richelieu », dans *Semaine catholique* [*du diocèse de Luçon*], 22 décembre 1888.
2. On doit, redisons-le, à Joseph Bergin d'avoir mis à mal les les idées reçues et montré combien cette ascension vers le pouvoir fut lente et malaisée et, en fin de compte, tributaire, non du seul talent de son héros, mais de son insertion dans des réseaux efficaces de clientèles et de sa situation ecclésiastique, indépendamment de laquelle son progressif rapprochement des cercles du pouvoir demeure indéchiffrable. J. Bergin, *L'Ascension de Richelieu, op. cit.*, qui renouvelle largement L. Lacroix, *Richelieu à Luçon. Sa jeunesse, son épiscopat*, Paris, 1890.

et sa carrière ecclésiastique a été une étape que l'on ne peut omettre sous peine de ne rien comprendre à son destin politique qui, après le groupe familial, passe par l'ordre du clergé, le premier du royaume. L'épiscopat constitue finalement une bonne préparation à la gestion des affaires publiques.

Mais, pour l'instant, l'ambition de M. de Luçon se limite au domaine de l'Église, sans visée politique nationale. Il peut certes prétendre à une position ordinaire dans la maison ecclésiastique du roi, à la cour où il a déjà ses entrées comme aumônier de la chapelle royale, mais un rôle politique ne fait assurément pas partie d'un « plan de carrière » qu'il ne peut guère concevoir alors. Il s'essaie simplement à marcher sur les traces de celui qui est son modèle, le cardinal Jacques Davy Du Perron (1556-1618), lumière et leader de l'Église de France, l'archevêque de Sens qui, né protestant, a abjuré jeune et est devenu lecteur d'Henri III avant d'entrer dans les ordres en 1593 ; habile négociateur et controversiste, il s'est vite, lui aussi, rallié à Henri IV et a joué un rôle majeur dans la conversion du nouveau roi ; mais, si en vue fût-il, sa gloire repose sur ses talents d'orateur, non sur l'exercice de fonctions politiques dont il n'a jamais été question pour lui. Richelieu, évêque de Luçon, apparaît, lors de ses passages à la cour d'Henri IV, comme gravitant dans son orbite. Aubery, son biographe, rapporte que « les succès de Du Perron étaient pour lui ce que les trophées de Miltiade étaient pour le jeune Thémistocle[1] » et sans doute éprouve-t-il une grande satisfaction quand il lui revient que l'éminent prélat le cite en exemple aux jeunes évêques de son entourage…. C'est là son domaine, où il peut essayer de s'affirmer pour acquérir une renommée portant au-delà de son évêché de Luçon, mais auquel il ne lui convient pas de se soustraire – n'oublions pas qu'il n'incarne pas les espérances de son lignage. Ce rôle essentiel est toujours dévolu à Henri, qui assure à la cour d'Henri IV le renom des du Plessis de Richelieu, et distribue les rôles à l'intérieur de la famille, ce frère aîné dont il n'est toujours que le très respectueux et sans doute admiratif cadet. Et c'est à lui qu'il fait remettre, en mai 1610, au lendemain de l'assassinat d'Henri IV, un curieux texte à l'attention des nouveaux détenteurs du pouvoir, le roi mineur et sa mère régente. En ces instants fertiles en événements, dans un contexte politique mouvant, riche en opportunités, à la faveur duquel de nouvelles donnes sont désormais possibles, son regard n'hésite pas à se porter bien au-delà des limites de son diocèse.

---

1. A. Aubery, *Histoire du cardinal-duc de Richelieu*, Paris, 1660, p. 7 (ci-après abrégé en Aubery).

4

L'orateur du clergé

« Nous, Armand Jean du Plessis de Richelieu, par la grâce de Dieu et du Saint-Siège apostolique, évêque et baron de Luçon, et les doyen, chanoines, chapitre et clergé dudit lieu, protestons, sur la foi que nous devons au premier auteur de toutes choses, de nous comporter tout le cours de notre vie envers le roi Louis treizième, à présent régnant, tout ainsi que les très humbles, très affectionnés et très fidèles sujets doivent faire envers leur légitime seigneur et roi. En outre, nous certifions que, bien qu'il semble qu'après le funeste malheur qu'une homicide main a répandu sur nous, nous ne puissions plus recevoir de joie, nous ressentons toutefois un contentement indicible de ce qu'il a plu à Dieu, nous donnant la reine pour régente à cet État, nous départir ensuite de l'extrême mal qui nous est arrivé, le plus utile et nécessaire bien que nous eussions pu souhaiter en nos misères, espérant que la sagesse d'une si vertueuse princesse maintiendra toutes choses au point où la valeur du plus grand roi que le ciel ait jamais couvert les ont établies », etc. [1]

Ce texte est daté du 22 mai 1610. Quelques jours auparavant – le vendredi 14 –, Henri IV était assassiné [2].

1. Avenel, I, p. 53-54.
2. Henri IV s'orientait vers une politique étrangère réaliste, indépendante des options religieuses, à laquelle sa mort mettra un terme provisoire. Au moment de son assassinat, en effet, il avait abandonné à la Savoie les dernières places fortes détenues par la France au-delà des monts – en l'espèce le marquisat de Saluces – contre les cessions territoriales de la Bresse, du Bugey, du Valromey et du pays de Gex, renonçant ainsi à la politique traditionnelle d'intervention en Italie, et était à la veille de renouer avec des entreprises militaires en direction des Flandres et de partir en campagne.

L'événement pouvait ruiner les ambitions des du Plessis, mais aussi ouvrir la voie à de nouvelles fidélités, ainsi qu'à un renouvellement du personnel politique. Quand il rédige ce serment de fidélité trop empressé au jeune roi et à la régente sa mère, ce texte excessif que personne ne songeait à lui demander, l'évêque de Luçon obéit-il au réflexe familial de fidélité monarchique ou, malgré tout, aux démangeaisons d'un désir irrépressible de se mettre en valeur ? Ou, tout simplement, ne dispose-t-il que de ce recours aux mots et à l'expression écrite pour exprimer son émotion et pour s'affirmer ? Or cette facilité de plume pouvait tout autant lui rapporter que lui nuire. Fort heureusement pour lui, la missive ne fut jamais remise à sa destinataire : son frère Henri, qu'il avait chargé de la transmettre à la régente, n'en fit rien ; Sébastien Bouthillier en rend compte : « Je crois que M. de Richelieu vous aura averti qu'il n'a point présenté l'acte de fidélité que vous aviez envoyé, ayant su que cela n'avait été pratiqué par personne [1]. » Le zèle était intempestif et l'affaire close. À tout le moins, l'épisode montre que le génie politique de Richelieu est bel et bien encore à venir.

À la mort d'Henri IV, son fils, le roi Louis XIII, n'a que neuf ans. Sa mère, Marie de Médicis, est donc proclamée régente. Italienne, arrière-petite-fille de Charles Quint, impérieuse et têtue, la souveraine, qui agit le plus souvent en fonction de ses passions et de ses engouements, est aussi capable d'intrigues et de dissimulation. Mariée au Béarnais à l'âge de vingt-sept ans, Marie de Médicis s'est pour lors signalée davantage par ses malheurs domestiques et sa mésentente avec son mari, ou encore son goût affirmé des perles et bijoux, que par sa tête politique. On la dit gouvernée par ses deux favoris, l'indispensable Léonora Galigaï, la fille de sa nourrice, sa sœur de lait qui l'a suivie en France, et son mari, l'aventurier Concino Concini.

La mort d'Henri IV lui ouvre l'accès à un pouvoir dont elle a été jusque-là tenue éloignée. Dans un premier temps, tandis qu'elle est l'objet de multiples sollicitations de la part des Grands qui réclament avantages financiers et rôle politique, la régente conserve les ministres de son défunt mari (toutefois Sully, le surintendant des Finances, en désaccord avec la politique nouvelle et tombé en disgrâce, démissionne l'année suivante) et oriente la politique française dans un sens plus favorable à l'Espagne pour maintenir la paix. Fière de son origine Habsbourg, elle se révèle adepte d'une ligne politique catholique, « dévote », et la suite de l'histoire montrera qu'elle n'en changera point et que, ce faisant, elle saura attirer

_____

1. G. Hanotaux, *Histoire du cardinal de Richelieu*, Paris, 1893, I, p. 135.

et entretenir la fidélité de ses partisans. Continuité louable ou obstination condamnable ? Le jugement de telles conduites est fonction
de leur succès, mais aussi de la présentation qui en est faite, deux
domaines dans lesquels Richelieu se révélera assurément plus habile
que la souveraine... Il est sûr que la « grosse banquière » – sobriquet dû à la marquise de Verneuil –, l'« énorme dame à la faible
cervelle » – selon l'historien Philippe Erlanger – mérite aujourd'hui
d'être réhabilitée : médiatrice entre la France et l'Italie, elle a joué
la carte de la promotion des arts, dont elle a fait un moyen de gouvernement et un instrument de la paix civile, et auxquels elle a initié
Richelieu. Cette réhabilitation s'étend même à son favori Concini
que l'on crédite plus volontiers maintenant, au-delà de son arri-
visme, d'un sens certain de l'autorité de l'État [1].

L'année 1612 est celle de la signature des contrats des mariages
espagnols qui seront célébrés trois ans plus tard, en 1615. Louis XIII
épouse l'infante Anne d'Autriche, tandis que l'infant Philippe, héritier du trône d'Espagne, convole avec Élisabeth, la jeune sœur du
roi de France. C'est la manifestation éclatante de cette politique
catholique, ainsi que de l'importance des alliances matrimoniales
dans les stratégies des États. Ce gage de paix extérieure permettait
de tenter de contrôler une situation intérieure toujours plus agitée en
temps de régence fragilisant le pouvoir royal.

La même année, à leur petite échelle, les du Plessis reconnaissent
eux aussi le primat du lignage et de la discipline familiale sur toute
sentimentalité et idée de bonheur individuel. C'est bien là le sens
d'un épisode longtemps ignoré des historiens – qui attribuaient
seulement deux sœurs à Richelieu, alors qu'il en eut trois [2]. La
deuxième des trois filles du grand prévôt et de Suzanne de La Porte,
Isabelle, demeurée à Richelieu auprès de sa mère, atteint alors la
trentaine. Depuis plusieurs années déjà elle était l'objet des atten-
tions d'un voisin, un certain Louis Pidoux, qui, en 1612, précisément, termine ses études de médecine et demande sa main. Pour les
trois frères, Henri, Alphonse et Armand Jean, la chose est impen-
sable : en dépit de lettres d'anoblissement obtenues par sa famille,
Louis n'est point véritablement noble, ni digne de leur alliance. Isabelle du Plessis et Louis Pidoux s'enfuient et gagnent Dole, capitale
de la Franche-Comté, hors du royaume de France, pour échapper
aux dispositions de l'ordonnance de Blois de 1579 qui punissait de

1. H. Duccini, *Concini : grandeur et misère du favori de Marie de Médicis*,
Paris, 1991.
2. M. Deloche et Pidoux de La Maduère, « Une sœur ignorée de Richelieu »,
dans *Revue des Deux Mondes*, t. XXXVI, 1936, p. 162-179.

mort le « crime de rapt », et y sont mariés le 2 juin 1613. C'est en Franche-Comté qu'ils vécurent et qu'Isabelle mourut en 1648, rejetée et ignorée par les siens pour avoir enfreint la discipline familiale et, en outre, condamnée à l'inexistence posthume par la plupart des historiens de son illustre frère.

Mais revenons à l'année 1610. En juillet, Richelieu quitte sa ville épiscopale pour séjourner à Paris où il demeure jusqu'à novembre-décembre ; il a tout loisir d'observer les changements en cours sur la scène politique, mais n'est pas en situation d'en tirer avantage, en dépit de l'envie qui est la sienne de quelques bénéfices supplémentaires, voire d'un évêché plus important. Il retourne à la cour au début de l'année suivante pour en obtenir l'aval dans la succession de l'abbesse de Fontevrault, et en profite pour louer à son vieil ami Denis Bouthillier une maison à Paris, rue du Battoir ; puis, malade, il passe le reste de l'année 1611 dans son prieuré de Coussay. On a vu qu'il ne réussit pas à se faire élire représentant de sa province ecclésiastique à l'Assemblée du clergé ; il retourne à Paris en 1612, où il prêche en présence de la cour. Le médecin de Louis XIII, Jean Héroard, note dans son *Journal* que le dimanche 18 mars, le roi, accompagné de sa mère, la reine régente, entend en l'église Saint-André-des-Arts un sermon de M. de Richelieu, évêque de Luçon [1].

Tout laisse à penser que ces séjours bienvenus hors de son diocèse au climat insalubre sont, pour lui, l'occasion d'accroître le cercle de ses relations et de se donner une stature d'informateur du pouvoir sur la situation du Poitou : l'importance de l'implantation protestante (en 1611, les huguenots tiennent assemblée à Saumur) en fait une province « sensible ». C'est pourquoi on peut attribuer une signification politique à l'intérêt de Richelieu, en ces années, pour la controverse antiprotestante ; elle trahit sa volonté d'acquérir une réputation en ce domaine de l'éloquence qui lui convient si bien. Studieux et à l'écart des affaires, il semble y avoir consacré une grande partie de l'année 1613.

En 1614, le mécontentement des Grands éclate et fournit à l'évêque de Luçon quelques occasions de manifester sa bonne volonté envers le pouvoir. Le 12 février, se disant « nouveau venu », il fait allégeance envers Concini en termes d'offre de services fort explicites : « À mon retour [à Paris] j'ai appris que sur les occurrences qui se présentaient vous étiez allé en diligence à Amiens et, honorant toujours ceux à qui j'ai une fois voué du service, je vous écris cette lettre pour vous en continuer les assurances et savoir si je ne serais point capable de vous en rendre, car j'aime

1. *Journal de Jean Héroard*, éd. M. Foisil, Paris, 1989, II, p. 2003.

mieux vous témoigner la vérité de mon affection aux occasions importantes que de vous en offrir hors le temps les seules apparences ; je n'emploierai donc point davantage de paroles sur ce sujet. Je vous supplierai seulement de croire que mes promesses seront toujours suivies de bons effets, et, pendant que vous me ferez l'honneur de m'aimer, que je vous saurai toujours très dignement servir [1]... »

Depuis le début de l'année, en effet, les ducs de Mayenne, de Nevers, de Bouillon et de Longueville, sous la conduite du prince de Condé, sont en révolte ouverte contre la régente et Concini ; retirés de la cour, ils dénoncent l'accaparement du pouvoir par le favori et prennent les armes. L'ouest du royaume est en proie à une grande agitation (Suzanne de La Porte doit même loger des gens de guerre à Richelieu) et l'Église y apparaît comme le soutien le plus assuré du pouvoir : bien que prélat, c'est les armes à la main que Monseigneur de La Rocheposay s'illustre en s'opposant à l'entrée de Condé dans Poitiers, sa ville épiscopale. En mai, la régente et les Grands négocient et concluent la paix à Sainte-Menehould : ces derniers obtiennent la satisfaction d'une de leurs revendications, la réunion des États généraux. Le 7 juin, ceux-ci sont convoqués pour le 10 septembre à Sens. Les mois de juillet et d'août voient le roi et sa mère parcourir le Poitou et la Bretagne pour pacifier ces provinces et les inciter à élire des députés dociles. Cette fois, les circonstances sont favorables à l'évêque de Luçon : La Rocheposay, qui ne souhaite pas se présenter personnellement, parraine sa candidature et, secondé de Duvergier, son grand vicaire, organise l'élection de Richelieu comme représentant du clergé du Poitou. Il est nommé député pour les trois évêchés de Poitiers, Luçon et Maillezais. Devant le succès plus généralement obtenu par ses candidats, le pouvoir transfère le lieu de la réunion de Sens à Paris et en retarde l'ouverture.

Cependant, le 27 septembre, Louis XIII fête ses treize ans et atteint donc sa majorité, ce qui met fin à la régence de Marie de Médicis ; son premier acte, le 2 octobre, devant le Parlement de Paris est toutefois de prier sa mère « de continuer et de gouverner et commander comme [elle a fait] ci-devant », lui abandonnant un rôle dont personne ne l'estime d'ailleurs capable.

Richelieu, quant à lui, a vingt-neuf ans. Il a alors vécu plus de la moitié de sa vie et va enfin faire son entrée sur la scène politique nationale.

---

1. Avenel, I, p. 121-122.

En convoquant les États généraux, le jeune roi est désireux de se faire « représenter et faire entendre ce qui s'est passé pendant notre bas âge, exposer l'état présent des affaires ». Les États apparaissent comme un reflet du royaume, dont la connaissance doit permettre au souverain un juste exercice du pouvoir, chose nécessaire, puisqu'il a été jusque-là soumis à la tutelle de sa mère, mais sans doute illusoire, puisque cette dernière conserve la direction des affaires.

Derrière cette façade pédagogique se cache un dessein politique immédiat : l'appel à une assemblée censée représenter la nation découle des récents troubles intérieurs et manifeste la volonté gouvernementale de s'assurer une caution. En 1614, contrairement à 1789, une telle procédure n'est en rien exceptionnelle : les États de Blois datent de 1588, ceux de la Ligue de 1593, une assemblée de notables a été réunie en 1597 et, dans les années immédiatement à venir, on aura par deux fois encore recours à cette formule plus restreinte.

Bien que ces assemblées, par leur nom d'« États », se réfèrent à la division de la société en ordres ou états – clergé, noblesse et tiers état –, elles ne sont pas des institutions représentatives au sens actuel, parlementaire, du terme, mais représentent plutôt un élargissement du Conseil, mode ordinaire de travail du roi. C'est un moyen d'information et de gouvernement : le monarque éclairé fait connaître sa volonté à ses sujets et leur expose ses intentions et les moyens qu'il compte employer pour être obéi. Cette représentation de la société est le fait, non pas d'une majorité numérique des sujets, mais de sa *sanior pars*, partie la plus saine par ses dignités, états et fonctions, celle qui a qualité reconnue pour parler au nom de tous, ces « aucuns des plus notables personnages de chacune province, bailliage et sénéchaussée » qu'il s'agit d'élire et au nombre desquels figure l'évêque de Luçon.

Ces désignations sont l'occasion d'une véritable manipulation par les agents de la monarchie et aboutissent à la constitution d'une majorité de nobles fidèles, d'officiers dévoués pour le tiers état, ainsi que de représentants du haut clergé, essentiellement les évêques. Ces derniers, lors de la rédaction des cahiers de doléances précédant la tenue des États, se signalent par une attention quasi exclusive aux intérêts de leur ordre : ils y réclament la réception en France du concile de Trente et la sauvegarde de leurs privilèges, tandis que la réforme religieuse figure aussi en bonne place dans les doléances du tiers, entre la protestation contre la fiscalité et le désir d'une réforme de la justice ; quant à la noblesse, il s'agit pour elle de maintenir tous azimuts ses privilèges rognés par le système des offices ou par le système bénéficial qu'elle entend contrôler à son profit. Il est évident que, sur tous ces points, Richelieu a quelque expérience. Mais son âge lui interdit de jouer les premiers rôles, lesquels revenaient de droit à des prélats plus mûrs et plus chevronnés, tels Sourdis et Du Perron, La Rochefoucauld ou Joyeuse, ou encore aux évêques de grands diocèses – pour l'Ouest, Charles Miron, l'évêque d'Angers.

L'essentiel des travaux des États [1] est consacré à des chicanes entre les ordres, délibérant séparément, et incapables d'arriver à une position commune sur quelque sujet que ce soit : le tiers et le clergé s'opposent sur la question de l'indépendance de la couronne vis-à-vis de la papauté, la noblesse et le tiers sur la question des offices ; une grande partie du temps se passe en négociations et envois de délégation d'un ordre vers un autre. Le clergé, par son expérience des assemblées et de la controverse, joue un rôle privilégié de médiateur, et il est courant de lire, sous la plume des historiens, que Richelieu se mit alors particulièrement en valeur, quand ils ne vont pas jusqu'à affirmer que « cette assemblée […] n'a guère d'autre illustration que de l'avoir compté parmi ses membres [2] ».

En réalité, ses interventions y sont limitées : il ne prêche jamais devant les États ; s'il est l'un des nombreux prélats chargés de conduire une délégation du clergé auprès d'un des deux autres ordres (en l'espèce, auprès du tiers pour fixer les modalités de travail), pas une fois il ne remplit cette mission auprès de la cour ; plus généralement, ses interventions dans les débats ne sont guère notables. Il y a peut-être de sa part prudence politique et désir de ne pas s'engager durablement dans de grandes controverses, afin de conserver son image auprès de ses protecteurs. C'est sans doute la raison pour laquelle il prononce, en février 1615, la harangue finale du clergé devant la cour : l'évêque de Luçon ne s'est pas compromis par des prises de position ou par des éclats aventureux, et a su maintenir sans heurts ses relations dans les deux mondes de la cour et du clergé. Se tenant dans l'entourage de son modèle, Du Perron, dont il reprend largement dans sa harangue de clôture un discours antérieur, Richelieu a su faire valoir son zèle discret ainsi que son dévouement pour la monarchie.

Ce moment oratoire est certainement pour lui celui d'une intense excitation. À son tour, il a attiré l'attention du clergé sur lui et

---

1. F. Rapine, *Recueil... de tout ce qui s'est fait... en l'assemblée générale des Estats tenus à Paris en l'année 1614*, Paris, 1651.
2. Hanotaux, *Histoire du cardinal de Richelieu*, II, p. 13.

obtenu d'être son porte-parole, mais quelle angoisse doit être la sienne à ce moment qui peut être décisif : sa réputation franchira-t-elle le cercle ecclésiastique pour s'imposer au monde du pouvoir politique ? Sera-t-il bon, très bon, remarqué par la reine mère ? Lui proposera-t-on une charge ? Laquelle et quand ?

C'est donc le 23 février que le jeune évêque prononce sa harangue, un discours très travaillé dont les points ont été au préalable approuvés par ses collègues. Le brouhaha est indescriptible, à tel point que l'on peut se demander si son succès tant célébré correspond à quelque réalité. En effet, Richelieu parle une bonne heure durant dans la grande salle basse du Petit-Bourbon, en face du Louvre, devant les députés des trois ordres et une foule considérable de curieux qui, comme à la comédie, se pressent dans les loges et au parterre, envahissant l'espace, au point que les députés ne peuvent y siéger en bon ordre. La cohue est extrême : « Les cardinaux, les évêques, les capitulans, les prieurs, les abbés, la noblesse et tout le tiers état [furent] pressés et poussés sans ordre, respect ni considération, au milieu des piques et des hallebardes, tant le désordre fut grand, honteux et indigne. Tant y a que les trois ordres attendaient à la porte de la salle pendant que plus de deux mille courtisans, muguets et muguettes, et une infinité de gens de toutes sortes, avaient pris les meilleures places. Aussi, quand tout le monde fut entré, il y eut une telle presse qu'il ne fut pas quasi possible de faire faire silence à ceux qui avaient à parler [1]. »

Sans doute incompréhensible sur le moment, ce morceau d'éloquence obtint toutefois un succès d'estime, essentiellement de la part du clergé acquis par avance à des thèses qui étaient les siennes, et son auteur glorieux prit soin de le faire imprimer [2]. On a ainsi pu dire « qu'il avait représenté tout ce de quoi il était chargé avec une extrême discrétion et qu'il avait contenté tout le monde sans offenser personne ». Il peut être lu comme l'œuvre d'un ambitieux flagorneur, et l'on ne s'est pas privé de le faire, n'en retenant guère que cet aspect, notamment sa déférence à l'endroit de Marie de Médicis : « Toute la France se reconnaît, Madame, obligée à vous départir tous les honneurs qui s'accordaient anciennement aux conservateurs de la paix, du repos et de la tranquillité publique. [...] Vous avez beaucoup fait, Madame,

---

1. F. Rapine, *Recueil... de tout ce qui s'est fait...*, troisième partie, p. 76.
2. Le texte en est publié dans les *Mémoires du cardinal de Richelieu*, édition de la Société de l'histoire de France (ci-après abrégée en SHF), I, Paris, 1907, p. 341-365.

mais il ne faut pas en demeurer là : en la voie de l'honneur et de la gloire, ne s'avancer et ne s'élever pas, c'est reculer et déchoir… » Bref, « heureux le roi à qui Dieu donne une mère pleine d'amour envers sa personne, de zèle envers son État, et d'expérience pour la conduite de ses affaires ».

Mais, plus simplement, Richelieu y remplit la mission qui lui a été confiée par ses pairs et se fait l'interprète des souhaits et doléances de son ordre, lesquels comprennent très normalement des aspects politiques. C'est l'occasion de poser les bases d'un programme de réforme de l'État passant par l'observation et l'accomplissement des lois, l'établissement du « règne de la raison », l'abolition de la vénalité des offices au profit du mérite pour un meilleur fonctionnement de la justice, une économie sourcilleuse dans la gestion des dépenses qui, disons-le en passant, s'accommode fort bien de la conservation des privilèges financiers du clergé, Richelieu dénonçant alors avec vigueur des exigences fiscales de la monarchie dont il se fera plus tard le promoteur… « En un mot, toute la France sera remise au meilleur état où nos vœux puissent porter. » Et il est souhaitable que les ecclésiastiques soient appelés à accomplir ce grand œuvre politique…

Or s'il est déjà riche d'expériences sociales utiles, de ses relations à la cour, de son appartenance à l'ordre du clergé et d'une ambition de classe, il lui manque encore une condition nécessaire : l'appartenance à un réseau de clientèle touchant directement au pouvoir. Et Marie de Médicis, habilement flattée, peut combler cette lacune. Au même moment, en effet, un politique avisé, Henri de Rohan, déclare à Condé, qui espère tirer parti à son profit des États généraux : « La reine a des emplois et des charges à distribuer. Elle peut faire beaucoup de mal à ceux qui s'opposent à ses volontés [1]. » L'évêque de Luçon l'a sans doute bien compris, qui défend habilement la thèse du clergé, lequel « trouvait très mauvais qu'on voulût séparer et diviser l'autorité du roi avec celle de la reine sa mère », et proteste à Leurs Majestés « toute sorte d'obéissance, de fidélité et de service ». Mais rien ne lui est proposé ; il a trente ans et son destin semble fixé : représentant du clergé de second rang, orateur et diplomate, apprécié à l'occasion, mais sans influence exceptionnelle, il est plus estimé que distingué et rien de plus ne paraît devoir lui échoir.

À le lire attentivement, ce discours de clôture des États généraux fait figure de transition entre ses œuvres de pasteur et ses écrits politiques à venir. Pour en juger, il n'est que de le rapprocher du *Testa-*

---

1. Le Vassor, *Histoire de Louis XIII*, Amsterdam, 1757, I, p. 255.

ment politique, œuvre de la fin de sa vie et riche de son expérience ministérielle ; la confrontation des textes montre la continuité de sa visée politique, qu'il s'agisse du programme de réforme du royaume ou de son argumentation logique. On touche là du doigt la cohérence de la trajectoire politique et de son expression : le représentant du clergé, aspirant à l'exercice du pouvoir, et le principal ministre n'ont en fait tenu qu'un seul discours, d'où on peut extraire, par le jeu des citations parallèles, les thèmes majeurs qui parcourent l'œuvre de Richelieu avec une formidable unité, l'expression et les tics de rhétorique, mettant au jour un système de pensée dont le langage permet d'exprimer la rationalité sous une forme disciplinée et normalisée.

Ainsi, concernant trois points essentiels, le choc de ces textes est éclairant. Le but à atteindre, c'est la guérison de l'État malade, présentée en ces termes en 1615 : « Et d'autant qu'on ne parvient à une fin que par des moyens qui y conduisent, et qu'entre ceux qui sont convenables pour guérir un mal, un des principaux est de connaître sa cause », et ainsi un quart de siècle plus tard, vers 1640 : « Bien que les médecins estiment que la cure d'une maladie est bien avancée lorsque la vraie cause de son mal est connue, j'avoue qu'en connaissant l'origine et la source de celui dont il est question, sa guérison ne laisse pas que d'être très difficile [1]. »

Pour y parvenir, la prescription de l'emploi d'ecclésiastiques revient en 1640 dans des termes analogues à ceux de 1615 : « Les ecclésiastiques sont souvent préférables à beaucoup d'autres lorsqu'il est question de grands emplois, non pour être moins sujets à leurs intérêts, mais parce qu'ils en ont beaucoup moins que les autres hommes, puisque n'ayant ni femmes ni enfants, ils sont libres des liens qui attachent davantage [2] », autrement dit parce que la contrainte du célibat leur interdit de fonder de dangereuses dynasties.

Et, aux deux bouts de sa carrière, Richelieu place la politique sous les auspices de Dieu : « C'est chose très certaine que l'unique moyen de régner heureusement en terre est d'y faire fleurir le règne de ce grand monarque qui habite le ciel » (1615). « Le règne de Dieu est le principe du gouvernement des États et, en effet, c'est une chose si absolument nécessaire que, sans ce fondement, il n'y a point de prince qui puisse bien régner ni d'État qui puisse être heureux » (années 1640) [3].

1. *Testament politique*, p. 315.
2. *Ibid.*, p. 278.
3. *Ibid.*, p. 241.

À travers ces grands thèmes s'exprime un programme politique, mais aussi religieux, qui réunit Dieu, l'État, le conseiller et le roi qui le choisit, autrement dit les références peuplant l'esprit d'un Richelieu qui ne cessera de les développer par la parole et l'écriture, sans doute déjà plus ou moins consciemment persuadé de sa capacité à les transformer en action politique efficace.

Au total, son jugement politique sur les États généraux est négatif : « La proposition en avait été faite sous de spécieux prétextes et sans intention d'en tirer avantage pour le service du roi et du public, et la conclusion en fut sans fruit [1]. » L'incapacité des ordres à s'entendre permet en effet au pouvoir de mettre fin à leurs travaux et d'avoir le champ libre pour, dans l'immédiat, procéder à la conclusion des mariages espagnols que les États avaient approuvés. Pour le reste, aucun problème n'est réglé et la reprise des troubles se profile à l'horizon.

Les Grands, en effet, demeurent toujours prêts à s'estimer mal servis par le pouvoir et à se révolter contre son évolution vers un absolutisme qui les exclut toujours plus fermement de la gestion des affaires : princes du sang, tous parents légitimes du roi en ligne directe ou collatérale, enfants naturels d'Henri IV, princes étrangers (cadets des maisons souveraines établies en France), haute noblesse d'épée, constituent un monde qui a vocation à participer aux affaires publiques et s'en voit de plus en plus privé de par l'évolution étatique qui se produit à l'époque. L'historienne Arlette Jouanna a bien montré que ces révoltes ne sont pas la simple conséquence d'une légèreté de classe [2]. Procédant du « devoir de révolte » de la noblesse d'épée, elles manifestent l'évident souci de protéger ses privilèges, notamment face à la montée de la noblesse de robe qui, forte d'une compétence laborieusement acquise, s'empare des rouages de l'administration. Elles traduisent en outre une lutte non contre le roi, mais pour lui : il s'agit de le soustraire aux manipulations d'un entourage de conseillers qui promeuvent une forme nouvelle de gouvernement, non conforme à la tradition du royaume, excluant la noblesse d'épée de la participation à la gestion des affaires publiques aux côtés du roi. Leur souhait est l'établissement d'une monarchie « mixte », dotée d'assemblée consultatives réellement consultées, alors que les États généraux viennent de démontrer leur impuissance et que l'évolution se fait de plus en plus irrésistiblement sans eux dans la voie de l'absolutisme.

1. *Mémoires*, éd. SHF, I, p. 367.
2. A. Jouanna, *Le Devoir de révolte*, Paris, 1989. Également : J.-M. Constant, *Les Conjurateurs. Le premier libéralisme politique sous Richelieu*, Paris, 1987.

Pour l'heure, Richelieu choisit de ne pas assister à l'Assemblée du clergé qui se tient immédiatement après les États généraux et regagne délibérément son évêché ; il se retire dans son cher prieuré de Coussay pour retrouver son cercle de relations ecclésiastiques, se livrer à des études de théologie, et reprend son office d'informateur zélé de la cour sur l'état de sa province.

5

Dans l'ombre du favori

Chez les du Plessis, c'est encore et toujours Henri qui mène la politique familiale. Le marquis, qui gravite dans l'entourage de la reine mère, a conservé sa charge de gentilhomme de la chambre du roi, et sa pension a été doublée ; il poursuit en outre sa carrière dans l'armée, et détient la charge de maître de camp du régiment de Piémont. Par ailleurs, il s'attache avec persévérance au recouvrement de la succession paternelle.

S'il peut raisonnablement espérer à terme un bâton de maréchal de France, qu'Henri ait en revanche tenu à la cour cette place brillante qu'on lui attribue d'ordinaire, sur la seule foi de Tallemant, qui en fait un des « dix-sept seigneurs » les plus brillants, semble relever de la légende. C'est sans la moindre solennité ni illustre signature au bas de son contrat de mariage qu'en janvier 1615, à près de trente-cinq ans, il épouse une riche veuve, Marguerite Guillot des Charmeaux, fille d'un président de la chambre des comptes. Une alliance qui a pour principal attrait d'être financièrement fort avantageuse et de décupler son patrimoine.

Pendant ce temps, son frère se hisse doucement vers le premier rôle. L'évêque de Luçon, qui a acquis une relative notoriété lors des États généraux, commence à attirer l'attention sur ses talents de négociateur, *via* des relations ecclésiastiques qu'il entretient avec soin et qui ne l'oublient pas. Lors de la halte que la cour, sur le chemin de la conclusion des mariages espagnols, fait à Poitiers en septembre 1615, il reçoit la promesse d'une charge, celle d'aumônier de la future reine Anne d'Autriche, une nomination confirmée en novembre à ce qui n'est qu'un office « domestique » sans prestige particulier et toujours sans rôle politique. Demeuré à Poitiers, il assure un temps la garde de la princesse Élisabeth de France, la

future reine d'Espagne, tombée malade en cette ville, et en profite
pour entretenir une correspondance avec la reine mère, l'informant
des événements poitevins et l'assurant de sa fidélité : « Je dédie
toutes les actions de ma vie à cette fin [le service de la reine], suppliant Dieu qu'il accourcisse mes années pour allonger les vôtres ;
que, sans me priver de sa grâce, il me comble de misères pour combler Votre Majesté de toutes sortes de prospérités [1]. » La cour est
à Bordeaux d'octobre à décembre et l'échange des princesses
– Élisabeth de France contre Anne d'Autriche – a lieu le 9 novembre
sur la Bidassoa ; le mariage du roi est célébré en la cathédrale de
Bordeaux le 28 novembre 1615. En janvier 1616, sur le chemin du
retour, la cour se retrouve à Poitiers où elle demeure jusqu'en mai,
tandis que l'on négocie avec Condé qui, hostile aux mariages espagnols (la naissance d'un héritier direct l'écarterait du trône), avait à
nouveau fait sécession. Si Richelieu, contrairement au père Joseph,
n'est pas associé aux pourparlers qui aboutissent au traité de
Loudun rétablissant la paix avec Monsieur le Prince, il rejoint la
cour à Paris en mai et semble avoir alors été nommé conseiller
d'État. À lui de jouer sa carte dans la confusion de cette année 1616
où Marie de Médicis et Concini, le marquis d'Ancre, qui, à la fin de
1613, a été nommé maréchal de France au grand scandale des
Grands, sont tout-puissants à Paris, mais en butte à la méfiance affichée de Condé, toujours retranché dans le Berry en dépit des avantages que lui a consentis le traité de Loudun. Le favori de la reine
mère entend alors mener une politique de fermeté en s'appuyant sur
un personnel politique renouvelé.

À Paris, l'évêque de Luçon prend logis rue des Bons-Enfants. La
reine mère entre sans doute en contact avec lui comme avec un
serviteur de confiance dont elle a pu apprécier le dévouement
empressé. En revanche, rien ne permet d'affirmer, comme le font la
plupart des biographes, que Richelieu devint alors son secrétaire des
commandements [2], position qui suppose des relations d'intimité qui
ne sont pas encore à l'ordre du jour. Mais il a alors une occasion de
manifester ses talents de médiateur : on lui confie la charge de se
rendre à Bourges négocier le retour de Condé à Paris, ce à quoi il
parvient au prix de ces belles paroles qu'il sait si bien manier. Le
prince rejoint la cour, tandis que des changements ministériels
s'annoncent. Aux ministres d'Henri IV, « les barbons », ainsi sur-
nommés parce qu'ils continuent à porter la grande barbe carrée à la

1. Avenel, VII, p. 9.
2. Secrétaire signant par ordre exprès de son maître ; il s'agit des secrétaires
d'État pour le roi, ainsi que de ceux du dauphin, de la reine et des princes de sang.

manière du Béarnais au lieu de suivre la nouvelle mode de la moustache et de la barbiche, et qui – à l'exception de Sully – avaient jusque-là été maintenus à leur poste, succèdent de nouveaux venus : le chancelier Brulart de Sillery cède les Sceaux au premier président du parlement de Provence, Guillaume du Vair ; le surintendant des Finances Jeannin laisse la réalité de sa charge à Claude Barbin, surintendant de la maison de Marie de Médicis, qui prend alors le titre de contrôleur général. Claude Mangot, un Loudunais, et protégé de Léonora Galigaï, premier président du parlement de Bordeaux, succède par commission à Brulart de Puysieux qui détenait, conjointement avec Villeroy, son beau-père, l'office de secrétaire d'État ayant en charge les étrangers et la guerre.

Condé, gagné par la diplomatie de Richelieu, approuve ces choix et, se croyant tout-puissant, s'essaie avec arrogance à la direction du Conseil et à l'opposition à Concini, qui se ressaisit du pouvoir en le faisant arrêter, le 1ᵉʳ septembre 1616, en dépit de toutes les promesses qui lui ont été prodiguées. Bien qu'ayant échoué à gagner un autre Grand, le duc de Nevers, à la cause de la cour, Richelieu a désormais conquis ses galons de personnage politique et obtient d'être désigné comme ambassadeur extraordinaire en Espagne. À cette fin, une pension de six mille livres lui est octroyée le 29 août. Mieux encore : la rapide destitution du garde des Sceaux du Vair, trop peu docile au goût de Marie et des Concini, et son remplacement par Mangot ont laissé vacant un poste de secrétaire d'État. Par la grâce de la reine et de ses favoris, les Concini, il lui revient. Il prend la place de Mangot, tout en succédant officiellement à Brulart de Puysieux, le gendre et survivancier de Villeroy. Ses *Mémoires* sauront *a posteriori* feindre la modestie et la résignation : « Par mon inclination, j'aurais plutôt désiré la continuation de cet emploi [l'ambassade espagnole] […]. Mais, outre qu'il n'était pas honnêtement permis de délibérer dans une occasion où la volonté d'une puissance supérieure me paraissait absolue, j'avoue qu'il y a peu de jeunes gens qui puissent refuser l'éclat d'une charge qui promet faveur et emploi tout ensemble. J'acceptai donc ce qui me fut proposé à ce sujet par le maréchal d'Ancre de la part de la reine [1]. » Il n'est toutefois pas interdit de penser qu'il éprouva une réelle satisfaction lorsqu'il se trouva parvenu aux affaires, ce 25 novembre 1616, sous l'égide des favoris italiens.

Cette double nomination de Mangot et de Richelieu semble s'être faite sans que les intéressés l'aient directement sollicitée ; pour

---

1. *Mémoires*, éd. SHF, II, p. 110-111.

notre homme, c'est le fruit de sa capacité à progresser et à faire valoir ses compétences dans l'entourage de Marie de Médicis, notamment auprès de Concini et surtout de son épouse, Léonora, à laquelle il s'adresse en ces termes éloquents : « Mon affection à votre service ne pouvant finir, si je ne suis point assez heureux pour vous en rendre, au moins publierai-je partout votre vérité et les obligations que je vous ai, afin que tout le monde connaisse avec vous que si j'ai faute de puissance, je ne manque point de volonté [1]. » Joint à son rang épiscopal et à ses soutiens dans le monde ecclésiastique qui lui donnent l'image d'un dévot zélé, ce nouveau cercle de relations proprement politiques lui permet d'accéder au pouvoir, non dans les conditions glorieuses et providentielles auxquelles sa légende postérieure donnera crédit, mais comme « un personnage mineur, voire inconnu, d'un ministère tout aussi obscur [2] », composé de ceux que Phélypeaux de Pontchartrain qualifie de « ministres des passions du maréchal [d'Ancre] et de sa femme », mais que les historiens ont tendance à réhabiliter aujourd'hui. À tout le moins s'agit-il d'un ministère d'habiles dont la fortune est à faire, dévoués par intérêt à la reine mère et à ses favoris, et dans lequel Richelieu s'appuie particulièrement sur celui qui y fait figure d'homme fort : Claude Barbin, le contrôleur général des Finances.

Le *Journal officiel* du temps, le *Mercure français*, célèbre ses louanges : « Celui qui a été fait secrétaire d'État est un prélat si plein de gloire pour l'innocence de sa vie, pour l'éminence de son savoir et pour l'excellence de son esprit que tous ceux qui savent quel est son mérite avoueront aisément que Dieu l'a destiné pour rendre de grands et signalés services à Leurs Majestés au milieu des tempêtes de leur État [3]. » L'image hagiographique du destin providentiel s'enracine déjà dans la propagande officielle. On la retrouvera, des années plus tard, en termes analogues, dans les *Mémoires* que le futur maréchal d'Estrées écrira à la demande, précisément, de Richelieu, qu'il présente sous les traits d'« un homme singulier et si rare qu'il semblait qu'en l'état présent des affaires de France, ce ministre avait été plutôt donné du ciel que choisi par les hommes [4] ». La réalité infirme le caractère providentiel de ce destin et, en l'espèce, elle n'a pas les couleurs glorieuses dont la pare la propagande ; les voies tortueuses et cahotantes de la Providence

1. Novembre 1616, Avenel, I, p. 183.
2. J. Bergin, *L'Ascension de Richelieu*, p. 199.
3. *Mercure français*, 1617, p. 44.
4. Maréchal d'Estrées, *Mémoires*, éd. Petitot, 1822, p. 155.

divine ont dû contourner bien des obstacles pour procurer à l'évêque de Luçon une situation gouvernementale qui n'a au demeurant rien de très glorieux ni d'assuré !

Au moment même où Richelieu conquiert ce début de position, une triste bouffée d'air à la mode poitevine lui parvient : sa mère, Suzanne de La Porte, prend sa plume pour se plaindre des exactions qui mettent en péril les possessions familiales. « Il y a, lui écrit-elle, quarante ans que je suis en cette maison où j'ai vu passer toutes les armées, mais je n'ai jamais ouï parler de telles gens ni de telles ruines qu'ils font. À la vérité, j'ai trouvé cela fort rude, car ils n'en avaient jamais logé en ce qui m'appartenait. Encore quand ils n'eussent fait que vivre honnêtement, l'on ne s'en fût presque pas plaint ; mais ils rançonnent chacun son hôte et veulent prendre femmes par force [1]. » C'est l'évêque de Luçon, son fils, qui use de ses hautes relations et intervient auprès des ducs de Nevers et de Bouillon, ainsi que de Condé pour y mettre un terme.

Car, si la vie l'a depuis plus de vingt ans séparé de sa mère, demeurée dans sa province, alors qu'il fait maintenant carrière à Paris, son attitude à son endroit demeure cependant infiniment plus attentive que celle d'Henri. Le fils aîné a pris très tôt son indépendance et s'est consacré avec opiniâtreté à la reconstitution à son profit du patrimoine familial, sans guère songer aux autres membres de la famille, à tel point que l'on peut estimer que, plus il recouvre de biens, plus ces derniers s'appauvrissent [2]. Henri a même intenté à sa mère une action en paiement de vingt mille livres, un procès qu'une transaction interrompt heureusement. En 1612, au moment où l'on arpente la seigneurie de Richelieu en vue de sa vente prochaine – et Henri a bien l'intention de se porter acquéreur –, Armand Jean, soucieux quant à lui du sort de sa mère, lui fait une offre : il lui propose de lui verser une rente de deux mille livres pour lui permettre de demeurer à Richelieu, ou bien de l'accueillir dans son prieuré de Coussay. Sensible sans doute à ce qu'un déplacement pourrait avoir de désagréable, l'évêque préfère lui assurer le séjour de Richelieu, et elle lui en exprime sa reconnaissance en ces termes directs qui sont l'expression de sa personnalité inquiète : « La façon dont vous m'obligez m'oblige doublement, et je vous puis jurer avec vérité que le ressentiment [souvenir d'un bienfait] que j'en ai est tel que je ne saurai le vous dire, non plus que les troubles et les irrésolutions où je suis. Cette inquiétude-là me tue, et je vois bien

1. L. Lacroix, *Richelieu à Luçon*, p. 154.
2. J. Bergin, *Pouvoir et fortune de Richelieu*, trad. fr., Paris, 1987, p. 37.

que je n'aurai jamais joie que lorsque, vous sachant tous heureux, je serai en paradis… »

Au printemps de 1616, encore souffrant, l'évêque rend une dernière visite à sa mère. Quelques mois plus tard, le 14 novembre, Suzanne de La Porte s'éteint à Richelieu. « J'ai bien du regret qu'il faille que vous appreniez par cette lettre la perte commune que nous avons faite de notre pauvre mère… En sa mort, Dieu lui a départi autant de grâces, de consolations et de douceurs qu'elle avait reçu en sa vie de traverses, d'afflictions et d'amertumes… Pour moi, je prie Dieu qu'à l'avenir ses bons exemples et les vôtres me puissent si utilement toucher que j'en amende ma vie. Bien vous dirai-je que sa mort, jointe aux circonstances d'icelle, m'ont cruellement touché [1]… », écrit-il à son frère Alphonse, tout en retardant les obsèques en raison de sa nouvelle fortune politique : depuis le 25 novembre, il est secrétaire d'État. « Outré de douleur » mais accaparé par les affaires, il doit renoncer à quitter la cour, et le corps de sa mère attend sa sépulture solitaire, jusqu'au 8 décembre, sacrifié sur l'autel de sa carrière politique…

Richelieu en éprouve-t-il des scrupules, des remords ? Sans doute s'est-il persuadé qu'elle aurait compris, qu'elle l'aurait approuvé de donner la priorité à cette élévation de sa famille à laquelle elle avait tant œuvré. Observons d'ailleurs que, dans cette unique lettre qu'il lui consacre, il ne parle de sa mère que pour bien parler de lui et de son avenir… Quant à Henri, principal créancier de la succession de sa mère, l'heure n'est pas davantage à l'expression de sentiments de deuil intime ; il s'attache aussitôt à récupérer pour son compte le château qui a servi d'asile à sa mère au titre de son douaire [2].

Suzanne de La Porte quitte ainsi la scène discrètement, comme elle l'a souhaité (« La chose que je désire le plus est de vous soulager tous autant qu'il me sera possible. Je supplie Dieu qu'il vous donne sa grâce et qu'il me prenne bientôt en la sienne, et vous encore une fois de ne vous incommoder et travailler point trop pour moi qui vous souhaite tout le bonheur que vous pouvez désirer [3] »). Il est vrai qu'elle s'est ménagé une sorte de survivance domestique aux côtés de son fils par le legs qu'elle lui a fait de sa nièce. Marie-Madeleine de Vignerot, la future Mme de Combalet et duchesse d'Aiguillon, est orpheline – sa mère, Françoise de Richelieu, est morte en cette même année 1616 –, et

1. Avenel, I, p. 180-181.
2. C'est également l'époque où, « se voyant en état de penser à des choses plus grandes », il vend sa charge de maître de camp du régiment de Piémont à Fontenay-Mareuil (Fontenay-Mareuil, *Mémoires*, éd. Michaud et Poujoulat, 2ᵉ série, t. V, Paris, 1837, p. 111).
3. Cité par L. Lacroix, *Richelieu à Luçon*, p. 153.

elle se trouve aux côtés de sa grand-mère, à Richelieu, lorsque celle-ci meurt. C'est donc tout naturellement qu'elle passe en héritage à son oncle, pour y jouer le premier rôle féminin de son entourage rapproché et partager avec lui une intimité de vie et de pensée qui nous la fera bientôt retrouver.

Secrétaire d'État ! Par le brevet daté du 25 novembre 1616, le roi attribue à Richelieu, en concomitance avec Villeroy – « conjointement ou séparément, en présence ou absence de l'un et de l'autre » –, de « faire signer et délivrer toutes les lettres et autres expéditions concernant nos affaires, tant au dedans qu'au dehors de notre royaume [1] », et lui assure 17 000 livres annuelles de « gages et entretennements [2] ». Le 30 novembre lui est encore confié le portefeuille de la Guerre, pour lequel il « récupère » la commission de Mangot, tandis qu'un second brevet lui donne la préséance dans le Conseil du roi. Villeroy, l'un des hommes politiques les plus réputés du temps, un sexagénaire qui tient la charge depuis Charles IX et en a précocement fait un véritable ministère, ne peut souscrire à de pareils arrangements ni supporter cet associé imposé ; il se retire alors sur ses terres, à Conflans. En fait, l'évêque impécunieux ne s'acquittera jamais envers lui du rachat de l'office (lequel aurait nécessité quatre cent mille livres, somme qu'il est bien incapable alors de réunir). Sa situation administrative est donc complexe et assez obscure, et on peut dire qu'il exerça par commission la fonction de secrétaire d'État à la place de Puysieux, le gendre de Villeroy, lui-même possesseur de l'office, dont la survivance aurait été révoquée pour lui être attribuée à la suite de Mangot.

Qui plus est, l'attribution à un évêque de ce poste de secrétaire d'État constitue un cas de figure inédit, exorbitant même, pour deux raisons : la charge, comportant des fonctions administratives au sens le plus étroit du terme (le secrétaire d'État est avant tout un commis spécialisé qui, chaque matin, doit ouvrir et lire devant le roi les dépêches arrivées dans son cabinet, est chargé de la mise en forme des réponses et assiste au Conseil debout derrière le roi), semble socialement incompatible avec le statut du gentilhomme et du prélat qu'est Richelieu. Elle suppose en effet la possession d'un office de notaire, secrétaire du roi, maison et couronne de France qui sied à un robin, non à un noble d'épée. En outre, la gestion du

---

1. BNF, Dupuy 92, fol. 61. Sur le contexte, voir M. Haehl, *Les Affaires étrangères au temps de Richelieu*, Paris, 2005.
2. Ce que l'on donne à quelqu'un pour les choses nécessaires à la vie, entretien.

département de la Guerre par un ecclésiastique – à qui toute participation à des affaires pouvant entraîner effusion de sang humain ou
privation de la vie est prohibée – apparaît comme contraire aux dispositions canoniques et proprement scandaleuse aux contemporains. Quant au nouveau promu, sa fonction lui donne accès au roi et
lui permet de renouer avec un monde auquel son éducation l'a préparé et qu'il retrouvera toujours avec un évident plaisir.

Le problème n'échappe sans doute pas à Concini qui cherche à
obtenir de Richelieu qu'il abandonne son évêché ; il semble que
celui-ci ait été prêt à satisfaire au désir du tout-puissant favori,
mais que Barbin, plus clairvoyant, l'en ait dissuadé, lui montrant
tout ce que lui apportait sa situation épiscopale en indépendance,
comme en réseau de soutiens efficaces. Tout au plus consent-il à
se défaire de sa charge d'aumônier de la reine qu'il cède à son ami
Zamet, moyennant un bon prix qui lui permettra, peu après, de
pourvoir à l'établissement matrimonial de sa sœur Nicole, nonobstant les sévères troubles auxquels elle est sujette (on dit qu'elle
refuse de s'asseoir sur son postérieur de verre…), avec le marquis
de Brézé.

Scandale supplémentaire : dernier venu dans une situation insti-
tutionnelle peu assurée et, de surcroît, benjamin de l'équipe gouvernementale, il obtient, grâce à sa dignité ecclésiastique, la préséance
dans le Conseil ; cela fait grincer des dents, notamment celles de
Loménie de Brienne, autre secrétaire d'État, lequel se targue de son
ancienneté pour contester cette primauté et prétend fielleusement
que la qualité d'évêque de Richelieu l'oblige bien davantage à
résider dans son diocèse. Convoqué chez la reine, le récalcitrant y
trouve Barbin et Richelieu assisté de son frère Henri, et doit
s'incliner devant l'évêque de Luçon qui insinue « d'un ton fier qu'il
y avait longtemps qu'il savait que plusieurs personnes, et [lui] particulièrement, qui approchaient de celle du roi avaient peu de considération pour l'Église ». Et Loménie de répliquer sans gloire qu'il
ne conseille pas à son frère, lequel ne dispose pas de la même protection ecclésiastique, de lui tenir un pareil langage [1]. Notons que,
bien qu'égratigné par la répartie, l'aîné se tient aux côtés d'un frère
dont il a contribué à assurer la promotion à la cour.

Quoi qu'il en soit de sa position administrative assurément inédite, et des rancœurs qu'elle suscite, voilà donc l'évêque de Luçon
chargé des questions diplomatiques et militaires. Cependant Villeroy a emporté dans sa retraite ses archives, lui laissant certes le
champ libre, mais l'obligeant, en guise de première et peu glorieuse

1. *Mémoires du comte de Brienne*, éd. Michaud et Poujoulat, 1838, p. 11.

initiative, à demander aux ambassadeurs en poste copie de leurs instructions et de leurs rapports sur les négociations en cours…

Le nouveau « secrétaire d'État », qui n'hésite pas, pour exercer ses fonctions politiques, à quitter sa robe violette pour un habit noir de gentilhomme, est un parfait inconnu sur la scène de la politique internationale ; il est généralement perçu comme un prélat dévot, favorable à la réforme catholique, ce qui se traduit automatiquement, en termes d'appréciation politique, par pro-espagnol. L'ambassadeur d'Espagne, le comte de Monteleone, affirme : « *En toda Francia non se pudiera escoger el mejor para servicio de Dios, de nuestra corona y bien publico*[1]. » L'ambassadeur d'Angleterre, Thomas Edmondes, évidemment moins enthousiaste, le qualifie d'« espagnol par faction et un grand brouillon[2] ». Il rapporte une conversation qui se situe quelques jours après la nomination de Richelieu, lequel cherche à corriger cette image : « L'évêque s'efforça avec ardeur de me convaincre de ne pas croire qu'il fût aucunement affectionné vers l'Espagne et que, tout prêtre qu'il était, il ne se montrerait pas moins impartial dans l'exécution de sa charge à l'égard de ceux de la religion [protestante] ; mais il protesta au contraire qu'il donnerait de meilleures preuves de son intégrité et de son indifférence qu'aucun de ses prédécesseurs[3]. » En voulant donner une impression de neutralité, il ne fait d'ailleurs qu'accroître l'incertitude, voire l'image d'insignifiance qui s'attache à lui à l'étranger.

Pour sa part, le nonce Bentivoglio, qui considère cette nomination comme particulièrement favorable aux intérêts de Rome, écrit : « Le maréchal [d'Ancre] m'a parlé des trois ministres comme de ses créatures ; il fait beaucoup de cas de Mangot et de Luçon. Mais il me dit que celui qu'il estime le plus, c'est Barbin qui, par sa pratique des affaires, peut vraiment passer pour le maître des deux autres. Ce Barbin est celui qui a, en ce moment, le plus d'autorité […]. Il a le maniement de toutes les finances du royaume […] pour les choses ecclésiastiques, il s'en rapporte à l'évêque de Luçon[4]. » Surintendant de la reine mère, d'obscure extraction (il était procureur du roi à Melun), ambitieux d'envergure avec qui Richelieu semble avoir ébauché une amitié qui ne résistera pas à la disgrâce à venir, Barbin fait figure de tête politique de ce gouvernement, bien plus expérimenté que le secrétaire d'État novice dont il se veut le mentor.

1. « Dans toute la France, il ne s'en pourrait trouver de meilleur pour le service de Dieu, de notre couronne et du bien public. » Lettre du 28 novembre 1616, Avenel, I, p. 192.
2. Lettre du 27 novembre 1626. J. Bergin, *L'Ascension de Richelieu*, p. 199.
3. *Ibid.*
4. Lettres du 17 janvier et 28 mars 1617.

Il est fort difficile de porter un jugement serein sur l'action politique de ce dernier : considérée souvent comme la préfiguration de son action à venir, elle est volontiers présentée telle une affirmation courageuse de la France sur la scène européenne à la suite d'une période de déclin, la régence, et doublée à l'intérieur d'un engagement militaire ferme pour réduire les Grands à l'obéissance. Mais Richelieu, si décidé soit-il, n'a pas la maîtrise de la ligne politique, et doit s'en remettre au favori dont il est la créature ; par ailleurs, c'est bien de Barbin que relèvent les Finances dont tout dépend. Ici encore, il faut quelque peu rectifier l'illusion d'optique qui résulte d'un jugement influencé par la suite des événements et par l'*a priori* d'un génie politique éclatant : le premier passage de Richelieu aux affaires n'eut rien d'un génial et temporaire tournant politique. Cela dit, il eut alors l'occasion de s'intéresser à des questions qui ne l'avaient guère sollicité au cours de sa carrière ecclésiastique, de prendre durant ces quelques mois la mesure des enjeux internationaux et de se frotter aux usages régissant les relations entre les puissances.

Son premier mandat, d'ordre intérieur, est de faire face à la révolte des princes, consécutive à l'arrestation de Condé ; dépêché auprès du duc de Nevers, il échoue à obtenir sa soumission, puis s'emploie à lever le financement de trois armées pour marcher contre les provinces soulevées (Champagne, Maine et Perche, Nivernais) ; il mène l'affaire assez rondement, en profitant au passage pour assurer la promotion de sa famille : Henri est nommé maréchal de camp auprès du maréchal de Montigny, qui commande l'armée envoyée en Nivernais, ce qui procure, par ricochet, une certaine légitimité au cadet des du Plessis quand ses fonctions ministérielles l'amènent à devoir s'imposer à des hommes de guerre.

À l'extérieur, les succès sont moins réels. Richelieu a l'opportunité de prendre connaissance de problèmes qu'il rencontrera dans la suite de sa carrière, en se confrontant à la situation en Italie, pour lors nœud des problèmes européens – « cœur du monde », dira-t-il plus tard dans le *Testament politique*[1]. La politique étrangère française est en effet marquée par une tradition vivace de lutte contre la maison de Habsbourg, soupçonnée d'aspirer à l'hégémonie univer-

1. S. Externbrink, *Le Cœur du monde. Frankreich und die norditalischen Staaten (Mantua, Parma, Savoyen) im Zeitalter Richelieus (1624-1635)*, Münster, 1999. Voir aussi V.-L. Tapié, *La Politique étrangère de la France et le Début de la guerre de Trente Ans (1616-1621)*, Paris, 1934.

selle. Le danger, pour la France, réside dans l'union des forces de ses deux branches, celle de Vienne et celle de Madrid, qui se sont partagé l'héritage de Charles Quint : à l'une, la cadette, l'héritage impérial ; à l'aînée, les royaumes hispaniques. Espagnols et Impériaux sont tenus de se soutenir : sans les Espagnols les Impériaux ne peuvent rien en Italie, sans les Impériaux les Espagnols sont coupés de leurs possessions septentrionales des Pays-Bas. Les vallées alpines, par lesquelles les Habsbourg pourraient mettre en relation terrestre leurs possessions et encercler d'un même mouvement le royaume de France, sont alors le point névralgique qu'il s'agit de contrôler.

L'Espagne est donc à la recherche d'une voie terrestre de communication entre les Pays-Bas, provenant de l'héritage bourguignon, et ses possessions italiennes. Autrement dit, elle entend s'assurer de ce « chemin de ronde » qui passe par les vallées alpines pour faire librement circuler ses troupes. Il s'agit pour elle de pouvoir intervenir dans l'Empire, mais aussi de soutenir un front septentrional aux Pays-Bas, où elle livre une longue guerre de Religion. En 1596, l'Angleterre et la France ont officiellement reconnu la République formée par ces Provinces-Unies révoltées. La scission a été accomplie entre, au nord, une république où ont émigré presque tous les protestants et, au sud, des Pays-Bas demeurés espagnols et catholiques. Une infructueuse tentative de reconquête menée par Isabelle, fille de Philippe II, et Albert d'Autriche, à qui Philippe II a cédé les Pays-Bas, aboutit en 1609 à la conclusion par les deux parties exsangues d'une trêve qui durera douze ans.

Dans ce contexte, on conçoit tout l'intérêt que prend la Valteline, vallée où l'Adda coule en direction du lac de Côme, qui commande le passage des Alpes en reliant le Milanais espagnol au Tyrol, et constitue le couloir par lequel l'Italie et l'Allemagne tentent de correspondre ; géographie, histoire, politique et religion s'en mêlent pour faire de cette petite vallée un nœud de problèmes et le point sensible de l'Europe. Au XVIᵉ siècle, cette vallée catholique est passée sous la domination des Suisses protestants des Grisons, alliés de longue date de la France à laquelle ils assurent le privilège de recruter des troupes et de faire passer ses armées sur leur territoire. Mais l'Espagne persiste à vouloir relier ses possessions d'Italie à celles de l'Empire, tandis que les puissances protestantes cherchent à s'ouvrir cette voie vers le sud, ce que les puissances catholiques veulent leur interdire ; Venise, quant à elle, veut maintenir la liberté des communications, et la France soutient traditionnellement l'indépendance des Grisons sous son protectorat. La situation devient critique quand, avec Venise et la Savoie, les Ligues grises font appel à la France contre les entreprises militaires espagnoles.

Il faut manifester aux alliés italiens traditionnels de la France que celle-ci a conservé son statut de puissance internationale, capable d'offrir une protection efficace, faute de quoi elle est condamnée à subir les menées espagnoles. La question qui se pose à partir de l'été 1616 aux ministres français est de savoir s'il convient d'intervenir et de renouer avec la politique offensive de la fin du règne d'Henri IV, et de l'exercer non pas en direction des Flandres, mais à nouveau en Italie, ou s'il est préférable de se conformer à la politique pacifique pro-espagnole de la régence. Elle est tranchée en décembre par l'initiative du connétable de Lesdiguières, le gouverneur protestant du Dauphiné, qui, de son propre chef, se porte au secours du duc de Savoie contre les Espagnols. Richelieu offre alors la médiation française pour un règlement global des affaires italiennes, mais découvre à ses dépens le manque général de confiance en l'efficacité de la France en la matière ; pis encore, les négociations qu'il proposait se transportent à Madrid, et la Savoie choisit la voie de la médiation du pape, lui faisant prendre conscience, de manière aussi cuisante pour sa vanité que pour son orgueil national, de la difficulté à mener une politique de prestige. Et sa terne réputation d'insignifiance se pare des couleurs de la prétention et de l'incompétence...

Notons qu'à cette occasion il a envoyé en Angleterre, en Hollande, en Suisse et en Allemagne des ambassadeurs chargés d'expliquer la politique menée par la France ; ceux-ci sont munis d'instructions manifestant qu'en dépit des mariages espagnols, elle n'est pas inféodée à l'Espagne et reste fidèle à ses orientations passées, notamment en ce qui concerne les puissances protestantes. Si les historiens y ont vu la préfiguration de la politique à venir de Richelieu, il n'en reste pas moins que cette initiative relève au moins autant des grands principes que de la nécessité de parer au plus pressé en tentant d'enlever à la rébellion intérieure le soutien des puissances étrangères.

Pour l'instant, c'est sans doute comme meilleure plume du ministère que Richelieu s'illustre le plus conformément à son génie, en l'espèce comme rédacteur des proclamations royales contre les princes révoltés. Le controversiste ecclésiastique trouve là un champ d'expression politique dont il mesure l'importance et où il peut témoigner de sa capacité ; il met son goût de la persuasion argumentée au service de la politique royale lorsque, aux manifestes des princes rebelles, il réplique au nom du roi en des termes d'une cinglante fermeté : « J'ai jusqu'ici donné à mes sujets tant de sujet d'actions de grâces pour ma clémence, qu'à peine en trouvera-t-on un seul en mon royaume qui, avec quelque apparence, se puisse plaindre de ma rigueur, que je puis dire n'avoir jamais exercée que contre moi-même, ayant été trop indulgent à l'endroit de ceux envers qui, selon Dieu et selon le monde, je pouvais user de sévérité [1]. » Au mois de février 1617, en trois jours, il compose la *Déclaration du roi sur le sujet des nouveaux remuements en son royaume*, transmuant pour l'occasion ce qui chez lui n'était jusque-là que facilité de parole et d'écriture en une véritable énergie ; une expérience qui le rend conscient de la force des mots mis au service de l'action politique.

L'inflexibilité avec laquelle il défend l'autorité royale absolue dans sa distribution des grâces et récompenses cadre mal avec la réalité louvoyante des circonstances politiques contemporaines, tout comme sa servitude envers Concini trahit également un problème qui lui est propre : comment mettre en œuvre l'héritage familial de fidélité au pouvoir royal, à un moment où il est difficile de distinguer à qui appartient légitimement ce pouvoir ? Richelieu est inféodé à Concini, qui, lui-même, tient son pouvoir de la faveur de Marie de Médicis à qui, certes, Louis XIII a commis l'exercice du pouvoir ; c'est donc à Concini qu'il rend compte, lui témoignant un dévouement ostensible ; mais les tensions s'exacerbent de toutes parts, entre Concini et les ministres, entre le roi et son favori, le maître de sa fauconnerie, Charles d'Albert de Luynes, et Concini, à tel point que, quelques jours avant le meurtre de ce dernier, Richelieu tente une ouverture et fait des offres de service à Luynes : sans doute veut-il ainsi se prémunir d'un renvoi par Concini, car il n'a nullement prévu les événements à venir.

On crédite ordinairement Richelieu d'une erreur ou d'une négligence politique : en attachant sa fortune à la faveur de Marie de Médicis et de ses favoris, il aurait omis de prêter attention à la personnalité du jeune Louis XIII, qui, bien qu'il fût majeur depuis 1614, abandonnait à sa mère la direction d'affaires auxquelles il ne semblait guère d'humeur à s'intéresser. Un tel manque de clairvoyance est certes aisé à discerner quand on connaît la suite de l'histoire, et facile à reprocher à un Richelieu dont le génie supposerait une lucidité qui a manqué à l'ensemble de ses contemporains. Car qui aurait pu, alors, penser que l'adolescent timide et renfermé, âgé de seize ans, qui ne semblait prendre plaisir qu'à la chasse, aurait

1. Lettre à Mayenne, Avenel, I, p. 256-257.

l'audace de machiner un coup d'État, de s'en prendre au favori de sa toute-puissante mère et de s'emparer d'un pouvoir que personne ne le pensait capable d'exercer ? Il est donc temps pour Louis XIII d'entrer en scène.

6

Le meurtre de Concini

Au matin du 24 avril 1617, le capitaine des gardes du roi, « le sieur de Vitry, accompagné de quelque vingt gentilshommes qui le suivaient négligemment en apparence, aborda le maréchal d'Ancre comme il entrait dans le Louvre et était encore sur le pont. Il était si échauffé ou si étonné qu'il le passait sans l'apercevoir : un de ceux qui l'accompagnaient l'en ayant averti, il se retourne et lui dit qu'il le faisait prisonnier de par le roi ; et, tout en même temps, l'autre n'ayant eu le loisir que de lui dire : "Moi, prisonnier !", ils lui tirèrent trois coups de pistolet, dont il tomba tout raide mort. Un des siens voulut mettre l'épée à la main ; on lui cria que c'était la volonté du roi : il se retint. En même temps, le roi parut à la fenêtre et tout le Louvre retentit du cri de "Vive le roi !" [1] ».

« À cette heure je suis roi », peut proclamer Louis XIII, qui envoie le premier écuyer dire à sa mère qu'il est résolu « à prendre en main le gouvernement de l'État » et entend désormais « être le maître », l'invitant à « ne bouger de sa chambre et […] ne se mêler de rien ». Il refuse de la recevoir, interdit aux ambassadeurs de la visiter et annonce d'un même mouvement la destitution de Mangot, Barbin et Richelieu.

Sur le moment ce dernier ne comprend rien à la gravité de sa situation. Le coup d'État se joue alors qu'il est en visite chez un recteur de la Sorbonne. En l'apprenant, il ne peut dissimuler sa stupéfaction : « J'en fus d'autant plus surpris que je n'avais jamais prévu que ceux qui étaient auprès du roi eussent assez de force pour machiner une telle entreprise [2]. » Arnauld d'Andilly, le frère du

1. Richelieu, *Mémoires*, II, éd. SHF, p. 180.
2. *Ibid.*, p. 182.

Grand Arnauld, fort bien informé du monde de la cour, rapporte même dans ses *Mémoires* que, rejoignant Barbin et Mangot, Richelieu avait « le visage fort content » et leur déclara avec une totale inconscience qu'« ils étaient maintenant en repos et à couvert », s'attirant de Barbin cette réponse plus perspicace : « Hé, Monsieur, vous moquez-vous de ne juger pas que le contre-coup de tout ceci tombera sur nous ?[1] »

Fort de l'intime certitude de son innocence, Richelieu se présente ensuite au Louvre. Là il peut apprécier sa disgrâce à la manière dont les courtisans l'ignorent ; il parvient cependant jusqu'au roi qui, du haut du billard sur lequel il est juché, lui crie : « Eh bien, Luçon, me voilà hors de votre tyrannie ! » et l'invite à se retirer. Le prélat ne cède pas pour autant à la panique ; il parvient à glisser quelques mots à Luynes et apprend que la charge de secrétaire d'État fait retour à Villeroy et à Puysieux, auxquels il est prié de rapporter les papiers des affaires qu'il a traitées. Comme évêque et conseiller d'État il peut toutefois conserver sa place au Conseil, mais, quand il s'y présente, Villeroy, qui y a déjà repris son poste de secrétaire d'État, ravi d'assouvir sa rancune envers l'usurpateur, lui interdit l'accès à la salle et l'invite fermement à déguerpir. Le voilà évincé du pouvoir et obligé de recommencer un second cycle d'ascension…

La sécheresse de l'éviction du secrétaire d'État est confirmée par les *Mémoires* des contemporains. Pontchartrain note : « Le roi fit défense à l'évêque de Luçon de plus s'entremettre de ses affaires[2] », et Brienne confirme : « L'évêque de Luçon ayant paru, eut ordre de se retirer[3]. »

En revanche, dans ses propres *Mémoires*, écrits des années plus tard, Richelieu concocte pour la postérité un récit prolixe, qui agence au mieux de sa vanité le cours de ces moments peu glorieux. Ses précautions et justifications apologétiques donnent la mesure de la complexité et de la fragilité de la situation dans laquelle il se trouvait : « D'abord que j'entrai dans la galerie du Louvre, le roi était élevé sur un jeu de billard pour être mieux vu de tout le monde. Il m'appela et me dit qu'il savait bien que je n'avais pas été des mauvais conseils du maréchal d'Ancre et que je l'avais toujours aimé (il usa de ces mots) et été pour lui aux occasions qui s'en étaient présentées ; en considération de quoi il me voulait bien traiter.

1. Arnauld d'Andilly, *Journal*, 1857, p. 293
2. *Mémoires*, éd. SHF, II, p. 223.
3. Brienne, *Mémoires*, éd. Petitot, I, p. 327.

« Le sieur de Luynes, qui était auprès de lui, prit la parole et dit au roi qu'il savait bien que j'avais plusieurs fois pressé la reine de me donner mon congé et qu'en diverses occasions j'avais eu brouillerie avec le maréchal sur des sujets qui concernaient particulièrement Sa Majesté. Il me fit ensuite beaucoup de protestations d'amitié. Je répartis à ce qu'il lui avait plu de me dire à la vue de tout le monde qu'assurément il ne serait jamais trompé en la bonne opinion qu'il avait de moi, qui mourrait plutôt que manquer jamais à son service ; que je confessais ingénument avoir toujours remarqué peu de prudence au maréchal d'Ancre et beaucoup d'inconsidérations ; mais que je devais cet hommage à la vérité de dire, en cette occasion, que je n'avais jamais connu qu'il eût mauvaise volonté contre la personne de Sa Majesté ni aucun dessein qui fût directement contre son service ; que je louais Dieu, s'il en avait eu, de ce qu'il n'avait pas eu assez de confiance en moi pour me les découvrir ; qu'il était vrai que j'avais plusieurs fois pressé la reine de me donner mon congé, mais que ce n'était point pour aucun mauvais traitement que j'eusse reçu d'elle dont, tout au contraire, j'avais toute occasion de me louer, mais bien pour le peu de conduite qu'avait le maréchal, les soupçons perpétuels qu'il avait de ceux qui l'approchaient et les mauvaises impressions que je craignais qu'il donnât de moi à la reine. J'ajoutai que je devais dire avec la même vérité que les sieurs Mangot et Barbin avaient eu les mêmes sentiments de s'en retirer, que j'en avais fait instance pour l'un et pour l'autre, et particulièrement pour le dernier. Après cela, je m'approchai plus près du sieur de Luynes, le remerciai en particulier des bons offices qu'il m'avait rendus auprès du roi, et l'assurai de mon affection et de mon service [1]. » Au plaidoyer qu'il prétend avoir voulu faire à Luynes pour Barbin, il se serait vu opposer un refus formel, assorti d'une invitation à se rendre au Conseil, « afin qu'on voie la différence avec laquelle le roi traite ceux qui vous ressemblent et les autres qui ont été employés en même temps ».

« Je balançais en moi-même si je devais recevoir cet honneur, mais j'estimai qu'en cette grande mutation les marques de la bonne grâce du roi me devaient être chères, vu que, par après, mes actions feraient bien connaître que je les recevais par la pure estime que le roi faisait de moi et non par aucune connivence que j'eusse avec ceux qui avaient machiné la mort du maréchal d'Ancre [2]. » Et d'édulcorer l'affront de Villeroy « que j'avais servi jusques à ce point de n'avoir point fait de difficulté, dans l'emploi où j'avais été

1. *Mémoires*, éd. SHF, II, p. 184-185.
2. *Ibid.*, p. 186.

des affaires, de me mettre mal à son occasion avec le maréchal d'Ancre ».

Une telle recomposition *a posteriori* montre bien quelle va être la difficulté de Richelieu à se sortir du guêpier dans lequel l'a mis son inféodation à Concini, pour apparaître comme ayant été un crypto-fidèle du roi. Dans l'immédiat, il ne tire pourtant pas trop mal son épingle du jeu : Léonora Galigaï est arrêtée, ainsi que Barbin ; Mangot, qui se présente lui aussi au Louvre, reçoit l'ordre de rendre les Sceaux. Dans la disgrâce générale, il est le seul à pouvoir espérer sauvegarder une possibilité d'accéder encore au gouvernement. Ajoutons que, dans le déluge d'accusations de corruption et de mal-versations qui déferla après la chute des favoris italiens, il ne fut l'objet d'aucune mise en cause.

L'interprétation de l'assassinat de Concini comme une prise du pouvoir par Louis XIII doit être nuancée, car l'épisode profite dans l'immédiat aux « barbons », les vieux ministres d'Henri IV évincés par le maréchal d'Ancre et heurtés par sa politique autoritaire, qui retrouvent aussitôt leurs places. Cependant, l'entrée en scène, tar-dive et somme toute relative, de Louis XIII ne doit pas occulter le caractère central de la personne du roi. Centrale, elle l'est du point de vue des institutions : c'est dans le roi que s'incarne la souverai-neté dont, depuis Jean Bodin, les juristes français ont exalté le caractère exclusif.

La personne royale a en outre un caractère religieux : le Roi Très Chrétien, sacré et thaumaturge (Louis XIII touche très régulière-ment les écrouelles ; ainsi, en 1633, à trois reprises, à Pâques, en la fête du Saint-Sacrement, puis à la Toussaint), « vicaire du Christ au royaume de France », est l'objet de la part de ses sujets d'une véné-ration qui va bien au-delà de la simple obéissance civile. De nom-breux symboles de la royauté divine lui sont d'ailleurs réservés : rayon de la divinité descendue sur terre, il partage l'usage du dais avec le seul Saint-Sacrement.

Quant à la personnalité du roi, elle mérite qu'on s'y arrête un moment. Louis XIII souffre de sa position médiane entre Henri IV et Louis XIV, comme de sa cohabitation avec un Richelieu qui incarnerait plus brillamment que lui le triomphe de l'absolutisme monarchique. Pour être un peu terne, voire misanthrope, doit-il pour autant être occulté, voire ridiculisé ?

Louis XIII est né le 27 septembre 1601 à Fontainebleau ; privé à neuf ans d'un père qu'il adorait, il n'entretient guère de rapports d'affection avec sa mère, Marie de Médicis, dont la tendresse maternelle n'est pas le fort, et qui lui préfère ouvertement son jeune frère Gaston, « Monsieur », plus brillant et séduisant. Profondément choqué par la mort de son père, Louis XIII n'est donc guère favorisé affectivement en sa tendre enfance ; il ne l'est pas davantage ensuite du côté de sa femme, la reine Anne d'Autriche, son aînée de cinq jours, qui vit entourée d'Espagnols et murée dans une muette hostilité. Son sens de l'affection se reporte sur sa nourrice et sa gouvernante, puis sur ses favoris. De là vient sans doute son fond de caractère marqué par un continuel besoin d'amour et de confiance, perpétuellement traversé de soupçons et de défiance, ses sautes d'humeur, voire ses dépressions. Élève médiocre, répugnant à l'instruction livresque tout comme à l'expression verbale, il a pourtant le goût des arts, dessin et peinture, danse et surtout musique [1] (il compose et c'est au son de sa guitare qu'il fera procéder à l'arrestation d'Ornano au moment de la conspiration de Chalais), mais aussi arts mécaniques, auxquels il porte une universelle curiosité. Cette curiosité va devoir également s'appliquer aux affaires publiques, où il manifeste d'instinct des sentiments profondément anti-espagnols, et dont il se rend maître, à la mort de Concini, sans avoir été d'une quelconque manière préparé à sa gestion.

Fort joliment croqué par Michelet sous les traits d'un « maigre Jupiter à moustaches pointues », Louis n'est certainement pas l'imbécile qu'on a trop souvent voulu voir, réduit aux activités manuelles d'un homme de troupe ou encore aux travaux domestiques d'un cuisinier. Sa physionomie ingrate de roi à la triste figure dissimule ses réelles qualités : c'est même une sorte de héros moral, en dépit de ses nombreuses inhibitions qui le condamnent à une vie affective enfantine. Stoïcien cornélien et masochiste, timide obstiné et sentimental refoulé, neurasthénique, homme aux goûts simples, détestant toute forme de mondanité courtisane, il s'enferme ordinairement dans un silence morose derrière lequel s'abritent sa méfiance maladive, son instabilité constante et son mal-être physique. Il est trahi par sa difficulté d'élocution, voire son bégaiement ; les gestes saccadés de ses bras et jambes qu'il ne contrôle pas, et qui accompagnent ses émotions ; les propos médisants ou les caricatures grotesques, dont il est encore coutumier. Il est « bizarre et inégal », selon Mlle de Lafayette, et il faut être dans sa haine ou dans sa confiance ; timide et maladroit, toute sa vie il cherchera des personnes désintéressées auprès desquelles il pourra étancher en toute confiance sa soif d'affection, sans doute à l'écart d'une sexualité fort malaisée ; comme le note justement Pierre Chevallier, son biographe, sa qualité royale

---

1. L'adaptation de l'une de ses œuvres – « Tu crois, ô beau soleil » – ouvre le disque *French Recital* (vol. 1, Night and Day) du pianiste Cyprien Katsaris.

en fait, en ce domaine, l'esclave du devoir conjugal, en dépit d'une chasteté qui cache assurément des tendances à l'homosexualité et s'accommode d'amantes platoniques et de compagnons masculins. Lui aussi est un malade chronique : épilepsie peut-être dans sa jeunesse, accès de goutte, crises intestinales, « bouffements de ventre », migraines, hémorroïdes et autres maux perturbent sa vie et modèlent une personnalité torturée, à la fois forte et faible.

Car il ne manque pas de qualités, et de qualités royales. Il a avant tout un sens aigu de la dignité de sa fonction, de la majesté royale, et est fort jaloux de sa grandeur et de son autorité ; son goût de la vérité et son amour de l'exactitude font qu'il ne supporte pas d'être abusé ; au surplus, il est particulièrement sensible aux actes de désinvolture à son endroit et veut être rigoureusement obéi. Cette autorité qu'il tient de Dieu, le roi n'est pas disposé à la partager, et le couple qu'il formera avec son principal ministre repose sur ce principe fondamental d'inégalité. La plupart des contemporains s'accordent à souligner le sérieux que Louis met à s'instruire des affaires, ainsi que son assiduité à s'en occuper. Sully le dit « avisé, fin et de facile compréhension [1] », et tous reconnaissent que ses principales qualités sont le bon sens et l'équilibre : « Il ne fut jamais vu personne avoir les cinq sens si exacts, ni le jugement », dit de lui son médecin Héroard. S'il manque de largeur de vues, il est intelligent et méticuleux (notamment dans le domaine militaire où il veut être informé de tout et sera fort irrité chaque fois qu'il s'apercevra qu'il n'a pas été consulté) ; ce n'est pas un esprit brillant, mais c'est en tous domaines – les plus élevés, ceux de la morale, comme les plus triviaux – un homme scrupuleux, ce qui est source de préoccupation constante pour son entourage, obligé de préparer les affaires avec un soin extrême pour répondre à son attention minutieuse et à sa soif d'information.

Ce sentiment aigu de sa dignité de roi a fini par lui rendre insupportable son éloignement systématique des affaires, tout comme les humiliations que ne lui épargnait pas l'arrogant favori de sa mère, qui poussait l'impudence jusqu'à présider le Conseil en ses lieu et place, à lui proposer insolemment de l'argent sur ses propres deniers ou à rester imperturbablement couvert devant lui. En dépit de sa dissimulation – « Je fais l'enfant », dit-il –, l'idée de prendre le pouvoir se transforme chez lui en résolution qu'il communique à ses familiers. Au premier rang de ceux-ci, Charles d'Albert de Luynes, gentilhomme provençal, son grand fauconnier et favori très aimé (dont il déclarera avec simplicité : « Je l'ai aimé parce qu'il m'aimait »),

---

1. *Économies royales*, éd. Petitot, IX, p. 195.

et Déageant, premier commis au contrôle général des Finances et familier de Barbin qui l'informe des intentions de Concini. Les deux animent dans son entourage une sorte de conseil secret. Plusieurs thèses s'y opposent sur la conduite à tenir : Louis XIII est pour l'arrestation et le jugement de Concini ; Luynes envisage une fuite du roi qui quitterait la cour pour se rendre à l'armée ; Déageant, face au dessein de Concini, qui, méfiant, parle de « resserrer » le roi aux Tuileries, propose une solution radicale : l'arrestation et la mise à mort du favori en cas de résistance. Pour ce faire, on a recours à Nicolas de L'Hospital, marquis de Vitry, capitaine des gardes, qui exécute sa mission sans broncher.

Bègue et malhabile à l'oral, le roi devient, en de telles circonstances, l'homme du silence de mort, de l'impassibilité et de la dissimulation : son mutisme est total quand il s'agit d'autoriser l'exécution de Concini, autrement dit de réaliser un véritable coup d'État. Son commandement exprès est l'arrestation ; il se borne à se taire, acquiesçant tacitement à la réponse donnée par Déageant à la question de Vitry : que faire s'il se défend ? « Le roi entend qu'on le tue », une volonté royale qui transforme en exécution ce qui, sans elle, eût été un assassinat.

Concini liquidé, « les ministres qui servaient actuellement sous l'autorité de la reine furent tous décrédités. Comme en ces bâtiments qu'on mine par le pied rien ne demeure, ainsi, l'autorité de la reine étant ruinée, tous ceux qui subsistaient en elle tombèrent par sa chute. Je fus le seul auquel Luynes eut quelque égard ; car il m'offrit de demeurer au Conseil avec tous mes appointements ; mais, voyant le traitement qu'on commençait à faire à la reine, je ne le voulus jamais et préférai l'honneur de la suivre en son affliction à toute la fortune qu'on me faisait espérer [1] ». C'est en ces termes flatteurs que Richelieu résume, toujours dans ses *Mémoires*, une situation bien difficile à rétablir. Déchu, il s'est vu en fait interdire jusqu'à l'accès au Conseil, et on peut imaginer la blessure d'amour-propre qui fut alors la sienne, ce sentiment d'un échec à surmonter – futur aiguillon dans sa reconquête du pouvoir. Au demeurant, s'obstiner aurait été sur l'instant inconvenant ; en revanche, suivre Marie de Médicis revient à respecter les convenances. Il n'abandonne donc pas la partie et, pour pouvoir la reprendre, maintient le contact avec la reine également déchue : « Dès le jour même, je fis savoir à la reine par Roger, son valet de chambre, la douleur que je ressentais

---

1. *Mémoires*, éd. SHF, II, p. 198.

de son malheur, auquel certainement je la servirai selon toute l'étendue de mon pouvoir[1]. »

La journée du lendemain lui donne à nouveau l'occasion d'éprouver, physiquement et personnellement, la fragilité de ce pouvoir auquel il a goûté, et fait une profonde et durable impression sur son esprit. Ce jour-là, en effet, le corps de Concini, qui a été enterré à Saint-Germain-l'Auxerrois, est déterré par la populace, dépecé et traîné à travers la ville par la foule en folie. Richelieu est confronté à l'hystérie de la rue ; le récit qu'il en fera bien des années plus tard, s'il veut davantage montrer sa présence d'esprit et son courage en la circonstance, conserve la marque de son effroi : « À même temps, je passais par là pour aller voir Monsieur le Nonce, qui était lors le sieur Ubaldini, et ne me trouvai pas en une petite peine ; car, passant par-dessus le Pont-Neuf, je trouvai le peuple assemblé […] et cette foule si attentive à ce qu'ils faisaient et si enivrée de leur fureur qu'il n'y avait pas moyen de leur faire faire place pour le passage des carrosses. Les cochers étant peu discrets, le mien en choqua quelqu'un qui commença à vouloir émouvoir noise sur ce sujet ; au même instant, je reconnus le péril où j'étais, si quelqu'un eût crié que j'étais un des partiaux du maréchal d'Ancre, leur rage était capable de les porter aussi bien contre ceux qui, aimant sa personne, avaient improuvé sa conduite, comme s'ils l'eussent autorisée.

« Pour me tirer de ce mauvais pas, je leur demandai, après avoir menacé mon cocher extraordinairement, ce qu'ils faisaient ; et, m'ayant répondu selon leur passion contre le maréchal d'Ancre, je leur dis : "Voilà des gens qui mourraient au service du roi ; criez tous : 'Vive le roi !'" Je commençais le premier, et ainsi j'eus passage, et me donnais bien garde de revenir par le même chemin[2]. »

Durablement hanté par la peur d'un attentat, Richelieu restera persuadé qu'il aurait, lui aussi, pu subir le sort du cadavre du maréchal d'Ancre. Ces images sanglantes le poursuivront toute sa vie et contribueront à sa réflexion politique ultérieure. Se livrant dans ces mêmes *Mémoires* au commentaire de la décision royale (dont il impute le conseil au seul Luynes), il réfute la thèse selon laquelle le bon plaisir du roi transforme l'assassinat en acte de justice ; il promeut une ligne de conduite différente, qui exclut la possibilité de voir se renouveler à son détriment de telles scènes : « Que les actions des rois ne sont pas justes pour ce qu'ils les font, mais pour ce que leur vie étant l'exemplaire de leurs peuples, ils la règlent

1. *Ibid.*, p. 194-195.
2. *Ibid.*, p. 195-196.

selon la justice et l'équité, et, pour bien commander aux hommes qui leur sont sujets, obéissent à la raison, qui est un rayon ou une impression que nous avons de la divinité, et à la loi de Jésus-Christ qui nous enseigne que Dieu est le roi primitif et les rois ne sont que les ministres de son royaume... [1] » Une leçon qui est identique à celle, générale, sur l'art de gouverner conformément à la raison et dans le but d'établir le règne de Dieu, qu'il tirera plus tard pour Louis XIII dans son *Testament politique*, quand il sera au faîte toujours périlleux d'un pouvoir que, pour l'heure, il lui faut reconquérir à nouveaux frais.

Le recteur de la Sorbonne chez qui Richelieu apprend avec surprise la mise à mort de Concini n'avait pas manqué, avec une philosophie qui n'était sans doute pas dépourvue de malice, de tirer à son intention la leçon directe de l'événement : il « n'oublia pas de me dire fort à propos ce que je devais attendre d'un homme de son érudition sur l'inconstance de la fortune et le peu de sûreté qu'il y a aux choses qui semblent être plus assurées en la condition humaine [2] », une leçon en forme de méditation sur la disgrâce qu'il ne cessera jamais de poursuivre, y compris lorsqu'il sera associé au pouvoir aux côtés du roi.

1. *Ibid.*, p. 195.
2. *Ibid.*, p. 183.

7

Au purgatoire

À l'issue de l'affaire Concini, ce sont donc les « barbons », les vieux ministres d'Henri IV, qui ont retrouvé ce pouvoir dont ils ont exclu l'évêque de Luçon. Pour prévenir le retour de l'abus scandaleux de la préséance accordée au jeune prélat, ils se préoccupent aussitôt d'obtenir du roi des lettres patentes décidant qu'à l'avenir les secrétaires d'État prendront rang entre eux selon l'ordre de leur réception. L'épisode est bel et bien clos et le rideau tombe sur l'intermède du passage aux affaires de Richelieu. Il tombe d'un même mouvement sur la volonté de fermeté affirmée par Concini, une fermeté qui contraste avec le caractère doux et modéré de Luynes : en fait de ligne politique, celui-ci préfère temporiser et éviter les affrontements directs.

De ce bref épisode on ne peut, on l'a vu, guère tirer de leçon politique bien assurée. Si la connaissance de la carrière de Richelieu incite à y discerner les prémisses d'une politique que l'on retrouvera ultérieurement, il est indéniable que l'expérience a été pour lui formatrice, lui faisant prendre conscience des interférences entre affaires intérieures et extérieures, du poids des affaires italiennes, et, surtout, le confirmant dans le goût de ce pouvoir dont il est à nouveau éloigné. Mais il est tout aussi indéniable qu'il lui reste encore beaucoup à apprendre des réalités des rapports de forces en Europe comme de la conduite des hommes.

En fait, si l'on s'essaie à discerner comment Richelieu a réellement pu appréhender toutes ces années, on doit concevoir qu'il en eut une perception bien différente de celle que le biographe s'efforce de reconstituer en lui donnant une certaine cohérence qui la rende intelligible à son lecteur. On pourrait davantage se la représenter comme des sauts d'obstacles successifs et incessants, vécus au quotidien sous forme de protections à obtenir, d'hostilités à surmonter, d'intrigues à dénouer, tant il est vrai que ces relations humaines sont les composantes, individualisées et diverses, qu'il faut réunir et lier en une gerbe impersonnelle pour former la ligne conductrice de sa vie et de sa carrière. Jusqu'à son entrée au Conseil où il accède par tradition familiale et par son réseau ecclésiastique, il touche au monde de la politique avant tout par les intrigues de la cour ; ce n'est qu'alors qu'il prend fort brièvement conscience des enjeux et stratégies de la politique étrangère, sans d'ailleurs qu'ils soient jamais dégagés de la gangue de ces cabales et péripéties qui alimentent la chronique mouvementée de l'histoire intérieure, et placent la « grande » politique sous leur dépendance. Il faudra, désormais, toujours tenir compte de ces deux niveaux du jeu politique dont l'entremêlement constitue le récit de sa vie : d'abord et longtemps seulement homme d'intrigues, avant d'être aussi le grand politique que l'Histoire aime à célébrer, il n'eut jamais les coudées véritablement franches et, comme homme d'État, dépendit constamment d'une conjoncture humaine incertaine qu'il lui importa au moins autant de maîtriser.

Dans l'immédiat, l'urgence pour lui est de trouver une planche de salut qui lui permette de survivre au monde de la politique. La seule personne qui ne peut être durablement évincée est Marie de Médicis, l'habitude étant qu'à son retour en grâce un grand traite pour ses fidèles et obtient pour eux pardon et bienfaits. Richelieu l'a compris et s'est occupé à maintenir le contact avec la reine disgraciée, tout en offrant au nouveau pouvoir ses services d'intermédiaire. Sur sa recommandation, le roi s'adoucit et laisse sa mère choisir le lieu de son exil ; il lui conserve l'intégralité de ses offices et pensions, de ses douaires, ainsi que le gouvernement de la Normandie. Le 3 mai 1617, Marie de Médicis part pour Blois ; l'évêque de Luçon, qui a négocié pour elle ce traitement relativement favorable, la suit et devient le chef de son conseil, garde de son sceau et intendant de ses affaires et, de surcroît, informateur de Luynes et de Déageant. Autrement dit, il se fait agent double pour survivre.

On le devine, la partie est difficile à jouer ; incapable de contenter chacun, Richelieu mécontente tout le monde. La reine déchue s'entoure d'une cour d'intrigants composée en grande partie d'Italiens et d'aventuriers qui lui disputent le premier rôle auprès de la souveraine, tels les abbés Ruccellaï (on prononçait « Rousselay »), expulsé de Rome en raison de ses intrigues, naguère confident de Concini, et Tantucci, un inlassable trublion ; des prélats concurrents comme Hurault, l'évêque de Chartres, le cardinal Bonzi et son neveu, le coadjuteur de Béziers, qui se serait bien vu à la place de

Richelieu auprès de Marie de Médicis ; ce dernier subit par ailleurs les récriminations et les ressentiments de la reine, sans parvenir à lui imposer une ligne de conduite cohérente et même, semble-t-il, sans susciter sa confiance. En dépit des rapports optimistes qu'il adresse à la cour, celle-ci ne lui accorde pas davantage de crédit et continue à le soupçonner d'ambitions intempestives. Se considérant comme « le plus malheureux des hommes sans l'avoir mérité[1] », il craque subitement : sur un avis de son frère annonçant que sa disgrâce a été résolue par le Conseil du roi, il quitte Blois, le 11 juin, pour la retraite de son cher prieuré de Coussay. Les raisons exactes de cet abandon de poste n'ont pas été clairement élucidées : faut-il y voir le renoncement d'un homme usé par l'intrigue, la volonté d'éviter une nouvelle humiliation en prévenant une disgrâce annoncée, ou le dessein, plus subtil, de forcer la main de la reine et de la cour en démontrant qu'il leur est indispensable ? En tout cas, cette prise de distance, comme il le prétendra lui-même par la suite, n'est pas un congé pris avec l'accord de Marie.

Quoi qu'il en soit, Louis XIII donne une conclusion ironique à l'épisode en applaudissant cette religieuse décision qui rend un évêque à son diocèse et en lui commandant de s'y tenir : « J'ai appris que vous vous résolviez de vous en retourner dans votre diocèse pour vaquer, selon le dû de votre charge, à exhorter vos diocésains à se conformer aux commandements de Dieu et aux miens, ce que j'approuve et loue grandement votre résolution...[2] ». Commence alors une véritable traversée du désert au cours de laquelle Richelieu doit faire un sort à la réputation de duplicité qu'il s'est acquise.

Tandis que Marie tempête en réclamant son retour auprès d'elle, lui se conforme avec un scrupule ostensible aux injonctions royales en se consacrant aux affaires de son diocèse[3]. Mais l'obscurité ne lui agrée décidément plus et, quand se présente une occasion de se faire valoir et d'apparaître comme un pasteur studieux et érudit, il s'en saisit avec empressement. À la mi-juillet 1617, en effet, les ministres protestants de Charenton répliquent aux attaques lancées contre leur culte par le confesseur du roi, le père jésuite Arnoux :

1. Lettre à Déageant, Avenel, VII, p. 397.
2. Avenel, I, p. 541, n 1.
3. C'est dans ce cadre pastoral que, participant à une procession à Loudun, il aurait subi une vexation de la part du curé de Saint-Pierre-du-Marché, un certain Urbain Grandier. Celui-ci aurait fait valoir son titre de chanoine de Sainte-Croix de Loudun pour l'emporter en préséance sur l'évêque de Luçon, qui, dans le diocèse de Poitiers dont relevait Loudun, ne pouvait se prévaloir que du simple titre de prieur de Coussay.

par un libelle adressé directement au roi, ils se posent en protecteurs de la royauté (*Défense de la Confession des Églises réformées de France contre les accusations du sieur Arnoux, jésuite, déduites en un sermon fait en présence du Roy, à Fontaine-Bleau*, Charenton, 1617). Prétextant que cet écrit fait des ravages dans sa province, l'évêque de Luçon entreprend d'y répondre et, en six semaines, rédige les *Principaux points de la foy de l'Église catholique défendus contre l'écrit adressé au roi par les quatre ministres de Charenton* : « J'employai le loisir de ma solitude à y [la lettre des ministres de Charenton] répondre, et le long temps qu'il y avait que j'étais diverti de l'exercice de ma profession m'y fit travailler avec tant d'ardeur que dans six semaines j'achevai cet ouvrage [1]. » Composé de dix-neuf chapitres écrits en français à grand renfort d'érudition, mais dépourvu de plan véritablement structuré, l'ouvrage développe avec insistance la thématique de l'obéissance au roi et à l'Église. Outre l'emploi de la langue vulgaire, chose assez nouvelle pour de tels ouvrages, son intérêt réside dans la connaissance des auteurs réformés dont Richelieu fait preuve et, surtout, dans l'originalité de sa démarche : « En cela j'userai de la plus grande modération qu'il me sera possible, désirant qu'ainsi que notre créance et celle de ceux avec qui je traite sont contraires, notre procédé le soit aussi, et au lieu de l'aigreur avec laquelle ils nous imposent plusieurs calomnies, leur dire leurs vérités avec tant de douceur que, s'ils se dépouillent de passions, ils auront sujet d'en être contents. Par là ils connaîtront que mon dessein est de leur faire du bien et non du mal, de les guérir et non de les blesser, et qu'au lieu d'être haïs de nous, comme ils disent, nous les aimons véritablement... [2] » Mais cette modération affirmée – reprise par l'historiographie qui fait crédit à Richelieu d'une tolérance douteuse pour qui connaît l'esprit du temps – s'accompagne d'un ton de supériorité et d'une violence polémique qui ne dérogent pas au mode habituel des controverses contemporaines. Sa manière, il faut le dire, est celle d'un évêque de son temps, en rien celle d'un apôtre d'une anachronique tolérance irénique : il s'agit d'imposer la vérité en lieu et place de l'erreur.

L'ouvrage paraît en octobre 1617. Un bref du pape le salue favorablement et il fait l'objet de quelques répliques du côté réformé. Mais, au total, il ne connaît pas le retentissement espéré et, surtout, il ne contribue à aucun retour en grâce de son auteur.

---

1. *Histoire de la mère et du fils. Mémoires du cardinal de Richelieu*, éd. Petitot, Paris, 1821, 2e série, XI, p. 91.
2. Dédicace au roi.

Celui-ci, qui dépend des informations que lui adressent ses frère et beau-frère, tous deux demeurés à la cour, cherche tous azimuts à y plaider sa cause ; il charge notamment Bertrand d'Eschaux, un de ses fidèles protecteurs ecclésiastiques, de le servir auprès du roi, mais il ne réussit qu'à exaspérer les détenteurs du pouvoir et à se rendre de plus en plus suspect. Son sens politique semble encore une fois pris en défaut, qui ne parvient pas à lui faire comprendre que son passé proche ne constitue en rien une référence positive et que toutes ses tentatives pour se réhabiliter sont vouées à l'échec [1]. Il ne recouvre aucune confiance de la part de Luynes et sa réputation d'intrigant ne s'estompe pas. Ses sollicitations incessantes lui valent l'ordre, à la fin octobre, de quitter Coussay pour sa résidence épiscopale ; en novembre, il est à Luçon quelque cinq mois, durant lesquels il semble avoir repris ses activités pastorales (on a vu qu'il s'y préoccupe de la création d'un séminaire). À la même époque, il négocie le mariage de sa sœur Nicole, alors âgée de près de trente ans, avec Urbain de Maillé-Brézé. Notons que c'est Armand Jean, et non Henri, le chef de la famille, qui se soucie de cet établissement, fournissant 62 000 livres de la dot, contre 18 000 incombant à Henri, et s'engageant de plus à régler les dettes des Brézé.

Mais, dès que l'entourage de Marie de Médicis bruit d'une intrigue nouvelle, c'est toujours sur Richelieu que les soupçons de la cour viennent à peser. En février 1618, Henri, son frère, et Pont-Courlay, son beau-frère, considérés comme ses informateurs et donc également suspects, sont exilés dans leurs terres. Jamais sans doute l'évêque de Luçon ne s'est senti aussi dépourvu de toute prise sur les événements. Mais le pire est à venir : à son tour de recevoir un nouvel ordre d'exil, celui de quitter le royaume pour Avignon en compagnie des mêmes Henri et Pont-Courlay, désormais englobés dans sa disgrâce.

En Avignon, terre pontificale, les exilés s'installent dans un hôtel proche du couvent des Minimes ; l'évêque exilé, assisté de son fidèle Le Masle ainsi que de quelques domestiques, s'attache à mener une vie retirée et édifiante à l'écart de toute mondanité : « Personne ne regarde plus indifféremment les choses du monde ; il s'estime heureux d'être ici en repos, et doublement heureux d'avoir assurément le repos d'un homme de bien en sa conscience [2]. » Il est vrai que sa chute semble inexorable et qu'on lui a même attribué

---

1. Sa volonté ultérieure de rompre avec ce passé montrera qu'il aura enfin compris, au moment de la rédaction de ces textes de ses *Mémoires* que nous avons cités, qu'une autre présentation de sa disgrâce était plus politique.
2. Lettre à l'abbé de La Cochère, Avenel, I, p. 572.

alors des pensées plus suicidaires que pieuses. Mais il ne se désinté-
resse pas totalement des affaires du siècle : on sait qu'il s'est pro-
curé une copie des « Négociations » du président Jeannin avec la
Hollande [1] et en fait sa lecture quotidienne ; mieux, il contre-
attaque, rédigeant, dans la perspective de sa mise en cause à l'occasion du procès de Barbin, un plaidoyer intitulé *Caput apologeticum*,
un texte chaotique dans lequel on peut lire ceci : « Jamais je n'ai
rien fait que je n'aie cru certainement en ma conscience être avantageux au roi, et je puis dire devant Dieu avoir toujours eu une passion
très grande de lui complaire, je ne dis pas seulement à lui comme
roi, mais comme Louis XIIIe. [...] À un homme malheureux, on lui
impute tout à faute [...] En un mot, les vertus d'un homme en faveur
lui sont vices en disgrâce [2]. »

Même à distance, il continue à se conformer aux instructions
royales, à se comporter en évêque zélé. Après s'être intéressé au
problème protestant, il se soucie de ses fidèles de Luçon et s'occupe
à parfaire la rédaction de son *Instruction du chrétien* écrite à leur
intention, dont on a déjà parlé au titre de son action pastorale. Il y
laisse apparaître, il est vrai, quelques préoccupations proprement
politiques qu'il est tentant de décrypter à la lumière de sa récente
expérience du pouvoir. On y trouve ainsi la référence fréquente au
prince, autorité modèle à respecter, et l'appel à l'obéissance dont
nous avons fait mention. Mais il y a encore les nombreuses allusions
à l'administration de la justice et à la condamnation à mort, qui
indiquent une sensibilité particulière à ces points ; et il y a surtout
l'évocation de la dénonciation et le châtiment des crimes contre
l'État. On y voit que la position de Richelieu face à ceux qu'il considérait comme ennemis de l'État est affirmée de manière très précoce dans sa carrière politique ; le passage mérite d'être lu avec
attention, tant il est significatif de la constance d'une pensée qui
existe avant qu'elle ne puisse se traduire par une action politique
efficace, mieux même, au moment où celle-ci semble tout à fait
impossible : « Outre ce que me doit celui qui m'a coupé le bras
pour le préjudice que j'en souffre, il doit satisfaction à la république qu'il a offensée en violant sa paix. Je puis bien remettre la
satisfaction qui m'est due, mais non pas celle qu'on doit au public
[...] parce que ce n'est pas au particulier à remettre celui de la
république qui, ayant pour sa conservation un intérêt particulier à
maintenir la concorde parmi les siens et les garantir d'injures, doit

1. *Les Négociations du président Jeannin*, éd. Michaud et Poujoulat, 2e série,
IV, 1857.
2. Avenel, VII, p. 416-422.

être aussi sévère en ses châtiments que les particuliers doivent être indulgents en leurs sentiments » (leçon 23).

La chronique familiale n'est pas davantage pour le porter à l'optimisme : à la fin de 1618, elle enregistre coup sur coup (15 octobre et 15 décembre) la mort de la femme et du fils nouveau-né d'Henri, plongeant les deux frères dans un chagrin accru. Henri, qui rédige alors son testament, obtient de se rendre avec Pont-Courlay à Paris pour régler ses affaires ; l'autorisation de se joindre à eux est refusée à Richelieu, qui est toujours strictement assigné à résidence à Avignon d'où il adresse, « devant que de passer de cette vie à une autre meilleure », à ses chanoines, le 8 février 1619, un testament spirituel en forme de lettre désabusée d'adieu au monde : « Ce monde n'est que tromperie et il n'y a contentement ni profit qu'à servir Dieu qui ne manque point à ceux qui le servent [1]. » Le 13 février, sans qu'on sache pourquoi, il donne ordre de résilier le bail de son hôtel. Le fond est touché en ce début de 1619.

Mais le 7 mars, coup de tonnerre : Charles du Tremblay, le frère du père Joseph, porteur d'une lettre royale, arrive en Avignon. L'évêque de Luçon est rappelé de son exil, il lui faut se mettre en chemin dès le lendemain. La cour a besoin de lui, en une bien troublante et rocambolesque affaire : la reine mère s'est évadée du château de Blois où elle était gardée.

Dans la nuit du 21 au 22 février 1619, deux longues échelles balafrent la muraille du château de Blois ; l'une donne accès à une plateforme, l'autre mène, de là, à la fenêtre de la reine. Tout est ainsi disposé pour une évasion : le secrétaire du duc d'Épernon gravit les degrés. Marie de Médicis l'attend. Elle trousse elle-même sa robe autour de sa ceinture et s'engage sur la première échelle qu'elle descend à grand-peine. Arrivée sur la plate-forme, elle refuse d'emprunter la seconde échelle ; ses compagnons d'évasion la roulent avec son inséparable cassette de bijoux dans un manteau et la font glisser jusqu'à terre au moyen de cordes…

Le scénario – repris par tous les historiens – est beau, trop beau pour être vrai ; c'est encore une de ces images communes de l'Histoire auxquelles il faut renoncer, car c'est tout bonnement par une partie en chantier du château que la reine mère se soustrait sans problème à son assignation à résidence à Blois. Elle essuie avec bonne humeur (« Ils me prennent pour une bonne dame », aurait-elle dit en riant) quelques quolibets de passants qui voient dans ce petit groupe d'hommes entourant une femme de qualité les acteurs d'une aven-

---

1. Avenel, VII, p. 425.

ture galante, et rejoint, aux premières lueurs de l'aube, une voiture dissimulée au débouché du pont sur la rive gauche de la Loire. Celle-ci l'emporte au galop jusqu'à Loches où elle retrouve le duc d'Épernon ; les deux complices gagnent ensuite de concert Angoulême. La prisonnière s'est évadée de ce château de Blois où elle vient de passer près de deux années étroitement surveillée, à l'instigation de Luynes, pour réapparaître à Angoulême, dans le gouvernement d'Aunis et Saintonge, fief du puissant duc d'Épernon. Là, Marie entreprend d'appeler les Grands à son secours et proclame son désir de contribuer au « bien de l'État ». Une nouvelle fois la guerre civile semble imminente.

Le cerveau du complot, c'est Ruccelaï, l'abbé italien, un trublion dangereux. Quant au duc d'Épernon, l'exécutant, c'est une menace directe pour le pouvoir, tant son prestige demeure intact : l'ancien mignon d'Henri III, âgé de soixante-cinq ans, est devenu l'un des plus puissants seigneurs du royaume ; gouverneur de Metz, de la Saintonge et de l'Angoumois ; il bénéficie en outre du concours de ses deux fils, le marquis de La Valette et l'évêque de Toulouse, comme lui excellents hommes de guerre. S'estimant mal récompensé de ses services, il ne fréquente plus que très épisodiquement la cour et s'est retiré dans sa ville forte de Metz, d'où Ruccellaï a su le faire sortir pour le rallier à son plan. Ayant un jour croisé sur les degrés du Louvre Luynes, le nouveau favori, aussi souple et cauteleux que lui-même est fier et hautain, Épernon lui a lancé comme en défi : « Vous autres, messieurs, vous montez, et nous, nous descendons. » Or le voilà, grâce à la reine mère, en mesure de rétablir sa situation.

L'émoi est donc grand à la cour devant pareil danger. Toujours pacifique, Luynes louvoie ; il parvient à calmer les va-t-en-guerre et à gagner du temps. Déclaré rebelle, Épernon est déchu de ses charges, tandis qu'on laisse entendre qu'un accommodement serait possible avec la reine. Toutefois cette politique n'est pas exempte d'arrière-pensées : si Luynes négocie officiellement la paix avec Marie de Médicis, il n'a nulle envie de réconcilier réellement la mère et le fils, et de s'exposer à la rancune de la vindicative Italienne. Il lui faut donc parer le péril immédiat de guerre et retarder le plus possible la réconciliation, tenir Marie de Médicis séparée du roi.

C'est le même esprit tortueux qui inspire la conduite du favori à l'endroit de Richelieu : il entend l'utiliser auprès de la reine mère, mais lui interdire l'accès au roi, stopper sa carrière ecclésiastique en lui donnant des garanties avantageuses sur l'accès au cardinalat et retarder en sous-main cette promotion. Quant à Richelieu, son intérêt est pour le moment lié à celui de Marie de Médicis, car il ne peut revenir au pouvoir que par elle et, pour cela, il faut qu'elle reprenne son empire sur son fils : autrement dit, son jeu est désormais de lui faire reconquérir sa place à la cour, et d'abord d'obtenir la paix aux meilleures conditions. Il va donc tenter de se faire le réconciliateur de la mère et du fils. Mais, en dépit de son art de la négociation, il se heurte à des difficultés à Paris où la cour reste suspicieuse, comme à Angoulême où ses rivaux ne sont pas disposés à lui céder la direction des affaires.

C'est malgré tout avec empressement qu'il se conforme à l'ordre reçu le 7 mars et prend sans délai, en dépit de la mauvaise saison, la route pour rejoindre la reine mère auprès de laquelle il se fait précéder d'un texte de conseils destinés à favoriser une « bonne réconciliation entre le roi et elle ». Arrêté près de Vienne par le zèle intempestif du gouverneur de Lyon, M. d'Alincourt, le fils de Villeroy, qui, ignorant sa mission, le suspecte d'être mêlé à un complot organisé autour de la reine mère, il se justifie, puis traverse l'Auvergne enneigée, échappe de peu, dans la région de Limoges, aux troupes royales commandées par Schomberg et arrive à Angoulême le mercredi saint 27 mars. Des émissaires royaux l'ont précédé auprès de Marie de Médicis en la personne de Philippe de Béthune, frère de Sully, et du père de Bérulle, lesquels n'étaient pas parvenus à séparer la reine mère d'Épernon, comme le souhaitait avant tout la cour. C'est à ce dernier que Richelieu s'adresse d'abord pour obtenir son appui et, tâche délicate, s'affirmer aux dépens de Ruccellaï. Ici encore il faut prendre avec précaution le récit postérieur de Richelieu, affirmant qu'il sut aussitôt retourner en virtuose les arguments de ses compétiteurs et s'imposer auprès de la reine. Au terme de semaines de tractations au cours desquelles il négocie pied à pied avec les envoyés de la cour, Philippe de Béthune et Bérulle, auxquels vient s'ajouter le cardinal de La Rochefoucauld, on arrive cependant à un accord : en échange du gouvernement de la Normandie, la reine se voit proposer celui de l'Anjou avec les places fortes d'Angers, de Chinon et des Ponts-de-Cé, l'amnistie pour ses partisans, ainsi que l'entière liberté d'organiser sa maison, tandis que ses dettes sont épongées par le trésor royal. En dépit de sa réclamation non satisfaite d'obtenir, pour sa sûreté, en sus des concessions précédentes, Amboise ou Nantes, la reine mère proclame la paix et fait célébrer par un *Te Deum* en la cathédrale d'Angoulême la fin de cette première « guerre de la mère et du fils ». Le 12 mai est signé le traité d'Angoulême entre la reine et les envoyés du roi, sans d'ailleurs que l'aval de ce dernier ait été véritablement donné à ces dispositions. Ces ambiguïtés, entretenues par les intrigues qui continuent à se développer dans l'entourage de Marie, alimentent la chronique de l'été 1619 et permettent à Richelieu, soutenu par Bérulle et s'appuyant sur son efficace réseau de relations ecclésiastiques, de remonter son handicap dans ce contexte chaotique et de se faire reconnaître à la cour comme un sérieux artisan de paix, tout en accaparant la faveur de la reine mère.

Cette réconciliation de la mère et du fils est alors devenue la cause politique à laquelle travaillent passionnément les dévots, et l'évêque de Luçon prend, à leurs yeux, une nouvelle stature, en apparaissant comme l'artisan de sa réalisation. C'est pour lui l'occasion d'accroître encore son monde de protecteurs et de fidèles, et de se constituer une clientèle politique, d'avancer ses pions en unissant sa cause à celle de la reine au point de les rendre indissociables, et de recomposer ainsi une position qui le rende moins vulnérable que par le passé. Joseph Bergin insiste fort judicieusement sur cet aspect plus souterrain et moins apparent de son action durant ces mois, en montrant que la domination personnelle qu'il exerçait sur les affaires politiques et privées de Marie a au moins autant d'importance que sa propre stature politique [1].

Usant habilement de la protection qu'il a su, dès son arrivée, obtenir d'Épernon, ainsi que de la clause du traité d'Angoulême autorisant la reine à composer librement sa maison, il met en place autour de cette dernière ses fidèles (au premier rang desquels on retrouve les inévitables Bouthillier que l'on connaît [2], puis les Marillac que l'on va bientôt retrouver sur le devant de la scène), lesquels garantissent son pouvoir manifesté par ses fonctions de chef du conseil, garde du sceau et surintendant de la maison de la reine. La cour de la reine déchue redevient, ainsi, face et en opposition à la cour royale, un pôle d'attraction placé sous la direction de l'évêque de Luçon, tandis que s'organise une citadelle provinciale au profit de la reine et de son évêque sous la protection militaire d'Henri du Plessis. Les Richelieu en détiennent les postes clés : au cadet le conseil (comme la direction des affaires privées et le commence-

---

1. J. Bergin, *L'Ascension de Richelieu*, p. 306-309.
2. Rappelons la composition de la famille : Denis Bouthillier, clerc chez l'avocat La Porte, le grand-père de Richelieu, puis également avocat au Parlement, eut quatre fils : Claude, époux de Marie de Bragelongne, avocat au Parlement, surintendant des Bâtiments de la reine mère, secrétaire d'État, puis surintendant des Finances, père de Léon Bouthillier, comte de Chavigny, secrétaire d'État des Affaires étrangères, chancelier de Gaston d'Orléans ; Sébastien, abbé de La Cochère et doyen du chapitre de Luçon, puis évêque d'Aire ; Denis, secrétaire des commandements de Marie de Médicis, père d'Armand Jean, futur abbé de Rancé ; Victor, chanoine de Notre-Dame de Paris, évêque de Boulogne, puis archevêque de Tours, aumônier de Gaston d'Orléans.

ment de sa propre fortune), à l'aîné la force armée. Les carrières des deux frères sont devenues complémentaires, mais cette belle combinaison est vite déjouée par le destin.

Car l'instigateur de la fuite de Blois, Ruccellaï, est toujours présent, avec ses partisans, dans l'entourage de Marie, et il s'agace de l'ascension de Richelieu. L'hostilité s'exacerbe à propos de l'attribution du gouvernement d'Angers, refusé à un intime de Ruccellaï, le marquis de Mosny, puis au marquis de Thémines, capitaine des gardes de la reine, au profit d'Henri de Richelieu, que Thémines offense en raillant ces « gouverneurs improvisés ». Se rencontrant peu après, le 8 juillet, dans une rue d'Angoulême, les deux ennemis se battent en duel et Henri est mortellement blessé. Il disparaît moins d'un an après sa femme et son fils.

C'est pour l'évêque de Luçon une véritable catastrophe dont ses *Mémoires* rendent compte en ces termes : « Je ne saurais représenter l'état auquel me mit cet accident et l'extrême affliction que j'en reçus, qui fut tel qu'il surpasse la portée de ma plume et que dès lors j'eusse quitté la partie, si je n'eusse autant considéré les intérêts de la reine que les miens m'étaient indifférents [1]. » D'ailleurs, s'il n'avait pas été d'Église, qu'aurait-il fait ? N'aurait-il pas pris l'épée lui-même, conformément à l'idéologie de sa classe, pour venger son frère ?

La mort sans descendance directe de ce frère aîné, engloutissant toute possibilité de perpétuer la ligne masculine de la famille, est pour lui déplorable sur tous les plans : affectif bien sûr, familial et stratégique aussi : il perd son meilleur soutien politique dans le monde laïc et se trouve investi du rôle de chef de famille sans possibilité de descendance directe : bien qu'il fût veuf et sans enfants, Henri représentait en effet l'avenir de la lignée, désormais directement condamnée et remise aux mains d'Armand Jean (Alphonse, en raison de son entrée au cloître, étant hors de cause).

Une conséquence malgré tout positive pour lui de la mort d'Henri est l'élimination de Ruccellaï : immédiatement chassé du service de Marie de Médicis, l'abbé s'en va offrir ses services à la cour ; la capitainerie des gardes de la reine passe à Brézé, beau-frère de Richelieu, et le gouvernement d'Angers à son oncle Amador de La Porte, le bon génie de son éducation, maintenant récompensé de sa générosité passée. L'évêque de Luçon est chef de la cour de la reine mère, mais il est maintenant seul en première ligne.

Pour assumer ses nouvelles responsabilités, Henri ne l'a pas laissé sans ressources : à sa mort, l'aîné des fils du Plessis n'a plus rien d'un grand seigneur ruiné. À son profit quasi exclusif, il a para-

---

1. *Mémoires*, éd. SHF, II, p. 364.

chevé avec acharnement le redressement de la situation financière
de la famille, parvenant à racheter tout ce qu'il avait pu de la succession paternelle, terres et créances, à accroître son patrimoine par des
opérations financières avisées comme par un mariage fort avantageux ; il laisse à son cadet une base financière solide que celui-ci
fera fructifier avec talent. Encore faut-il pouvoir en jouir, car, lors
de l'exil avignonnais, au lendemain de la mort de sa femme et de
son fils, Henri, en proie à une véritable dépression, a établi un extra-
vagant testament dépouillant ses héritiers naturels au profit d'ordres
religieux, testament qu'il semble avoir révoqué sous seing privé
quelques jours avant sa mort. Sa succession peut donc être attaquée
de toutes parts. Richelieu entreprend alors avec détermination et
ténacité de faire valoir les droits des héritiers naturels et de
débrouiller l'affaire à son profit [1].

Bref, en tous domaines et de tous côtés, c'est une brousse
d'intrigues dont il faut tenir les fils et démêler les écheveaux au jour
le jour, dans une ambiance romanesque de complots et de
trahisons : courriers espionnés et dévalisés, chevauchées à travers le
royaume, rendez-vous manqués, rencontres fortuites, hauts et bas de
la faveur, ambassades officielles et négociations en sous-main, promesses esquissées et aussitôt désavouées, alliances ici tramées et
ailleurs démenties, démonstrations d'amitié et tromperies sont le lot
quotidien de ces années d'apprentissage d'une survie politique qui
passe, il le sait désormais, par la prudence et la patience. Telle est
aussi la conduite qu'il impose désormais à ses proches : « parler peu
et brider sa liberté [2] ».

1. J. Bergin, *Pouvoir et fortune de Richelieu*, p. 47-52.
2. Instructions à son oncle Amador de La Porte, 1619, Avenel, VII, p. 464.

8

La conquête du chapeau

Dans cet océan mouvant, il est un fil conducteur dont les biographes de Richelieu aiment à faire usage pour donner sens à la conduite de leur héros et guider leurs lecteurs : la poursuite du chapeau de cardinal à laquelle celui-ci se livre de 1619 à 1622. Mais ce fil conducteur est lui-même bien tortueux, car il met aux prises deux fourbes ennemis qui s'y affrontent à fleurets plus ou moins mouchetés : si Richelieu a su s'imposer à la cour de la reine mère, Luynes, qui domine l'esprit du roi, s'oppose obstinément à ses vues sans le heurter de front, ce qui fait que la conquête du convoité chapeau prend plusieurs années, faites alternativement d'espoirs et de déconvenues [1].

L'affirmation traditionnelle selon laquelle Richelieu aurait reçu la promesse d'une barrette dès la conclusion du traité d'Angoulême, ou à l'occasion de la rencontre consécutive de la mère et du fils – laquelle a lieu de manière fort maussade à Couzières, petit château appartenant au duc de Montbazon, un parent de Luynes, près de Tours, le 5 septembre 1619 –, est fort excessive. Il s'agit tout au mieux pour Luçon d'une espérance sans grand fondement, car Marie de Médicis elle-même se prononce alors pour la candidature du fils du duc d'Épernon, Louis de La Valette.

L'heure est à nouveau à l'octroi d'un rôle politique aux cardinaux. Le rôle naguère joué par les cardinaux de Lorraine [2] avait suscité la suspicion et incité Henri III et Henri IV à tenir les ecclésiastiques à

1. A. Degert, « Le chapeau de cardinal de Richelieu », dans *Revue historique*, t. 118, 1915, p. 225-288.
2. Jean, cardinal de Lorraine, membre du Conseil au début du règne d'Henri II et plus encore son neveu Charles, également membre du Conseil d'Henri II, qui assura la direction de la politique sous François II avant d'en être écarté à l'avènement de Charles IX.

l'écart. Avec la dévote Marie de Médicis, leur influence renaît, et Richelieu sent qu'il pourra, à plus ou moins brève échéance, profiter de la situation. Il est indéniable qu'une telle position est fort désirable, car elle donne à son possesseur des atouts considérables : grand de l'Église, celui-ci n'a plus à disputer la préséance à ses homologues laïcs, et son éminente fonction lui offre tout à la fois une vocation particulière à traiter des affaires de l'État, ainsi qu'une protection accrue en cas de disgrâce et donc une capacité de survie politique à long terme. On se souvient que Richelieu a, en 1615, plaidé, après d'autres, pour cette participation des ecclésiastiques à la gestion de l'État, et que lui-même y a goûté déjà comme simple évêque ; une élévation dans la hiérarchie décuplerait ses chances et il ne peut manquer d'y penser, d'autant plus qu'une première allusion y a déjà été faite, en 1617, lors de son entrée au gouvernement. Malheureusement l'affaire ne dépend pas de lui : sa promotion se présente comme une récompense qu'il lui faut obtenir de la cour, alors que celle-ci lui est sourdement hostile. En effet, contrairement au schéma général qui veut que la qualité cardinalice donne accès aux affaires, sa propre carrière politique n'est pas la conséquence de sa promotion ecclésiastique ; elle en est la cause, mais une cause qui constitue aussi un handicap, car elle lui a attiré bien des oppositions et doit donc être mise en sourdine. Il dépend donc, pour être proposé à la nomination du pape, de la bienveillance de l'entourage du roi, puis, pour être nommé, des aléas du contexte et des choix romains.

Or la situation en France ne se clarifie pas immédiatement et la position de Richelieu reste fort ambiguë. La rencontre de Couzières, faite d'embrassades, de larmes et de silence triste, n'est en rien la vraie réconciliation espérée entre une mère et un fils qui se séparent après quelques jours de cohabitation morose à Tours. Le fils reprend le chemin de Paris, la mère se dirige vers Angers où elle s'installe, tandis que l'évêque de Luçon regagne à nouveau son diocèse, cédant peut-être, mais pour peu de temps, à l'injonction que lui aurait alors fait François de Sales de « ne plus penser qu'à Dieu et au salut de son âme ».

Les intrigues le rappellent néanmoins rapidement à Angers, où on continue à afficher de la défiance envers la cour et une acrimonie revendicative : Marie de Médicis proclamant haut et fort son désir de servir le roi et l'État, Louis XIII affichant amour et soumission envers sa mère reportent sur leurs entourages réciproques la responsabilité de leur impossible union. En fait, le roi et Luynes n'ont aucunement l'intention d'accorder à la reine le rôle politique qu'elle revendique et l'entretiennent dans un état de ressentiment qui en fait le point de ralliement des mécontents en tous genres. La libération de Condé, arrêté trois ans auparavant sur ordre de la reine et blanchi publiquement sans l'assentiment de celle-ci fin 1619, met le comble à sa fureur. Tandis que Luynes s'allie avec le prince pour consolider son pouvoir et s'attribue charges, places et gouvernements, la turbulente comtesse de Soissons donne le signal de la révolte en agitant la cour contre Condé sous le futile prétexte que le comte de Soissons, son mari, également prince du sang, lui dispute l'honneur de présenter la serviette au roi. Elle décide le duc du Maine, son amoureux du moment, à fuir dans son gouvernement de Guyenne, et le duc de Longueville, son beau-fils, à gagner son gouvernement de Normandie ; de leur côté, les Vendôme prennent position dans leur gouvernement de Bretagne, tandis que le comte de Soissons tient le Perche et le duc d'Épernon l'Angoumois. La rébellion atteint tout l'ouest du royaume ; la mode chez les Grands est alors à l'hostilité contre Luynes. Marie de Médicis, retirée à Angers, apparaît comme le centre d'une opposition virulente orchestrée par ses conseillers, Chanteloube, le gouverneur de Chinon, Mathieu de Morgues et son médecin Vautier, opposition à laquelle Richelieu est peu ou prou contraint de se rallier en dépit de sa préférence pour la négociation et de son désir de ne pas rompre avec une cour dont dépend son avenir ecclésiastique.

Ces mois sont pour lui ceux de la longue patience et de la méfiance permanente : il évite de se mettre personnellement en avant et laisse agir les autres ; il apprend la valeur de la dissimulation et de l'impassibilité, de cette prudente maîtrise de soi qui est une vertu de gouvernement. Autre vertu dont il fait l'apprentissage, aux frais de son ancien mentor politique, Barbin : l'ingratitude. Embastillé à l'issue de son procès, puis exilé après la paix d'Angoulême, Barbin cherche à regagner la confiance de Louis XIII et à restaurer sa situation financière. Le sentiment de la reconnaissance que lui doit Richelieu l'amène à s'adresser à son ancien protégé. Ces relations, infructueuses pour le banni et assurément difficiles pour ce dernier, pris entre son devoir de fidélité amicale et les impératifs de sa propre carrière, dureront jusqu'en 1622. Richelieu, qui reconnaît ses qualités de courage et d'honnêteté, assure de sa loyauté un Barbin qui l'accuse de prêter une oreille attentive à ceux qui le desservent. Mais ses protestations de fidélité (« Certaines personnes [...] ont souvent exprimé que je passais les bornes de la prudence du monde pour mes amis [1] ») ne s'accompagnent d'aucune intervention effective, car Richelieu est bien plus occupé à assurer son retour en faveur que disposé à se compromettre en rappelant d'anciens épisodes. Barbin mourra en exil, à

1. Lettre du 11 novembre 1619, Avenel, VII, p. 931.

une date qu'on ignore. La mauvaise conscience de Richelieu se manifeste dans son testament rédigé un quart de siècle plus tard, en 1642 : en tardive mémoire de son amitié, il y laissera trente mille livres au baron de Broye, héritier de Barbin, dont il sait alors la pauvreté…

En ce début d'année 1620, son insistance au profit d'un retour de Marie de Médicis à la cour se heurte à l'hostilité de ses ennemis dans l'entourage de la reine, tandis que la mauvaise foi de l'entourage du roi ne lui laisse aucune marge de manœuvre. La difficulté de sa position se traduit dans la harangue qu'il prétend avoir prononcée devant Marie de Médicis, un mois avant l'affrontement militaire d'août, et qui fut plus vraisemblablement publiée à Paris sous son nom, peut-être par le père Joseph : il s'agit par là de se dégager par avance des critiques royales en exhortant la reine à décider elle-même, en conscience, d'une éventuelle opposition au roi son fils, l'oint du Seigneur.

Au terme de longues luttes d'influences, Richelieu est bel et bien contraint de se rallier à une politique belliqueuse qui se mue en seconde guerre de la mère et du fils ; il s'en justifie avec difficulté, rejetant la responsabilité sur les autres conseillers de la reine : « Je puis dire avec vérité que je leur représentai plusieurs fois l'inconvénient qui leur pouvait arriver d'une telle entreprise ; mais leur présomption et la méfiance que je devais avoir de moi-même étaient telles que je n'osais pas m'opiniâtrer en mon opinion, quoique je fusse fortifié par le jugement de plusieurs capitaines particuliers qui étaient de même avis[1]. » En clair, sa répugnance pour un affrontement militaire pèse fort peu devant le risque d'être évincé de sa place. En dépit de sa tradition familiale de service inconditionnel du roi, le voilà devenu un rebelle qui travaille à la coordination et à l'organisation de l'opposition au pouvoir royal ! La tâche est quasiment impossible pour l'amateur d'ordre et de raison qu'il est, tandis que le roi lui-même prend la tête des opérations, commençant par pacifier la Normandie. Irrésolutions réciproques, négociations sans issue, proclamations et libelles, manœuvres en tous genres sans stratégie cohérente de part et d'autre aboutissent à l'épisode qualifié en raison de son insignifiance militaire de « drôlerie des Ponts-de-Cé ». Le 7 août 1620, en ce lieu stratégique dit des Ponts-de-Cé, entre Nantes et Amboise, où deux ponts sur la Loire commandent les communications nord-sud, l'armée royale met sans peine et sans grandes pertes en déroute l'armée des rebelles sur fond de négociations ininterrompues.

---

1. *Mémoires*, éd. SHF, III, p. 73-74.

La leçon que notre homme tirera de l'affaire dans ses *Mémoires* porte encore l'empreinte de son état d'esprit d'alors ; elle est l'expression de son horreur du désordre et de la déraison, mais aussi de son imagination qui lui présente la perspective fatale du châtiment du rebelle qu'il est alors devenu : « Je reconnus, en cette occasion, que tout parti composé de plusieurs corps qui n'ont aucune liaison que celle que leur donne la légèreté de leurs esprits, qui, en leur faisant toujours improuver le gouvernement présent, leur fait désirer du changement sans savoir pourquoi, n'a pas grande subsistance [...] ; que ceux qui combattent contre une puissance légitime sont à demi défaits par leur imagination, qui leur représente les bourreaux en même temps qu'ils affrontent les ennemis, rend la partie fort inégale [1]... » On saisit ici la charge d'anxiété et même de terreur que comporte, pour celui qui a été nourri au lait de l'obéissance inconditionnelle au roi, l'obligation où il s'est trouvé de se joindre au parti des révoltés contre le pouvoir royal. Il a d'ailleurs gagné la durable et profonde détestation de Louis XIII pour ce prélat qui a orchestré la plus importante révolte nobiliaire de son règne.

Le traité d'Angers, conclu quelques jours après la défaite des partisans de la reine mère, reprend globalement les dispositions favorables du traité d'Angoulême, montrant que le roi et Luynes sont toujours soucieux de désarmer par leur clémence ce foyer d'opposition capable de rallier la noblesse mécontente. Une nouvelle entrevue réunit Louis XIII et sa mère le 13 août, à Brissac. Si Luynes est le grand triomphateur, Richelieu ne se tire malgré tout pas trop mal de la défaite : son rôle est enfin reconnu, car le roi, mettant en apparence en sourdine son ressentiment à son endroit, est obligé de faire de lui, avec La Valette, l'un des deux candidats de la France au cardinalat. Sa candidature se fait aux dépens de Mgr de Marquemont, l'archevêque de Lyon, et le met en rivalité avec le nonce Bentivoglio, ce qui donne à Paris et à Rome la possibilité de jouer de diverses combinaisons. Le 22 août, la première dépêche royale part pour Rome ; une semaine plus tard, c'est Sébastien Bouthillier qui prend la route pour suivre l'affaire, initiative contraire à tous les usages qui dessert Richelieu plus qu'autre chose...

Qui plus est, Luynes, qui multiplie maintenant les offres d'amitié, propose de marier son neveu, M. de Combalet, « mal bâti et couperosé » au dire de Tallemant, à la nièce préférée de Richelieu, Mlle de Vignerot de Pont-Courlay, fille de René de Vignerot et de Françoise du Plessis, qui a été un temps fiancée au comte de

---

1. *Ibid.*, p. 81.

Béthune, le neveu de Sully ; le mariage est célébré le 26 novembre 1620. Le marquis de Combalet aura le bon goût de disparaître moins de deux ans plus tard, laissant une jeune veuve de dix-huit ans sans enfant, disponible pour se vouer au service de son illustre oncle.

Ce retour en grâce est-il bien solide ? Pour Luynes, il s'agit de promettre, mais de ne rien donner, car le problème qui se pose, une fois la paix faite, est la place qui peut revenir à Marie de Médicis. De son influence politique dépend celle de son conseiller ; et Luynes, en dépit de sa bienveillance de façade, ne peut consentir à une telle concurrence. Richelieu devra s'exercer encore trois ans à la patience, car il reste le prisonnier d'une politique de factions dans laquelle ses talents de manœuvrier au jour le jour font encore et toujours de lui un suspect tous azimuts. Si elles l'ont sorti de l'anonymat, les intrigues auxquelles il a prêté la main l'ont transformé en un personnage redoutable dont on entend ne pas accroître l'influence. En politique, la faveur éclatante de Luynes ne laisse d'ailleurs aucun poids politique à Marie et à Richelieu. Ni l'un ni l'autre ne suivent la cour, qui est alors fort nomade, et ils n'ont donc pas souvent l'occasion de participer aux affaires.

Dans le domaine ecclésiastique, les choses ne se présentent guère mieux, en dépit des promesses officielles : l'envoyé spécial de la cour à Rome, Chassant, reçoit secrètement pour mission de favoriser la candidature de La Valette aux dépens de celle de Richelieu. Aucune nomination n'a lieu en septembre 1620, et le Saint-Siège ne se montre pas pressé de se hâter malgré les démarches et insistances de Marie de Médicis et de l'intéressé qui a, à Rome, comme nous l'avons dit, son propre agent en la personne de Sébastien Bouthillier. Il reçoit un bref instant le soutien de l'ondoyant Luynes au moment de l'alliance matrimoniale entre leurs familles, mais les résistances sont tenaces, tant du côté du roi que de celui du pape. En janvier 1621, quand Paul V se décide à annoncer une promotion de cardinaux, c'est La Valette et Bentivoglio qui y figurent, et non Richelieu. Certes, deux concurrents sont ainsi éliminés, mais le tour de ce dernier n'en est pas pour autant venu : un nouveau pape, Grégoire XV, d'abord soucieux de consolider sa position, nomme ses proches en avril et juillet 1621 ; deux décès de cardinaux français (Bonzi et Guise) semblent annoncer une échéance favorable, mais Mgr de Marquemont redevient candidat officiel de la France, ce qui relance le suspens et l'attente...

Cependant les « affaires du dehors » font une impérieuse réapparition sur la scène politique, auprès desquelles le destin ecclésiastique de Richelieu fait pâle figure. En effet, depuis le départ de l'évêque de Luçon, les événements se sont précipités du côté de l'Allemagne, et c'est une véritable crise européenne que le Conseil du roi doit désormais gérer. On peut du reste penser que, fort de son premier passage aux affaires, Richelieu suit l'évolution de la situation européenne avec l'attention d'un homme qui en connaît les dessous et les enjeux.

Ancré en Autriche et confiné aux pays allemands, l'Empire, qui a bel et bien perdu sa vocation d'universalité en dépit de la prétention de l'empereur à se poser en chef de la chrétienté, sombre chaque jour plus avant dans les dissensions religieuses et les troubles intérieurs[1]. C'est là que la Réforme est née et a été la source des troubles qui ont débuté avec la révolte des paysans (1525). La paix religieuse établie à Augsbourg a laissé aux princes le choix de la confession de leurs États ; ceux-ci – plus de trois cents – se trouvent donc être non seulement de toutes tailles et de toutes natures, mais également de confessions diverses : catholiques, comme l'empereur et le duc de Bavière ; calvinistes, comme l'Électeur palatin, très hostiles aux précédents et soucieux d'obtenir des appuis hors de l'Empire ; luthériens moins aventureux derrière l'Électeur de Saxe, enfin. Dans ces années 1620, l'unité de l'Empire ne paraît tenir qu'à la faible personne de l'empereur Mathias, âgé de plus de soixante ans, malade et sans enfants, qui, outre la couronne impériale, réunit sur sa tête celles de Bohême, de Hongrie et d'Autriche. Sa succession pose un problème que surveillent attentivement, tout en aiguisant leurs prétentions, les deux camps, catholiques du sud, protestants du nord. Il meurt le 20 mars 1619, ayant transmis ses couronnes à son détesté cousin Ferdinand de Styrie, catholique très fervent formé par les jésuites, qui a juré d'extirper le protestantisme et d'imposer le catholicisme de la Contre-Réforme[2]. Mais son élection, le 19 juin 1617, comme roi de Bohême, est contestée par les protestants, dont l'hostilité s'est exprimée par la fameuse « défenestration de Prague », le 23 mai 1618 : ce jour-là, l'insurrection de la Bohême protestante contre le souverain catholique intransigeant a pour conséquence le massacre des fonctionnaires impériaux, précipités par la fenêtre du château du Hradschin ; l'événement marque l'ouverture des hostilités qui se prolongeront en guerre de Trente Ans. Le conflit qui oppose les États protestants de Bohême à leur roi très catholique Ferdinand – que l'on pourrait d'une certaine manière rapprocher de la révolte des Provinces-Unies protestantes contre

1. J. Béranger, *Histoire de l'Empire des Habsbourg*, Paris, 1990.
2. O. Chaline, *La Reconquête catholique de l'Europe centrale. XVIᵉ-XVIIIᵉ siècle*, Paris, 1998.

l'Espagne catholique – s'étend rapidement à la lutte pour le pouvoir en Allemagne, sur laquelle se greffera naturellement le vieil antagonisme entre la France et les Habsbourg pour, à terme, produire un conflit européen qui donnera lieu à des atrocités telles que l'on n'en avait encore jamais connu à pareille échelle. En réalité, il va falloir négocier avec la juxtaposition d'États que recouvre l'Empire, ceux-là réclamant une autonomie qui ne leur sera accordée qu'à l'occasion des négociations de Westphalie.

Il reste, pour Ferdinand, et afin que la dignité impériale demeure dans la famille très catholique des Habsbourg [1], à se faire investir par le collège des sept princes électeurs ; la diète se réunit le 28 juillet 1619, à Francfort, pour élire le successeur de Mathias. Belle occasion pour le camp protestant de faire basculer en sa faveur l'équilibre des forces ! Son instrument est Frédéric V de Wittelsbach, comte palatin du Rhin. Fervent calviniste, il est le gendre de Jacques Ier d'Angleterre – il a épousé sa fille Elisabeth –, ainsi que le neveu de Maurice de Nassau et du duc de Bouillon, dont l'armée est commandée par le redoutable homme de guerre Mansfeld. Il existe aux deux extrémités de l'Empire des foyers d'opposition aux Habsbourg que le Palatin peut fédérer, avec l'appui des puissances étrangères qui ont intérêt à la ruine de la maison d'Autriche – l'Angleterre, les Provinces-Unies, la France.

La Bohême a donné le signal de la révolte : au moment de la mort de Mathias, ses armées, placées sous le commandement du comte de Thurn, sont aux portes de Vienne. La diète de Bohême prend de vitesse les décisions du collège de Francfort, et dépose le 17 août Ferdinand, son roi depuis 1617, au profit du Palatin. Il est cependant trop tard : à Francfort, Ferdinand vote pour lui-même, en qualité de roi de Bohême ; il est élu empereur à l'unanimité – en dépit de l'opposition de Maximilien de Bavière, autre champion du camp catholique, qui a été poussé, paradoxalement, par le Palatin.

Le nouvel empereur, Ferdinand II, se trouve immédiatement en butte à la coalition regroupant l'armée bohémienne commandée par Thurn et celle de Bethlen Gábor (dit aussi Gabriel Bethlen) ; ce dernier, prince de Transylvanie, sera élu roi de Hongrie le 20 août 1620 par la diète du pays, laquelle le substitue ainsi à Ferdinand. L'Empereur réussit toutefois à s'assurer le concours de Maximilien

1. Pour s'affranchir du compétiteur dangereux que pourrait être le roi d'Espagne, son cousin, il conclut avec lui en 1617 un traité par lequel, en échange de sa renonciation, il lui consentirait une fois élu, à titre de compensation, les possessions des Habsbourg en Alsace, ainsi que les principautés italiennes de Finale et de Piombino.

de Bavière, à qui il promet la dignité d'Électeur, ainsi que celui de la Ligue catholique, qui a été constituée en 1609.

C'est dans ce contexte trouble que la France est sollicitée par l'empereur aux abois [1] ; Luynes hésite à voir là une opportunité, et ses tergiversations se traduisent par l'envoi d'une simple ambassade dirigée par Charles de Valois, duc d'Angoulême, pour, très officiellement, féliciter Ferdinand de son élection. Louis XIII propose en outre une médiation entre les forces en présence. Mais la délégation française, qui anime les négociations, sous couleur de promouvoir la paix entre les princes allemands, travaille à conforter l'union du camp catholique et à désarmer les princes luthériens : cette stratégie aboutit au traité d'Ulm, le 3 juillet 1620. Les princes allemands, catholiques comme protestants, s'y engagent à ne point porter les armes les uns contre les autres ; seulement cet accord, qui ne concerne ni l'empereur ni la Bohême et sépare les affaires des deux territoires, aboutit à isoler le Palatin, et à neutraliser les protestants allemands. Désormais, Maximilien de Bavière a les mains libres : le parti catholique se réunit pour écraser le Palatin (surnommé « roi d'un hiver ») à la Montagne Blanche, près de Prague, le 8 novembre 1620 [2]. C'est le triomphe de la maison d'Autriche, auquel la diplomatie française a prêté la main...

Pour autant, ce n'est point la fin de la guerre : née en Bohême, celle-ci s'élargit progressivement aux dimensions de l'Europe en s'agrégeant des épisodes divers qui en forment la trame de plus en plus enchevêtrée. Pour la France, le danger représenté par la maison d'Autriche et résultant, on le sait, de ce risque d'encerclement où se trouvait son territoire de la part des Habsbourg, se concrétise toujours en Italie, et son adversaire direct n'y est pas l'Empire, mais l'Espagne. Une nouvelle crise y éclate en effet en 1617-1618 : les habitants catholiques de la vallée de la Valteline se révoltent, soutenus depuis Milan par les Espagnols qui finalement, en octobre 1620, en profitent pour occuper la vallée au grand déplaisir de la Savoie, de Venise et de Rome (favorable par principe aux Espagnols, mais en l'espèce réservé sur l'accroissement de leur pouvoir en Italie), qui sollicitent l'intervention française. Là encore, Luynes, alors aux prises avec les affaires intérieures, tergiverse et se donne l'illusion de l'action par l'envoi d'une ambassade : Bassompierre part en Espagne avec pour seules instructions d'obtenir un arrangement. C'est le traité de Madrid du 25 avril 1621, qui subordonne le retrait

---

1. K. Malettke, *Les Relations entre la France et le Saint Empire au XVIIe siècle*, Paris, 2001.
2. O. Chaline, *La Bataille de la Montagne Blanche*, Paris, 2000.

des Espagnols à l'adhésion des Grisons et des cantons suisses. Naturellement, les cantons catholiques favorables à l'Espagne s'y opposent, rendant le traité ineffectif. On négocie encore, et, après plusieurs épisodes au cours desquels la France se révèle incapable de soutenir les Grisons aux prises avec les Autrichiens, on finit par décider la remise des forts de la Valteline à la garde du pape, avec droit de passage aux troupes espagnoles dans le seul sens Italie-Allemagne.

À l'intérieur aussi, la pression des affaires est forte : la Réforme reste solidement implantée, instituant comme un État dans l'État, et, face à la couronne catholique, forme un pôle de rébellion endémique. Dans la foulée de ses succès contre les partisans de sa mère, le roi, qui a pris goût aux entreprises militaires, entreprend de régler le problème posé par le Béarn et d'y rétablir le catholicisme que Jeanne d'Albret, la mère d'Henri IV, y a proscrit. En fait, son ardeur belliqueuse rallume une dernière fois les guerres de Religion, car cette promenade militaire fortifie l'opposition des protestants qui ne tardent pas à se révolter. Fait connétable, Luynes prend la direction des opérations militaires et, après plusieurs échecs, trouve la mort, le 15 décembre 1621, au siège de la petite ville de Monheur. Louis XIII est à la fois attristé et soulagé ; jamais plus il ne témoignera à un favori une pareille passion, laquelle, contredite par les échecs politiques de Luynes, dont il a sans doute conscience, ancre en lui une durable méfiance vis-à-vis de ses ministres ultérieurs.

La disparition de Luynes crée un vide politique, mais elle n'élimine pas les obstacles placés sur le chemin de l'aspirant cardinal, au premier rang desquels tiennent bon le roi et ses ministres, les anciens serviteurs de la couronne maintenus en place par défaut, les Brulart et Puysieux, au demeurant encore plus dangereusement hostiles que le favori disparu. Soudain Richelieu semble avoir appris les vertus du détachement et de la discrétion. Il comprend sans doute que pousser sa carrière politique nuit à sa promotion ecclésiastique et il se fait silencieux. Il se consacre tout entier à la gestion des affaires de la reine mère dont il était, rappelons-le, le surintendant des Finances depuis 1619 ; en tant que tel, il entoure la souveraine de ses fidèles (trois frères Bouthillier sont ainsi placés dans sa maison : Claude est le secrétaire de ses commandements, Denis est membre de son conseil, Victor son aumônier), s'initie au maniement des finances et développe une administration parallèle à travers tout le royaume, un réseau d'agents et de relations dont il aura ultérieurement l'usage. Par ses fonctions, il est également associé à la politique de prestige artistique que développe l'Italienne, représentée essentiellement en ces années par le chantier du Luxembourg, ce palais qu'elle se fait construire à Paris au faubourg Saint-Germain. C'est l'occasion pour lui de connaître personnellement des artistes et de découvrir le programme d'exaltation et de propagande qu'y développe pour la reine le grand Rubens, donnant à l'art une fonction politique dont il saura plus tard pour son propre compte décupler la portée.

Marie de Médicis, pour sa part, finit par obtenir une place limitée au Conseil du roi, dont la porte demeure obstinément fermée à Richelieu, son oracle domestique, qui inspire les sages propos qu'elle y tient, et qu'elle souhaite instamment y voir siéger en personne. Mais, en août 1622, à la mort du cardinal de Retz, il est ignoré au profit de l'insignifiant politique qu'était le vieux cardinal de La Rochefoucauld. Cependant, les rivalités et alliances au sein du Conseil, notamment le départ de Condé, qui accroît le poids de Marie, aboutissent à une attitude plus favorable à ses prétentions ecclésiastiques, à défaut de lui valoir un rôle politique : la reine mère obtient l'assurance qu'il sera l'unique candidat français au cardinalat, tandis que les oppositions tombent à Paris comme à Rome, conduisant à un changement radical de climat à son endroit. Même le nonce Corsini, qui ambitionne aussi la pourpre, ne fait pas obstacle à sa promotion. « Quand les choses sont sur le point de se faire, commente Gabriel Hanotaux, tout le monde s'y emploie avec ostentation [1]. » Enfin, la grande nouvelle tombe le 5 septembre 1622 et Desbournais, le valet fidèle, peut s'écrier : « Nous sommes cardinal, nous sommes cardinal ! »

Le nouveau cardinal s'empresse de faire sa réapparition dans l'entourage du roi – désormais « son cousin », selon la titulature du temps qui veut que le roi s'adresse aux cardinaux sous cette familiale appellation [2] – qui est alors dans le sud de la France ; il le rejoint à Tarascon, retrouve Avignon en meilleure position qu'il ne l'avait quittée près de trois ans plus tôt, et fait route vers Lyon. C'est là, dans la chapelle de l'archevêché le 12 décembre 1622, que lui est remise sa barrette devant la cour. Il est plus que jamais, en apparence du moins, le fidèle de la reine mère et en fait la théâtrale démonstration publique ; il remplace le remerciement prévu dans son discours par un beau geste, déposant aux pieds de la reine le rouge bonnet en s'exclamant avec emphase : « Madame, cette pourpre dont je suis redevable à la bienveillance de Votre Majesté

---

1. Hanotaux, *Histoire du cardinal de Richelieu*, t. II, 2ᵉ partie, p. 518.
2. Notons à cet égard que c'est un décret d'Urbain VIII du 10 juillet 1630 qui donnera aux cardinaux le titre d'Éminence et l'appellation d'Éminentissime.

me fera toujours souvenir du vœu solennel que j'ai fait de répandre mon sang pour votre service. »

Désormais assuré de l'avenir, il se démet, en mai 1623, de son évêché de Luçon en faveur d'Émery de Bragelongne, en se réservant une pension de cinq mille livres, qui s'ajoute à celle de dix mille livres que le roi lui avait accordée peu après son élévation à la pourpre.

Cet avenir, il s'en est d'ailleurs efficacement occupé durant ces mois d'inaction politique forcée. Il s'efforce d'accroître son influence au sein du clergé, succède à Retz comme proviseur de la Sorbonne, participe à ce titre avec autorité aux controverses et discussions du temps. Matériellement surtout, il se préoccupe d'améliorer une situation jusque-là encore médiocre, et sa promotion ne fait qu'accélérer le mouvement : il profite de toutes les occasions d'accroître ses revenus. Il s'emploie à cumuler les abbayes en commende[1] : Saint-Benoît-sur-Loire, Pontlevoy, Saint-Pierre de Châlons, Saint-Martin de Tours, Notre-Dame du Vast près du Mans, Redon tombent dans son escarcelle. Il s'attache à la poursuite de la succession d'Henri en protégeant avec acharnement, contre divers hommes d'affaires et créanciers de son frère, le nom et la réputation de la famille dont il est devenu l'illustration éminente. Il commence en outre une fructueuse politique d'investissements dans le Domaine royal (terres, droits, offices) et multiplie les acquisitions foncières : achat, en février 1621, de la seigneurie de Richelieu et, deux ans plus tard, des comtés de Limours et de Montlhéry, qui lui offrent une résidence à la mesure de sa nouvelle dimension sociale, laquelle lui fait obligation de se doter d'une demeure en région parisienne. Il lui faut en effet vivre conformément à sa condition de grand de l'Église, ce qui implique une maison, un train de vie, une table ouverte, une politique de mécénat, une image glorieuse... Tallemant des Réaux ne manque pas de le souligner avec sa coutumière bienveillance : « Le cardinal ne pouvait digérer qu'on lui reprochât qu'il n'était pas de bonne maison, et rien ne lui a tant tenu à l'esprit que cela[2]. » Désormais sa volonté est évidemment de devenir un « prince » de l'Église et de s'ouvrir la voie qui mène aux affaires du royaume.

C'est comme représentant du clergé qu'il s'est naguère illustré aux États généraux et a acquis un début de notoriété ; c'est coiffé du

---

1. Un bénéfice est dit « en commende » quand il est détenu par un clerc séculier avec dispense de régularité et de résidence.
2. Tallemant, *Historiettes*, I, p. 248.

chapeau de cardinal qu'il devient intouchable, et voit s'ouvrir
devant lui un accès privilégié à la politique. À tel point que l'on peut
se demander comment, dans une autre condition que celle que le
destin lui a imposée, il aurait bien pu procéder pour y parvenir.

Le cardinal a trente-sept ans. Sa maigreur est devenue quasi
ascétique ; son expression est à la fois intense et lointaine, souf-
frante même ; cheveux et barbe noirs, grand nez volontaire, lèvres
dures, teint mat et œil perçant, il place le bonnet rouge sur sa tête
triangulaire et s'enveloppe des plis de sa robe. Du violet épiscopal il
est passé au rouge cardinalice, de la première à la dernière couleur
du spectre lumineux, laquelle l'environne désormais et lui tient lieu
de définition en forme d'aura redoutable, devenant pour l'éternité
de l'Histoire « l'homme rouge ».

C'est bel et bien un fidèle de Gaston d'Orléans, Nicolas Goulas,
qui trace ce portrait flatteur au sortir d'une audience où, en 1635, le
cardinal a déployé à son intention son art consommé de la
séduction : « Il faut avouer le vrai, cet homme avait de grandes qualités, la mine haute et d'un grand seigneur, la parole agréable, la
facilité de parler merveilleuse, l'esprit très présent et très délié, le
procédé noble, une dextérité inconcevable à traiter les affaires, et
une grâce à ce qu'il faisait et disait à ravir tout le monde [1]. » Ses
admirateurs comme ses adversaires tombent en effet d'accord sur ce
pouvoir de séduction dont il sait si bien jouer, sur la fascination qui
émane de sa personne à laquelle il apporte, d'ailleurs, un soin
exceptionnel en une époque si peu soucieuse d'hygiène corporelle.
Tous se plaisent aussi à célébrer sa puissance intellectuelle évidente,
objet d'admiration pour les uns, de terreur pour les autres, appuyée
par le pouvoir de fascination de son regard perçant. L'intelligence
est bien chez lui ce qui frappe de prime abord, mais aussi ce qui
inquiète… Celle-ci, comme on l'a vu, s'est d'abord traduite chez
l'enfant et le jeune homme par un agaçant côté « fort en thème »,
sûr de lui et sans cesse désireux de controverser pour prouver sa
supériorité intellectuelle. Avec la maturité et l'expérience de la
vertu de patience, cette fougue juvénile s'est maintenant muée en
une intelligence rationnelle, alliant rigueur de la pensée et souplesse
de l'argumentation : raisonner et négocier sont ses deux plus sûrs
moyens de s'imposer. Il perçoit l'essentiel, le dégage de l'acces-
soire, sait distinguer le général du particulier, l'exposer avec une
clarté remarquable, fixer l'objectif et en poursuivre l'exécution

---

1. *Mémoires de Nicolas Goulas, gentilhomme ordinaire de la chambre du duc
d'Orléans*, éd. Ch. Constant, t. I, Paris, 1879, p. 283.

jusque dans les détails. Et cela s'applique aussi aux affaires militaires, auxquelles son état ecclésiastique ne le fera jamais renoncer. Au cardinal de La Valette, le 16 août 1639, il rappellera : « Souvenez-vous, je vous supplie, que la diligence, la fermeté aux résolutions et la hardiesse à exécuter sont l'âme des affaires de la guerre [1]. »

La pourpre cache somptueusement un corps aux multiples maux et son élévation rend ses contemporains plus discrets sur les bizarreries de son caractère, ses emportements violents et ses brutales dépressions. Il change de visage, pleure avec facilité, et sait faire de ces faiblesses des armes redoutables. Ses ennemis caricaturent pourtant ses emportements : « La Rivière, qui est mort évêque de Langres, disait que le cardinal de Richelieu était sujet à battre ses gens... [2] » Il sait assurément foudroyer tout autant que séduire, faire preuve d'humour, aimant les anagrammes et les surnoms humoristiques : « Ezechieli » ou « Tenebroso Cavernoso » désignent amicalement le père Joseph, « Hébertin » Monsieur, « Cacofin » moins aimablement Épernon ; « la Chevrette », c'est la duchesse de Chevreuse, Boisrobert, « le Bois »... Il affectionne les jeux de mots (Vincennes se transforme en « Bois de vie saine »), ou encore le sarcasme et les blagues d'un goût que l'on peut estimer douteux : ainsi, quelques années plus tard, parvenu au sommet du pouvoir, il n'hésitera pas à monter une mise en scène et à mettre à contribution le chancelier pour faire de son fournisseur juif de pierreries la victime de son goût de la facétie : « le cardinal de Richelieu, pour se divertir, un jour que Lopez [son fournisseur juif] revenait de Rueil avec toutes ses pierreries que le cardinal avait voulu voir exprès, le fit attaquer par de feints voleurs, qui pourtant ne lui firent que la peur. Il y allait de tout son bien ; aussi la peur fut-elle si grande qu'il fallut changer de chemise au pont de Neuilly, tant sa chemise était gâtée. Le chancelier, dans le carrosse duquel il était, dit qu'il se présenta assez hardiment aux voleurs. Le cardinal eut du déplaisir de lui avoir fait ce tour là, car il avait joué à faire mourir ce pauvre homme ; et pour raccommoder cela, il le fit manger à sa table. Ce n'était pas un petit honneur [3]. » Et sa raillerie peut lui créer des ennemis implacables, comme Fontrailles, le futur conspirateur bossu de l'affaire Cinq-Mars, qu'il prie un jour de disparaître de la vue d'un ambassadeur sous prétexte que celui ci « n'aimait pas les monstres »...

À son confesseur, l'abbé Mulot, il appartient de le faire rire. Il apprécie la compagnie des beaux d'esprit, faisant bénéficier de sa

1. Avenel, VI, p. 470-471.
2. Tallemant, *Historiettes*, I, p. 265.
3. *Ibid.*, p. 314-315.

faveur des libertins notoires comme Boisrobert qui le déride et le délasse, mais aussi l'informe et recrute pour lui d'autres thuriféraires, et il déclare préférer un homme d'esprit comme Bautru à deux dévots comme Bérulle...

La réalité est souvent moins souriante et ces années de tension n'ont assurément pas amélioré la santé de cet anxieux de nature, sujet depuis l'enfance aux fièvres, migraines et insomnies contre lesquelles le général des Chartreux lui adresse, à Luçon, un inefficace bézoard [1]. Il vit entouré de médecins et sa correspondance nous introduit dans le monde de ses maux : en 1608, il parle de « l'état auquel l'a laissé une fâcheuse maladie qui l'a tenu au lit trois mois durant [2] » ; en 1611, il souffre de fièvres durant toute l'année, puis de maux de tête : « Il faut que je confesse que j'ai la plus mauvaise [tête] du monde. Plusieurs le croiront aisément, mais peut-être en autre sens que celui que je l'entends [3] », dit-il plaisamment ; en 1616 il est à nouveau malade ; en 1618 encore, en Avignon ; en 1621, il « se meurt de sa tête [4] ». C'est alors qu'il fait le vœu suivant : « S'il plaît à la divine bonté, par l'intercession du bienheureux apôtre et bien-aimé saint Jean, me renvoyer ma santé et me délivrer dans huit jours d'un mal de tête extraordinaire qui me tourmente, [je fais vœu] de fonder en ma maison de Richelieu une messe qui se célébrera tous les dimanches de l'année, et, pour cet effet, donnerai à un chapelain de revenu annuel trente-six livres pour les messes qui seront célébrées en action de grâces [5]. » Saint Jean ne lui sera pas plus secourable que ne l'avait été le bézoard, et le pamphlétaire Mathieu de Morgues lui rappellera cruellement que son élévation sociale ne lui fait en rien excéder l'humaine condition de malade : « Les maux de tête, les ardeurs du sang, les fièvres de lion qui ne vous quittent point, les seringues, les lancettes et les baignoires vous donnent avis que non seulement vous êtes mortel, mais que vous possédez la vie à des conditions onéreuses [6]. »

Il ne feint certes pas la maladie, ce névrosé dont l'hypersensibilité aiguë, la tension nerveuse extrême, les accès incontrôlés de colère, de larmes, de mélancolie, de dépression même sont le lot quotidien. Ces intrigues toujours renaissantes qu'il lui faut surmonter et cette patience à laquelle il lui faut se contraindre sont, assurément,

1. Concrétion qui se forme dans l'estomac de certains animaux et à laquelle on attribuait des vertus thérapeutiques.
2. Avenel, I, p. 3.
3. *Ibid.*, p. 80.
4. *Ibid.*, p. 698.
5. *Ibid.*, p. XCIX.
6. M. de Morgues, *Charitables remonstrance de Caton Chrestien au cardinal de Richelieu*, Anvers, 1643, p. 5.

usantes pour cet émotif qui a su acquérir un contrôle de soi apparent plus ou moins durable. De son protégé, Marie de Médicis, qui s'y connaît elle aussi en la matière, affirme : « Il pleure quand il veut », suggérant une duplicité que son pieux biographe Aubery transformera en qualité, ses larmes marquant « une tendresse de cœur et une compassion naturelle [1] », en tous les cas une aptitude à ressentir et exprimer des émotions sur laquelle nous aurons à revenir pour mieux comprendre cet obsédé de la raison.

Il est difficile de savoir, et *a fortiori* de comprendre, ce que furent ses visées exactes et ses pensées intimes durant ces années de tribulations et d'intrigues qui ne sont pas pour autant finies, même si l'accession au cardinalat y fait figure d'étape majeure. Homme d'action, il dut alterner des moments de découragement et de dépression avec des élans d'espoir et d'exaltation. Un contraste cyclothymique dont Marie de Médicis rend encore bien compte en le dépeignant comme abattu quand la fortune lui était contraire, mais comme « pire qu'un dragon » quand il avait le vent en poupe.

1. Aubery, p. 585.

9

L'homme de la reine

Dans les mois qui suivent le retour aux affaires de Marie de Médicis, Richelieu doit encore jouer finement. De nombreuses propositions politiques lui sont faites, mais elles visent à l'écarter du Conseil ; le cardinal prend soin de les éluder une à une, avec, comme argument clé, sa santé chancelante. Lui propose-t-on la direction d'un conseil des dépêches spécialement chargé des affaires étrangères, mais dépourvu d'accès direct à la personne du roi, il répond que « la faible complexion de sa personne lui fait préférer une vie particulière à un si grand emploi[1] ». Il décline ensuite l'offre ambiguë qui lui est faite des ambassades d'Espagne et de Rome, et se sert encore de sa mauvaise santé pour poser ses conditions : il affectera même dans ses *Mémoires* de s'être fait prier pour entrer dans ce Conseil du roi si convoité, sa « débilité de corps » l'empêchant « de se pouvoir servir des autres dans le bruit et désordre du monde[2] ». Toutefois, son *Testament politique* placera l'exercice du pouvoir au-dessus de ces considérations triviales : « Il y a beaucoup d'emplois dans l'État où la santé est absolument requise parce qu'il y faut agir non seulement de l'esprit, mais de la main et du corps, se transportant en divers lieux, ce qui souvent doit être fait avec promptitude. Mais celui qui tient le timon de l'État et n'a autre soin que la direction des affaires n'a pas besoin de cette qualité[3]. »

L'exercice du pouvoir, en revanche, requiert cette intelligence supérieure que ses contemporains lui reconnaissent, qui séduit et

1. Avenel, I, p. 783.
2. *Mémoires*, éd. SHF, IV, p. 24-25.
3. *Testament politique*, p. 227.

effraie tout à la fois : en janvier 1622, le nonce note ainsi que « les anciens ministres, devenus tout-puissants, redoutent son cerveau trop actif » ; en janvier 1623 encore, il fait ce pronostic : « Le cardinal de Lusson [*sic*] ne pourra jamais s'entendre avec eux tant ils redoutent son intelligence et son talent. »

Car, Luynes disparu, Louis XIII a pris la décision de ne plus choisir ses ministres parmi ses favoris. Certes, Richelieu n'en est pas ; mais le roi ne peut toujours pas surmonter sa répugnance envers lui. Au maréchal de Praslin, il déclare : « Voilà un homme qui aimerait bien être de mon conseil ; mais je ne puis m'y résoudre après tout ce qu'il a fait contre moi. » La partie n'est donc pas gagnée. Et cela d'autant plus que les inusables anciens serviteurs de la couronne, ses adversaires les plus déterminés – Nicolas Brulart de Sillery, chancelier écarté par Concini, Villeroy et Puysieux qu'il a un temps éclipsés – ont été rappelés par Luynes. Ces vieilles connaissances qui entendent bien lui barrer la route s'allient dans un premier temps à Condé, pour résister à l'influence montante de la reine mère, dont ils ne peuvent cependant, on l'a vu, empêcher l'entrée au Conseil. Cette dernière délivre maintenant des avis de paix qui ne l'emportent pas sur ceux du prince, lequel convainc Louis XIII de mettre définitivement au pas les réformés et de venger l'échec subi par Luynes l'année précédente devant Montauban. On engage alors une nouvelle campagne contre les huguenots du Midi, mais quand on conclut la paix à Montpellier, le 18 octobre 1622, Monsieur le Prince, mécontent, quitte la cour pour l'Italie, laissant le champ libre à Marie qui demande avec insistance l'entrée au Conseil de celui qui est cardinal depuis le 5 septembre.

Si cette paix de Montpellier a mis fin aux troubles intérieurs, la situation à l'extérieur du royaume demeure préoccupante : une guerre atroce ravage l'Allemagne, tandis que la question de la Valteline est toujours d'actualité. Face à ces questions de politique internationale, à l'instar de Luynes, les Brulart – Brulart de Sillery, Brulart de Puysieux – adoptent résolument une conduite d'abstention. La politique française est alors à la recherche d'une ligne directrice ; l'activité de Richelieu se concentre sur une campagne d'opinion destinée à ancrer dans les esprits, à commencer par celui du roi, la nécessité d'un changement et sa propre capacité à mettre en œuvre une autre ligne politique, capable de restaurer la gloire du roi en Europe. Il va s'imposer par éliminations successives.

Le 20 février 1623, une première révolution ministérielle a lieu : le surintendant des Finances, l'intègre Schomberg, est remplacé par le marquis de La Vieuville, le gendre de Beaumarchais, l'un des principaux financiers du royaume, un protégé des Brulart. Celui-ci met en œuvre une politique assez énergique de réductions budgétaires destinée à rétablir la rigueur financière, puis entreprend d'éliminer les vieux ministres, dont il dénonce la mise en coupe réglée de l'État. Il parvient à les évincer en février 1624, mais ne peut garder plus de six semaines le contrôle du gouvernement. Privé d'hommes de tradition et dépourvu de véritable réseau, La Vieuville se voit dans la nécessité d'élargir le Conseil pour infuser un sang neuf dans la gestion des affaires politiques. La question de l'entrée de Richelieu ne peut plus ne pas être posée. Le surintendant essaie de l'éluder en lui proposant, en février 1624, la direction d'un conseil des dépêches, séance technique du Conseil qui s'occuperait des affaires étrangères. Richelieu, on l'a vu, refuse, car il veut une place de plein exercice dans le Conseil du roi, et celle-ci dépend du bon vouloir de Louis XIII. Or, si tout le monde y pense, personne ne croit l'événement proche : c'est pourtant à la suite d'un entretien nocturne et secret avec Louis XIII, le 28 avril, sur la terrasse du château de Compiègne où se trouve la cour, qu'il atteint enfin son but. Le 29, il entre au Conseil, mais uniquement « pour donner son avis ». Son rôle consiste seulement à opiner et toute autre participation aux affaires lui est interdite, notamment la réception d'ambassadeurs et toute audience publique. En lui assignant une simple place de « ministre consultant », La Vieuville entend, autant qu'il est possible, préserver sa propre prééminence.

Nous voilà bien loin de l'image que voudront donner les *Mémoires* du cardinal en présentant ces limitations comme des conditions imposées par un Richelieu soucieux une fois de plus de ménager sa santé (« pour être publiquement du Conseil, il lui faudrait tant de conditions pour la faiblesse de sa complexion, laquelle n'est pas connue à tout le monde, qu'il semblerait que ce serait pure délicatesse qui les lui ferait désirer [1] »). Ajoutons qu'au moment même où il lui donne entrée au Conseil, Louis XIII tente, mais en vain, de faire revenir Condé à la cour, sans doute pour contrebalancer l'influence du prélat redouté.

Rien n'est donc joué et c'est « sur un mode mineur [2] » que s'ouvre cette seconde carrière ministérielle. Richelieu vit à présent dans l'orbite du roi et rejoint La Vieuville au Conseil, dont le vieux cardinal de La Rochefoucauld a alors la présidence nominale. Sa première initiative est, comme en 1616, d'obtenir du roi la confirmation de la préséance des cardinaux sur les autres membres, puis il laisse le temps et la propagande faire leur œuvre pour mettre à mal

1. *Mémoires*, éd. SHF, IV, p. 26.
2. J. Bergin, *L'Ascension de Richelieu*, p. 328.

l'autorité de La Vieuville. Son patient travail de sape porte peu à peu ses fruits, et le 13 août voit la chute du surintendant, accusé de manque de fermeté au service du catholicisme et de compromissions financières en liaison avec les intérêts de son beau-père, le financier Beaumarchais. Suit immédiatement la promotion de Richelieu au poste de chef du Conseil, ce Conseil dont il a été exclu sans égards par Villeroy le 24 avril 1617, au soir de l'exécution de Concini. Or l'homme qui revient au pouvoir n'est plus l'évêque de Luçon, mais bel et bien le cardinal de Richelieu ; il n'est plus simple secrétaire d'État, mais bel et bien chef du Conseil. C'est une véritable révolution ministérielle, aussitôt présentée comme telle : le roi écrit aux provinces, aux parlements, aux ambassadeurs à l'étranger pour leur en faire part et, le même jour, les secrétaires d'État se rendent chez les ambassadeurs étrangers résidant en France pour les informer.

Ce Conseil du roi, nous en avons abondamment parlé jusqu'ici, sans toutefois en donner de définition précise. Il est donc temps, alors que Richelieu y prend définitivement séance, d'en expliquer le fonctionnement. Institution issue de la *Curia regis* médiévale, le Conseil du roi regroupe autour du souverain ceux qui assurent le devoir de conseil, c'est-à-dire éclairent sa décision par leurs avis. Sous ce mot singulier se dissimule en fait, à l'époque moderne, une diversité de « séances » prenant l'apparence de conseils distincts, mais l'organisation en est encore très difficile à cerner en termes stables et rationnels, car il y règne toujours un grand flou institutionnel [1]. À partir du règne d'Henri II se sont progressivement distinguées des formations spécialisées – conseil des parties, conseil des finances – dotées d'attributions judiciaires ou administratives, et d'une organisation dont on trouve la trace dans divers règlements successifs qui en précisent de plus en plus strictement les contours. Ces formations réunissent l'après-midi les conseillers d'État nommés par lettres patentes et les maîtres des requêtes, techniciens du droit qui assurent le suivi des affaires ; tel aurait été (et sera bientôt) ce conseil des dépêches où La Vieuville souhaitait confiner Richelieu.

Mais ce qu'on appelle le plus souvent Conseil ordinaire ou Conseil des affaires « où se lisent les dépêches du dedans et dehors

1. G. Pagès, « Le Conseil du roi sous Louis XIII », dans *Revue d'histoire moderne*, t. XII, 1937, p. 294-324. – R. Mousnier, « Le Conseil du roi de la mort d'Henri IV au gouvernement personnel de Louis XIV », dans *La Plume, la Faucille et le Marteau*, Paris, 1970, p. 141-178. – R. Mousnier *et al.*, *Le Conseil du roi de Louis XII à la Révolution*, Paris, 1970.

le royaume » (et qu'on appellera après 1643 Conseil d'en-haut) n'a pas le même caractère ; c'est un conseil de gouvernement qui se réunit d'ordinaire le matin auprès du roi et auquel celui-ci convie quand il veut ceux qu'il veut, lesquels ne sont pas nécessairement conseillers d'État. Cardin Le Bret, un juriste qui en a traité, précise qu'il « ne se tient que dans le cabinet en présence du roi, où n'entrent que les principaux ministres de l'État ; c'est dans ce Conseil que l'on traite des plus grandes affaires du royaume comme de la paix ou de la guerre. C'est là où le roi donne audience aux ambassadeurs, où l'on délibère sur les réponses qu'on leur doit faire, où l'on arrête l'état général de toutes les finances du royaume, où l'on délibère sur les déclarations que l'on fait contre ceux qui brassent des menées secrètes contre sa personne et contre l'État ; où l'on reçoit l'avis de tout ce qui se passe, soit dans les pays étrangers, soit dans les provinces du royaume ; où on lit les dépêches des ambassadeurs et où on leur donne l'adresse comme ils se doivent conduire en leurs ambassades ; où l'on donne conseil du roi d'établir de bonnes et saintes ordonnances et de révoquer les mauvaises[1] ». Bref, c'est le lieu où sont collégialement traitées les affaires par un groupe de ministres-conseillers travaillant ensemble autour du souverain.

C'est bien sûr l'entrée à ce Conseil que désirait ardemment Richelieu, qui donne le titre viager de ministre d'État (lequel peut naturellement siéger dans les divers conseils d'administration). On y trouve le petit groupe de ceux dont le roi, à tel ou tel moment, tient à recueillir les avis politiques formant un organe de gouvernement souple et complexe.

Réglé de façon plus précise par un règlement du 18 janvier 1630[2], ce Conseil se tient en principe le mardi, à huit heures du matin : auprès du roi se réunissent ces conseillers privilégiés, autour d'une longue table rectangulaire couverte d'un tapis de velours cramoisi bandé de deux demi-pieds de fleurs de lys de toile. À un bout le roi préside ; la reine mère se tient à sa droite, puis, alternativement selon leur rang, à droite et à gauche, les autres membres. Les cardinaux précèdent les princes du sang et autres princes admis à siéger, après lesquels le connétable (jusqu'en 1627) et le chancelier ou le garde des Sceaux, puis le surintendant des Finances prennent place, puis les autres ministres selon l'ordre de leur réception ; les secrétaires d'État y assistent en tant que « secrétaire en mois », mais

---

1. Cardin Le Bret, *De la souveraineté du roi*, Paris, 1632.
2. R. Mousnier, « Les règlements du Conseil du roi sous Louis XIII », dans *Annuaire-Bulletin de la Société de l'histoire de France*, 1946-1947, p. 93-211.

seuls ceux qui ont les départements des Affaires étrangères et de la Guerre peuvent y siéger.

Le roi et la reine sont assis sur des chaises, les autres membres ont droit à des pliants. Les secrétaires d'État se tiennent debout derrière le roi ; ce sont eux qui sont normalement les rapporteurs des affaires d'État, mais cette tâche peut revenir aux ministres ; pour les affaires de justice, ce sont surtout des maîtres des requêtes qui entrent, rapportent et quittent la salle avant la délibération. Tous les membres du Conseil sont couverts. Le roi préside, prend les avis dans l'ordre inverse de la hiérarchie en commençant par le dernier arrivé qui opine le premier, mais il se réserve la décision. En cas de risque de conflit de préséance, le roi peut faire tenir le Conseil debout et, à ce moment-là, prend les avis sans ordre. Les princes et le principal ministre donnent leur avis en restant couverts ; le chancelier et les autres ministres opinent nu-tête ; les secrétaires d'État ont voix consultative.

Ce Conseil n'est pas un ministère au sens contemporain du terme, avec des ministres investis d'une responsabilité politique et de secteurs de compétence strictement définis. L'expression « Par le roi en son Conseil » recouvre en effet une réalité fondamentale : c'est le roi, source de tout pouvoir, qui a la décision et à qui revient la totalité de responsabilité ; les ministres-conseillers n'ont pas d'identité politique propre.

Sous la régence, la reine mère a largement ouvert l'accès au Conseil, envahi par les princes du sang et autres grands, cardinaux et officiers de la couronne. Par la suite, le nombre de ceux qui participent aux divers conseils va s'amenuisant. « Ainsi tout consiste en l'esprit des rois, lesquels ne peuvent éviter plusieurs inconvénients s'ils ne conservent le degré de l'autorité et de l'usage d'icelle qui leur appartient. Moins de conseillers sont plus forts qu'un grand nombre (ce qui semble paradoxe), mais le petit nombre a plus de dignité, plus de choix et plus d'autorité », lit-on dans un traité contemporain que l'on attribue à Marillac. La pratique d'un Conseil large se maintient alors dans les cas particulièrement solennels où il s'agit de prendre une décision que le roi souhaite faire assumer par les Grands de son entourage.

A contrario, le roi peut toujours se retirer pour examiner une affaire avec quelques conseillers ; c'est pourquoi existe, à côté du déjà sélect Conseil des affaires, un Conseil encore plus restreint : le Conseil secret, regroupant trois ou quatre privilégiés avec lesquels le roi examine les affaires les plus importantes, « car telle chose pouvait avoir été avisée par la plus grande opinion dudit conseil ordinaire, qui n'était pas la meilleure », écrit le même traité. Théoriquement, les décisions prises viennent ensuite devant le Conseil des affaires pour y être approuvées. Dans son *Testament politique*, le cardinal confirmera implicitement l'importance de ce conseil informel et personnel, puisque, sous sa plume, c'est toujours la personne du conseiller, sous l'appellation de « conseil » du prince, qui éclipse le conseil-institution. L'organisation en est encore plus circonstancielle : on en décide le lieu et l'heure à la convenance des participants ; les avis portant sur tous les sujets possibles s'expriment sans les formalités requises, dans une atmosphère de simplicité. On est alors au cœur du « travail du roi », ces entretiens informels entre le roi et ses plus proches visant à préparer des décisions formalisées en Conseil et où s'opèrent les choix politiques et se prennent les décisions simples [1]. La dérive est alors aisée vers un simple gouvernement de cabinet, où le roi gouverne plus secrètement avec ses proches conseillers. En sens inverse, il est toujours possible d'élargir le conseil pour donner un aspect plus consensuel à certaines de ses décisions.

L'institution est, on le voit, encore fort mouvante : de taille restreinte sous Henri IV, elle devient véritable cohue sous la régence de Marie de Médicis qui, en 1616, en abandonne même la direction à Condé ; après la domination du favori Concini, Louis XIII avait pris la direction des affaires, puis cédé le pouvoir à Luynes, son propre favori, jusqu'en 1621 ; l'entrée au Conseil de Richelieu intervient à l'issue de trois années de « dérèglement général » sous la direction discréditée des « barbons » puis de La Vieuville. À ce moment-là, le Conseil comprend, outre Marie de Médicis, le connétable de Lesdiguières, le garde des Sceaux d'Aligre (le chancelier Sillery est en disgrâce et mourra six semaines plus tard), le surintendant des Finances, La Vieuville, le cardinal de La Rochefoucauld, tous avec le titre de « principal ministre », puis les quatre secrétaires d'État chargés de l'expédition des décisions royales. À la chute de La Vieuville, c'est Schomberg qui reprend sa place au Conseil.

Les qualifications usitées de « premier », « deuxième » ou « troisième » ministre sont à comprendre dans un sens honorifique de préséances, de rang autour de la table des séances, et non selon une hiérarchie. Et en ce domaine alors essentiel des préséances qui affirment, face à l'opinion, le degré d'honneur attaché à chaque position et donc à celui qui l'occupe, Richelieu, on l'a vu, ne s'en laisse pas conter et sa qualité de cardinal est un atout décisif : en dépit de l'opposition de Lesdiguières, le connétable, il fait

---

1. Le travail du roi deviendra régulier avec Louis XIV.

confirmer à son profit la dignité de la pourpre romaine déjà reconnue pour le cardinal de La Rochefoucauld : il siégera donc immédiatement après ce dernier plus ancien que lui dans la dignité, mais le retrait rapide du vieux prélat le fait sans tarder « premier ministre ».

Cependant, l'accession de Richelieu à cette place honorifique ne signifie pas qu'il y domine aussitôt ; ce poste ne fait pas encore de lui le principal ministre de Louis XIII, qui affirme alors son intention de gouverner lui-même et déclare : « Je verrai mes affaires dorénavant[1]. » Mais il apparaît que le cardinal est rapidement associé aux affaires les plus importantes ; le 21 mai, Schomberg précise : « Je me réjouis de ce qu'il a plu au roi vous appeler en son Conseil étroit[2]. » Certes, ce Conseil n'est pas composé que de ses alliés, et les incertitudes demeurent sur l'avenir du nouveau venu, auquel il reste encore quelques étapes à parcourir et ses talents de manœuvrier à affirmer pour consolider sa position. En 1624, en effet, il n'y a que peu d'amis, et c'est par la disgrâce ou la mort des plus anciens qu'il finira, dans les dernières années du règne seulement, à s'assurer d'une équipe de créatures toute dévouées et qu'il pourra véritablement faire figure de principal ministre d'un « ministère » uni. Mais il dispose d'un premier atout : une large assise politique capable de garantir la stabilité souhaitée par le roi et par l'opinion.

« Lorsque Votre Majesté se résolut de me donner en même temps et l'entrée de ses conseils et grande part en sa confiance pour la direction de ses affaires... » On connaît cette phrase qui ouvre le *Testament politique*. C'est cette confiance, laquelle ne lui sera accordée qu'ultérieurement, qui en fera le seul principal ministre auprès du roi. Des lettres patentes du 21 novembre 1629 le confirmeront dans les fonctions de « principal ministre de notre Conseil d'État et de nos plus importantes et secrètes affaires », titre qu'il portait, mais avec d'autres, dès 1627 ; un règlement du Conseil du 18 janvier 1630 décrit ses fonctions par la formule redondante de « premier et principal ministre de l'État », manifestation éclatante du crédit que lui concédera alors Louis XIII et de la position originale qu'il lui accorde à ses côtés. Richelieu n'est pas un nouveau favori avec le côté intime, affectif et personnel que suppose cette

---

1. « Ce que le roi dit au Conseil après la disgrâce de La Vieuville », *Les Papiers de Richelieu. Section politique intérieure. Correspondance et papiers d'État* (par P. Grillon), I, Paris, 1975, p. 104-105 (ci-après abrégé en Grillon).

2. *Ibid.*, p. 80.

position, mais il est bien plus qu'un conseiller éminent, associé qu'il est maintenant au roi dans le cadre du ministériat [1].

L'année 1624 marque assurément la fin d'une première partie de sa biographie, sa longue marche vers le sommet de l'État. Au sortir d'une rude traversée du désert, le jeune évêque devenu cardinal puis ministre est un homme mûr de près de quarante ans [2] et, si le pouvoir est à portée de main, la majeure partie de sa vie est à présent derrière lui.

1. A. Lloyd Moote, « Richelieu as Chief Minister. A Comparative Study of the Favourite in Early Seventeenth Century Politics », dans J. Bergin et L. Brockliss (dir.), *Richelieu and his Age*, Oxford, 1992, p. 13-43.
2. La reine mère est son aînée de douze ans, le roi son cadet de seize.

II

LA MÉTAMORPHOSE

1624-1630

1

À l'épreuve du pouvoir

Au printemps 1624, Richelieu est-il en possession d'un programme raisonnablement articulé, dont il ne reste plus qu'à assurer l'exécution ? C'est bien ce qu'il entend accréditer dans son *Testament politique*, dans lequel il s'adresse directement à Louis XIII et, à travers lui, à la postérité. Ce texte commence en effet par un double constat : celui du dérèglement intérieur du royaume et du non-respect des alliances étrangères. Dès son entrée en fonction, dit-il, le nouveau ministre aurait ainsi proposé au roi son fameux programme argumenté : « Nonobstant toutes les difficultés que je présentai à Votre Majesté, connaissant ce que peuvent les rois lors qu'ils usent bien de leur puissance, j'osai vous promettre sans témérité, à mon avis, que vous trouveriez remède au désordre de votre État et que, dans peu de temps, votre prudence, votre force et la bénédiction de Dieu donneraient une nouvelle face à ce royaume.

« Je lui promis d'employer toute mon industrie et toute l'autorité qu'il lui plaisait me donner pour ruiner le parti huguenot, rabaisser l'orgueil des Grands, réduire tous ses sujets en leurs devoirs et relever son nom dans les nations étrangères au point où il devait être.

« Je lui représentai que, pour parvenir à une si heureuse fin, sa confiance m'était tout à fait nécessaire et que, bien que, par le passé, tous ceux qui l'avaient servie n'avaient point estimé de meilleur moyen pour l'acquérir et pour la conserver que d'en éloigner la reine, sa Mère, je prendrais un chemin tout contraire et n'omettrais aucune chose qui dépendît de moi pour maintenir Votre Majesté en une étroite union, importante à leur réputation et avantageuse au bien de ce Royaume [1]. »

Des quatre points de ce programme, en réalité recomposé après coup, trois (les protestants, les Grands, tous les sujets réduits à l'obéissance) concernent la politique intérieure, le dernier les affaires étrangères. Et il est vrai que le calme à l'intérieur des frontières fonde la possibilité d'interventions efficaces au-dehors, tout comme est nécessaire la confiance de Louis XIII que Richelieu doit maintenant s'acquérir.

Car la situation du nouveau ministre n'a rien de facile. Il s'agit avant toute chose de confirmer, dans l'esprit du roi et devant l'opinion publique, le sentiment qu'il a de sa propre aptitude à la direction des affaires d'État. Il lui faut en outre s'assurer définitivement la faveur de Louis XIII en affirmant l'autorité du monarque, et conserver dans le même temps son influence sur Marie de Médicis. Il lui faut contrôler ses adversaires et favoriser la promotion de ses amis et de ses créatures. Il lui faut encore réhabiliter le crédit et la réputation de la France, restaurer une confiance altérée par les atermoiements successifs de Luynes, des Brulart et de La Vieuville ; il est par suite indispensable de faire respecter au pays ses alliances et ses engagements. En tout cela, le grand art de Richelieu est d'orienter la décision du souverain tout en ménageant sa susceptibilité. Il lui faut en effet, très concrètement, faire toucher du doigt à un roi autoritaire la qualité des services qu'il peut lui rendre. Louis XIII est, on le sait, affligé d'un bégaiement qui lui interdit souvent d'achever ses phrases et provoque chez lui de douloureuses crises de honte et même de rage. Assurément il sait la politique qu'il souhaite voir menée, mais il est incapable de l'exprimer clairement et nettement. Le nouveau venu doit donc lui démontrer qu'il peut venir à son secours, parler à sa place – et ainsi lui épargner les blessures d'amour-propre que lui ont infligées Concini et Luynes –, à tout le moins lui inspirer ce qu'il faut dire. Louis a vingt-trois ans, Richelieu en a trente-neuf ; il peut faire discrètement valoir son expérience. Progressivement, les deux hommes vont découvrir leurs qualités et leurs faiblesses respectives, ainsi que ce qui les rend complémentaires.

Les papiers de Richelieu contiennent un document intitulé « Ce que le roi dit au Conseil après la disgrâce de La Vieuville [2] ». Ce texte en forme de notes permet de saisir sur le vif ce qu'il préconisa et ce que Louis XIII accepta ce mardi 13 août 1624. Écoutons ce

1. *Testament politique*, p. 43.
2. Grillon, I, p. 104-105.

dernier : « Je verrai mes affaires dorénavant, et ce avec plaisir puisque ce sera avec ordre. On a cru jusques ici que je ne m'y plaisais pas. Savez-vous pourquoi ? J'ai été jusques à présent si malheureux que d'avoir des gens intéressés et si passionnés, qu'autant qu'ils me demandaient pour me parler de mes affaires ils me parlaient de leurs intérêts et me pressaient de choses injustes, en considération de quoi je les fuyais. Maintenant je ne suis pas de même. On verra ce que je ferai pour la réformation de mon État. »

À cette déclaration de bonnes intentions, à la fois enfantine et clairvoyante, Richelieu répond hardiment en exhortant le roi à s'affirmer en tous domaines : « Sa Majesté parlera souvent, s'il lui plaît, avec ses princes et maréchaux de France, leur témoignant qu'il veut bien fortifier ses frontières, policer ses gens de guerre, trouver invention de soulager son peuple, faire du bien aux gens de mérite, et de se faire obéir vertement. Tels discours donneront à Sa Majesté la réputation qu'elle mérite et tiendront les Grands contents.

« Le plus de familiarité que le roi peut avoir avec la reine, sa femme, est le meilleur, car, outre que Dieu bénit ceux qui vivent bien comme Sa Majesté fait en mariage, un Dauphin est nécessaire à la France. »

À la suite de ce dialogue sont consignées les premières dispositions réglant la collaboration entre les deux hommes : « Le cardinal gardera cet ordre en toutes les demandes qu'on voudra faire au roi ; qu'il en avertira Sa Majesté et se chargera en sa personne du refus de celles que Sa Majesté ne pourra accorder. Et pour celles qu'elle voudra donner, il fera semblant de n'en vouloir parler ; cependant il conseillera les parties de faire leurs demandes eux-mêmes [*sic*] au roi, afin que la grâce vienne purement de lui et qu'ils en aient obligation à lui seul. » D'emblée, les règles du jeu sont fixées sur le mode de l'inégalité : à Son Éminence il reviendra de gérer les aspects négatifs, à Sa seule Majesté reviendra le positif...

D'emblée également, il est un problème qui, outre l'attitude du roi envers les Grands et la reine régnante, semble avoir beaucoup préoccupé le cardinal : c'est la relation qu'entretiennent les ministres avec le roi. Les *Mémoires*, dits de Richelieu [1], contiennent la mise en forme postérieure de ces notes relative au premier Conseil dont il a la direction ; on y trouve développée une véritable théorie de la collégialité ministérielle et de l'« oreille » du roi. Les affaires de l'État « se doivent faire par concert et non par un seul, à l'oreille. Votre Majesté ne doit pas confier ses affaires publiques à

1. Sur la question de l'attribution des *Mémoires* de Richelieu, voir p. 508 sq.

un seul de ses conseillers et les cacher aux autres ; ceux que vous avez choisis doivent vivre en société et amitié dans votre service et non en partialité et division. Toutefois et quantes [toutes les fois] qu'un seul voudra tout faire, il voudra se perdre ; mais, en se perdant, il perdra votre État et vous-même ; et toutes les fois qu'un seul voudra posséder votre oreille et faire en cachette ce qui doit être résolu publiquement, il faut nécessairement que ce soit pour cacher à Votre Majesté ou son ignorance, ou sa malice.

« Quand l'un médit de ses compagnons, s'il ne le prouve clairement, vous le devez tenir pour ennemi de votre repos et de votre État.

« Comme entre les ministres il ne faut point d'amitié que dans les bornes du service de Votre Majesté, aussi est elle du tout [tout à fait] nécessaire jusqu'à ce point, étant certain qu'autrement il arriverait que la passion ferait qu'on ne s'accorderait pas en beaucoup de choses bonnes, utiles et nécessaires.

« Bien que jusqu'ici on ait trouvé quelque chose à redire que Votre Majesté écoute trop facilement ceux qui lui veulent parler contre les ministres, pour moi, j'ai toujours estimé que Votre Majesté doit ouvrir ses oreilles à tous ceux qui lui en voudraient parler, à condition de les récompenser s'ils prouvent quelque chose contre eux, et les punir rigoureusement, s'ils leur imposent calomnieusement quelque faute non commise… [1] »

À l'entendre, on sent bien que Richelieu n'est pas encore assuré de sa position et que, s'il est à sa tête, le Conseil lui est encore à conquérir. Il lui faut composer avec les autres membres, plus anciens que lui pour la plupart, qui ne sont pas ses créatures : d'où cette volonté solennellement exprimée de jouer un jeu collectif et de laisser place à l'expression de la critique. Lui qui, tout récemment, avait été mêlé de si près aux campagnes d'opinion visant à discréditer ses prédécesseurs pour les supplanter, pouvait-il immédiatement en désavouer la pratique ?

Dans un premier temps, il doit parer au plus pressé et remplacer La Vieuville qui était, on le rappelle, le surintendant des Finances. Schomberg, son prédécesseur, est rappelé, non comme surintendant, mais comme ministre d'État désormais sans fonction financière particulière. La surintendance est dévolue, quant à elle, à deux personnes : Bochart de Champigny, contrôleur général, et Michel de Marillac, un personnage que Richelieu connaît pour avoir collaboré avec lui dans l'environnement de Marie de Médicis et qui, en février 1626, recevra l'intégralité de la charge par suite du retrait de

---

1. *Mémoires*, éd. SHF, IV, p. 123.

son collègue. Nous retrouverons ce dévot, partisan de la réforme intérieure du royaume et d'une politique extérieure pro-espagnole, collaborant puis s'opposant au cardinal. Pour le moment, c'est le pouvoir de Richelieu qui est fortifié par ce remaniement.

Le principal ministre tente également de reprendre l'initiative en politique étrangère. Depuis l'époque où il en avait tâté comme secrétaire d'État, la situation, on l'a vu, a considérablement évolué, et l'Empire est maintenant le théâtre d'une guerre préoccupante. Cependant, l'adversaire expressément désigné est toujours l'Espagne et ses visées hégémoniques ; l'empereur n'intéresse qu'au second chef, comme possible puissance d'appoint pour l'Espagne. C'est pourquoi la maîtrise des cols alpins, par lesquels les deux branches des Habsbourg peuvent faire transiter leurs troupes et encercler le royaume de France, continue d'être le grand problème de ces années. La première affaire qui sollicite le cardinal-ministre lui est familière : c'est encore et toujours la question de la Valteline, cette petite et essentielle voie de communications sur laquelle la grande ombre de l'Espagne a fondu, tandis que ses suzerains grisons appelaient vainement la France à l'aide. Le problème qui se pose n'est certes pas simple : il s'agit de prendre parti pour les Grisons protestants sans avoir l'air de trahir la cause catholique. On se décide tout de même à l'action : le 5 septembre 1624, la France renouvelle son alliance avec Venise et la Savoie, puis, devant le refus du pape d'évacuer les places de la vallée occupées par ses troupes, Annibal d'Estrées, marquis de Cœuvres, reçoit l'ordre d'occuper le passage ; c'est chose faite en février 1625, tandis que, en union avec les troupes du duc de Savoie, le connétable Lesdiguières assiège Gênes dont le port et les banques sont à la disposition des Espagnols. La restauration du crédit international de la France semble en bonne voie.

L'heure est donc à l'optimisme, d'autant plus qu'une autre affaire vient d'être dénouée, à l'avantage de la France : le mariage de Charles Iᵉʳ d'Angleterre.

Puissance insulaire et protestante, l'Angleterre participe alors épisodiquement à l'histoire du continent. Elle n'a pas encore acquis une autorité lui permettant de jouer les tout premiers rôles, mais y intervient en fonction de ses convictions religieuses et de ses intérêts, jouant un rôle d'arbitre de manière parfois décisive. Ainsi le roi d'Écosse et d'Angleterre, le fils de Marie Stuart, Jacques Iᵉʳ, qui s'essaie à l'intérieur au rôle de souverain absolu, se veut-il à l'extérieur défenseur de la paix et s'imagine volontiers médiateur dans le grand conflit confessionnel qui se développe sur le continent. Il donne sa fille en mariage à l'Électeur palatin protestant, et prête l'oreille à une possible alliance matrimoniale espagnole pour son fils [1]. Mais le risque de troubles intérieurs en Angleterre, l'évolution de la situation en Allemagne et l'impossible réconciliation du Palatin et de l'empereur font finalement échouer le projet, et la France peut à son tour se porter candidate à l'alliance matrimoniale anglaise.

L'idée d'un tel mariage était ancienne : Henri IV y avait déjà pensé, tant pour son fils Louis que pour sa fille Élisabeth. L'alliance apportait à la France une sécurité contre l'Espagne, interdisant tout rapprochement anglo-espagnol périlleux pour elle, et rendait l'Angleterre moins disposée à secourir les protestants français. Au moment où ceux-ci sont à nouveau en train de se rebeller, c'est sans doute ce dernier aspect qui intéresse au premier chef Richelieu. De plus, paradoxalement, cette alliance protestante est passionnément voulue par les dévots, Marie de Médicis en tête, avec l'idée qu'elle permettra de reconquérir l'Angleterre au catholicisme. Quant au roi d'Angleterre Jacques Ier, il y voit une possibilité de faire soutenir par la France la cause de son gendre, l'Électeur palatin. Pour faire admettre le mariage au pape et obtenir sa dispense, il faut négocier des gages pour le catholicisme : on avance que la future reine conservera sa religion, aura un entourage catholique, et sera à même d'obtenir la liberté de conscience pour les catholiques anglais : les intérêts de l'Église seront saufs dans cette alliance hérétique, et Urbain VIII, en dépit de sa préférence pour l'Espagne, peut y consentir.

Richelieu poursuit donc les tractations engagées en février 1624, et le contrat de mariage est signé le 10 novembre. En mai 1625, la charmante Henriette Marie, troisième fille d'Henri IV et sœur de Louis XIII, âgée de quinze ans, destinée un temps au comte de Soissons, épouse par procuration Charles Ier, roi d'Angleterre, qui vient de succéder sur le trône à son père Jacques Ier. En conclusion des festivités, Richelieu lui-même s'initie au faste qui sied désormais à sa condition en organisant une fête somptueuse dans la grande galerie du Luxembourg, décorée par Rubens à la gloire de Marie de Médicis ; musique, collation, feu d'artifice coûtent quelque quarante mille livres et, accessoirement, la mort de trois personnes étouffées dans la foule. Mais c'est le duc de Buckingham, le brillant et chimérique favori de Jacques puis de Charles Ier, qui est le héros

---

1. En effet, à ce moment, comme au temps des premiers Tudor, l'Espagne, désireuse de freiner la progression de Maximilien de Bavière, cherche aussi à s'allier avec le camp de la Réforme et à soutenir indirectement l'Électeur palatin réfugié en Angleterre. Ce qui donne lieu à l'épisode romanesque du voyage incognito du prince de Galles et de Buckingham, et de leur séjour à la cour d'Espagne.

flamboyant d'épisodes galants qui feront les délices des romanciers du XIXᵉ siècle.

De fait, Buckingham – les Français l'appellent « Bouquinquan » – apparaît comme l'antithèse du principal ministre français : monstre d'élégance et de charme, favori de deux rois dont il s'est rendu maître absolu, il étale sa satisfaction de soi jusqu'à l'aveuglement, et conjugue déraison et démesure, inconséquence et fantaisie. On le dit le plus bel et le plus élégant homme d'Angleterre ; le regard vague et rêveur surmonte moustache et fine barbiche blondes, et son allure a quelque chose d'efféminé. Le troisième fils de sir George Villiers a étudié l'art de la cour en France, avant d'entrer en politique et de gagner la faveur de Jacques Iᵉʳ dont il s'intitule le « chien-esclave ». Devenu immensément riche, il réussit l'exploit de plaire au nouveau roi Charles Iᵉʳ dont il dirige aussi la politique, agissant en héros de roman à la face de l'Europe. Personnage le plus flatté du royaume et le plus haï, il aime l'aventure, les fêtes, les intrigues galantes et les combinaisons politiques. Son train de vie, qui avait scandalisé la cour d'Espagne, éblouit le bon peuple de Paris et la cour de France. Richelieu entend ne pas demeurer en reste et, selon le *Mercure français*, rien n'égale le festin qu'il donne aux envoyés anglais. En revanche, Louis XIII est fort peu sensible à de tels déploiements de faste et bien davantage offensé par les entreprises galantes de Buckingham à l'endroit de la reine.

Venu à Paris pour y chercher la princesse Henriette et la conduire en Angleterre, le héros de l'heure s'est en effet mis en tête de séduire la reine Anne d'Autriche, l'une des plus belles femmes du temps, dont on sait qu'elle est délaissée par son époux. L'épisode le plus scandaleux de cette aventure galante a lieu à Amiens, alors que les deux reines, Marie de Médicis et Anne d'Autriche, et la cour accompagnent la jeune mariée vers Boulogne. Le duc parvient à demeurer seul avec la reine régnante et s'enhardit jusqu'à l'obliger à appeler du secours. Cela ne décourage pas l'audacieux don Juan ; il revient sur ses pas, force la porte de la chambre de son idole et y risque une vaine déclaration d'amour passionnée. Aventure inachevée, amour-propre froissé, l'affaire, qui fait grand bruit et vient naturellement aux oreilles de Louis XIII, n'arrangera en rien les relations à l'intérieur du couple royal, tandis que son échec laisse Buckingham personnellement outragé et désireux d'en tirer vengeance. Cette alliance anglaise dont Richelieu est si fier démarre sous de bien mauvais auspices !

En dépit de ces incidents romanesques, cette alliance conserve le double intérêt d'ôter un soutien à la rébellion intérieure protestante et de contribuer à l'affaiblissement de la position de la maison d'Autriche. On peut dès lors envisager plus sereinement la conduite à tenir à l'égard de cette dernière. Tout au long des négociations, Richelieu n'a jamais cédé sur un point : il n'est pas question d'accorder le soutien demandé par l'Angleterre au Palatin et d'engager ouvertement la France au nom d'intérêts qui ne la concernent pas directement dans une affaire qui pourrait provoquer la rupture avec l'Espagne.

La guerre qui se poursuit dans l'Empire avec une férocité inouïe a pour lors abouti à la dépossession du Palatin par Maximilien de Bavière. Ce héros du catholicisme, dont l'armée a pour général en chef le comte Tilly, capitaine fameux et expérimenté de l'époque, tire fort bien son épingle du jeu. La défense de la Contre-Réforme est parvenue à rapprocher ces deux puissances catholiques zélées que sont les maisons d'Autriche et de Bavière, lesquelles surmontent ainsi une rivalité qui date du Moyen Âge. En février 1623, malgré l'hostilité de l'Espagne, laquelle est peu favorable à la constitution d'un État bavarois fort qui pourrait couper ses communications avec le nord de l'Europe, l'empereur Ferdinand transfère à titre viager la dignité d'Électeur du Palatin à Maximilien, assurant la majorité aux catholiques dans le collège des électeurs. L'année suivante, le parti impérial est renforcé par les troupes d'Albrecht von Wallenstein, riche noble de Bohême converti au catholicisme, aux ambitions aussi immenses qu'incontrôlables, véritable industriel de la guerre, qui a formé une importante armée dont l'action va conditionner la suite des événements.

La France entend toujours s'en tenir à la guerre couverte, à la vigilance plutôt qu'à l'agression ; il s'agit de faire pièce à l'empereur en soutenant en sous-main les protestants. On promet argent et troupes à Mansfeld, le général de l'Union protestante (promesse qui ne sera tenue que six mois), on envoie une ambassade en direction du Danemark inquiet du voisinage de l'armée de Tilly, on négocie le mariage anglais. On ne veut pas non plus s'interdire la possibilité d'une alliance avec la Bavière catholique, laquelle neutraliserait le plus important soutien de l'empereur ; cependant les négociations, amorcées en 1622 et poursuivies les années suivantes, restent infructueuses.

Pour l'heure, l'adversaire essentiel reste l'Espagne : l'obsession de la France, c'est la possible reconstitution de l'Empire de Charles Quint, et la prise en tenaille de son territoire. À ce titre, l'Italie – et en premier lieu le passage des Alpes – demeure le lieu stratégique privilégié. D'autant plus que le territoire italien est traditionnellement vu depuis Paris comme le véritable pivot de l'Europe : s'y trouvent des possessions espagnoles névralgiques –

Milan, Naples –, le siège de la papauté et le cœur culturel du monde chrétien – Rome. La propagande française s'empare donc de la question et proclame que l'Italie doit être libérée de la domination habsbourgeoise, dans le respect d'une utopique « liberté » des États qui la composent.

En outre, dans ces mêmes années, se mettent en place, du côté espagnol, des pratiques gouvernementales qui rappellent la situation française : le comte-duc Olivarès a pris, auprès du roi Philippe IV, la direction du gouvernement, et, tout comme Richelieu dont il va être l'adversaire direct, se pose avec un talent certain en restaurateur volontaire de la puissance de son maître, mise au service d'une politique pro-catholique. Les affaires des Pays-Bas avaient déjà attiré l'attention sur cette volonté renouvelée d'action. L'Espagne y avait repris l'initiative militaire contre ses sujets révoltés, et Spinola, le gouverneur militaire des Pays-Bas, l'un des plus talentueux stratèges du temps, y assiégeait la place de Breda. Richelieu réagit en proposant le renouvellement du traité avec les Hollandais. Les autres membres du Conseil sont réticents, craignant que Rome ne réprouve cette autre alliance hérétique qui reprend la politique du feu roi Henri IV – argument qui emporte l'adhésion de Louis XIII : tout heureux de relever la succession de ce père admiré, il signe le 28 juillet 1624 le renouvellement de l'alliance hollandaise.

Au début de mai 1625, Richelieu, fier de ces premières initiatives, est plein de confiance et s'en ouvre au roi dans un mémoire qui livre un tour d'horizon bien optimiste[1] : selon lui, le roi est maître de la Valteline ; Gênes est sur le point de se rendre à ses troupes. Il estime que Breda peut échapper aux Espagnols et que, quoi qu'il arrive, ceux-ci seront ruinés et incapables d'agir en Italie. Le roi de France a des troupes en Champagne et en Picardie ; il est fort de l'appui de l'Angleterre, de la Savoie et de Venise en Italie. À l'intérieur, « des Grands, il n'y a rien à craindre maintenant », et il ne voit de danger que dans les huguenots « accoutumés à faire leurs affaires aux dépens de l'État ». Sa conclusion est qu'« il faut abandonner le dehors pour pourvoir au dedans ». Le dehors et le dedans se tiennent et s'influencent et on ne peut envisager de se mesurer efficacement à l'Espagne si cette épine envenime une plaie vive dans le royaume[2].

1. Grillon, I, p. 181-186.
2. R. Mousnier, « Les crises intérieures françaises de 1610 à 1659 et leur influence sur la politique extérieure française, surtout de 1618 à 1648 », dans K. Repgen (dir.), *Krieg und Politik. 1618-1648*, Munich, 1988, p. 169-183.

Car les protestants ont une nouvelle fois pris les armes. Le duc de Soubise profite de l'attention portée aux affaires extérieures et de l'engagement militaire en Valteline pour lancer la rébellion sur la mer : il équipe des vaisseaux et occupe l'île de Ré, enlève sept grands bâtiments destinés à la croisade par le duc de Nevers et s'empare d'Oléron en février, tandis que son frère Rohan, accompagné de la duchesse, parcourt le Languedoc pour soulever la province.

Gendre de Sully, Henri de Rohan, pair de France, prince de Léon, comte de Porrhoët, colonel général des Suisses et Grisons, est un homme austère, sobre et rude, bon connaisseur de l'Europe qu'il a sillonnée, stratège et politique avisé. Il compte dans le Languedoc et les Cévennes de nombreux partisans, parcourt bourgs et villes précédé d'un porteur de Bible et n'entend parler à personne avant d'être passé par le temple pour y prier ; à l'occasion, il se fait même prédicateur pour haranguer la foule. Soubise, son jeune frère, est lui aussi ambitieux, mais plus frivole, impulsif et aventureux ; amiral, il recrute les équipages de ses flottes parmi les populations côtières où il jouit d'une grande popularité. Le renom des deux frères est augmenté de celui de leur mère, immense dans le parti protestant : Mme de Rohan – veuve de Charles de Quellenec, baron du Pont, tué à la Saint-Barthélemy, puis de René de Rohan – a assuré elle-même l'éducation de ses fils.

On ne peut qu'être frappé par la diversité des attitudes de Richelieu envers les protestants. Ce prélat, partisan convaincu de la réforme catholique, se lance à l'extérieur dans une politique d'alliances avec eux pour faire pièce à l'Espagne catholique, et entend les soumettre à l'intérieur. Or la question des relations avec le protestantisme est cruciale : la Réforme a été l'événement le plus bouleversant de l'histoire moderne de l'Europe, une fracture inouïe avec laquelle il faut soit entrer en lutte, soit s'arranger, dans la politique tant intérieure qu'internationale ; le paramètre religieux reste indissociable des affaires politiques. Arrêtons-nous un instant sur ce point.

L'ardeur inconditionnelle de l'Espagne à la défense du catholicisme attire vers elle l'admiration tout aussi inconditionnelle des dévots français, lesquels œuvrent pour un alignement des politiques des deux couronnes au service du catholicisme et de la Contre-Réforme. Or, ces partisans d'un État chrétien se trouvent confrontés, après la défaite de la Ligue, à un catholicisme royal – le catholicisme de ceux qu'on appelle « les politiques », puis « les bons Français » – qui place l'Église dans l'État. Les catholiques zélés, eux, persistent à placer l'État dans l'Église ; entre les deux sensibilités, la rupture est proche. Richelieu a, d'entrée de jeu, choisi son camp : il assume l'héritage traditionnel de la monarchie, de François Iᵉʳ à Henri IV, et reprend, par-delà l'interruption de la régence, une ligne politique, naguère esquissée par le Béarnais, qui entraîne l'acceptation politique de la Réforme par le pouvoir. Ce n'est pas ce que les dévots attendaient du ministre, eux qui avaient soutenu son ascension, voyant en lui un zélateur de la prééminence catholique ; leur déception va être à la mesure de leurs espérances [1].

Le renversement diplomatique que constitue l'engagement sur la voie des alliances protestantes, anglaise et hollandaise, plus tard encore suédoise, est le premier coup de canif dans le contrat implicite qui lie Richelieu au parti dévot. Et si le mariage anglais a été conclu avec l'accord de ses partisans, qui y voient une entreprise missionnaire, les autres alliances hérétiques sembleront scandaleuses et seront fort violemment controversées ; Richelieu lui-même n'a pu manquer de se poser la question sur un double plan – dans sa conscience de chrétien comme dans sa pratique de politique.

Pour lors, les publicistes à sa solde s'emploient activement, en cette année 1625, à justifier cette nouvelle orientation politique. Ils puisent leur argumentation dans le fonds de la théologie du bien commun et de la justice. Le postulat de départ, c'est l'agression de l'Espagne catholique. Cela acquis, l'alliance hérétique, en l'espèce hollandaise, est justifiée sur la base de la légitime défense de l'État, laquelle rend licites des moyens qui, en soi, ne le seraient pas, dès lors qu'il n'y a pas d'autre voie pour garantir la sécurité du royaume. Rien n'interdit donc d'assister les protestants ni de s'assurer de leur assistance, puisqu'il s'agit de se garantir d'un mal supérieur, fût-il représenté par une puissance catholique. On fait observer en outre qu'il existe des précédents, et que le grand Henri IV n'a pas répugné à s'allier avec des hérétiques [2].

La France n'est pas la seule à assumer le paradoxe selon lequel les alliances politiques ne coïncident pas forcément avec la situation confessionnelle. L'Espagne elle-même ne se prive pas de soutenir les huguenots, et l'Empire donnera aussi, de son côté, de beaux exemples : pour contrer le Palatin protestant, les Électeurs luthériens de Saxe et de Brandebourg rallieront bientôt le camp très catholique de l'empereur ; quant à l'archevêque de Trèves, il n'aura aucun scrupule à se mettre sous la protection d'une France alliée de

1. S.-M. Morgain, « L'Église est-elle dans l'État ou l'État est-il dans l'Église ? La révolution des années 1615 », dans *Pierre d'angle*, 1999, p. 73-86.
2. Rappelons que ce fut précisément là que résida la motivation de Ravaillac : il s'en prit au roi dont il avait entendu dénoncer la politique qui menait à une guerre contre les puissances catholiques et mettait en danger la Contre-Réforme.

l'hérésie… Il est clair que de telles orientations conduisent de fait à la sécularisation des pratiques diplomatiques.

Cependant, les propagandistes du cardinal vont encore plus loin dans leur démonstration. Ils passent en effet du caractère licite de l'alliance avec les hérétiques à sa nécessité pour toute la chrétienté : il en va non seulement de la paix de cette chrétienté, débarrassée de la prétention espagnole à la suprématie, mais aussi de la paix de la France, laquelle doit permettre de se consacrer aux affaires intérieures et d'abord… à la lutte contre l'hérésie ! Le paradoxe est assumé, et les prosélytes des alliances peuvent faire appel à rien de moins qu'à la responsabilité religieuse du roi : « Parce que le roi ne saurait faire une action plus méritoire que d'extirper l'hérésie du royaume, soulager son peuple et établir une discipline générale, juste et raisonnable par tout son État, vu que sa charge l'oblige en conscience à travailler à cette fin et le rend responsable devant Dieu s'il ne le fait[1]. » Le cardinal ne cessera d'ailleurs de se réclamer, en menant ces négociations, d'une politique catholique : comme nous le verrons, il n'omettra pas, au moment où il négociera l'alliance suédoise, d'y faire inclure une clause de sauvegarde protégeant les catholiques des pays conquis par les Suédois de toute conversion forcée.

Il reste que cette position aboutit à un langage double à l'endroit de l'hérésie, selon son lieu d'implantation ; un langage purement politique. En reconnaissant et en utilisant les puissances protestantes étrangères, parce qu'il estime que le roi de France a comme mission divine d'être le garant de l'équilibre des forces en Europe face à l'aspiration de l'Espagne à la monarchie universelle, Richelieu rallie à sa politique extérieure les réformés français. À l'intérieur, en revanche, le ministre, qui doit gérer un royaume biconfessionnel, ne saurait tolérer la rébellion des sujets réformés du roi.

Ce double langage du cardinal est cependant loin d'être incohérent, tant politiquement qu'intellectuellement. C'est que le problème protestant tel qu'il se pose alors à l'intérieur du royaume est bien d'ordre politique et religieux. Or c'est désormais le versant politique, dont la monarchie absolue en voie d'affirmation ne peut plus s'accommoder, qui forme l'aspect conflictuel de la question protestante ; en revanche, le versant religieux, lequel a été à l'origine des guerres du XVIe siècle, tend, au XVIIe, à se confiner dans la

---

1. *Discours sur la légitimité d'une alliance avec les hérétiques et les infidèles* qui figure en annexe de l'année 1625 des *Mémoires* de Richelieu, éd. SHF, V, p. 283-308, et a lui-même pour sources un mémoire intitulé « Savoir s'il est licite de secourir les Hollandois » et *Le Catholique d'Estat* de Jérémie Ferrier (1625).

sphère privée. De ce fait, une certaine tolérance est rendue possible
– au sens fort restreint du temps, néanmoins, qui demande de supporter ce qu'on ne peut (mais qu'on souhaite vivement) éradiquer.
Richelieu se situe exactement dans cette ligne. N'oublions pas qu'il
est aussi cet ecclésiastique qui entend, conformément à sa mission
de pasteur, ramener à la foi catholique les sujets hérétiques ; ce problème, dont il avait déjà pris bonne mesure comme évêque de
Luçon, ne cessera de le préoccuper. C'est pourquoi il n'est pas
contradictoire qu'il se pose en tenant d'une conversion religieuse
par la persuasion, la controverse théologique, et non plus la coerci-
tion, alors qu'il entend dans le même temps mettre à mal le parti
protestant, n'excluant pas d'utiliser la force. On ne peut que noter la
modernité de cette position qui veut substituer, sur le plan religieux,
la controverse à la guerre, notamment la guerre civile, qui préfère la
négociation à la confrontation brutale, la raison à la force, et surtout
substitue, à la monarchie catholique, l'État, lequel se situe au-
dessus des distinctions confessionnelles.

En mai 1625, Richelieu, tout à l'ivresse de ses premiers engagements à l'extérieur et préoccupé de combler le désir de gloire de
Louis XIII, est d'un optimisme quelque peu présomptueux. Il
estime que les affaires sont en si bonne voie que, si l'on doit abandonner le dehors pour se consacrer aux affaires du dedans, c'est en
passant par une négociation qui va conduire à la paix générale : « La
question est donc de faire la paix de la Valteline, de Gênes et, s'il se
peut, du Palatinat, en sorte que chacun ait raisonnablement son
compte et que nous demeurions plus liés que jamais [1]. » Mais,
hormis la révolte protestante, rien ne va tourner comme il le prévoit
alors, et, si on négocie, c'est par nécessité et non pour imposer une
glorieuse paix générale qui n'est pas pour demain. D'ailleurs, cette
gloire que le roi veut pour son règne peut-elle venir de la paix extérieure et de l'ordre intérieur ? Louis XIII comme Richelieu ne sont-
ils pas poussés, par la tradition nobiliaire et par toute leur éducation,
à en associer l'idée aux exploits héroïques dont seuls les champs de
bataille peuvent être le théâtre ?

1. Avenel, II, p. 84.

2

Nécessité fait politique

Cette volonté de paix générale que le cardinal revendique, il n'est pas, loin s'en faut, en mesure de la soutenir. Et s'engager, comme le veulent passionnément les dévots, contre les protestants français n'est pas loin de signifier le revirement total de la politique qu'il tentait de mener avec tant de fierté, ainsi qu'une quasi-négation des engagements pris : c'est s'attirer évidemment l'hostilité de l'Angleterre dont l'alliance est toute récente, celle de la Hollande, autre alliance renouvelée de fraîche date, celle aussi des protestants d'Allemagne ; c'est encore se rendre fort suspect en Italie ; bref, c'est isoler la France en Europe et la mettre un peu plus à la merci de l'Espagne, à laquelle le succès enfin obtenu devant Breda, tombée le 25 mai 1625, vient de redonner un certain souffle.

Et pourtant, a-t-on vraiment le choix ? Les moyens maritimes manquent cruellement pour venir à bout de Soubise, comme pour secourir Lesdiguières à Gênes. Les premiers engagements ont certainement été décidés avec trop de présomption. Il faut tout reprendre à nouveaux frais et négocier sur tous les fronts. Sans doute n'est-ce pas une perspective que Richelieu envisage avec enthousiasme, lui qui est encore loin de mesurer les vertus de la négociation, il le reconnaîtra plus tard dans son *Testament politique* : « J'avoue que je n'ai connu cette vérité que cinq ou six ans après que j'ai été employé dans le maniement des affaires [1]. » Même parvenu au pouvoir, le dur apprentissage de la patience continue ! Il lui faut louvoyer et négocier l'inconciliable en apparence : la paix au-dehors, en Valteline, avec l'Espagne catholique, et au-dedans avec les protestants.

1. *Testament politique*, p. 265.

La Valteline d'abord, encore et toujours ! Le pape Urbain VIII avait envoyé à Paris comme légat son neveu Francesco Barberini, arrivé le 25 mai 1625 porteur de la dispense du pape pour le mariage d'Henriette et d'instructions pour négocier : si on se met assez vite d'accord pour laisser Grisons et Valtelins régler entre eux leurs problèmes, le légat demande la restitution des forts au pape avant la conclusion de l'accord, ce que refusent obstinément les Français.

De leur côté, les dévots poussent à une guerre à outrance contre les protestants et le roi est disposé à en découdre, mais, plus réaliste, le Conseil décide de traiter. Les huguenots obtiennent des conditions de sécurité à leur convenance, mais qui leur sont octroyées comme une grâce par le roi, ce qui sauvegarde les apparences. L'accord semble à portée de main, quand Toiras, le général qui occupait pour le roi l'île de Ré, attaque soudain La Rochelle, faisant tout échouer.

C'est donc bientôt l'impasse sur tous les fronts de la négociation. Pour en sortir, un Conseil élargi en assemblée de notables se réunit à Fontainebleau le 29 septembre 1625. Princes, ducs, grands officiers, maréchaux, nobles, représentants du clergé et des cours souveraines, prévôt des marchands de Paris se retrouvent dans la grande salle ovale, debout, en présence du roi et de Marie de Médicis assis dans des fauteuils. Après quelques mots du roi, le chancelier expose la conduite des affaires italiennes et requiert l'avis de l'assemblée. Schomberg donne le ton et dénonce la collusion du pape avec les Espagnols ; il se prononce pour refuser les conditions offertes par le légat. À l'exception d'un discours pacifiste risqué à voix basse par le cardinal de La Rochefoucauld, aucun avis discordant ne s'élève dans l'assemblée et Richelieu peut conclure et enfoncer le clou : « C'est pourquoi j'estime que Votre Majesté doit écrire à Sa Sainteté et à M. le Légat que, par l'avis de son Conseil et de ses Cours, elle ne peut recevoir les propositions qui lui ont été faites de sa part, bien qu'elle est toujours prête d'entendre aux conditions de la paix honorable pour les deux couronnes [1]. » L'assemblée est unanime ; le roi est éclairé et sa position confortée par ce « Grand Conseil ». Le légat Barberini s'est d'ailleurs dignement retiré en Avignon sans attendre le résultat de la consultation, tandis que le gouvernement royal négocie avec l'Assemblée du clergé un « don gratuit », autrement dit une contribution financière en théorie librement consentie par le clergé, afin de participer à la lutte contre l'hérésie.

1. R. Mousnier, *L'Homme rouge ou la Vie du cardinal de Richelieu*, Paris, 1992, p. 245.

Dans un mémoire du 25 novembre 1625 « tendant à voir si, avant la guerre avec l'Espagne en Italie, il faut la faire aussi au-dedans du royaume », Richelieu propose au roi de continuer à jouer la prudence. Certes, « il n'y a point à douter que le premier et principal dessein que Sa Majesté doit avoir est de ruiner ce parti [des huguenots]. Mais il faut voir si le temps et l'occasion y sont aussi propres maintenant, que l'on a de l'occupation au-dehors… ». Or « la prudence ne permet pas d'entreprendre deux guerres à la fois », et les affaires d'Italie ne dépendent pas seulement de la volonté du roi : il faut donc se libérer provisoirement de l'hypothèque protestante – et, à cette fin, l'Assemblée du clergé a consenti à voter des subsides – pour être en mesure de maintenir sa crédibilité face à l'Espagne [1].

Louis XIII et Richelieu réussissent à contrer Soubise : la flotte rebelle qu'il commande est battue en septembre 1625, au large de La Rochelle. L'État en est cependant réduit à quémander l'assistance maritime de l'Angleterre et des Provinces-Unies : le duc de Montmorency, amiral de France, prend la tête d'une flotte composée de quelques bâtiments français, mais surtout de navires prêtés à l'armée française par les Britanniques et les Hollandais. Montmorency lui-même embarque d'ailleurs sur le vaisseau de l'amiral hollandais. À Amsterdam, le peuple s'émeut de cette intervention contre des coreligionnaires et, à Londres, Buckingham menace de déclarer la guerre à la France. Il faut donc mettre fin rapidement aux hostilités, et profiter de ce succès inespéré pour revenir à la négociation, d'autant plus que les deux puissances protestantes y interviennent comme médiateurs. Le 5 février 1626, on parvient à un accord : le roi « donne la paix à ses sujets de La Rochelle » en application de l'édit de Nantes. Les Rochelais conservent leurs fortifications ; les garnisons proches du Fort-Louis, de Ré et d'Oléron ont interdiction de troubler les activités commerciales qui font la richesse de la cité. L'Europe catholique est indignée de tant de tolérance ; les dévots français, Bérulle en tête, se prononcent toujours pour l'éradication de l'hérésie.

Cependant, la négociation avec Rome demeure bloquée. Qu'à cela ne tienne : sous l'influence des dévots, Marie de Médicis en tête, le Conseil opère un revirement spectaculaire et initie une négociation – qui, quelques mois auparavant, semblait devenue impossible – avec l'Espagne elle-même ! Sans doute à l'initiative personnelle de la reine mère, on traite directement avec Madrid des affaires italiennes, par le truchement de l'ambassadeur de France, Charles d'Angennes, sieur du Fargis, qui signe trois traités succes-

1. Grillon, II, p. 226-233.

sifs dont les deux premières versions sont refusées par le Conseil et la troisième ratifiée le 2 mai 1626 : c'est le traité de Monçon. La souveraineté des Grisons sur la Valteline y est implicitement établie, ainsi que le droit exclusif – mais en réalité inopérant – de la France sur le passage ; l'exercice du catholicisme est reconnu dans la vallée dont les forts seront remis au pape et immédiatement démolis. C'est une sorte de neutralisation peu glorieuse de ce point sensible de l'échiquier européen, laquelle ne pouvait être que provisoire.

Car les choses ne sont pas si simples, et, surtout, le règlement diplomatique est trop flou pour s'imposer à toutes les parties : l'Espagne et le pape ne sont pas satisfaits des conditions de cette paix finalement négociée par Richelieu ; les dévots, qui voulaient certes la paix, mais à d'autres conditions, s'agacent avec Marie de Médicis de la politique d'un ministre qu'ils avaient porté au pouvoir. Dans l'immédiat, les Anglais sont naturellement les plus virulents : à quoi bon s'allier à la France, si celle-ci semble se réconcilier avec l'Espagne ? Venise, les Grisons, la Savoie, qui n'ont pas été consultés, poussent aussi les hauts cris ; comme au temps des Brulart, un ambassadeur extraordinaire leur est dépêché. Quant à la position de Richelieu au sein du Conseil et à sa possibilité d'y imposer une ligne politique anti-espagnole inflexible, on voit bien ce qu'il en est réellement alors ; le revirement spectaculaire de politique qu'est cette paix avec l'Espagne, à laquelle il doit prêter la main, donne la mesure de son influence.

En outre, d'autres fissures apparaissent du côté de l'alliance anglaise : la mauvaise entente du couple royal, sous l'influence de l'hostilité de Buckingham envers la France et la jeune reine, le zèle catholique intempestif de l'entourage français de cette dernière se soldent, en 1626, par l'expulsion hors d'Angleterre de la maison française d'Henriette, à l'exception de deux ecclésiastiques… Mis en cause par le Parlement pour avoir donné des gages aux catholiques lors de la négociation du mariage, Buckingham, lui non plus, ne tire pas de cette alliance le profit espéré ; pire, l'assistance, même mesurée, qu'il doit donner à la France dans sa lutte contre les protestants révoltés achève de lui aliéner son opinion publique.

La paix maintenant établie, on la célèbre par un ballet intitulé *La Douairière de Billebahaut*, où la cour se donne en spectacle, Louis XIII en tête, qui y danse et y joue de la guitare. Mais, au vrai, tout le monde reste mécontent à l'extérieur comme à l'intérieur, catholiques comme protestants. Seul Richelieu s'est plu, dans ses *Mémoires*, à retoucher la réalité et à embellir une « industrie inaccoutumée » qui aurait permis d'aboutir à ce double accord ;

c'est lui qui aurait incité « les huguenots à consentir la paix de peur de celle d'Espagne, et les Espagnols à faire la paix de peur de celle des huguenots [1] »… La vérité apparaît bien moins glorieuse : la paix avec les Espagnols a été voulue par les dévots pour pouvoir se consacrer à la destruction de l'hérésie en France ; quant aux huguenots, ils consentent à la paix de peur de se brouiller avec l'Angleterre tutélaire ; ils ont pu constater que l'alliance anglaise n'a pas eu d'effets bénéfiques sur la politique menée à leur encontre, puisque les Anglais se sont associés à la France pour mater leur révolte. Faute de moyens, le pouvoir ne déroge donc guère à sa politique traditionnelle, à cette nuance près que le Conseil, sans doute sous l'influence de Richelieu, n'abandonne pas les enjeux européens pour se replier sur la lutte intérieure contre le protestantisme. En fait de politique glorieuse, on cède à la nécessité, mais on mène la négociation sur tous les fronts ; on traite simultanément toutes les questions et on ne sacrifie plus l'une à l'autre.

Ces épisodes éclairent en tout cas un point essentiel : l'infériorité de la marine française, cruellement révélée à la face du monde. Après l'importance de la question protestante, c'est assurément la deuxième leçon que peut tirer Richelieu de sa pratique des affaires ; en fait, les deux dossiers sont liés.

En effet, la question de la maîtrise des passages des Alpes ne doit pas cacher que celle des mers est également cruciale. La chose est vitale pour l'Empire espagnol, fait de pièces dispersées éloignées les unes des autres sur lesquelles, certes, le soleil ne se couche jamais, mais entre lesquelles il n'est le plus souvent pas d'autre lien que maritime. La maîtrise de la mer n'est pas seulement la condition de la puissance de l'Espagne, c'est aussi celle de son existence. Les Espagnols doivent dominer la Méditerranée face aux Turcs pour accéder à leurs possessions italiennes ; assurer la circulation entre leurs ports atlantiques et ceux des Flandres ; veiller à l'arrivée incessante des vaisseaux du Nouveau Monde afin d'alimenter des finances toujours en déficit. Pour la France, la maîtrise de la mer est nécessaire pour s'imposer comme puissance commerciale, tout comme elle est militairement indispensable face à l'Espagne.

La mer, Richelieu n'y connaît pas grand-chose : les placements financiers maritimes à risque de son père et l'expérience de l'élément marin de son oncle Amador de La Porte, le chevalier de Malte, constituent son léger bagage familial. La rébellion de Soubise, où se manifeste l'importance de La Rochelle, capitale maritime protestante ouverte sur le large, est la première affaire navale

1. *Mémoires*, éd. SHF, V, p. 306.

qui lui est donnée de traiter. Et elle est peu glorieuse, puisque, comme on l'a dit, il faut faire appel aux Anglais et aux Hollandais pour en venir à bout. Les affaires de la Méditerranée autour de Gênes, ainsi que le souci des intérêts commerciaux du pays, s'y ajoutent, qui font définitivement prendre conscience à Richelieu de l'enjeu politico-stratégique du territoire maritime. Il résumera la question en ces termes dans son *Testament politique* : « La mer est celui de tous les héritages sur lequel tous les souverains prétendent plus de part, et cependant c'est celui sur lequel les droits d'un chacun sont moins éclaircis. L'empire de cet élément ne fut jamais bien assuré à personne ; il a été sujet à divers changements selon l'inconstance de sa nature, si sujet au vent qu'il s'abandonne à celui qui le flatte le plus, et dont la puissance est si déréglée qu'il se tient en état de le posséder par violence contre tous ceux qui pourraient lui disputer. En un mot, les titres de cette domination sont la force et non la raison : il faut être puissant pour prétendre à cet héritage [1]. » Pour lors, les marines de guerre et de commerce françaises ne se distinguent guère, la seconde étant tout simplement réquisitionnée et armée en cas de besoin pour renforcer la première…

Un homme a d'ailleurs compris avant lui les potentialités offertes par un développement des activités maritimes et la nécessité d'en unifier la direction. Il s'agit du duc Henri de Montmorency, un des Grands du royaume, que nous avons vu remporter la bataille de La Rochelle en 1625. En 1612, il a succédé à son oncle pour l'amirauté de France et de Bretagne ; en 1613, il se fait céder l'amirauté de Guyenne et, en 1619-1620, rachète la vice-royauté de la Nouvelle-France. Il fait élaborer par ses juristes une théorie attribuant à l'amiral de France un pouvoir général sur toutes les activités maritimes : défense des côtes et commandement des compagnies de garde-côtes, construction des navires du roi, réquisition de navires marchands, recrutement des équipages, police de la navigation et délivrance des congés, entretien des ouvrages portuaires, enfin encouragement du grand commerce maritime, à l'imitation des Anglais et des Hollandais.

C'est ce programme que Richelieu s'attache à reprendre, mais à son propre compte : pour 1 200 000 livres, il rachète à Montmorency ses amirautés du Ponant ; pour 900 000 livres, il acquiert de Guise celles du Levant. Il obtient de surcroît le gouvernement de Bretagne auquel l'amirauté de Bretagne est attachée ; il y ajoute les gouvernements du Havre et de Honfleur, et se constitue un réseau d'informateurs composé de techniciens, comme le commandeur Isaac de

1. *Testament politique*, p. 321-322.

Razilly [1], et d'enquêteurs sur le terrain, négociants et voyageurs, ainsi que l'armée des capucins orchestrée par le père Joseph. Consécration suprême : par édit du 20 octobre 1626, Richelieu est fait « grand maître, chef et surintendant général de la navigation et du commerce de France » ; il récupère ainsi les fonctions et les appointements d'amiral, à l'exception du commandement des armées navales que le roi se réserve pour les conférer à qui bon lui semble. C'est une occasion supplémentaire d'affirmer sa maîtrise sur tous les éléments et de célébrer son universel génie, ce à quoi s'emploie à l'intention du bon peuple le *Mercure français* : « Monsieur le cardinal a un esprit plein de merveilles, par lesquelles il a opéré des choses si grandes et tant universelles et surhumaines que, si nous ne connaissions son corps mortel et caduque, né, nourri et élevé parmi nous et comme nous, nous serions obligés de croire que ç'a été un corps emprunté par le fort Ange figuré en l'Apocalypse, tenant un pied sur la mer et l'autre sur la terre, descendu et envoyé du ciel pour manifester la volonté et la puissance de son maître [2]… »

Mais pendant que le surhomme travaille à ajouter les affaires maritimes à ses attributions, dépouillant au passage un certain nombre de Grands, ceux-ci ont repris leurs habitudes d'insubordination et ouvert un nouveau front à l'intérieur du royaume, menaçant directement sa personne et sa position.

---

1. Fils du gouverneur de Loudun, chevalier de Malte, chef d'escadre des vaisseaux du roi et vice-amiral. Il se distinguera contre La Rochelle, ainsi que par cinq expéditions sur les côtes marocaines (1619-1631). Il est ensuite lieutenant général et vice-roi de la Nouvelle-France où il meurt en 1636.

2. *Mercure français*, XIX, 1636, p. 29.

3

La conspiration de Chalais

Considéré comme le temps de l'inexorable affirmation de l'État moderne[1], le ministériat de Richelieu se caractérise également, au jour le jour, par la persistance d'une opposition larvée qui a, à de multiples reprises, menacé dangereusement jusqu'à la vie de notre cardinal. Aujourd'hui, on aurait en effet volontiers tendance à rejeter dans la « petite » histoire de nombreux épisodes considérés comme de simples et mineures intrigues de palais ou d'alcôve ; or une maladie, un caprice, un scrupule du roi, une cabale, un ragot colporté, une calomnie pouvaient non seulement mettre en échec les plus subtiles combinaisons politiques, mais aussi être affaire de vie ou de mort.

Le ministre doit ainsi consacrer une bonne part de son énergie à surveiller et à contrôler l'insubordination ordinaire du petit monde de la cour, avant même de songer à reprendre en main le royaume et à mener une politique étrangère active. Si l'on veut comprendre la hiérarchie subjective des problèmes qui se posent simultanément à lui, cette différence d'échelle ne doit jamais être perdue de vue. Le personnage surhumain de la légende historiographique s'estompe alors, tandis que se révèle l'humanité de Richelieu, lequel a ses faiblesses et ses défauts, ses mesquineries et sa vanité. Un homme qui n'hésite pas à recourir avec acharnement à des méthodes de basse police pour parvenir à ses fins, et ne se refuse que rarement la satisfaction d'imposer le silence à ses opposants et de châtier toute critique de sa personne. On ne peut guère, dans ces conditions, distinguer une « petite » et une « grande » histoire, tant

1. M. Fogel, *L'État dans la France moderne de la fin du XVᵉ au début du XVIIIᵉ siècle*, Paris, 1992. – J.-M. Constant, *Naissance des États modernes*, Paris, 2000.

les deux domaines se superposent et s'interpénètrent pour former son quotidien.

La double paix qui venait d'être conclue, tant avec l'Espagne qu'avec les protestants, bien qu'elle ne satisfît véritablement personne, semblait ouvrir une période d'accalmie et permettre d'envisager les affaires intérieures avec plus de sérénité. En mai 1625, Richelieu avait ainsi affirmé avec un optimisme satisfait : « des Grands, il n'y a rien à craindre maintenant »... Et pourtant, voilà que, dès l'année suivante, il recueille l'écho de très inquiétants bruits de mécontentement et de révolte.

De longue date, et d'expérience, il sait que la famille royale constitue un foyer d'intrigues et de dissensions au plus haut de l'État. Ses membres sont d'autant plus indociles qu'ils sont à l'abri de toute sanction véritable. Disons-le tout net : jamais Richelieu, qui travaillera à l'universelle réduction à l'obéissance, ne parviendra à convaincre les membres de la famille royale de placer l'intérêt de l'État au-dessus de leurs divisions.

Mais présentons, par ordre d'entrée en scène, les principaux acteurs du drame qui va se jouer : outre la reine mère, Marie de Médicis, dont nous avons déjà parlé et pour qui l'accession de son protégé aux affaires constitue un nouvel apogée de son influence politique, il y a la reine, Anne d'Autriche ; la duchesse de Chevreuse ; Gaston, frère du roi ; Mlle de Montpensier ; le maréchal d'Ornano ; enfin, celui qui laissera pour la postérité son nom à cette affaire, le comte de Chalais.

À côté de sa mère, il est, auprès de Louis XIII, une seconde reine, la reine régnante, sa femme, Anne d'Autriche, qui se trouve au centre d'un foyer d'intrigues. Les deux époux ont été mariés par pure politique, et les relations entre eux n'ont rien de chaleureux. La reine de France demeure une Espagnole et son entourage déplaît au roi qui, de surcroît, voit d'un très mauvais œil les passions qu'elle provoque ; de l'amour, Louis ne connaît finalement que la jalousie. Les informations relatives à l'état de leurs relations et à la naissance d'un héritier nourrissent les correspondances diplomatiques, car il y a là une affaire d'État – rien de moins que la condition nécessaire à la stabilité et à la solidité du pouvoir du roi. Entre 1619 et 1622, les deux époux se rapprochent. Les femmes espagnoles de la reine sont congédiées, et le mariage est consommé. Mais Anne d'Autriche fait une fausse couche, après s'être imprudemment livrée à des glissades dans les galeries du Louvre, ce qui ne manque pas d'exaspérer le roi. Marie de Médicis se charge du reste d'attiser la discorde entre les époux, peu disposée qu'elle est à laisser la place à la reine régnante. Aussi Anne d'Autriche n'est-elle guère encline à regarder avec bienveillance le protégé de sa belle-mère, en dépit des ouvertures que celui-ci tente en sa direction ; elle voit en Richelieu quelqu'un qui la dessert auprès de son mari et qui pratique une politique de plus en plus anti-espagnole. Cette antipathie est attisée par la surintendante de sa maison, la fameuse duchesse de Chevreuse, mauvais génie qu'aucune intrigue n'effraie, et qui y entraîne son amie la reine, la mettant au service de ses fins et rancœurs personnelles.

Or « la Chevrette » développe pour le cardinal la plus passionnée et la plus efficace des haines. Cette Marie de Rohan-Montbazon, veuve de Luynes, devenue duchesse de Chevreuse par son remariage avec Claude de Lorraine, second fils d'Henri de Guise dit le Balafré, aux charmes de qui le roi lui-même s'est révélé sensible, est une intime de la reine Anne d'Autriche ; dame d'honneur, c'est elle qui a présidé à l'intrigue Buckingham. « Grandes, chez elle, sont la grâce et la beauté, plus grande encore la frivolité, mais tout est dominé par son esprit et, plus haut encore, trône une incommensurable ambition. Son raisonnement est clair, sa tête solide et sûre, son charme constant ; dépourvue de tout scrupule mais non d'idées politiques, elle n'est jamais à court de stratagème, disposant toujours de cent moyens pour sortir d'embarras. Nul revers ne saurait briser sa spontanéité ni son énergie… » Tel est le séduisant portrait qu'en brosse Saint-Simon. Rentrée d'Angleterre, elle incarne toutes les énergies des conjurations présentes et à venir, tout ce que le cardinal ne peut tolérer en aucun domaine. Son rang, son caractère d'aventurière, sa révolte permanente, sa vie sentimentale font qu'elle réunit en sa personne tout ce qu'il craint chez les femmes et tout ce qu'il veut éliminer du royaume : le désordre et le triomphe des passions sur la raison.

Toutefois, celui qui fait figure de possible rassembleur des oppositions nobiliaires, c'est Gaston (alors duc d'Anjou), le frère cadet du roi et l'héritier présomptif de la couronne en l'absence de ce dauphin tant attendu. « Monsieur » – c'est ainsi qu'on le désigne – est la grâce même, comparé à son triste frère ; les mains dans les poches, il pirouette sans cesse sur ses talons, sifflote, laisse derrière lui un sillage parfumé de frangipane. Simple et familier, cet enfant gâté, le préféré de sa mère, est plus cultivé et artiste que son aîné (en lui se prolonge l'héritage des Médicis). Il est, au demeurant, inconstant, timoré et vaniteux, traître à ses partisans et sûr de sa propre impunité. « Sa trop facile Altesse » (ainsi l'appelle Richelieu) s'entend bien avec sa belle-sœur et s'est lié d'amitié avec la duchesse de Chevreuse. Ses options politiques sont aux antipodes de celles de Richelieu : comme les Grands du royaume, il s'insurge contre l'encadrement nouveau de l'État que veut imposer le cardinal dont, au quotidien, Gaston ne peut supporter l'autoritarisme. Jamais il n'admettra la légitimité de cet intrus qui s'interpose entre le roi et lui, qui méconnaît sa naissance et prétend l'évincer de la scène politique ; entre eux, ce sera un contentieux permanent. Au moment de la liquidation de l'affaire Cinq-Mars, à la fin de sa vie, Richelieu comparera le prince, gravement impliqué, qui, pour rentrer en grâce, proteste hautement de l'estime qu'il a pour lui, à « une femme coquette que le mari a surprise en flagrant délit : elle lui proteste qu'elle l'aime, qu'elle l'a toujours aimé, qu'elle a un dernier respect pour sa personne, qu'elle est ravie de sa présence, et il voit son ruffian à son côté [1] ».

Gaston a pour lors atteint l'âge de dix-huit ans, et la question brûlante de son mariage se pose avec insistance. Les mauvaises relations entre Louis XIII et Anne d'Autriche laissent planer un doute grandissant sur la naissance d'un héritier ; il faut donc marier le cadet pour assurer, quoi qu'il arrive, la succession et la perpétuité de la dynastie. L'affaire est sérieuse : père et héritier du trône, Gaston serait presque roi. Mieux même, il arrive à la Chevreuse d'émettre l'idée que si la reine était, ce qu'à Dieu ne plaise, veuve, elle pourrait bien épouser Gaston. L'affaire Buckingham a accru le ressentiment de ces dames contre le roi et son ministre : pourquoi ne pas hâter la disparition du premier, ou, à tout le moins, ne pas se débarrasser du second ? On le voit, pour Richelieu, se prononcer sur l'éventuel mariage de Monsieur, c'est prendre une option sur son propre avenir politique.

Pour Monsieur, Henri IV avait jeté son dévolu sur Mlle de Montpensier : princesse de sang, fille d'Henri de Bourbon, duc de Montpensier, et d'Henriette Catherine de Joyeuse, remariée à Charles de Lorraine, duc de Guise, c'est l'une des plus riches héritières du royaume. On n'en finirait pas d'énumérer ses titres : princesse souveraine des Dombes, duchesse de Montpensier, de Saint-Fargeau, de Châtellerault, dauphine d'Auvergne, princesse de La Roche-sur-Yon, marquise de Mézières, baronne de Beaujolais, comtesse de Bar-sur-Seine et Mortain, vicomtesse d'Auge, de Bresse, de Domfront, dame de Champigny-sur-Veude, de Cambrailles et de Montaigu... Mlle de Montpensier est alors fort courtisée par le comte de Soissons (Louis de Bourbon), qui, forcé de renoncer à Henriette de France, mariée au roi d'Angleterre, convoite maintenant, sans plus de succès, ce glorieux parti. Après de longues hésitations, et bien que peu soucieux de renforcer la position de Gaston en l'alliant indirectement aux Guise, Richelieu et

---

1. N. Goulas, *Mémoires*, I, p. 390.

Louis XIII, ainsi que Marie de Médicis, se déclarent en faveur du projet. L'annonce du mariage est même rendue publique, mais Monsieur refuse net. C'est une aubaine pour l'entourage d'Anne d'Autriche, qui se met dès lors en tête d'empêcher cette union, car elle ne se soucie guère de soutenir une belle-sœur peut-être plus féconde qu'elle : si Louis XIII disparaissait, pourquoi en effet ne pas songer alors à épouser le nouveau roi ?

Un hétéroclite parti de « l'aversion au mariage » se forme alors, qui regroupe tous les mécontents du cardinal, Gaston en tête. Le frère du roi n'a aucune attirance pour Mlle de Montpensier, et se dit qu'il peut prétendre à une alliance plus glorieuse avec une puissance étrangère, à moins que, le triste roi valétudinaire disparaissant, sa belle-sœur et le royaume ne s'offrent à lui. Et ses proches d'intriguer : Jean-Baptiste d'Ornano, l'influent précepteur de Monsieur, acquis à la cause par l'entourage d'Anne d'Autriche ; Déageant, une vieille connaissance ; Puylaurens et Modène, ses favoris…

S'associent au complot des habitués des révoltes nobiliaires : les fils naturels d'Henri IV, César, duc de Vendôme, et son frère Alexandre, le Grand prieur[1], forts de leur implantation en Bretagne ; le comte de Soissons, soupirant dépité de Mlle de Montpensier ; Mme de Chevreuse, bien entendu, héritière complaisante de toutes les rancunes des Guise et des Luynes ; jusqu'à certains membres de la maison du roi, dont le maître de la garde-robe Chalais, soupirant quant à lui pour les beaux yeux de la Chevreuse ; les Condé, qui ne sont pas désireux de voir la couronne s'éloigner ; les Longueville ; les protestants, enfin, qui voient là une occasion supplémentaire de mécontentement en dépit de la paix signée en février.

Mme de Chevreuse s'emploie avec talent à attiser les rancœurs, à commencer par celles d'Ornano. Ce dernier se laisse persuader d'encourager l'opposition au mariage de son élève. Richelieu cherche lui aussi à se le concilier, et le fait d'ailleurs maréchal en 1626. Mais cette flatteuse promotion ne le détourne pas des intrigues. Dans un premier temps, Ornano réclame l'entrée au Conseil pour Gaston, ainsi que pour lui-même, et se voit déjà tenir le rôle du mentor, glorieux mais modeste, debout derrière le prince. Par la suite, quand l'affaire se précise, il multiplie les contacts avec les autres rebelles afin d'éloigner l'héritier de la cour ; il faut trouver pour lui un refuge en province, depuis lequel on communiquera avec

---

1. De sept et trois ans plus âgés que leur demi-frère Louis XIII, César, duc de Vendôme, gouverneur de Bretagne, et son frère Alexandre, chevalier de Malte, Grand prieur de France, étaient fils d'Henri IV et de Gabrielle d'Estrées.

l'étranger : l'Espagne, l'Angleterre et les Hollandais, tous mécontents de la politique étrangère de Richelieu. Monsieur, établi alors dans une place de la frontière, fort du soutien des conjurés et des puissances extérieures, imposerait au roi ses conditions, refusant le mariage avec l'héritière des Bourbon-Montpensier. Le but de l'opération est de soulever Paris, d'obtenir de Louis XIII la disgrâce, ou, mieux encore, la tête du cardinal, voire de remplacer Louis XIII par son frère – ce à quoi Anne d'Autriche démentira toujours avoir souscrit.

Très vite, l'affaire vient à la connaissance du roi ; le sort de Richelieu est entre ses mains et, sans hésitation, il décide d'agir immédiatement : le 4 mai 1626, à dix heures du soir, il fait arrêter Ornano et ses confidents. Le maréchal est emprisonné à Vincennes.

La suite tient du roman de cape et d'épée. Furieux, les conjurés décident d'en finir avec Richelieu. Gaston et quelques seigneurs de son entourage forment le projet de s'inviter à dîner le lendemain au château de Fleury-en-Bière, près de Fontainebleau, où réside le cardinal, et, au cours d'une feinte querelle, de l'assassiner. C'est Chalais qui est désigné pour commettre le meurtre et il s'en ouvre à son oncle, l'honnête chevalier de Malte Achille d'Étampes de Valençay, qui l'oblige à tout révéler sans délai à Richelieu. Ainsi averti du complot qui se trame contre sa vie, celui-ci a le temps de faire prévenir le roi et de devancer les conjurés en n'hésitant pas à les défier. Il se rend en personne à Fontainebleau, auprès de Monsieur ; à son lever, il présente sa chemise au prince, muet de stupéfaction, lui reprochant avec une courtoisie lourde de menace – mais aussi avec un courage certain – de ne l'avoir point prévenu de son projet de se rendre chez lui ; puis il rejoint le roi, avant de s'installer dans son château de Limours. Pour lors, il a été sauvé par Chalais, à qui il a même promis le commandement de la cavalerie légère que le jeune homme convoite.

Or celui-ci est dangereux : petit-fils du célèbre maréchal de Montluc, âgé de vingt-sept ans, Henri de Talleyrand-Périgord, comte de Chalais, maître de la garde-robe royale et brillant gentilhomme, est notamment célèbre par un exploit qui n'a guère plu au cardinal : il a tué en duel le comte de Pontgibaud, bretteur fameux. De plus, il a accès, par ses fonctions, à la personne du roi et peut faire figure de favori manipulé par l'omniprésente duchesse de Chevreuse, pour laquelle il éprouve une aveugle fascination…

Contre Gaston et ses complices, le cardinal ne peut agir directement : il en est réduit au pouvoir de mots bien choisis, susceptibles de jeter l'alarme dans les esprits. Tel était l'objet de son apparition inopinée au lever du prince, destinée à faire perdre à ce dernier sa superbe. Mais la contre-offensive ne peut en rester là.

Dans un second temps, Richelieu se pose en effet comme arbitre et conciliateur de la famille royale ; il reçoit Monsieur chez lui, à Limours, le 31 mai, et rédige de sa main excuses et promesses, auxquelles Gaston souscrit ; mieux, il fait signer au roi, à la reine mère et à Gaston, le même jour, un serment de paix perpétuelle.

Exactement au même moment, il entreprend de rallier à lui le prince de Condé. Le roi et la reine mère acceptent d'être parrain et marraine de son fils, le duc d'Enghien ; le prince fait allégeance à Richelieu, moyennant quoi il ne s'élève pas contre l'arrestation d'Ornano et se range à la politique du roi et du cardinal. La liquidation du complot passe ensuite par celle des deux demi-frères du roi, les Vendôme, attirés à Blois où s'est rendu le roi, et arrêtés le 13 juin 1626 à l'initiative de ce dernier. Richelieu, malade une fois encore, est demeuré à Limours.

Quand il rejoint la cour à Blois, il ne reste désormais que des conjurés de second ordre, essentiellement le couple Chalais-Chevreuse. Ceux-ci continuent néanmoins leurs intrigues envers et contre tout, persuadant Gaston de revenir sur ses engagements et de refuser à nouveau le mariage. Richelieu, qui les fait surveiller de très près, informe méthodiquement le roi. Le 8 juillet 1626, Chalais est arrêté au château de Nantes où est la cour. Il est aussitôt lâché par Gaston qui tourne casaque, raconte tout du complot ourdi autour de lui et consent au fructueux mariage. Ses aveux, obtenus au cours de plusieurs interrogatoires, sont mis par écrit sous le titre « Diverses choses que Monsieur a avoué [*sic*] au Roi », et signés des assistants. Au comble de la fortune et de l'inconséquence, il charge Chalais, Ornano, Vendôme, Anne d'Autriche même, et ne songe pas un instant à négocier des garanties pour les prisonniers, Ornano et Chalais… Selon le mot de Michelet, Richelieu « l'étouffe dans l'or » pour prix de sa trahison, en lui offrant un alléchant apanage – les duchés d'Orléans et de Chartres, le comté de Blois, ainsi qu'une très confortable pension annuelle pour l'entretien de sa maison ; d'Anjou, Gaston devient alors d'Orléans.

Richelieu se transforme enfin en prélat officiant pour conclure l'affaire, à la manière d'un véritable « coup d'État » : il célèbre le mariage à Nantes le 5 août dans un climat familial lugubre. Dans son sermon du 15 août prononcé devant la cour, il retrouve, à l'intention de Monsieur, les accents du commentateur du quatrième commandement qu'il a naguère été à Luçon en se livrant à ce rappel de l'autorité du roi : « En même temps que Dieu s'unit dans le ciel à celle qui est […] sa mère et sa fille tout ensemble, au même temps vous unit-il en terre et votre mère et celui que vous traitez comme votre fils, fils qui vous doit aimer, respecter et craindre toute sa vie, non seulement comme son vrai roi, mais comme son vrai père et qui ne peut faire autrement sans avoir lieu d'appréhender une seconde descente du grand Dieu sur sa personne, non en manne comme celle d'aujourd'hui, mais en feu et en tonnerre [1]. » L'épisode de l'aversion au mariage trouvera peu après sa festive conclusion avec la somptueuse réception que le cardinal tiendra à donner, dans sa propre résidence de Limours, à Gaston et à sa femme rentrant à Paris.

La clémence forcée dont bénéficient les membres de la famille royale oblige à sévir d'autant plus contre les comparses. Désormais Chalais est pris au piège, car les autres conjurés sont trop haut placés ou ont trop d'appuis ; plus manipulé que coupable, il est le seul à pouvoir être poursuivi et doit l'être pour servir d'exemple. Condamner Chalais, c'est frapper Gaston sans atteindre directement le prince. Son procès est confié à une chambre de justice criminelle, juridiction d'exception composée de maîtres des requêtes du Conseil et de conseillers du parlement de Rennes, avec pour président le garde des Sceaux (parmi ses juges on trouve Marillac ainsi que François Fouquet, le père de Nicolas). Accusé de haute trahison et de lèse-majesté, Chalais ne pouvait dès lors échapper au supplice. Richelieu se joue de lui comme un chat d'une souris : il enveloppe le prisonnier de propos rassurants, puis l'accable après avoir cyniquement usé de sa passion déçue pour la duchesse de Chevreuse. Le 18 août, Chalais est déclaré « atteint et convaincu du crime de lèse-majesté, pour réparation duquel il est condamné à avoir la tête tranchée en la place du Bouffau à Nantes, sa tête mise au bout d'une pique sur la porte de Sauvetout, son corps mis en quatre quartiers, chaque quartier attaché à des potences aux quatre principales avenues de la ville et, auparavant l'exécution, mis à la torture, tous ses biens confisqués, sa postérité déchue de noblesse ». Louis XIII lui remet toutes les peines, hormis la mort. Son exécution, le 19 août, se transforme en une hallucinante scène de boucherie : la famille de Chalais ayant fait disparaître le bourreau, celui-ci est remplacé par un condamné à mort qui s'y reprend à trente-six fois pour détacher la tête du corps à l'aide d'une doloire (hache) de tonnelier…

La sauvagerie de cette exemplaire exécution démontre ce que rapporteraient désormais l'infidélité et la révolte ! Reste Ornano, qui meurt fort opportunément le 2 septembre – le bruit court qu'il a été assassiné. Soissons, Longueville, Épernon et La Valette, mis en

---

1. Cité dans G. Hanotaux et duc de La Force, *Histoire du cardinal de Richelieu*, III, p. 86-87.

cause dans le procès, ne seront pas inquiétés. Les deux Vendôme sont à leur tour emprisonnés à Vincennes ; Alexandre, le grand prieur, y mourra en 1629 ; César, le duc, n'en sortira qu'en 1630. La Chevreuse, duchesse et épouse d'un pair, n'est guère susceptible d'être efficacement déférée devant la justice ; d'ailleurs, elle est déjà prudemment passée en Lorraine. Soissons, quant à lui, a pris la direction de l'Italie.

Le 10 septembre, Anne d'Autriche est appelée par le roi au Conseil en présence de Marie de Médicis ; la reine régnante subit la lecture des aveux de Chalais, qui la mettent expressément en cause, et doit s'expliquer. À Louis XIII, qui l'accuse d'avoir souhaité sa mort pour épouser Gaston, elle répond qu'« elle aurait trop peu gagné au change pour vouloir se noircir d'un crime pour un si petit intérêt », puis fait acte de soumission ; Marie de Médicis l'engage alors « à vivre comme les autres reines de France avaient vécu », et le roi veut bien pardonner, tout au moins formellement, en faisant détruire les documents impliquant une épouse à l'égard de laquelle sa défiance demeure intacte...

L'exécution de Chalais, un Talleyrand, fleuron de la noblesse française, est un véritable signe de temps nouveaux, autoritaires et inflexibles dans le châtiment des rebelles à la souveraineté royale, contre laquelle les nobles s'insurgent dès lors vainement. C'est aussi une source à laquelle va s'alimenter la réputation sanglante du cardinal, qui s'en justifiera en ces termes : « En matière de crime d'État, il faut fermer la porte à la pitié, mépriser les plaintes des personnes intéressées et les discours d'une populace ignorante qui blâme quelquefois ce qui lui est le plus utile et souvent tout à fait nécessaire [...] et il ne faut rien oublier de ce qui peut avancer l'exécution de celles qu'on a résolues avec raison [1]. » En fait, l'heure est pour lui au réalisme davantage qu'aux grands principes : la cruauté lui est nécessaire pour affirmer un pouvoir encore fragile, pour démontrer au roi qu'il n'est plus l'homme de sa mère, mais bien sa fidèle créature, celle qui accepte de se salir les mains, de faire en quelque sorte le ménage pour lui, et qui affirme son autorité en tous lieux : au Conseil, au sein de sa famille, face aux Grands.

Sonnant le glas des illusions nobiliaires, l'épisode montre encore le comportement romanesque de certains de ses acteurs féminins, et illustre les difficultés que connaît et connaîtra Richelieu avec ces opposantes indomptables. Il incite à explorer plus avant la nature de

1. *Testament politique*, p. 260.

ces relations difficiles auxquelles la légende de Richelieu a donné une publicité que dément l'érudition.

Cette question, celle de Richelieu et des femmes, a été posée avec une insistante et conventionnelle malveillance, laquelle s'est notamment appuyée sur la célèbre phrase de Tallemant – « Richelieu aimait les femmes et craignait le roi qui était médisant [1] ». Maximin Deloche, qui n'a pas hésité à consacrer un très érudit ouvrage à ce thème, constate que « l'existence tout entière du cardinal de Richelieu a été dominée par les femmes. Son caractère, sa formation, sa vie politique en sont imprégnés. C'est dans la femme qu'il a puisé son essence ; c'est elle qui explique un côté de son génie, une partie de son succès [2] ». La question est en effet particulièrement problématique sur le plan politique. Faisons d'abord la part des ragots. Les pamphlétaires contemporains lui ont prêté des intrigues amoureuses avec Marie de Médicis (Tallemant susurre qu'« on a fort médit du cardinal de Richelieu qui était bel homme avec la reine mère »), avec Anne d'Autriche, qui lui aurait opposé un cuisant désintérêt, et, bien sûr, avec Marie de Chevreuse, voire encore avec sa propre nièce (Tallemant encore : « On a fort médit de son oncle et d'elle… »). Se profile enfin la courtisane Marion Delorme, à laquelle il n'aurait pas été insensible… Mais l'homme Richelieu n'est ni Retz, ni Mazarin, pas davantage un Bernis avant l'heure. La réalité nous contraint à renoncer à corroborer ces multiples aventures galantes, et nous pousse, à l'inverse, à insister sur la continuité d'une influence féminine.

Les femmes, qui ont été l'entourage exclusif de son enfance, sont ensuite pour lui des amies fidèles (Mme Bouthillier, sa « femme de confiance » ; la duchesse d'Aiguillon, sa nièce adorante et tendrement aimée), mais aussi des ennemies féroces (la duchesse de Chevreuse). Son attitude à leur endroit est complexe et se rapporte à la fois à sa personnalité et à sa formation. N'oublions pas que, comme ecclésiastique, il est imprégné par la tradition catholique, centrée sur le refus de la sexualité. Ses traités théologiques véhiculent une vision absolument conventionnelle de la situation de la femme et ne sont même que fort peu adeptes de la dévotion à Marie : vierge dans sa perfection la plus grande, soumise à son mari pour l'ordinaire, la femme telle qu'elle y apparaît porte avec elle l'idée d'impureté liée à son sexe. C'est sans doute pourquoi les femmes sont ressenties comme dangereuses. On dirait que le cardinal nourrit une profonde crainte à l'égard de la femme réelle et charnelle, intuitive plus que

1. Tallemant, *Historiettes*, I, p. 265.
2. M. Deloche, *Le Cardinal de Richelieu et les Femmes*, Paris, 1931.

raisonnable, devant laquelle il se sent désarmé, maladroit et si mal
inspiré qu'on se moquait de ses mines affectées lorsqu'il lui arrivait
d'être enclin à quelque engouement plus ou moins simulé. De là
certainement aussi son incapacité constante dès qu'il s'agit de
contrôler les affections du roi – féminines comme masculines –, un
domaine qui n'est vraiment pas le sien, et qui ne sera pas loin, avec
Cinq-Mars, de lui être fatal.

Mais la personnalité de Richelieu n'est pas, ainsi qu'on l'a vu,
exempte de féminité ; elle juxtapose imprégnation féminine et refus
de la féminité, sensibilité exacerbée, sexualité refoulée et exaltation
intellectuelle de la raison. Ce culte de la raison visait d'ailleurs, probablement, à surmonter ce qu'il percevait comme un désordre de sa
propre personnalité : la raison s'oppose aux passions comme
l'homme à la femme, comme la lumière à l'ombre, et il lui faut
combattre les forces du désordre et des ténèbres, sa part de féminité,
pour faire régner l'ordre rationnel et la mâle vertu.

Dans son entourage féminin, on trouve la même antinomie : à la
duchesse de Chevreuse, qui représente, comme on l'a noté, tout ce
que Richelieu craint et réprouve – la séduction et la passion, le
désordre et la révolte, en un mot l'irrationnel –, s'oppose « la personne la plus aimée », sa nièce, la duchesse d'Aiguillon, avec
laquelle il entretient une connivence d'ordre intellectuel et partage
une négation de la sexualité, transmuée, pour chacun selon sa condition, en ambition.

Madeleine de Vignerot, veuve, on l'a vu, à dix-huit ans du neveu
de Luynes, avait alors songé à entrer au Carmel, mais son oncle en a
fait la dame d'atours de Marie de Médicis. Sa vie est désormais
inséparable de celle du cardinal (on l'appelle « princesse nièce ») ;
pourvue du titre de duchesse d'Aiguillon, elle partage avec son
oncle, dont elle dirige la maison (une cohabitation qui fait jaser, tout
comme son amitié exclusive et équivoque avec Mme du Vigean[1]) et
dont elle aura ensuite à gérer la succession, un goût du pouvoir
auquel son sexe lui interdit d'accéder directement. Auprès de lui,
elle remplit les fonctions d'une sorte de ministre officieux de la charité, distribuant aumônes et secours, et ne ménageant pas son soutien aux œuvres et missions de la réforme catholique en vogue. Les
contemporains la décrivent comme cachant sous le masque de la
modestie et de la dévotion son ambition inassouvie, à laquelle les
projets matrimoniaux les plus brillants ou les plus fous élaborés par

---

1. Anne de Neufbourg, épouse de François Pussart, sieur de Vigean. *La Milliade*
appelle Mme d'Aiguillon : « L'Hermaphrodite volontaire / L'amante et l'amant de
Vigean. »

son oncle, et visant à la faire entrer dans la famille royale, ne donne-ront jamais satisfaction. Ajoutons à ce portrait une touche de précio-sité – la dame est un des piliers de l'hôtel de Rambouillet –, qui habille cocassement sa fierté et son habileté manœuvrière de dis-cours patelins et affectés...

Mais le plus important reste qu'en affirmant la nécessité, en matière d'affaires d'État, d'une « vertu mâle », le cardinal n'aura de cesse de mettre fin à l'influence politique des femmes en un temps où celle-ci était grande (pensons simplement à l'importance qu'eurent alors les reines régentes) : « La science d'une femme doit consister en modestie et retenue. Celles-là doivent être dites plus habiles qui ont le plus de jugement. Je n'en ai jamais vu de fort let-trée qui n'ait tiré beaucoup d'imperfection de sa grande connais-sance. Et il est vrai de dire qu'ainsi que les hommes emploient leur capacité à bien, les femmes l'emploient à mal [1]. » Et, ce faisant, il réussit à exclure durablement la femme de l'imaginaire politique, en s'imposant lui-même, pour la postérité, comme l'archétype de « l'homme d'État »...

---

1. *Maximes d'État et fragments politiques du cardinal de Richelieu*, publiés par G. Hanotaux, Paris, 1880, p. 771.

4

L'homme à abattre

Durant ces premières années de pouvoir, Richelieu séjourne le plus souvent à proximité immédiate de son souverain, à Compiègne d'abord, puis entre Saint-Germain et Paris essentiellement. À sa suite, il se rend à Nantes, *via* Blois et Tours, à l'occasion de la liquidation de l'affaire Chalais. Dans le même temps, il met en place les premières manifestations de sa politique de splendeur immobilière. En 1621, il a racheté la terre familiale de Richelieu aux héritiers d'Henri. En 1623, il vend la propriété familiale d'Ansac en Angoumois pour faire ce qu'il déclare être « une folie » : acheter, grâce aux libéralités de Marie de Médicis, le château de Limours au sud-ouest de Paris, lequel avait appartenu à Diane de Poitiers. Il embellit considérablement le bâtiment, notamment en le dotant d'une galerie de portraits de princes et de grands seigneurs dominée par les représentations du roi et de la reine ; il fait aménager les jardins qu'il peuple de statues et de fontaines. En outre, en 1624, il prend en location le château de Fleury-en-Bière où il fait de fréquents séjours, notamment quand la cour est à Fontainebleau.

À Paris même – où jusque-là il louait une maison sise rue des Mauvaises-Paroles, paroisse de Saint-Germain-l'Auxerrois –, il acquiert, toujours en 1624, à son arrivée aux affaires, l'hôtel d'Angennes ou de Rambouillet, rue Saint-Honoré, à proximité du Louvre, une maison moyenne dont il s'attachera bientôt à faire un palais : le « Palais-Cardinal ». En 1627, Marie de Médicis lui fait don de l'hôtel de François de Luxembourg, dit « Petit-Luxembourg », à côté du palais qu'elle s'est fait aménager.

Enfin, à partir de 1628, il lui faut travailler à arrondir ses domaines poitevins pour les mettre en état d'être érigés en duché-pairie[1]. L'accession à cette dignité en 1631 le fera entrer dans le cercle très fermé – une centaine de familles – de ceux qui tiennent le premier rang dans l'État (son *alter ego* espagnol, Olivarès, est quant à lui fait grand d'Espagne et duc de Sanlucar en 1625), et constituera la sanction éclatante de l'affermissement de sa position à la cour : comme duc et pair, il prend place immédiatement après les princes du sang… L'année suivante, quand une nouvelle promotion dans l'ordre du Saint-Esprit vient récompenser la loyauté au roi, elle comprend Richelieu et le cardinal de La Valette qui ont le privilège insigne de recevoir debout le cordon bleu, le 14 mai 1632, à Fontainebleau. À cette occasion, Richelieu est encore plus particulièrement distingué, qui reçoit du roi deux témoignages de faveur : Louis XIII envoie savoir s'il désire être promu avant ou après les vêpres ; puis, au festin de la Pentecôte auquel étaient traités les nouveaux promus, le souverain envoie à son ministre deux ou trois plats de chaque service de sa table et, à la fin, un rocher de confitures d'où jaillit une fontaine d'eau de Naphe[2] : le royal présent arrose tous ceux qui sont auprès de son destinataire…

Dans le même temps, le cardinal entend laver sa famille de tout soupçon d'obscurité, en prouver l'ancienneté et en manifester les illustres alliances par une histoire à caractère généalogique avec la publication, précisément en 1631, de l'*Histoire généalogique de la maison du Plessis de Richelieu justifiée par titres, histoire et autres bonnes preuves* due à André Duchesne, qui lui donnera comme plus ancien aïeul un certain Guillaume du Plessis, « varlet » en 1201 et seigneur du Plessis, de Breux et de La Vervollière. En outre, Anne Le Roy, arrière-grand-mère de Richelieu, y figure comme arrière-petite-fille de Jeanne de Dreux, descendante de Robert de Dreux, le fils de Louis VI le Gros. Du sang royal coulerait donc dans les veines du cardinal…

C'est que montrer et se montrer, en un mot soigner son image, est chose essentielle sur cette scène publique où vit maintenant Richelieu. Les incessantes intrigues de Mme de Chevreuse, la tentative de séduction de la reine par Buckingham, l'irruption risquée de Richelieu au lever de Gaston, la scène dramatique de l'exécution de Chalais montrent à quel point le théâtre peut envahir la vie ; les hommes politiques sont des acteurs dont on observe tout aussi minutieusement l'apparence qu'on lit attentivement leurs manifestes. C'est un spectacle baroque où le geste accompagne le mot, où le naturel s'efface devant le contraint, où l'on s'adresse à l'affectif : on com-

---

1. H. de Chizeray, *Le Cardinal de Richelieu et son duché-pairie*, Paris, 1961.
2. Eau de fleur d'oranger.

pose son visage, on fait bonne figure, on feint la franchise, l'amitié pour abuser l'adversaire, on affecte la modestie, on pleure en cas de besoin… Bref, politique, théâtre et sentiment ont partie liée, et Richelieu y participe, tout comme il y est fort sensible. Son regard se veut d'une autorité sans appel : l'abbé de Saint-Josse, secrétaire et chroniqueur de l'Assemblée du clergé de 1635, note en ces termes l'échec de toute tentative des délégués de l'ordre ecclésiastique d'obtenir une modération de ses exigences financières : « Quelque résolution qu'ils eussent prise de parler hautement et courageusement au cardinal, un regard de ses yeux les a abattus. » Le charme de sa parole opère indiscutablement sur ses auditeurs ; il sait agréablement manier l'ironie, se faire séducteur ou tranchant ; d'un « serviteur très humble », à la fois sec et courtois, il met fin aux entretiens importuns, tout comme il se concilie par sa courtoisie jusqu'à ses adversaires. Écoutons Goulas, le familier de Gaston d'Orléans, reconnaître sans ambages « qu'encore que M. le cardinal de Richelieu nous eût toujours strapazzés [maltraités], je ne me pouvais empêcher de l'admirer et de le croire la merveille du siècle ». En effet, le recevant pour lui remettre une lettre à l'intention de son maître, le cardinal déploie tout son charme : « Il me fit l'honneur de me parler quelque temps, me prenant par la main pour me tirer à la ruelle du lit ; il me fit plusieurs questions touchant les divertissements de Monseigneur, et plus sans doute pour me gratifier que pour s'instruire de ce qui se passait à notre cour, dont il était bien averti ; enfin, m'ayant donné sa lettre qu'il tenait, il me dit d'assurer Monseigneur de son très humble service, et ajouta : "Et en votre particulier, Monsieur, soyez certain que je vous servirai de ce qui me sera possible"[1]… » Comment ne pas être conquis ? Goulas quitte la place « tout parfumé de ses bontés et amoureux de son mérite ».

Mais Son Éminence est versatile et chatouilleuse ; avec elle, il faut savoir saisir sa chance, attendre le moment favorable et lui laisser le privilège de la décision, car « il y a des heures où le cardinal de Richelieu supporte toute chose, d'autres où il s'offense de tout. Il faut négocier brièvement, car il se lasse vite. Parfois, on peut traiter avec lui vingt affaires en une heure, mais il arrive souvent que l'on n'en puisse traiter une seule en vingt jours ; comme il convient s'accommoder à son humeur[2]… ».

Il est au demeurant, et ce n'est pas un hasard, particulièrement sensible à la production théâtrale de son temps. Le théologien qu'il

1. *Mémoires*, I, p. 283.
2. Selon Mazarin, cité par G. Dethan, *Mazarin*, p. 118.

se veut est souvent de plain-pied avec les intrigues, retournements et autres situations fictives dont sont faites les pièces, lesquelles ressemblent fort à la réalité de la cour et à la vie de ses gentilshommes : amour fou, enlèvements, substitutions, déguisements, méprises, coups de théâtre manifestant le « branle éternel » de la fortune... L'intrigue romanesque de *Mirame*, tragi-comédie de Desmarets de Saint-Sorlin, à l'écriture de laquelle Richelieu lui-même aurait participé, et avec laquelle il inaugurera, au ravissement de tous, en 1641, son grand théâtre du Palais-Cardinal, offrira ainsi des similitudes troublantes avec l'affaire Anne d'Autriche-Buckingham [1].

D'ailleurs, en ces années 1625-1626, un intense bruit de mots environne le ministre. C'est le début d'une campagne de libelles, une véritable bataille rangée destinée à influencer l'opinion publique, où rivalisent adversaires et partisans de sa politique.

Les premiers ouvrent le feu avec les « Mystères politiques » (*Mysteria politica*) et l'« Admonition au roi » (*Theologi ad Regem Ludovicum XIII admonitio*), pamphlets en latin écrits par deux jésuites étrangers, traduits dans de nombreuses langues et rapidement répandus à travers l'Europe [2]. Tous deux attaquent et condamnent, au nom de la religion, la politique des alliances protestantes menée par Richelieu, et son caractère conciliant à l'égard des hérétiques en général, qui favorisent, sur le plan européen, les ennemis du catholicisme. Ils reprochent en outre à Louis XIII une passivité coupable vis-à-vis de son ministre.

Le retentissement est immense. Pour le comprendre, l'affaire que soulèvent le *Mysteria politica* et l'*Admonitio* mérite d'être replacée dans un cadre plus général. Car ces écrits touchent à des sujets brûlants : en critiquant la politique d'alliances protestantes de Richelieu, ils réactivent la vieille dispute qui oppose partisans de l'autorité du Saint-Siège en matière temporelle et défenseurs de la prétention de la monarchie française à l'indépendance vis-à-vis de cette autorité. À la théorie du droit divin prétendant que le roi reçoit sa puissance directement de Dieu (« par la grâce de Dieu ») et qu'en conséquence il ne dépend de personne, s'oppose en effet de longue date la théorie suivant laquelle le pouvoir parvient au roi par l'intermédiaire de la hiérarchie ecclésiastique, ce qui en fait le subordonné

1. G. Couton, *Richelieu et le théâtre*, Lyon, 1986.
2. D. A. Bailey, *Writers against the Cardinal : a Study of the Pamphlets which Attacked the Person and Policies of Cardinal Richelieu during the Decade 1630-1640*, University of Minnesota, 1972.

du pape ; ainsi est fondé le régime théocratique que la papauté médiévale avait entendu instaurer. Au centre de nombreuses querelles se trouve notamment le pouvoir que s'attribue le pape de déposer les rois, et la licence qui est fournie par ce biais au régicide. Un débat auquel les assassinats successifs d'Henri III et Henri IV ont donné actualité... La controverse rejoint de ce fait la question de la sécurité du prince et alimente, chez nombre de catholiques français, une méfiance envers les systèmes théologiques au service du souverain pontife. Ces catholiques antiromains s'opposent en cela aux dévots, dont le zèle envers Rome a été revigoré par le concile de Trente.

Les relations avec la papauté sont un domaine dans lequel la monarchie française a développé un système d'une incontestable plasticité. C'est au Moyen Âge, avec le conflit entre Boniface VIII et Philippe IV le Bel[1], que sont apparues un certain nombre de maximes dont la systématisation donnera naissance au gallicanisme, doctrine qui met l'accent sur la dimension nationale de l'Église de France par rapport à l'autorité romaine supranationale. Le gallicanisme ne constitue pas, à proprement parler, une troisième voie entre Rome et Genève, puisqu'il s'agit d'une adhésion toujours proclamée au souverain pontife ; il se situe plutôt à mi-chemin de la rupture, consommée par l'Angleterre anglicane, et de la cogestion nationale de l'Église avec Rome pratiquée par la monarchie espagnole. Le roi de France, le Roi Très Chrétien, lieutenant de Dieu sur terre, fils aîné de l'Église, doit se soumettre à Rome en ce qui concerne la foi, mais les clercs lui sont soumis en ce qui concerne la discipline, et Fénelon pourra dire que « dans la pratique, il est beaucoup plus le chef de l'Église que le pape » ; une situation qui n'est pas dépourvue d'avantages pour le pouvoir royal, notamment en matière financière...

Dans le système gallican, le clergé trouve aussi son compte, bénéficiant de privilèges fiscaux dont la défense et la gestion ont donné naissance à une institution spécifique : l'Assemblée du clergé. Ces réunions d'ecclésiastiques, à l'origine destinées à traiter des affaires relatives aux intérêts financiers et administratifs de l'Église de France, en viennent à disposer d'un rôle spirituel et politique de premier ordre. On ne s'étonnera donc pas de les voir s'émouvoir, dès lors que les attaques semblent mettre indirectement en cause leurs prérogatives.

---

1. Ce violent conflit de souveraineté entre pouvoirs spirituel et temporel culmina avec l'« attentat d'Anagni » entrepris par Guillaume de Nogaret, envoyé du roi de France, contre le pape le 7 septembre 1303.

À partir de là, la riposte aux attaques va pouvoir s'organiser sur deux fronts complémentaires : du côté de Richelieu, et du côté des instances cléricales attachées aux privilèges gallicans.

Richelieu est particulièrement prompt à la répartie et bien armé pour ce faire. Comme tout grand personnage, il possède son cercle de courtisans et de littérateurs, lesquels ont mission de l'amuser et de le flatter, mais qui composent aussi des pamphlets destinés à soutenir sa réputation ou sa position, écrivent des traités, versifient pour lui, assurent des fonctions de bibliothécaires. Néanmoins le cardinal porte le système à un remarquable point de perfection : jamais avant lui on n'a organisé une telle équipe. Depuis plusieurs années, il utilise, pour mener une véritable « guerre de propagande », une « académie gazétique » constituée d'hommes de talent et de sensibilités diverses, à la fois polémistes convaincus, mais aussi désireux de s'acquérir pensions et charges [1]. Leur recrutement est très varié : il peut s'agir de polygraphes comme de spécialistes, de théologiens et de juristes, de catholiques ou même de protestants convertis. Parmi ceux-ci se signale un certain Dorval-Langlois, sieur de Fancan, chanoine de Saint-Germain-l'Auxerrois, qui lui avait déjà apporté le secours de sa plume pour critiquer de manière virulente les atermoiements de La Vieuville, et qui contribue maintenant, par ses analyses pénétrantes de la situation européenne, à préparer l'opinion aux alliances protestantes. On distingue également – outre le père Joseph – un juriste, Paul Hay du Chastelet ; un polygraphe, Jean Sirmond ; un fils de ligueur, Mathieu de Morgues ; un protestant converti, Jérémie Ferrier ; en 1631, un autre converti, Théophraste Renaudot, lui apportera le renfort de la presse, en créant sa fameuse *Gazette*. Ces textes polémiques se répondent en cascades bruissant du cliquetis des mots.

Immédiatement, donc, c'est la contre-attaque : le *Miroir du temps passé à l'usage du présent*, dû précisément à Fancan, replace la politique de Richelieu dans une tradition qui la légitime et la justifie ; suivent une *Réponse au sieur de Soubise*, ainsi que *Le Catholique d'État* de Jérémie Ferrier, qui montre du doigt l'Espagne, auquel répond à son tour un *Christianus politicus* en provenance des Pays-Bas, auquel réplique encore un *Avertissement à tous les États de l'Europe, touchant les maximes fondamentales du gouvernement et les desseins des Espagnols*, qui serait du cardinal, toujours sous la signature de Jérémie Ferrier. Suivent encore, du côté des adversaires, *La France au désespoir, Discours au roi sur la paix qu'il a donnée à ses sujets de la RPR, Avis salutaire au roi sur*

---

1. M. Deloche, *Autour de la plume du cardinal de Richelieu*, Paris, 1920.

les affaires présentes, et, en écho à l'exécution de Chalais, un *Discours sur la mort du comte de Chalais à la noblesse de France...* Des quatre coins de l'Europe sourdent ces pamphlets auxquels le cardinal ne se lasse pas de faire répondre.

Quant aux deux pamphlets qui ont allumé cette guerre de libelles, ils sont condamnés par le lieutenant de police de Paris à être lacérés et brûlés en place de Grève ; l'*Admonitio* est encore censuré par la Sorbonne comme étant un écrit « entièrement calomnieux, injurieux, très séditieux, [...] plein de choses contraires à la saine et véritable doctrine de l'Église ». Suite à quoi, les deux pamphlets sont objets de l'attention de l'Assemblée du clergé. C'est à l'évêque de Chartres, Léonor d'Étampes de Valençay, que l'examen en est confié. Or le personnage, proche de Richelieu, est directement impliqué dans la guerre des libelles : il a trempé dans la rédaction du *Catholique d'État*, et il est cité dans les *Résolutions magistrales*, où il est traité de créature du cardinal. Il se met à la tâche pour censurer l'*Admonitio* avec un zèle monarchiste qui attire l'attention vigilante du nonce de Rome. L'évêque de Chartres conclut en effet à l'indépendance totale des rois en ce qui concerne le pouvoir temporel ; son plaidoyer en faveur de la monarchie absolue le conduit même à déclarer sans ambages que les rois sont des dieux. Rome ne pouvait naturellement en aucun cas accepter de telles thèses.

Ce premier moment de l'affaire de l'*Admonitio* et des *Mysteria* dure de novembre 1625 à fin mars 1626. C'est alors que le Parlement s'en mêle, et, contre les pro-romains, appuie Léonor d'Étampes ; il y est d'autant plus porté que, le 13 mars de cette même année 1626, il condamnait au feu l'ouvrage du jésuite Santarelli, *Tractatus de haeresia...*, qui enseignait que le pape pouvait « déposer les rois non seulement pour hérésie et pour schisme, mais pour quelque crime intolérable ou pour leur insuffisance ou pour leur négligence », exigeant le désaveu de l'ouvrage par les jésuites.

Mais c'est à la modération qu'appelle Richelieu. Il faut des trésors de négociations, auxquelles participe le père de Bérulle, pour ménager les dignités outragées ainsi que les bonnes relations avec Rome, négocier une formulation satisfaisante pour tous et ramener le calme en évoquant au Conseil l'ensemble de l'affaire. Celle-ci se clôt le 26 mars par une interdiction d'en discuter plus avant, le roi imposant silence au Parlement et rétractation à Léonor d'Étampes. Les gallicans qui, dans un premier temps, ont fait figure d'alliés des positions défendues dans l'entourage du ministre, sont finalement marginalisés, tandis que les catholiques pro-romains lui sont gagnés par l'arrêt d'une controverse qui les mettait en mauvaise posture en les faisant apparaître comme suspects de non-allégeance à la monarchie.

Ces querelles complexes nous sont fort étrangères. Leur importance est cependant cruciale. Elles constituent en effet, à cette époque, le creuset dans lequel s'éprouvent les diverses conceptions du pouvoir, et duquel émergera l'idée d'une autorité politique indépendante de l'autorité pontificale. C'est pourquoi elles requièrent l'intérêt suivi du théologien et l'intervention du ministre que Richelieu est tout ensemble. La voie qu'il choisit, pétrie de sens pratique et de souci d'équilibre, est à ce titre parfaitement exposée dans le *Testament politique* : « Si les rois sont obligés de respecter la tiare des souverains pontifes, ils le sont aussi de conserver la puissance de leur couronne. Cette vérité est reconnue de tous les théologiens, mais il n'y a pas de difficulté de bien distinguer l'étendue et la subordination de ces deux puissances. En telle matière, il ne faut croire ni les gens du palais qui mesurent d'ordinaire celle du roi par la forme de sa couronne, qui, étant ronde, n'a point de fin, ni ceux qui, par l'excès d'un zèle indiscret, se rendent ouvertement partisans de Rome. La raison veut qu'on entende les uns et les autres pour résoudre ensuite la difficulté par des personnes si doctes qu'elles ne puissent se tromper par ignorance, et si sincères que ni les intérêts de l'État ni ceux de Rome ne les puissent emporter contre la raison [1]. »

En 1626, imposant le calme et mettant une sourdine à ces querelles, le cardinal a réalisé un prodige : à la vieille opposition entre catholiques zélés pro-tridentins et gallicans antiromains, il substitue le paysage pacifié d'un catholicisme d'État [2], une voie médiane qui congédie purement et simplement la théologie du champ du politique. Dans cette affaire, note Richelieu dans ses *Mémoires*, « il fallait empêcher le schisme, réunir le clergé, maintenir l'autorité de l'Église et ne pas violer celle des Parlements… [3] ». De fait, il réussit tout à la fois à mettre fin à la controverse sur le pouvoir pontifical, à réduire au silence les gallicans, et à rallier les dévots en gommant ce que chaque camp avait de trop radical à ses yeux sans même, adresse suprême, que, sur le moment, les intéressés en aient conscience.

Le ministre est sauf ; il lui reste à parer les attaques qui s'en prennent à l'homme, exploitant les difficultés de sa situation financière. Car Richelieu est toujours aux prises avec les problèmes nés de la dif-

1. « De l'obéissance qu'on doit rendre au pape », *Testament politique*, p. 135.
2. S. H. de Franceschi, « La genèse française du catholicisme d'État et son aboutissement au début du ministériat de Richelieu », dans *Annuaire-Bulletin de la Société de l'histoire de France*, 2001, Paris, 2003, p. 19-63.
3. *Mémoires*, éd. SHF, V, p. 236.

ficile liquidation de la succession paternelle, auxquels se sont ajoutés ceux issus de la succession d'Henri, passablement compliquée, on l'a vu, elle aussi. Il lui a fallu se débarrasser des revendications de divers ordres religieux qui y prétendaient en vertu d'un testament révoqué, puis entrer en conflit avec Pierre Adumeau et son fils Michel, les hommes d'affaires d'Henri, pour accusations réciproques de falsification de documents, ce qui est à l'origine d'un très humiliant procès qui l'oblige à étaler ses affaires familiales et à se justifier devant le Parlement de Paris en 1621-1622, puis devant celui de Dijon jusqu'en 1624. Il conserve les arrêts, mais fait détruire avec acharnement tous les documents produits devant ces juridictions, même s'il obtient satisfaction, au prix de justifications assurément fort mal supportées. Enfin, il parvient à un accord avec sa belle-sœur, Marguerite Guillot, à qui il paie ses legs et créances contre la renonciation à ses prétentions. L'affaire ne se terminera qu'en mars 1633, les biens d'Henri étant définitivement cédés par les Brézé et Pont-Courlay à leur oncle dont dépendait tout naturellement leur propre fortune. Toutes ces contestations horripilent celui qui est devenu le puissant cardinal-ministre, dont on peut de surcroît suggérer qu'il bénéficie de quelque complaisance de la part des juges…

Cependant le cardinal n'est pas au bout de ses peines. C'est maintenant son image qui est la cible des pamphlets : les *Resolutiones magistrales*, œuvre de quelqu'un de bien informé, révèlent les faiblesses de sa personnalité, ses scrupules de conscience d'ecclésiastique qui fait la guerre ; la *Vita illustrissimi Domini cardinalis Richelieu, Praefecti intimi Senatus Regis galliarum* de Rémy du Ferron, qui paraît en de multiples lieux en 1626, présente tous ses actes comme odieux et vicieux, s'en prend à son honorabilité et à sa réputation et promeut la figure de l'homme rouge espion de bas étage, impitoyable et sans scrupules, aimé de tous « comme les serpents le sont des cigognes ». Dans la *Lettre de la cordonnière de la reine mère à M. de Baradat*, qui émane de Loudun, on propose au roi un programme de réformes qui se conclut sur la nécessité de chasser « ce démon de procès et de chicanerie, ce vautour affamé qui ronge les entrailles de vos sujets »…

Le démon en question s'attache pourtant à donner l'image d'un prélat exemplaire. Son intérêt pour les controverses théologiques se double encore d'une sollicitude toute particulière pour la Sorbonne. En 1622, à la mort du cardinal de Retz, son proviseur, il s'était, on l'a dit, fait élire son successeur et aurait témoigné « en avoir reçu plus de joie que de celle de sa promotion au cardinalat [1] », promo-

---

1. Aubery, p. 609.

tion survenue, par une curieuse coïncidence, le lendemain. Il prend
son rôle très au sérieux et, pour illustrer son provisorat, conçoit
l'idée de reconstruire la vieille Sorbonne sur un plan magnifique.
C'est dans les premiers mois de 1626 qu'il fait connaître son
dessein : celui-ci vient bousculer les habitudes des docteurs qui ne
peuvent pourtant que s'y rallier, avec fort mauvaise grâce. Le chantier, dont l'ouverture suppose l'acquisition préalable des immeubles
et jardins environnants, est confié à l'architecte Lemercier : d'abord
le bâtiment des docteurs et la grande salle des disputes, puis, à partir
de 1629, la reconstruction de l'église où Richelieu exprimera la
volonté d'être enterré et qui ne sera pas achevée à sa mort, en 1642.
En l'espèce, sa passion bâtisseuse contribue pour l'heure à construire l'image de piété zélée qu'il entend donner.

Mais, à parler clair, les pamphlets ne poussent à rien moins qu'à
l'assassinat, et les poursuivre et y répondre devient chez lui une
obsession. Le risque qu'il encourt désormais est à l'origine d'une
autre image durable, celle du cardinal en perpétuel danger de mort et
entouré d'une garde militaire. L'épisode Chalais a été à cet égard
décisif : c'est en apprenant le projet d'assassinat à Fleury que
Louis XIII lui a accordé pour la sûreté de sa personne une garde
militaire ; puis, sur le chemin du retour de Nantes vers Paris, des
bruits de guet-apens se sont propagés, Richelieu s'étant attiré des
haines durables et puissantes : la reine, les Vendôme, la Chevreuse.
Aussi, en septembre 1626, le voilà doté d'une garde personnelle et
permanente qui, chose encore plus exceptionnelle, l'accompagne
jusque dans le Louvre et ne le quitte même pas lorsqu'il officie à
l'autel ; bientôt il sera entouré de cinquante mousquetaires[1]. Cette
garde concourt puissamment à forger une image qui associe aspects
militaires et aspects ecclésiastiques, qui mêle l'odeur de la poudre à
canon à celle de l'encens, tandis que, dans son propre esprit, l'ombre
de Concini et l'image de son destin tragique ne sont jamais loin !

Ce qui n'entame cependant pas sa certitude et sa bonne conscience. À Bouthillier, il écrit, le 8 septembre 1626 : « Je vous avoue
que c'est une fâcheuse chose d'être contraint de se faire garder,
étant certain que, dès l'heure qu'on est réduit à ce point, on peut dire
adieu à sa liberté. Cependant, s'il fallait encore refaire les choses
que j'ai faites, je les referais de très bon cœur et plus ils chercheront
ma vie, plus chercherai-je à servir le roi[2] », tandis qu'en juillet il
adressait au roi ce pronostic toujours optimiste : « Si Dieu me fait la

---

1. L. Batiffol, *Autour de Richelieu. Sa fortune. Ses gardes et mousquetaires. La
Sorbonne. Le château de Richelieu*, Paris, 5ᵉ éd., 1937, p. 51-94.
2. Grillon, I, p. 458.

grâce de vivre six mois, comme je l'espère, et davantage, je mourrai content voyant l'orgueil de l'Espagne abattu, vos alliés maintenus, les huguenots domptés, toutes factions dissipées, la paix établie dans le royaume [1]... »

Et pourtant ses nerfs sont toujours fragiles et peuvent le trahir. Sa longue constance et sa ténacité s'accompagnent de courts mais nombreux instants de démission. Au début de juin 1626, alors qu'il vient de négocier la paix entre les membres de la famille royale, le découragement qui semble s'être abattu sur lui est à l'origine de la confirmation expresse de la confiance que Louis XIII lui accorde désormais. Bien connue, la lettre que le roi lui adresse le 9 juin mérite encore d'être citée *in extenso* : « Mon cousin, j'ai vu toutes les raisons qui vous font désirer votre repos, que je désire avec votre santé plus que vous, pourvu que vous le trouviez dans le soin et la conduite principale de mes affaires. Tout, grâce à Dieu, a bien succédé depuis que vous y êtes. J'ai confiance en vous et il est vrai que je n'ai jamais trouvé personne qui me servît à mon gré comme vous. C'est ce qui me fait désirer et vous prier de ne point vous retirer, car mes affaires iraient mal. Je veux bien vous soulager en tout ce qui se pourra et vous décharger de toutes visites, et je vous permets d'aller prendre du relâche de fois à autre, vous aimant autant absent que présent. Je sais bien que vous ne laissez pas de songer à mes affaires. Je vous prie de n'appréhender point les calomnies, l'on ne s'en saurait garantir à ma cour. Je connais bien les esprits, et vous ai toujours averti de ceux qui vous portaient envie, et je ne connaîtrai jamais qu'aucun ait quelque pensée contre vous que je ne vous le die [dise]. Je vois bien que vous méprisez tout pour mon service. Monsieur et beaucoup de grands vous en veulent à mon occasion ; mais assurez-vous que je vous protègerai contre qui que ce soit et que je ne vous abandonnerai jamais. La reine ma mère vous en promet autant. Il y a longtemps que je vous ai dit qu'il fallait fortifier mon conseil ; c'est vous qui avez toujours reculé de peur des changements, mais il n'est plus temps de s'amuser à tout ce qu'on en dira ; c'est assez que c'est moi qui le veux. Au reste, si ceux que j'y mettrai n'ont habitude avec vous, ils ne suivront pas vos avis, principalement vous étant quelquefois absent, à cause de vos indispositions. Ne vous amusez point à tout ce qu'on dira ; je dissiperai toutes les calomnies que l'on saurait dire contre vous, faisant connaître que c'est moi qui veux que ceux qui sont dans mon conseil aient habitude avec vous. Assurez-vous que je ne changerai jamais et que, quiconque vous attaquera, vous m'aurez pour

1. Avenel, II, p. 225.

second[1]. » Louis XIII a bien conscience que l'action menée par Richelieu vise à conforter sa propre autorité, tout comme il sait que le ministre ne dépend que de son bon plaisir et qu'il est sa seule défense vis-à-vis de ses ennemis.

En dépit de tous les obstacles, Richelieu a donc réussi ce qui semblait le plus difficile : il a mené à bien la conquête du roi. Le 26 juin 1626, un brevet signé à Blois du roi et contresigné des quatre secrétaires d'État le décharge des « visites et sollicitations des particuliers » pour lui réserver la connaissance des affaires « générales et plus importantes », afin de ménager sa santé « de la quelle [Sa Majesté] désire tellement la conservation »[2].

Néanmoins, Richelieu demeure conscient de la fragilité de sa position et, dès le 16 août 1626, il réitère son offre de démission *via* la reine mère : « Puisque les services que j'ai tâché de vous rendre jusques à présent ne sont pas suffisants de vous assurer de ma fidélité, je connais bien qu'il me serait impossible de rien faire qui vous en put donner assurance à l'avenir ; c'est ce qui me fait vous supplier très humblement, Madame, de trouver bon que je supplie le roi d'avoir agréable que je me retire en quelque lieu où je ne donne aucune peine à Votre Majesté. Le peu de santé que j'ai, les grandes affaires qui renaissent tous les jours et les afflictions que je reçois à tout moment donneront lieu, je m'assure, à votre bonté de trouver bon que je lui demande. Je sais bien que je pense à une retraite en une mauvaise saison, n'y ayant personne qui ne sache que je me retirerai autant chargé d'envie que de haine comme je le serai peu de bonne fortune, mais ma consolation est que, si j'ai des ennemis, c'est pour avoir bien servi ceux à qui je dois et veux rendre ma vie[3]. »

À la conquête du roi répond l'affermissement des institutions et l'investissement progressif du Conseil. Celui-ci fait alors l'objet de nombreux règlements ; après bien des tâtonnements, les secrétariats d'État de la Guerre et des Affaires étrangères deviennent des institutions dotées d'une bureaucratie, certes restreinte, mais remarquable pour l'époque[4] : de simples expéditionnaires des ordres royaux,

1. Grillon, I, p. 353-354.
2. *Ibid.*, p. 368.
3. *Ibid.*, p. 434.
4. Ce mouvement est d'ailleurs antérieur à l'accession de Richelieu aux affaires : il a commencé à la mort de Luynes et Marillac s'y adonne ensuite avec zèle et talent. Pour le moment, le 6 mars 1626, le secrétariat d'État aux Affaires étrangères est rétabli (M. Haehl, *Les Affaires étrangères au temps de Richelieu*, Paris, 2005). Le 11 mars, un règlement des attributions des quatre secrétaires d'État renforce celles de ce département et de celui de la Guerre dont la suppression de la connétablie, en janvier 1627, après la mort du vieux Lesdiguières, confortera encore les fonctions, tandis que, comme on l'a vu, Richelieu concentre entre ses mains les affaires maritimes.

leurs titulaires se muent en hommes de gouvernement et occupent fermement la scène. Dès 1624, Claude de Bullion, qui a depuis plusieurs années fait la preuve de sa fidélité, notamment comme chancelier de la reine mère, a reçu le privilège de siéger à tous les conseils, preuve de son prestige et de son importance dès l'arrivée de Richelieu aux affaires. Le 9 juin 1626, à l'initiative du roi, les Sceaux sont repris à Aligre qui a semblé désavouer l'arrestation d'Ornano et est exilé sur ses terres ; ils sont donnés à Michel de Marillac que d'Effiat, un fidèle qui se tient à l'écart des intrigues, remplace comme surintendant des Finances.

L'administration centrale passe, on le voit, peu à peu en des mains favorables à Richelieu, mais celui-ci y conserve l'apparence d'une créature du parti dévot dont il doit respecter les positions traditionnelles, fermement observées par le nouveau garde des Sceaux ; c'est dire l'ambiguïté de sa position au regard des nouvelles orientations qu'il entend donner à la politique française et qu'il a déjà su imposer en matière religieuse sans, on l'a compris, que les dévots en aient encore perçu toutes les implications.

D'ores et déjà, la crise de la conspiration dite de Chalais a contribué à modifier les équilibres politiques au sommet de l'État. Le roi, quant à lui, en est sorti avec une défiance accrue pour sa femme et une confiance nouvelle en son ministre qui l'a bien servi. Après Chalais, celui-ci peut même obtenir, en décembre 1626, la disgrâce de François de Baradat, premier écuyer de la Petite Écurie, capitaine du Petit-Bourbon et premier gentilhomme de la Chambre, favori de Louis XIII, remplacé dans ce rôle, au dire de Bassompierre, par « un jeune garçon d'assez piètre mine et pire esprit nommé Saint-Simon[1] », le père de l'auteur des *Mémoires*, écuyer falot dont la faveur royale fera un duc et pair, et qui a l'avantage d'avoir compris qu'il ne fallait en rien desservir le cardinal-ministre.

La vie de la cour se poursuit ; le 4 janvier 1627, puis le 10 février, des ballets dansés au Louvre en manifestent avec éclat l'apparente harmonie. L'hostilité du parti de l'aversion au mariage, qui visait à la fois Marie de Médicis et Richelieu, a estompé en quelque sorte les craquements que la politique étrangère introduisait dans le même temps dans l'association du cardinal avec la reine mère (l'imbrication chronologique des affaires ne doit pas être perdue de vue). L'harmonie semble pour l'heure être rétablie dans leurs relations, et Louis XIII se rapproche et de sa mère et de son ministre sur

---

1. Bassompierre, *Mémoires. Histoire de ma vie*, éd. Chantérac, Paris, III, 1823, p. 281.

lesquels il peut s'appuyer. Le triumvirat qui en résulte fait passer au premier plan de ses préoccupations les affaires intérieures plus consensuelles et, avec l'amélioration des procédures de gouvernement, le temps semble venu de s'atteler à la réforme en profondeur du royaume.

5

Réformer le royaume

Dans ces années 1620-1630, l'idée d'une réforme générale est dans l'air. L'État, au dire de beaucoup, doit être réformé, ce qu'il ne faut pas entendre au sens moderne (car la nouveauté était généralement associée au mal, dans des sociétés où la notion de progrès était absente) ; réformer l'État, c'est le restaurer – en l'espèce, tel qu'il avait été avant les guerres de Religion. Et, pour une autorité royale qui entend s'imposer à tous, ce dessein apparaît plus nécessaire encore, car agents du pouvoir, officiers et commissaires envoyés dans les provinces pour le service du roi usent de manière de plus en plus forte de l'autorité qui leur est déléguée, au détriment de certaines catégories de la population. Ces dernières protestent auprès du roi, et exigent la réformation de ce qu'elles considèrent comme des abus. Décadence de l'autorité royale, ruine des finances sont ainsi des lieux communs chers à l'opinion que le pouvoir peut reprendre à son compte et amplifier.

Cette situation va porter sur le devant de la scène un homme que nous avons rencontré à plusieurs reprises dans l'environnement de Marie de Médicis et du cardinal : Michel de Marillac, communément appelé à la cour « l'Auréole ». Ce septuagénaire, ancien ligueur, gallican, catholique mystique, traducteur en français des Psaumes et de l'Imitation, qui avait même un temps pensé se faire chartreux, a joué un rôle actif dans la propagation de la réforme catholique, notamment en favorisant l'installation des carmélites au faubourg Saint-Jacques à Paris ; il est en outre l'oncle de Louise de Marillac, la fondatrice de la Visitation. Tenant d'une authentique pensée théologique, il subordonne sa fidélité à l'État à la conformité de celui-ci au modèle traditionnel catholique qui l'inclut dans une Europe chrétienne. Marillac doit son élévation à Richelieu qui, après en avoir fait l'un des deux surintendants des Finances, lui confie les Sceaux en juillet 1626. À l'idéal chrétien qui pousse Marillac à considérer la conversion des hérétiques comme prioritaire, s'allie un programme politique réaliste qui entend poursuivre systématiquement la recherche de la paix et la réforme du gouvernement (les nombreux règlements du Conseil sont à lui imputer) comme du royaume dans son ensemble.

Cet homme de foi aux convictions fortes et sans concession, autoritaire et aimant l'initiative, plus soucieux de la réalité quotidienne que de la gloire de l'État, sera dépeint en ces termes sévères dans le *Testament politique* : « Un homme tellement rempli de l'opinion qu'il avait de lui-même qu'il n'estimait rien de bien fait s'il ne l'était par son ordre et croyait que beaucoup de mauvais moyens lui étaient licites pour venir aux fins qui lui étaient suggérées par un zèle qu'on peut nommer indiscret[1]. » Mais, pour l'instant, la critique n'est pas de mise, puisque Marillac collabore étroitement avec Richelieu pour le rétablissement intérieur du royaume, comme il l'écrit lui-même à un correspondant : « Je vis comme cela envers M. le cardinal : je prends soin de beaucoup de choses pour correspondre à celui qu'il en a ; bref tout ce que peut faire la confiance et l'amitié passe en la sorte que je vous dis. […] Voilà l'état auquel nous vivons : quand il plaira à Dieu, il nous donnera une meilleure vie. Je vois bien les nécessités de l'État et prendrai plaisir d'y servir, non seulement à la paix, mais à trois points principaux pour lesquels le royaume a besoin d'une puissante et très affectionnée application, à savoir : la religion, la justice et le soulagement du peuple[2]. » Au vrai, la hiérarchie entre les deux hommes est très claire : s'il est assurément, par ses fonctions, l'homme le mieux informé sur l'état du royaume, Marillac ne peut socialement rivaliser avec le cardinal, car sur ce point un fossé les sépare : ce sont sa compétence et la protection de Marie de Médicis qui ont donné à cet homme issu de la robe accès au pouvoir, un pouvoir auquel Richelieu, par son origine, était quant à lui en mesure de prétendre « naturellement ».

Reste que Marillac est bien informé. Il connaît notamment les effets de la pression fiscale imposée par la politique étrangère de Richelieu ; il s'inquiète des troubles et des émeutes qui en résultent dans les provinces exsangues. C'est pourquoi il n'hésite pas à tirer la sonnette d'alarme en des termes dépourvus de toute ambiguïté au début de l'année 1626 : « Le maniement des affaires m'oblige à

---

1. *Testament politique*, p. 59.
2. Lettre à Molé, 1630. M. Molé, *Mémoires*, éd. A. Champollion-Figeac, Paris, II, 1855, p. 27-28.

vous représenter que nous faisons grand nombre de choses dont le peuple reçoit de grandes afflictions. […] Il me semble qu'il est principalement de la gloire du bon gouvernement de penser au soulagement des sujets et aux bons règlements de l'État, qui ne se peuvent faire que par la paix. » Tel est son programme ; si on l'enfreint, ses prévisions sont sombres : « Le roi se trouvera épuisé de deniers pour faire la guerre. Il ne demandera pas la paix à son ennemi, car il faut crever plutôt que d'en venir là ; cependant il faut continuer la guerre partout et, pour l'entretenir, trouver de l'argent et le prendre de tous côtés, y employer les recettes générales et les fermes, ne payer ni gages, ni rentes, ni appointements ; cela encore ne suffisant point, on viendra par force aux violences et extraordinaires [1], car un roi ne se rend jamais faute d'argent. Il faut tout mettre pour durer : tout cela aliénera les peuples qui diront qu'on pouvait avoir la paix, qu'on l'a négligée ; les factions profiteront de ces aliénations, et il y a beaucoup de choses à prévoir et à craindre que l'on ne peut écrire [2]. » Une vision qui n'était dépourvue ni de bon sens ni de prescience…

L'opposition entre la guerre étrangère et la réforme intérieure constitue sans doute le moteur des tensions entre Richelieu et Marillac [3]. Dès 1614, les dépenses, en augmentation lente depuis 1597, sont passées à un niveau nettement supérieur, tandis que la conjoncture économique devient défavorable, s'essoufflant dès 1620. Mécaniquement, la pression fiscale s'accroît ; l'histoire intérieure française devient alors une longue suite d'« émotions populaires [4] ». Le gouvernement est confronté, en 1624, à la révolte des croquants du Quercy, à des émeutes à Lyon, Poitiers, Niort, Blaye ; en 1625, à des révoltes à Troyes, Poitiers, Cognac, Montélimar ; en 1626, à Amiens, Auxerre, Troyes et Paris ; en 1627, à Bergerac, Bordeaux, Troyes, Villefranche-de-Rouergue ; en 1628, année de la reddition de La Rochelle, ce sont des troubles à Amiens, Auxerre, Laval, Rouen et Troyes ; en 1629, à Lyon,

1. Dans ce contexte, « extraordinaires » peut aussi bien désigner les levées fiscales que la criminalité et la répression que celles-ci entraînent.
2. Richelieu, *Mémoires*, éd. SHF, V, appendice 6, p. 324.
3. G. Pagès, « Autour du "grand orage". Richelieu et Marillac : deux politiques », dans *Revue historique*, 1937, p. 63-97. – R. Briggs, « Richelieu and Reform. Rhetoric and Political Reality », dans J. Bergin et L. Brockliss (dir.), *Richelieu and his Age*, Oxford, 1992, p. 71-97.
4. Ces révoltes ont été le prétexte à une intense querelle historiographique dans les années 1960-1970 ; on en trouvera une synthèse dans Y.-M. Bercé, *Croquants et nu-pieds. Les soulèvements paysans en France du XVIe au XIXe siècle*, Paris, 1974.

Angoulême, Saintes, Saint-Jean-d'Angély, Angers, Dijon ; en 1630, à Dijon, Caen, Rouen, Angers, Grenoble, Laval, Lyon, Nantes, Orléans, Poitiers, Paris, Aix-en-Provence... De toutes ces affaires, Marillac est, par ses fonctions de chef de la justice, directement informé, et il estime, avec quelque apparence de raison, qu'il faut réagir et soulager le peuple.

C'est à nouveau à une assemblée des notables (excluant donc le tiers état) que l'on recourt pour approuver un programme de réforme intérieure [1]. Elle se tient du 2 décembre 1626 au 24 février 1627. Autour du Conseil ordinaire du roi sont réunis les personnages que ce dernier veut consulter ; leurs avis seront ensuite validés par le Conseil et transformés en textes d'ordonnances ou d'arrêts. Dans le cas présent, les Grands se tiennent à l'écart, manière pour eux de protester contre l'exécution de Chalais. Le roi ouvre la séance, puis Marillac, Schomberg et Richelieu prennent la parole. Marillac – le garde des Sceaux, et non Effiat, le surintendant des Finances, ce qui prouve l'importance qu'avait alors le premier dans le gouvernement – dresse le tableau des finances et du commerce : les campagnes militaires des années précédentes ont été ruineuses ; les revenus s'élèvent à 16 millions de livres, les dépenses atteignent 36 à 40 millions ; la guerre civile est désignée comme grande responsable de cette situation catastrophique... Bref, il faut augmenter les ressources sans accabler le peuple, ce qui implique de faire des économies partout où cela est possible, par des mesures ponctuelles – comme la suppression des charges de connétable et d'amiral, la réduction des dépenses de la cour et de l'armée, la révision des dettes – et des mesures plus structurelles – comme le rachat du domaine et le rétablissement du commerce et de la navigation, point que Marillac développe tout particulièrement.

Schomberg, à sa suite, consacre son exposé aux questions de l'armée et à la nécessité de réorganiser le système de la solde et du ravitaillement. Enfin, Richelieu insiste sur la nécessité de la paix pour le rétablissement des finances et l'accomplissement des réformes, et développe la question du désengagement du Domaine royal, source de redressement financier, pour conclure en ces termes : « Enfin, toutes choses seront en l'état auquel, dès longtemps, elles sont désirées des gens de bien, auquel elles pourront subsister des siècles entiers, et auquel les bénédictions du ciel seront perpétuelles compagnes de la puissance et des actions du roi, qui n'auront autre but que la gloire de Dieu, la grandeur de leur royaume et le bonheur de leurs sujets [2]... »

1. J. Petit, *L'Assemblée des notables de 1626-27*, Paris, 1936.
2. Avenel, II, p. 302.

Les premières discussions achoppent sur les procédures de vote (par ordre ou par tête), puis le désaccord apparaît sur la question des finances, chacun voulant naturellement sauvegarder ses privilèges aux dépens de ceux des autres et recourant à l'autorité supérieure du roi pour les défendre, comme pour trouver les solutions aux problèmes généraux. Richelieu réunit, au sein d'un mémoire-programme de travail en treize points, l'ensemble des propositions gouvernementales (réforme du commerce, du système judiciaire, de l'armée, de la fiscalité, de l'enseignement), qu'approuve l'assemblée en vue d'une réalisation dans un délai de six années. Mais, en fin de compte, la seule mesure prise, outre un ensemble de déclarations de principe et de promesses vagues, est une réduction des tailles de trois millions de 1627 à 1631. De plus, l'assemblée renouvelle une disposition antérieure interdisant toute communication avec les ministres et les princes étrangers sans autorisation expresse du roi. Comme cela avait déjà été le cas en 1615, à l'occasion des États généraux, l'autorité royale sort renforcée de la rivalité des ordres privilégiés – chacun étant uniquement soucieux de sauvegarder ses propres avantages et totalement imperméable à la notion de bien commun –, et le principal ministre entend bien lui faire gagner la partie.

Car sa propre situation est maintenant très différente de ce qu'elle était en 1615, quand il n'était que le porte-parole du clergé ; il peut assurément mesurer le chemin accompli en termes de carrière politique, mais aussi celui qui reste à parcourir pour obtenir cette paix qui est toujours son objectif affirmé. Et c'est là qu'apparaît, en dépit de leur apparente collaboration, la dysharmonie entre Richelieu et Marillac : le principal ministre cherchera d'abord la résolution des problèmes de politique extérieure et y subordonnera tout, alors que, pour le garde des Sceaux, ce sont les questions intérieures qui ont la priorité et doivent être traitées méthodiquement, systématiquement et immédiatement.

On ne peut cependant en rester là. La vision que Richelieu entretient de la « réforme du royaume » – et, en fait, la prudence qu'il cultive à son égard – mérite d'être restituée plus avant. À ce titre, son *Testament politique*, certes bien postérieur, nous fournit des éléments instructifs.

La version qu'il y expose, treize années plus tard, est bien moins ambitieuse. Elle se limite à la proposition des mesures techniques, de réformes ponctuelles qui découleront pour l'essentiel d'une adaptation des finances à la paix à venir : suppression des offices inutiles, comme des comptants et des traités, assainissement général des finances, taxation des fiefs pour former des compagnies employant avec utilité la noblesse [1], de l'essor du commerce. En fin de compte, ce programme est défendu en termes désabusés : « Je sais bien qu'on dira qu'il est aisé de faire de tels projets, semblables à ceux de la République de Platon qui, belle en ses idées, est une chimère en effet [2]. » Quant aux peuples, ils y sont l'objet d'une phrase fameuse, mais qu'il faut intégralement citer pour restituer la vraie pensée de Richelieu : « Il les faut comparer aux mulets qui, étant accoutumés à la charge, se gâtent par un long repos plus que par le travail. Mais, ainsi que ce travail doit être modéré et qu'il faut que la charge de ces animaux soit proportionnée à leurs forces, il en est de même des subsides à l'égard des peuples : s'ils n'étaient modérés, lors même qu'ils seraient utiles au public, ils ne laisseraient pas d'être injustes [3]. »

En vérité, Richelieu n'a rien d'un utopiste et sait de lui-même renoncer face à des réalités têtues. Significative de son pragmatisme est à ce titre la question de la vénalité des offices, abus qu'il reconnaît et condamne, mais qu'il proroge au nom de la raison dite

---

1. Les agents de la monarchie étaient, pour la plupart, des officiers, titulaires d'un office défini par le juriste Loyseau au début du XVIIe siècle comme « dignité ordinaire avec fonction publique ». Théoriquement, l'office est don gratuit du roi et emporte, à titre de contre-don, un prêt d'argent dont les gages seraient en quelque sorte les intérêts. En droit, le roi reste titulaire du « titre », l'officier ne possédant que la « finance » de l'office. La vénalité se généralise dès le premier tiers du XVIe siècle, faisant des offices une « marchandise d'État » : en 1524, François Ier crée une caisse « des finances extraordinaires et parties casuelles » pour en recevoir le produit. L'office devient ainsi un objet de commerce et représente un capital transmissible pour lequel est acquise la résignation (autrement dit, la désignation par l'officier de son successeur), et même la survivance (désignation avec effet différé). Mais, en 1534, le roi impose une limitation à ces pratiques avec la clause des quarante jours qui postule la survie de l'officier pendant ce délai pour que sa résignation puisse être suivie d'effet ; dans le cas contraire, l'office fait retour au roi. Le système fut aménagé au double profit des finances royales, dont il devient l'une des ressources notables, et des officiers, en 1604, avec l'institution du droit annuel (ou paulette, du nom du financier Charles Paulet à qui il fut affermé pour la première fois) : contre paiement d'un droit annuel, l'officier était dispensé de la clause des quarante jours. Le roi perdait ainsi toute possibilité de choix et de contrôle de ses officiers devenus inamovibles, même si, théoriquement, il gardait la libre disposition des offices à condition d'en rembourser la finance. La vénalité concernait les offices de judicature et de finance et, dans le premier tiers du XVIIe siècle, les offices représentaient jusqu'à 45 % des recettes royales.

Les acquits de comptant étaient des ordres de paiement par le trésor royal de sommes non justifiées ni contrôlées. Les traités étaient passés avec les financiers chargés de la levée des impôts contre le versement assuré d'une somme au trésor royal. La compagnie était un corps de troupe commandé par un capitaine.

2. *Testament politique*, p. 368.

3. *Ibid.*, p. 180.

« d'État » : la nécessité de se procurer des ressources en vendant des charges publiques aux particuliers interdit de supprimer ce système, si mauvais qu'il puisse être intrinsèquement. La prudence de la méthode souhaitée est parfaitement exprimée dans la comparaison avec le travail architectural : « Un architecte qui, par l'excellence de son art, corrige les défauts d'un ancien bâtiment et qui, sans l'abattre, le réduit à quelque symétrie supportable, mérite bien plus de louange que celui qui le ruine tout à fait pour refaire un nouvel édifice parfait et accompli [1]. »

Bref, à la différence de Marillac, Richelieu n'est pas un législateur, un normatif rigide. Il préfère rappeler ponctuellement la législation antérieure, même pour la simplifier, mais il entend la faire absolument respecter. Il s'agit alors, non d'innover, mais d'utiliser au mieux un système existant, y compris au prix d'improvisations qui n'ont rien de systématique. Cette utilisation s'accompagne d'un grand souci du détail : le ministre a l'œil à tout, contrôle et presse sans relâche ses agents… Autrement dit, c'est non sur la théorie qu'il s'acharne, mais sur la réalisation, car, pour lui, la décision, si judicieuse soit-elle, n'est rien sans exécution. Et dans cette optique, deux domaines le requièrent pour lors tout particulièrement : les duels d'une part, la marine et les colonies d'autre part.

La catastrophe familiale et personnelle qu'avait été la mort d'Henri, le frère aîné tué en duel, avait sensibilisé Richelieu aux aspects pernicieux de cette pratique, à laquelle la noblesse d'épée demeurait si attachée. Le duel violait le cinquième commandement, « tu ne tueras pas » ; en outre, il saignait à blanc une classe sociale que Richelieu considérait « comme un des principaux nerfs de l'État, capable de contribuer beaucoup à sa conservation et à son établissement ». Au demeurant, l'interdiction des duels n'est pas une nouveauté. On la trouve formulée dans les ordonnances de Moulins (1566), de Blois (1579), de 1599, 1602, 1609, août 1623 et février 1626 [2]. D'après le texte de 1626, jugé du reste trop restrictif par le Parlement, tout appelant ou appelé à un duel doit être privé de charge, déchu de toute pension et puni « selon la rigueur de nos édits précédents, ainsi que les juges verront que l'atrocité des crimes et circonstances d'iceux le pourront mériter ». La législation contre le duel est bien caractéristique de la position de Richelieu : il ne fait

1. *Ibid.*, p. 164.
2. Texte dans Isambert, Taillandier et Decrusy, *Recueil général des anciennes lois françaises*, t. XVI, Paris, 1829, p. 175-183. – F. Billacois, *Le Duel dans la société française du XVIIe-XVIIIe siècle*, Paris, 1986. – M. Cuénin, *Le Duel sous l'Ancien Régime*, Paris, 1982.

pas œuvre originale sur le fond, puisque cette législation lui est antérieure, mais il lui ajoute un argument qui disparaîtra dans les textes pris après sa mort : en disposant de sa vie, le duelliste commet, selon lui, un crime contre l'État, car c'est à l'État que cette vie appartient. On remarquera, ce qui ne surprendra pas davantage, que ces textes développent une argumentation très largement religieuse.

Or voici que François de Montmorency-Bouteville, appartenant à un lignage réputé intouchable, cousin du duc de Montmorency, épéiste professionnel, commet sa vingt et unième violation de l'interdiction des duels. Après avoir, en 1624, tué en duel Goyon de Matignon, comte de Torigny, il se réfugie à Bruxelles avec son second, le comte Des Chapelles. En 1627, Louis XIII consent à l'amnistier et à autoriser son retour en France, à condition toutefois de ne paraître ni à la cour ni à Paris. Furieux, Bouteville jure de se battre en plein jour sur la place Royale (l'actuelle place des Vosges), et, en attendant, trouve refuge, toujours avec Des Chapelles, à Nancy. Le lundi 10 mai 1627, les deux hommes déguisés sont à Paris et, avec des comparses, se livrent, sur la place Royale, à une rixe de provocation davantage qu'à un duel : Bouteville est face au marquis de Beuvron, ami de Thorigny désireux de venger sa mort ; Des Chapelles face au marquis de Bussy d'Amboise ; La Berthe face à Buquet. Bussy est tué, La Berthe grièvement blessé. Beuvron et Buquet se réfugient en Angleterre, Bouteville et des Chapelles reprennent la direction de Nancy ; à Vitry-le-François, ils sont arrêtés par ordre du roi, ramenés à Paris et écroués à la Bastille. Suit le procès devant le Parlement. Les instances des proches, de toute la noblesse qui se mobilise en leur faveur, n'adoucissent pas l'inflexibilité du roi qui ne souffre aucune intercession : « Leur perte m'est aussi sensible qu'à vous, mais ma conscience me défend de leur pardonner », dit-il à la princesse de Condé. Le 22 juin 1627, Bouteville et Des Chapelles meurent bravement, exécutés en place de Grève. L'affaire marque un nouvel âge, qui voit l'affrontement ouvert du nouveau pouvoir centralisateur et autoritaire et des valeurs nobiliaires traditionnelles, le premier plaçant l'exécution de la loi au-dessus des privilèges de cette noblesse réduite à l'état commun.

Une fois n'est pas coutume, dans son *Testament politique* Richelieu évoquera les scrupules et les doutes qui l'auraient assailli en cette occasion : « Dans tous ces embarras qui semblaient affaiblir votre puissance, rien ne vous put empêcher d'arrêter le cours des duels par le châtiment des sieurs Bouteville et Des Chapelles. J'avoue que mon esprit ne fut jamais plus combattu qu'en cette occasion où à peine pus-je m'empêcher de céder à la compassion universelle que le malheur de ces deux gentilshommes imprimait à tout le monde, aux prières des personnes les plus qualifiées de la cour et aux importunités de mes plus proches parents. Les larmes de sa femme me touchaient très sensiblement, mais les ruisseaux de sang de votre noblesse qui ne pouvaient être arrêtés que par l'effusion du leur me donnèrent la force de résister à moi-même et d'affermir Votre Majesté à faire exécuter pour l'utilité de son État, ce qui était quasi contre le sens de tout le monde et contre mes sentiments particuliers [1]. »

À vrai dire, les scrupules du roi et du cardinal durent être extrêmes en ce cas lui-même extrême. Si l'affaire Bouteville-Des Chapelles constitue un cas de figure exemplaire, c'est que deux conceptions du pouvoir s'y opposent. Dans l'ancienne perception de la monarchie, le roi est d'abord une personne, *lex animata* – loi vivante –, et grâce et clémence sont des manifestations de sa toute-puissance, sous forme de don gratuit. La personne du roi est ainsi placée au-dessus de la loi. La perception qui, en revanche, se trouve partagée par Richelieu et Louis XIII place l'autorité du roi au-dessus de sa personne : cette autorité, c'est naturellement l'État, lequel peut exiger que la justice l'emporte sur la clémence. La grâce royale devient alors dérogatoire à une loi qui s'impose même au roi. En résumé : « Ainsi que la Clémence est une vertu des princes, la Justice l'est des États, dont le salut est plus considérable que celui des particuliers [2]. »

La position de Richelieu sur le duel reste, malgré tout, plus nuancée qu'on ne le pense d'ordinaire : après avoir exposé le pour et le contre de l'exécution, son avis manuscrit conclut à la commutation de la peine capitale et à l'emprisonnement [3]. Qui plus est, ultérieurement, le chapitre du *Testament politique* « Qui traite des moyens d'arrêter le cours des duels » demeure dubitatif. Partant de la constatation que, d'une part, « il s'est fait tant de divers édits pour empêcher les duels sans que, jusqu'à présent, on ait pu tirer le fruit qu'on en devait attendre et qu'on en désirait, qu'il est difficile de trouver un moyen assuré pour arrêter le cours de cette rage », et que, d'autre part, « les Français méprisent tellement leur vie que l'expérience nous a fait connaître que les plus rigoureuses peines n'ont pas toujours été les meilleures pour arrêter leur frénésie », il conclut que « la crainte de perdre leurs charges, leurs biens et leur liberté a fait plus d'effet sur leurs esprits que celle de perdre la vie ». Il reconnaît

1. *Testament politique*, p. 49.
2. *Mémoires*, éd. SHF, VII, p. 70.
3. Grillon, II, p. 219.

s'être interrogé sur la conduite à tenir et avoir envisagé la possibilité de donner « permission du combat à ceux qui auront un juste sujet de le prétendre », moyen qu'il juge irréaliste, avant de se prononcer pour l'application effective et rigoureuse de la loi. On constate, en le lisant attentivement, que la rigueur du cardinal, lui-même sensible au code de l'honneur nobiliaire, n'a pas le caractère absolu qu'on lui attribue généralement, car c'est d'abord la violation des édits qu'il condamne, et en aucun cas l'idéologie nobiliaire de l'honneur à laquelle il souscrit bel et bien : « La perte de l'honneur est plus que celle de perdre la vie [1]. » Ses *Mémoires* expriment bien son sentiment à propos de Bouteville : « Il était impossible d'avoir le cœur noble et ne plaindre pas ce pauvre gentilhomme [2]. »

Richelieu ira même, toujours dans son *Testament politique*, jusqu'à évoquer un cas particulier plus théorique, où, pour sauvegarder la paix, il lui paraît loisible d'enfreindre la défense portée par l'Église contre les duels : faire combattre deux particuliers pour éviter une bataille et finir une guerre est, dit-il, permis, « parce que la nature nous enseigne que la partie doit s'exposer pour le tout, et que la raison veut que le particulier se hasarde pour le général, parce qu'outre que cet expédient a été pratiqué de tout temps, on en trouve deux exemples dans les Saintes Lettres [3] et que son effet est saint et certain en ce que, quelque événement qu'ait un duel permis, en ce cas il sauve la vie à un grand nombre de personnes qui peuvent servir le public en d'autres occasions [4] ». Ces discussions montrent bien la complexité de la mentalité de Richelieu, homme de sa classe et de son temps dont il partage les idées, autant que serviteur de l'État moderne et de l'impitoyable raison d'État.

« Quand le cardinal a été pourvu de la charge de la mer, le commerce était quasi entièrement ruiné et le roi n'avait pas un seul vaisseau [5]. » Or, selon le chevalier de Malte Isaac de Razilly, l'un des principaux experts et informateurs de Richelieu en ce domaine, « quiconque est maître de la mer a un grand pouvoir sur la terre », et le principal ministre ne peut que déplorer la triste situation de la marine française dont il a déjà fait l'amère et humiliante expérience : « Ç'a été, jusqu'à présent, une grande honte que le roi, qui est l'aîné de tous les rois chrétiens, ait été, en ce qui

1. *Testament politique*, p. 154-158.
2. *Mémoires*, éd. SHF, VII, p. 66.
3. David et Goliath (1 Samuel 17) et Jonathan contre un géant philistin (2 Samuel 20-21).
4. *Testament politique*, p. 156.
5. *Ibid.*, p. 189.

est de la puissance de la mer, inférieur aux moindres princes de la chrétienté[1]. »

Le 18 mars 1627, Richelieu avait prêté serment devant le Parlement en sa nouvelle qualité de grand maître de la navigation. Il justifie aussitôt ses nouvelles fonctions en déployant une activité soutenue : « maintenant j'embrasserai les choses plus diligemment que jamais[2]. » Sous sa direction, les agents de la marine sont mis au service de l'État (mais aussi payés par l'État). Conseil de la marine, inspecteurs généraux de la marine dans les provinces sont au service de sa politique navale ; il se fait nommer gouverneur de Brouage – petit port de Charente –, de La Rochelle, du Havre, de Brest, de Honfleur ; il cherche à unir à sa charge l'amirauté du Levant[3] qui appartenait à Guise, et y parvient après la prise de La Rochelle et les troubles que connaît la Provence dans les années qui suivent ; il obtient enfin le gouvernement de la Bretagne. Il s'efforce de constituer une flotte, d'aménager des infrastructures portuaires au Havre, à Brest et à Brouage[4].

En outre, Richelieu se préoccupe du commerce, conçu comme « une dépendance de la puissance de mer », car « c'est un dire commun mais véritable qu'ainsi que les États augmentent souvent leur étendue par la guerre, ils s'enrichissent ordinairement dans la paix par le commerce »[5]. Il s'agit de « mettre l'État en opulence » par le développement du commerce, ainsi que l'exposent de nombreux mémoires appartenant à ses papiers : « Remède aux déprédations des marchands et moyens de rétablir le commerce[6] », « Mémoire pour faciliter le commerce de France avec les étrangers[7] »… Il réunit fébrilement des informations, et c'est en toute connaissance de cause qu'il propose à l'assemblée des notables un programme. Il expose la grande misère du commerce français, les vexations dont ses repré-

1. Mémoire du 18 novembre 1626. Grillon, I, p. 531.

2. Avenel, II, p. 416.

3. L'amirauté de France était une juridiction « extraordinaire » portant sur les hommes et choses de la mer ; elle recevait les appels des amirautés provinciales, dont celle de Provence qui s'intitulait amirauté des mers du Levant ; au bas de cette hiérarchie judiciaire maritime, les petites amirautés (Brest, Brouage, Belle-Île, Le Havre… également récupérées à son profit par Richelieu) ne pouvaient juger que des causes inférieures à cent cinquante livres.

4. P. Castagnos, *Richelieu face à la mer*, Rennes, 1989. – L.-A. Boiteux, *Richelieu « grand maître de la navigation et du commerce »*, Paris, 1955. – F. Hildesheimer, « Raison, puissance, force et richesse. Richelieu et la mer », dans *Chronique d'histoire maritime*, n° 11, 1er semestre 1985, p. 1-5.

5. *Testament politique*, p. 333.

6. Grillon, I, 1626, n° 333.

7. *Ibid.*, 1626, n° 340.

sentants sont les victimes à l'étranger, notamment de la part des
Anglais sur mer, la fermeture du marché espagnol, les saisies, les
taxes, les actes de piraterie, l'impitoyable concurrence des Anglais et
des Hollandais. La déclaration royale du 1er mars 1627, qui fait la
synthèse des débats de l'assemblée, fixe le cap : « Rétablir le commerce des marchandises, renouveler et amplifier ses privilèges et
faire en sorte que la condition du trafic soit tenue en l'honneur qu'il
appartient, et la rendre considérable entre nos sujets, afin que chacun
y demeure volontiers, sans porter envie aux autres conditions... »
    L'histoire complexe de l'établissement des compagnies de com-
merce – ou plutôt des tentatives de leur établissement –, au cours
des années 1625-1630, livre des résultats pour le moins mitigés.
Leur orientation marquée est l'Amérique du Nord, et particulièrement le Canada, objet d'intérêt depuis les voyages de Samuel
Champlain en 1603. En 1626, émerge un projet de compagnie dite
« du Morbihan ou des Cent Associés » pour la mise en valeur de la
Nouvelle-France, projet grandiose qui reste lettre morte, et est abandonné au profit d'un nouveau dessein : la « Compagnie de la nacelle
de Saint-Pierre fleurdelisée », qui se donne une vocation qui ne va
guère au-delà de l'évangélisation du Canada, cause chère au cœur
des dévots. Le dessein commercial est repris en 1628 avec la Compagnie de la Nouvelle France, mais Champlain capitule en 1629. En
1626 également, est imaginée une compagnie « pour peupler les îles
Saint-Christophe », qui devient, en 1635, Compagnie des Îles
d'Amérique.
    Richelieu ébauche en outre de vastes plans de pénétration com-
merciale de la Perse, mais c'est un échec, car l'ambassadeur en
poste et l'envoyé personnel du cardinal, des Hayes de Courmenin,
ne peuvent s'entendre. Il se tourne alors vers la route du nord,
avec l'idée de pénétrer l'Inde et la Chine. Sa volonté embrasse
tous les azimuts, mais les bénéfices sont limités [1] ; son esprit toujours en mouvement se brise sur la réalité de l'économie et sur la
guerre qui vient. Car, dès le printemps de 1627, des bruits d'armes
se font entendre et le vaste plan de réforme est remis à des jours
plus pacifiques.

    De cette période de grands projets et de belles intentions subsiste
un intérêt nouveau pour la marine, que dénotent des instructions qui,
jour après jour, se multiplient ; même si la France ne peut toujours
pas se passer de recourir aux flottes étrangères, elle éveille malgré
tout la suspicion de l'Angleterre, soucieuse de préserver sa position

---

1. H. Hauser, *La Pensée et l'Action économiques de Richelieu*, Paris, 1944.

maritime. Il reste également un beau texte, le code « Michau », qui tire son sobriquet du prénom de son auteur – Michel de Marillac. Ce chef-d'œuvre législatif est une ordonnance de réforme générale du royaume, et se compose de quatre cent trente articles, traitant de l'administration et de la justice, du droit civil et du droit criminel, de la vénalité des offices, des privilège de la noblesse, des charges civiles et ecclésiastiques qui lui sont réservées, de la discipline militaire, de la fiscalité et des finances, des marchands et de la marchandise. Louis XIII en impose l'enregistrement le 15 janvier 1629, mais, à l'exception de ce qui concerne le commerce et la marine, il ne sera jamais appliqué, d'abord parce qu'il heurte trop de routines et d'intérêts pour que le Parlement y soit favorable, ensuite parce que son exécution aurait demandé un intérêt soutenu que les affaires ne permettront pas [1]. La roue tourne alors au détriment du pieux garde des Sceaux, renvoyant aux calendes grecques son projet réformateur [2].

---

1. Texte dans Isambert, Taillandier, Decrusy, *Recueil général des anciennes lois françaises*, XVI, p. 223-342.

2. C'est d'ailleurs le même sort que connaissent, au-delà des Pyrénées, les « Instructions secrètes » ou « Grand Mémorial », daté du 25 décembre 1624, par lequel Olivarès, en l'espèce plus proche des positions de Marillac que de celles de Richelieu, avait, lui aussi, proposé un plan de réformes administratives, fiscales, économiques, visant à unifier la situation des divers royaumes hispaniques sur le modèle castillan.

6

Le cardinal de La Rochelle

1627. Sur la côte française, une ville révoltée est assiégée par terre et par mer par les troupes françaises, tandis que des bateaux anglais essaient vainement de la secourir. Événement baroque, dont l'écho est dans toutes les mémoires, le siège de La Rochelle mêle héroïsme et ennui, raffinement et cruauté, vie de cour et vie de camp, cela sous les yeux de l'Europe entière. L'épisode représente de fait un moment crucial du ministériat, décisif pour les relations européennes comme pour le petit monde politique du cardinal. Avant d'en venir au cœur de l'affaire, levons le rideau sur les personnages et les intrigues complexes qui, à l'orée de ce drame, agitent les cours européennes.

Au Conseil, ces années 1627-1629 sont, malgré l'échec du réformateur Marillac, celles de la domination des dévots. Ceux-ci, regroupés autour de Marie de Médicis, se sont donné pour mission d'assurer le triomphe du catholicisme rénové par le concile de Trente et, à cet effet, d'aligner la politique de la France sur celle de la très catholique Espagne. Ils ont applaudi à la lutte contre les duels et contre les protestants, voyant dans cette dernière le prélude d'une sorte de croisade par laquelle Français et Espagnols, unis sous la bannière de Rome, éradiqueraient l'hérésie. Richelieu, partisan de l'action qui oblige à se salir les mains, catholique qui regarde du côté des puissances protestantes à la recherche d'alliances utiles, doit trouver sa place auprès de ces mystiques qui entendent jouer un rôle politique actif. Le cardinal-ministre et les dévots n'ont-ils pas toujours su maintenir d'excellentes relations ? L'évêque de Luçon avait, on le rappelle, donné une image de prélat réformateur, et son accession au pouvoir fut favorisée par ses profitables accointances dans le monde de ces zélés catholiques, lesquels entendent bien être payés en retour.

Nous avons parlé de Michel de Marillac, désormais garde des Sceaux, et nous avons à plusieurs reprises côtoyé Bérulle. C'est un homme que Richelieu connaît de longue date, qui a été l'un des artisans de son accession au pouvoir et qu'il a, depuis, associé à la négociation de diverses affaires, comme le mariage anglais, ou encore l'affaire des pamphlets jésuites.

Personnage de peu de prestance, guère séduisant physiquement, avec ses yeux globuleux, sa barbe et sa moustache taillées court, Pierre de Bérulle a un parcours qui n'est pas sans points communs avec celui de Richelieu, tout en étant riche également d'affinités avec celui de Marillac, manifestant, malgré cela, une personnalité irréductible à celle de ses deux contemporains. Il est né en 1575, dans un milieu catholique lié à la magistrature parisienne ; sa famille devrait cette orientation professionnelle au dégoût des armes qu'aurait causé la mort d'un voisin tué en duel par son grand-père. Sa mère, qui l'élèvera après la mort de son père en 1580, est la fille du célèbre président à mortier au Parlement, Pierre Séguier. D'abord voué à l'étude du droit, il s'oriente vers la théologie et est ordonné prêtre en 1599 ; il acquiert rapidement une réputation flatteuse, seconde Du Perron dans sa célèbre controverse avec le pasteur Duplessis-Mornay [1] et rompt des lances avec un autre très célèbre théologien protestant, Pierre Du Moulin. Authentique mystique, Bérulle participe activement à la réforme catholique et à l'essor spirituel du « siècle des saints » ; il est l'artisan de l'implantation en France des carmélites et le fondateur de l'Oratoire [2]. Son modeste refus des dignités épiscopales que lui propose Henri IV ne l'empêchera nullement de jouer un rôle politique grandissant, avec, pour ligne directrice, une unique idée : le triomphe du catholicisme et l'éradication de l'hérésie protestante. Car il ne limite pas son action à la sphère religieuse, mais entend mettre à son service le bras séculier du politique ; pour lui, les réalités de la politique ne doivent en rien entraver le succès du catholicisme, dont le triomphe est l'unique objectif favorisé de Dieu. C'est en fait une véritable

1. Face-à-face oratoire organisé le 4 mai 1600 à Fontainebleau, par un Henri IV converti au catholicisme, entre son vieux compagnon, le pasteur Duplessis-Mornay, qui avait publié un ouvrage attaquant la messe romaine (*De l'institution, usage et doctrine du Saint-Sacrement et de l'Eucharistie*), et l'évêque d'Évreux, Jacques Du Perron, et dont ce dernier sortit vainqueur.

2. « Congrégation de l'Oratoire de Jésus-Christ en France », institut de prêtres fondé par Bérulle le 11 novembre 1611 à l'imitation de celui fondé en Italie par Philippe Néri.

théologie politique que Bérulle, obsédé par la nécessité de rétablir l'unité religieuse du royaume, développe dans ses écrits ; pour lui, foi, mysticisme et engagement politique sont indissociables. De là des projets parfois un peu fous – comme celui d'une coalition des puissances catholiques pour rétablir le catholicisme en Angleterre. Bérulle devient le conseiller privilégié de la reine mère en ce temps qui est pour elle un temps d'influence politique et obtient, lui aussi, en cette année 1627, le chapeau de cardinal, en dépit de sa répugnance pour cette dignité (« Je me vois en une condition qui m'accable et m'abîme, au lieu de m'élever », déclare-t-il alors dans la lettre qu'il écrit au pape Urbain VIII le 24 septembre à cette occasion[1]). Or voici précisément que se présente l'occasion tant souhaitée d'en finir avec les protestants. Les deux prélats vont-ils conjointement et harmonieusement prêter la main à une si sainte cause ?

À la fin de l'année 1626, tandis que se tient l'assemblée des notables, le plus brillant cavalier de la cour de France, Bassompierre, est de retour d'une ambassade en Angleterre et rend compte à Louis XIII d'une situation qui, même décrite en termes diplomatiques, n'a rien de satisfaisant : « Le roi, ayant entendu le rapport de M. le maréchal de Bassompierre, a eu plaisir de savoir que le roi de la Grande-Bretagne, son beau-frère, soit disposé de correspondre à la bonne intention que Sa Majesté a toujours témoigné d'entretenir une bonne et parfaite union entre leurs couronnes, demeure très satisfait des offices que ledit sieur maréchal a employés pour cette fin. Néanmoins […] Sa Majesté a déclaré qu'elle ne pouvait se contenter de ce qui lui a été rapporté…[2] » Ce « néanmoins » est gros de sujets de mécontentement. L'alliance matrimoniale dont Richelieu avait été si fier, loin de tenir ses promesses, est un échec soigneusement entretenu par Buckingham, et l'ambassade que dirige Bassompierre ne peut guère que raccommoder les choses en façade. Les relations franco-anglaises ne cessent de se dégrader. Aux ressentiments entretenus par le favori à la suite de son roman d'amour contrarié avec Anne d'Autriche et du refus que Louis XIII persiste à opposer à sa venue à la cour de France, aux maladresses de l'entourage catholique de la reine Henriette, qui se croit investi de la mission de convertir l'Angleterre au catholicisme, s'ajoute le mécontentement anglais devant les nouveaux desseins maritimes de

1. J. Dagens (éd.), *Correspondance du cardinal Pierre de Bérulle*, III, Paris-Louvain, 1939.
2. Avenel, II, p. 307.

la France, contre lesquels on commence à penser qu'une guerre préventive pourrait être bienvenue ; en clair, l'action maritime de Richelieu contrecarre ses propres efforts pour promouvoir l'alliance franco-anglaise. De surcroît, Soubise, passé en Angleterre depuis sa défaite à Ré, y sollicite une intervention contre la France, cependant que, en liaison avec lui, Rohan, son frère, entretient l'agitation huguenote dans le royaume.

Outre l'Angleterre, l'activité nouvelle déployée par le grand maître de la navigation et le pouvoir absolu dont il entend disposer sur les côtes françaises ne peuvent qu'inquiéter les communautés portuaires, qui voient leurs libertés traditionnelles sur le point de se réduire comme peau de chagrin : en première ligne des menacés et des mécontents, les huguenots de La Rochelle. Leur cité est l'une des plus prospères et des mieux fortifiées du royaume, fière de ses libertés communales, de sa foi protestante et de sa réussite économique ; elle commerce activement avec l'Angleterre, l'Écosse, les Flandres, la mer du Nord et la Baltique, l'Espagne, le Portugal, le Canada et la Nouvelle-Angleterre. Or les Rochelais considèrent, en dépit de l'alliance officielle, que l'Angleterre est leur recours naturel contre le Roi Très Chrétien, à l'endroit duquel leur méfiance ne désarme pas et qui, du reste, continue à maintenir des troupes dans les environs de la ville. Ces motifs de défiance et de mécontentement s'augmentent de ceux, multiples, qui résultaient des traités de paix négociés en 1625-1626, sous l'emprise de la nécessité, pour provoquer à nouveau d'intenses tractations diplomatiques.

Le dedans et le dehors sont, comme à l'ordinaire, imbriqués, et « l'Angleterre s'est insinuée dans nos propres entrailles [1] ». Le protestantisme français, inquiet des tendances catholiques de la politique royale, apparaît désormais aux Anglais être un allié capable de combattre les ambitions françaises, et ce point de vue l'emporte sur la politique dynastique qui avait poussé à l'alliance des deux royaumes. Le roi Stuart et son favori se rallient à cette option politique puritaine, imposée en vérité par un Parlement qui entend limiter leur marge de manœuvre et impulser une politique anticatholique.

Cette politique antifrançaise trouve un écho à Nancy, auprès du jeune duc de Lorraine, le versatile et retors Charles IV, stimulé par la duchesse de Chevreuse maintenant retirée à sa cour et avide de revanche, ainsi qu'auprès du remuant duc de Savoie Charles-Emmanuel Ier, dans l'entourage duquel le comte de Soissons rumine

1. Richelieu, *Mémoires*, éd. SHF, VII, p. 54.

ses rancunes. Les deux petites puissances ont intérêt à jouer les entremetteurs pour tirer leur épingle du jeu avec avantage. On perçoit ce que les affaires italiennes avaient déjà largement démontré : le rôle stratégique de ces micro-États sur l'échiquier européen. Ils ne cessent d'être objets de rivalités de la part des grandes puissances, et leur situation géographique en fait des enjeux fort convoités.

La Savoie, membre du cercle d'Empire du Haut-Rhin, était gardienne des cols alpins, et son duc, qui avait hérité du titre en 1580 et cherchait maintenant à s'en faire reconnaître roi, était tiraillé entre la France et l'Espagne et toujours prompt aux volte-face. Au tout début du XVIIe siècle, Charles-Emmanuel Ier avait, dans le jeu des alliances européennes, pris parti pour l'Espagne contre Henri IV. À l'issue d'une courte guerre, il avait dû accepter les conditions de la France et, par le traité de Lyon (17 janvier 1601), lui abandonner la Bresse, le Bugey, le Valromey et le pays de Gex, ce qui avait obligé les Espagnols à rechercher plus à l'est un passage pour leurs troupes, et promu la question valteline au rang du problème européen que l'on sait.

Dans le même esprit, la Lorraine, pays prospère aux foires de réputation européenne, où triomphe la Contre-Réforme, joue, par sa situation géographique comme par son passé prestigieux, un rôle important dans la politique étrangère européenne. Tant sur le plan dynastique que sur le plan stratégique, elle constitue un pion mouvant, avec lequel le jeu sera souvent des plus difficile [1].

La méfiance envers la France est bien sûr partagée par l'Espagne, qui, première puissance maritime du temps, conçoit une préoccupation identique à celle de l'Angleterre : toutes deux voient d'un fort mauvais œil la France se mettre en état de contester leur domination sur mer. Pourtant, la course de vitesse diplomatique que la France va bientôt engager avec l'Angleterre, et qui s'avérera décisive dans le jeu des forces entre les deux nations, a précisément pour objet la bienveillance espagnole. Et le principal artisan de ce jeu tactique n'est autre que Pierre de Bérulle.

Bérulle, en qualité de chargé des Affaires d'Espagne et des relations avec l'ambassadeur de France à Madrid, du Fargis – connu pour ses attaches avec les reines et les dévots –, intervient avec conviction au Conseil : pour lui, la seule manière de venir à bout du soutien que l'Angleterre persiste à apporter aux protestants français est justement de faire alliance avec l'Espagne pour, enfin, mener cette politique de reconquête catholique qu'il appelle,

1. M.-C. Vignal-Souleyreau, *Richelieu et la Lorraine*, Paris, 2004.

comme tous les dévots, de ses vœux. Cette option paraît l'emporter : signé à Madrid le 20 mars 1627 entre le pouvoir espagnol et du Fargis, négociateur et représentant du Roi Très Chrétien, ratifié en France un mois plus tard, un *nouveau traité*, expressément dirigé contre l'Angleterre, lie Philippe IV et Louis XIII [1]. L'Espagne en attend deux choses : priver les Hollandais de l'appui français (en fait, cela n'empêchera nullement le renouvellement du traité par lequel la France fournit des subsides aux Provinces-Unies) ; se donner les moyens de consacrer son énergie à la réforme intérieure voulue par Olivarès (réforme qui ne verra jamais le jour).

Pour lors, un tel renversement d'alliances ne peut que satisfaire Rome ; d'où la rapide élévation cardinalice de Bérulle et, sans doute, quelque dépit secret de Richelieu, plus politique et partisan de la feue alliance anglaise, et qui demeure fort méfiant envers l'Espagne. Le principal ministre n'hésite pas, ainsi, à blâmer du Fargis d'avoir signé avec précipitation un traité qui n'engagera l'Espagne qu'à compter du printemps 1628. En fait, dégager sa responsabilité lui permet de ménager l'ex-allié anglais tout en ne s'aliénant pas les dévots.

Ces manœuvres n'endiguent pas, cependant, son scepticisme. Il sait en effet que l'Espagne, qui reste proche de l'Angleterre lorsqu'il s'agit de contrer les efforts maritimes auxquels il travaille assidûment, ne peut être qu'un allié fort peu empressé. Mais, et c'est plus grave, il sait aussi avec plus ou moins de certitude que des préparatifs maritimes sont en cours, depuis le début de l'année, en Angleterre ; leur destination exacte n'est pas claire, mais à coup sûr la France en est la cible ; si jamais les Anglais obtenaient l'appui de l'Espagne, ils seraient inévitablement gagnants.

Le traité de Madrid est aussi l'occasion de liquider le pamphlétaire Fancan. L'utile rédacteur est devenu en effet excessif et gênant : ses invectives contre le parti des zélés catholiques ainsi que ses idées anti-espagnoles ouvertement exprimées font maintenant de lui un traître. Embastillé pour relations coupables avec l'étranger, il deviendra l'un des plus virulents détracteurs de Richelieu ; d'autres plumes se relaient au service du cardinal, au sein de collaborations plus ou moins durables et harmonieuses.

En outre, ce traité, dont le but avoué est l'intérêt du catholicisme, accroît encore la défiance générale des huguenots : à leurs yeux, il

---

1. En fait, il s'agit d'une demi-mesure puisque le traité prévoit que l'entrée en guerre de l'Espagne n'interviendra pas avant le printemps de l'année suivante, ce dont Richelieu blâme officiellement du Fargis.

prélude à une reprise des persécutions, ce qui les pousse à faire appel à la protection de leurs coreligionnaires anglais.

Tous les pions sont maintenant en place. Le drame rochelais, pour la seconde fois – après l'épisode Soubise de 1625 –, va pouvoir se jouer ; l'ampleur en sera néanmoins, cette fois-ci, tout autre [1].

Le 10 décembre 1626, Richelieu écrit à Razilly, qui est au Havre, ces lignes rassurantes : « Je n'ai rien à vous dire sur le sujet que vous me mandez des Anglais, sinon qu'il y a grande différence entre les bruits qui courent et les desseins qu'on a. On ne pense pas de deçà à leur faire la guerre, mais seulement à empêcher qu'ils ne déprèdent impunément nos marchands [2]. » Fort de ses attributions navales, le ministre-amiral ne reste pourtant pas inactif. Il sait bien que toutes les difficultés des protestants français trouvent leur abcès de fixation à La Rochelle. C'est pourquoi son souci va d'abord à la défense des côtes de la ville, veillant notamment à ce que les îles alentour ne puissent servir de base logistique aux Anglais ; il fait acheminer des troupes à Oléron et charge Toiras, ancien favori du roi éloigné par Richelieu et connu pour sa bravoure, de la fortification de Ré. Les précédents épisodes de rébellion rochelaise avaient mis en évidence la nécessité de fortifier cette île en forme de huit, où deux forts avaient été construits : l'un, dit fort Saint-Martin, sur la côte nord, proche de la rade du même nom ; l'autre, dit fort de la Prée, au sud-est, et au nord-ouest de la rade de La Pallisse.

Or, pendant que se déroulent les tractations avec l'Espagne, Buckingham parvient à équiper une flotte pour répondre aux appels au secours des Rochelais. Il est environ six heures du matin, le 20 juillet 1627, quand les guetteurs de l'île de Ré aperçoivent une vingtaine de voiles à l'horizon ; à la fin du jour, il y en a cent vingt, soit cinq escadres. Buckingham, de son vaisseau amiral, rédige un manifeste pour faire connaître les motifs de l'attaque, expliquant que l'alliance française est entendue par le roi protestant d'Angleterre comme impliquant le maintien du protestantisme de France. Le lendemain, les Anglais débarquent à Sablanceaux, à l'extrême pointe est de l'île, et Toiras, dans l'incapacité de les arrêter, se replie au nord, dans le fort Saint-Martin où il se retrouve bientôt assiégé.

À la lecture de la correspondance de Richelieu [3], on prend la pleine mesure des incertitudes et des insuffisances de son informa-

1. F. de Vaux de Foletier, *Le Siège de La Rochelle*, La Rochelle, 1978.
2. Avenel, II, p. 305.
3. *Ibid.*, p. 394.

tion face à l'accélération des événements. Au fidèle Guron, seigneur de Rechignevoisin, gouverneur de Marans, qui veille sur Oléron, il donne, dès le 12 février, avis d'une menace anglaise sur Ré ou Oléron, on ne sait encore. Le 3 mars, il est rassurant : « L'alarme n'est plus si chaude qu'elle a été il y a huit jours. Nous avons eu avis d'Angleterre que la délibération en laquelle ils savent qu'on est de s'opposer à leurs entreprises les attiédit. » Le 12 mars, la tonalité est la même : « Les Anglais nous donneront plus de temps que nous ne pensions au commencement. » Le 28 mars, l'optimisme de la lettre : « Tous les jours nous avons nouveaux avis de la mauvaise volonté des Anglais », est modéré par le post-scriptum : « Depuis ce que dessus écrit, on a eu avis que les Anglais font état de venir avec des vaisseaux d'environ deux cents tonneaux, et arriver en Brouage avec une grande marée… On tient cet avis difficile, mais cependant on en avertit pour qu'on y prenne garde, car il est certain que les Anglais ont quelque dessein sur Brouage. »

En avril et mai, les nouvelles deviennent de plus en plus précises. Le 9 avril : « Les avis des Anglais continuent toujours. Nous sommes assurés qu'ils ont volonté d'entreprendre ; mais il y a à douter de la puissance. » Le 16 avril : « … les avis de la descente des Anglais continuent et nous en avons de tout frais qui nous avertissent qu'ils doivent partir le 20 de ce mois de Porsemus [Portsmouth]. Ils portent toutes sortes de bannières pour entrer dans les ports comme amis et faire leur descente par surprise. » Le 2 mai : « Les avis qui m'ont ci-devant été donnés que les Anglais avaient dessein d'exécuter quelque entreprise aux côtes de ma province de Poitou et autres lieux circonvoisins m'ayant été de nouveau confirmés… » À la fin du mois, le 28 mai : « On a de nouveaux avis que la flotte d'Angleterre se grossit tous les jours et attend le temps de partir. On est averti qu'outre les vaisseaux de guerre, ils chargent de petits vaisseaux de blé, qui est infailliblement pour jeter dans La Rochelle. »

Le 28 juin, laissant à Paris la reine mère instituée régente pour les provinces situées au nord de la Loire, le roi se met en route pour prendre le commandement de l'armée constituée par précaution en Bas-Poitou. Il tombe cependant malade non loin de la capitale, à Villeroy-en-Brie. Richelieu, resté au chevet du roi, annonce à Toiras dans une lettre du 2 juillet que le duc d'Angoulême assurera le commandement des troupes, ajoutant : « Je ne puis croire qu'ils viennent ni en Ré ni en Oléron. » Le 17 juillet, il dispose enfin de l'avis certain du départ de la flotte anglaise ; le 27, il écrit à Toiras en lui donnant l'assurance que rien ne sera oublié à son endroit ; il demeure alors dans l'ignorance de sa situation d'assiégé depuis six jours. Les Anglais ont débarqué sur Ré, et Toiras est enfermé dans un fort inachevé et peu ravitaillé ; sans secours, il ne pourra tenir longtemps. La nouvelle ne parvient à Villeroy que le 30 juillet, soit dix jours après le début des opérations, compte tenu du délai normal d'acheminement des nouvelles ; il faut dès lors réagir en urgence, c'est-à-dire dans des délais analogues…

Ce qui va se produire ensuite, essayons de le raconter en tenant compte de la présence ou de l'absence de Richelieu sur le terrain, car, selon le cas, ses informations seront différentes et ses réactions différées ou immédiates, enfin ses possibilités d'action soit effectives et directes, soit indirectes et peu contrôlables. En outre, pour la première fois depuis que le cardinal a accédé au pouvoir, Richelieu et le roi vont être séparés et le ministre va assumer des fonctions militaires et être durablement coupé des administrations parisiennes comme, temporairement, de la cour et de ses dangereuses intrigues. Il pourra éprouver, en ces circonstances, la solidité de la confiance royale.

Toiras est condamné à tenir, car il faut occuper et fixer les Anglais jusqu'à ce que l'armée royale se soit déployée autour de La Rochelle. La ville est en effet située dans une anse protégée par des îles – Ré, Aix et Oléron. À marée haute, son port est accessible aux navires ; à marée basse, seules les embarcations légères y sont admises. Le chenal qui y donne accès est encadré par deux tours et fermé par des chaînes. Gardée par la mer à l'ouest, la ville, enclose de fortifications, bénéficie au nord et au sud de la protection des marais.

Louis XIII étant malade, on décide de ne pas l'informer, et c'est Richelieu qui prend l'initiative d'une intense activité financière et logistique dans le but de se procurer de l'argent pour ravitailler et secourir Toiras. Le cardinal met son propre crédit au service de l'entreprise, empruntant sous son nom plus d'un million de livres, allant jusqu'à engager ses bagues et pierreries. Il négocie à nouveau âprement avec le clergé de France afin d'obtenir sa contribution financière dans cette nouvelle lutte contre l'hérésie. Il lui faut avant tout prévoir la défense de la côte et fortifier Oléron où, à la différence de Ré, improductive, les Anglais auraient trouvé de quoi subsister et dont la prise aurait interdit tout secours à Toiras ; il faut encore tenter de négocier avec La Rochelle. La ville a accueilli les arrivants sous la contrainte de la vieille duchesse de Rohan, laquelle a fait ouvrir les portes de la ville à ses fils, qui, passés, comme on l'a vu, en Angleterre, participent à l'opération ; Soubise y est maintenant installé ; la place ravitaille les Anglais. Le blocus terrestre de la ville est dès lors envisagé.

Ce sont alors quinze jours fébriles d'envois de dépêches et d'émissaires, d'ordres pour l'exécution desquels l'indisposition du roi est un handicap cruel, Richelieu le sait bien : « Il est vrai qu'il fallait donner des ordres si puissants et si prompts pour pourvoir à cet orage que cela méritait bien qu'ils vinssent de la personne même du roi[1]... » Le 29 août, enfin, Louis XIII est en état d'aller au Conseil et d'apprendre les nouvelles, alors que les premières barques de secours parviennent à Toiras. Monsieur est alors nommé lieutenant général pour entreprendre le siège de La Rochelle et part, en se faisant tirer l'oreille, le 28 août de Paris. La pluie de dépêches continue, tandis que l'on négocie de tous côtés pour trouver du crédit.

Cependant que les assiégés de Ré (augmentés des femmes et des enfants du bourg de Saint-Martin, refoulés dans le fort où ils constituent des bouches supplémentaires à nourrir) et leurs assaillants rivalisent de bravoure, on lance sur mer des actions héroïques de ravitaillement et d'évacuation des femmes et des blessés. Ce n'est que le 12 septembre que Louis XIII, accompagné de son principal ministre, de Michel de Marillac, d'Herbault, secrétaire d'État aux Affaires étrangères, et d'Effiat, arrive sur le front devant La Rochelle ; le roi s'installe à Aytré, Richelieu, non loin, à Pont-la-Pierre. On peut dès lors envisager une solution plus radicale, qui consisterait dans le débarquement d'une armée de secours sur l'île pour en chasser les Anglais. Le roi se montre heureux de participer aux discussions et aux choix tactiques, et d'organiser l'entreprise qui sera conduite à partir d'Oléron par le maréchal de Schomberg.

L'affaire tourne au succès, puis au triomphe : au moment où les Anglais considèrent sa capitulation comme certaine, le fort Saint-Martin est d'abord secouru par un audacieux coup de main, puis, après un dernier assaut infructueux du 6 au 8 novembre, les Anglais sont repoussés par Schomberg qui est enfin parvenu à passer sur l'île. Buckingham, désormais en butte à l'hostilité de l'opinion publique anglaise, renonce, et, accompagné de Soubise, est de retour en Angleterre le 12 novembre. Ce n'est que sur le chemin de retour qu'il rencontre la faible escadre de secours qui lui était destinée...

Les Espagnols, en dépit de leurs promesses d'assistance navale toujours différée, ont été les grands absents de l'affaire (« Leur secours dont ils avaient fait grand bruit sans qu'on en vît aucun effet[2] », écrira ironiquement le cardinal)... On les remercie néanmoins pour leurs bonnes intentions, et leur flotte arrive le 28 novembre,

1. *Mémoires*, éd. SHF, VII, p. 102.
2. *Ibid.*, p. 271.

vingt jours après la défaite anglaise ! Le geste a été fait, mais volontairement trop tard, tout le monde a pu s'en rendre compte. Richelieu marque des points face à Bérulle.

« Cependant Sa Majesté, considérant que les Anglais étant
défaits, elle n'avait plus affaire qu'à La Rochelle, se résolut à la blo-
quer de toutes parts, de sorte que rien n'y pût entrer tant par mer que
par terre [1]. » Après le premier épisode qui s'est déroulé sur l'île de
Ré, on passe à la deuxième phase : le siège de La Rochelle à proprement parler. En fait, celui-ci avait bel et bien commencé : le 10 septembre – soit deux jours avant l'arrivée du roi –, l'artillerie de la
ville, constatant que l'on travaillait aux ouvrages avancés du détesté
Fort-Louis, était entrée en action. Ce n'est rien de moins qu'une
guerre civile qui reprend alors, avec des Rochelais en rébellion
contre l'autorité royale. Monsieur, quant à lui, n'a rien à faire de ce
nouveau siège qui s'annonce ; il quitte le camp et retourne noncha-
lamment vaquer à ses plaisirs parisiens. Pour le cardinal, le dilemme
est différent : soit rester sur place et avoir l'œil à tout – l'armement,
l'habillement, le logement, le paiement, la discipline et même la
dévotion des troupes, l'hygiène du camp, les conflits au sein du
commandement et, naturellement, la tactique –, soit avec le roi
regagner Paris, le centre de la vie politique, le siège de La Rochelle
ne suspendant point le temps et n'empêchant pas les autres affaires
de se poursuivre en France comme en Europe.

Il est intéressant de constater que les mobiles de sa décision, tels
que les expose lui-même Richelieu, incluent autant de considérations de haute stratégie « politique » que de règlements de comptes
personnels, fondés sur de possibles « cabales », comme sur des
relations de propos divers qui lui sont rapportés. Écoutons-le se
parler à lui-même : « Que l'évêque de Nîmes parlant à celui de
Mende, lui dit qu'il craignait, si La Rochelle était prise, qu'elle
n'emportât les îles avec elle, c'est-à-dire qu'on estimât qu'il les
fallût raser, ce qui montrait qu'on craignait la prise de La Rochelle.
Que Toiras avait mandé si souvent au cardinal qu'il ne fallait guère
tenir Sa Majesté en cet air ici ; qu'il n'était pas sain ; ce qu'il ne
pouvait mander à autre fin, sinon pour détourner l'entreprise de
La Rochelle [2]... »

Parmi les problèmes immédiats auxquels le roi et son ministre
sont confrontés, il y a ces susceptibilités qu'il leur faut apaiser avant
d'espérer organiser le commandement. Ce n'est pas un mince problème que d'imposer à tous une égale discipline : Toiras, auréolé de

1. *Ibid.*, p. 275.
2. *Ibid.*, p. 282.

son héroïque résistance, refuse de rentrer dans le rang et s'occupe à courir le lièvre entre l'armée royale et les défenses rochelaises ; Bassompierre et Schomberg répugnent à servir sous le duc d'Angoulême ; Schomberg accepte finalement une égalité avec ce dernier, mais Bassompierre s'obstine, nargue l'autorité, répétant à qui veut l'entendre : « Nous serions bien sots de prendre La Rochelle », puis obtient d'avoir son commandement séparé.

La ville n'est pas facile à assiéger : fort bien fortifiée, elle ne possède pas de véritable point faible. On décide d'établir une ligne de circonvallation [1] en fer à cheval, allant d'une rive à l'autre de la baie, et englobant le Fort-Louis. Rarement on n'avait vu une grande armée aussi disciplinée, vers laquelle les volontaires affluent (y compris des protestants). Cependant cette foule qui bloque la ville côté terre est impuissante à effectuer un blocus maritime, alors que c'est précisément de la mer que la ville attend du secours. On décide donc de s'attaquer au chenal d'accès au port. Mais comment s'y prendre ? En 1621 déjà, la question s'était posée, et une solution avait été proposée par l'ingénieur italien Pompée Targone, lequel avait imaginé un dispositif de batteries flottantes et de pontons reliés par des chaînes. Les plus grands stratèges du temps s'étaient alors accordés à trouver la chose irréalisable. Mais le projet est repris en septembre par Targone, dont les travaux ne semblent pas en mesure de résister à l'océan, puis par Clément Métezeau, architecte-ingénieur du roi, et Jean Thiriot, maître maçon, qui le transforment en une digue de pierre de près d'un kilomètre et demi, ne laissant qu'un étroit passage aux flots, au centre du chenal, passage que l'on pourrait fermer avec des barques coulées et reliées entre elles par des chaînes. Le projet est aussitôt mis à exécution sous la direction du cardinal et de Louis XIII, qui paie de sa personne et met lui-même la main à la pâte. La flotte française, hâtivement réunie par le grand maître de la navigation, complète le dispositif. Dès lors, le prince de l'Église se fait généralissime : il revêt une cuirasse étincelante sur un habit de soie pourpre. Son allure est toujours noble et militaire ; il parle et agit en guerrier et impose sa volonté avec fermeté. Le tableau d'Henri Motte, qui le représente pensif sur la fameuse digue, n'a pas peu contribué, au xixe siècle, à diffuser cette image héroïque de Richelieu [2]. En réalité, les Rochelais ne semblent jamais s'être beaucoup souciés de cet ouvrage mythique, souvent

1. La ligne de circonvallation est une ligne de terrassement qui enceint à la fois la place assiégée et le campement des assiégeants, de manière à prévenir les secours des assiégés venant de l'extérieur.
2. Henri Motte (1846-1922), *Richelieu sur la digue de La Rochelle*, 1881, musée des Beaux-Arts de La Rochelle (voir cahier hors texte).

dégradé par les coups de mer, et qui n'aurait constitué qu'un faible obstacle pour une flotte anglaise déterminée. Quant à Bérulle, utopie faite homme, ce n'est pas de la digue qu'il attend le succès du siège, mais, plus simplement, d'un miracle qui obligerait la ville non seulement à se rendre, mais surtout à se convertir au catholicisme !

La vie au camp s'organise : l'administration y a pris ses quartiers et s'emploie à l'élaboration d'un nouveau règlement du Conseil (3 janvier) ou encore d'un projet d'arrêt du Conseil traitant des archives royales (18 janvier) ; le roi y donne audiences aux ambassadeurs. La vie de cour y déploie ses fastes, et Bassompierre s'y montre à la hauteur de sa réputation de seigneur le plus raffiné de l'entourage royal ; le cardinal, lui, soutient sa réputation de lettré et écrit à Malherbe au sujet de son *Ode au roi allant châtier la rébellion des Rochelais*. Plus prosaïquement, il faut gérer le ralliement de Rohan à la révolte dans ce Languedoc où on délègue Condé, si heureux de rentrer en grâce qu'il est plein de zèle pour le service du roi ; il apparaît bientôt que les huguenots du Midi ne sont pas en mesure de faire diversion et de faire lever le siège.

« Le roi est gai comme s'il se trouvait dans le plus beau lieu du monde », écrit Richelieu à la reine mère[1] ; toutefois le souverain, toujours versatile, semble bientôt se décourager et se détourner d'une entreprise de trop longue haleine. Pour Noël, il s'est rendu à Surgères pour y toucher les écrouelles ; on parle déjà de son retour à Paris. C'est que le siège s'enlise, la bataille qui pourrait permettre d'emporter la ville apparaît de plus en plus improbable ; Louis s'ennuie. Là encore, ses mobiles sont étrangers à la haute politique : on parle de sa jalousie à l'égard de son frère, de son désir de chasser en des régions plus propices à cette royale activité. Pour Richelieu, c'est un très gros problème : si Louis XIII le quitte, on conclura facilement à sa disgrâce, les troupes seront démoralisées et le parti adverse conforté ; le roi ne sera plus sous son influence directe ; il n'aura plus accès à lui que par de lents courriers, et un nouveau favori est un danger toujours possible et redoutable... Le 10 février, pourtant, le roi quitte le camp et promet son retour pour le mois suivant. Chose inouïe : c'est à Richelieu (qui franchit à nouveau allègrement la frontière censée séparer hommes d'Église et hommes de guerre) qu'il confie la lieutenance générale ! Le cardinal n'est pas partie prenante de la hiérarchie militaire et échappe donc à ses paralysantes rivalités et intrigues. Mais on ne se prive pas de murmurer dans le camp que cette confiance est toute relative et que le roi,

---

1. Lettre du 11 décembre 1627, Avenel, II, p. 751.

sceptique, et, comme à son ordinaire, ambigu et dénigreur, aurait estimé que le lieutenant général ne serait pas plus respecté des militaires qu'« un marmiton ».

Cependant, dès qu'elle devient effective, cette séparation est pour les deux hommes un révélateur de l'état de leurs relations. Richelieu la dépeint en ces termes au cardinal de La Valette : « Le bon naturel du roi l'oblige à faire un tour à Paris, et quelques difficultés qui se sont rencontrées ici, lesquelles Sa Majesté appréhendait qu'elles pussent faire dissiper son armée, l'ont convié à me commander de demeurer ici, et m'y donner pouvoir en son absence et celle de Monsieur. J'étais un zéro, qui en chiffre signifie quelque chose quand il y a des nombres, et maintenant qu'il a plu au roi me mettre à la tête, je suis le même zéro qui, par mon jugement, ne signifiera rien [1]. » Voilà qui exprime clairement sa situation de « créature » du roi !

On se quitte à Surgères dans la gêne et l'incertitude : l'issue du siège est encore fort incertaine, le roi conçoit des remords de son abandon et en veut donc au cardinal. Mais, dès qu'il est seul, Louis éprouve le besoin de témoigner à son ministre des sentiments plus rassurants. Si la parole royale reste peu aisée, la correspondance lui permet de s'épancher et de faire paraître quelque chose qui ressemblerait à de l'amitié. La mise en forme écrite, due à Guron, laisse fort bien transparaître le bégaiement royal : « Dites-lui de ma part que je n'oublierai jamais le service qu'il me rend de demeurer ici. Je l'estime si grand que je ne l'oublierai jamais. Je sais bien que si ce n'eût été pour soutenir mes affaires qu'il ne l'aurait pas fait, parce qu'il quitte son repos et s'expose à mille travaux pour me servir ; mais assurez-le que je ne l'oublierai jamais. Au reste, s'il veut que je croie qu'il continue toujours à m'aimer, dites-lui que je ne veux plus qu'il aille aux lieux périlleux où il va tous les jours ; que je le prie qu'il fasse cela pour l'amour de moi ; et qu'il considère combien sa personne m'est nécessaire et combien il m'importe de le bien conserver ; qu'il aie soin de sa santé... [2] »

Le soir même, c'est le roi en personne qui écrit avec sa simplicité coutumière : « Je n'ai su vous rien dire en vous disant adieu à cause du déplaisir que j'ai eu de vous quitter [...]. Vous pouvez vous assurer toujours de mon affection et croire que je vous tiendrai ce que je vous ai promis jusqu'à la mort. Il me semble, quand je songe que vous n'êtes plus avec moi, que je suis perdu [3]... »

1. Lettre du 11 février 1628, *ibid.*, p. 61.
2. À Guron, 10 février 1628, Grillon, III, p. 58.
3. R. Mousnier, *L'Homme rouge...*, p. 349.

Immédiatement, Richelieu, qui peut un temps se sentir favori au sens affectif du terme et en est inondé de bonheur, répond avec « passion » : « Sire, il m'est impossible de manquer de témoigner à Votre Majesté le déplaisir que j'ai d'être absent d'elle pour un temps. Je proteste devant Dieu que l'affliction que j'en reçois est plus grande que je n'eusse su me la représenter, et ce qui devrait me consoler est ce qui m'afflige davantage ; étant vrai que les témoignages qu'il vous plut hier me rendre et de votre bonté et de votre tendresse en mon endroit, tant par vous-même que par le sieur de Guron, font que les sentiments que j'ai pour me voir, pour un temps, éloigné du meilleur maître du monde me percent tout à fait le cœur. Je ne saurais jamais assez dignement reconnaître tant d'effets de sa bienveillance, que j'avoue ne pouvoir mériter, que par la passion démesurée que j'aurai toujours, plus encore à la prospérité de sa personne que de ses affaires, pour lesquelles cependant je la puis assurer que je tiendrais ma propre vie bien employée si j'avais lieu de la perdre pour les avancer[1]. »

Et naturellement le cardinal, n'ayant osé, par respect, prendre son parasol pour assister au départ du roi, fut incommodé par le soleil et tomba malade de sa fièvre tierce habituelle. De son lit, il continue à presser l'entreprise, tout en lisant dans la vie d'Alexandre le Grand de Quinte-Curce le récit de la construction d'une digue devant Tyr. Il adresse au roi des rapports minutieux : « Pour la digue, on a toujours travaillé avec soin, mais ce travail eût été de peu d'effet si les vaisseaux maçonnés qu'on a fait venir de Bordeaux ne fussent arrivés hier au nombre de vingt-six, vingt desquels ont été enfoncés, qui bouchent entièrement le canal… Il s'est sauvé quatre soldats de bonne mine de La Rochelle, et tous s'accordent qu'ils n'ont espérance qu'aux grandes marées de mars ou au secours des Anglais, n'ayant de vivres que jusqu'à Pâques[2]. » Apparemment, tout se passe bien et les généraux préfèrent voir commander le cardinal que d'être soumis à l'un d'entre eux. On vit la routine des escarmouches, de la traque des espions et l'ennui, à quoi s'ajoute, pour Richelieu, le souci des intrigues lointaines qui peuvent lui aliéner l'esprit du roi sans qu'il puisse rien faire pour s'en défendre. Parfois, la patience lui fait encore défaut : comme l'y incite le père Joseph, il se décide à tenter un coup de main par surprise pour mettre la ville conquise au pied du roi quand celui-ci reviendra. Il se met lui-même à la tête des troupes dans la nuit du 12 au 13 mars 1628, mais c'est un échec total : les artificiers chargés d'ouvrir les

1. 11 février, Grillon, III, p. 59.
2. Avenel, III, p. 40.

portes de la ville ont perdu leur chemin... Les autres tentatives auront le même sort ; ce sont même les assiégés qui effectuent plusieurs sorties. Il faut se résoudre à attendre que le blocus fasse son œuvre de mort lente.

Le doute s'insinue dans l'esprit du cardinal, d'autant que les nouvelles de Paris ne sont pas bonnes : il apprend que la reine mère lui est de plus en plus hostile, critique sa stratégie, son rôle militaire ; qu'une cabale s'est formée pour retenir le roi loin de l'armée. Le cardinal de La Valette se croit même obligé de lui mander qu'il ne répond pas de la continuation de son crédit, à moins qu'il ne se rende au plus tôt auprès du roi, obsédé par les sollicitations continues de ses ennemis. Et tandis qu'il patauge dans cette boue que depuis Luçon il connaît si bien, son moral est au plus bas.

Le roi tient pourtant parole et revient au camp le 24 avril, au lendemain de Pâques. Aussitôt le cardinal reprend vie et redevient son collaborateur de tous les instants. Il quitte son quartier du Pont-de-Pierre pour aller loger au château de La Sauzaie où l'air est censé être meilleur. On laisse faire le temps ; les assiégeants ont quasiment renoncé aux attaques et les assiégés ont maintenant cessé les sorties. Dans le camp, le moral remonte, d'autant plus que les nouvelles sont enfin bonnes ; dans la ville assiégée, en revanche, il n'y a pas de miracle et les effets de la pénurie se font sentir : on n'y voit point d'autre salut qu'anglais, et c'est d'ailleurs le bruit d'une nouvelle attaque anglaise que les Rochelais demandent à cor et à cri qui a motivé le retour rapide du roi. Après de difficiles négociations, la ville a en effet conclu un accord avec l'Angleterre, tout en préservant son allégeance à la couronne de France : Charles Ier s'est engagé à la secourir et à continuer la guerre jusqu'à ce qu'elle retrouve tous ses droits bafoués par Louis XIII ; c'est pour lui une question d'honneur, qui s'allie fort bien avec son intérêt d'une France affaiblie. Encore lui faut-il obtenir d'un Parlement de plus en plus hostile des moyens qui font cruellement défaut, ces moyens qui seraient nécessaires à tous les grands projets que Buckingham roule dans sa tête, et qui se heurtent à la misère de la réalité et au mécontentement général qui monte à son endroit.

À La Rochelle, le 31 mars, on élit un nouveau maire, le dénommé Jean Guiton, ancien amiral de la ville ; il deviendra le symbole de la lutte héroïque et désespérée de la cité, de sa résistance acharnée au prix d'une dictature impitoyable [1]. Deux jours plus tard, une nou-

---

1. Cette dictature est résumée par les paroles qu'on lui prête lors de son élection : « Je serai maire, puisque vous le voulez, à condition qu'il me sera permis d'enfoncer ce poignard dans le sein du premier qui parlera de se rendre... » (F. de Vaux de Foletier, *Le Siège de La Rochelle*, p. 175.)

velle escadre anglaise, réunie à la hâte et commandée par le comte de Denbigh, un amiral dépourvu de toute expérience militaire et navale et dont le seul titre de gloire est d'être le beau-frère de Buckingham, est en vue. Le peuple sort en foule, sûr d'être enfin secouru, car, à la faveur de la nuit, cette flotte va assurément venir jusqu'au port. Or l'attaque anglaise ne vient pas, les Anglais prétendant que c'est aux Rochelais de forcer le blocus et de les rejoindre en mer ; tout au plus, le 18 mai, l'escadre se met-elle en mouvement, s'approche et tire une bordée en direction de la digue avant de s'éloigner et de disparaître à l'horizon. La population constate ce que savait déjà le conseil de la ville : le refus anglais d'attaquer, et la nécessité d'entamer des négociations avec les assiégeants.

Pour Richelieu, le triomphe est total, stratégique et personnel. Il a voulu s'embarquer et le roi le lui a lui-même interdit : « Vous savez ce que je vous ai dit plusieurs fois, que si je vous avais perdu, il me semblerait être perdu moi-même [1]. » Que rêver de mieux !

Désormais l'issue ne fait plus de doute. Dieu est avec l'armée royale, qui a renvoyé au large la flotte anglaise, et qui accorde le miracle de la guérison d'une femme muette quand, à l'occasion de la Pentecôte, le roi touche les écrouelles. Pour les assiégés, comment négocier quand l'assiégeant se révèle inflexible et repousse même les femmes et les enfants, que les fugitifs sont pendus et qu'en ville on voit des espions partout ? Bientôt, la mort ravage la population. Pourtant, même si la ville est divisée entre partisans de la résistance et tenants de la capitulation, les survivants ne se rendent pas pour autant ; à l'image de leur maire et de l'indomptable duchesse de Rohan, on se nourrit de cuir bouilli pour survivre, tout en poursuivant les prières publiques quotidiennes pour le salut du roi. Dans le camp, véritable cité militaire encerclant la ville, la vie monotone du siège reprend donc. Louis XIII et Richelieu s'occupent à maintenir la discipline ; revues, prises d'armes et entretien de la digue, mais aussi exercices religieux occupent les troupes. Dans l'esprit des assiégeants, le camp devient la figure de la cité de Dieu face à l'hérésie expirante.

En septembre, le cardinal reçoit enfin deux émissaires de la ville chargés de s'enquérir des conditions royales. Sa stratégie est simple : la reddition est requise, et il n'y a pas même à en parler ; en revanche, il consent à s'instruire des propositions des assiégés. Les émissaires ne sont porteurs d'aucune. Sa colère étudiée est terrible : lui infliger un pareil dérangement et n'avoir rien à proposer ! Puis, subitement, il se fait aimable : la ville peut toujours espérer en la

1. Grillon, III, p. 293.

clémence du roi ; contre sa reddition, elle pourrait conserver pleine liberté de culte et ceux de ses privilèges qui ne vont pas à l'encontre de l'autorité du roi, c'est-à-dire ses avantages économiques et non militaires ou politiques.

Parvenus à la dernière extrémité, les Rochelais persistent à espérer en Buckingham. En dépit de la réputation d'imprenabilité de la digue et du climat de plus en plus insurrectionnel, celui-ci s'emploie personnellement à monter une nouvelle expédition de secours lorsqu'il est assassiné par un certain John Felton, un puritain fanatique qui avait naguère participé à la descente sur Ré. Un émissaire de la reine Henriette apporte la nouvelle au camp devant La Rochelle ; on ne le croit pas tout d'abord, mais l'information est confirmée. Pour autant, le désengagement anglais, alors espéré, ne se produit pas ; Charles Ier hâte même la préparation de la nouvelle expédition.

Le 28 septembre 1628, une flotte réapparaît au large des côtes françaises ; elle est placée sous le commandement du comte de Lindsey, un chef de capacité avérée, mais aux prises avec un matériel déplorable et des troupes démobilisées ; Soubise, encore une fois, participe à l'expédition. Les Rochelais, qui parlaient de capituler, ravalent leur opinion, et, du côté français, on se prépare avec enthousiasme à combattre enfin ; tout ce qui compte dans la noblesse française afflue pour être de l'événement. Le 3 octobre, les navires sont en ligne de bataille face à la côte et à l'armée du roi de France, mais ils ne manifestent aucun esprit d'offensive ; il en est de même le lendemain et, le surlendemain, le gros temps les repousse au large, tandis que l'insubordination de ses troupes oblige Lindsey à entrer en négociation avec les assiégeants. En vain, car, pour le roi de France, il ne saurait être question qu'une puissance étrangère s'interpose entre lui et ses sujets. À la vue des allées et venues de bateaux parlementaires entre les flottes française et britannique, il devient évident pour la ville qu'elle ne peut plus compter sur une offensive salutaire ; il ne lui reste que la reddition sans condition, ou, du moins, aux conditions que le roi veut bien octroyer. Il ne s'agit plus de paix à signer, mais de grâce à obtenir.

Richelieu se paie encore une fois le luxe d'apparaître comme le partisan de la clémence et l'artisan de la modération royale ; c'est lui, avec le garde des Sceaux, qui accueille les représentants de la ville venus se jeter aux pieds du roi. La Rochelle décimée est occupée sans pillage ni violence et il peut, le premier, y faire son entrée avec le nonce le 30 octobre pour ordonner à Guiton de quitter ses fonctions, de congédier ses archers et de disparaître de sa vue, avant d'y célébrer la messe le jour de la Toussaint. Au camp, le roi touche les écrouelles, avant de faire, à son tour, son entrée solennelle dans la ville ce 1ᵉʳ novembre après-midi. Vêtu d'un manteau rouge et armé, le cardinal, qui s'est porté à sa rencontre, chevauche immédiatement derrière lui. C'en est fait de l'autonomie politique de la ville reconquise par le catholicisme. On rase la plupart des fortifications, y compris Saint-Martin-de-Ré qui avait fait la preuve de son caractère inexpugnable, et la mesure est largement étendue aux régions voisines ; pour le reste, les Rochelais survivants gardent la vie, leurs biens et la liberté de leur conscience. Le 4 novembre, c'est le départ de la flotte anglaise (ironie du sort : dans les jours qui suivent une tempête ravage la digue, ce qui aurait permis le ravitaillement de la ville). Elle s'éloigne définitivement le 10. Le roi et le cardinal s'en vont, le roi le 17 novembre, le cardinal le 19.

La paix anglaise sera signée le 24 avril 1629, rétablissant l'alliance franco-anglaise et confirmant les articles du contrat de mariage de Charles et Henriette « pour être exécutés de bonne foi » ; mais, avec la chute de La Rochelle, les Anglais sont privés de leur tête de pont dans le royaume, et une intervention de leur part y semble désormais exclue. Seul, dans le sud, Rohan persiste à appeler les Anglais puis les Espagnols au secours d'une cause huguenote bien mal en point, tant militairement que politiquement.

La chute de La Rochelle a un formidable retentissement à travers toute l'Europe. Le siège égale les plus grands exploits antiques ; c'est le triomphe de Louis le Juste, célébré par une floraison littéraire et une imagerie poétique qui associent le roi vainqueur et son sage conseiller, une iconographie à décrypter où on a pu voir « une sorte de métaphore dépliée d'un seul monarque en deux personnes [1] »...

« Va navire, ne crains, ton pilote est un Dieu :
Jamais ancre ne fut en un plus Riche-Lieu. »

Telle est l'inscription que porte une gravure représentant le roi et le cardinal partant en bateau de La Rochelle pour s'en retourner à Paris. L'association du ministre et du roi (et parfois de Gaston) est un thème iconographique largement exploité, où s'exprime l'alliance étroite entre les deux personnages, mais où, parfois, le cardinal s'émancipe, tout comme quand il était resté seul devant la ville. Dans tous les cas, ce n'est que l'ouvrier heureux de la gloire du roi que l'on magnifie. Par une déclaration envoyée dans les provinces, Louis XIII fait savoir que c'est « avec le conseil, singulière prudence, vigilance et laborieux service de son très cher et bien-

---

1. F. Bardon, *Le Portrait mythologique à la cour de France sous Henri IV et Louis XIII*, Paris, 1974.

aimé cousin le cardinal de Richelieu » qu'il a obtenu ce triomphe. Un triomphe que le ministre se doit d'avoir modeste, car le roi et lui peuvent toujours s'opposer : le 2 novembre, à propos de la démolition des murailles de la ville à laquelle Richelieu se refuse, Louis XIII lui impose vertement sa volonté. Mais, pour tous, il est bien désormais la voix autorisée de son maître, lequel a pris goût aux victoires militaires qui apportent à son règne cette gloire qui le grise. L'ambassadeur vénitien écrit alors : « Si le roi est monarque en France, le cardinal en est le patron [1]. »

Le pape Urbain VIII, qui se sent moins livré à une Espagne elle-même dépitée dans son jeu de la duplicité, s'associe à ce concert de louanges : « Les suffrages unanimes des nations portent jusques au ciel le nom du cardinal de Richelieu. » Il n'est pas exclu qu'à cette occasion celui-ci ait fugitivement pensé obtenir une délégation de l'autorité pontificale sous la forme d'une légation permanente. Quoi qu'il en soit de ses ambitions en ce domaine, par sa ténacité contre La Rochelle, il a donné des gages à la cause catholique et apparaît comme le possible chef du parti dévot, et sa popularité comme tel semble à son zénith. Marie de Médicis lui offre le château de Bois-le-Vicomte. Les princes protestants sont, quant à eux, inquiets, car on pense que la France va se rallier au camp de la Contre-Réforme. Et pourtant c'est vers la guerre aux catholiques qu'on se dirige…

Pour l'instant, la reconnaissance pontificale profite à l'élévation familiale : la cour de Rome passe outre aux constitutions de Jules III, interdisant la nomination de deux cardinaux de la même famille, et, compte tenu des services rendus à la chrétienté par le vainqueur de La Rochelle, accède à son désir de voir son frère Alphonse, l'archevêque de Lyon, l'égaler en dignité ecclésiastique ; celui-ci devient donc également cardinal.

Fontenay-Mareuil raconte que Richelieu eut lui-même l'idée d'écrire l'histoire si glorieuse du siège de La Rochelle, mais qu'il préféra finalement s'en remettre à d'autres auteurs, qu'il guida naturellement de ses conseils [2]. Bornant son appréciation au domaine politique, le *Testament politique* pourra ultérieurement célébrer l'événement comme un triple succès : contre les huguenots et les Anglais, bien sûr, mais aussi contre l'Espagne : « Vous attaquâtes ensuite La Rochelle et la prîtes après le siège d'un an de durée, et Votre Majesté se conduisit avec tant de prudence qu'Elle sut bien que les Espagnols ne désiraient ni la prise particulière de cette place, ni en général la prospérité de ses affaires. Jugeant que la seule appa-

1. Dépêche de Zorzi, 27 octobre 1628.
2. *Mémoires*, p. 183.

rence de leur union lui pouvait servir dans la réputation du monde et qu'Elle ne ferait pas peu si, par un traité, Elle les empêchait de se joindre aux Anglais qui étaient pour lors ses ennemis déclarés, Elle en passa un qui produisit le seul effet qu'Elle s'en était promis. Les Espagnols, qui n'avaient autre dessein que de vous donner de simples apparences à l'ombre desquelles ils pussent en effet traverser les desseins de Votre Majesté et la prise de cette ville, animèrent autant qu'il leur fut possible les Anglais à la secourir. [...] Cette assurance donna l'audace aux Anglais d'en tenter par deux fois plus hardiment le secours et la gloire à Votre Majesté de la prendre par ses seules forces à la vue d'une puissante armée navale qui, après deux combats inutiles, eut la honte de se voir entièrement privée de ses fins. Ainsi, en même temps, l'infidélité et les ruses d'Espagne furent sans effet et celles des Anglais surmontées d'un même coup [1]. »

Les dévots, qui ont tout d'abord célébré la chute de la capitale protestante comme un triomphe de la Contre-Réforme, se rendent vite compte que Richelieu ne va pas jusqu'au bout de cet écrasement de l'hérésie qu'ils appellent de leurs vœux passionnés, et qu'il ne cherche qu'une victoire qui lui laisse les mains libres à l'extérieur pour s'opposer à l'Espagne, en laquelle il voit toujours l'adversaire principal de la France, ainsi que pour reprendre pied dans les affaires de l'Empire où les protestants ne semblent pas en mesure de résister à l'empereur. Le siège de La Rochelle tel que l'a conduit et conclu le cardinal ne pourra pas être interprété comme la dernière des guerres de Religion !

D'ailleurs, en dépit de la spectaculaire mais brève embellie qui suit la prise de la ville, rien n'allait plus vraiment entre les Espagnols et le cardinal depuis la conclusion de l'alliance anglaise. Même le traité de Monçon sur la Valteline avait mécontenté le pape et l'Espagne, donc les dévots, qui avaient commencé à se grouper autour de Marie de Médicis, elle-même de plus en plus insatisfaite de Richelieu, sa créature, qui lui échappe chaque jour davantage et prend de plus en plus d'emprise sur l'esprit de son fils.

Que penser en effet de ces harangues-programme dont est prodigue le cardinal victorieux : « Maintenant que le roi, par sa force et par sa clémence, a mis par terre les bastions et fortifications de cette place, c'est à nous à vaincre, par bon exemple, par raison et par douceur, la dureté des cœurs de ceux qui jusqu'ici avaient été dans l'hérésie et dans la rébellion tout ensemble [2] » ? Ce refus de la conversion par la violence constitue chez cet ecclésiastique décidé-

1. *Testament politique*, p. 50-51.
2. Avenel, III, p. 166.

ment atypique une position invariable qui ne peut donner satisfaction aux Bérulle, Marillac et autres catholiques zélés. Une fois le parti huguenot vaincu comme force politique, il ne va pas plus loin, ayant assurément tiré les leçons de l'intolérance, source de guerre civile. Il fait confiance à la force logique de la controverse pour vaincre l'hérésie : « Je pensais, durant ce siège, à retirer de l'hérésie par la raison ceux que le Roi retirait de la rébellion par la force. [...] Pour réussir à ce dessein, je me proposais dès ce temps-là de chercher quelque voie plus courte que celle que l'on avait suivie [1]. » Telle est l'origine d'un ouvrage auquel il travaillera jusqu'à sa mort, son *Traité qui contient la méthode la plus facile et la plus assurée pour convertir ceux qui se sont séparés de l'Église*, texte dont on aura à reparler. C'est finalement tout autant par l'éclat des mots, dont le maniement lui est si aisé, que par le choc des armes du roi qu'il entend contribuer à la plus grande gloire de Dieu.

Le voilà donc glorieux, mais fort suspect, d'autant que c'est maintenant contre la très catholique Espagne que ce cardinal d'enfer envisage de retourner les armes du Roi Très Chrétien : comment concilier ou séparer politique et religion, telle est la révolution mentale, ou plutôt le scandale auquel les contemporains de Richelieu vont devoir se soumettre, à moins d'être démis. Mais, pour l'heure, la cause est encore loin d'apparaître comme gagnante ; il faut y rallier Louis XIII, et la dévotion n'est-elle pas la première des vertus du roi qui, de l'aveu même de son ministre, « y est si porté par son inclination et si confirmé par l'habitude de la vertu qu'il n'est pas à craindre que jamais il ne s'en sépare [2] » ?

---

1. Richelieu, *Traité qui contient la méthode la plus facile et la plus assurée pour convertir ceux qui sont séparés de l'Église*, livre I, chap. I.
2. *Testament politique*, p. 191.

7

Le roi, sa mère et son ministre

Alors que l'armée royale était immobilisée devant La Rochelle, les affaires européennes poursuivaient leur cours ; l'Italie a opéré son retour au premier plan de l'actualité. Le 26 septembre 1627, en effet, meurt Vincent II de Gonzague, duc de Mantoue. Il laisse pour héritage son duché et le marquisat de Montferrat, deux fiefs d'empire, territoires stratégiques car contenant deux forteresses clés, Mantoue et Casal – capitale du Montferrat –, commandant les débouchés alpins sur la plaine du Pô. L'héritier qu'il a désigné est un prince français, Charles de Gonzague, duc de Nevers. Ce personnage, nous l'avons déjà rencontré comme l'un de ces opposants nobles à la régente auxquels Richelieu avait été confronté lors de son premier passage au pouvoir ; il est également un partisan irréductible de la croisade contre les Infidèles. Son installation à la tête de ces États italiens constitue un danger direct pour l'Espagne. L'empereur lui refuse logiquement l'investiture, et les troupes espagnoles, sous la conduite du gouverneur du Milanais, Gonzalès de Cordova, mettent le siège devant Casal.

De son côté, le duc de Savoie, qui revendique l'héritage du Montferrat au nom de sa petite-fille Marguerite (dont le père était frère du défunt duc), entend tirer profit de la situation et s'allie à cette fin à l'Espagne ; en contrepartie de son soutien, cette dernière exige la fermeture du passage des Alpes aux Français, afin de leur interdire de soutenir militairement le nouveau duc de Mantoue. Naturellement, ce dernier en appelle au roi de France, dont la protection lui est assurée depuis les traités de Cambrai et de Vervins, et les autres États italiens, qui se sentent menacés par les Habsbourg, souhaitent l'intervention française. Va-t-on pouvoir rétablir le renom de la France en Italie et revenir sur le peu glorieux *statu quo* naguère négocié à Monçon ? Tant que La Rochelle résiste, on ne peut que négocier et temporiser pour tenter de retarder le rapprochement entre l'Espagne et la Savoie. Ce premier siège terminé, celui de Casal prend le relais dans les préoccupations de Richelieu qui retrouve des enjeux analogues à ceux qu'il avait connus avec la Valteline, mais l'affaire est rendue encore plus épineuse par les prétentions hostiles de la Savoie et l'implication des Impériaux.

Cependant, à l'intérieur du royaume, tous les problèmes n'ont pas été réglés : restent les protestants du Midi, des finances en fâcheux état et des troupes fatiguées. La politique raisonnable semble consister à achever ce qui a été si bien mené jusqu'ici, autrement dit consacrer toutes les forces encore disponibles à extirper l'hérésie, comme le veulent tant les catholiques zélés. Cet objectif demande d'établir de bonnes relations avec Madrid, et non de s'aventurer encore une fois hors des frontières, en Italie, pour s'opposer à l'Espagne, avec le risque d'une guerre européenne qui découlerait de ces aventures, et qui ajournerait encore la réforme intérieure. À la fin de 1628 et au début de 1629, s'ouvre ainsi un grand débat de politique générale.

Du côté des dévots, on entend tirer tout le parti du triomphe de La Rochelle afin de se saisir du pouvoir. Une fois la mainmise obtenue sur le Conseil, les dévots envisagent de poursuivre l'alliance avec l'Espagne, meilleure manière d'imposer le catholicisme en Europe. Le projet reçoit l'appui d'Anne d'Autriche ; quant à la reine mère, elle est d'autant plus encline à laisser agir Madrid dans l'affaire de Mantoue qu'elle éprouve, à titre personnel, une extrême antipathie pour le duc de Nevers. Ce dernier a en effet participé à la révolte des Grands contre son gouvernement dans les années 1616-1617 ; de surcroît, son cher Gaston, devenu veuf après la mort en 1627 de la duchesse de Montpensier – soit un an après leur mariage –, s'est mis en tête d'épouser la fille du duc, Marie de Gonzague, alors qu'elle-même entend lui faire épouser une princesse florentine. Nevers aurait même aggravé son cas en faisant remarquer l'antériorité princière des Gonzague sur les Médicis... Une deuxième fois, la question du mariage de Gaston vient donc troubler le jeu politique ; ce ne sera pas la dernière.

En attendant, cette ligne suppose que l'on renonce à intervenir en Italie, ce qui veut dire perdre les avantages si difficilement maintenus en Valteline, et se priver d'un prestige international permettant de peser sur les affaires d'Allemagne. Richelieu ne peut s'accommoder d'un tel renoncement ; dans le même temps, et malgré l'ascendant qu'il a pris sur le roi, il désire ne pas rompre avec Marie de Médicis. L'alternative paraît simple : soit un retrait de la scène européenne ; soit, en affirmant son soutien à Nevers, non seulement une crise personnelle majeure avec la reine mère, mais sans doute encore, à plus ou moins long terme, la guerre européenne. Le cardinal cherche à tâtons une solution de conciliation : conjuguer une brève intervention italienne avec la lutte contre les protestants. C'est ce qu'à la fin de 1628 il entend défendre devant Louis XIII.

L'importance de l'affaire de Mantoue vient de ce qu'elle jette une lumière crue sur des oppositions que personne ne peut plus affecter d'ignorer : à la conception confessionnelle de la diplomatie de Marie de Médicis et de son entourage qui entendent affirmer la priorité des affaires du dedans se heurte de front l'option inverse que Richelieu propose au roi. Au Conseil du 26 décembre prennent place, autour de ce dernier, Marie de Médicis, Richelieu, Marillac, Schomberg, les secrétaires d'État, et Bérulle, chef du conseil de la reine mère. Les champions des deux camps s'affrontent : Marillac et Bérulle, soutenus par la reine, s'opposent à Richelieu et Schomberg. L'issue de ce face-à-face est décisive : les historiens placent en effet traditionnellement ici la ligne de partage dans la politique étrangère du règne de Louis XIII.

Car l'offensive dévote échoue. Louis XIII se persuade que l'intervention de soutien au duc de Nevers constitue pour lui un devoir moral ; il décide de prendre personnellement la tête d'une expédition de secours en direction de Casal, afin de ne pas laisser son frère, qui réclame le commandement en échange de l'abandon de ses projets matrimoniaux, se couvrir d'une gloire militaire que le roi veut pour lui. Gaston, dépossédé de son commandement, en conçoit un vif dépit et en fait retomber la responsabilité sur le cardinal, alors que celui-ci semble avoir davantage souhaité que le roi reste à Paris afin de contrôler sa mère.

Malgré cette victoire politique, la position de Richelieu est loin d'être facile. À l'opposition des reines, aux critiques de Bérulle et de Marillac et à l'hostilité de Gaston, s'ajoute, encore, la rancœur de la coterie des princes et des Grands : mal remis de l'échec de la conjuration de Chalais, ils voient d'un fort mauvais œil monter toujours plus haut l'étoile du détesté prélat. En outre, le départ du roi et du cardinal vers l'Italie est l'occasion d'une nouvelle régence pour la reine mère ; elle reçoit une fois de plus le gouvernement des provinces « en deçà » (autrement dit au nord) de la Loire, et sera de ce fait consultée pour toute décision importante.

Le cardinal joue alors une nouvelle carte. L'avant-veille du jour fixé pour le départ, le 13 janvier 1629, il demande à Louis XIII un entretien « pour le bien de ses affaires », au cours duquel, en présence de la reine mère et du confesseur du roi, le père Suffren, il lit solennellement et commente un mémoire de plus de vingt pages composé par lui[1]. Alors, comme si une digue s'était rompue dans son esprit après le triomphe rochelais, toute réserve est balayée : « Il représenta à Sa Majesté que, maintenant que La Rochelle était prise, si elle voulait se rendre le plus puissant monarque du monde et le prince le plus estimé, elle devait considérer devant Dieu et examiner soigneusement et secrètement, avec ses fidèles créatures, ce qui était à désirer en sa personne et ce qu'il y avait à réformer en son État. »

Richelieu expose d'abord un programme politique propre à séduire Louis XIII. À l'intérieur, il faut achever la ruine de la rébellion protestante, prendre Castres, Nîmes, Montauban et les autres places de Languedoc, Rouergue et Guyenne ; il faut raser celles qui n'ont pas d'utilité stratégique réelle ; de manière plus générale, il faut « prendre en main le gouvernement, abaisser et modérer les parlements […], faire obéir les grands et les petits, remplir les évêchés de personnes capables, racheter le domaine engagé et augmenter son revenu ». À l'extérieur, ensuite : « Fortifier la France, lui ouvrir des portes pour entrer dans les États de ses voisins et les garantir des oppressions d'Espagne » ; « se rendre puissant sur la mer qui donne entrée à tous les États du monde » ; munir Metz, s'avancer jusqu'à Strasbourg, « mettre Genève en état d'être un des dehors de la France », acheter la souveraineté de Neuchâtel au duc de Longueville ; obtenir de la Savoie le marquisat de Saluces ; entretenir trente galères en Méditerranée ; penser à la conquête de la Navarre et de la Franche-Comté… Bref, c'est le tableau d'un règne glorieux comme Louis XIII en rêve ! À condition toutefois qu'il en soit digne : car à la fresque grandiose de la politique à mener, succède l'état au vrai de la personnalité du roi, avec ses petitesses et ses mesquineries, ainsi que la critique du caractère de sa mère qui lui est, pour l'occasion, associée.

Louis est prompt, soupçonneux, jaloux, susceptible d'aversions passagères, volontiers dénigrant, d'humeur instable, peu appliqué aux affaires, plus disposé à se soucier de détails que de l'essentiel, indifférent à l'exécution des lois, manquant de libéralité envers ses serviteurs, prenant un plaisir pervers à la sévérité… Quant à Marie, elle est également versatile, du fait « de son naturel qui, de soi-même, est ombrageux et qui, ferme et résolu aux grandes affaires, se blesse aisément pour peu de chose, ce qu'on ne peut éviter, parce qu'il est impossible de prévoir ses désirs… »

1. Avenel, III, p. 179-213.

Cette énumération de tout ce que redoute Richelieu en forme de portraits critiques de Leurs Majestés se conclut sur une nouvelle offre de retrait des affaires que refuse laconiquement le souverain étrillé : « Après que le roi eut tout entendu avec autant de patience que l'humeur de la plus grande part des grands en donne aux plus importantes affaires, il dit au cardinal qu'il était résolu d'en faire profit, mais qu'il ne fallait point parler de sa retraite [1]. »

Pari risqué, mais pari gagné, du moins sur l'instant. Marie de Médicis n'a certes rien dit, mais elle est de plus en plus ulcérée de la façon dont se comporte celui qu'elle a porté au pouvoir ; il ne lui aurait servi à rien ce jour-là de s'opposer à la décision du roi et à son désir de gloire militaire, mais elle ne désarmera plus. Quant à Louis, l'essentiel de ces recommandations à usage personnel se retrouvera quelque dix ans plus tard dans le *Testament politique*, preuve que le cardinal n'entendra plus lui lâcher la bride, même après sa mort [2]. Sera-ce pour lui supportable sur la longue durée ? Pour le moment du moins, la confiance qu'il semble accorder à son principal ministre oblige les courtisans à mettre une sourdine à leur mécontentement.

Sans doute Louis XIII est-il admiratif de la puissance d'analyse d'un homme capable, dans l'entrelacs des affaires qui le sollicitent, d'identifier une priorité, de s'y tenir et de tout y subordonner, voire y sacrifier, sans états d'âme. En l'occurrence, Richelieu lui impose et impose au royaume le choix décisif de la politique étrangère et de la lutte contre la maison d'Espagne, choix auquel il sacrifie la réforme, renvoyée après la conclusion de la paix : « Il faut avoir en perpétuel dessein d'arrêter le cours des progrès d'Espagne [3]. » Avant de quitter Paris, le Conseil peut bien adopter le vaste plan de réformes préparé par Michel de Marillac, le fameux « code Michau », les dés sont jetés : on l'a dit, il ne sera pas appliqué ! L'heure est à l'affirmation guerrière de la gloire du roi. Précisons : il ne s'agit pas de mener une politique de conquête territoriale – d'ailleurs le mot « conquête » ne figure pas dans le vocabulaire usuel du cardinal –, mais bien d'amener Louis XIII au rang de « plus puissant monarque du monde », en en faisant le protecteur de la chrétienté dans le cadre d'une politique qui, si elle use d'alliances protestantes, demeure fondamentalement catholique, entend affaiblir les Habsbourg et détruire leur union, non les écraser.

1. *Mémoires*, éd. SHF, IX, p. 13-17.
2. *Testament politique*, 1re partie, chap. VI « qui représente au roi ce qu'on estime qu'il doit considérer à l'égard de sa personne », p. 191-201.
3. « Avis donné au roi après la prise de La Rochelle pour le bien de ses affaires » (13 janvier 1629), Grillon, IV, p. 24-47.

Tout auréolés de la gloire de La Rochelle, le roi et le cardinal se mettent en route le 15 janvier. À nouveau les deux protagonistes du ministériat vont devoir œuvrer, alternativement, ensemble et séparément. Pour éviter la peste qui sévit à Lyon, Louis s'achemine par la Champagne et la Bourgogne avec le dessein de s'assurer au passage de la fidélité de ces provinces frontières. Il fait son entrée à Troyes le 21 janvier : La Rochelle vaincue est figurée par Niobé pleurant ses enfants ; à Chalon-sur-Saône, où le rejoint le cardinal, la ville abattue est représentée par Cerbère foulé aux pieds par Hercule. Au duc de Lorraine qui l'y rejoint également et lui fait présent de chiens de chasse, Louis XIII signifie que, pour lui, ce divertissement passe désormais après la gestion des affaires de l'État ; à tout bon entendeur de faire son profit de cette détermination ! À Grenoble, on déploie une intense activité pour assurer la logistique du passage des Alpes. On gravit le mont Genèvre le 28 février sous la neige ; on s'embarque dans des « ramasses », « espèce de chaise derrière laquelle est celui qui la conduit[1] », pour dévaler les pentes enneigées. « Il neige ici continuellement, le lieu est le plus laid qui se puisse trouver au monde, mais personne ne s'y ennuie », écrit depuis Oulx à la reine mère le cardinal, lequel doit se sentir bien loin de son Poitou crotté[2]. On demande le passage au duc de Savoie qui semble peu coopératif et, les négociations traînant en longueur, on décide de passer en force par la vallée de la Doire, au pas de Suse. Le 6 mars, les trois barricades établies par les Savoyards au-dessous du fort de Gélase sont, selon la propagande française, balayées par le roi à la tête de ses troupes, alors que l'épisode, dont l'impact fut effectivement énorme, semble davantage avoir consisté en une fuite sans combat des Savoyards ; le lendemain, on occupe la ville de Suse : Charles-Emmanuel doit accepter de négocier pour arrêter l'avancée française.

Le 11 mars, Richelieu et le prince de Piémont, Victor-Amédée, fils du duc Charles-Emmanuel, signent un traité ouvrant à l'armée royale l'accès à Casal et permettant le ravitaillement de la place. Ce sont ensuite la scène familiale des retrouvailles entre Louis XIII et sa sœur Christine de Savoie – épouse de Victor-Amédée –, l'entrevue du roi avec le duc, pour l'occasion plat et flagorneur, puis celle du duc et du cardinal, qui voit en lui un « singe des grands rois[3] » à qui il entend tenir la bride haute, ne témoignant aucune confiance dans les multiples propositions du Savoyard, lequel cherche à

1. Pontis, *Mémoires*, éd. Petitot, II, p. 104.
2. Avenel, III, p. 237.
3. *Mémoires*, éd. SHF, IX, p. 179.

entraîner la France pour son plus grand profit vers Genève ou Gênes. Dans la nuit du 15 au 16 mars, les Espagnols lèvent le siège de Casal ; Louis XIII approvisionne la place et la renforce ; Toiras y prend position comme gouverneur avec trois régiments. Le 19 avril, la France, Venise, le pape, les ducs de Savoie et de Mantoue se réunissent contre l'Espagne et se déclarent pour le maintien du duc de Mantoue à la tête de ses États. La France est de retour en Italie avec éclat, et l'honneur en revient sans partage à Louis XIII, le héros du pas de Suse.

Le 24 avril intervient un second succès diplomatique : la paix avec l'Angleterre. Charles Ier ayant définitivement abandonné les huguenots, on peut leur porter le coup de grâce, et faire ainsi retour aux affaires intérieures. Le 30 avril, Louis XIII est de retour dans son royaume ; admiré et redouté, il s'emploie à lever la dernière hypothèque huguenote et il y a urgence car l'Espagne est toujours active : le duc de Rohan a conclu à Madrid, le 3 mai 1629, un traité lui assurant une pension annuelle de quarante mille ducats d'or. Demeuré outre-monts comme « généralissime » Richelieu règle, sans illusions, les dernières conventions avec le duc de Savoie, dont la malice et l'industrie surpassent, selon lui, celles de Lucifer, puis se met en route, repasse les Alpes *via* Oulx et Gap, et finalement, avec neuf mille hommes, rejoint le souverain en Languedoc, le 19 mai, sous les murs de Privas. La place protestante investie par l'armée royale capitule au bout de dix jours ; la prise et le sac de la ville ont un effet dévastateur sur le moral des huguenots. Aubery, biographe-thuriféraire du cardinal, tempère l'atrocité de l'épisode par le récit des belles actions de son héros qu'il nous montre prenant un soin particulier à arrêter les désordres : bien que malade, il monte à cheval, sauve l'honneur de douze jeunes filles, puis ressuscite quasiment un enfant de sept mois trouvé par un soldat dans les bras de sa mère morte ; il le fera élever sous le nom commémoratif de Fortunat de Privas [1]. Au désordre et au carnage le cardinal oppose la loi de l'ordre et la douceur de la charité.

Les huguenots se rendent, et, le 28 juin 1629, par l'édit de grâce d'Alès confirmé en juillet par l'édit de Nîmes, Louis XIII leur octroie, sans discussion ni négociation, une paix qui met un point final aux guerres de Religion. Les protestants perdent toutes leurs places de sûreté et doivent en détruire les murailles à leurs dépens ; mis à part ses clauses politiques, l'édit de Nantes est remis en vigueur ; le duc de Rohan doit, pour sa part, sortir du royaume contre cent mille écus ; il se rend à Venise. Le parti protestant est

1. Aubery, p. 106.

décapité et de cela les dévots peuvent être satisfaits, même si les modalités de la paix leur paraissent encore une fois trop modérées. En fait, à équidistance entre l'édit de Nantes (1598) et la reprise des persécutions par Louis XIV (1679), c'est une véritable tolérance civile qui est enfin menée à bien, avec un réalisme tout politique [1].

Richelieu, quant à lui, se félicite de la manière dont l'affaire a été conclue. Il écrit, le 29 juin 1629, à Marie de Médicis : « Je m'assure que Votre Majesté aura une extrême joie, non seulement de ce que le roi a donné la paix à ses sujets, mais de la façon avec laquelle elle est faite. Le roi n'a point fait la paix avec ses sujets, comme il avait été fait par le passé, mais il leur a donné grâce. Au lieu des villes de sûreté qui leur demeuraient, toutes celles qui ont été jusques ici entre leurs mains seront rasées [2]… » C'est l'idée force sur laquelle il revient à plusieurs reprises dans sa correspondance : « Autrefois on faisait des traités avec les huguenots, maintenant le roi leur a accordé grâce. Autrefois les chefs des partis rebelles avaient des établissements particuliers, et M. de Rohan sort du royaume et s'en va à Venise », écrit-il à Condé, le 30 juin [3]. À bon entendeur…

Cette paix d'Alès, dans ce qu'elle a de trop favorable aux protestants aux yeux des dévots, a enfin le mérite de provoquer de la part des États protestants européens un retour d'affection en faveur de la France et de remettre en selle l'alliance anglaise. Quant aux événements qui ont précédé, ils ont bien montré la duplicité espagnole, dont la dévotion s'accommode du soutien aux protestants, ce qui enlève quelque eau au moulin des dévots, tout en en ajoutant à celui de Richelieu qui engrange des arguments dont il saura bientôt faire usage pour persuader Louis XIII.

Mais, en dépit de la grande remontrance qu'il a subie de la part du cardinal en janvier, celui-ci n'a amendé ni sa versatilité ni son impatience. Quand Richelieu le prie de demeurer à l'armée jusqu'au jour de l'entrée dans Nîmes, cela lui semble insupportable et il s'en plaint de manière à faire céder le cardinal ; Louis annonce alors que personne ne pourra l'empêcher de faire son entrée dans la ville à la tête de ses troupes : en être dispensé lui est aussi odieux que d'y être contraint. Le cardinal a le désagrément de constater une fois de plus ce qu'il ne sait que trop : sa position et la politique à mener dépendent du roi et sont à la merci de ses sautes d'humeur !

1. F. Bluche, *Richelieu*, p. 166-169.
2. Grillon, IV, p. 434.
3. *Ibid.*, p. 437.

Accablé par la chaleur méridionale, Louis XIII regagne la capitale, et c'est le principal ministre qui, une fois de plus, reste sur le terrain à la tête des troupes afin d'assurer l'exécution de la grâce royale accordée aux huguenots, et de pacifier le Languedoc. Pour en administrer l'éclatante démonstration, une ville doit encore se soumettre : Montauban, la ville « compagne de La Rochelle », qui, en 1621, avait infligé un cuisant échec à Luynes, et refuse maintenant d'abattre ses fortifications comme la paix d'Alès lui en fait obligation. Bassompierre reçoit l'ordre de l'investir, mais la seule approche du cardinal produit l'effet attendu : la cité demande à rentrer en grâce. Richelieu fait halte à Albi où il prend le temps d'admirer la cathédrale Sainte-Cécile ; le jubé retient particulièrement son attention, avec sa pierre blanche si bien travaillée qu'il doute de sa réalité ; il se fait donner une échelle et, montant quelques degrés, entreprend de s'assurer qu'il ne s'agit pas de plâtre en la raclant avec un couteau...

De ces journées, ses *Mémoires* nous ont conservé un récit plus politique, insistant autant sur la pacification de la province que sur la soumission de Richelieu à l'autorité royale. Écoutons-le qui, à Albi justement, reçoit les députés montalbanais et les remercie « de la confiance qu'ils témoignaient avoir en lui, laquelle il savait bien n'avoir autre fondement que celle qu'il plaisait au roi prendre en sa fidélité ». Le 20 août, entré en ville, il constate l'enthousiasme des habitants : « Ils lui offrirent le dais qu'il refusa, bien qu'ils lui dissent qu'ils avaient accoutumé de l'offrir à leur gouverneur. » La notation n'est pas fortuite : il faut y voir l'expression, affirmée devant les habitants, de la non-participation du ministre à la sacralité du pouvoir royal qui est l'apanage exclusif du roi, lequel, visitant Montauban en 1632, y fera, quant à lui, son entrée sous un dais. Au roi, Richelieu rend fièrement compte de son entrée le 21 août 1629 : « Sire, je n'aurais point pensé avoir dignement satisfait au commandement qu'il a plu à Votre Majesté me faire demeurer après elle en ces quartiers, si elle n'eût eu une puissance aussi absolue dans Montauban qu'elle a sur toutes les autres villes qui se sont remises en son obéissance. J'ai estimé que pour cet effet il était du tout [tout à fait] à propos que j'y entrasse avec les marques de son autorité [1]. » Mais Marillac, le 4 septembre, lui fait part de ce qui ne fut certainement pas perçu comme un détail négligeable : « J'ai remarqué que votre modestie au fait du dais lui a été fort agréable. » Surtout, ajoutent les *Mémoires* de Richelieu, « parmi toutes ces acclamations, le cardinal eut un soin très particulier de faire

1. Grillon, IV, p. 560.

connaître à tout le monde que la seule bénédiction de Dieu et la bonne conduite du roi étaient cause de tant de signalées actions et grands et avantageux succès qui, depuis deux ans, étaient arrivés en ce royaume. Il n'oubliait pas à représenter qu'on ne pouvait lui en attribuer aucune gloire, si ce n'est parce que les grands rois prenaient souvent plaisir de faire part des honneurs qui n'appartenaient qu'à eux seuls à leurs plus confidentes et fidèles créatures, ainsi que le soleil départ la lumière qui n'est propre qu'à lui aux autres astres qui d'eux-mêmes n'en ont point. Il leur faisait connaître que s'il méritait louange, c'était seulement pour avoir fortement et constamment suivi les intentions du roi et fidèlement exécuté ses volontés. Il témoignait ouvertement que, s'il recevait les louanges qui lui étaient données, c'était parce qu'elles retombaient toutes sur le roi, en tant que le cardinal n'avait rien fait que par ses ordres [1]… »

Face aux pasteurs du consistoire, il se donne même le luxe de se présenter en simple homme de lettres pour les traiter comme tels : « Il les écouta avec bonté et leur répondit qu'ils ne faisaient pas corps d'Église et qu'il ne les recevait que comme gens de lettres qu'il aimait et qui lui seraient toujours agréables [2]. » Puis, comme à son ordinaire, il se fait artisan de clémence pour accorder aux Montalbanais diverses décharges financières contre leur soumission et l'exécution de la démolition de leurs fortifications, points sur lesquels il n'y a pas lieu de transiger.

« Tout ploie sous le nom de Votre Majesté. [...] On peut dire maintenant avec vérité que les sources de l'hérésie et de la rébellion sont taries [3]. » La marche de Richelieu à travers le Languedoc est donc triomphale ; il apparaît comme le pacificateur du royaume, mais, en dépit de ses succès militaires, son esprit est déjà ailleurs. « Je puis bien demeurer quelque temps après le roi pour voir l'acheminement de cet ouvrage ; mais d'y être toujours, je ne pense pas que ce fut la volonté de Sa Majesté ni le bien de ses affaires, étant peut-être moins inutile auprès d'elle qu'à faire ici un long séjour qu'un autre peut faire aussi bien que moi [4]. » Avant même le départ du roi, Richelieu avait à son intention envisagé l'avenir sous la forme d'un nouveau mémoire passant en revue les affaires du Languedoc, qu'il s'emploie à terminer ; celles d'Italie, pour lesquelles il insiste sur la nécessité de continuer ce qui a été commencé – « et il y a grande apparence que sans guerre on en viendra à une paix » ; et,

1. *Mémoires*, éd. SHF, IX, p. 321-322.
2. Cathala-Coture, *Histoire politique, ecclésiastique et littéraire du Quercy*, Montauban, 1775, II, p. 296.
3. Grillon, IV, p. 560-561.
4. Avenel, III, p. 376.

enfin, les intrigues de Paris, dominées par le problème du remariage de Monsieur et son absence de la cour, réfugié qu'il est maintenant en Lorraine [1].

De partout lui parviennent des louanges, y compris de la reine mère, sans qu'il nourrisse pourtant d'illusions à son égard ; du camp devant Privas, il avait même écrit : « Je ne puis croire qu'il y puisse avoir aucun changement en Elle à mon préjudice. Cependant je confesse que les bruits en sont fâcheux [2] », ajoutant, comme à l'accoutumée, qu'il est prêt à se retirer et à céder le pouvoir à ses détracteurs. Car il le sait : la reine, qui s'estime trahie, est oublieuse de son ancienne faveur ; l'ascendant qu'il a pris sur le roi excite sa jalousie, et elle traite ouvertement avec ceux qui prônent cette politique catholique pro-espagnole qui chatouille agréablement son honneur, en lui rappelant à la fois son ascendance Habsbourg et l'exercice du pouvoir qui lui avait permis, comme régente toute-puissante, de l'esquisser. Tant que la réduction des protestants était à l'ordre du jour, on pouvait maintenir la fiction d'un accord avec elle ; celle-ci réalisée, le retour au premier plan des affaires d'Italie fait prendre conscience de l'imminence du divorce.

Aussi est-il urgent pour lui de rentrer auprès du roi afin de se retrouver au centre des affaires. Après un arrêt forcé à Pézenas, dû à des accès de sa fièvre tierce ordinaire, il se remet en chemin, passant par Rodez, Brioude, Issoire, Clermont, Riom, puis s'embarque sur l'Allier, gagne la Loire accompagné d'une véritable flottille qui avance de conserve avec deux pelotons de gardes marchant sur les rives du fleuve. En avant-poste, une frégate explore les passages, précédant un bateau de mousquetaires, deux autres garnis de gardes et de gentilshommes. Vient enfin, également bien fourni en gardes, le navire à voiles où ont pris place Richelieu et son entourage proche ; les hardes et l'argenterie, chargées sur deux barques, ferment la marche. Le 11 septembre il débarque à Briare, le 13 il est à Montargis et s'achemine vers Fontainebleau. Si le roi vient au-devant de lui et l'accueille à Nemours avec affection, en revanche, le 14, quand il se présente devant la reine mère, l'accueil est glacial.

Un épisode, que montent en épingle ses adversaires, en témoigne ; il est rapporté sans charité par un fidèle de Marie de Médicis, Mathieu de Morgues, acharné à mettre en lumière les faiblesses et les ridicules de ce cardinal désormais détesté. Richelieu pénètre dans la chambre de la reine pour lui faire sa révérence. « Sa

1. *Ibid.*, p. 375-380.
2. Voir aussi Avenel, III, p. 316-317.

Majesté lui ayant demandé fort civilement s'il se portait bien, il répondit enflammé de colère, le front ridé, le nez affilé et les lèvres tremblantes (ce qui lui arrive lorsqu'il est en désordre) : "Je me porte mieux que beaucoup de gens qui sont ici ne voudraient". » Suit entre les deux personnages une série de « picoteries » causée, semble-t-il, par la jalousie du cardinal de la faveur dont jouissait Bérulle auprès de la reine. Le roi survenant sur ces entrefaites, Richelieu le prend à part et à partie avec colère : « Il fit des reproches du service qu'il venait de rendre au siège de La Rochelle et menaça de sa retraite comme d'un malheur fatal à la France [1]. » Cette préfiguration de la journée des Dupes trouve une résolution peu glorieuse. Il semble que ce soit à cette occasion que l'Éminentissime, désemparé, ait adressé au roi ce billet décousu : « Sire, Lorsque je pris congé de Votre Majesté l'honneur [?] de voir en son visage le triste courroux dont mon malheur était la cause m'ôtant la raison et la parole m'empêchait de lui dire le ressentiment de mon déplaisir, sachant aussi que durant la colère naissante de mon roi, qui me rendait toutes choses contraires, il valait mieux céder à la violence de l'orage qu'y apporter des défenses inutiles, et qui lors ne méritaient pas d'y trouver de l'accès, j'estimai que le silence était le plus certain remède à ma défaveur [2]. » Enfin, sur médiation de Louis XIII, « il écrivit une lettre à la reine, par laquelle il lui demandait pardon de ce qui s'était passé ; […] il s'en rendit lui-même porteur, la donna avec larmes, qui lui sont assez ordinaires surtout quand il veut tromper [3]. »

Le 16 septembre, il a repris son sang-froid pour la cérémonie de ratification du traité de paix avec l'Angleterre ; il y remplit ses fonctions de grand aumônier et, comme tel, présente au roi le livre des Évangiles sur lequel celui-ci prête serment en présence de l'ambassadeur extraordinaire d'Angleterre.

Mais intrigues de cour et désaccords en politique européenne s'enchevêtrent et se conjuguent à son détriment : en dépit de son opposition persistante au mariage mantouan, Marie prend fait et cause pour son cher Gaston qui réclame en compensation de l'abandon de son projet de mariage avec Marie de Gonzague, l'entrée au Conseil et le gouvernement d'une province ; n'obtenant rien du roi et du cardinal, Monsieur, mécontent, passe la frontière pour se réfugier en Lorraine. La fuite de l'héritier de la couronne en

1. Mathieu de Morgues, *La Vérité défendue, ensemble quelques observations sur la conduite du cardinal de Richelieu*, 1635, p. 41-47.
2. Avenel, III, p. 436-437.
3. M. de Morgues, *La Vérité défendue…*

pays étranger constitue un événement catastrophique pour le gouvernement, qui n'a rien de plus urgent à faire que de négocier son retour. Gaston n'obtiendra pas la province frontière dont il rêvait, mais seulement, en janvier 1630, Amboise, le gouvernement d'Orléans, cinquante mille écus comptant, ainsi qu'une rente sur le domaine du Valois. Bérulle, qui s'était fait son avocat auprès du roi, meurt subitement et fort opportunément le 2 octobre 1629, esquivant ainsi un affrontement inévitable avec Richelieu, dont les mauvaises langues prétendent aussitôt qu'il ne serait pas étranger à cette disparition.

L'alliance qui réunit contre lui la mère, son fils cadet et leurs partisans a désormais pour but sa chute. Elle donne, entre autres, matière à un épisode bien caractéristique du temps. S'il fait pour nous figure de détail romanesque ou théâtral, il est pris très au sérieux par Richelieu qui, une dizaine d'années plus tard, éprouvera encore le besoin de le rapporter dans son *Testament politique* : « Pour rendre ces promesses [obtenir de Louis XIII la disgrâce et l'éloignement de Richelieu] plus inviolables, elles furent mises par écrit et le duc de Bellegarde [le surintendant de la maison de Monsieur] les porta longtemps entre sa peau et sa chemise pour marquer qu'elles lui touchaient au cœur et pour assurance à ceux qui les avaient faites qu'il ne les perdrait qu'avec la vie [1]. » Voilà qui vaudra au duc un long exil dans son château de Saint-Fargeau !

Dès lors, tout devient friction, prétexte à paroles blessantes et à éclats entre la reine mère et sa créature émancipée. Le roi doit sans cesse arbitrer leurs querelles et sauver les apparences : une pension pour Alexandre Sardini [2] demandée par Richelieu, une abbaye accordée à Vautier, l'intrigant médecin de Marie, sont des prétextes à cris et à fureurs, tandis que l'envoi par le roi de nouvelles d'un cheval que lui a offert le cardinal se mue, pour ce dernier, en indice rassurant d'une « affection qui durera jusqu'au dernier soupir » de la vie de Louis… Le replâtrage qui suit est de façade : Marie consent à tolérer le cardinal dans sa charge de surintendant de sa maison et à supporter, dans son entourage immédiat, ses parents qu'il y a placés, Mme de Combalet et M. de La Meilleraye. Tout paraît toutefois s'arranger et, vers la Noël 1629, le cardinal offre au roi et aux reines « un superbe festin avec comédies, ballets et musiques excellentes [3] », de l'avis d'un connaisseur en la matière, Bassompierre. Le théâtre de la vie de cour remplit à plein sa fonction !

1. *Testament politique*, p. 59.
2. Le fils du financier Scipion Sardini, disgracié à la suite de l'affaire Chalais et rentré dans les bonnes grâces du cardinal en 1628.
3. Bassompierre, *Mémoires*, p. 308.

Dans les mois qui suivent, ce théâtre va se dispenser de l'unité de lieu : Richelieu, Louis XIII, Marie de Médicis et Marillac, ses protagonistes, comme toute la cour, vont mener une vie itinérante et à nouveau être alternativement séparés et réunis. Plus que jamais, pour Richelieu, c'est toujours un grave problème à affronter : cette fois son éloignement et celui du roi vont permettre au parti dévot de se renforcer autour de la reine mère.

Le 29 décembre, au plus fort de l'hiver, après avoir dîné dans la chambre de sa nièce, Mme de Combalet, dame d'atours de la reine mère, Richelieu, escorté de son train d'équipage et de ses gardes, monte en carrosse avec le cardinal de La Valette, le duc de Montmorency et les maréchaux de Bassompierre et de Schomberg. Il prend à nouveau la direction du sud pour aller exercer sa charge de lieutenant général aux armées d'Italie, région où tout est à refaire : le duc de Nevers n'a toujours pas obtenu l'investiture de Mantoue, tandis que les armées impériales et espagnoles ont repris les hostilités et menacent ses États. La supériorité numérique de l'ennemi est patente et Toiras est assiégé dans Casal par Spinola. Le fameux vainqueur de Breda se trouve face au héros de Ré ! Une fois encore, il y a urgence. La campagne est lancée en dépit d'une saison hivernale à nouveau peu propice au passage des Alpes. Ici, c'est Richelieu seul qui commande l'armée, car la présence du roi est nécessaire en France pour tenter de neutraliser les intrigues ; du moins pourra-t-il mettre en œuvre sa propre stratégie.

Le 1er janvier 1630 le cardinal est à Fontainebleau, le 18 à Lyon, où il est d'abord l'hôte de son frère aîné Alphonse, le cardinal primat des Gaules, puis il va résider à Ainay ; le 29, il quitte Lyon pour Grenoble, passe à Embrun, et, le 27 février, se retrouve à Oulx. Tout en cheminant, il poursuit des négociations pour une suspension d'armes avec le Saint-Siège, représenté par un certain Jules Mazarin, diplomate romain dont il apprécie immédiatement la compétence, ainsi qu'avec la Savoie pour la question du ravitaillement et du passage des troupes, ou encore avec un certain père Monod, intrigant supérieur des jésuites de Turin. Rien de tout cela n'aboutit, et les troupes françaises avancent par Suse et Cazalette pour atteindre, le 20 mars, la Doire d'où se retirent les troupes savoyardes. Précédé et encadré de pages portant ses gants et son chapeau de cardinal, suivi de son capitaine des gardes, Richelieu, à cheval, vêtu d'un habit feuille morte brodé d'or, recouvert d'une cuirasse couleur d'eau, coiffé d'un feutre emplumé, l'épée au côté, le pistolet à l'arçon de sa selle, gagne l'autre rive et ne résiste pas au plaisir de faire « cent fois[1] » voltiger sa monture en gravissant l'escarpement, montrant aux gentilshommes (admiratifs ou goguenards ?) qu'il est bien des leurs et que les leçons de Pluvinel n'ont pas été oubliées.

La suite est tout aussi révélatrice de son caractère : quand la pluie s'abat sur l'armée en marche vers Rivoli, il remonte dans son carrosse d'où il a le désagrément d'entendre les murmures et les injures que lui destinent les soldats ; aussitôt il donne ordre de les faire taire ; mais, le beau temps revenu et la belle humeur de l'armée avec lui, il retrouve la sienne, se ressaisit et, redevenu habile politique, interdit de faire état de son mécontentement.

Puis il se révèle bon stratège. Trompant le Savoyard qui s'attend à une attaque sur Turin et y concentre ses troupes, il paraît inopinément le 21 devant Pignerol et l'investit ; la place capitule le 22, et le 29, jour de Pâques, sa citadelle ouvre ses portes. Désormais, et la chose est fondamentale, la France occupe une porte qui lui donne accès à la plaine du Pô et peut même se dispenser d'aller au secours de Mantoue ; si le duc perd cette place, on dispose d'un gage suffisant pour négocier sa restitution. C'est une stratégie nouvelle et plus ambitieuse, une « entreprise sûre » qui vise à la conquête d'un passage qui n'est plus la Valteline, mais Pignerol (Richelieu avait un temps pensé aussi à Saluces), afin non plus seulement, cette fois, de fermer un passage aux Espagnols, mais d'en ouvrir un à la France, dans le cadre d'une vision politique à long terme qui pourra exploiter cette nouvelle possibilité. Par là, en effet, on pourra, le cas échéant, intervenir en Italie et reprendre un statut de protecteur des princes italiens face aux prétentions espagnoles.

La situation est donc favorable, et Louis XIII en personne peut entrer en scène sur le théâtre des opérations. Si le roi peut quitter Paris, c'est que Monsieur, qui a accepté les avantageuses propositions d'accommodement qui lui sont faites, y est enfin de retour ; le danger lorrain s'estompant, Louis prend la direction du sud suivi de toute la cour qui cherche à lui faire renoncer à ce voyage, perçu comme un soutien au cardinal. C'est pour marquer son mécontentement et sans doute pour lui faire contrepoids que Marie de Médicis, qui approche alors de la soixantaine, refuse la lieutenance générale des provinces « en deçà » de la Loire qu'elle avait exercée à l'occasion des précédentes expéditions du roi, et décide d'être du voyage.

Face aux revendications savoyardes concernant Pignerol, Richelieu fait parvenir au roi un rapport fixant les termes de l'alternative :

1. Pontis, *Mémoires*, éd. Petitot, II, p. 121-122.

la possession de cette place le met en situation d'arbitre des affaires italiennes ; la rendre obligerait à abandonner toute prétention en ce domaine, mais « si le roi se résout à la guerre, il faut quitter toute pensée de repos, d'épargne et de règlement du dedans du royaume. Si d'autre part on veut la paix, il faut quitter les pensées d'Italie pour l'avenir, [...] se contenter de la gloire présente [1] ».

Par Dijon, où il a pu voir les effets de la récente révolte du « Lanturlu » (du nom du refrain populaire entonné par les émeutiers) déclenchée par la tentative de transformer la Bourgogne, pays d'états provinciaux, en pays d'élections [2], pour la rendre plus financièrement productive, le roi arrive à Lyon le 2 mai. Il y laisse les reines et aborde la montagne ; le 10 mai il est à Grenoble où il retrouve Richelieu qui est venu à sa rencontre et Mazarin qui, au nom du Saint-Siège, demande la restitution de Pignerol à la Savoie. Le roi et le ministre refusent, et le Conseil s'assemble avec les maréchaux de Créqui, de Châtillon et de Bassompierre, les maréchaux de camp Contenant et du Hallier ; on y estime que les conditions de paix proposées sont irrecevables. On ne peut accepter que l'investiture du duc de Mantoue dépende de la signature d'un traité qui suppose la sortie de la garnison française de Casal, la satisfaction des prétentions savoyardes sur le Montferrat, la restitution des conquêtes du roi contre le seul rétablissement du passage des Grisons prévu par le traité de Monçon.

Richelieu se rend à Lyon auprès de Marie de Médicis pour l'informer de vive voix de la situation et prendre son avis. La Florentine est tout miel : les préventions et angoisses du cardinal apparaissent infondées. Il fait son rapport en présence de Marillac et du duc de Montmorency. Lorsqu'il a achevé, le garde des Sceaux prend la parole : la paix est pour lui nécessaire, car le roi a le devoir, non d'exposer sa vie, mais de la consacrer au soulagement de ses peuples. Il rappelle la situation du royaume en proie à des troubles qu'il est fort bien placé pour connaître, ainsi que les précédents déboires militaires de la France en Italie, pour conclure noblement : « La pitié et la justice, qui sont deux colonnes qui soutiennent les États, sont encore en une grande débilité, travaillent beaucoup à se

1. G. Pagès, art. cité, p. 82-85.
2. Les états provinciaux existaient dans nombre de provinces, dont le roi respectait les coutumes particulières et où ils assuraient le consentement et parfois la collecte de l'impôt. Pour des raisons d'efficacité fiscale, Richelieu cherche à introduire dans ces provinces des élus, officiers royaux chargés de la répartition et du recouvrement de l'impôt ; il s'agissait autant de réduire l'indépendance fiscale de ces provinces, que d'en tirer de grosses sommes en les obligeant à racheter les offices ainsi créés pour sauvegarder leur indépendance.

remettre et ne le peuvent faire qu'en paix. » Mais la reine réplique
tout aussi noblement que si la paix est souhaitable, elle ne peut se
faire aux dépens de l'honneur. Cette déclaration imprévue de la Florentine relève-t-elle de sa dissimulation naturelle, ou résulte-t-elle
simplement de l'idée que la campagne militaire italienne ne peut
aboutir ? Quoi qu'il en soit, elle influence le duc de Montmorency
qui opine dans le même sens et on tombe en apparence d'accord sur
la nécessité de continuer la guerre. Le cardinal l'emporte pour cette
fois et conclut en politique sans illusions, tordant sèchement le cou
aux arguments de Marillac : « L'aversion que les peuples ont de la
guerre n'est pas un motif considérable pour porter à une telle paix,
vu que souvent ils sentent et se plaignent aussi bien des maux nécessaires comme de ceux qu'on peut éviter, et qu'ils sont aussi ignorants
à connaître ce qui est utile à un État comme sensibles et prompts à se
douloir des maux qu'il faut souffrir pour en éviter de plus grands [1]. »

Il rejoint le roi, mais, au bout de trois semaines, il mande à
Marie : « Madame, se présentant plusieurs affaires de très grande
importance, comme la résolution de la paix ou de la guerre, du
secours de Casal et autres de grande conséquence qui ne se peuvent
écrire, Sa Majesté a cru que vous ne trouveriez point désagréable
qu'il vous conjurât de venir jusques à Grenoble avec la reine, les
princesses et M. le garde des Sceaux. [...] Je vous avoue, Madame,
que j'ai une extrême joie d'espérer d'avoir par ce moyen bientôt
l'honneur de recevoir les commandements de Votre Majesté, qui me
seront toujours des lois inviolables [2]... »

Les *Mémoires* de Richelieu délaissent ce ton de soumission pour
celui de la critique acerbe : « L'amour maternel et non assez considéré qu'elle avait envers sa fille la princesse de Piémont, sa haine à
la maison de Mantoue et le désir de son propre repos et de pouvoir
demeurer à son aise en son palais du Luxembourg délivrée de
l'embarras de tels voyages, lui faisaient désirer impatiemment ce
qu'elle n'osait exprimer ni dire qu'elle désirât, mais voulait être
entendue sans parler et servie sans qu'on osât même lui faire
paraître qu'on eût compris son dessein [3]. » Marillac suit ce programme et assiège la reine par « les fréquents et longs entretiens
qu'il avait avec elle contre son Éminence » tout en assurant cette
dernière de « la fidélité que devait une âme généreuse et chrétienne
à tant d'obligations qu'il lui avait » [4].

1. Avenel, III, p. 664-665.
2. *Ibid.*, p. 684-685.
3. *Mémoires*, éd. Petitot, XXVI, p. 96-97.
4. *Ibid.*, p. 130.

La campagne de Savoie débute par l'occupation de tout le pays, à l'exception de la citadelle de Montmélian. Marie refusant de se transporter à Grenoble, et Marillac multipliant les mises en garde épistolaires alléguant la misère du peuple et la nécessité de la paix, c'est le roi et Richelieu qui se rendent à Lyon pour de nouvelles et directes explications. Les points de vue s'entrechoquent encore : Marillac est d'avis que le roi doit demeurer à Lyon et ne plus s'exposer à des entreprises militaires hasardeuses, mais il n'obtient pas gain de cause, et Louis XIII repart à l'armée le 21 juin d'où il mande à nouveau le garde des Sceaux que Richelieu souhaite séparer de Marie de Médicis. Car, au-delà de la nécessité politique où il est de les ménager, il est depuis fort longtemps sans illusion sur ces personnages dévots, qu'il a caractérisés en ces termes imagés dans un mémoire de novembre 1625 : « Le malheur du siècle voulant que les zélés levant les épaules avec un soupir entrecoupé feront plus de mal à la réputation des hommes avec les grains de leur chapelet que les plus puissants monarques du monde avec les boulets de leurs canons à la vie de ceux qui y sont exposés, on ne doit pas, si on n'y est contraint par la nécessité des affaires, mépriser la calomnie que telles gens savent vomir contre ceux qui, ayant les mêmes fins qu'ils ont, prennent d'autres voies pour y parvenir que celles qu'ils estiment les meilleures [1]. »

Cinq ans plus tard, son opinion est assurément inchangée ; l'« année des tribulations » est bien engagée sur les routes comme dans les esprits, et tout est en place pour qu'éclate le « grand orage ».

---

1. Grillon, I, p. 277.

8

Le grand orage

En ce début d'été 1630, la principale préoccupation de Richelieu, c'est la santé du roi. Avec la plus extrême déférence, le cardinal multiplie sans désemparer les courriers à l'intention de Marie de Médicis. Le 10 juillet, il lui écrit : « Je dépêche ce courrier à Votre Majesté pour lui dire que le roi eut hier quelque sentiment d'émotion. Il avait pris de la ptisane [tisane] deux jours auparavant qui l'avait extrêmement purgé, particulièrement de quantité de colles et matières brûlées, dont M. Bouvard [le médecin de Louis XIII] a eu grande joie. Ce qu'il a eu a été sans rigueur, sans horreur, et la chaleur si peu grande, et le pouls si peu ému, quoi qu'elle ait duré plus de quatre heures, que, si, au cas que la fièvre doive revenir, elle est semblable, on pourrait bien dire assurément que le mal serait extrêmement léger et de peu de durée… » Le 22 juillet, en dépit de cette insuffisante purgation, les nouvelles sont rassurantes et le roi « ne fut jamais si gaillard qu'il est à présent »[1]. Marillac, quant à lui, n'est pas si optimiste et incite à prendre « ces accidents fréquents […] comme avertissements que Dieu vous donne[2] ». Que Richelieu soit en alerte à ce sujet ne doit pas surprendre : avoir laborieusement conquis la confiance du roi ne servirait à rien si celui-ci disparaissait !

Comme toujours, les vastes horizons de la politique étrangère doivent se concilier avec les accidents domestiques de la famille royale, et la prévision des uns n'est assurément pas moins difficile que la gestion quotidienne des autres. Un roi souffreteux et sans enfants peut-il exposer sa vie aux hasards des campagnes ? D'autant

1. Avenel, III, p. 768 et 779.
2. Grillon, V, p. 419.

plus qu'une épidémie de peste affecte l'Italie du Nord et que Marillac et les reines entendent faire revenir le roi au quartier général établi à Saint-Jean-de-Maurienne. La santé royale devient l'arme menaçante dont usent à l'envi les ennemis du cardinal, lesquels ne se feraient pas faute de se servir de tout accident pour l'éliminer ; Marillac n'a pas de termes assez forts pour signifier son appréhension ; le médecin du roi, Bouvard, est pris à témoin par les deux partis. Richelieu ne peut se dissimuler que le risque est grand, car le roi ne se porte effectivement pas bien ; la crainte du cardinal est extrême et il est si bouleversé que lui-même doit se faire purger et saigner dans les règles... Enfin, le 25 juillet, le roi reprend le chemin de France, tandis qu'avec lui le succès semble s'éloigner : si les armes françaises ont pris Saluces à la Savoie, le 18 juillet Mantoue tombe aux mains des Impériaux qui mettent sauvagement la ville à sac. Le 26, Charles-Emmanuel de Savoie meurt, laissant la couronne à son fils Victor-Amédée ; les généraux se disputent en matière de préséances et ceux qui se jugent victimes des décisions du cardinal rallient ses ennemis de l'arrière. Le 17 août, des renforts commandés par Schomberg arrivent enfin à Suse, alors que Toiras, toujours indomptable, tient bon face à Spinola dans la citadelle de Casal : on se croirait revenus aux plus beaux jours de l'héroïque résistance de Saint-Martin-de-Ré...

Louis XIII a regagné Lyon le 7 août, tandis que la peste progresse toujours vers Saint-Jean-de-Maurienne et affecte l'armée française ; le danger se fait pressant : un des laquais de Richelieu meurt subitement. Enfin, le roi le rappelle auprès de lui ; le 17 août, il prend la route de Lyon où il arrive le 23. Son retour n'a rien de glorieux et sa position paraît bien affaiblie ! La cabale de ses ennemis n'est nullement disposée à déposer les armes. Le tableau est sombre : le roi paraît étrange et faible, dégoûté des affaires et prêt à tout abandonner pour rentrer à Paris ; la reine mère n'est pas moins incertaine : hors de la présence du cardinal, elle n'a pas de mots assez durs pour exprimer sa haine ; en sa présence, elle s'apaise comme par miracle. La cour et les diplomates sont en alerte, se perdent en conjectures, et Richelieu n'est pas le moins inquiet.

Toutes ces allées et venues, toutes ces intrigues s'accompagnent de négociations poursuivies en Italie sous l'égide du Saint-Siège par l'entremise de Mazarin, tandis que le père Joseph officie dans l'Empire. En septembre, les événements s'accélèrent. En Italie, l'armée française passe le Pô et marche sur Casal pour faire lever le siège. L'affrontement semble inévitable, mais, le 4 septembre, grâce aux bons offices de Mazarin, un armistice, valable jusqu'au 15, est enfin conclu avec Spinola qui meurt le 25 septembre, évitant à la France une prévisible déroute militaire. Puis les péripéties de la politique internationale cèdent à nouveau le devant de la scène au petit monde de la cour de France et à ses intrigues.

Tout va subitement très vite : à Lyon, le 21 septembre, Louis XIII, au sortir du Conseil, est pris de fièvre et de dysenterie ; purgations et saignées n'y peuvent mais, le roi est à toute extrémité le 30, et son confesseur, le père Suffren, le prépare à une mort chrétienne. L'archevêque de Lyon célèbre la messe dans sa chambre ; Louis reçoit les sacrements, puis fait ouvrir les portes pour ses adieux à la cour. L'heure est à sa succession, à l'accession de Gaston au trône ; Anne d'Autriche se verrait bien encore une fois l'épouser... On forme des plans pour se débarrasser du cardinal, le tuer ou, dans le meilleur des cas, l'emprisonner, et c'est naturellement à Marillac que l'on songe pour le remplacer ; seul le duc de Montmorency ne rallie pas cette curée virtuelle et lui offre un éventuel asile dans son gouvernement de Languedoc.

L'image rémanente du cadavre de Concini semble paralyser le proscrit en puissance et lui interdire toute réaction directe. Après le maréchal d'Ancre et Buckingham, il se voit prendre rang sur la liste des favoris au destin tragique... Richelieu fuira-t-il en Avignon pour se placer sous la protection du pape ? Désemparé, perdu, il est en larmes : « Il a trouvé le plus parfait des princes et le meilleur des maîtres dans un tel état d'épuisement qu'il en pensait plus le revoir. » Mais, quelques heures plus tard, « l'abcès s'est résorbé et l'état de notre seigneur et maître s'est amélioré au point que les médecins envisagent maintenant sa guérison [1] »...

Si le roi est sauvé, Richelieu est plus en danger que jamais. Toute la cour lui impute la responsabilité de la maladie du roi, et Anne d'Autriche n'hésite pas à lui en faire publiquement le reproche. Marie de Médicis, quant à elle, s'est découvert une fibre maternelle nouvelle ; dès les premiers instants de sa maladie, elle s'est installée au chevet de son fils et ne cesse de l'entourer d'attention... et de dénigrer le cardinal. Elle paraît avoir repris tout son ascendant sur Louis, et l'on dit qu'elle en a obtenu la promesse de renvoi du conseiller détesté. Le convalescent affaibli est pressé de toutes parts : les reines et son confesseur lui présentent le principal ministre comme responsable de tous les maux, qu'il s'agisse de la guerre avec l'Espagne qu'il a suscitée par seul désir de se rendre indispensable, des troubles intérieurs qui ravagent des provinces entières, des révoltes qui couvent chez les Grands, de la survie de

1. Lettre à Schomberg, Avenel, III, p. 912.

l'hérésie protestante dans le royaume, comme des dissensions dans la famille royale.

Le 6 octobre, on décide que le roi doit quitter Lyon, pour échapper aux vapeurs malsaines des brouillards du Rhône ; le souverain décide qu'il voyagera en compagnie du cardinal. À Roanne leur parvient une nouvelle de taille : la paix est conclue avec l'empereur et n'a plus qu'à être ratifiée par le roi !

Car, pendant que l'armée française opère en Italie et qu'on y négocie sur le terrain des opérations, le père Joseph a été envoyé en Allemagne pour rompre au bénéfice de la France les liens entre l'empereur et les princes électeurs et étendre l'influence française dans l'Empire. Il a, en chemin, rencontré Wallenstein et a pu prendre la mesure des ambitions du condottiere, dont la puissance ne semble plus pouvoir être bornée.

Avec Richelieu et Gustave-Adolphe, le roi de Suède que nous allons bientôt fréquenter, Wallenstein est incontestablement l'un des personnages qui ont le plus marqué leur époque. Mais la pensée et l'action de celui qui fut l'un des plus grands hommes de guerre du temps nous restent encore passablement obscures. Même ses proches ont eu du mal à le comprendre. A-t-il été conduit par l'appât de la puissance et de l'argent, n'a-t-il été soucieux que de ses propres intérêts, ou bien fut-il partisan fanatique de l'Empire ? Toutes les motivations ont été prêtées à ce Bohémien de naissance, converti au catholicisme et devenu prince d'Empire, qui n'a cessé de chercher lui-même son destin dans les astres. En mettant ses ressources à disposition de Ferdinand II, il a réussi à se rendre indispensable, mais a négocié en compensation la cession de seigneuries, ce qui lui permet de se constituer une emprise foncière considérable qu'il gère avec activité et entendement. « Profiteur de guerre » par excellence, le duc de Friedland (il obtient ce titre en juin 1625), généralissime des armées impériales, se trouve ainsi à la tête d'une fortune immense. Traditionnellement considéré comme un aventurier ou un condottiere attardé, il est aujourd'hui plus souvent apprécié comme un véritable entrepreneur de guerre.

Quittant l'énigmatique personnage, le père Joseph poursuit son chemin en compagnie d'un autre négociateur, l'ambassadeur en titre, Brulart de Léon, et gagne Ratisbonne où se tient la diète. Celle-ci a été convoquée par Ferdinand II dans l'espoir d'obtenir l'élection, comme roi des Romains, de son fils Ferdinand, ce qui en ferait son successeur désigné et transformerait de plus en plus la monarchie impériale d'élective en héréditaire, au profit des Habsbourg. Le but des deux Français est de doubler les négociations italiennes qui semblent s'enliser en traitant l'affaire directement avec l'empereur ; leur mission est préparatoire, et leurs lettres de créance ne portent aucun pouvoir de conclusion. Le 2 août, les deux hommes sont reçus par l'empereur, et le lendemain le capucin obtient même une seconde audience, tout en continuant à agir auprès des électeurs.

C'est à ces intrigues que l'on attribue, à tort, les échecs subis par Ferdinand II, qui ne parvient pas à imposer l'élection de son fils et doit, en outre, souscrire au renvoi de Wallenstein. En réalité, l'opposition des électeurs devant les ambitions de ce Tchèque, dans lequel ils voient l'instrument armé de la volonté de l'empereur de se transformer à leur détriment en souverain absolu, représente une explication bien suffisante de ces événements.

Mais, alors que Richelieu ne cherche de propos délibéré qu'une paix séparée en Italie, Brûlart de Léon et le père Joseph, laissés sans instructions par un Conseil désemparé, informés de la maladie du roi et de la possible disgrâce du cardinal, ignorant en outre que la trêve de Rivalto a été conclue le 4 septembre, vont jusqu'à la négociation, le 13 octobre, d'une paix générale : la France renoncera à toute intervention en Italie dont elle évacuera le territoire pour se ranger aux côtés de l'empereur. Le roi de France s'interdira d'assister les ennemis de ce dernier qui accordera son investiture au duc de Mantoue ; toutes les places occupées seront évacuées à l'exception de Pignerol et de Suse ; le traité règle également les affaires de Savoie et de Lorraine.

La nouvelle parvient le 20 octobre en France. La joie de la cour demeurée à Lyon et l'universelle allégresse qu'elle suscite, y compris chez le fidèle Bouthillier, contrastent avec le désaveu sans appel que, de Roanne où il se trouve en compagnie du roi, le cardinal adresse immédiatement à ses émissaires, alléguant fermement qu'ils ont outrepassé leur mandat. En outre, il enjoint d'un même mouvement au maréchal de La Force de marcher sans désemparer sur Casal. Pour lui, il est hors de question que la France ratifie une paix blanche et qu'elle renonce aux avancées obtenues, abandonnant ses alliés au moment où la possession de Pignerol est en vue. Et, surtout, il entrevoit de nouvelles possibilités du côté de la septentrionale Suède, capable de faire pièce à la puissance impériale désormais privée de Wallenstein.

Cette réaction à contre-courant, de la part d'un ministre dans une situation aussi délicate que l'est alors la sienne, mérite d'être soulignée. Elle témoigne de ce qui est devenu chez lui une véritable ligne politique : chaque jour davantage, l'Empire est au centre de ses préoccupations, et l'opportunité même de la paix ne parvient pas à lui faire lâcher prise. Dans la relation qu'il en donnera plus tard dans son *Testament politique*, il fera d'ailleurs une affaire personnelle de la dénonciation de cet accord, qu'il s'attribue au détriment du roi. En effet, ce qui a été négocié à Ratisbonne ne correspond en rien à la définition de la paix par son but (« assurer le repos pour l'avenir ») qui est la sienne ; mieux même, ce traité prématuré rendrait impossible la véritable paix – sûre et générale – qu'il entend poursuivre.

Sans se prononcer sur le fond de l'affaire, le roi, convalescent et désireux de regagner Paris au plus vite, laisse Richelieu à Roanne où arrive à son tour la cour. Marillac et le principal ministre s'affrontent avec une rare violence, mais Richelieu obtient l'aval du Conseil pour ne pas ratifier la paix, reprendre l'offensive en Italie et secourir Casal dès l'issue de la trêve. Marie de Médicis s'est fort étrangement rangée à l'avis belliqueux ; reprenant espoir de renouer avec elle des relations cordiales, Richelieu exprime le désir de terminer le voyage en sa compagnie. C'est ainsi que, de conserve avec la Florentine qui ravale sa fureur, il fait à nouveau route sur la Loire. Le temps semble suspendu ; fêtes et amabilités de façade mais duplicité de fond président à ces instants comme irréels qui précèdent une lutte que Marie veut maintenant finale.

Cependant, l'armée d'Italie poursuit son offensive et Mazarin sa mission de bons offices. Le 26 octobre, les troupes françaises sont devant Casal quand on voit apparaître le valeureux négociateur à cheval, agitant une écharpe blanche et criant « *Alto ! Alto ! Pace ! Pace !* ». Il a en effet obtenu un compromis satisfaisant pour Richelieu : les Espagnols acceptent de retirer leurs troupes de Casal et du Montferrat si les Français quittent la citadelle de Casal et restituent au duc de Savoie ses États. Surtout, l'empereur, qui est maintenant incapable de soutenir une guerre en Italie, accepte d'accorder son investiture au duc de Nevers. Le *statu quo* territorial est rétabli en Italie par le traité de Cherasco (6 avril 1631, confirmé le 19 juin), mais un prince français est désormais à Mantoue. Par un traité particulier avec la Savoie, Pignerol est assuré à la France (sa remise pour six mois devient cession définitive le 5 juillet 1632 au terme de négociations secrètes) qui a maintenant une porte d'entrée outre-monts, et fait figure d'efficace protecteur des libertés italiennes contre la puissance espagnole. Les troupes françaises sont à Pignerol et à Casal, et il semble même possible d'organiser contre l'Espagne une ligue des États italiens sous protection française. Au total, c'est Mazarin, sauveur de la paix, qui, bien que n'étant pas encore au service de la France, s'est signalé comme le diplomate le plus habile, alors que le père Joseph a dû être désavoué à Ratisbonne !

S'il a ainsi marqué un point important, Richelieu, en quelques semaines, a vieilli de plusieurs années : il a dû à la fois agir sur le terrain des opérations et réagir à des événements lointains dont la maîtrise directe lui a échappée, tout en vivant au jour le jour dans l'incertitude, non seulement de sa position politique, mais même de son sort. À peine réinstallée à Paris, la reine mère reprend de plus belle son travail de sape ; elle confère avec le roi, avec Marillac ; toute la cour bruit de la chute prochaine du ministre, et nombreux sont même ceux qui prévoient sa mort plutôt que sa disgrâce. Mais lui ne varie toujours pas dans son appréciation de la politique à tenir, ni dans ses offres de démission encore et toujours refusées. Pour la reine, qui s'estime trahie et outragée, l'exécution doit être éclatante !

Le triumvirat cohabite maintenant dans un petit périmètre : Marie est réinstallée dans son palais du Luxembourg, le roi – qui a délaissé le Louvre, inhabitable car on en cure les fossés – loge à proximité immédiate, rue de Tournon, à l'hôtel des Ambassadeurs, l'ancienne résidence de Concini (l'actuelle caserne de la garde républicaine), et le cardinal est dans sa résidence du Petit-Luxembourg (l'actuelle résidence du président du Sénat) qu'il tient de la reine mère du fait de ses fonctions de surintendant de sa maison. Tout est en place pour que le grand orage éclate enfin. Les événements se déroulent sur deux jours : le dimanche 10 et le lundi 11 novembre 1630. Dans la soirée du dimanche, à l'issue du Conseil – où, entre autres choses, Louis de Marillac, demi-frère du garde des Sceaux, a été nommé commandant en Italie, décision qui ne pouvait qu'être agréable à la reine mère –, Marie révèle tout à trac à son fils qu'« elle avait un abcès au cœur, qui, s'il n'était ouvert et vidé lui coûterait la vie, […] qu'elle avait tant souffert du cardinal qu'elle ou lui devait nécessairement quitter la cour [1] ». Le taciturne roi la presse une nouvelle fois de faire la paix avec le ministre, mais elle mande celui-ci pour lui signifier impérieusement qu'elle n'a plus confiance en lui, et lui retire ses charges de surintendant de sa maison, de chef de son conseil et de grand aumônier ; d'un même mouvement, elle chasse de son entourage les membres de sa famille que le cardinal y avait placés. Après un coup aussi éclatant, il semble à tous impossible que le ministre puisse conserver ses fonctions.

1. G. Mongrédien, *La Journée des Dupes, 10 novembre 1630*, Paris, 1967. – P. Chevallier, « La véritable journée des Dupes (11 novembre 1630). Étude critique des journées des 10 et 11 novembre 1630 d'après les dépêches diplomatiques », dans *Mémoires de la Société académique de l'Aube*, CVIII, 1974-1977, 63 p.

La suite montre à nouveau à quel point le théâtre peut envahir la vie. « Dieu s'est servi de l'occasion d'une porte non barrée qui me donna lieu de me défendre lorsqu'on tâchait de faire conclure l'exécution de ma ruine », dira à la fin de sa vie le cardinal, se souvenant de cet épisode crucial[1]. Le 11 au matin, par une porte dérobée au verrou providentiellement (ou par quelque intermédiaire bienveillant ?) ouvert, Richelieu parvient à faire intrusion dans le cabinet de la reine mère au moment où celle-ci somme son fils de choisir entre elle-même et son ministre. Ce dernier s'entend traiter d'« ingrat, fourbe et traître » par la grosse Italienne en furie. Que faire alors ? Plaider sa cause ou céder la place ? « Il a voulu encore présenter ses excuses à la reine mère », mais, ne pouvant l'interrompre, « le cardinal baisa le pan de sa robe et quitta la pièce » sans que le roi se soit prononcé.

La nouvelle de sa disgrâce passe maintenant pour certaine, et la foule des courtisans se presse au Luxembourg autour de Marie de Médicis et de Marillac qui goûtent l'ivresse de leur apparent triomphe. Quant à Richelieu, il ne semble pas envisager d'autre réaction que la fuite, et se prépare à prendre en hâte la route de son gouvernement du Havre, quand le cardinal de La Valette lui transmet l'ordre de Louis XIII de le rejoindre à Versailles, tentant de le réconforter et de l'affermir en lui démontrant que « qui quitte la partie la perd ».

À Versailles, dans le petit pavillon de chasse que le roi a hérité d'Henri IV, Richelieu renouvelle son offre de démission, une fois encore fermement rejetée par Louis XIII qui se déclare respectueux de sa mère, mais « plus obligé à son État ». La suite est bien connue, qui voit le triomphe du ministre et la déconfiture de la royale matrone, et vaut à ce jour décisif son appellation de « journée des Dupes » – due à Bautru, bel esprit de cour –, lesquelles dupes sont les partisans de Marie de Médicis qui ont trop tôt crié victoire. La journée des Dupes manifeste que ce que l'opposition croyait être la politique de Richelieu était en fait celle du roi, si tant est que les contemporains soient en mesure d'en comprendre véritablement la portée à long terme. Pour eux, en effet, il s'agit avant tout d'une intrigue de plus au sein de la famille royale ; ce sont les historiens qui y liront ultérieurement le choc de deux politiques, à moins qu'ils n'y voient, comme Christian Jouhaud[2], un événement indéchiffrable car susceptible de plusieurs interprétations : soit retourne-

---

1. Mémoire de mai 1642, Avenel, VI, p. 921.
2. Chr. Jouhaud, *La Main de Richelieu ou le Pouvoir cardinal*, Paris, 1991, p. 52-57.

ment de situation en faveur de Richelieu dû au seul hasard, soit choix volontaire du roi en faveur de la politique de Richelieu, ou encore conséquence d'un accord préalable entre le roi et le ministre pour éliminer l'opposition au moyen d'un coup d'État feint. Quoi qu'il en soit de ces subtilités interprétatives, c'est l'orientation politique privilégiant les affaires du dehors qui sort vainqueur de l'épisode arbitré par Louis XIII.

Dans la nuit du 11 au 12, le roi convoque ses ministres, à l'exception du garde des Sceaux, et annonce qu'il prive ce dernier de ses fonctions et l'exile ; il décide également l'arrestation du maréchal de Marillac, nommé deux jours plus tôt commandant en Italie, et dont il craignait qu'il n'entre en France à la tête de son armée pour secourir son frère.

L'histoire de Richelieu homme de pouvoir s'articule traditionnellement autour de ce coup de théâtre, de cette scène unique [1] et fulgurante qui commande sa fortune politique et fixe durablement les options de la politique française, comme elle sanctionne l'échec de sa relation avec Marie de Médicis. Dans le temps long d'une ascension vers le pouvoir, puis d'une carrière politique d'une durée exceptionnelle, la scène est cruciale – à la fois bruyante des invectives de la reine et silencieuse du respect du ministre. Pourtant, son souvenir semble avoir été moins chéri de Richelieu que de ses historiens qui en firent, après coup, le héros.

Car, de ce moment essentiel, mais peu glorieux, ses *Mémoires* ne parlent pas. On y lit simplement, à propos de Marie de Médicis : « à peine a-t-elle le loisir de voir le roi qu'elle lui déclare le 10 novembre (qui depuis a été appelé la journée des Dupes) qu'elle ne veut plus aimer le cardinal ni le voir en sa maison [2] ». Aucune allusion à l'algarade du lendemain que Richelieu entend faire passer aux oubliettes de son histoire, puisqu'elle le révèle sous un jour qui ne lui convient pas, celui du condamné au silence…

Le geste de respect muet accompli en baisant le pan de la robe royale était parfaitement conforme à l'étiquette, mais, de la part d'un cardinal, il était exceptionnel et montrait combien celui-ci poussait à l'extrême les marques de sa déférence envers sa royale adversaire. Il fut efficace, puisque le roi en prit acte, et quand, plus

1. Scène certes unique, mais qui, paradoxalement, n'est qu'une redite de la scène bavarde qui, en 1628, a opposé le cardinal et la reine mère, ou encore du périlleux examen de conscience imposé au roi en 1629 en présence de sa mère par le cardinal ; la différence décisive, cette fois, c'est que c'est du silence forcé de Richelieu que vient son salut.

2. *Mémoires*, éd. Petitot, XXVI, p. 428.

tard dans la journée, Richelieu retrouva l'usage de la parole pour proposer à Louis XIII sa démission, celle-ci fut refusée. Le silence respectueux avait alors montré sa force face à la violence des invectives à laquelle la rationalité du discours ne pouvait se mesurer. Observons que Richelieu ne retiendra guère la leçon, lui qui se voudra toujours l'exclusif et loquace possesseur de l'oreille du roi…

Le second silence – un silence sur ce silence – dont Richelieu fera preuve dans les *Mémoires* cache évidemment *a posteriori* la tempête qu'il traverse ce jour-là, lui qui ne montre pas la fermeté mâle qu'il prône si volontiers. En effet, à l'orageuse confrontation, il n'envisage, on l'a vu, d'autre issue qu'une peu glorieuse fuite, une réaction défaitiste, véritable régression qu'il reproduira jusqu'à la fin de sa vie dans les situations désespérées. La raison raisonnante dont il se réclame si souvent lui échappe pour, au soir, devenir l'apanage de ce roi au naturel peu loquace. Ce n'est pas à Richelieu, mais bien à Louis le Juste que revient le premier rôle dans le drame des journées de novembre 1630 ; c'est lui et lui seul qui porte la responsabilité de son dénouement, comme le lui rappellera Richelieu dans le *Testament politique* : « Et ce qui augmente la merveille de votre conduite dans cette occasion est que, recherchant moi-même mon éloignement pour plaire à la reine qui le souhaitait passionnément, Votre Majesté, pour lors destituée de tout autre conseil, était seule à se conseiller et seule à résister à l'autorité d'une Mère, aux artifices de tous ses adhérents et aux prières que je lui faisais contre moi-même [1]. » C'est lui, ainsi, qui engagea toute la politique de la France en affirmant, par son choix de confirmer Richelieu, la prééminence des aspects internationaux sur les affaires intérieures, à l'issue de ce qui ne fut pas seulement une rivalité de personnes, mais un véritable choc de politiques : au programme de réforme intérieure proposée par Marillac, dont il faut reconnaître qu'il n'était en rien déraisonnable, Louis XIII a assurément préféré la quête de sa gloire en Europe, autrement dit une politique belliciste à l'issue incertaine, mais assurément plus glorieuse, et ce choix ne fut plus jamais remis en question…

C'est bien Marie de Médicis elle-même qui a chassé son protégé de son entourage et de sa faveur, et non l'inverse, comme le laissera davantage entendre l'histoire écrite par la suite, laquelle fait généralement apparaître Richelieu comme un traître, une créature infidèle à la reine mère. Il n'empêche que la métamorphose qui, dans les années précédentes, l'a transformé, de créature de sa mère qu'il est

1. *Testament politique*, p. 59.

à l'origine, en fidèle de Louis XIII, contrevient, on l'a dit, à une valeur maîtresse d'une époque où les réseaux de fidèles constituent une réalité sociale essentielle[1]. La société d'Ancien Régime demeure en effet une pyramide de solidarités et de patronages, moins une société d'ordres qu'une société de clientèles. Clans, clientèles et partis tissent entre les individus des liens d'amitié ou d'intérêt qui vont jusqu'au dévouement absolu du fidèle pour son patron, de la créature pour son protecteur, et s'expriment en des termes qui tiennent plus des affects que des contraintes juridiques, voire du sentiment amoureux et même de la passion la plus jalouse. « La profession expresse que je fais d'être votre serviteur demande le témoignage d'un sentiment plus particulier, lequel est à ce point qu'aucunes paroles ne vous les peuvent présenter[2] », a ainsi écrit Henri de Montmorency à Richelieu lors de son entrée au Conseil. Quant à Richelieu, c'est de sa « grande tendresse » qu'il n'hésitera pas à gratifier un fidèle comme le cardinal de La Valette, lequel, en contrepartie, se voit affubler par son père, le vieux duc d'Épernon, du sobriquet de « cardinal Valet »[3]. Et si le fidèle doit ses services à son maître, celui-ci lui doit en retour une protection qui s'étendra au-delà de la mort sur ses descendants, comme l'exprimera Richelieu à son fidèle Bouthillier, parlant de sa « famille que j'aimerai toujours comme j'ai fait, avec distinction de ce que je veux rendre aux enfants et de ce qui est dû à l'ancienneté des progéniteurs[4] ».

Richelieu a ainsi scandaleusement brisé, en ce qui concerne la reine, mais aussi le parti dévot qui a soutenu son accession au pouvoir, ce lien de fidélité, essentiel dans la société de son temps. De cette rupture, il reste cette image durable dont on le gratifiera si volontiers et dont il ne cessera de vouloir se laver. Car Marie de Médicis fut pour lui une écharde vive, une permanente source de critiques acerbes auxquelles il entreprendra à chaque fois de répondre. Et, en définitive, dans un tel contexte politique, moral, intellectuel et social, et quand on est dans la situation de Richelieu au sommet de l'État, comment se justifier, pour soi et pour les autres, d'avoir trahi sa protectrice ? Par l'intérêt supérieur de cet État, bien sûr ! Le *Testament politique*, conforme à son propos misogyne dont nous avons déjà relevé des expressions, proposera

1. Y. Durand (éd.), *Hommage à Roland Mousnier. Clientèles et fidélités en Europe à l'époque moderne*, Paris, 1981. – S. Kettering, *Friendship and Clientage in Early Modern France*, dans *French History*, vol. 6, n° 2, 1992, p. 139-158.
2. Grillon, I, p. 67.
3. 16 août 1639, Avenel, VI, p. 470-471.
4. 2 novembre 1639, *ibid.*, p. 607.

cette justification politique de l'élimination de Marie de Médicis :
« Le repos de l'État est une chose trop importante pour pouvoir
manquer à ce remède sans en être responsable devant Dieu. J'ai
quelquefois vu la cour au milieu de la paix si pleine de factions,
faute de pratiquer ce salutaire conseil, que peu s'en est fallu
qu'elles n'aient renversé l'État. […] Peut-être dira-t-on que les
factions et les troubles dont je viens de parler sont plutôt arrivés
par l'industrie des femmes [1]… »

Mais bientôt, la reine mère éliminée, le cardinal lui-même va
pouvoir se risquer à tenir un rôle féminin aux côtés de Louis XIII.
On assiste en effet à des substitutions successives et complexes : à
la mère de Richelieu s'est substituée sa mère en politique, Marie de
Médicis, qui l'a imposé laborieusement à son fils comme conseiller.
Mais le fait qu'il soit prélat l'investit lui aussi d'une autorité quasi
parentale. Lors de la journée des Dupes, Louis XIII doit donc
choisir entre deux mères politiques, et le choix du cardinal équivaut
à un matricide politique. Le souvenir de la reine mère pèsera à
jamais sur la relation du roi et du cardinal unis dans une transgression qui leur interdit toute véritable amitié et bloque leur relation
affective [2]. Richelieu, pour accomplir son dessein politique, a dû
passer par Marie de Médicis pour accéder au roi, puis l'en dépos-
séder en se substituant à elle dans la fonction maternelle, tandis que,
paradoxalement, le roi prend pour lui la place vacante du père (ce
père qui a fait défaut à son enfance) et de l'autorité. Il lui reste donc
à s'anéantir dans l'obéissance au roi, notion clé qui lui permet de
surmonter ces insolubles oppositions et de servir une entité, l'État,
ce mot qu'il martèlera inlassablement pour l'imposer à tous, y compris au roi, qui devra s'accommoder de cette nouvelle livrée qui le
transcende.

De ce drame, au premier degré personnel et familial, on doit tirer
aussi un bilan politique. Saluant l'accession au pouvoir de Richelieu
auprès de Louis XIII, et exprimant une attente générale, Sully avait
estimé que « ces deux grands esprits conspireront en cet unique et
utile dessein d'établir et perpétuer une bonne et douce paix et tranquillité dans le royaume [3] ». Ce n'est pas par hasard que l'opposition
s'est cristallisée autour de la politique étrangère, pro-espagnole
pour les uns, belliqueuse et anti-espagnole pour l'autre ; le choix

1. *Testament politique*, p. 283.
2. F. Hildesheimer, « Les scrupules de Richelieu », dans *Le Journal des savants*,
janvier-juin 2000, p. 99-122.
3. Sully, *Économies royales*, éd. Petitot, Paris, 1821, IX.

inattendu de Richelieu va désormais orienter sa politique, et, à cette fin, il entend mettre à contribution toutes les forces du royaume.

L'hostilité à cette politique, que l'on attribue traditionnellement aux dévots, demande à être nuancée et replacée dans un cadre plus large. D'abord, si l'opposition est bien réelle dans le domaine de la politique étrangère, l'accord demeure général sur la nécessité de la réforme intérieure, immédiate pour les uns, repoussée à la paix pour l'autre. Qui plus est, en dépit de la cassure de 1630, Richelieu n'a cessé d'adhérer au programme de réforme de l'Église qui, on l'a vu, est pour l'essentiel le sien et celui de nombre de ses proches, à tel point que l'on peut, avec quelque légitimité et un minimum de paradoxe, affirmer qu'en ce sens lui-même fut continûment le chef d'une composante de ce complexe monde des dévots dont on ne peut l'exclure.

Il faut encore se souvenir de ce qui s'est passé en 1626 : à l'occasion des polémiques autour de l'ouvrage du jésuite Santarelli, Richelieu a su régler sans le dire la question des relations avec Rome en réalisant une sorte d'« OPA » sur ces catholiques zélés, ralliés de fait à un catholicisme d'État. Depuis lors, le monde des dévots doit être redéfini en fonction de ces critères nouveaux qui sont ceux d'une modernité politique émergente. Ce que l'on appelle traditionnellement parti dévot, et qui mérite davantage l'appellation de parti de la reine mère, politiquement incarné par Marillac, est représenté par une génération qui a connu les troubles de la Ligue, dont elle veut éviter le retour, et qui est effrayée à bon droit par les conséquences intérieures de la politique voulue par Richelieu à l'extérieur. Ses membres perdent leur influence politique à la journée des Dupes.

En revanche, des catholiques convaincus ont adhéré, voire intimement collaboré à la politique de Richelieu et du roi, et surtout, précisément, à leur politique étrangère ; il s'agit bien évidemment du père Joseph et de son entourage, par exemple de diplomates aussi impliqués dans la politique de Richelieu que Claude de Mesme, comte d'Avaux, le futur négociateur de la paix de Westphalie [1], Sublet de Noyers, futur secrétaire d'État, ou encore le chancelier Séguier, que nous allons bientôt rencontrer. Ces catholiques tout aussi zélés ont tiré les leçons de l'expérience française des guerres de Religion et de la situation actuelle de l'Empire ; ils sont des représentants du « parti des politiques », eux aussi adeptes des idées

1. P. Sonnino, « From D'Avaux to *Devot* : Politics and Religion in the Thirty Years War », dans *History, the Journal of the Historical Association*, vol. 87, n° 286, avril 2002, p. 192-203.

de la Contre-Réforme, mais dans un cadre gallican sécularisé puisque à l'écart de toute considération de chrétienté, et hostiles à la politique pro-espagnole.

Le « parti des politiques » est à même de dépasser les anciens clivages, dès lors que la question des positions du pouvoir français envers Rome n'est plus centrale. Son tour de force est de mettre entre parenthèses les sujets qui fâchent, pour se concentrer sur la défense d'une ligne inédite : il proclame bien que le politique et le chrétien partagent la même finalité ultime de l'établissement du règne de Dieu, mais – et ici réside la nouveauté – défend que leurs prérogatives sont différentes ; quant aux moyens, les deux domaines ne sont plus mêlés. C'est pourquoi, là où Bérulle et les dévots voulaient faire du pouvoir politique l'instrument de la lutte contre l'hérésie, Richelieu se contente du contrôle des actes extérieurs des individus, renonçant à violenter le for intérieur des consciences : de la même manière que le pouvoir est autonome par rapport au souverain pontife, la conscience des sujets est autonome par rapport au roi. Autrement dit l'action politique est déconfessionnalisée, parce que la bonne marche de l'État – et la conduite de sa sécurité – le requiert ; la tolérance s'écrit en termes politiques, de sorte que le cardinal-ministre n'hésite pas à affirmer qu'il faut « mépriser l'opinion de certains esprits aussi faibles que dévots et plus zélés que prudents, qui estiment souvent que le salut des âmes et celui de l'État dépendent de ce qui est préjudiciable à tous les deux [1] ».

Le cloisonnement des domaines de l'action politique et de la religion n'excluait cependant pas qu'une liaison existât, laquelle se situe néanmoins sur un plan supérieur : si l'empire de la raison régit les actions humaines, la foi nous enseigne que Dieu est à l'origine des principes rationnels qui sont opératoires dans le monde de l'exécution politique… Telle était sans doute la condition, en ce XVIIe siècle imprégné de spiritualité et de dévotion, d'une action politique sécularisée de fait.

Si le cardinal-ministre fut indéniablement un acteur majeur de la soustraction du politique à la domination de la théologie, il reste partie prenante d'un contexte général de très forte sacralisation du pouvoir : la monarchie demeure d'origine divine, et sa légitimité est incontestée [2]. C'est dans ce cadre qu'il faut comprendre sa contribution à l'évolution des idées politiques. Il n'empêche que la référence

1. *Testament politique*, p. 134.
2. J. Leclerc, « Les principes de Richelieu sur la sécularisation de la politique française », dans *Cahiers d'histoire*, IV, 1959, p. 41-52. – J.-L. Thireau (dir.), *Le Droit entre laïcisation et néo-sacralisation*, Paris, 1997.

à Dieu va se doubler désormais d'un appel à la notion d'État, et, dans ce mouvement, Louis XIII l'accompagne : pour justifier sa décision qui tranche le conflit, au soir de la journée des Dupes, le roi, on l'a vu, se déclare bien « plus obligé à son État qu'à sa mère ». Et c'est parce qu'il intègre la conception cardinalice d'une politique autonome des raisons religieuses que le premier dévot du royaume, le roi lui-même, choisit avec son ministre d'« avoir en dessein perpétuel d'arrêter le cours des progrès d'Espagne ».

Que l'on ne s'y trompe pas, cependant : en dépit de cette éclatante consécration, le cardinal n'est qu'un serviteur, un « conseiller secret », et reste à la merci du libre droit que le monarque peut exercer à tout instant d'assurer son propre pouvoir par le moyen d'un « coup d'État [1] ». Que le ministre soit associé de ces manœuvres, et non leur victime, dépend du libre choix du prince, seul acteur dont les choix sont souverains.

Panégyristes et pamphlétaires s'affrontent à grand bruit devant l'opinion publique prise à témoin de la félonie ou de la gloire du cardinal dont Contarini, l'ambassadeur de Venise, dit qu'il « ne parle que des intrigues de la cour, ne pense qu'à elles, ne répond à rien d'autre » ; quant à Aubery, en biographe zélé, il va jusqu'à prétendre qu'il « desséchait à vue d'œil et s'abandonna si fort au chagrin qu'il n'était tantôt plus reconnaissable [2] ». En réalité, sa détermination à servir le roi n'est en rien émoussée et, le 12 novembre 1630, au lendemain de la journée des Dupes, c'est avec une prolixe exaltation qu'il exprime le bonheur que lui apporte la confiance du roi : « Il m'est impossible de ne témoigner pas à Votre Majesté l'extrême satisfaction que je reçus hier de l'honneur de sa vue. Ses sentiments sont pleins de générosité, et d'autant plus estimables qu'elle les soumet à la raison et aux justes considérations du bien et du salut de son État. [...] Je souhaite votre gloire plus que jamais serviteur qui ait été n'a fait celle de son maître et je n'oublierai jamais rien de ce que j'y pourrai contribuer. Les singuliers témoignages qu'il vous plut hier me rendre de votre bienveillance m'ont percé le cœur. Je m'en sens si extraordinairement obligé, que je ne saurais l'exprimer. Je conjure, au nom de Dieu, Votre Majesté de ne se faire point de mal à elle-même par aucune mélancolie et, moyennant cela, j'espère que, par la bonté de Dieu, elle aura tout contentement [3]... »

---

1. On entendait alors par là, rappelons-le, tout acte politique extraordinaire auquel le roi avait recours, et non, comme aujourd'hui, la seule prise violente du pouvoir.
2. Aubery, p. 144.
3. Lettre du 12 novembre 1630, Avenel, IV, p. 11-12.

III

L'EMPIRE DE LA RAISON
1631-1635

1

Au centre de la toile

Pour décisive qu'elle soit, la journée des Dupes ne marque en rien une pause dans les affaires. L'année 1631 ne laisse aucun répit au ministre dont la confirmation a été si éclatante, et dont le tempérament actif trouve chaque jour davantage à s'employer : il lui faut affirmer l'autorité du roi au dedans, tout en manifestant la présence française au dehors ; mater les révoltes populaires ; négocier avec Marie de Médicis ; débrouiller les intrigues de Gaston, passer peu à peu de l'engagement en Italie aux affaires d'Allemagne…

D'abord, il s'agit de rendre manifeste à tous l'engagement du roi à son égard, et de faire place nette. La disgrâce s'abat sans tarder sur les dupés : Michel de Marillac, prié de rendre les Sceaux, est emprisonné, et il mourra deux ans plus tard [1] ; son demi-frère, le maréchal, est interné à Sainte-Menehould avant sa mise en jugement : il constitue une sorte d'otage dont le sort est susceptible de faire pression sur la reine mère. Quant à cette dernière, si elle fut moins immédiate, son élimination politique sera totale. Les premiers temps, pourtant, on la ménage, tant l'incertitude demeure sur les capacités de réaction de cette entêtée, même blessée à mort. Louis XIII semble tenir bon, mais Richelieu, qui connaît le caractère irréconciliable de la mère et la versatilité du fils, reste rongé d'inquiétude et cherche un raccommodement, tout en rejetant officiellement la res-

---

1. S.-M. Morgain, « La disgrâce de Michel de Marillac. Édition critique du *Papier envoyé de Lisieux à la Révérende Mère Madeleine de Saint-Joseph, du 26 décembre 1630* », dans *Histoire et Archives*, n° 7, janvier-juin 2000, p. 49-79.

ponsabilité de la brouille sur les intrigues espagnoles. Informée des décisions prises à l'encontre de ses fidèles, la souveraine déchue refuse obstinément de siéger aux côtés de Richelieu au Conseil où le roi souhaite pourtant encore sa présence, puis cherche à y négocier son retour contre la libération des frères Marillac. Après que Bullion, le père Suffren, Rancé, son secrétaire, et enfin le nonce Bagni ont été envoyés vers elle en ambassadeurs, elle accepte au lendemain de Noël 1630 de recevoir le cardinal ; en dépit d'une conversation de deux heures, assortie de beaucoup de larmes de part et d'autre, celui-ci ne se fait aucune illusion sur son hostilité. L'obstination de la reine mère ne fait pas céder Louis XIII ; le roi poursuit d'ailleurs l'épuration en expulsant de la maison d'Anne d'Autriche les derniers Espagnols, ainsi que Mme du Fargis et la maréchale de Marillac. En janvier 1631, Marie de Médicis est finalement revenue siéger au Conseil, mais ne s'adresse jamais à Richelieu, ne lui concède pas même un regard.

Un nouvel incident provoqué par l'incorrigible Gaston met fin à cette situation impossible. Le 30 janvier, Monsieur, entouré d'une suite nombreuse de gentilshommes, la main à l'épée, se rend à l'hôtel que Richelieu se fait construire à proximité du Louvre, rue Saint-Honoré, pour lui débiter une véritable déclaration de guerre : « Vous trouverez bien étrange le sujet qui m'amène ici. Tandis que j'ai pensé que vous me serviriez, je vous ai bien voulu aimer ; maintenant que je vois que vous manquez à tout ce que vous m'avez promis, je viens retirer la parole que je vous avais donnée de vous affectionner. » C'est ainsi que Gaston se dédie de son amitié, prend fait et cause pour sa mère et déclare n'être retenu que par le respect qu'il porte à la condition ecclésiastique du cardinal, laquelle lui interdit de porter l'épée sur sa personne. Cette proclamation faite, il pirouette sur ses talons, monte à cheval et file vers Orléans, laissant sur place un Richelieu profondément bouleversé. Aussitôt averti, Louis XIII abandonne sa partie de chasse et se rend chez le cardinal pour tenir conseil, tout en manifestant publiquement le soutien qu'il apporte à son ministre. La guerre des frères apparaît alors comme hautement probable.

Car le roi se doit de réagir. Il mande Marie à Compiègne pour crever l'abcès, mais, comme à son ordinaire, celle-ci, en dépit de tous les médiateurs que le roi lui délègue, ne veut rien entendre : ce sera elle ou le cardinal. Le 22 février, c'est sans elle que le Conseil se réunit pour traiter de son sort ; Richelieu y fait le point sur une situation qui le concerne au premier chef, et on conçoit combien il peut être mal à son aise. Selon lui, les solutions résidant dans la paix générale, l'accommodement avec Gaston ou avec Marie sont impossibles ; restent deux possibilités : son propre retrait du gouvernement ou l'éloignement de la reine. Conformément à sa ligne de conduite habituelle, il se prononce pour la première solution, tandis que le roi, cohérent avec son choix du 11 novembre, se décide en faveur de la seconde. Louis XIII quitte soudainement Compiègne sans prendre congé de sa mère qu'il assigne à résidence à Moulins en lui accordant le gouvernement du Bourbonnais ; elle se récrie, demande Nevers, puis tergiverse sans fin, allègue la saison impropre aux voyages, les épidémies, l'inconfort du château de Moulins, la nécessité où elle se trouve d'être purgée et saignée avant de se mettre en route, une attaque de fluxion… puis refuse de quitter Compiègne où elle se prétend prisonnière, avant de s'en évader. Ayant pris la route des Flandres, elle se voit refuser l'entrée dans la place de La Capelle, ce qui l'oblige à sortir du royaume, le 18 juillet 1631, pour trouver asile en territoire espagnol ; elle ne rentrera plus jamais en France.

La sortie de la mère du roi hors des frontières du royaume est considérée par Richelieu – qui la connaît aussi bien qu'il s'y connaît en matière de médecine – comme une « purgation salutaire ». Désormais les choses seront claires, puisque la reine agira de l'étranger au vu et au su de toute l'Europe, mais elles n'en seront pas plus simples pour autant : si Marie a perdu la partie, elle n'a pas dit son dernier mot et il faut se garder de penser qu'en quittant la France elle quitte la scène ; elle y reste présente à l'arrière-plan par ses partisans et représente, à l'étranger, un intarissable foyer d'opposition et de complots, cherchant obstinément à mettre les solidarités familiales qui la lient aux puissances européennes – en l'espèce, ses trois gendres, l'Espagnol (Philippe IV, époux d'Élisabeth), le Savoyard (le duc Victor-Amédée, époux de Christine), l'Anglais (Charles Ier, celui d'Henriette) – au service de sa haine contre le cardinal qu'elle désigne publiquement comme la source de ses malheurs. Celui-ci verra encore en elle une des principales causes de l'indiscipline du commandement militaire, manifeste, quatre ans plus tard, lors de l'entrée officielle de la France dans la guerre européenne : « Tous ces manquements, écrira-t-il, avaient leur première et originelle cause dans l'aversion qui était encore dans les esprits à cause de la division de la Reine mère avec le roi, qui avait fait naître dans les cœurs de la plupart une haine secrète contre le gouvernement[1]. »

Dans ce contexte tumultueux, Louis XIII confirme une fois encore son soutien à son ministre. Le 13 août 1631, un mois après la

---

1. *Mémoires*, éd. Petitot, VIII, p. 422.

sortie du royaume de la reine mère, celui-ci connaît un nouveau motif de satisfaction : par lettres patentes expédiées de Monceau, la terre de Richelieu est érigée en duché-pairie ; en lui conférant cette « suprême dignité » qui le fait membre du club très restreint de l'élite de la noblesse et surmonte ses armes de la couronne ducale, Louis XIII reconnaît ouvertement ses services et permet à sa famille d'accéder à un rang exceptionnel qu'il lui faut désormais soutenir d'un luxe en conséquence. Dans le même temps, il est pourvu du gouvernement de Bretagne, charge qui complète ses fonctions maritimes. Enfin, pour compléter cette reconnaissance, la république de Venise l'honore de lettres de noblesse.

Pendant que se déroulent les tractations avec la reine mère, Gaston se signale à nouveau par ses agissements. D'Orléans, il lève des troupes en Poitou et en Limousin. Désireux de ne pas laisser se développer ce nouveau foyer de troubles, Louis XIII entreprend aussitôt de le réduire par la force. Monsieur ne résiste pas et s'enfuit vers la Bourgogne d'où il passe en Franche-Comté, en terre espagnole ; de là, il gagne la Lorraine.

La mère et son fils préféré n'ont plus qu'à se rejoindre aux Pays-Bas espagnols et à se griser de chimériques projets d'invasion qui leur permettraient de rentrer en France en triomphateurs et en libérateurs. Là, les encouragements que leur prodigue l'infante Isabelle, s'ils trouvent un écho modéré à Madrid, leur permettent cependant de recruter des troupes. Et la Lorraine leur apporte à son tour un soutien, forte du nouvel engouement de Gaston : ne voilà-t-il pas, en effet, qu'il s'est mis en tête d'épouser Marguerite de Vaudémont, la toute jeune sœur du duc Charles IV, dont il est follement épris !

Laissons de côté, à présent, les tribulations et les objectifs à courte vue des exilés, pour nous pencher sur la réorientation décisive de la politique extérieure de Richelieu qui se produit alors. Jusque-là, il s'était soucié d'interdire l'union des forces des deux branches des Habsbourg ; en conséquence, son ancrage avait été essentiellement l'Italie, où l'objectif était de promouvoir une ligue des États dont la France se ferait le protecteur face à la domination espagnole. Car l'ennemi déclaré restait l'Espagne, et la hantise son aspiration à la monarchie universelle. Quant à l'empereur, il s'agissait simplement d'empêcher son intervention en soutenant indirectement ses ennemis. On cherchait à contrebalancer sa puissance en se déclarant garant des libertés germaniques – ce qui signifiait, en l'espèce, soutenir les mouvements protestants. Toutefois, les princes protestants allemands ne s'étaient jamais remis de la déroute des Tchèques de Bohême et du Palatin à la bataille de la Montagne Blanche, en 1620 ; leur union se serait désagrégée s'il n'y avait eu l'argent étranger pour les soutenir. Pour sa part, la France eut bien du mal à coordonner une alliance qui incluait les Anglais et les Hollandais, alors qu'elle entendait dans le même temps soutenir les catholiques anglais et combattre les protestants à l'intérieur de ses frontières – tout en les protégeant en Allemagne…

Mais, avec l'affaire de Mantoue, un fait nouveau et de la plus haute importance se produit : l'intervention des troupes impériales contre des intérêts directement soutenus par la France. L'empereur est en effet concerné par l'investiture du duché, et y a été en outre appelé par son vassal, le duc de Savoie. De surcroît, le Habsbourg fait peser une menace sur les Trois-Évêchés lorrains, sur une frontière beaucoup plus vulnérable que celle des Alpes.

C'est pourquoi, dès 1629, se produit ce déplacement vers le nord de l'Europe de l'intérêt du cardinal-ministre et des interventions françaises. D'autant plus qu'y apparaissent, pour l'empereur, de nouveaux adversaires, autrement plus déterminés que les Français. Le Danemark d'abord ; son roi Christian IV, luthérien convaincu, qui, en sa qualité de duc de Holstein, est prince d'Empire, constitue une puissance capable de contester l'hégémonie impériale et de la contenir au nord. Christian IV a entrepris la conquête des évêchés de la Weser avec l'appui de toutes les forces protestantes ; néanmoins, il s'est heurté, d'abord à Tilly, dont les troupes de la Ligue catholique se sont portées vers les pays de la Weser et du Bas-Elbe, puis à Wallenstein : ce dernier, non content d'assurer la victoire de la cause impériale, en a profité pour conquérir les rives de la Baltique, avec ses lucratifs douanes et péages dont les revenus permettent d'entretenir d'importantes armées. Christian IV est contraint de négocier pour conserver ses territoires, et la paix de Lübeck, proclamée le 7 juin 1629, marque le retrait danois des affaires de l'Empire, sans que la France, retenue devant La Rochelle, puisse intervenir.

La Suède, ensuite. Stratégiquement, l'époque est aux sièges ; et c'est au siège de Stralsund, sur la Baltique allemande, contemporain de celui de La Rochelle, qu'émerge cette seconde puissance nordique, plus irrésistible encore. Wallenstein s'y heurte à une irréductible résistance, animée par Gustave-Adolphe, le Suédois, concurrent du Danemark dans ces régions.

Mais, pour lors, Ferdinand II est au faîte de son pouvoir : après le Palatin, il s'est débarrassé du Danois, bénéficie des forces armées réunies par Wallenstein, ne redoute pour lors aucune intervention française efficace, et continue sans désemparer sa politique catholique offensive et inquiétante. Dans ce contexte intervient l'édit de Restitution, proclamé le 6 mars 1629, par lequel il est ordonné aux protestants de restituer les biens d'Église sécularisés à leur profit depuis la paix d'Augsbourg de 1555. La menace d'un transfert massif de terres au bénéfice du camp catholique provoque naturellement l'indignation des spoliés, mais aussi une réelle inquiétude chez les catholiques eux-mêmes devant les prétentions impériales « absolutistes » : le pape Urbain VIII se révèle alors plus favorable à la France, tout comme la Bavière se montre plus disposée à traiter avec elle contre l'empereur et Wallenstein ; de ce dernier, qui est le principal soutien du pouvoir impérial, la plupart des princes allemands redoutent la personnalité excessive et les ambitions hors norme.

À la lumière de cette nouvelle donne, la France peut espérer contrer plus efficacement la maison d'Autriche qui, outre les complications de Mantoue, se trouve bientôt, comme on l'a vu, aux prises avec la Suède. Avec cette dernière, la France noue une alliance, laquelle s'ajoute à celles qui la lient à la Hollande, au Danemark et à l'Union protestante de Mansfeld (que l'on a vu soutenir le Palatin). Ces précautionneux ballets diplomatiques donnent un peu de temps à la France pour préparer son entrée dans le conflit européen.

Richelieu a utilisé les loisirs forcés que lui ménageait le siège de La Rochelle pour s'entretenir avec un informateur de son entourage, lequel lui a ouvert des perspectives nouvelles. Veuf inconsolable de Jeanne de Maillé-Brézé, parente du beau-frère de Richelieu, le baron Hercule de Charnacé a été recruté par le père Joseph pour un long périple en Égypte, Arabie, Terre sainte, Syrie et Grèce, d'où il est revenu par la Russie, la Pologne et l'Allemagne, riche d'informations diverses. Il raconte à Richelieu ses rencontres avec Sigismond, roi de Pologne, et surtout avec le jeune Gustave-Adolphe de Suède, dont la personnalité lui a semblé être particulièrement impressionnante.

Ce Gustave-Adolphe de la maison de Vasa, né en 1594, jeune colosse drapé dans sa peau d'ours, est un « nouveau soleil levant » à l'horizon nord-oriental de l'Europe. Monté sur le trône à dix-sept ans, il s'est aussitôt affirmé comme le redoutable « Lion du Nord ». Luthérien convaincu, il a mené la guerre contre la Pologne pour conserver à sa famille la couronne de Suède, ravie par Charles IX, son père, à Sigismond de Pologne, puis contre le Danemark, les Russes, les Polonais, et enfin Wallenstein. Cherchant à s'établir sur la côte allemande pour faire de la Baltique un lac suédois lui permettant d'exporter son bois et son cuivre, il a fait la preuve de ses qualités militaires exceptionnelles. Il a perfectionné, avec son armée nationale, entraînée et gérée avec une redoutable efficacité, la tactique naguère mise au point par Maurice de Nassau pour l'armée hollandaise : la traditionnelle phalange compacte de piquiers de quarante à cinquante rangs de profondeur est remplacée par une formation mince sur dix rangs, ce qui permet d'étendre le front ; il utilise de plus un armement moderne (cartouches, mousquets et canons dus à l'industrie métallurgique suédoise) et fait pratiquer à son artillerie une technique de salve permettant un feu continu d'une redoutable efficacité. Ses grandes ambitions européennes, appuyées sur ces arguments de poids, le poussent à l'action. Pendant que se déroulent les événements de Mantoue, en 1630, il occupe les bouches de l'Oder, et, avec seize mille hommes, part à la conquête de l'Allemagne, alors que, dans le même temps, la diète de Ratisbonne obtient le licenciement de Wallenstein et réduit à trente-neuf mille hommes l'armée impériale. Sa marche victorieuse sans précédent change complètement la face de l'Europe.

Aussitôt, l'imagination politique de Richelieu se met en branle. Il élabore un vaste plan destiné à inclure le nord de l'Europe dans sa lutte contre les Habsbourg, ce qui permettra de secourir les protestants sans se compromettre dans une guerre opposant directement des souverains catholiques. On comprend d'autant mieux, alors, sa dénonciation de la paix générale négociée au même moment, par le père Joseph, à Ratisbonne, et le vif désaveu qu'il adresse aux émissaires français : les excessives concessions de la diplomatie française interdisent toute alliance avec les ennemis de l'empereur, et auraient bloqué tout rapprochement avec la Suède.

Dans un premier temps, le cardinal rêve de réconcilier la Suède avec la Pologne et le Danemark, puis de lancer cette coalition nouvelle contre l'Autriche ; l'alliance franco-suédoise serait le pilier de cette coalition, mais la France se bornerait à financer une action militaire assumée par la Suède. Conformément au plan de l'Éminence, Charnacé reprend le chemin du nord. Les négociations avec Gustave-Adolphe, ce roi « goth », se révèlent longues et difficiles : l'émissaire cherche d'abord à promouvoir une alliance entre Danemark et Suède, puis à réconcilier Suède et Pologne ; dans le même temps, il s'efforce de cultiver l'opposition des électeurs à l'empereur[1]. Mais toutes ces manœuvres, pour l'essentiel, restent vaines ; les grands plans élaborés à Paris s'émoussent sur des rivalités nordiques lointaines dont le cardinal, en très incertaine connaissance de cause, veut faire des pions au service de sa politique. Peu à peu, les

1. B. Lemée, *Les Missions d'Hercule de Charnacé de 1629 à 1635*, Paris, 1953.

objectifs se réduisent : fin 1629, Charnacé est chargé de conclure, non pas une alliance, mais un traité de subsides entre la France et la Suède ; encore l'envoyé du cardinal doit-il surmonter l'opposition que lui suscite l'ambassadeur alors en poste à Stockholm, des Hayes de Courmenin, jaloux de ces tractations directes entre le roi et l'homme du cardinal, et, de surcroît, partisan de Gaston d'Orléans[1].

Le 23 janvier 1631, les tractations aboutissent enfin : le traité de Bärwald garantit à la Suède des subsides français de 400 000 thalers annuels (soit 6 millions de livres) contre l'entretien en Allemagne d'une armée de 30 000 hommes et 6 000 cavaliers, la garantie du maintien du culte catholique dans les lieux occupés, le respect de la neutralité de la Ligue catholique que dirige le duc de Bavière. La France ne participera pas directement aux opérations suédoises dirigées contre l'empereur ; elle-même aura les mains libres en Italie et en Lorraine.

En cherchant à faire du protestant Gustave-Adolphe l'instrument d'une politique anti-Habsbourg, mais toujours catholique, Richelieu manipule une arme incontrôlable, dont il n'a peut-être pas, d'emblée, mesuré le péril. Pour l'heure, en tout cas, la recherche d'un contrepoids diplomatique demeure infructueuse : les négociations avec la Bavière catholique, initiées en 1621, n'ont pas encore abouti ; on envisage même d'approcher le dépité du moment, Wallenstein, électron libre prêt à se mettre au service du mieux disant, Marie de Médicis, Gustave-Adolphe, ou, pourquoi pas, Richelieu...

Militairement, la Suède tient ses promesses : les armées de Gustave-Adolphe avancent irrésistiblement, tandis que le refus impérial obstiné de révoquer l'édit de Restitution jette dans le camp suédois les princes protestants allemands, jusqu'à leurs chefs de file, les puissants électeurs de Saxe et de Brandebourg. Le 17 septembre 1631, le vieux Tilly est, comme on l'a dit, écrasé à Breitenfeld, près de Leipzig : par leur supériorité tactique, les Suédois anéantissent une armée de même importance numérique. Le Palatin, revenu dans les fourgons des Suédois, voit la défaite de la Montagne Blanche vengée, et il triomphe ; il ne reste plus à Ferdinand, dont la cause semble soudain désespérée, qu'à rappeler Wallenstein comme général en chef de l'armée impériale – mais ce dernier négocie ferme son retour : il obtient des pouvoirs encore plus étendus qu'auparavant, ainsi que toute liberté de conduire des négociations de paix avec la Saxe et les autres États protestants.

---

1. Fait prisonnier, des Hayes de Courmenin sera jugé et exécuté en 1632.

Fort de ses succès, l'allié suédois passe rapidement les bornes des espérances françaises. Gustave-Adolphe se dirige non pas sur Vienne, pour faire rapporter l'édit de Restitution et conclure une paix qui ne lui aurait que trop peu profité, mais vers les riches pays catholiques du Rhin, où il veut y refaire son armée ; pillant et saccageant tout sur son passage, ses troupes font leur apparition en Alsace, au début de 1632. L'ambition de l'embarrassant Suédois éclate alors au grand jour : un Empire protestant sous sa domination, rien de moins…

Gustave-Adolphe pousse alors la France vers l'entrée en guerre, en faisant miroiter à son allié des possibilités d'annexion sur sa frontière de l'Est : l'Alsace, la Franche-Comté, peut-être même la rive gauche du Rhin… Richelieu, d'abord tenté, passe des heures à peser le pour et le contre avant de se rallier à la position du père Joseph, plutôt hostile. En fait, cette décision est, du point de vue français, dans l'ordre des choses : elle répond à la ligne affichée par la politique française, qui se veut protectrice des électeurs catholiques contre l'empereur, et par principe non conquérante [1]. On préfère donc décliner l'offre importune du Suédois et s'en tenir encore à une neutralité officielle.

De son côté, cependant, en tant que chef de la ligue catholique et en accord avec Rome, Maximilien de Bavière cherche maintenant à collaborer avec le Roi Très Chrétien. La Bavière, avec qui les négociations sont continues depuis 1621, a pris conscience, dans les années 1628-1629, que la volonté de domination des Habsbourg bénéficiant de l'appui de Wallenstein lui est contraire, ce qui lui a rendu attrayante l'alliance française ; l'avancée suédoise l'y oblige désormais. Signé le 8 mai à Munich, contresigné à Fontainebleau le 30 mai 1631, le traité porte engagement réciproque des deux puissances de ne jamais soutenir les ennemis de l'une ou de l'autre. La Bavière semble ainsi garantie des entreprises suédoises, et la politique de Richelieu se dote d'un second point d'ancrage en Allemagne. Le problème est que les deux alliances, suédoise et bavaroise, se révèlent rapidement inconciliables, et la neutralité réciproque impossible. Peut-on limiter la puissance de l'Autriche catholique en lui opposant la Suède protestante, tout en pratiquant une politique catholique et en tenant en bride l'ambition montante

---

1. Notons que la politique française découle directement de l'idée de guerre juste, telle que l'avaient développée saint Augustin et saint Thomas, théorie reprise au XVIe siècle par les théologiens scolastiques Vitoria ou Suarez, qui se fonde sur l'intérêt public et exclut toute *libido dominandi* ; une *libido* que représente Gustave-Adolphe…

de Gustave-Adolphe ? Telle est la quadrature du cercle avec laquelle Richelieu doit composer.

Avec l'alliance suédoise, la France a joué à l'apprenti sorcier : le beau rêve de Richelieu de susciter indirectement une opposition à l'empereur et de fixer ainsi la guerre au nord de l'Allemagne, loin de la France, s'est transformé en cauchemar, qui voit la guerre aux portes du royaume. En réalité, depuis sa victoire de Breitenfeld, Gustave-Adolphe n'a plus guère besoin des Français, et ces derniers sont maintenant dans une situation très délicate ; leur neutralité bien compromise, ils doivent choisir ouvertement leur camp : contre l'empereur avec les protestants, ou contre les protestants menés par les Suédois. Dans les deux cas, entrer en guerre.

Quoi qu'il en soit, les dangers pressent à l'Est, vers les régions rhénanes. Richelieu doit agir vite, et résolument ; il faut d'abord faire pièce aux dangereux appétits de Gustave-Adolphe, et dans ce but c'est en Lorraine, autrement dit en terre d'Empire, que la France choisit de s'impliquer.

Le souci oriental est, il est vrai, apparu sous la plume de Richelieu avant l'irruption suédoise. Dans la grande remontrance qu'il a délivrée au roi, en 1629, il propose déjà de transposer en Lorraine et en Alsace la politique italienne des portes et passages : « Il faut penser à se fortifier à Metz, et s'avancer jusques à Strasbourg, s'il est possible, pour acquérir une entrée dans l'Allemagne ; ce qu'il faut faire avec beaucoup de temps, grande discrétion et une douce et couverte conduite [1]. » Par ailleurs, la Lorraine, qui donne assistance avec une égale inconscience à l'empereur et à Gaston d'Orléans, inquiète les Français depuis longtemps. Si Richelieu n'a de cesse de surveiller de près ce proche perturbateur, il a, jusque-là, recouru aux seuls arguments diplomatiques ; à partir de 1632, ce sont des moyens militaires que la France met en œuvre pour ramener la Lorraine à la raison.

Multiple du point de vue féodal, administratif, judiciaire, la Lorraine est un ensemble disparate, composé essentiellement des duchés de Lorraine et de Bar, de principautés ecclésiastiques, dont les principales sont les Trois-Évêchés de Metz, Toul et Verdun. Mais sa situation entre la France et l'Empire lui confère une importance stratégique majeure et va même, rapidement, donner matière aux premières visées territoriales françaises.

1. Avis au roi, 13 janvier 1629, Avenel, III, p. 181.

De longue date, la Lorraine s'est attachée, avec des fortunes diverses, à acquérir son autonomie par rapport à ses puissants voisins. En 1542, le duc Antoine obtient l'indépendance des deux duchés par rapport à l'Empire ; en échange d'une contribution annuelle, ceux-ci bénéficient de la protection impériale. Le souverain lorrain doit encore hommage au roi de France pour le « Barrois mouvant », partie du duché de Bar qui se trouve sur la rive gauche de la Meuse.

En 1552, Henri II impose sa protection aux villes de Metz, Toul et Verdun, s'octroyant ainsi des positions avancées au cœur même de la Lorraine. Le duc Charles III, qui règne de 1545 à 1608, se pose en champion de la Réforme catholique et fait de Nancy une base du parti catholique français dirigé par les Guise, branche cadette de la maison de Lorraine. En outre, le mythe de l'origine carolingienne, développé par des généalogistes à sa solde, lui permet même de se faire prétendant à la couronne de France et de s'opposer à Henri de Navarre. Enfin, le duc de Lorraine se veut investi d'une mission providentielle de croisade, tant contre la Réforme que contre les musulmans. L'université de Pont-à-Mousson, fondée en 1572, est la manifestation de cette imprégnation catholique ; une vague de spiritualité investit le duché, dont Pierre Fourier est la figure de prou.

Bref, si l'ensemble lorrain est rendu fragile par sa complexité et écartelé entre l'influence germanique et l'influence française, il connaît, au début du XVIIe siècle, un remarquable essor, jusqu'à devenir un enjeu important de la politique européenne. On y retrouve, d'abord, la question bien connue des communications militaires. Le problème des liaisons de l'Espagne avec les Pays-Bas ne se limitait pas, en effet, à l'Italie du Nord ; après les Alpes, la descente du Rhin débouchait sur la Haute-Alsace et la Lorraine, zones de passage que la France va chercher à couper. Ce glissement vers le Rhin aura également le mérite de couvrir vers l'est une frontière qui donne un accès facile vers Paris et de poursuivre la politique commencée sous Henri II avec l'occupation des Trois-Évêchés.

En 1624 meurt le duc Henri lc Bon, fils de Charles III à qui il a succédé en 1608, et qui ne laisse que deux filles. Une crise successorale éclate alors : son frère cadet, le comte François de Vaudémont, et le fils de ce dernier, Charles de Vaudémont, marié à Nicole, fille du duc Henri, s'emparent du pouvoir, prétextant que le testament du duc René II, rédigé au début du XVIe siècle, aurait instauré la loi salique en Lorraine. Charles de Vaudémont devient le duc Charles IV.

Le nouveau duc est un personnage incontrôlable. Élevé en France chez ses cousins Guise, il séduit par l'expression étonnée que donnent à son visage ses sourcils relevés, son abondante chevelure blonde, son sens de la répartie et sa gaieté, mais inquiète par sa permanente et instable excitation. Tous les contemporains le décrivent comme plein d'esprit, d'un caractère hardi, mais trop confiant dans ses qualités diplomatiques et peu apte à suivre avec constance une ligne politique. Sans relâche, il s'emploie à contrarier les desseins français, non seulement en politique étrangère, où il se laisse attirer dans l'orbite impériale, mais aussi en politique intérieure. Au lendemain de l'affaire Chalais, il a déjà donné asile à la duchesse de Chevreuse, sa cousine par alliance, qui fait de la Lorraine le refuge des mécontents et un foyer d'intrigues anti-Richelieu ; au moment du siège de La Rochelle, il a prêté l'oreille à un projet d'alliance avec l'Angleterre ; enfin, il n'hésite pas à recevoir Gaston d'Orléans, tandis que la proximité des troupes suédoises attise sur ses États les convoitises stratégiques françaises. Une présence française en Lorraine permettrait à la fois, on l'a vu, de contrôler le duc et de faire échec aux Suédois.

De longue date, Richelieu a mis en œuvre des études juridique et historique pour fonder les prétentions françaises à occuper, puis à annexer les territoires lorrains. En 1624, à l'occasion d'un différend mineur relatif à une seigneurie située dans le Barrois non mouvant, achetée par Louis XIII, il avait décidé de confier à Cardin Le Bret, avocat général au Parlement de Paris, l'intendance des Trois-Évêchés, à la tête d'une commission d'experts (incluant notamment les grands érudits Pierre Dupuy et Théodore Godefroy) chargée de recenser les droits du roi en Lorraine, de formuler les prétentions françaises en ce domaine et d'établir la liste des usurpations opérées en contravention avec le régime de protection desdits Trois-Évêchés. Il s'agissait déjà de poser les bases juridiques et historiques d'une extension de la domination française à l'ensemble de la Lorraine. La commission a travaillé, en 1625-1626, avec un zèle extrême, voire excessif, provoquant de véhémentes protestations de Charles IV, mais le siège de La Rochelle a différé la réaction royale.

Dans la période 1631-1632, le dossier lorrain peut être rouvert pour s'assurer le contrôle du duché, quand l'imprévisible se produit : le trublion Gaston bouscule tous les plans ; sa fuite en Lorraine et le roman d'amour qui s'ensuit deviennent le thème central de la correspondance du cardinal. Voilà encore une exemplaire illustration de ces jeux d'échelle qui imposent leurs priorités relatives au gouvernement : pour poursuivre les objectifs de « grande » politique internationale, Richelieu et Louis XIII doivent d'abord tenir compte de l'imbroglio familial ; mécontentement, mariages, répudiations, frasques de Gaston ou de Charles IV peuvent jeter à bas les édifices stratégiques les plus savamment élaborés ! Et le ministre de prêter la plus grande attention aux humeurs de Monsieur, héritier de la couronne, danger toujours imprévisible, toujours fuyant, enfant gâté qui se pose en défenseur de « la liberté du peuple », que Richelieu respecte ostensiblement et gourmande sèchement ou paternellement (en post-scriptum d'une lettre du 30 mars 1636, il n'hésite pas à le menacer d'« une bonne réprimande [1] »), avec lequel il négocie, mais aussi, de temps à autre, plaisante de bon cœur.

Puisque son statut de futur roi interdit d'exercer contre Gaston cette fermeté si chère au cardinal, il faut biaiser ; comme il l'a fait pour Marie de Médicis, Richelieu reporte la responsabilité des frasques du prince sur ses conseillers, et, pour astreindre Monsieur à ses devoirs, en appelle à l'État : Louis XIII « conviera donc [Monsieur] à revenir par ce qu'il doit à Sa Majesté, vu les obligations qu'il lui a, par ce qu'il doit à l'État, qui souffre beaucoup de ces divisions, et par ce qu'il se doit à soi-même [2] ». À chaque faux pas, Gaston doit ainsi demander le pardon et abandonner son entourage ; la lettre que le roi adressera, le 17 octobre 1632, à M. de La Grange aux Ormes, résident auprès du roi de Suède, atteste la ligne que lui inspire Richelieu en la matière : « J'ai mieux aimé néanmoins suivre la voie de la douceur, et recevoir les bons mouvements de mondit frère, qui l'ont porté à reconnaître la faute qu'il avait faite, et à détester les mauvais conseils qui l'avaient éloigné de moi. [...] Car aussitôt que mondit cousin [Richelieu] a vu qu'il prenait l'esprit de soumission et d'obéissance envers moi, il a été le premier à me conseiller de prendre celui de la douceur et de lui pardonner sa faute [3]. » Mais, pour lors, on ne peut s'en tenir là, et aux provocations du Lorrain il faut répondre par la force ; le roi et le cardinal s'y emploient, qui, entre octobre 1631 et juillet 1632, prennent par deux fois le chemin de la Lorraine.

À la fin de 1629, alors que Richelieu pacifie le Languedoc au nom du roi, Monsieur, mécontent de l'opposition faite à son mariage avec Marie de Gonzague, s'est déjà rendu en Lorraine, où il a été accueilli comme un précieux atout ; c'est au cours de ce premier séjour qu'il a rencontré la princesse Marguerite, dont il s'éprend, avec l'assentiment de son favori et principal conseiller,

1. Avenel, V, p. 437.
2. *Ibid.*, p. 98.
3. *Ibid.*, p. 390-391.

Antoine de Laage, duc de Puylaurens. Ce dernier, qui entretient lui-même une liaison avec Henriette, princesse de Phalsbourg, sœur aînée de Marguerite et de Charles IV, voit immédiatement tout l'intérêt que présenterait une telle alliance. En décembre 1629, pourtant, Gaston s'est laissé convaincre de regagner la cour en échange de substantiels avantages. Sa nouvelle rupture avec le cardinal, suite à la journée des Dupes, lui fait demander une seconde fois l'asile lorrain ; celui-ci ne lui est accordé qu'après un premier refus, qui témoigne des hésitations de Charles IV à s'aliéner la France. Mais c'est bien de Nancy, où il file le parfait amour, que Gaston se donne des allures de justicier et lance, fin mai 1631, un solennel manifeste dirigé contre ce « prêtre inhumain et pervers, pour ne pas dire scélérat et impie, qui, trahissant son ordre et sa vocation, a introduit dans le ministère la perfidie, la cruauté et la violence ». Pour Gaston, ce nouveau « maire du palais » qu'est le cardinal a mis la France dans un « déplorable état ».

La réaction est militaire. Laissant à Paris le comte de Soissons comme lieutenant général, on décide de se porter d'abord contre Sedan, pour réduire cette principauté dont le duc de Bouillon faisait le point de ralliement des troupes levées par Marie de Médicis et Gaston. Sans coup férir, les troupes du maréchal de La Force investissent la ville qui, en l'absence du duc, n'oppose aucune résistance. Puis le maréchal rejoint le roi et le cardinal à Verdun et reprend Moyenvic ; les troupes royales tiennent Nancy dans leur ligne de mire, et le duc est obligé de capituler : le 6 janvier 1632, il signe le traité de Vic, par lequel il s'engage à pratiquer une politique d'amitié envers la France, ainsi qu'à expulser toute personne convaincue de menées hostiles envers elle ; en gage, il remet à Louis XIII pour trois ans la citadelle de Marsal. Le 9 février, le roi est de retour à Versailles.

Gaston a dû quitter Nancy ; mais, auparavant, Charles IV et lui se sont payé le luxe d'une vengeance : le 3 janvier, son mariage avec Marguerite a été secrètement célébré. L'héritier présomptif de la couronne s'est allié, sans l'accord du roi, son frère, à la maison de Lorraine qui prétend à la couronne et est alliée des Habsbourg... C'est un beau coup, à la fois insultant et dangereux : si Louis XIII disparaît sans héritier, une princesse lorraine accédera au trône de France ! C'est un échec cinglant pour le système d'information du cardinal qui ne sera instruit que bien plus tard, en novembre, de la nouvelle...

Une fois de plus, Monsieur a le choix : soit revenir dans l'obéissance en échange d'avantages matériels, soit persévérer dans la rébellion, ce qu'il décide. Il rejoint sa mère à Bruxelles, où le soutien de l'Infante et de la Lorraine lui est toujours acquis ; on arrête un plan de campagne conjoint avec les forces espagnoles concentrées dans le Palatinat ; qui plus est, Gaston s'efforce de soulever une province française proche de l'Espagne, de manière à recevoir aisément du secours de cette dernière. Si ces manœuvres étaient menées à bien, la nouvelle coalition princière pourrait se révéler fort dangereuse. Cette alliance répugne cependant à certains proches du Prince qui font défection : parmi ceux-ci, Le Coigneux et Monsigot regagnent la France ; Bellegarde refuse de ranger la Bourgogne dans le camp des rebelles, mais Montmorency leur apporte le Languedoc.

Ce même Montmorency, qui s'est proclamé fidèle affectionné du cardinal et qui, à Lyon, au moment où Louis XIII était à toute extrémité, lui avait même proposé un asile dans sa province, s'estime maintenant mal aimé, dépossédé de ses attributions maritimes, mal récompensé de ses services en Italie… Encouragé par sa femme Marie-Félicie des Ursins, nièce et filleule de Marie de Médicis qui voue au cardinal une haine profonde, il s'engage, hors de tout réalisme politique, sur la voie de la trahison, en dépit de la bienveillance que veut toujours lui témoigner Richelieu, qui lui écrit encore : « Je vous conjure de croire que l'affection que je vous porte est et sera toujours telle qu'il est impossible que le temps y puisse apporter aucune altération de ma part, étant fondée sur les bonnes qualités que j'ai reconnues en vous, qui me font espérer qu'elles vous rendront toujours semblable à vous-même [1]. » Le plan de campagne est le suivant : Monsieur partira de Trèves à la tête de son armée à la fin du mois d'août et se dirigera vers le Languedoc par la Bourgogne, qu'on ne désespère pas de soulever malgré son gouverneur ; en même temps, il est prévu que le gouverneur de Calais livre le port à l'Espagne, qui aura ainsi une base pour mener des opérations contre les côtes françaises.

Richelieu, s'il ignore toujours le mariage de Gaston, est parfaitement renseigné sur les projets des conjurés ; des informateurs bien placés, des courriers interceptés ne lui laissent rien ignorer. Passant à l'action au mois de mars, il fait ouvrir le procès du maréchal de Marillac, qui attend depuis plus d'un an dans sa prison de Sainte-Menehould [2]. Celui-ci n'a pas, à vrai dire, comploté contre lui et est assurément beaucoup moins suspect de ce chef que son demi-frère, le garde des Sceaux, que le cardinal laissera mourir dans sa prison ;

1. Lettre de 1631, Avenel, IV, p. 231.
2. P. de Vaissière, *Un grand procès sous Richelieu. L'affaire du maréchal de Marillac*, Paris, 1924.

mais, comme lui, il a été serviteur de la reine mère, et cela suffit pour l'immoler brutalement sur l'autel de l'exemplarité. Sa traduction en justice est un acte purement politique, la responsabilité d'aucune défaite ne pouvant en effet lui être imputée ; quelques détournements de fonds – qui n'ont au demeurant rien d'extraordinaire – ainsi que de prétendues incapacités sont le prétexte de sa condamnation à mort pour crime de « péculat » (autrement dit vol de deniers publics), prononcée le 8 mai 1632 à une seule voix de majorité par une commission extraordinaire. Son exécution, le 10, montre à la reine mère, à Gaston, à leurs partisans et à la noblesse dans son ensemble ce qu'il en coûte d'être hostile à la politique du roi et du cardinal. Elle les pousse également à la faute, en les obligeant à se découvrir prématurément et en hâte, dans l'espoir d'interrompre le cours du procès.

Mais, là encore, c'est Richelieu qui les prend de vitesse : le 10 mai, jour de l'exécution, il se met en route vers le nord, en compagnie du roi, pour inspecter les places de la frontière. Tout naturellement, les deux hommes arrivent le 22 à Calais, pour signifier au gouverneur la volonté du roi de racheter sa charge, privant la coalition de sa base maritime. Sur le chemin du retour, la maladie retient le cardinal à Corbie durant deux jours, les 3 et 4 juin, tandis que le roi continue vers l'est par La Fère et Laon.

Car la campagne a été engagée sur la frontière de l'Est ; les opérations ont été coordonnées avec celles des Hollandais, qui mettent le siège devant Maastricht et y arrêtent les troupes espagnoles. Dès lors, la conquête de la Lorraine se déroule sans coup férir : l'armée du roi envahit le duché, et Gaston, sur le point d'être bloqué à Trèves, doit se mettre en route précipitamment, juste avant que Charles IV ne capitule. Par le traité de Liverdun du 26 juin 1632, le duc doit livrer à Louis XIII de nouveaux gages : Stenay et Jametz, ainsi que le comté de Clermont-en-Argonne. Libérées de ce côté, les troupes françaises font aussitôt volte-face, et se lancent vers le sud à la poursuite de Gaston.

Monsieur s'est jeté dans une entreprise que le roi et le ministre prennent très au sérieux, mais qui se révèle vite un total fiasco. Visiblement, il n'est pas le bienvenu en Bourgogne ; à Dijon, c'est l'artillerie qui le reçoit. Il se dirige alors à marche forcée vers le Languedoc et presse Montmorency, d'abord réticent devant tant de précipitation et d'imprévoyance, puis, sous l'influence de son épouse, fidèle à ses promesses. *A priori*, les circonstances sont favorables au soulèvement de la province, soumise à des réformes fiscales indésirées ; cependant, le parlement de Toulouse se prononce pour la fidélité au roi, et la population ne bouge pas. Le 20 juillet,

Montmorency accueille Gaston à Pézenas, mais le fidèle Schomberg, encore lui, arrive par l'ouest, tandis que l'armée d'Allemagne commandée par La Force est déroutée et se dirige, elle aussi, vers le Languedoc. Le roi décide que sa présence est nécessaire ; le départ a lieu de Fontainebleau à la mi-août. Bien sûr, Richelieu est du voyage, qui passe par Nevers et Roanne pour rejoindre la vallée du Rhône.

L'armée d'Allemagne n'aura pas à intervenir : la bataille décisive a lieu le 1er septembre devant Castelnaudary ; malgré une évidente infériorité numérique, l'expérience de Schomberg est payante. Montmorency, selon la glorieuse tradition chevaleresque, entend payer de sa personne et se couvrir de gloire : il traverse les lignes royales, et, encerclé et blessé, il est fait prisonnier. Il survit cependant à ses blessures, et c'est un nouveau procès politique, le second de cette année 1632, dont l'issue ne fait aucun doute, qui se tient devant le parlement de Toulouse ; de son côté, Gaston abandonne sans états d'âme ses partisans vaincus et négocie pour lui seul le traité de Béziers (29 septembre), qui le rétablit, une fois de plus, dans ses charges et dignités. Montmorency a la tête tranchée le 30 octobre 1632 en l'hôtel de ville de Toulouse. Des bruits ont couru d'un complot visant à enlever Mme de Combalet pour faire pression sur Richelieu, et l'échanger contre la grâce de Montmorency...

Cette exécution, qui frappe le descendant d'une famille qui a donné à la couronne deux connétables, marque un point de non-retour, et la fin, pour la noblesse, des « temps heureux ». Le royaume est frappé de terreur et, pendant quelques années, aucune révolte nobiliaire armée ne se hasarde à poindre. Dans cette affaire, l'implication du roi est totale, qui s'en justifie en ces termes dans la lettre circulaire du 30 octobre 1632 : « Après que j'ai apaisé tous les désordres qui étaient arrivés dans mon royaume, par l'assistance particulière de Dieu ; que j'ai remis mon frère le duc d'Orléans dans l'état qu'il doit être, l'ayant séparé de toutes les cabales étrangères qui se faisaient tous les jours contre le repos de cet État, j'ai cru devoir user des moyens que j'avais en main pour l'affermir tout à fait, en laissant faire à mon parlement de Toulouse la justice [1]... »

Le Languedoc est pacifié au prix du renoncement à la réforme fiscale qu'on a voulu y introduire ; la province ne sera pas pays d'élections, et restera pays d'États. À Toulouse, le roi et le cardinal président au baptême d'un juif, puis, le 31 octobre, Louis XIII reprend le chemin du retour ; il passe par Montauban, Limoges,

---

1. Avenel, IV, p. 395.

Romorantin, et reparaît le 26 novembre à Versailles, où il retrouve les plaisirs de la chasse. La reine et la cour partent de Toulouse le 2 novembre et s'acheminent en direction de Bordeaux.

Pour Richelieu, qui voulait faire de ce voyage un cheminement triomphal à travers ces provinces de l'ouest du royaume, entre la Gironde et La Rochelle, où s'ancre sa puissance, ce retour vers Paris est en fait fort peu glorieux. Les problèmes s'accumulent : il apprend enfin le mariage de Gaston, lequel, à la nouvelle de l'exécution de Montmorency, s'est de nouveau enfui à Bruxelles le 6 novembre ; en Allemagne, Wallenstein et Gustave-Adolphe sont face à face ; à la cour, dans l'entourage d'Anne d'Autriche, l'irréductible duchesse de Chevreuse a ensorcelé le garde des Sceaux Châteauneuf, qui intrigue contre lui. La mort frappe son entourage : à Bordeaux, Schomberg est victime d'une attaque d'apoplexie et décède le 17 novembre. Le coup est dur pour le cardinal : il perd un fidèle aux capacités et à l'honnêteté éprouvées, au jugement sûr, qui a prêté au pouvoir son soutien en tous les moments décisifs – successivement ambassadeur en Angleterre, puis en Allemagne ; surintendant des Finances ; conseiller écouté ; gouverneur de provinces ; maréchal ayant servi en Valteline, à l'île de Ré, à La Rochelle, au pas de Suse, à Casal, en Lorraine ; vainqueur, enfin, à Castelnaudary, de Montmorency dont il a demandé en vain la grâce.

De surcroît, Richelieu, qui entend montrer Brouage à la reine, ainsi que le château splendide qu'il fait construire à Richelieu, est malade. Depuis Lectoure, il souffre des reins, tandis que, voguant sur la Garonne, on approche de Cadillac, la demeure du duc d'Épernon. Au débarquement, nul carrosse n'attend le cardinal, les dames de la cour s'étant attribué celui qui lui était destiné. À pied et de fort méchante humeur, il se met à gravir douloureusement la côte et refuse fièrement de monter dans le carrosse avec lequel Épernon se porte enfin à sa rencontre. Marchant côte à côte, les deux hommes atteignent péniblement le château. Mais Richelieu n'est pas au bout de ses malheurs : son escorte est logée de l'autre côté de la rivière et il se voit livré, malade et sans défense, au vieux duc qui n'est guère de ses amis. Le lendemain, il se hâte de déloger « dès le très grand matin, sans avoir rien pris qu'un bouillon qui n'était pas de la cuisine de M. d'Épernon [1] ». Prétextant que la marée ne saurait attendre, il s'embarque sans gloire pour Bordeaux, torturé par une rétention d'urine. La cour continue son chemin sans lui, ignore Brouage et Richelieu et visite La Rochelle.

1. La Porte, *Mémoires*, p. 72.

De Bordeaux, le 13 novembre 1632, à huit heures du matin, le malade écrit à Léon Bouthillier : « Je vous dirai en un mot que mon mal est le même que le Roi eut à Lyon, avec cette différence toutefois que là où l'apostume [abcès] survint à la fièvre, la fièvre est survenue à mon apostume. Il est vrai que la fièvre ne me tient pas toujours, mais me donne quelque relâche. J'attends la suppuration de l'abcès, à quoi les médecins emploient tous les remèdes que l'art leur enseigne pour parvenir à cette fin. Quant à ma suppression d'urine, il s'est trouvé un chirurgien en cette ville qui a un secret admirable : avec de la bougie de cire cannelée, il m'a fait vider maintenant toute l'urine qui était dans la vessie qui me tuait, et qui me donne un soulagement indicible [1]. »

Encore lui faut-il échapper à la sollicitude de ses ennemis qui guettent son trépas. Épernon d'abord, qui se transporte à Bordeaux et le visite assidûment tous les matins, accompagné jusqu'à la porte de sa chambre de deux cents gardes, et s'assied à son chevet en lui déclarant avec une inquiétante politesse : « Je ne viens pas pour vous incommoder, mais pour savoir l'état de votre santé »... La reine ensuite, qui, « curieuse de savoir s'il était si mal qu'on disait », dépêche à Bordeaux son fidèle La Porte à qui l'on doit cette réaliste relation : « Je le trouvai entre deux petits lits sur une chaise, où on lui pansait le derrière, et l'on me donna le bougeoir pour lui éclairer à lire les lettres que je lui avais apportées ; ensuite il m'interrogea fort sur ce que faisait la Reine, si M. de Châteauneuf allait souvent chez elle [2]... » Les lettres sont de la reine et de la duchesse de Chevreuse, et leur destinataire n'a guère de mal à imaginer les sarcasmes dont il est l'objet et les espoirs auxquels sa maladie donne prétexte, notamment au garde des Sceaux Châteauneuf, ce cinquantenaire manipulé, comme on l'a vu, par l'infatigable Chevreuse, elle-même âgée de trente-deux ans, qui en a fait son amoureux transi... Les rieurs ont en effet beau jeu de le traiter de « cul pourri », et les ambitieux de rêver à la succession.

Le secret du chirurgien de Bordeaux, un certain Mingeloussaux, ne suffit pourtant pas à mettre le cardinal hors de danger ; le 17 novembre encore, il semble à toute extrémité, à tel point que l'on aurait annoncé sa mort au roi. Cependant, il ne se sent pas en sûreté à Bordeaux et se fait porter en Saintonge, à Saujon, château acquis par lui en 1628, où la feinte sollicitude de la reine lui dépêche à nouveau La Porte, qui le trouve « un peu mieux, mais non pas en état de se pouvoir mettre en chemin ». Il faut encore faire venir deux chi-

1. Avenel, IV, p. 402.
2. La Porte, *Mémoires*, p. 15-16.

rurgiens de Paris jusqu'à sa forteresse de Brouage où il se rend ensuite, et où il peut se reposer enfin en toute sécurité. Il a cru mourir et attribue sa survie à la protection de la Vierge, à laquelle il offre, en reconnaissance, une chapelle votive à Saumur, au pèlerinage de Notre-Dame des Ardilliers. Sa convalescence dure jusqu'au début de 1633 ; il retrouve alors le roi à Rochefort-en-Yvelines, à deux lieues au nord de Dourdan, à la fin de sa convalescence, mettant une fois de plus un terme aux espérances de ses ennemis.

2

Les nuits et les jours du cardinal

Alors que Richelieu, une fois encore, échappe à tous les complots et à tous les coups du sort, arrêtons pour un instant le cours de notre récit. Dans ces années qui suivent les tourmentes de la décennie 1620, il a atteint les sommets de l'État, et y est confirmé. Après tant d'écueils, il apparaît légitime de penser qu'il éprouve désormais quelque satisfaction ; prend-il néanmoins le temps d'évaluer sa situation présente à l'aune de ses desseins personnels, de se retourner sur le passé, ou d'envisager posément l'avenir ? Car les affaires ne lui laissent pas beaucoup de répit pour une introspection, laquelle ne cadre d'ailleurs ni avec son caractère, ni avec l'esprit du temps. De ses pensées intimes, il n'a rien confié ; nous n'avons guère qu'un indice – mais postérieur, puisqu'on le trouve dans son *Testament politique* de 1640 – de la manière dont Richelieu percevait ses fonctions, au détour d'une comparaison saisissante : « [Le roi] doit aussi savoir que les grands hommes qu'on met au gouvernement des États sont comme ceux qu'on condamne au supplice, avec cette différence seulement que ceux-ci reçoivent la peine de leurs fautes et les autres de leurs mérites [1]… » Il est temps de s'attarder sur ce qu'était concrètement, à l'époque, cette vie, et sur les conditions de son établissement au cœur même du pouvoir.

De ses obligations ecclésiastiques, le prélat Richelieu s'est en grande partie détaché, mais il l'a fait avec l'accord de Rome. Il obtient ainsi les dispenses nécessaires pour opiner au Conseil dans les matières criminelles pouvant entraîner la peine de mort. Il béné-

1. *Testament politique*, p. 219.

ficie d'un allègement de ses obligations de récitation du bréviaire, et obtient de même l'autorisation, en raison de sa santé, de manger de la viande les jours défendus. Enfin, il ne célèbre lui-même la messe qu'aux grandes fêtes. En renonçant à ses charges pastorales pour entrer en politique, Richelieu n'en demeure pas moins soucieux de légalité à l'égard de la hiérarchie romaine.

Quant à son emploi du temps au quotidien, c'est son premier bio-graphe-hagiographe, le zélé Antoine Aubery, qui nous le fait connaître : « Il se couchait ordinairement sur les onze heures et ne dormait d'abord que trois ou quatre heures. Son premier somme passé, il se faisait apporter de la lumière et son portefeuille pour écrire lui-même, ou pour dicter à une personne qui couchait exprès en sa chambre. Puis il se rendormait sur les six heures et ne se levait ainsi qu'entre sept et huit.

« La première chose qu'il faisait après avoir prié Dieu était de faire entrer ses secrétaires pour leur donner à transcrire les dépêches qu'il avait minutées la nuit. [...]

« Il s'habillait ensuite et faisait entrer les ministres avec lesquels il s'enfermait pour travailler jusqu'à dix ou onze heures. Puis il entendait la messe et faisait, avant le dîner, un tour ou deux de jardin, pour donner audience à ceux qui l'attendaient.

« Après le dîner, il se donnait quelques heures d'entretien avec ses familiers, ou avec ceux qui avaient dîné à sa table ; puis il employait le reste de la journée aux affaires d'État et aux audiences pour les ambassadeurs des princes étrangers et les autres personnes publiques.

« Sur le soir, il faisait une seconde promenade, tant pour se délasser l'esprit, que pour donner audience à ceux qui ne l'auraient pu avoir le matin.

« Après cette promenade, il donnait trêve aux affaires d'État, à moins qu'il ne survînt quelque chose d'extraordinaire, et ne voulait plus d'autre compagnie que celle de ses plus intimes et de ses domestiques [...]. Il se divertissait aussi quelquefois à la musique et à d'autres récréations honnêtes, gardant toujours cette maxime de ne se retirer point pour se coucher sur une matière trop triste ou trop gaie.

« La compagnie étant retirée, il ne manquait pas de se recueillir et de se mettre à genoux à la ruelle de son lit pour faire ses prières, qui duraient environ demie-heure [1]. »

À lire Aubery, le chrétien, le ministre et l'amateur de délasse-ments artistiques se succèdent harmonieusement tout au long du

1. Aubery, p. 595.

jour et de la nuit. La réalité était assurément moins organisée et dépendait du cours et de l'urgence des affaires ; rapidité et efficacité imposaient de travailler à toute heure, de jour comme de nuit, et d'être une grande partie du temps sur les routes.

Les nuits de Son Éminence ont particulièrement impressionné et alimenté sa légende. La table qui jouxte son lit est chargée de l'écritoire du ministre et des drogues du malade ; son sommeil est court et naturellement peuplé de cauchemars. En dépit des maux qui le tourmentent du fondement jusqu'à la tête, il met l'insomnie au service de la France ou de ses propres desseins, noirs ou sublimes ; ce serait dans ce cadre obscur qu'il tisserait en solitaire, à la manière d'une inquiétante araignée, la toile de ses intrigues. L'absence de sommeil a pour conséquence de doubler son temps de travail et donc sa productivité, qu'elle soit bénéfique ou toxique… Cette activité remarquable, symbole d'une force morale l'emportant sur un corps délabré, est reconnue par ses détracteurs, mais interprétée avec malveillance comme la conséquence de sombres tourments : « Il est toujours en branle, parce qu'il est suspendu entre la crainte et l'espérance[1]. »

Il demeure que, quelle que soit la pression des affaires, le principal ministre n'estime jamais indigne de lui de prêter une attention vigilante aux problèmes domestiques, jusque dans leurs détails : en 1634, à l'occasion du mariage de ses nièces, par exemple, il tient à choisir lui-même la soie et la dentelle à utiliser pour les ombrelles… Ce goût quasi maniaque du détail qu'ont en commun Louis XIII et Richelieu – et que l'on retrouvera chez Louis XIV – témoigne de leur âpre volonté de garder, personnellement, le contrôle de toutes les situations, qu'elles soient de haute politique ou triviales.

Un large pan de la vie ordinaire du ministre est occupé par les déplacements perpétuels auxquels oblige un gouvernement actif et efficace – on y reviendra. Or, les années de triomphe sont les années d'une longue marche vers la maladie et d'une souffrance physique constante, et, à mesure que le ministériat avance, l'état physique du cardinal devient de plus en plus difficilement compatible avec les allées et venues à travers le royaume : il est rongé par les fièvres et les migraines, les rhumatismes, les maux de dents et les névralgies faciales, par les ulcérations anales que son secrétaire infirmier doit s'employer à panser, par les ulcères et les abcès qu'il faut ouvrir.

---

1. Mathieu de Morgues, opposant d'autant plus redoutable qu'il connaît parfaitement l'Éminence, nous livre la clé de cette activité anxieuse : c'est, selon lui, davantage qu'une action physique, une « opération de l'esprit », une activité intellectuelle spéculative au moins autant qu'une pesée réelle sur les choses.

Lorsqu'il est immobile, il peut se tenir assis, mais se déplacer lui devient un supplice.

Se résigner à l'immobilité n'est pas dans le caractère du cardinal ; ce sont les voyages qui s'adaptent. En dépit de ses talents de cavalier, dont l'ancien élève de Pluvinel aimait tant faire la démonstration, Richelieu, avec une « porte de derrière » assiégée d'hémorroïdes, doit se contenter de modes de transport plus accommodants : il use ordinairement de carrosses, ces véhicules dont l'allure épouvante les piétons urbains et qui sont fermés de « mantelets » de peau que, dit-on, il a fait doubler de fer à l'épreuve des balles. Mais les cahots lui causent d'intolérables souffrances. Il recourt alors à la litière, moins rapide mais où il peut s'étendre. Celle-ci repose sur deux brancards, avant et arrière, supportés par des chevaux, des mulets ou de robustes valets. La caisse close à laquelle on accède par des portières est munie de coussins, tendue de velours, de damas ou de maroquin, avec des rideaux, et garnie d'un matelas. Cette boîte, supposée plus confortable, qui donne au voyageur la sensation d'une mer houleuse, prendra des dimensions fantastiques sous la plume de Victor Hugo. Dans la réalité, elle manifeste à tous ses contemporains les infirmités peu glorieuses dont le cardinal est accablé…

Richelieu combine les deux modes de transport au gré des nécessités. Ainsi, le 21 septembre 1633, en pleine négociation à propos de Nancy avec Charles IV de Lorraine, il monte en litière à Charmes où il réside pour, avec le duc, aller trouver Louis XIII à Laneuville, quartier général du roi ; puis il quitte sa litière, et prend son petit carrosse pour devancer M. de Lorraine qui le suit dans le grand carrosse, avec le cardinal de La Valette et le nonce. Le 25, les Français font leur entrée dans Nancy : le train de Son Éminence comprend trente gentilshommes et domestiques, deux écuyers, deux de ses grands chevaux menés à la main par des palefreniers à pied, sept chevaux de prix montés par des palefreniers, et enfin, l'homme rouge dans son carrosse, escorté de ses mousquetaires. Le 12 juin 1634 encore, accompagné de Charnacé, il quitte en carrosse le Palais-Cardinal, escorté de ses gardes à cheval, pour s'en aller à sa maison de Rueil. Après le Roule, le cocher arrête ses chevaux et le cardinal descend pour s'installer plus confortablement dans sa litière, tandis que Charnacé retourne à Paris coucher par écrit les instructions qu'il vient de recevoir.

Aubery, en biographe attentif, précise : « Il avait pour équipage dans les voyages : sa litière, son carrosse du corps, deux autres carrosses pour ses secrétaires, ses médecins, son confesseur et les autres qui approchaient sa personne ; dix-huit mulets avec six charrettes à quatre chevaux chacune pour mener son bagage ; un fourgon et six chevaux de somme pour les ustensiles de la cuisine et de l'office [1]. » Précisons encore qu'il préfère, dès qu'il lui est possible, la locomotion fluviale, bien plus confortable ; c'est alors, comme on l'a vu au retour de la campagne du Languedoc, un train de bateaux, une véritable flottille, avec avant- et arrière-garde, qui accompagne le cardinal toujours environné de son escorte.

Ses maux voudraient faire de l'homme de terrain un homme de cabinet retenu dans ses propriétés où il aspire de plus en plus visiblement à séjourner, mais la nécessité des affaires lui impose encore bien des déplacements, et la maladie ne l'empêchera pas d'être présent jusqu'à la fin, chaque année, dans au moins un des grands théâtres de la guerre. Même s'il ne participe plus lui-même aux opérations, il demeure ainsi en liaison directe avec le commandement. Qui plus est, la vie ordinaire de la cour est à elle seule une perpétuelle itinérance, à laquelle il lui faut peu ou prou se soumettre [2]. Après le Piémont en 1629 et 1630, il a parcouru la Lorraine en 1631-1632 et 1633 ; le Languedoc également en 1632 ; 1634 constitue une année de répit passée entre Paris, Rueil, Fleury, Bois-le-Vicomte, Chantilly, Compiègne, Chilly, Juvisy, Villemareuil et Versailles. À partir de 1635, c'est la guerre qui commandera les déplacements. À le suivre, on constate qu'il tente de plus en plus de réserver ses forces déclinantes pour les grandes options stratégiques, et recherche des résidences lui permettant de mener une vie plus calme en marge de la cour (à Chaillot ou à Charonne quand celle-ci est à Paris), et que, à partir de 1632, Rueil est le havre auquel il aspire de plus en plus, la résidence favorite toujours en travaux où on le voit séjourner et revenir avec prédilection à l'issue de chaque périple.

Par ailleurs, Richelieu n'est pas un surhomme gouvernant seul la France et soutenant à bout de bras sa grandeur. Le cardinal a toujours veillé, au contraire, à constituer patiemment ses réseaux, et à cultiver de fécondes fidélités. Sa science des hommes lui permet de distinguer ceux qui partagent son sens politique ; tout son intérêt est de les promouvoir à ses côtés.

On a déjà parlé du père Joseph, et on l'a vu faisant, en retrait, œuvre politique. Ce capucin mystique est sans doute l'un de ceux dont Richelieu se sent intellectuellement le plus proche : avec lui, le cardinal développe un vrai et égal dialogue, et partage une intimité

1. Aubery, p. 614.
2. Voir le détail de son itinéraire en annexe, p. 533-547.

fondée sur une vision politique commune. Cet humble religieux, devenu ministre d'État en 1634, est l'un des personnages les plus controversés du temps ; pour lui fut inventée l'expression d'« Éminence grise » – la sobriété de sa robe de capucin tranchant avec la pourpre cardinalice de Richelieu, l'« Éminence rouge ». On a vu en lui un homme de Dieu aussi bien qu'un démon, un mystique perverti par la politique, ou encore un dangereux va-t-en-guerre : il fut, il est vrai, le tenant obstiné d'une utopique croisade, dont le but était de chasser les Turcs hors d'Europe et de reconquérir les Lieux saints du Levant, et ce grand dessein impliquait l'anéantissement des Habsbourg. Une défaite espagnole était, pour ce complexe personnage, indispensable à la paix en Europe, et, à longue échéance, à la victoire réelle du catholicisme. À partir de 1633, il est considéré comme le plus vraisemblable successeur de Richelieu à la tête de la politique française.

Outre le père Joseph, dont les relations avec le cardinal sont tout à fait singulières, le petit monde des hommes de Richelieu s'organise en cercles concentriques. Le cercle étroit des plus intimes se compose d'exécutants exceptionnellement dévoués [1]. Le cardinal a en effet pris soin, dès le début de sa carrière publique, d'entretenir dans sa maison une société d'hommes de confiance et de familiers, souvent d'origine poitevine. Certains l'accompagnent sa vie durant : c'est le cas de son valet Desbournais ; son confesseur, l'abbé Mulot ; son secrétaire, Charpentier ; Michel Le Masle, que nous avons rencontré très tôt…

Ainsi des Bouthillier, qui sont pour lui comme une seconde famille, et dont il fait l'une des principales lignées administratives du royaume, d'abord, comme lui, dans l'entourage de la reine mère, puis auprès du roi et de Gaston. Claude Bouthillier, secrétaire des commandements de Marie de Médicis, puis secrétaire d'État et surintendant des Finances, suit toute la carrière de Richelieu sans faillir à sa tâche, mêlant sans discontinuité affaires personnelles et publiques, puisqu'il sera encore préposé à la surveillance de Pont-Courlay, neveu du cardinal, à partir de 1637. Dans ces mêmes années, ce seront Léon Bouthillier-Chavigny, le fils de Claude – dont les mauvaises langues veulent, on l'a vu, faire le fils du cardinal –, devenu secrétaire d'État aux Affaires étrangères à vingt-quatre ans à la place de son père (appelé « Monsieur le Jeune » pour le distinguer d'avec ce dernier) [2],

---

1. L. Delavaud, « Quelques collaborateurs de Richelieu », dans *Rapports et notices sur l'édition des Mémoires de Richelieu*, Paris, II, 5ᵉ fasc., 1914.
2. Il a en charge les étrangers, la flotte de l'Atlantique, la Champagne, la Brie et la Bretagne, ainsi que, à la disgrâce de La Ville aux Clercs, le département de la maison du roi.

et Sublet de Noyers, en charge de la Guerre, qui serviront d'inter-médiaires ordinaires, administratifs et personnels, entre le roi et son principal ministre, tenant ce dernier constamment informé de l'humeur et des volontés du souverain, et veillant à le bien disposer et à défendre la faveur du cardinal dont dépend la leur. De surcroît, le même Chavigny, dont les talents sont multiples et l'entregent habile, prend une stature très supérieure à celle de son père : de simple exécutant dévoué, il devient le conseiller indispensable, le négociateur exercé en contact étroit avec les ambassadeurs, qui se trouve en même temps investi de la tâche au moins aussi délicate de contrôler Monsieur et son entourage, de le surveiller et de le détourner des complots ; cette créature de Richelieu réussit l'exploit de gagner l'amitié du prince dont, en 1635, il devient le chancelier.

Ces favoris dont Richelieu peuple progressivement le Conseil sont un moyen d'assurer une surveillance de la tête de l'État bien plus simple et efficace que tous les services d'espionnage nés dans l'esprit des propagateurs de la légende noire du cardinal [1]. Ses servi-teurs dévoués sont ses meilleurs espions et ses plus actifs informa-teurs. D'autres demeurèrent plus obscurs, ce qui ne les empêcha pas d'être fort actifs : ils forment ce qu'on a appelé son « cabinet ». Il s'agit d'un groupe de secrétaires, attachés à son service exclusif, et tenant pour lui la plume ; tous n'ont pas été identifiés, malgré les trésors d'érudition déployés pour reconstituer l'entourage de Riche-lieu. Deux ont un statut officiel : ce Charpentier dont il a été ques-tion, de 1609 à la mort du cardinal, lequel lui rendra hommage dans son testament en l'y désignant comme le plus homme de bien et le plus loyal de ses serviteurs ; et Cherré, le cousin du précédent, à partir de 1630. Y figurent encore l'omniprésent Michel Le Masle ; un certain Ceberet, un temps ; Antoine Rossignol, pour le décrypte-ment des écritures chiffrées ; Jacques Godin et Julius de Loynes ; Isaac Martin pour les affaires de la mer ; Achille Harlay de Sancy, évêque de Saint-Malo, le « secrétaire des mémoires ». On ne parle pas des « secrétaires de la nuit », valets de chambre, médecins ou chirurgiens qui se relaient dans la chambre ministérielle, ni de tous ces fidèles qui, occasionnellement, sont appelés à tenir pour lui la plume – l'aumônier Mulot, Desbournais… Quoi qu'il en soit, la qualité essentielle pour servir auprès de Son Éminence et intégrer ce premier cercle est une fidélité à toute épreuve. Richelieu écrit ainsi à Bouthillier, le 2 novembre 1639 : « La main non encore connue dont je vous écrivis de Lyon est attachée au corps d'un nouveau

1. O. Ranum, *Les Créatures de Richelieu. Secrétaires d'État et surintendants des Finances. 1635-1643*, Paris, 1966.

secrétaire que j'ai, qui ne vous est pas encore connu. Comme le caractère en est passable, la mine n'en est pas fâcheuse ; et la fidélité n'en est pas douteuse [1] ».

Il existe encore un second cercle. Celui-ci se compose de collaborateurs à la fidélité plus incertaine, recrutés pour leur talent d'écrivain ; leur mission est de faire face aux attaques visant la politique de Richelieu et d'orienter l'opinion dans le sens souhaité : il s'agit de ce groupe de polémistes, rencontrés à l'occasion de l'affaire des pamphlets en 1625-1626. On a vu avec Fancan ou Mathieu de Morgues que ces hommes de plume et d'humeur pouvaient, au fil de l'évolution de la conjoncture politique, passer à une opposition virulente. Le rôle politique des activités de propagande n'est plus à souligner ; de surcroît, la mise en place de ce cercle témoigne de la volonté du cardinal de tenir à son service la république des lettres, volonté sur laquelle nous aurons l'occasion de revenir.

Enfin, car il se veut toujours un ecclésiastique, Richelieu a très normalement copié l'organisation de sa maison sur celle des cardinaux de la curie romaine. On compte donc, au premier rang, un maître de chambre et un confesseur, puis un groupe d'aumôniers, et pour finir toute une nébuleuse d'hommes d'Église : des capucins, autour du père Joseph, ou encore le théologien anglais Richard Smith ; ce sont tous des hommes capables de coopérer aux ouvrages théologiques, et d'argumenter dans ces controverses auxquelles le cardinal-ministre prête la plus vigilante attention.

Cependant, ce tissage de loyautés à disposition immédiate est loin de suffire. Il faut alimenter ces réseaux, et étendre leur capacité ; dès lors, la grande affaire du ministre, c'est le contrôle de l'information, et la réduction des aléas auxquels celle-ci est soumise. Sa capacité à influer sur la marche des affaires en dépend directement.

C'est une évidence que Richelieu a meilleure prise sur ce dont il est informé en temps réel, moyennant quoi il est en mesure d'agir dans l'instant, et en toute connaissance de cause. Il ne faut jamais oublier que la présence physique est le plus sûr moyen de peser efficacement sur le cours des entreprises. C'est pourquoi, s'agissant des affaires militaires et de la pacification des provinces, Richelieu n'hésite jamais à partir sur place diriger les opérations – toujours au nom du roi, bien entendu. Mais Son Éminence ne peut être partout... Qu'à cela ne tienne, il faut que sa présence se multiplie : avant tout départ en campagne auquel il ne participe pas, Richelieu ne se contente pas de com-

---

1. Avenel, VI, p. 607.

muniquer verbalement ou par écrit ses instructions aux généraux, mais les prévient qu'il les harcèlera de dépêches insistantes réitérant ses directives. Dans le même esprit, il va parfois jusqu'à simuler par écrit des conversations à l'intention des émissaires, leur indiquant expressément, par ce biais, de quelle manière ils devront répondre à telle ou telle question que l'on pourrait leur poser. Néanmoins, plus les champs d'action sont éloignés de sa personne, plus l'obtention d'informations est compliquée ; celles-ci lui parviennent en temps très différé avec un fort coefficient d'incertitude. L'exécution des décisions en est retardée d'autant.

Être correctement informé, en cette première moitié du XVIIe siècle, même quand on occupe la tête de l'État, ne va pas de soi. Malgré tous les déplacements que le roi et son principal ministre peuvent effectuer, ils demeurent, pour le détail des affaires, tributaires des rapports de leurs subordonnés, ce qui multiplie les occasions d'incertitudes et d'imprécisions. Ce sont ces rouages de transmission qu'il convient de perfectionner, s'agissant de l'intérieur comme de l'extérieur.

Au sein du royaume, l'administration s'adjoint les services de maîtres des requêtes : représentants et exécuteurs des décisions du roi, mais aussi chargés de faire remonter les informations vers le centre du pouvoir, ils sont désormais répartis dans les provinces pour des missions temporaires. Des postes fixes sont créés : ainsi est institué le corps des intendants. À partir de 1633, le chancelier Séguier donnera au système sa physionomie définitive : au sein de leur circonscription, la généralité, les intendants, agents directs de l'affirmation du pouvoir royal, prennent en charge le contrôle des corps municipaux, la répartition et l'assiette des impositions directes, ainsi que la répression des émeutes antifiscales.

À l'étranger, ce sont traditionnellement les ambassadeurs qui jouent le rôle d'informateurs et de relais d'exécution. Sous le ministériat, ils prennent un rôle de plus en plus important, conforme à une conception et à des pratiques nouvelles de la diplomatie qu'entend leur faire mettre en œuvre Richelieu, lequel postule qu'« une négociation continuelle en tous lieux ne contribue pas peu au succès des affaires[1] ». Les agents diplomatiques français sont dès lors destinataires de dépêches régulières – souvent hebdomadaires – émanant du secrétariat d'État des Affaires étrangères, qui les informe de la situation diplomatique et politique, et leur fournit des instructions précises ; réciproquement, ils sont chargés de rédiger des dépêches d'information à destination du même secrétariat d'État, voire également

1. *Testament politique*, p. 265.

ment, pour les affaires les plus importantes, à destination du roi, du cardinal ou encore du père Joseph.

Au jour le jour, le principal ministre met encore à contribution tous ceux qui peuvent lui servir d'informateurs et d'agents ; en ce domaine, la frontière entre le privé et le public n'a guère de signification. C'est ainsi qu'avec une tolérance sympathique, amusée et utilitaire (rappelons qu'en principe les juifs sont interdits de séjour au royaume de France), il utilise les services d'une personnalité atypique, Alphonse Lopez, dit le « seigneur Hebreo », son fournisseur de pierreries et d'œuvres d'art, un Morisque hérité de Concini. Ce personnage pittoresque, que nous avons déjà rencontré comme victime des facéties du cardinal, bénéficie de la confiance de ce dernier, ainsi que d'un réseau étendu d'informateurs et de contacts. Il se verra confier de multiples missions : l'acquisition de navires et d'armes en Hollande ; le développement économique du port du Havre dont Richelieu est le gouverneur et la surveillance de ses chantiers ; il agira même comme espion à la cour. Pour ses services, Lopez se voit récompensé d'abord par une charge anoblissante de maître d'hôtel du roi, puis, en 1638, par un titre de conseiller d'État [1].

Le cardinal-ministre fait courir messagers et dépêches d'un bout à l'autre du royaume, ou même de l'Europe, afin d'étendre sa connaissance et son emprise ; néanmoins, il se trouve vite en butte aux problèmes très concrets que pose encore, pour l'heure, la transmission des informations à moyenne et longue distance. N'oublions pas qu'à cette époque la maîtrise des parcours géographiques reste très aléatoire – ce n'est précisément qu'à partir des années 1630 que l'on dispose des moyens de réaliser de bonnes mesures et donc de transcrire en cartes la figuration de l'espace. Mais plus épineuse encore est, peut-être, la question des relations postales…

Une incroyable complexité régit en effet les services des postes et courriers. De multiples circuits d'acheminement se juxtaposent ; disparates et concurrents, les systèmes jouissent de privilèges divers, et souvent les cumulent. Les délais peuvent varier du tout au tout : s'il s'agit d'un courrier isolé ou d'un transport de marchandises (muletier ou fluvial) ; si l'on circule à la bonne ou à la mauvaise saison ; en plaine ou en montagne ; par terre ou par mer… Dans tous les cas, la base des communications rapides – lesquelles sont terrestres – reste le cheval.

1. F. Hildesheimer, « Une créature de Richelieu : Alphonse Lopez, le "seigneur Hebreo" », dans *Mélanges en l'honneur de Bernhardt Blumenkranz*, Paris, 1985, p. 293-299.

L'expéditeur d'une information peut avoir recours à divers services. Les maîtres de poste, officiers royaux, sont chargés du transport des dépêches officielles ; ils tiennent les relais et réserves de chevaux frais. La poste aux lettres est un système mis en place par le pouvoir et ouvert au public (contre rétribution) : les courriers de la poste aux lettres utilisent les rares routes postales existantes, louant les chevaux aux maîtres de poste qui en détiennent le monopole. Des messagers et fermiers de coches jouissent encore de privilèges leur permettant, dans diverses circonstances, d'acheminer des correspondances. Tout cela n'exclut pas, enfin, le recours à des courriers extraordinaires, moyen pratique – mais onéreux – quand il n'existe pas de ligne de poste ou que la confidentialité l'exige, notamment lorsqu'il s'agit de correspondre avec les ambassadeurs.

Pour évaluer le temps d'acheminement d'un message, il faut composer, bien sûr, avec les distances, mais encore avec l'état des chemins – la progression est rapide sur les routes suffisamment bonnes pour la chevauchée, lent et difficile ailleurs –, la qualité des animaux utilisés (et donc le coût investi), sans parler encore de l'état sanitaire des régions traversées, des événements militaires et des alliances étrangères quand il faut acheminer les dépêches à l'étranger, voire traverser des pays étrangers pour arriver à destination… Monté sur une médiocre bête de louage, un cavalier peut faire des étapes d'une trentaine de kilomètres par jour ; chevauchant sans arrêt à franc étrier et crevant sous lui plusieurs montures, un courrier peut parcourir jusqu'à cent cinquante kilomètres. Ainsi, pour rejoindre Rome, centre de la vie diplomatique, un courrier ordinaire met quatre jours de Venise, dix à douze jours de Lyon, douze à quinze jours de Vienne, vingt de Paris – il faut vingt jours également pour rallier Madrid depuis la capitale du royaume –, vingt-cinq à trente de Londres ; un courrier extraordinaire peut réduire ce rapport distance-temps de moitié, soit deux jours pour Venise, dix jours – un record – pour Paris ; mais, depuis la Suède, le délai reste de vingt-huit jours. Précisons que, depuis la France, un effort est réalisé pour établir des relations postales régulières avec tous les pays où le roi a des intérêts ; on ne sera pas étonné d'apprendre que les années 1629-1630 sont le temps d'une refonte générale du système des courriers, précisément à l'initiative de Richelieu – il est inutile d'insister sur la conscience qu'a le ministre de leur nécessité.

Plus économique est la voie fluviale. Ce mode de locomotion impose néanmoins des délais bien différents s'il s'agit de descendre ou de remonter le cours des rivières. Mais même dans le meilleur des cas, l'acheminement reste lent : un coche d'eau rallie Paris à Rouen en quatre jours. Quant à la voie des mers, Richelieu en est encore réduit à constater l'incapacité française à la dominer, malgré l'importance stratégique de ce domaine que Son Éminence ne cesse de proclamer...

Mais notre cardinal, si soucieux d'informations amples, rapides et fiables, n'est pas au bout de ses peines – en premier lieu parce que, à ces contraintes logistiques, se joignent des problèmes bureaucratiques. En effet, les fonctions du principal ministre auprès du roi ont un caractère personnel, et ne lui donnent pas d'autorité réelle sur les services administratifs ; pour obtenir et transmettre ses informations par les voies officielles, il lui faut donc solliciter avec révérence le concours des secrétaires d'État chargés de la réception et de l'expédition des dépêches. De ces administrations, le nombre d'agents demeure fort insuffisant – six, en tout et pour tout, pour le tout jeune département des Affaires étrangères... Richelieu en est réduit à faire flèche de tout bois : contournant les astreintes de cette bureaucratie, il organise un réseau parallèle de correspondants privés : ambassadeurs qu'il sollicite pour son propre compte ; ecclésiastiques gagnés à son service – prélats aussi bien que simples capucins ou jésuites ; particuliers ; négociants et marchands qui sillonnent l'Europe en y glanant des informations utiles, lesquelles alimentent sa connaissance des affaires.

Encore faut-il que toutes ces informations soient exactes et correctement interprétées. Importe donc, avant tout, la fiabilité des informateurs dont le cardinal dépend pour avoir quelque lumière sur des régions et des gens qu'il ne connaît pas. Car les rumeurs et les fausses nouvelles ont la fâcheuse tendance de circuler encore plus rapidement que les courriers officiels... Tout est affaire d'incertitude, de recoupement, et de patience mise à rude épreuve pour un Richelieu le plus souvent condamné à attendre fébrilement des nouvelles d'actions directement dévolues à d'autres.

Il faut en outre compter avec le risque d'interception des dépêches, ce qui induit le cryptage et l'emploi du chiffre ; à l'inverse, il s'agit d'intercepter pour son propre compte celles de l'ennemi, de manière à être informé avant lui. Ces manœuvres prêtent aux relations postales un parfum de cape et d'épée... En voici, parmi une multitude d'autres, un exemple célèbre : au moment où, lors du siège de La Rochelle, les Anglais veulent pousser la Lorraine à l'offensive contre la France, lord Montagu, fils du duc de Manchester, est envoyé à Nancy ; la police secrète du cardinal s'attache à ses pas, et deux agents déguisés en Basques le prennent en filature ; parvenus en Barrois, ceux-ci obtiennent l'aide du commandant d'un poste frontière qui s'introduit en Lorraine, s'empare du diplomate et des documents qu'il transporte ; leur examen apporte la preuve du complot et permet d'agir aussitôt en conséquence. Dans un autre cas, c'est le naufrage providentiel d'un navire étranger sur les côtes françaises qui permet de s'emparer de précieuses informations...

Finalement, le cours des relations politiques ne peut être correctement appréhendé que si l'on tient compte de la cadence des transmissions qui en forment la trame. Quelques illustrations peuvent nous aider à prendre la mesure d'un problème qui obsède autant notre cardinal qu'il conditionne toute son action. L'onde de choc de la fameuse bataille de la Montagne Blanche du 8 novembre 1620 se propage à travers l'Europe au rythme des courriers : il faut ainsi dix jours à la nouvelle pour parvenir à Vienne, où l'empereur Ferdinand II l'apprend le 18 ; les ambassadeurs français en Allemagne en informent Louis XIII par une première dépêche du même jour, puis par une seconde, plus circonstanciée, du 2 décembre, et la nouvelle n'atteint Paris que dix jours plus tard. Encore n'est-elle guère directement exploitable, puisqu'elle laisse planer l'incertitude sur l'issue de la bataille qu'elle annonce ; l'information est pourtant essentielle : il ne s'agit de rien de moins que du destin de l'Europe centrale, et sa connaissance est indispensable au Conseil pour en délibérer.

On se souvient que c'est le 17 juillet 1627 que Richelieu a eu avis du départ de la flotte anglaise, survenu le 8 ; c'est le 30 qu'il a appris que les Anglais étaient à Ré et que Toiras était assiégé, alors que les événements avaient eu lieu entre le 20 et le 27 juillet.

Quant aux péripéties des 10 et 11 novembre 1630, elles vont mettre une dizaine de jours pour parvenir en Piémont. Et l'armée d'Italie que commandent Schomberg – fidèle de Richelieu – et Louis de Marillac de connaître elle aussi, mais en différé, sa journée des Dupes : le garde des Sceaux a en effet aussitôt dépêché un courrier à son demi-frère pour l'informer de la disgrâce de Richelieu et se réjouir « de ce que ce grand obstacle de leur fortune était levé » ; le maréchal de Marillac a témoigné aussitôt sa satisfaction à son entourage, et « M. de Schomberg, qui était uni très étroitement avec M. le Cardinal, conçut un très grand chagrin de ce qu'il n'avait reçu aucune lettre de sa part et jugea que sa fortune pourrait bien être ébranlée par la chute de celui qui avait été toujours son protecteur » ; il ne voulut point souper ce soir-là, tandis que son collègue, « ne pensant à rien de moins qu'à devenir tout-puissant dans l'État avec son frère, se remplissait l'esprit des grandeurs qu'il se promettait et qu'il goûtait par avance [1] ». Le retournement de situation entraîne un second courrier du roi adressé à Schomberg avec

1. Pontis, *Mémoires*, éd. Petitot, II, p. 147-148.

l'ordre d'arrêter Louis de Marillac ; ce courrier, qui parvient le 22 à son destinataire, « fit une si prodigieuse diligence qu'étant parti deux jours après le premier courrier dont j'ai parlé qui avait porté la nouvelle de la disgrâce de M. le Cardinal, il ne laissa pas d'arriver au camp un jour après lui [1] ».

En ce temps dépourvu de communications rapides, ces correspondances aléatoires sont le lien ténu dont dépend la marche d'un grand nombre d'affaires ; tout doit donc y être scruté avec la plus grande attention ; tout y a une signification, une intention. Tout doit aussi y être prévu, ce que disent bien les innombrables formules d'approximation qui parsèment cette correspondance : « On me dit… Peut-être n'est-il pas vrai, mais, s'il était, il faudrait… » Cette prosodie renforce encore l'impression d'inquiétude permanente et d'anxiété que donne Richelieu à travers sa correspondance, et trahit la constante incertitude dans laquelle il se trouve.

À l'urgence de la dépêche paraît, au premier abord, s'opposer le calme intemporel de la bibliothèque. Provenant de récupérations autoritaires comme de prospections et d'achats systématiques, la bibliothèque de Richelieu est considérée par ses contemporains comme le plus grand rassemblement de livres jamais réalisé. Elle nous est connue par les inventaires qui en ont été dressés à sa mort, qui recensent 6 135 volumes conservés au Palais-Cardinal, et 250 au château de Rueil.

Les livres et manuscrits y étaient classés méthodiquement sous les rubriques suivantes : livres hébraïques, éditions et commentaires de la Bible, conciles, droit canon, pères de l'Église de langues grecque et latine, traités scolastiques, littérature de controverse, livres de piété, politique, droit, philosophie, mathématiques, géographie, médecine, orateurs, philosophes et poètes, histoire de l'Église et histoire profane : auteurs orientaux, romains, français, espagnols, italiens, anglais, allemands, belges et chronologies, auteurs hérétiques. La théologie et le droit canonique – le tiers de l'ensemble, avec une prédominance de la scolastique espagnole de la seconde moitié du XVIᵉ siècle, Vitoria, Suarez, Molina, mais aussi Bellarmin – sont suivis de l'histoire (le quart de la bibliothèque), distinguée entre histoire ecclésiastique et histoire nationale. Viennent ensuite les disciplines profanes (les lettres, avec un fonds qui manifeste à la fois la connaissance des classiques et l'intérêt du cardinal pour les nouveautés ; mais aussi les sciences). On rencontre enfin des ouvrages hérétiques, d'origine italienne, espagnole ou même orientale ; y apparaît un nombre assez

1. *Ibid.*, p. 150.

important d'ouvrages ésotériques (kabbale et sciences occultes). Notons en outre que la bibliothèque de Richelieu constitue, vraisemblablement, l'une des plus importantes bibliothèques protestantes de la première moitié du XVIIᵉ siècle, dont on ne trouve l'équivalent chez aucun des dévots du temps, lesquels n'admettent que les ouvrages « convenables ». Une bonne partie de cet ensemble semble provenir de la bibliothèque de La Rochelle qu'il se serait ainsi appropriée. C'est que, pour lui, les ouvrages hérétiques ne sont pas destinés à être brûlés, mais bien à être conservés et rangés dans une bibliothèque comme la sienne : avant de réfuter valablement les thèses de l'adversaire, encore faut-il, en effet, en prendre connaissance.

Au terme de l'étude qu'il lui a consacrée, Jörg Wollenberg a ainsi pu conclure que « la bibliothèque du Palais-Cardinal reflète […] l'intention du cardinal de l'emporter sur ses adversaires par la supériorité de ses arguments démonstratifs… Il s'agissait d'une source d'informations, d'un lieu où se documenter pour préparer, fonder et justifier des objectifs à long terme [1] ». C'est un fait : les livres et manuscrits dont aime à s'entourer Richelieu ne sont pas matière à une instruction désintéressée, mais bien davantage des instruments de documentation, de réflexion et de décision.

Richelieu se fait ici le représentant et l'apôtre d'un courant qui investit le savoir livresque d'une nouvelle mission à la frontière de la littérature et du pouvoir : son théoricien, le savant Gabriel Naudé, qui sera plus tard le bibliothécaire de Mazarin, entend organiser cet instrument traditionnel de savoir de manière à le mettre au service du pouvoir. À cette fin, est proposé au prince un répertoire des livres utiles pour l'exercice de la souveraineté, établissant en outre une sorte de service réciproque entre l'État absolu qui met en œuvre le pouvoir et la bibliothèque publique qui permet l'accès au savoir [2]. L'emploi des ressources livresques devient alors essentiellement pragmatique : il s'agit avant tout d'un réservoir de maximes politiques directement utilisables. Les usages que Richelieu et ses collaborateurs font de cette masse d'informations transparaissent dans leurs écrits, entrelardés de citations ; des mots, toujours des mots, véritable arsenal tactique du pouvoir et de l'action.

De même, Richelieu entend mettre la littérature et la langue elles aussi sous contrôle, et prendre jusqu'à la direction des belles-

---

1. J. Wollenberg, *Les Trois Richelieu. Servir Dieu, le Roi et la Raison*, trad. fr., Paris, 1995, p. 139-140.
2. R. Damien, *Bibliothèque et État. Naissance d'une raison politique dans la France du XVIIᵉ siècle*, Paris, 1995.

lettres[1]. C'est en 1633-1634 que Boisrobert l'informe de la réunion informelle d'une académie de gens de lettres auprès de Valentin Conrart. Richelieu semble s'intéresser de près aux activités de la petite société ; comment désormais, pour le nouveau cercle, échapper au prestigieux patronage auquel certains d'entre eux souscrivent déjà en privé ? Il faudra rapidement se résoudre à quitter le mode des entretiens familiers et informels pour « remercier très humblement Son Éminence », et s'organiser de manière régulière, à l'imitation des Académies médicéennes[2].

Le 22 mars 1634, un projet, soumis à l'agrément du cardinal, propose au cercle l'appellation d'Académie française : le but en est, parallèlement au rétablissement politique et militaire de l'État, de porter la langue française à un point d'achèvement comparable à celui du latin de Cicéron. Un dictionnaire, une rhétorique et une poétique françaises devront être établis par les académiciens, auxquels il incombera de faire, chaque semaine, selon l'ordre du tableau, un discours sur le sujet de leur choix, discours soumis au rapport d'une commission de trois membres. Les lettres patentes fondatrices seront signées début 1635 et, à cette occasion, le cardinal aura la délicate modestie de faire supprimer des statuts l'article portant que chaque académicien serait tenu de « révérer la mémoire et la vertu de Monseigneur, leur protecteur ». Malgré cette discrétion, ne serait-ce pas à titre de « fondateur » de l'Académie française qu'il est le plus volontiers célébré aujourd'hui ?

---

1. L'interrogation politique du fait littéraire à laquelle s'est livré Christian Jouhaud (*Les Pouvoirs de la littérature : histoire d'un paradoxe*, Paris, 2000) montre cependant que la relation du pouvoir à la littérature, qui se développe à cette époque, est plus complexe qu'elle ne paraît : elle s'écrit en termes de servitude, mais aussi d'autonomisation. En fait, l'émancipation relative du monde littéraire, soutenue par un Richelieu à la recherche d'un espace public apte à accueillir un discours littéraire porteur lui-même de légitimation du pouvoir, correspond au déclin des porte-parole traditionnels du pouvoir, les théologiens et les juristes, qui passent alors le relais aux gens de lettres.

2. Les grands ducs de Toscane avaient précocement développé une politique interventionniste avec la protection accordée par Cosme de Médicis en 1540, dans le domaine de la langue, à l'*Academia fiorentina* et, en 1563, à l'*Academia del designo* pour les beaux-arts.

3

L'Éminence magnifique

La vie du ministre triomphant et souffrant a son ordre et son rythme, mais elle a aussi son décor ; un cardinal-duc et pair doit déployer un faste digne de son rang, et Richelieu s'y conforme avec talent et méthode. Le portrait que dressent ses *Mémoires* de la réussite de Wallenstein insiste de manière significative sur le luxe dont le personnage était environné, sur sa richesse et son entourage militaire [1]. Conformément à ce modèle, et convaincu que le pouvoir exige la magnificence, le cardinal, dès son arrivée aux affaires, s'entoure d'un décorum fastueux, destiné à éblouir et à impressionner autant qu'à servir de cadre à son existence, et se dote d'une immense fortune qui manifeste sa grandeur. En bon biographe, Aubery résume ainsi la situation : « En un mot, il était naturellement libéral et magnifique et croyait que, dans les fortunes éminentes comme la sienne, il ne fallait pas moins songer à faire du bien qu'à paraître et à soutenir la dignité où on était élu [2]. » Terres, bâtiments, richesses, œuvres d'art, l'accumulation de tous ces biens a sans doute une fonction également rassurante pour leur possesseur ; c'est une sorte d'arsenal destiné à renforcer sa position et à assurer l'avenir de sa famille. À rebours, cette richesse affichée est cible privilégiée pour une propagande hostile : elle témoigne d'un enrichissement scandaleux dans une France pressurée par le fisc, et, en effet, un contraste choquant existe entre ce luxe et la pauvreté du peuple, auquel s'ajoute un décalage tout aussi impertinent entre le faste du ministre et la simplicité du roi, son maître.

1. *Mémoires*, éd. Petitot, VIII, p. 103.
2. Aubery, p. 612.

Éblouir est à l'ordre du jour du cardinal ; partant du principe que
« celui qui ne peut ou ne veut pas régler sa maison n'est pas capable
d'apporter un grand ordre à un État », il se dote d'une maison fastueuse, civile et militaire, à la fois symbole de puissance et outil de
gestion du patrimoine. Il est entouré d'une véritable cour dont le
luxe et la magnifique discipline surpasse celle du roi [1], où toutes
choses sont, selon lui, « en confusion depuis la cuisine jusqu'au
cabinet ».

La maison civile de Richelieu comprend le maître de chambre et
le confesseur, trois aumôniers, les gentilshommes servants et les
écuyers, les secrétaires, les valets de chambre et les laquais en livrée
rouge, couleur de sa maison. L'administration est du ressort du
maître d'hôtel, assisté d'un contrôleur et d'un argentier. Les services de bouche doivent assurer la nourriture quotidienne d'environ
cent soixante-dix personnes ; celles-ci se répartissent en quatre
tables ordinaires : celle du maître des lieux, qui l'honore de sa présence si ses incommodités lui en laissent la possibilité, mais ne participe guère aux agapes, comprend quatorze couverts et est ouverte
à ses commensaux, le cardinal de La Valette, Mazarin, l'archevêque
de Bordeaux, les maréchaux de Brézé et de La Meilleraye, le marquis de Sourdis et autres seigneurs de qualité ; une deuxième table
de trente couverts est dressée dans une salle particulière pour les
gentilshommes de condition qui le suivent ; la troisième est pour les
membres de sa maison ; la quatrième pour les valets de pied et les
officiers de la cuisine. Richelieu y fait appliquer ce qu'il recomman-
dera au roi, c'est-à-dire « un soin particulier de faire nettoyer soir et
matin les lieux où l'on mange aussitôt que les tables sont levées »,
manifestant dans la tenue de sa maison un désir de « netteté » fort
original en un temps où le souci de l'hygiène a peu de place dans les
préoccupations.

Au cérémonial impeccable et à la succession des services des
dîners publics, le cardinal oppose la sobriété de son intimité, chose
également inhabituelle en son temps et en son monde ; ainsi,
lorsqu'il dîne seul avec Sublet de Noyers, deux plats et une salade
sont au menu, et le secrétaire d'État, affamé, de dîner une seconde
fois au sortir de ce festin !

De sa musique, dont Aubery nous dit qu'elle comprend douze
personnes et le suit partout, et de son goût pour cet art, on ne peut
guère savoir davantage, sauf à rappeler qu'il y a là un domaine

---

1. On a conservé à peu près complet le compte de la dépense de l'année 1639,
publié par l'érudit Maximin Deloche (*La Maison du cardinal de Richelieu*, Paris,
1912) ; le montant total s'en élève à 124 149 livres.

d'expression non verbale auquel le roi est assurément plus sensible que lui, pour qui le goût des mots, du langage raisonnablement articulé, l'emporte toujours sur tout autre.

Le cardinal se veut chef de guerre : à la tête des armées bien sûr, mais quand il en est éloigné, il ne néglige pas pour autant les opérations militaires. Si l'art militaire ne s'illustre guère dans sa bibliothèque, dans ses papiers figurent des plans de forteresses, des passages de rivières, des campements ou des ordres de bataille. Sa propre maison militaire, qui relève d'un impératif vital de sécurité, a suscité l'intérêt des historiens et des littérateurs qui ne se sont jamais fait prier pour la décrire ou la mettre en scène. Si les vingt-cinq à trente pages qui l'entourent et assurent un service domestique constituent un environnement normal pour un grand seigneur, il n'en est pas de même en effet de ses gardes. Leur existence est en soi une sorte de scandale de lèse-majesté ; l'article 137 des remontrances du clergé en 1614 portait : « Les gardes représentent quelque marque de souveraineté et, pour ce, les États supplient Votre Majesté de ne permettre, spécialement en temps de paix, qu'aucun en votre royaume, en quelle qualité qu'il soit, ait des gardes. » De fait, sauf exceptions (nombreuses en ces temps troublés), les gardes sont réservés à la majesté royale, mais c'est le roi lui-même qui permet à son ministre « presque d'abord, ou au moins incontinent après la conspiration de Chalais, cent gardes à cheval, commandés par un capitaine, un lieutenant, un enseigne, deux maréchaux des logis et quatre brigadiers. Auxquels furent ajoutés en l'année 1632, deux cents mousquetaires à pied commandés pareillement par un capitaine, un lieutenant, un enseigne, quatre sergents et d'autres bons officiers que le roi choisit lui-même dans son régiment des gardes. Et la crainte de perdre un si grand ministre croissant tous les jours de plus en plus, Sa Majesté lui ordonna encore depuis d'avoir auprès de lui pour sa conservation une compagnie de gendarmes et une de chevau-légers, de six-vingt maîtres chacune, avec les officiers ordinaires qui étaient des plus qualifiés et des plus braves du royaume [1] ». Richelieu engage alors une sorte de compétition sécuritaire pour attacher à sa personne les meilleurs serviteurs du roi lui-même, comme ce lieutenant des gardes du roi, le sieur de Pontis dont, depuis La Rochelle jusqu'à la veille de sa mort, il cherchera en vain à conquérir la fidélité exclusive, car « il voulait que ses officiers le considérassent comme leur souverain [2] ».

1. Aubery, p. 614-615.
2. Pontis, *Mémoires*, éd. Petitot, II, p. 9.

Le cardinal ne se déplace pas sans être environné des cent hommes de sa compagnie de gardes, des nobles qui se sont donnés à lui pour toujours. Le capitaine des gardes ne quitte point sa personne, dont il assure la sécurité ; c'est lui qui introduit les visiteurs et les escorte jusqu'à la sortie ; en cas d'entretien confidentiel, il reste à la porte. Les mousquetaires, simples fantassins qui louent leurs services pour trois ans, défendent quant à eux la porte du cardinal et non sa personne ; devant son logis, la relève a lieu tous les matins. Les hommes de Richelieu sont reconnaissables à leur casaque rouge bordée de galon blanc, ornée de grandes croix blanches (ceux du roi arborent la même disposition sur une casaque bleue et galon d'argent). Ils peuvent être envoyés au feu si la situation militaire exige du renfort urgent.

Cette situation établit l'importance du principal ministre, mais crée des envieux et excite la jalousie ; elle alimente naturellement les accusations d'usurper la majesté royale. Avec ses gouvernements et toutes ses fonctions militaires, les régiments qu'il lève par ailleurs à ses frais, c'est en effet une véritable puissance militaire que détient Richelieu… Elle lui permet de se créer des fidélités et constitue un moyen de prestige et d'influence politique qui s'étend à la province (les officiers de la compagnie de gendarmes sont recrutés dans la noblesse de cette Bretagne dont il est le gouverneur), mais elle accuse tout autant la fragilité de sa situation.

La maison se complète de deux écuries, une grande et une petite, bien fournies en personnel d'écuyers, cochers, muletiers, palefreniers, postillons, maréchaux-ferrants, bourreliers, selliers, éperonniers… La grande écurie comprend de trente à quarante chevaux de luxe, de guerre et d'école ; la petite, une centaine de chevaux de selle ordinaires et de bât, ainsi que seize mulets. Les pages dépendent de l'écurie ; les plus jeunes sont attachés à la petite écurie et sont constitués en collège pour leur instruction ; les plus âgés, liés à la grande, sont réunis en une académie.

À un pareil train de vie, il faut un cadre immobilier qui en soit digne, et qui manifeste durablement le pouvoir de son possesseur. Cet intérêt pour les bâtiments et les arts [1], Richelieu le doit à la Florentine Marie de Médicis [2], qui lui en a donné le goût et lui a

1. H. T. Goldfarb (dir.), *Richelieu. L'art et le pouvoir, op. cit.*, renouvelle *Richelieu et le monde de l'esprit*, Paris, Sorbonne, 1985. – E. Caldicott, « Richelieu and the Arts », dans J. Bergin et L. Brockliss (dir.), *Richelieu and his Age*, Oxford, 1992, p. 203-235.
2. *Marie de Médicis. Un gouvernement par les arts*, Paris, 2003 [catalogue d'exposition, Blois, 2004].

montré la voie de son application à la politique. Il le doit également à son initiation romaine, et il le développe sans véritable concurrence de la part de Louis XIII, roi économe et simple qui y demeure indifférent ; or le prince se doit d'être magnifique. Richelieu se substitue donc à lui dans ce rôle, et donne libre cours à sa passion bâtisseuse, avec des budgets de construction aux montants inégalés (deux millions de livres rien que pour les chantiers parisiens, sans nette séparation entre les deniers de l'État et son programme personnel), à la hauteur de l'élévation à laquelle il est enfin parvenu.

Une fortune foncière est le signe le plus éclatant d'appartenance à la grande aristocratie et Richelieu veut effacer la tache originelle de ses origines familiales provinciales. En l'espèce, la chronologie est déterminante : ses constructions s'étendent et s'affirment parallèlement à sa carrière, et son activité bâtisseuse se concentre sur les douze années postérieures à 1630. Au départ, il se forme à la gestion des chantiers de la reine mère, sans intervenir dans les choix artistiques. Quand Marie quitte la France en 1631 et que se ferme le chantier du Luxembourg, c'est lui – ainsi que Gaston – qui assume l'héritage médicéen comme une affaire personnelle. Il reprend à son compte les équipes et, durant toute sa vie, témoigne une grande fidélité à ses artistes (comme Berthelot en sculpture ou Lemercier en architecture), manifestant un goût classique et monumental, au total peu novateur et guère imaginatif. Il a d'ailleurs lui-même peu de loisir à consacrer à ce domaine et, n'étant pas en personne sur ses chantiers, il travaille à distance, par correspondance, utilisant, comme à son ordinaire, les services de ses fidèles, en l'espèce Le Masle, Sainctot, Sourdis, Sublet de Noyers, Nicolas Messier.

La grandeur du ministre s'incarne dans le Palais-Cardinal, disparu dans un incendie en 1763 [1]. Le 9 avril 1624, anticipant de trois semaines son entrée au Conseil, il fait l'acquisition de l'hôtel de Rambouillet, rue Saint-Honoré, à proximité immédiate du Louvre. Quitter le Petit-Luxembourg, dont lui a fait don Marie de Médicis, symbolise son passage dans la mouvance du roi. Il semble qu'il ait pris vers 1633, quand son pouvoir est affermi, la décision de construire ; c'est l'année où il obtient la propriété des terrains sur lesquels s'édifiaient les anciennes fortifications de Paris ; il acquiert de surcroît les maisons voisines et, à partir de 1634, se livre à sa pas-

---

1. Description du bâtiment dans un état postérieur dans H. Sauval, *Histoire et recherches des antiquités de la ville de Paris*, t. II, Paris, 1724, p. 158-172.

sion sous prétexte d'agrandir l'hôtel paternel où il est né. Ajuste-
ments, ajouts... au fil des acquisitions, sans grande ligne directrice,
l'édifice est achevé en 1639. Il a la forme d'un H irrégulier et dissy-
métrique (que critiquera l'esthétique classique ultérieure) avec une
première cour plus petite que la cour d'honneur située derrière elle.
L'aile nord-est est celle de l'appartement neuf inhabité, l'aile sud
contient la grande salle de spectacle, qui peut accueillir trois mille
spectateurs, illustration de la passion théâtrale du maître des lieux.
La partie médiane contient la salle des gardes à cheval, la salle des
gardes à pied, puis le modeste appartement privé, comportant une
chambre, un cabinet et deux garde-robes, lui-même suivi de l'appartement vert composé de trois grandes chambres avec chacune un
cabinet ; à l'aile ouest sont installées deux galeries de peinture : la
galerie des Hommes illustres, et la Petite Galerie. Quelques mois
avant sa mort, Richelieu décidera encore la construction d'un ultime
bâtiment, perpendiculaire à la galerie ouest du palais, pour loger sa
chère bibliothèque.

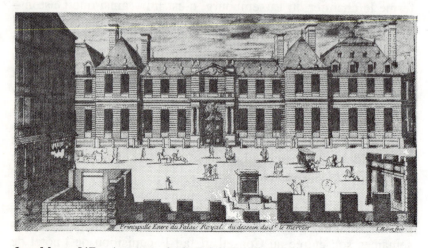

Jean Marot, *L'Entrée principale du Palais-Royal* (anciennement Palais-Cardinal)
à Paris, vers 1650. Le bâtiment ferme la première cour du palais sur la rue Saint-
Honoré et lui donne entrée par un portail à colonnes.

    La décoration est l'objet de soins tout particuliers : l'image s'y
combine avec les mots afin d'y délivrer un message étudié. Des
vues de châteaux de Richelieu, Rueil et Fronsac ornent la salle
des gardes ; dans l'antichambre, figurent des représentations de la
Sorbonne, des hôtels de la Charité et leurs soldats estropiés, ainsi

que la façade de l'église des Jésuites. En 1630-1632, Richelieu charge les peintres Philippe de Champaigne et Simon Vouet de peindre la galerie des Hommes illustres ; chaque portrait est accompagné d'emblèmes allégoriques en rapport avec le personnage représenté, de devises et de petites scènes biographiques. Le tout développe un programme bien précis, exposé ainsi par l'historien de Paris, Sauval : « C'est là qu'il a placé ces Héros qui par leurs conseils et par leur courage ont maintenu de tout temps la Couronne. » Autrement dit, la galerie offre l'inventaire des contributions des héros valeureux au progrès grandiose de la nation française, une écrasante majorité de gens de guerre fidèles à leur roi, présentés comme les principaux soutiens de la couronne avec, à côté d'eux, trois ministres hommes d'Église qui ont préfiguré le maître des lieux vers qui tout converge [1].

Portraits, allégories et devises servent une volonté politique savamment insinuée qui exalte le service du roi, dont le cardinal se veut l'incarnation contemporaine [2] ; le message est fort clair pour le visiteur. L'effet solennel est encore accentué par quarante-deux sculptures anciennes et contemporaines, dont trente-huit bustes qui rythment la galerie.

Mais, de plus en plus, résider à Paris est pénible au malade qu'il est. Il sait bien « qu'il n'y a qu'à Paris où l'on puisse vider les affaires », mais il ne se sent plus capable « de demeurer deux jours de suite dans l'accablement qui s'y rencontre [3] ». Depuis Luçon – où il se plaignait de ne disposer d'aucun lieu de promenade –, on sait que la nature lui est nécessaire ; aussi, en complément de sa résidence parisienne, s'est-il doté de longue date de résidences de campagne, et cependant il a du mal à en trouver une qui lui convienne véritablement. Son goût très vif de la nature doit s'allier à la nécessité de demeurer à proximité des résidences royales. En 1623, grâce à la générosité de Marie de Médicis, il a acquis, au

1. Suger, Simon de Montfort, les connétables Gaucher de Châtillon, Bertrand Du Guesclin, Olivier de Clisson, le maréchal Boucicaut, Dunois, le bâtard d'Orléans, Jeanne d'Arc, le cardinal Georges d'Amboise, Louis de La Trémoïlle, Gaston de Foix, Bayard, Charles de Cossé-Brissac, le connétable Anne de Montmorency, François de Guise, le cardinal Charles de Lorraine, Blaise de Montluc, Armand de Gontaud-Biron, le connétable François de Lesdiguières, Henri IV, Marie de Médicis, Louis XIII, Anne d'Autriche, Gaston d'Orléans et naturellement Richelieu lui-même.

2. B. Dorival, « Art et politique en France au XVIIe siècle : la galerie des hommes illustres du Palais-Cardinal », dans *Bulletin de la Société de l'Art français*, 1973, p. 43-60.

3. Avenel, V, p. 459-460.

sud-ouest de la capitale, le château de Limours qu'il conserve
jusqu'en 1626, et où il fait travailler Salomon de Brosse ; à la
chute de La Rochelle, la même reine lui offre Bois-le-Vicomte,
mais le château, à l'est de Paris, est mal situé, et il le cède en
1635 ; on le voit également résider à proximité de Fontainebleau,
à Fleury-en-Bière, domaine qu'il prend en location. En 1633, il
acquiert des héritiers de Jean Moisset, dit Montauban, financier
qui l'a embelli et y recevait déjà la cour, le château de Rueil, très
bien situé à proximité de Saint-Germain et de Versailles. Lemercier est chargé de l'agrandir en deux temps, là encore sans véritable souci d'harmonie d'ensemble ; le chantier, auquel Richelieu
ne cesse jamais de s'intéresser de fort près, n'est pas achevé à sa
mort, et les travaux permanents lui ont toujours interdit une installation définitive, l'obligeant souvent à se loger dans une de ses
fermes. C'est pourtant là, on l'a dit, qu'il revient désormais avec
une satisfaction certaine.

Israël Sylvestre, *Vue du château de Rueil du côté du jardin*, 1661. Ce château,
Loret le chansonne en 1659 : « Ruel, un des Logis du monde / Où l'eau plus
amplement abonde ».

Pour étendre son domaine, il a en outre acheté à l'abbaye de
Saint-Denis la châtellenie de Rueil, la prévôté de Colombes et
Puteaux, ainsi que des terres avoisinantes, qui lui permettent
d'agrandir le parc (cinquante-sept hectares environ) qu'il fait amé-

nager par André Le Nôtre et dote d'un célèbre ensemble de statues. Il tient à la présence des arbres, s'intéresse à leur plantation, se plaît à la contemplation des jeux d'eau et des bassins, autrement dit, avant Louis XIV, à la mise en scène de la nature. Il dépense soixante mille livres pour faire établir un système de conduites et de réservoirs nécessaire à leur alimentation. Il fait acclimater des plants de Frontignan qui lui fournissent son vin dont il est de bon ton, pour un courtisan, de passer commande de quelques muids. Il porte le plus grand intérêt à cette culture, au point de se faire aménager un balcon fermé par une grille pour en jouir. Certaines fois encore, pour fuir Paris, on le voit résider tout près, mais hors de la ville, sur les hauteurs de Chaillot, dans une maison que lui prête Bassompierre, ou encore à Conflans-l'Archevêque, dans la propriété de Villeroy.

Jean Marot (d'après), *Vue générale en perspective du « magnifique château » de Richelieu, des bassescours, de l'anticour, des parterres et jardins*, vers 1650. Le graveur s'est ici attaché à restituer l'ampleur du bâtiment, en en estompant les irrégularités.

Le grand seigneur s'incarne aussi à Richelieu où il peut magnifier ses origines familiales. Il ne semble guère avoir éprouvé de nostalgie pour le cadre de son enfance : son souci est d'y promouvoir dans la pierre l'illustration de sa famille, d'édifier un lieu de gloire et de mémoire, non un cadre de vie. À l'origine, il s'agissait sans doute de continuer, voire, selon certains témoins, de restreindre des travaux initiés par son père. Tallemant dit qu'il n'a d'abord voulu qu'« ajouter un grand bâtiment à la maison de son père [1] ». Les travaux ont lieu en 1625-1626 ; le cardinal visite le chantier durant deux ou trois jours, fin juin 1626 ; il revient en octobre 1627 et y reçoit la visite de Condé. Mais, en 1631, l'érection de la terre en duché-pairie l'oblige à justifier cet honneur en donnant à son duché une ampleur compatible avec sa nouvelle dignité. Outre l'agrandissement territorial (le duché-pairie comprend les terres et seigneuries de Richelieu, Mirebeau, L'Île-Bouchard, Faye-la-Vineuse, Ceaux, Sauves, Primcry, Neufville, Nueil, Le Chillou…), il conçoit alors une construction infiniment plus magnifique, analogue aux plus grandes résidences du temps, et s'adresse comme toujours à Lemercier en lui donnant pour contrainte de conserver le corps de bâtiment élevé par son père et d'y harmoniser l'ensemble.

Le résultat – dont seules des gravures nous disent la splendeur évanouie –, c'est le château le plus important jamais édifié par un sujet du roi. Il s'ordonnait en une suite majestueuse de cours conduisant d'ouest en est jusqu'au château lui-même ; la hauteur des bâtiments qui bordaient ces cours augmentait pour signifier leur importance croissante : à une grande demi-lune, s'ouvrant sur une vaste basse cour rectangulaire longue de 144 mètres et bordée de bâtiments bas (fourrières et écuries du commun), succédait, après une balustrade de pierre, une anticour de 124 mètres de long sur 112 de large, flanquée d'un manège, de logements pour les domestiques et des grandes écuries. Enfin, on parvenait à la cour même du château, séparée de l'anticour par des douves. Sur celles-ci était jeté un pont, lequel débouchait sur une porte d'entrée monumentale surmontée d'un dôme, lui-même couronné d'une Renommée en bronze due au ciseau du sculpteur Berthelot ; au premier étage de cette porte, accueillant le visiteur, la statue en marbre de Louis XIII du même Berthelot, surplombée par les armes de Richelieu ; face à la cour, au même étage, trois Hercules en marbre antiques ; la cour était fermée par une terrasse. Enfin, une dernière cour (70 mètres sur 60) était bordée par trois façades décorées de bustes et de statues antiques, et dotée de quatre pavillons d'angle ; le corps central devait s'accommoder d'une dissymétrie voulue en raison de la sauvegarde du bâtiment paternel, intégré tel quel au nouvel ensemble d'ordre du cardinal. Un pavillon en son milieu contenait l'escalier d'honneur, et le balcon du premier étage était encadré par les *Esclaves* de Michel-Ange, don posthume de Montmorency à son bourreau, qui, ainsi placés, constituaient comme un menaçant message politique.

---

1. Tallemant, *Historiettes*, I, p. 252.

Au rez-de-chaussée, les pièces de service ; au bout de l'aile gauche, la chapelle ; au premier étage, les pièces d'habitation : à droite dans le bâtiment central, l'appartement du roi ; à gauche, l'appartement du cardinal dans l'ancien bâtiment paternel. L'aile gauche contenait une galerie de peintures de Nicolas Prévost retraçant les grands événements du règne de Louis XIII ; à son extrémité, un salon, où l'on pénétrait par un portique triomphal, soutenu par deux colonnes de marbre noir entre lesquelles avaient pris place les statues d'Alexandre Sévère et de Germanicus ; la pièce elle-même était peuplée des statues de Julia Mamaea et Livie, Auguste et Tibère, et le décor complété par les bustes de trois Grecs et trois Romains : Épaminondas et Macrin, Alexandre et Pupien, Commode et Pyrrhus ; leur marbre blanc se détachait sur l'or mat des parois [1]. L'aile droite était affectée à l'appartement de la reine. Le parc hexagonal, dont le mur d'enceinte mesurait trois lieues, était aussi dessiné par Lemercier ; il était planté d'ormes, de charmes et de chênes et comprenait un verger. L'organisation des eaux y était aussi très étudiée : c'était tantôt un ruissellement, tantôt un jaillissement d'eaux vives, une succession de cascades et de bassins, alimentés par un réseau de canaux. La largeur des allées permettait de s'y promener en carrosse pour admirer commodément ce décor. En tout, la décoration du château se compose de cent quatre-vingt-quatorze sculptures, bustes et statues, presque toutes antiques ; elles en constituent l'élément le plus frappant.

Autre caractéristique, la dualité, laquelle renvoie bien évidemment à l'association du roi et du ministre. Tout y est double, et partout, sous forme de symétrie et d'harmonie raisonnée, la manifestation du pouvoir du cardinal y rejoint la célébration du culte monarchique : tous les motifs sont dédoublés où, au travers de la mythologie et de l'Histoire, les deux hommes sont omniprésents. La Renommée qui accueille les visiteurs dispose de deux trompettes pour célébrer la gloire du roi et celle du ministre ; dans la galerie, le portrait équestre du ministre fait face à celui du souverain ; les appartements du roi et du cardinal, où ni l'un ni l'autre ne mettront d'ailleurs jamais les pieds, se font face. Richelieu a ainsi conçu un ensemble cohérent et documentaire qui est le reflet, à l'intention de ses visiteurs, de sa conception de l'action politique.

1. En 1633, Richelieu fait acheminer par mer d'Italie une cinquantaine de statues et autant de bustes acquis pour orner l'intérieur et l'extérieur du château de Richelieu ; l'ensemble a fait l'objet d'un album de desseins attribué à Giovanni Angelo Canini. D. Gasparro et J.-M. Moret, « Le Diomède Richelieu et le Diomède Albani. Survie et rencontre de deux statues antiques », dans *Revue archéologique*, 1999/2, p. 227-281.

Vue cavalière de la ville de Richelieu. La géométrie rigoureuse du plan donne à la cité son caractère abstrait et idéal, qu'aucune vie ne viendra jamais tempérer.

Outre le château, il décide de bâtir une ville neuve, à l'instar de ce que Sully avait fait avec Henrichemont, en Berry, ou encore le duc de Nevers avec Charleville. Les lettres patentes de fondation de la ville de Richelieu portent la date du 21 mai 1631. La ville close est dotée d'un marché hebdomadaire et de quatre foires annuelles ; le cardinal donne le terrain, les travaux publics sont financés sur les crédits des Ponts et chaussées, les maisons particulières sont à la charge de ceux qui s'en feront construire. Les travaux démarrent en 1632, sous la direction de Sourdis, et emploient encore et toujours Lemercier. Le plan est rectangulaire et symétrique ; la ville, entourée d'une enceinte percée de portes, formée de deux rectangles égaux, reprend à son compte la dualité en vigueur au château. Richelieu entreprend ensuite de modifier la géographie administrative au profit de sa fondation, mais les officiers répugnent à quitter leurs anciennes résidences ; il entend lui donner vie en y créant une académie, une imprimerie, en en faisant une base des missions impulsées par Vincent de Paul. Pour la peupler, il a recours aux créatures et courtisans, à ceux qui ne peuvent rien lui refuser : Effiat, le surintendant des Finances, donne l'exemple, Chavigny, Sourdis suivent… mais la ville de Richelieu restera pour toujours une création artificielle qui illustre le fossé séparant la théorie et la pratique, et dont le chantier s'interrompt à la mort du cardinal.

Les travaux se déroulent en effet de 1631 à 1642. Richelieu y passe en 1632, au tout début du chantier, trois jours seulement, puis n'y reviendra plus. Jamais il ne verra ce château et cette ville qui proclament sa gloire. « Et ce qui semble digne de remarque est qu'il ne s'est jamais soucié de le voir, et qu'étant un jour sollicité vivement d'y aller et d'avoir autant de curiosité que les étrangers que la passion de voir cette merveille faisait sortir de leur pays, il s'en excusa et dit que, quand même il ne serait qu'à dix lieues de Richelieu et que les affaires du roi l'appelassent ailleurs, il n'aurait pas la moindre tentation d'y aller [1] », note Aubery qui porte le fait au crédit de son héros.

En 1663, La Fontaine visitera Richelieu et constatera que le château est « d'une beauté, d'une magnificence, d'une grandeur digne de celui qui l'a fait bâtir », mais que la cité est désertée ; il note avec ironie que le cardinal « qui pouvait tout » n'a pas eu l'idée d'y faire passer la Loire ou le grand chemin de Bordeaux [2], et cet étrange bâtisseur et collectionneur lui paraît déjà bien éloigné du goût raffiné qui est en usage une génération plus tard. Du château détruit en 1840, il ne reste aujourd'hui qu'un pavillon et le parc, propriété de l'Université de Paris.

Le programme d'acquisitions foncières ne se borne pas à Richelieu. En 1633, le cardinal acquiert encore le château de Fronsac, en Basse-Guyenne, qui deviendra en janvier 1634 le siège de son second duché-pairie. Tout doit céder devant ses exigences : l'échange imposé en 1635 à Gaston d'Orléans de Bois-le-Vicomte contre Champigny fait tomber dans son escarcelle le fief des Montpensier, naguère protecteurs de sa famille ainsi lavée d'une humiliante tache originelle ; qui plus est, aux termes de cet échange, le frère du roi, héritier des Montpensier, doit s'engager à raser le château à ses propres frais. L'humiliation est sans précédent ! Elle proclame la grandeur à laquelle est parvenu le fils du grand prévôt.

Le cardinal n'oublie pas davantage sa dignité ecclésiastique et son illustration. Pour la Sorbonne, il veut un projet monumental, incluant une chapelle qui deviendra son mausolée ; il prévoit en effet d'y placer son tombeau dont il confie le projet à Berthelot. La chose est décidée en 1629 et, à partir de 1631, il confie l'entreprise à Lemercier ; la première pierre est posée en 1635. Dans les années

1. Aubery, p. 614.
2. Lettre à sa femme. 12 septembre 1663. Abbé Caudal, *Lettre de La Fontaine à sa femme. Relation d'un voyage de Paris en Limousin*, 1966, p. 59-65.

1631-1634, il contribue à la façade de l'église des Jésuites ; ses armes y figurent, avec celle du roi, sur le retable.

De même qu'à la cour « l'opulence des meubles est d'autant plus nécessaire que les étrangers ne conçoivent la grandeur des princes que par ce qui en paraît en l'extérieur », Richelieu pense que sa propre gloire ne se limite pas aux grandes dépenses immobilières et aux marques d'apparat habituelles du courtisan, habits, joyaux, chevaux et fêtes, mais qu'elle exige en sus les arts. Comme il collectionne les honneurs et les titres, il collectionne donc les œuvres d'art. Il se démarque de l'ambiance peu raffinée, grossière même, qu'il condamne à la cour de Louis XIII, et met en œuvre pour son propre compte ce qu'il a retenu de Marie de Médicis, laquelle lui a permis de fréquenter le monde de l'art, les Salomon de Brosse, Charles du Ry, Francini et Rubens. Avec lui, l'art se porte au nombre des intérêts du gentilhomme. Le contenu de ses collections nous échappe largement (son inventaire après décès ne concerne que le Palais-Cardinal et Rueil, et ce qui était conservé à Richelieu nous reste en grande partie inconnu) ; on sait cependant que sa voracité est extrême, et que ses demeures sont des dépôts superbes. Son hétéroclisme correspond aux curiosités du temps : tapisseries, cristaux, joyaux, diamants, statues antiques, peinture, argenterie... En dépit des sommes considérables qu'il y investit, il se fie à des experts pour ses acquisitions et, conformément à ses modes ordinaires de travail, use d'intermédiaires ; comme pour ses bâtiments, il ne parvient pas même à avoir connaissance personnelle de tout ce qu'il achète. Cependant tout le monde sait qu'il y a là un des meilleurs moyens de l'amadouer par de judicieux présents, y compris, on l'a vu, Montmorency *post mortem*.

Contrairement à Gaston et au roi, il ne pratique pas lui-même les arts et se borne à aimer la fréquentation des artistes. Il n'est en rien un prince-mécène de la Renaissance jouissant de ses collections, mais c'est en quelque sorte un parvenu de l'art qui en a compris la leçon et veut conjoindre art et pouvoir pour mettre le premier au service du second. Son dessein est tout politique, conformément à ses ordres de priorités ordinaires, et la mission qu'il assigne à l'art est éducative : il s'agit d'éduquer à l'honneur de bien servir le roi. Sa préférence pour le portrait d'hommes illustres, ses ancêtres spirituels, correspond au désir de rallier à la cause royale la noblesse d'épée dont il se fait l'exemple. Devoir d'État et souci d'illustration personnelle se conjuguent ainsi. De même, il connaît le langage codé des cadeaux artistiques, la diplomatie par les lettres et les arts, mais sa priorité reste au réalisme politique du gentilhomme d'épée et du roi de guerre. D'ailleurs, il n'y a pas de mention des arts dans le *Testament politique*, preuve qu'ils ne sont, malgré tout, pas considérés par lui (mais peut-être surtout par Louis XIII, le destinataire du texte) comme essentiels. « Richelieu était peut-être sourd à la musique, aveugle aux arts, infirme en poésie, il était trop intelligent et trop bon politique pour négliger ce que ces ornements trompeurs pouvaient ajouter à l'éclat de son personnage public, à l'intimidation de son action militaire et à la grandeur du royaume dans l'ordre de l'esprit[1] », conclut Marc Fumaroli.

En fait, son style raisonnable, sa virtuosité verbale n'ont pas besoin du secours des images. Sa religion pas davantage (il commande seulement deux tableaux à sujet religieux à Champaigne). De ce point de vue, son hostilité non exprimée à l'esthétisme italien correspond à sa vocation propre, celle du verbe qui se fait action, et se contente d'un univers rationnel en blanc et noir.

La discrétion de son goût particulier, dont témoigne la simplicité de ses appartements personnels, va ainsi à l'encontre de cet appétit de faste public que démontrent ses collections et ses appartements d'apparat. C'est probablement Georges de La Tour qui lui offrit son *Saint Jérôme* alors que le peintre faisait don au roi de son *Saint Sébastien* ; c'est un des rares tableaux installé dans son appartement privé dépouillé du Palais-Cardinal, avec la *Madeleine* du Guide et un tableau du château de Richelieu par Fouquières. Son peintre préféré est assurément Philippe de Champaigne. Issu de l'entourage de la reine mère, Champaigne, à partir de 1633, remplit les fonctions de son premier peintre ; on le retrouve sur tous les grands chantiers : il travaille, comme on l'a dit, pour la chapelle de la Sorbonne, Rueil, le Palais-Cardinal, même s'il ose refuser d'aller s'installer sur le chantier de Richelieu.

Et ce sont sans doute ses portraits qui ont retenu la plus vigilante, voluptueuse même, attention de leur modèle. Il est si satisfait de l'image que donne de lui Champaigne qu'à partir de 1634 il fera retoucher les portraits précédents pour les y conformer (le triple portrait de Londres qui montre si bien ses deux profils dissymétriques semble même constituer les modèles proposés aux artistes, notamment aux sculpteurs)… C'est une image unique lissée, officielle et hors du temps, qui connaît pourtant d'infinies variations et manifeste de plus en plus une gravité publique[2]. La *capa magna*,

1. M. Fumaroli, dans, H. T. Goldfarb (dir.), *Richelieu. L'art et le pouvoir*, p. 35.
2. B. Dorival, « Richelieu, inspirateur de Philippe de Champaigne », dans R. Mousnier (dir.), *Richelieu et la culture. Actes du colloque international*, Paris, 1987, p. 153-160.

grandiose et simple, sorte de costume du sacre, en fait une véritable statue, la main droite tendue tenant la barrette équivalant à un bâton de commandement. L'abstraction de ce rouge personnage se rapproche de celle qui émane des portraits du Philippe IV tout de noir vêtu de Vélasquez ; l'image est d'une saisissante simplicité, d'où le regard signifiant l'intelligence et l'autorité tombe sur le spectateur qu'il toise. Contre toutes les convenances, le cardinal est souvent représenté en pied et debout – même s'il n'est jamais totalement de face, ce qui aurait été une provocation iconographique supplémentaire. En effet, les règles qui fixaient la représentation des personnages en fonction de leur qualité sociale affectaient normalement aux princes de l'Église la position assise, et le peintre n'a pu déroger à cette tradition bien établie sans l'assentiment, sinon l'ordre, de son modèle. Car ces représentations insistent bien à la fois sur le costume et la position : un cardinal, certes, mais enfin seul, en posture royale ; c'est ainsi qu'il veut non seulement apparaître pour la postérité, mais surtout se contempler lui-même, en ses portraits de quasi-lèse-majesté, qui prennent la mesure grandiose de sa déraison d'État (l'image la plus diffusée reste néanmoins celle tirée de l'estampe, en noir et blanc et politiquement plus correcte, qui le montre en action aux côtés du roi).

L'apparence et les représentations participent en effet de cette volonté de mise en scène pour l'histoire et de propagande inlassablement construite, et nous font passer de la volonté raisonnable à la volonté déraisonnable, laquelle exprime sans doute au plus près la vraie personnalité de Richelieu avec son *ego* tout à la fois démesuré et interdit, soucieux d'une gloire qui dépasse les bornes de la vie terrestre et nie l'anéantissement de la mort. Elles ne peuvent néanmoins se concevoir sans une glorification parallèle de Louis XIII : l'image royale est dans toutes les demeures du ministre ; c'est d'ailleurs une chose que l'on ne trouvera plus chez ses successeurs et qui le situe en droite ligne dans la descendance des cardinaux-ministres de la Renaissance auxquels il se réfère si volontiers. Les armes et le nom du cardinal figurent au frontispice de la chapelle de la Sorbonne et de l'église des Jésuites, mais ceux du roi figurent au pavillon d'entrée du château de Richelieu ; place Royale, c'est le ministre qui offre le piédestal de la statue du roi – on pourrait multiplier de tels chassés-croisés symboliques.

Le cardinal incarne encore une autre corrélation : celle du pouvoir et de l'argent. Tallemant des Réaux, dont on va voir qu'il était parfaitement informé en ce domaine, le croque de ce point de vue en une phrase : « Ce n'est pas qu'il ne fit bien de la dépense, mais il aimait le bien [1]. » L'accession au pouvoir lui apporte la richesse, une immense richesse. On se souvient qu'en 1624 il est parvenu à se dégager du règlement de la succession de son frère aîné Henri et de celle de son père, mettant fin à l'épisode le plus humiliant de son histoire familiale ; une histoire dont il cherche à détruire toutes les traces, notamment les documents se rapportant au procès qui l'a violemment opposé, devant le parlement de Paris, aux hommes d'affaires de son frère, Pierre et Michel Adumeau, lesquels n'ont pas hésité à l'accuser de faux. La totalité de l'héritage est alors demeurée entre ses mains et il ne lui reste qu'à faire des Richelieu une des plus riches familles du royaume.

Joseph Bergin a reconstitué méthodiquement l'histoire de la talentueuse ascension financière de celui qui, avec un traitement ministériel de seulement 40 000 livres par an (sans doute un choix délibéré de propagande), laissera ce que les historiens avaient coutume d'estimer à 22,4 millions (et 6,5 millions de dettes) et qui revient davantage à 5 millions d'actif net, une fois défalqués toutes les charges, dettes et dons testamentaires [2]. Son enrichissement commence en 1620, à son retour à la cour. Il bénéficie de ses fonctions auprès de la reine mère, dont il dirige alors sans partage les affaires privées, puis de ses charges ministérielles pour arriver à des résultats encore inconnus de ses contemporains. Le grand seigneur se forge une fortune foncière concentrée dans la France de l'Ouest dont Richelieu est le fleuron. Son but est de consacrer sa domination personnelle sur une partie du royaume, stratégie noble par excellence, mais où il apparaît très souvent comme prédateur en profitant de l'endettement de la noblesse (qu'il connaît d'expérience) pour réaliser de fructueuses acquisitions, tout en évitant soigneusement (autre leçon de l'expérience) d'obérer ses terres par des emprunts gagés sur elles.

Le ministre met de surcroît les fruits du pouvoir au service de sa stratégie d'enrichissement : outre ses pensions ministérielles, les libéralités de Marie de Médicis, puis celles, plus chiches, de Louis XIII, il reçoit une belle collection de gouvernements (ressortissant de la même volonté de se forger pour lui-même et sa famille une zone d'influence dans l'Ouest, en dehors de la cour et du Conseil du roi), ainsi que les charges de la mer pour lesquelles il refuse toute rétribution, mais dont il tire d'énormes profits. Il est en situation de profiter au mieux des bonnes affaires du domaine royal, corporel – terres – et incorporel – droits, offices –, ce domaine en principe

1. Tallemant, *Historiettes*, I, p. 246.
2. J. Bergin, *Pouvoir et fortune de Richelieu*, p. 220 sq.

inaliénable, mais que le roi engage pour se procurer de l'argent ; c'est là le point le plus obscur et le plus douteux de ses lucratives activités, qui ressortissent du trafic d'influence et du délit d'initié. S'y ajoutent les rentes publiques, et surtout ces ressources qui ne lui coûtent rien et constituent la contribution de l'Église à la fortune de cet extraordinaire chasseur de bénéfices : au fil des années, il s'attribue généreusement les meilleurs d'entre eux, d'abord dans l'Ouest exclusivement, puis en étendant ses conquêtes en direction des plus fastueux sous couvert d'y promouvoir la réforme monastique (Saint-Riquier, Ham, Marmoutier, Saint-Lucien de Beauvais, Vauleroy, La Chaise-Dieu, Cluny, Chézal-Benoît, Cîteaux enfin).

L'essentiel de ses biens est affermé. Ce mode de gestion ordinaire nécessite de pouvoir assurer les rentrées régulières des fermages. Pour cela, il conclut en 1632 un traité régulièrement renouvelé avec un trio de banquiers protestants : Gédéon (puis son frère Pierre, le père de l'auteur des *Historiettes*) Tallemant, Nicolas Rambouillet et Marc-Antoine Acéré, qui jouent le rôle de receveurs généraux de ses finances.

Pour l'année 1635, les sources mises à contribution par Joseph Bergin permettent d'estimer ainsi ses revenus :

> Ministre : 40 000 livres ;
> Gouvernements : 80 000 livres ;
> Amirauté : 92 750 livres ;
> Bénéfices : 272 260 livres ;
> Terres : 96 395 livres ;
> Domaine : 205 130 livres ;
> Rentes : 10 000 livres ;
> Total : près de 800 000 livres.

Lui-même porte à la gestion de cet ensemble une vigilante attention ; il en conserve la direction et en confie l'exécution à ses créatures les plus fidèles ; sa maison, qui est l'instrument de gestion qu'il utilise, ne comprend pas de surintendant ou de trésorier capable de lui tenir la dragée haute. Il se fie aux plus fidèles d'entre ses plus fidèles, notamment à Michel Le Masle, dont les fonctions ne se limitent pas au secrétariat, mais qui joue aussi le rôle d'homme à tout faire, notamment d'intendant général. On y voit également à l'œuvre des membres de l'entourage de la reine mère passés à son service (Fancan, par exemple). Se conformant à la pratique des grandes familles de la noblesse et à ce qu'il avait lui-même pratiqué auprès de Marie de Médicis, il crée un conseil particulier, afin de suivre les affaires et de gérer les innombrables conflits nés du développement de son patrimoine qui engendre localement toute une administration pour sa gestion, laquelle ignore toute frontière entre privé et public et est marquée d'une forte empreinte ecclésiastique, avec des hommes comme Henri de Sourdis, archevêque de Bordeaux, dans l'Ouest, ou encore Léonor d'Étampes, évêque de Chartres puis archevêque de Reims, en région parisienne. « Des prélats qui tiennent des premiers rangs dans l'Église ont abaissé leur dignité et leur courage jusqu'à prendre des charges et qualité de grand vicaire et le contrôle de votre maison », écrit avec mépris Mathieu de Morgues. Naturellement, il dispose de privilèges : depuis 1622, il a obtenu des lettres de *committimus* lui permettant de faire juger toutes ses affaires par les cours souveraines de Paris ; en 1635, il obtient des pouvoirs extraordinaires pour son commissaire aux affaires ecclésiastiques, dont l'appel des décisions ressortit exclusivement du Grand Conseil [1].

Mais doit-on vraiment se poser la question en termes de moralité politique ? L'appréciation serait anachronique ; Mathieu de Morgues peut bien l'accuser de puiser directement dans le trésor royal, il reste que Richelieu met, en cas de besoin, ses ressources et son propre crédit au service de l'État et, à sa mort, laissera 1,5 million au roi. Il est vrai que la signification véritable de cet engagement de sa fortune personnelle au service de la politique royale, loin d'être une preuve de désintéressement, relève aussi de son intérêt bien entendu : c'est une sorte d'assurance préventive, car il sait que toute sa fortune ne saurait le prémunir d'une chute et de la perte du pouvoir et qu'un ministre riche et déchu serait exposé aux plus vives attaques... La section septième du *Testament politique*, « Qui représente quel doit être le Roi envers ses conseillers », établit sa justification : « Jamais homme de bien ne pense à s'enrichir aux dépens du public en le servant, mais, comme ce serait un crime d'avoir telle pensée, rien n'est plus honteux à un prince que de voir ceux qui ont vieilli en le servant chargés d'années, de mérite et de pauvreté tout ensemble [2]. »

À dire vrai, l'*avaritia*, l'âpreté au gain des principaux ministres et des favoris, a fait couler beaucoup d'encre : la soif des richesses et des honneurs est considérée comme le complément naturel de l'ambition et du pouvoir. Il faut ajouter qu'elle constitue de pair une obligation. D'abord, le ministre ne dispose pour affirmer sa fonction d'aucune dotation spécifique, alors qu'il serait inconcevable aux yeux de ses contemporains que son train de vie ne participe pas de cette majesté royale à laquelle il se trouve associé. Le faste de son

1. *Ibid.*, p. 65.
2. *Testament politique*, p. 234.

train de vie doit refléter la puissance et la générosité de son maître, qui peut récompenser à leur juste mesure les services rendus. Par ailleurs, il le met à égalité avec les Grands du royaume et, par là, à même de traiter avec eux ; plus généralement, il est une condition d'efficacité.

En revanche, il y a pour lui des limites à respecter : ce faste, cette fortune doivent se maintenir dans l'ombre du souverain et, en permanence, rendre hommage à sa gloire incomparable. En clair, même sa fortune renvoie Richelieu à sa condition existentielle d'inégalité par rapport à Louis XIII, dont la gloire ne doit pas être obscurcie par une autre ; c'est une maxime que le cardinal n'oublie jamais, comme doit toujours être présent à son esprit le sort de Concini qui paya de sa vie de l'avoir enfreinte.

Philippe de Champaigne, *Portrait de Richelieu*, vers 1642.

hilippe de Champaigne (1602-1674) occupait la charge de « peintre du roi et de la reine sa mère ». Marie de Médicis le « légua » à Richelieu, dont il devint le portraitiste principal. On lui doit, en originaux, copies et répliques, une vingtaine de représentations du cardinal, dont il livra à la postérité l'image quasi intemporelle. Ce portrait en buste qui représente Richelieu à la fin de sa vie est sans doute l'un des plus expressifs et introspectifs que Champaigne ait peints.

École française du XVIIᵉ siècle,
*Suzanne de La Porte,
mère de Richelieu.*

S uzanne de La Porte,
fille d'un célèbre avocat
au Parlement de Paris,
épousa en 1566 François IV
du Plessis, seigneur de Richelieu
en Poitou, grand prévôt de France.
Elle lui donna cinq enfants ;
Armand Jean, né le 9 septembre
1585, était le plus jeune. Elle mourut
le 14 novembre 1616, au moment
où son fils accédait au poste
de secrétaire d'État.

Charles Martin, *Marie de Médicis
et le dauphin Louis*, 1603.

L 'accession au pouvoir de
Richelieu se déroula sous
les auspices de l'Italien
Concini, favori de Marie de Médicis,
veuve d'Henri IV, alors régente pour
son fils mineur. Ce premier passage
au pouvoir fut bref, mais c'est en
s'attachant à la personne de la reine
mère que Richelieu obtint le chapeau
de cardinal en 1622 et revint au
Conseil du roi en 1624, comme
principal ministre de Louis XIII.
Éliminée du jeu politique après
la Journée des Dupes en 1630,
Marie de Médicis devint une ennemie
irréductible de Richelieu jusqu'à
sa mort en exil en 1642.

Jean Nocret, attribué à,
Portrait d'Anne d'Autriche.

F ille de Philippe III
d'Espagne, l'infante
Anne d'Autriche
(1601-1666) épousa Louis XIII
le 28 novembre 1615. Jusqu'à
la naissance du dauphin, en 1638,
la reine et son entourage furent le foyer
d'une opposition vivace au cardinal,
qui faisait surveiller sa correspondance
et ses agissements de très près.

Antoine Van Dyck,
Portrait de Gaston d'Orléans.

F rère cadet de Louis XIII,
fils préféré de Marie de
Médicis, Gaston d'Orléans
(1608-1660) ne cessa d'ourdir complots
et trahisons, qui lui furent toujours
pardonnés.
Un jour que Gaston flagornait
le cardinal pour rentrer en grâce,
Richelieu le compara à «une femme
coquette que le mari a surprise
en flagrant délit : elle lui proteste
qu'elle l'aime, qu'elle l'a toujours aimé,
qu'elle a un dernier respect pour sa
personne, qu'elle est ravie de sa présence,
et il voit son ruffian à son côté.»

Philippe de Champaigne, *Portrait de Louis XIII en pied*, vers 1639.

Une fois parvenu au pouvoir, Richelieu abandonna sa protectrice Marie de Médicis et passa de sa mouvance à celle de Louis XIII. Lors de la Journée des Dupes (1630), le roi trancha définitivement en faveur du cardinal, au grand dam de la reine mère. Se mit alors en place le système de gouvernement appelé « ministériat », qui associait le roi et son principal ministre.

Philippe de Champaigne, *Portrait de Richelieu en pied*, vers 1640.

D ans ses grands portraits, Philippe de Champaigne a immortalisé l'homme rouge en pied et debout, en posture quasi royale, ainsi qu'il voulait se contempler et poser pour la postérité. Les portraits en pied du roi et du ministre devaient se faire pendant, manifestant ainsi la dualité du ministériat. Au fond de ce portrait, on remarque une vue du parc de Richelieu, tel que le ministre se plaisait alors à l'imaginer.

Paul Delaroche, *La barque de cérémonie du cardinal de Richelieu sur le Rhône*, 1826.

L a légende noire du cardinal se nourrit du sort cruel réservé à Cinq-Mars et de Thou, condamnés à mort pour avoir comploté, avec l'accord tacite de Louis XIII, contre Son Éminence. Peintre d'histoire apprécié, Paul Delaroche met en image la vision romantique de Richelieu : deux barques remontent le Rhône vers Lyon, où aura lieu le procès et l'exécution des conjurés en septembre 1642. Dans la première barque, Son Éminence en grand équipage, vieux et malade, savoure son triomphe sur ses deux jeunes victimes, placées sous bonne garde dans la seconde (en réalité seul de Thou s'y trouvait, car Cinq-Mars fut conduit à Lyon par la route).

Henri Motte, *Richelieu sur la digue de La Rochelle*, 1881.

L a réduction à l'obéissance politique des protestants culmine avec le siège de La Rochelle, en 1627-1628. C'est l'apogée de la popularité de Richelieu auprès des dévots, qui voient en lui le restaurateur du catholicisme, avant qu'il ne réoriente la politique française en direction des alliances protestantes. Ce tableau, qui célèbre le prélat-guerrier bravant l'ennemi et les éléments sur la digue construite par les assiégeants, participe de la légende dorée du cardinal défenseur de la patrie, chère au XIXe siècle républicain.

En 1901, parut un *Richelieu* préfacé par le grand historien du cardinal, Gabriel Hanotaux, dû à la plume d'un auteur mondain, Théodore Cahu, et illustré par Maurice Leloir. C'est l'apogée en images de l'histoire posthume de Richelieu, héritée du romantisme et relue dans un sens plus positif par la République. Richelieu, mourant, assisté de sa nièce tendrement aimée, reçoit Louis XIII ; à l'annonce du roi, nous dit le texte, « Richelieu se fit habiller à la hâte et il reçut son auguste visiteur assis dans un fauteuil. "Sire, lui dit-il, je vois bien qu'il me faut partir et prendre congé de Votre Majesté ; mais au moins je meurs avec la satisfaction de ne l'avoir jamais desservie, de laisser son État florissant et tous ses ennemis abattus"… »

Claude Mellan,
Visage de Richelieu mort, 1642.

À la mort de Richelieu, le 4 décembre 1642, Claude Mellan (1598-1688) dessina sur une feuille d'études le visage du cardinal sur son lit de mort.

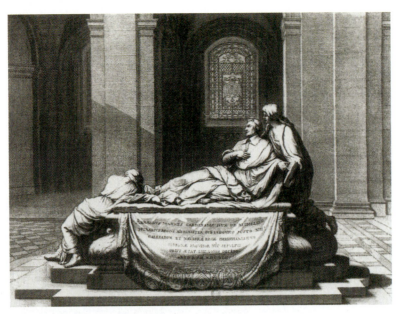

Charles Simonneau, *Le mausolée de Richelieu sculpté par François Girardon.*

Commencé en 1675 à la demande de la duchesse d'Aiguillon, nièce de Richelieu, le mausolée sculpté par François Girardon est achevé en 1694 pour être placé sur la tombe du cardinal dans l'église de la Sorbonne reconstruite par ses soins. La main gauche de Richelieu y désigne un livre que la Piété tient ouvert ; à ses pieds, en larmes, se tient la Doctrine. C'est l'affirmation pour l'éternité de son état ecclésiastique et de sa qualité de théologien.

Philippe de Champaigne, *Portrait de Richelieu écrivant à sa table de travail.*

Représentation du cardinal dans la tradition des portraits d'érudit. Par l'écriture, Richelieu entendait se ménager une survie posthume, notamment pour s'acquérir la gloire d'amener à résipiscence l'hérésie protestante par la persuasion et la controverse, ou encore pour imposer sa version de l'histoire du règne de Louis XIII.

4

Un homme d'influence

Conserver le soutien du roi est, pour Richelieu, une question de survie politique : les complots, conspirations et autres intrigues domestiques visant sans relâche à anéantir son influence sur Louis XIII le mettent dans un état d'alerte perpétuel. Ils figurent assurément au premier rang de ses préoccupations : ce sont en quelque sorte les étroits chemins de ses grands desseins.

En premier lieu, la bienveillance du roi s'acquiert par un strict respect des prérogatives de chacun. Richelieu doit se faire reconnaître comme un serviteur dévoué et scrupuleux, et point autre chose. Le ministre prend à ce titre un soin extrême à ne rien engager que sur ordre de son roi, faisant de ce dernier le maître absolu de ses actions et de ses décisions. Ainsi, le 12 juillet 1629, quand les proches de Gaston cherchent à obtenir de lui, par l'entremise de Marie de Médicis, l'assurance qu'ils n'ont rien à craindre, il se récrie modestement : « C'est au Roi, Madame, et à Votre Majesté de donner ces assurances, et ce me serait un crime de vouloir répondre de mes maîtres[1] ! »

L'organisation concrète du « conseil » que le principal ministre fournit au roi illustre encore le partage nécessaire des tâches entre les deux hommes. Nous n'avons naturellement conservé que l'aspect écrit d'une communication qui répond à la volonté de Louis XIII d'être très précisément informé. Les deux hommes dialoguaient d'ordinaire à travers des mémoires dressés par le cabinet de Richelieu. La rédaction soigneusement réfléchie de ces documents montre comment le ministre et ses collaborateurs présentaient au souverain les grandes options politiques, orientant son

1. Grillon, IV, p. 460.

appréciation par la rhétorique. Le schéma est pratiquement toujours le même : la question est d'abord exposée dans son ensemble, puis analysée en signalant les difficultés qu'elle soulève ; problèmes et solutions sont présentés de manière alternative, les solutions étant argumentées afin de conduire le roi à y consentir comme de lui-même. Car c'est à lui que la décision revient, et il l'inscrit en marge, de façon le plus souvent laconique : « bon », « il le faut », « il est très à propos »…

En outre, les deux hommes, quand ils étaient séparés, conservaient le contact par une active correspondance. Par l'entremise de billets, le ministre assurait le roi de sa fidélité et de son dévouement, tandis que le roi témoignait à son ministre son attachement, l'informait de sa santé et des événements de sa vie. Entre ces deux grands « malades d'État », les notations relatives à la maladie et à la santé tiennent de fait une grande place ; non seulement elles constituent un point de contact qui les met en relation sur un plan d'humanité, mais aussi, on l'a vu, leur valeur politique est essentielle : de leur santé dépend la survie de leur association. Et on ne soulignera jamais assez leur capacité commune à supporter la douleur, celle de leurs maux comme celle qu'y ajoute la médecine du temps, une douleur physique qu'il faut sans cesse intégrer comme composante de leur cadre de vie ordinaire, lequel se déploie très largement au vu et su du public de la cour.

En effet, dans une société où la majorité des courtisans sont exclus des « mystères de l'État », on se livre à un décryptage des moindres signes émanant des détenteurs des secrets politiques. Le cardinal le premier, dans sa quête infatigable d'informations, épie le roi en permanence ; il lui faut être au courant de tout ce qui, au sujet du monarque, se dit, s'écrit, se trame. Les courtisans, quant à eux, commentent toute manifestation d'humeur du roi comme du ministre ; telle est l'ambiance d'une cour où la forme est aussi importante que le fond, où s'entrelacent les suspicions, les satisfactions et les triomphes toujours éphémères…

Un passage exceptionnellement imagé du *Testament politique* éclaire fort bien la situation ambiguë qu'occupe l'Éminentissime aux côtés du roi. Richelieu y met en scène trois personnages : le gouverneur d'une place forte, la femme et le prince, chacun confronté à une tentative de séduction. « Plus une place est importante, plus l'ennemi tâche-t-il d'en séduire le gouverneur. Plus une femme est belle, plus trouve-t-elle de gens qui tâchent d'avoir ses bonnes grâces. Aussi, plus un ministre est-il utile à son maître et puissant à son esprit et en sagesse, plus y a-t-il de personnes qui l'envient, qui désirent sa place et essayent de l'en faire déchoir pour l'occuper[1]. »

Livrons-nous à une rapide exégèse de ce texte étonnant. Trois cas de figure y sont mis en parallèle : la conquête d'une place, celle des bonnes grâces d'une femme, celle de la confiance du prince envers son serviteur. Le gouverneur de la place, la femme et le prince font respectivement face à l'ennemi, au séducteur et à l'envieux. Notons que les deux premiers couples sont surmontés en filigrane par une autorité de référence : le prince pour le gouverneur, le mari pour la femme. En revanche, le troisième se démarque de ce schéma : il ne s'agit plus de s'attirer les bonnes grâces du ministre, équivalent du gouverneur et de la femme des exemples précédents, mais d'acquérir sa place ; le personnage à séduire semble être plutôt son maître, autrement dit la figure d'autorité elle-même, qui apparaît ici explicitement. L'enjeu de la séduction est à la fois la confiance du roi et la situation du ministre qui en est l'émanation directe ; de ce point de vue, le personnage même du ministre-serviteur – qu'on identifie sans peine à Richelieu lui-même – fait comme intrusion dans la relation du prince et de l'envieux ; c'est pourquoi ce dernier s'emploie non à conquérir le ministre, mais à le court-circuiter. En ce faux parallèle, Richelieu exprime lui-même l'ambiguïté de sa situation, sa dépendance et la difficulté qu'il a à exister par rapport au souverain à qui tout se rapporte et par lequel seul il existe.

Capacité, courage, fidélité et application sont les quatre qualités qui, selon le *Testament politique*, définissent le bon conseiller. En poursuivant une lecture attentive de ce texte fondamental, on se rend compte que la parole et l'écoute y tiennent une place extrêmement importante, toutes les fois qu'il s'agit de définir les positions respectives du roi et de son conseiller.

Au roi l'éloquence solennelle, la parole vers l'extérieur ; la parole royale est la manifestation publique de son pouvoir exclusif de décision. Si Sa Majesté doit s'adresser aimablement, et sans esprit de dénigrement, à ses inférieurs – au premier rang desquels son interlocuteur direct, le conseiller, celui qui « voudrait mettre mille vies pour son service » –, en revanche, dès qu'il s'agit de l'intérêt public, il doit parler hardiment, même s'il doit exprimer des choses désagréables. De ce point de vue, le ministre ne peut se substituer à la voix de son maître : « Il se trouve souvent des occasions où, quelque autorité qu'ait un ministre, elle ne peut être assez grande pour pro-

---

1. *Testament politique*, p. 236-238.

duire certains effets qui requièrent la voix d'un souverain et une puissance absolue [1]. »

Car le premier conseiller a pour charge une éloquence privée et moins formelle ; sa parole s'adresse au roi d'abord, puis au Conseil, où il a la charge de signifier la volonté royale aux autres ministres ; en théorie, sa voix ne porte pas au-delà de ce cercle restreint. Mais plus encore, ce ministre, dont le rôle n'est point d'assurer la défense armée, comme le vassal du temps passé, mais de dire au prince ce qui convient pour le bien public, est un être d'écoute, et cette écoute justifie au premier chef son rôle de conseil : « Comme il est de la prudence du ministre d'État de parler peu, il en est aussi d'écouter beaucoup. On tire profit de toutes sortes d'avis ; les bons sont utiles par eux-mêmes, et les mauvais confirment les bons [2]. » Autrement dit, si le ministre a l'oreille du roi, c'est qu'il est lui-même une écoute filtrante, critique, et comme universelle : un nœud d'informations irremplaçable...

Toutefois, cette division toute théorique de la parole privée et de la parole publique ne peut longtemps valoir dans le cas très spécifique des relations qu'entretiennent Louis XIII, ce roi bègue et taciturne, et Richelieu, ce virtuose, voire ce magicien [3] du verbe. Car rapidement, les deux hommes vont instituer de concert, au profit du cardinal, un véritable « ministère de la parole ». Au sein de l'État, le ministre remplit une fonction comparable à celle dévolue par l'Église à ses pasteurs, à qui il revient de prêcher, de catéchiser, de concevoir des systèmes théologiques et de combattre les déviances ; notre prélat est rompu à ces exercices.

Et cette parole de Richelieu est, dans sa lutte pour l'existence politique, sa plus grande arme et son avantage décisif. Pourquoi éprouva-t-il le besoin de tant parler et écrire, pourquoi aima-t-il tant discuter avec ses amis, rivaliser de qualités littéraires, convaincre les protestants, écrire pour le roi ? Sans doute parce que la parole lui servait à afficher avec talent ses qualités de leader, et à revendiquer une part de ce pouvoir qui ne lui était pas échu par naissance. Pourquoi, d'ailleurs, donna-t-il tant d'importance aux paroles des autres, à la fonction d'espionnage qui vise à connaître ces paroles, sinon pour conjurer les dangers potentiels qui menaçaient son existence ? Mais cet égoïsme peut tourner à l'avantage du roi, puisqu'il est de son devoir de se conserver lui-même afin d'assurer le rôle pour

1. *Ibid.*, p. 199.
2. *Ibid.*, p. 214.
3. « Cette magie amoureuse qu'il exerce sur les esprits capables de sentir la puissance du sien » (Lettre de M. Cohon, citée par Mathieu Molé, *Mémoires*, II, Paris, 1855, p. 205.)

lequel le souverain l'a placé à ses côtés. Par ailleurs, Richelieu prend soigneusement garde à ne pas franchir la ligne blanche qui sépare la domination du Conseil de la prise de possession de la décision...

Finalement, le principal ministre se réduit à une parole volontaire et obstinée qui environne le prince. Il donne au roi la conscience du caractère supérieur du pouvoir de l'État et lui indique les conditions d'exercice de son pouvoir absolu. De cette association découle, au mieux, une harmonie qui fait le bonheur de l'État : « Un prince capable est un grand trésor dans un État. Un conseil habile et tel qu'il doit être n'en est pas un moindre, mais le concert de tous les deux ensemble est inestimable, puisque c'est de là que dépend la félicité des États[1]. » Leur association revient alors à réfracter le pouvoir de l'un au prisme des qualités de l'autre : la vertu morale du roi – qui incarne ce pouvoir – et l'art politique du ministre – qui parle pour, et à l'attention de ce pouvoir – se confortent et se confondent pour assurer le gouvernement de l'État.

Mais le rôle d'un ministère de la parole semble également de rester attentif aux accidents de la langue du roi. Car si, quelquefois, le silence du roi se fait silence de mort – son mutisme, on l'a vu, présida à l'exécution de Concini –, en temps ordinaire, Richelieu éprouve plutôt le besoin de mettre en garde son souverain contre sa tendance à la critique verbale, au dénigrement : « Ainsi que bien parler de ses ennemis est une vertu héroïque, un prince ne peut parler licencieusement de ceux qui voudraient mettre mille vies pour son service sans commettre une faute notable contre la loi des chrétiens et contre celle de toute bonne politique[2]. »

Dans ce rapport au verbe et au discours apparaît sans doute la profonde différence qui oppose et unit tout à la fois Louis XIII et Richelieu. À l'adresse verbale et conceptuelle du second répond chez le premier une organisation mentale plus orientée vers l'image et la forme. Marc Fumaroli a ainsi remarqué avec une grande finesse que les relations du cardinal avec la musique constituent pour l'historien un « sujet désespéré », alors que la pratique de cet art, qui se situe au-delà des mots, est la « consolation du roi »[3]. Le problème de leur relation vient de cette différence fondamentale, doublée de la nécessité, pour un roi qui ne supporte pas d'être dirigé, d'avoir à ses côtés un ministre qui parle pour lui ; un

1. *Testament politique*, p. 212.
2. *Ibid.*, p. 197.
3. M. Fumaroli, dans Hilliard T. Goldfarb (dir.), *Richelieu. L'art et le pouvoir*, p. 30.

problème qui, avec l'usure du temps, va leur rendre l'intimité de plus en plus difficile.

On conçoit en fin de compte combien est à réviser le topos littéraire d'un tout-puissant ministre, impérieux homme rouge manipulant un roi fantoche, devenu « le valet d'un prêtre », et qui ne cadre ni avec la personnalité de Louis XIII, ni avec la tradition d'absolutisme monarchique. L'assurance de sa situation, « la sécurité de l'emploi[1] », le cardinal-ministre ne les connut jamais. On perçoit également combien cette fragilité dans la toute-puissance devait être source de tensions psychologiques pour le fier Richelieu ; vivre le pouvoir ne dut pas être moins pénible que d'y parvenir.

Car le ministériat l'associe sur un pied d'inégalité à un homme qui lui est ontologiquement supérieur, le roi sacré, pour l'exercice d'un pouvoir dont la perception devait être de part et d'autre bien différente : imposé à l'un de par sa naissance, conquis par l'autre au prix d'une improbable ascension. La souveraineté qui ne se partage pas réside en la seule personne royale : « Le principal point de la République, qui est droit de souveraineté, ne peut être ni subsister, à proprement parler, sinon en la monarchie, car nul ne peut être souverain en une République qu'un seul », avait écrit Jean Bodin dans sa *République*. Le roi est ce soleil qui seul répand la lumière, et ses créatures ne brillent que par lui ; le principal ministre ne peut être, selon la jolie expression de l'historien Pierre Chevallier, que « le prince des archanges de ce paradis politique que constitue la cour[2] ». Cet égocentrique qu'est Richelieu, amoureux exclusif du pouvoir, se heurte sans appel à la logique du système monarchique.

Dans un tel contexte, la définition ordinaire qui fait de lui un homme de pouvoir doit être considérée comme un contresens. Il nous apparaît en réalité bien davantage comme un homme d'influence – influence sur les décisions du roi, on l'a vu ; ascendant et poids relatif sur l'exécution, souvent lointaine et différée, de ces décisions. Or le cardinal n'aspire à rien de moins qu'au pouvoir et à la renommée immortelle. L'égocentrisme est l'oxygène des héros et il ne déroge pas à la règle, mais cet oxygène lui est interdit de par sa condition. On le sent bien, le cœur du problème n'est plus ici politique : il est personnel. C'est pourquoi, à partir de ce point, il convient de s'aventurer au plus intime de son psychisme, et de reconnaître que, au-delà de toutes les affaires qu'il lui faut affronter,

---

1. F. Bluche, *Richelieu*, p. 71.
2. P. Chevallier, *Louis XIII, roi cornélien*, Paris, 1979, p. 283.

se love un conflit intime qu'il doit, pour mener à bien sa fonction, résoudre avec lui-même, pour lui-même.

De ce point de vue, son coup de maître réside dans un léger déplacement conceptuel et sémantique. Il est une devise qui, depuis sa jeunesse, guide le parcours du cardinal et lui donne sens : « Pour le bien de l'Église et la gloire de notre nom ». Face au roi, cette maxime n'a plus cours, et Richelieu doit en adopter une autre, qu'il pourra revendiquer dans son exercice de serviteur zélé du souverain, sous les auspices de l'instauration du règne de Dieu : « Pour la gloire de votre personne et pour l'avantage de votre État ». De ce second binôme, toute référence personnelle ou familiale a disparu, et seul demeure le roi. Ce dernier apparaît néanmoins sous une double forme : d'une part, sa personne individuelle ; d'autre part, une abstraction, qui lui est à la fois unie et supérieure : l'État. De ces deux versants, l'un est un être temporel, l'homme Louis XIII qui fait obstacle à la satisfaction de l'ego de son ministre ; mais l'autre est une idée transcendante, immatérielle, qui demande une soumission universelle, que Richelieu partage avec le roi lui-même… Bref, Richelieu réussit le tour de force psychologique, pour contourner l'obstacle qu'il ne peut abolir, de se décentrer de lui-même et de se focaliser, au-dessus du monarque, sur le service impersonnel de l'État, dans lequel le roi lui-même se trouve absorbé, et associé.

C'est donc au prix d'une véritable névrose de transfert qu'il se voudra le meilleur agent d'un système qui lui interdit le pouvoir. Son génie – ou sa folie – en fait de ce point de vue un véritable artiste, un funambule qui recrée son rôle en permanence, l'impose et le tient sous le regard de Dieu – dont vient tout pouvoir – et du roi – dans la personne duquel s'incarne l'État –, deux références sans lesquelles le cardinal-ministre ne peut exister, les deux seuls maîtres dont il peut s'accommoder, car, en se faisant leur serviteur, il sublime ses ambitions personnelles et familiales en les mettant au service de l'État royal.

De surcroît, face à un roi sacré, le cardinal dispose d'un atout majeur : occupant une position bien particulière, puisqu'il cumule les fonctions politiques du conseiller et la qualité ecclésiastique du prélat, il émarge, si l'on peut dire, aux deux ordres. Richelieu ne va pas manquer de jouer sur les deux tableaux : il ne se considère pas comme un simple conseiller politique, mais se pose également en directeur de conscience et médiateur de Dieu, ce qui, vis-à-vis du dévot et scrupuleux Louis XIII, lui confère une incomparable légitimité [1].

1. F. Hildesheimer, « Au cœur religieux du ministériat. La place de Dieu dans le *Testament politique* de Richelieu », dans *Revue d'histoire de l'Église de France*, 1998, p. 21-38.

Même s'il nous est difficile aujourd'hui d'appréhender la formidable autorité qui était alors celle d'un prélat, il faut avoir conscience des avantages cruciaux que lui offre sa qualité ecclésiastique. C'est elle qui l'autorise, en fin de compte, à s'exprimer à la première personne, au nom d'un pouvoir pour et par lequel il agit, mais qu'il ne détient pas. On ne s'étonnera pas, ainsi, que la bénédiction de Dieu concerne, sous sa plume, aussi bien les actions du roi que les conseils du cardinal-ministre : « Dieu ayant béni mes intentions jusqu'à tel point que la vertu et le bonheur de Votre Majesté, qui ont étonné le siècle présent, seront en admiration à ceux de l'advenir [1]. »

De la même manière, le ministre voit, à l'égal du roi, sa responsabilité engagée face au tribunal de Dieu ; le début et la fin du *Testament politique* le martèlent avec force : « J'ai cru qu'au moins je ne pouvais me dispenser de laisser à Votre Majesté quelques mémoires de ce que j'estime le plus important pour le gouvernement de ce Royaume sans en être responsable devant Dieu [2]. » « Pour terminer heureusement cet ouvrage, il me reste à représenter à Votre Majesté que, les rois s'étant obligés à faire beaucoup plus de choses comme souverains que comme particuliers, ils ne peuvent si peu se dispenser de leur devoir qu'ils ne commettent plus de fautes par omission qu'un particulier n'en saurait faire par commission. Il est ainsi de ceux sur lesquels les souverains se déchargent d'une partie du faix de leur empire, puisque cet honneur les astreint aux mêmes obligations auxquelles les souverains sont tenus. Les uns et les autres, considérés comme personnes privées, sont sujets aux mêmes fautes, comme tous les autres hommes. Mais, si on a égard à la conduite du public dont ils sont chargés, ils se trouveront sujets à beaucoup d'autres, vu qu'en ce sens, ils ne sauraient omettre sans pécher ce à quoi ils sont obligés par le ministère... [3] »

Par la grâce de cette fusion avec le roi dans l'État, les deux hommes sont rendus religieusement indissociables. Faisant marcher de pair décision, action et bon conseil, leur ensemble est constitué devant Dieu, et leur succès n'est autre que le fruit de l'agrément divin.

Il est encore un moyen pour se créer une existence autonome, une voie où Richelieu peut exceller, puisqu'elle met en jeu sa capacité rhétorique. C'est finalement non comme acteur de l'histoire, mais comme auteur littéraire, et plus spécialement comme mémorialiste

1. *Testament politique*, p. 31.
2. *Ibid.*, p. 32.
3. *Ibid.*, p. 371.

des *Gesta Dei per Regem*[1], qu'il peut déclarer ouvertement entendre survivre face à la postérité, sans tomber dans la suspicion de lèse-majesté, puisqu'il n'excède pas, ce faisant, sa condition de conseiller qui n'œuvre que pour la gloire du roi, laquelle seule subsiste à l'heure du bilan de l'histoire. Il peut en outre défendre sans outrecuidance que, par sa situation de conseiller, il est le seul capable de mener à bien ce nécessaire travail de mémoire.

Cette histoire qu'il veut pour le roi et à laquelle travailleront, à partir des documents d'archives, des membres de son cabinet, est connue sous l'appellation fautive de *Mémoires* de Richelieu[2]. La confusion ultérieure établie par l'historiographie entre ce que Richelieu voulait être l'*Histoire* de Louis XIII et ce que les érudits avait identifié comme étant les *Mémoires* de Richelieu, établissant une sorte de télescopage entre le roi et le ministre, est pour nous riche de signification sur l'image psychologique faussée que l'on a pu donner du ministériat. *A contrario*, elle montre que l'on n'insiste jamais assez sur l'importance fondamentale de cette activité d'écriture-soupape, qui permet tout simplement à Richelieu d'espérer triompher dans la durée, géniale compensation d'une condition *a priori* pipée.

La connaissance de la méthode de travail du cabinet de Richelieu rend obsolète la violente polémique qui s'est développée au XIXe siècle et au début du XXe à propos de la paternité des *Mémoires* et du *Testament politique*. Si aucune preuve avancée, en dépit d'une impressionnante débauche d'érudition, n'avait, alors, pu s'avérer concluante pour décider de leur attribution à Richelieu lui-même, c'est que la question était mal posée. On ne saurait en effet faire de notre cardinal un « auteur » au sens individualisé du mot que le XIXe siècle a imposé. Les ouvrages dits « de Richelieu » peuvent être plus justement définis comme des compositions faites, pour certains, à partir des archives choisies et remaniées par son entourage, et dont certaines parties sont plus ou moins achevées. La même méthode s'applique encore aux œuvres de propagande, de littérature ou de théologie : les idées en sont de Richelieu, la mise en œuvre est le fait d'une équipe fonctionnant selon « une logique manufacturière[3] ». Les fidèles et laborieux collaborateurs étaient chargés d'écrire sous la dictée du maître, mais aussi de procéder aux recherches dans les documents d'archives comme dans les ouvrages

1. O. Ranum, « Richelieu, the Historian », dans *Cahiers du dix-septième siècle. An Interdisciplinarinarian Journal*, I, 1987, p. 63-78.
2. Voir les annexes, p. 508 sq.
3. Chr. Jouhaud, « Les *Mémoires* de Richelieu : une logique manufacturière », dans *Mots. Les langages du politique*, 1992, n° 32, p. 81-93.

de sa bibliothèque, de rédiger des ébauches que Richelieu, toujours soucieux du moindre détail, révisait, annotait et leur rendait pour mise au net.

Et nous retrouvons, une fois encore, Richelieu en créature du verbe... La parole et son prolongement, l'écriture, sont décidément comme les bouées ou les bouffées d'oxygène qui lui permettent de vivre et de survivre. Car que faire quand, étant d'un naturel anxieux et dépressif, on est condamné à dépendre de la faveur d'un roi incertain, à suspecter les trahisons, à attendre des nouvelles d'événements qui se déroulent au loin et que celles-ci dépendent de communications lentes et hasardeuses ? Écrire pour exister aux côtés du roi et face à l'Histoire, certes, mais aussi parler et écrire quand on n'a pas prise directe sur l'événement et la décision, pour persuader les autres et se rassurer soi-même.

On trouve ainsi Richelieu écrivant pour lui-même (pour ordonner sa pensée ou pour se distraire), pour le roi (pour orienter sa décision), pour les exécutants, en leur précisant jusqu'au moindre détail de leur mission, pour la postérité (pour construire l'histoire du règne), pour Dieu (pour assurer son salut éternel). Bien dire pour mieux convaincre, c'est une manière pour lui d'associer la parole à l'action, traduire et canaliser une activité inquiète et angoissée. Et dans la mesure où, selon le mot de Roland Barthes, l'écriture est « la forme spectaculairement engagée de la parole », l'activité de plume de notre cardinal-ministre s'inscrit dans la droite ligne de son action : conformément à son génie d'actif inquiet, il met sans cesse sa raison en mots, en paroles d'action.

Mais le personnage se plaît, encore une fois, à se jouer de son biographe en lui interdisant de l'observer en train d'écrire : de ce tenant obstiné de l'expression écrite, de la mise en mots, on ne possède pratiquement pas une ligne que l'on puisse attribuer avec certitude à sa main. Celle-ci demeure cachée, en dépit de l'obstination des érudits à identifier son écriture, à la distinguer de celle de ses secrétaires qui brouillaient les pistes en imitant la sienne, non seulement sur les originaux des lettres (pour le destinataire, l'écriture simulée du secrétaire « à la main » pouvait paraître plus authentique que celle, ignorée de lui, du cardinal...), mais aussi sur certaines minutes conservées dans les archives du cardinal. D'un érudit à l'autre, c'est la même constatation : le prédécesseur a échoué dans sa tentative d'identification de ce qui serait vraiment sorti de la plume du cardinal. La main de Richelieu nous est finalement aussi inconnue que celles de ses secrétaires nous sont connues.

Qui plus est, cet amoureux des mots agencés en raisonnements est un adepte fervent du secret. De même que tous les grands politiques, il le considère comme un indispensable auxiliaire et, en conséquence, n'expose pas toujours les motivations profondes de son action. La « science politique », indéchiffrable par le commun des mortels, se fonde sur son usage. La vérité est le devoir des sujets, tandis que le secret est un privilège du prince qui le partage avec son conseiller-confident. Cet acharné de la parole pratique donc aussi bien le silence volontaire ! Le cardinal « tenait pour une maxime constante, avec tous les politiques, que le secret est l'âme des affaires et le principe le plus essentiel par lequel elles peuvent réussir. C'est pourquoi il était d'avis que l'on ne devait pas faire part des plus importants secrets ou mystères d'État aux Princes ou aux grands du royaume, parce que, comme leur naissance ou leur qualité semblait les dispenser plus de la révérence et de la crainte des lois, il y avait à appréhender qu'au premier refus ou dégoût qu'ils recevraient, ils ne se laissassent emporter aveuglément au dépit et à la colère, et ne fussent ainsi tentés de révéler tout ce qu'ils sauraient et de causer par ce moyen le dernier désordre dans la conduite des affaires[1] ». Son biographe Aubery ajoute ce détail significatif : « Et l'on a remarqué que quand c'était quelque dépêche considérable, ou quelque pièce d'importance il ne leur [ses secrétaires] donnait que le temps juste pour une seule copie, de crainte que la curiosité ne les portât à en faire deux ; et après avoir en leur présence collationné la copie sur la minute, il retenait l'une et l'autre par devers lui[2]. » Et, en dépit de l'abondante documentation qu'il nous a laissée, on doit admettre, bon gré mal gré, que Richelieu nous a condamnés à ignorer bien des choses…

On ne peut résister au plaisir d'une dernière anecdote sur ce thème, où, sous l'œil du cardinal, les arts figuratifs mêmes se transforment en paroles. Alors au faîte de sa puissance, il observe le peintre Claude Vignon, lequel travaille aux dessins d'une suite de tapisseries à sa gloire et à celle du roi, qu'il destine à son château de Richelieu ; y apercevant une figure la bouche ouverte, il s'approche du peintre et lui dit mystérieusement : « Les bouches ouvertes ne me plaisent pas. » Lorsqu'il revient quelques instants plus tard, l'artiste courtisan, qui a prestement en quelques coups de crayon fermé la bouche au personnage suspect, s'entend déclarer : « Voilà qui est de mon goût et je vois bien que nous serons bons amis[3] »…

1. Aubery, p. 584.
2. *Ibid.*, p. 595.
3. Guillet de Saint-Georges, 1690. « Philippe de Champaigne », *Mémoires inédits sur la vie et les ouvrages des membres de l'Académie royale de peinture et sculpture*, vol. 1.

5

« Rogner les ongles »

Dans ses *Mémoires*, La Rochefoucauld fait, en une page saisissante, le point de la situation nobiliaire au temps de sa jeunesse – il est né en 1613. C'est une véritable déroute : « Le Grand Prieur de Vendôme et le maréchal d'Ornano étaient morts en prison [...], le duc de Vendôme y était encore, la princesse de Conti et le duc de Guise son frère furent chassés ; le maréchal de Bassompierre fut mis à la Bastille, le maréchal de Marillac eut la tête tranchée ; on ôta les sceaux à son frère pour les donner à Châteauneuf. La révolte de Monsieur fit périr le duc de Montmorency sur un échafaud [...] [Le garde des Sceaux] fut ensuite arrêté, prisonnier lui-même bientôt après, Madame de Chevreuse fut reléguée à Tours, n'ayant de crime l'un et l'autre que d'être attachés à la reine et d'avoir fait avec elle des railleries piquantes du Cardinal. Le duc de Bellegarde, grand écuyer, avait suivi Monsieur. Mon père se trouva exposé comme la plus grande partie de la cour à la persécution du Cardinal ; il fut soupçonné d'être dans les intérêts de Monsieur et eut ordre d'aller dans une maison qu'il avait près de Blois [1]. »

Échec des dévots, échec de Gaston, échec des nobles, les événements dramatiques des années 1631-1632 montrent combien la subordination des adversaires du ministre est à l'ordre du jour. Le programme de Richelieu est clair, il est tout entier dans cet avis au roi, de mars 1632 : « En un mot, je rognerai les ongles si courts à ceux dont on a lieu de se garder que leur mauvaise volonté serait inutile [2] »...

1. La Rochefoucauld, *Mémoires*, Paris, 1964, p. 45-46.
2. Avenel, IV, p. 271.

De fait, en ces années d'émergence et d'affirmation de l'État moderne, le pouvoir central tend à imposer son autorité à l'ensemble de la société, et à la faire prévaloir, par persuasion ou par force, sur les forces centrifuges qui s'opposent à son centralisme. Imposer l'obéissance au roi à une France toujours déchirée par le schisme et ravagée par les rébellions de tous genres sera l'obsession du cardinal-ministre ; en fin de compte, toutes ces révoltes, qu'elles soient nobiliaires ou populaires, vont jouer comme des prétextes pour renforcer cette politique autoritaire. Toutefois, en ce domaine encore, le pouvoir dispose de moyens d'action limités : le quadrillage policier et judiciaire de la France n'a rien d'un réseau serré et systématique ; dans les faits, l'obéissance aux décisions centrales demeure très relative... Le roi, si absolu soit-il, doit obtenir la coopération des élites locales et a besoin de leur relais s'il veut rendre effective sa volonté : l'obéissance est alors davantage le fruit de compromis inlassablement négociés que le produit d'une contrainte imposée du plus haut de l'État. Dans ce contexte, et même s'ils franchissent parfois les bornes de la stricte justice et alimentent l'image sanglante et despotique de Richelieu, les châtiments exemplaires qui ponctuent l'action du ministre rappellent à tous cette exigence nouvelle, l'obéissance universelle au roi.

L'affaire des duellistes Bouteville-Des Chapelles a constitué à cet égard un cas de figure exemplaire. L'enjeu est même davantage l'exécution des édits que la prohibition des duels : « Il est question de couper la gorge aux duels, écrit le cardinal, ou aux édits de Votre Majesté [1]. » Richelieu n'est juriste ni de formation ni d'esprit, et peu législateur (contrairement à Marillac, le codificateur) ; en revanche, il se soucie particulièrement de l'exécution des décisions, et là réside l'essentiel de son juridisme. Son gouvernement entend soumettre des classes supérieures jusque-là habituées à l'impunité ; toute désobéissance se trouve alors assimilée, davantage qu'à la transgression d'une législation encore bien lâche, à une trahison de la volonté du roi œuvrant pour le bien de « son État » [2].

Le premier qui doit en prendre conscience, c'est le roi lui-même. Les anecdotes sont rares sous la plume de Richelieu, aussi faut-il l'écouter lorsqu'il rapporte celle-ci, dans son *Testament politique*, à l'attention de Louis XIII : « Le Cardinal Zapata,

1. Avenel, II, p. 479.
2. F. Hildesheimer, « Les scrupules de Richelieu », dans *Le Journal des savants*, janvier-juin 2000, p. 99-122.

homme de bon esprit, rencontrant les sieurs Baraut et Bautru [diplomates français] dans l'antichambre du roi [Philippe IV d'Espagne] un quart d'heure après que la nouvelle fut arrivée à Madrid de l'exécution du duc de Montmorency, leur fit cette question : "Quelle était la plus grande cause de la mort de ce duc ?" Bautru répondit promptement selon la qualité de son esprit tout de feu en espagnol : *"Sus falsas, no. Pero la clemencia de los reyes antepasados"* ["Ses fautes, non. Mais la clémence des rois précédents"], qui était dire proprement que les fautes que les prédécesseurs du roi avaient commises étaient plus cause du châtiment de ce duc que les siennes propres[1]. » Ce faisant, le ministre délivre à son roi une solennelle mise en garde. L'usage de la clémence, ce pouvoir de suspendre les châtiments, affaiblit l'autorité royale ; le roi doit lui-même se soumettre à l'application de la loi sous peine de connaître l'échec, en ce monde et dans l'autre. Car le crime, c'est la faute originelle de désobéissance, mais c'est tout autant l'absence de châtiment : « Ne châtier pas une faute de conséquence, dont l'impunité ouvre la porte à la licence, est une omission criminelle[2]. »

Pour Richelieu, la question du châtiment et du pardon demeure d'essence théologique, avant d'être politique. En effet, la vision que développe le cardinal se fonde sur la tradition chrétienne augustinienne, pour laquelle l'homme, voué au mal, est incapable de trouver, par lui-même, un mode de vie en commun pacifique ; cette inaptitude justifie la contrainte d'une autorité forte – celle du roi sur les sujets, du prélat sur les fidèles, du général sur l'armée, du mari sur sa femme ou du père sur ses enfants. On se rappelle comment le jeune évêque en parlait déjà à ses ouailles de Luçon. Par ailleurs, Richelieu retient les leçons du thomisme : la recherche du bien commun s'accompagne de l'exigence d'obéissance, et légitime, ainsi, le droit de punir. Dès lors, comme l'évêque l'expliquait dans son *Instruction du chrétien,* catéchisme élaboré à l'intention des Luçonnais, le pardon des offenses, vertu du chrétien, ne peut s'appliquer à celles qui atteignent la « république » : « Ce n'est pas au particulier à remettre [l'intérêt] de la république qui, ayant pour sa conservation un intérêt particulier à maintenir la concorde parmi les siens et les garantir d'injures, doit être aussi sévère en ses châtiments que les particuliers doivent être indulgents en leurs sentiments » (leçon 23).

1. *Testament politique*, p. 260.
2. *Ibid.*, p. 258.

Le zèle que met Richelieu à obtenir « l'universelle réduction à l'obéissance » (dont on peut bien penser qu'il doit beaucoup, aussi, à la peur constante de la disgrâce) scelle en tout cas l'union du roi et de son ministre. On lit ainsi, dans la lettre adressée par le roi à son frère, et minutieusement élaborée par le cabinet de Richelieu en réponse au manifeste adressé par le prince rebelle au Parlement : « C'est à moi, et non point à eux [les conseillers] qu'on en veut : j'en ai des preuves si certaines que je ne puis plus l'ignorer. [...] Je sais les qualités et la portée de ceux dont je me sers, et Dieu m'a fait la grâce de savoir mieux mes affaires que tous ceux qui se veulent mêler d'en discourir mal à propos. Ce n'est point à vous ni à eux de censurer mes actions, ni celles de ceux que j'emploie dans mes affaires. Vous n'avez aucun pouvoir sur eux, mais c'est à moi à faire châtier les vôtres quand ils font mal. Bien que je ne doive compte de mes actions ni de l'administration de mon État qu'à Dieu seul, je ne crains point qu'on examine l'un et l'autre. J'ai cet avantage que toute la chrétienté démentira ceux qui entreprendront témérairement et malicieusement de décrier ma conduite, à laquelle, après Dieu, il faut attribuer le bien qui est arrivé à cet État par mes ordres, qui ont été courageusement et fidèlement exécutés par ceux à qui je les ai donnés[1]. »

Et Louis de renouveler au cardinal-ministre sa confiance en des termes des plus explicites : « J'ai été servi de mon cousin le Cardinal de Richelieu avec tant de fidélité et de courage, et ses conseils m'ont été si avantageux et si utiles que je ne puis que je ne témoigne à tout le monde l'entière satisfaction que j'ai des services signalés qu'il a rendus et qu'il continue tous les jours à ma personne et à mon État. Je ne mériterais pas le nom de juste si je ne les reconnaissais et si [...] je ne lui augmentais encore mes grâces[2]... »

Aux sujets du roi de s'y reconnaître et de marquer les différences convenables entre les deux acteurs du ministériat. Celles-ci apparaissent expressément dans une lettre adressée par Richelieu à l'évêque de Saint-Flour ; il s'agit de féliciter le prélat qui, en 1632, a maintenu sa ville épiscopale dans son devoir de fidélité monarchique : « Comme Sa Majesté s'était toujours promis cela de votre affection à son service, aussi vous en sait-elle tout le gré que vous sauriez désirer. En mon particulier, écrit le cardinal, je vous prie de croire que j'aurai à contentement toutes les occasions qui me donneront lieu de vous faire voir que je suis, Monsieur, votre très affectionné confrère à vous rendre service[3]. » Autrement dit, on est

1. Lettre du 14 juillet 1631, Avenel, IV, p. 178-179.
2. *Ibid.*, p. 180.
3. *Ibid.*, p. 324-325.

serviteur du roi et ami du cardinal ; les deux relations sont bien différentes : il y a « ceux qui sont et vrais serviteurs du roi et vrais amis [du cardinal] [1] », la seconde qualité pouvant entraîner la faveur royale.

Ces subtilités sont savamment orchestrées par Richelieu et son cabinet, comme en témoigne plus subtilement encore cette lettre du 26 novembre 1632 par laquelle Charpentier, le secrétaire du cardinal, demande au secrétaire d'État Bouthillier une lettre de remerciement du roi au cardinal de La Valette pour avoir assisté son maître : « Mgr le Cardinal m'a commandé de vous écrire qu'il désire qu'il plaise au roi de faire un mot de lettre à Mgr le Cardinal de La Valette contenant ces mots : "Mon cousin, j'ai bien voulu vous témoigner, par ces lignes, le gré que je vous sais de ce que vous avez toujours demeuré auprès de mon cousin le Cardinal de Richelieu, et ne l'avez point abandonné durant sa maladie ; et parce aussi que je veux bien que tout le monde sache que ceux qui l'aiment sincèrement et sans feintise, comme vous, sont ceux dont je ferai cas particulièrement" [2]... »

Parfois, pourtant, la plume du conseiller dérape, et la passion de l'action lui fait risquer de se mettre à la place pourtant interdite du roi ; c'est ainsi que l'avis donné au roi en mars 1632 passe subitement du conseil à l'action directe : « Les affaires changent de face... Il semble que... Il faut... Il faut de plus... Il faut aussi... Je ferai retirer mon armée... Je jouerai mon jeu... Je rognerai les ongles [3]. » En revanche, la harangue célèbre de Richelieu prononcée quelques semaines plus tôt au lit de justice du 18 janvier 1632, quand il accompagne le roi venu s'assurer de l'appui du Parlement de Paris à sa politique à l'encontre de Gaston, n'excède naturellement pas les bornes de sa condition : s'il y fait le panégyrique de son action, il s'y présente comme le simple instrument de Dieu auprès de Louis XIII [4].

Même en faisant la part de la conviction et de la propagande qui s'expriment dans ces documents, on voit bien que le châtiment, associé au service de l'État, y constitue un thème majeur. C'est bien sur cet objectif de fermeté que se forge, dans ces années, l'alliance du ministériat. Ce qui ne revient pas à dire qu'il faille adopter l'image, fausse car anachronique, d'un Richelieu serviteur cynique et sanglant d'une raison d'État amorale, faisant fi des principes du

1. *Ibid.*, p. 366.
2. *Ibid.*, p. 410-411.
3. *Ibid.*, p. 271.
4. *Mercure français*, XX, p. 5, et Avenel, IV, p. 520-521.

droit comme de la religion. Les châtiments et sacrifices que cette raison d'État demande sont des réponses à un désordre objectif, et réparent les lésions faites à l'encontre de l'État et de la loi. Ainsi entendue, cette fameuse raison d'État innocente le ministre et le roi, lesquels mènent, sous son augure, une politique de châtiments : elle est une arme de conquête du droit. Parce que la nécessaire guérison de l'État passe par l'élimination de ses désobéissants sujets, la raison d'État est une sorte de religion qui s'impose aux consciences les plus scrupuleuses.

Après celle de Marillac, l'exécution de Montmorency a marqué la fin provisoire des révoltes et des illusions nobiliaires. Le 3 janvier 1633, le cardinal, enfin rétabli, quitte Brouage et retrouve le roi au château de Rochefort-en-Yvelines. Le souverain lui déclare qu'« il reçoit autant de joie de le revoir en bonne santé, comme ses ennemis avaient témoigné de contentement de la fausse nouvelle de sa mort [1] ». Ces derniers n'ont plus qu'à bien se tenir, d'autant plus que Louis XIII précise : « Je vous avoue que deux choses me piquent extraordinairement et m'empêchent quelquefois de dormir : l'insolence du Parlement et les moqueries que les personnes que vous savez font de moi, sans vous y oublier [2]. » Le 25 février, Châteauneuf doit rendre les Sceaux – payant chèrement les sarcasmes dont sa correspondance avec la duchesse a abreuvé Richelieu, le soupirant de la Chevreuse ne sortira de prison qu'après la mort du ministre [3] –, et ses partisans sont éliminés ; ils ont le choix entre le jugement ou l'exil. Le cardinal, pour sa part, est crucifié par ses hémorroïdes dont rien ne peut venir à bout : tous les remèdes s'avèrent impuissants à le soulager, y compris les reliques de saint Fiacre, transportées pour l'occasion de Meaux à Paris ; quatre incisions doivent être pratiquées. L'heure n'est pas à l'optimisme, mais bien à la dépression, et donc, sans doute, à la répression…

La volonté de liquider l'opposition intérieure est toutefois plus facile à réaliser dans le monde restreint de la cour et du gouvernement, sur lequel le roi et son ministre ont directement prise. À l'échelle plus vaste du royaume, il en va autrement. Bien que Richelieu les passe notablement sous silence dans le *Testament politique*, les révoltes collectives sont en effet une des caractéristiques du

1. *Mercure français*, XVIII, p. 879.
2. R. et A. de Beauchamp, *Louis XIII d'après sa correspondance avec le cardinal de Richelieu*, Paris, 1902, p. 108.
3. Châteauneuf réapparaîtra à l'occasion de la Fronde, toujours dans le sillage de la duchesse.

temps, qui opposent une résistance populaire à la volonté de plus en plus dure du gouvernement. La cherté des denrées, le logement des troupes et surtout les exigences fiscales – conformément aux prévisions de Marillac, la politique étrangère du cardinal, qui se révèle très onéreuse, accroît fortement la fiscalité qui pèse sur les non-privilégiés – sont les causes de ces soulèvements spontanés et violents qui embrasent des provinces entières. Au demeurant, l'incendie n'est pas forcément allumé par les brûlots les plus importants ; dans un climat de mécontentement latent, une étincelle suffit. Ce sont surtout les impositions indirectes, lesquelles enchérissent automatiquement le prix des denrées, ou bien des taxes médiocres qui suscitent les manifestations les plus violentes.

Un autre groupement de mécontents, qui supporte mal cette obéissance à l'ordre du jour, est formé par les cours dites souveraines – celles qui rendent des décisions de justice en dernier ressort, soit les Parlements, les Chambres des comptes et Cours des aides, le Grand Conseil et la Cour des monnaies. Dans ce temps de faiblesse des États généraux, celles-ci souhaitent reprendre à leur compte le rôle d'institution représentative du royaume auprès du roi. Leur pouvoir de nuisance est loin d'être négligeable : les cours manifestent leur opposition par l'exercice du droit d'enregistrement et de remontrances, par lequel elles peuvent entraver provisoirement l'exercice du pouvoir absolu. Dans ces conditions, ce dernier n'hésite pas à recourir à des substituts à sa main : sont instituées régulièrement des commissions extraordinaires, formées de maîtres des requêtes, ce corps d'officiers dans lequel le pouvoir royal puise ses plus fidèles et dociles exécutants. La question des commissions extraordinaires devient un motif ordinaire de conflits avec le Parlement, qui les considère comme une atteinte aux prérogatives de la justice ; il s'oppose systématiquement à toute nomination de commissaires.

Parfois, peuple et cours souveraines concourent à défier le pouvoir royal ; ce fut précisément et de manière exemplaire le cas à Paris, en l'année 1631. De l'affaire qui va suivre, Richelieu ne nous dit rien, et les historiens l'ont ignorée le plus souvent ; elle a été remise en lumière par l'historien Reynald Abad [1]. Début février, la capitale vit à l'heure d'une violente émeute antifiscale provoquée par un projet de doublement du droit de huitième sur le vin. Le 3, une troupe de cabaretiers fait irruption à l'Hôtel de ville, puis se

___

1. R. Abad, « Une première Fronde au temps de Richelieu ? L'émeute parisienne des 3-4 février 1631 et ses suites », dans *XVIIᵉ siècle*, janvier-mars 2003, p. 39-70.

transporte devant la maison de Briois, fermier général des aides, tenu pour responsable de cette mesure. L'émeute enfle jusqu'à nécessiter l'envoi de la troupe sur ordre du roi lui-même. Briois est évacué et placé en lieu sûr, mais, le lendemain, l'émeute recommence devant sa maison. On est cinq jours après la déclaration de guerre de Gaston au cardinal et son départ pour Orléans ; dans la perspective d'une nouvelle guerre civile, le pouvoir ne peut prendre aucun risque, surtout dans la capitale où des agents du prince sont toujours susceptibles d'envenimer les choses. Il faut désamorcer l'affaire : on décide de renoncer à la fois au doublement du huitième et à toute répression. Mais il est trop tard, et les choses sont déjà allées trop loin : la révolte populaire n'est que le prélude à une révolte parlementaire qui se saisit du prétexte pour poursuivre l'agitation.

Dans le cas présent, c'est à la grogne des conseillers de la Cour des aides que se heurte le pouvoir. Car s'il a jugé nécessaire de retirer le doublement du huitième, le gouvernement n'en maintient pas moins toute une série de mesures financières, présentées en bloc, sans discussion possible, à l'enregistrement de la Cour. La pratique n'est certes pas nouvelle, mais suscite chez les magistrats un mécontentement croissant, qui dans ce cas est double : à l'encontre de la procédure qui les prive de leur droit de remontrance ; et à l'encontre des financiers à l'origine des mesures contestées. Déjà, en 1630, la Cour a croisé le fer avec le gouvernement ; en 1631, l'émeute parisienne la conforte, et la pousse à refuser de siéger lors de la séance de l'enregistrement forcé, que le comte de Soissons a mission d'imposer au nom du roi ; par l'intermédiaire du garde des Sceaux, la Cour en appelle au roi. La réaction de ce dernier est sans ambiguïté : par arrêt du 27 février 1631, le roi interdit les officiers de la Cour des aides pour une durée de un an et, dès le 7 mars, constitue une commission chargée de les suppléer ; toutefois, celle-ci ne parvient jamais à exercer ses fonctions, et est révoquée le 7 mai. La Cour est alors rétablie ; elle se révèle, dans les mois qui suivent, plus docile, et procède à l'enregistrement de la plupart des mesures en souffrance.

L'émoi provoqué par la sortie de Paris de Gaston et le déclenchement consécutif de ces troubles ne peuvent cependant manquer d'être mis en relation : le second phénomène est-il une conséquence du premier, ou le premier n'est-il pas cause du second ? Car Monsieur aurait tout intérêt à faire basculer Paris dans la révolte, populaire et parlementaire. Pour sa part, Richelieu doit à tout prix éviter l'union des cours souveraines, d'autant plus qu'il rencontre au même moment de graves difficultés avec le Parlement. La sortie du royaume du duc d'Orléans y est, en effet, directement prétexte à un incident : Louis XIII ayant lancé une déclaration contre les personnes accompagnant Monsieur, proclamées coupables de lèse-majesté, le Parlement tergiverse pour l'enregistrer, et entend mettre l'affaire en délibéré ; un arrêt du Conseil du 26 avril 1631 le lui défend, tandis que le garde des Sceaux est chargé de réprimander l'assemblée et lui intime de se mêler, dorénavant, des affaires d'État. Les présidents Gayant et Barillon et le conseiller Laisné reçoivent même un ordre d'exil, mais obtiennent rapidement la grâce royale. Ainsi prend fin cette fronde, commencée, on le rappelle, par une simple affaire de taxe sur la vente de vin au détail...

Suit une relative accalmie ; le 4 septembre, la cour enregistre – avec quelque retard, dû à un conflit avec Messieurs des Enquêtes qui prétendaient y être associés – les lettres d'érection du duché-pairie de Richelieu. Mais les parlementaires n'ont pas encore rendu les armes, et le pouvoir n'est pas au bout de ses peines. De septembre 1631 au début de 1632, un épisode particulièrement critique occupe en effet la chronique : celui de la chambre de justice de l'Arsenal. Rapporté plus ou moins longuement par les mémorialistes et les historiens, il est important car, à l'occasion de la création d'une de ces commissions extraordinaires chères au cardinal, il met directement en cause les grands principes de l'absolutisme monarchique, et va finalement consacrer la mise au pas du Parlement au profit du triomphe d'un pouvoir royal qui ne souffre point de compagnon en l'exercice de la souveraineté.

En septembre 1631 est établie à l'Arsenal une nouvelle commission. Il s'agit d'une chambre de justice chargé de juger les faux-monnayeurs, les criminels de lèse-majesté et les faiseurs de pronostics sur la vie du roi ; le Parlement en vérifie les lettres patentes, tout en prétendant que ses officiers devraient être pris en son sein. Mais il s'avère bientôt que la chambre sera uniquement composée de conseillers d'État, maîtres des requêtes et conseillers du Grand Conseil, assistés du chevalier du Guet pour l'exécution des jugements. Quand, deux mois plus tard, elle s'en prend à un officier du Palais, les chambres du Parlement s'assemblent, les conseillers protestent et entrent en délibération sur ce sujet les 28 novembre, 10 et 12 décembre, ainsi que sur une augmentation du droit de sceau qui leur fournit un nouveau motif de mécontentement. La rébellion est donc non seulement judiciaire, mais aussi financière.

Une fois encore, la réaction royale est immédiate. Avec ténacité, elle interdit les assemblées du Parlement et casse les arrêts de la

Cour[1]. Mais le Parlement s'obstine ; l'arrêt qu'il rend le 12 décembre pour maintenir sa position, « manifeste attentat à l'autorité royale[2] », semble d'abord profiter de l'éloignement du roi, pour lors en Lorraine, où il est occupé à soumettre les amis de Monsieur. Louis XIII entend ne pas laisser le champ libre aux parlementaires, et l'arrêt du Conseil, rendu le 16 décembre à Sainte-Menehould, non seulement casse et annule arrêtés et délibérations du Parlement et confirme les commissaires de l'Arsenal, mais « ordonne en outre [...] que les présidents de Bellièvre et Séguier, qui ont assisté à ladite délibération du 12 du présent, et celui des conseillers qui a signé l'arrêt de ladite délibération, ensemble les plus anciens des présidents de la deuxième, troisième, quatrième et cinquième chambre des Enquêtes, et le plus ancien conseiller de chacune des chambres qui se sont trouvées en ladite délibération, seront tenus de se rendre là où sera le Roi [en l'espèce, à Metz], quinze jours après la signification du présent arrêt fait à ladite Cour[3]... » Le 23 décembre, le Parlement, toutes chambres assemblées, entend lecture de l'arrêt. Les *Mémoires* de Richelieu commentent l'affaire en ces termes : « Cet arrêt qui montrait plus de vigueur en sa Majesté qu'ils [les parlementaires] ne s'étaient imaginés que l'état présent des affaires pouvait porter, les étonna, et plus encore les avis que leurs amis plus particuliers leur donnèrent que le Roi voulait absolument être obéi[4]. »

Les parlementaires n'ont plus qu'à se mettre en chemin. Le 30 janvier, à Metz, ils sont reçus par le roi, qui déclare : « Je veux que vous sachiez que vous êtes les seuls qui entrepreniez contre l'autorité royale [...]. Vous n'êtes établis que pour juger entre maître Pierre et maître Jean, et je vous réduirai au terme de votre devoir, et, si vous continuez vos entreprises, je vous rognerai les ongles de si près qu'il vous en cuira. » L'unité de vues du roi et du ministre est évidente, et, face à elles, les arguties procédurales des parlementaires ne pèsent pas lourd. Aux côtés du principal ministre, le garde des Sceaux Châteauneuf, encore en fonctions, joue sa partie dans ce concert absolutiste ; il prend la parole d'ordre du roi, omet le traditionnel « Messieurs » initial, et affirme haut et fort : « Cet État est monarchique : toutes choses y dépendent de la volonté du prince, qui établit les juges comme il lui plaît et ordonne des levées selon la nécessité de l'État, pour la santé et l'accroissement duquel il n'épargne ni sa vie, ni sa personne. » Ainsi étrillés, Messieurs du Parlement regagneront Paris ; Louis XIII prendra

1. Lettres de cachet du 29 novembre, lettres patentes du 7 décembre, présentées seulement le 11 à la cour, arrêts du Conseil des 24 novembre, 4 et 16 décembre.
2. Richelieu, *Mémoires*, éd. Petitot, XXVII, p. 514.
3. Grillon, VI, n° 746.
4. Richelieu, *Mémoires*, éd. Petitot, XXVII, p. 515.

même un malin plaisir, comme on l'a vu, à faire attendre les officiers
suspendus en les promenant à la suite de sa cour quelques semaines,
avant de les renvoyer à l'exercice de leurs charges.

L'épisode est particulièrement bouleversant pour un personnage
qui deviendra, dans les années suivantes, la cheville ouvrière du
gouvernement et de l'administration : le futur chancelier Pierre
Séguier. Son parcours en ces jours critiques mérite d'être exposé en
détail, car il montre combien Richelieu savait exploiter les circonstances et les personnalités pour recruter des créatures fidèles [1].

Jusque-là, le rôle joué par Pierre Séguier au sein du Parlement
n'avait pas excédé l'administration ordinaire de la justice et la participation aux débats politiques de la cour. À la fin de 1624, il
recueille la charge de président à mortier de son oncle Antoine
Séguier, charge qu'il exerce jusqu'en 1633. En 1631, à l'âge de qua-
rante-trois ans, il semble s'être départi de sa prudence naturelle : le
12 décembre, avec d'autres présidents, il conteste l'envoi au roi de
l'arrêt de la cour ; à ce motif, il pourra, lorsque les sanctions tombe-
ront, être suspecté d'avoir favorisé des « menées particulières »
d'opposition…

On connaît bien, maintenant, la croyance du cardinal dans le pouvoir du langage. Séguier, fragilisé, et donc vulnérable, sera sa cible.
Alors que l'arrêt du Conseil est tombé, qui cite Séguier et le convoque à Metz, Richelieu envoie auprès de lui le fidèle d'entre les
fidèles, son homme de confiance, Michel Le Masle. Celui-ci est
porteur d'une lettre ; nous n'en connaissons pas le contenu, et nous
ne savons pas davantage si Le Masle se fit, verbalement, le porte-
parole d'arguments plus pressants. Nous savons seulement ce qu'en
dit le destinataire : « Les termes de la lettre qu'il vous a plu me faire
communiquer par [Le Masle] me la [votre bienveillance] font
espérer de votre bonté […] puisqu'il vous a plu suspendre le jugement des advis que l'on a donnés contre moi. »

Cette réponse, Séguier ne la fait pas attendre : bien que sur le
départ pour Metz, c'est en hâte qu'il prend la plume pour plaider sa
cause auprès du tout-puissant ministre. Son argumentation est
simple : il s'y présente comme la victime de rapports malveillants
de la part de gens qui l'ont « écouté pour le surprendre », alors qu'il
n'est point sorti des « termes respectueux qu'il doit aux commandements et volontés de sa Majesté ». Enfin – et surtout –, le président
en vient à l'objet principal de sa missive, qui est d'implorer fébrilement la protection cardinalice : « Je me jette entre vos bras et vous

---

1. F. Hildesheimer, « Richelieu et Séguier ou l'invention d'une créature », dans
Études sur l'ancienne France offertes à Michel Antoine, Paris, 2003, p. 209-226.

demande votre protection. [...] Je finirai, Monseigneur, en vous rendant de très humbles grâces de votre bonté, qui a désiré entendre ma justification. C'est une obligation que vous ajoutez à d'infinies autres, qui me lie étroitement à vous rendre non en paroles, mais en effets, un service dévotieux, dans lequel je continuerai le reste de mes jours, et ferai gloire, lors qu'il vous plaira me faire connaître vos volontés, d'y employer ma vie et ma fortune [1]... »

La flagellation de Metz, à laquelle Séguier assiste ensuite, lui fait définitivement prendre conscience de l'irrésistible montée en puissance de l'autorité royale ; son ralliement au cardinal, suite à l'épisode, ne tarde pas à éclater publiquement. Tout va ensuite très vite pour le président repenti : dans les semaines qui suivent le retour des parlementaires à Paris, il prend, dans l'ombre de Richelieu, une nouvelle stature. Dès le 18 février, une lettre au cardinal de Mathieu Molé, procureur général du Parlement, témoigne de son entregent : « L'inclination que vous voulez me témoigner avoir toujours eu, et les assurances que vous avez de mon affection à servir mon Roi me redonnent le repos à mon esprit. J'en demeure très obligé aux soins de M. le Président Séguier, qui sachant mes peines, y a recherché le soulagement [2]. » En d'autres termes, le président Séguier est, alors, considéré comme un moyen d'accès au cardinal.

Marillac éliminé, Richelieu a besoin, à ses côtés, d'un juriste professionnel sur lequel se reposer. Dans un premier temps, ce sera Châteauneuf, mais ce dernier s'engage dans les menées des ennemis du cardinal ; le 25 février 1633, on l'a vu, il doit rendre les Sceaux. Sans doute Richelieu n'est-il alors guère soucieux de se recréer un rival ; c'est pourquoi, plutôt qu'un homme aux convictions fortes, il préfère un technicien habile, sans scrupules et tout dévoué à sa carrière individuelle, un homme qui a rapidement su voir qu'il faut s'attacher à la faveur du ministre et à l'obéissance au roi. Séguier a en outre grande réputation, comme magistrat, de travailleur assidu et de démêleur d'affaires ; on connaît son zèle, mais aussi l'absence d'états d'âme dont il fait preuve dans l'exercice de sa fonction. D'états d'âme, il n'en a pas davantage lors du retournement de politique qui accompagne l'élimination des dévots – desquels pourtant il est proche –, comprenant très vite (Richelieu l'y ayant puissamment aidé) quel parti il lui faut suivre pour assouvir son ambition. Autonome dans le domaine de l'administration, non en politique, gestionnaire pointilleux, et non pas homme d'État, Séguier sera tel que le souhaitera le principal ministre : capable de gérer les affaires

1. Grillon, VI, n° 774.
2. Bibl. V. Cousin, Richelieu vol. 15, fol. 111.

judiciaires de manière indépendante, mais incapable de concevoir une politique, et donc de se poser en rival. Le 27 février 1633, il est nommé garde des Sceaux.

À partir de cette nomination, les affaires du dehors deviennent le domaine réservé du principal ministre, qui n'a plus à subir les sermons d'un Marillac. Quant à l'administration du dedans et à la « police » du royaume, Richelieu peut se reposer en toute tranquillité sur le nouveau garde des Sceaux : pour permettre à la ruineuse politique étrangère du roi et du cardinal de se développer, la réforme générale du royaume voulue par le chef de file des dévots se réduira, sous les mains de Séguier le fidèle, à l'application autoritaire de la loi, et à la répression des mécontents de tous bords. Séguier tient en outre à justifier la confiance de son protecteur en se faisant, dès son entrée en fonction, l'actif promoteur de la mise au pas de ces Messieurs du Parlement, oubliant qu'il avait été l'un des leurs et, comme tel, fort soucieux du protocole. Lors du lit de justice du 12 août 1632 au sujet de la rébellion de Gaston, il était ainsi intervenu pour tenter de juguler – en vain – la prétention du garde des Sceaux Châteauneuf de faire se lever les présidents à son entrée ; six semaines après lui avoir succédé, la situation est rigoureusement inverse : il renouvelle en sa faveur le coup de force de Châteauneuf, et obtient de ses anciens collègues médusés cet honneur réservé au chancelier qu'il n'est pas encore.

Rapidement, le garde des Sceaux devient un membre du cercle des intimes de Richelieu, et les grâces que ce dernier lui accorde témoignent de l'étendue de sa confiance. Le cardinal veille ainsi à la promotion de sa famille : le 5 février 1634, la fille aînée de Séguier, Marie, épouse César de Camboust, marquis de Coislin, fils de Louise du Plessis et neveu du cardinal, au dire de Tallemant, « petit et bossu, mais qui avait de l'esprit et était de bonne maison ». Le ministre fera encore de Séguier l'un de ses exécuteurs testamentaires, en compagnie des fidèles Bouthillier et Sublet de Noyers. Séguier devient chancelier en 1635, c'est-à-dire chef inamovible de la justice et véritable « secrétaire général » de la monarchie[1], et le demeurera jusqu'à sa

1. Deuxième en dignité des grands officiers de la couronne jusqu'à la suppression de la charge de connétable en 1626, ce qui le fait accéder au premier rang, le chancelier conjugue action gouvernementale et administrative et direction de la justice. Ses fonctions se répartissent en quatre pôles : la direction de la Chancellerie met dans sa mouvance le scellage et le contrôle des actes royaux (l'audience du sceau) ; l'exercice de contrôle lui ouvre la surintendance de la Justice, laquelle, de par les fonctions de police et d'administration qu'elle emporte, le met à la tête des compagnies d'officiers du royaume ; la présidence du Conseil aux séances auxquelles le roi n'assiste pas personnellement ; le contrôle de la librairie enfin.

mort, en 1672. Sa carrière, en politique et en société, survit à son
protecteur ; en 1650, il deviendra duc de Villemor – consécration
éclatante et inouïe pour cet ambitieux robin qui avait su, en 1631,
faire le bon choix…

Les années 1628-1633 sont ainsi jalonnées d'étapes dans la prise
en main par Richelieu du gouvernement : par à-coups, le « parti
contraire », celui de Marillac et de la reine mère, est éliminé complètement. Chaque crise a cet avantage d'éprouver les fidélités ;
suite à la dernière en date, qui voit la déroute de Gaston et de ses
fidèles, ainsi que la promotion de Séguier, Richelieu a toute liberté
pour proposer ses créatures au roi et en peupler le Conseil [1]. C'est la
fin des complots et des rivalités, qui cèdent la place à un ministère
unifié sous sa direction.

Toutefois, l'enchevêtrement des attributions et des personnes
n'a rien à voir avec un moderne organigramme : le jeu institutionnel s'accommode d'une marge de flottement. Ainsi, un personnage sans fonction déterminée, comme le père Joseph, peut y
être au moins aussi important que le secrétaire d'État en charge
des Affaires étrangères ; ce sont les relations personnelles, davantage encore que la compétence, qui s'avèrent décisives… Les
intrigues des années passées ont fait de la fidélité au cardinal la
condition essentielle de la marche du gouvernement et le véritable
pivot du système : à la confiance du roi envers Richelieu, qui
fonde l'exercice de son pouvoir, répond la confiance de Richelieu
dans ses créatures qui en est la condition d'efficacité [2].

Cependant, afin d'assurer dans la société française l'impression
d'une volonté que le cardinal veut sans faille, l'appui du roi et celui
du Conseil sont certes nécessaires, mais non suffisants. Pour que
l'État-Richelieu s'impose, et surmonte son impopularité auprès des
populations dont il est loin d'agir dans le sens du bien-être, il a fallu
que, dans toute la France, et à tous les échelons, Richelieu pro-
meuve ces créatures et se constitue une fidèle clientèle.

1. Pour résumer, des quatre secrétaires d'État en fonction en 1624, deux (Beau-
clerc et Potier d'Ocquerre) étaient morts et remplacés respectivement par Servien
et Bouthillier ; les deux autres (Antoine Loménie de Brienne, seigneur de La Ville-
aux-Clercs et Phélypeaux de La Vrillière) ne prirent pas parti pour Richelieu après
1630 et demeurèrent en fonction, mais marginalisés et sans influence. Le dévoué
Claude Bouthillier, remplace, comme on l'a vu, le maréchal d'Effiat, disparu en
1632, comme surintendant des Finances, charge qu'il exerce en compagnie de
Claude de Bullion ; son fils, Léon Bouthillier (Chavigny), lui succède par survivance comme secrétaire d'État aux Affaires étrangères.
2. O. Ranum, *Les Créatures de Richelieu. Secrétaires d'État et surintendants
des Finances. 1635-1643*, p. 37.

Le réservoir de fidélités le plus assuré et le plus proche du cardinal reste encore sa propre famille. Il ne semble pas, toutefois, y avoir jamais trouvé d'auxiliaire politique à sa pointure ; les promotions familiales s'exercent plutôt, comme il est naturel pour une famille noble, dans le domaine militaire. À l'oncle Amador de La Porte, le neveu reconnaissant confie le gouvernement des villes et châteaux d'Angers, puis du Havre, ainsi que la lieutenance du roi en Aunis, dans les îles de Ré et d'Oléron [1]. Le marquis de Brézé, son beau-frère, qui s'est signalé à Castelnaudary, reçoit le bâton de maréchal de France à la mort du maréchal d'Effiat ; commandant conjointement avec La Force en Lorraine, il sera bientôt, auprès du maréchal de Châtillon, à la tête de l'armée lancée à la conquête des Pays-Bas espagnols. À la place du duc de Retz, général des galères, Richelieu met son neveu François de Vignerot, marquis de Pont-Courlay ; à la place du vieux duc de Sully, grand maître de l'artillerie, dédommagé par le bâton de maréchal, son cousin le marquis de La Meilleraye ; à la place du maréchal de Bassompierre, colonel général des Suisses, toujours embastillé, le marquis de Coislin, déjà évoqué. Par ailleurs, la promotion dans l'ordre du Saint-Esprit qui intervient en mai 1633 comprend cinq membres du clan : Brézé, Pont-Courlay, La Meilleraye et Pontchâteau et, bien sûr, le cardinal-ministre lui-même, que François Bluche n'hésite pas à taxer, pour l'occasion, de mégalomanie [2].

À partir de 1630, gouvernements de places fortes et de provinces tombent un à un dans l'escarcelle des fidèles du cardinal. Ceux qui ont soutenu Marie de Médicis et Monsieur sont démis : Bellegarde pour la Bourgogne, Elbeuf pour la Picardie, Guise pour la Provence. La liquidation des comparses de Montmorency permet de nouvelles poursuites et condamnations pour crime de lèse-majesté : le duc d'Elbeuf à nouveau, Puylaurens, Coudrai-Montpensier…

Les échelons plus modestes ne sont pas oubliés. L'époque est ainsi à la création de sièges présidiaux supplémentaires : ces juridictions intermédiaires, créées par Henri II, ont pour mission première de rapprocher la justice des justiciables. Instaurer de nouveaux tribunaux offre non seulement l'intérêt immédiat de faire rentrer l'argent des ventes d'offices dans les caisses de l'État, mais présente de surcroît l'avantage d'améliorer le contrôle du territoire. L'incorporation de nouveaux officiers, dévoués à l'autorité royale, dans des institutions locales renforcées paraît autrement plus efficace qu'une

1. En 1640, il sera encore élevé à la dignité de Grand prieur de l'ordre de Malte, lequel fermera les yeux sur l'insuffisance de sa noblesse.
2. F. Bluche, *Richelieu*, p. 208-211.

irréaliste et trop systématique centralisation. Le développement des sièges présidiaux et l'affermissement de leur autorité témoigne par ailleurs d'une autre volonté : celle d'asseoir l'autorité du roi par la justice, en la faisant prévaloir, dans ce domaine, sur toute autre juridiction – y compris celle des évêques, que l'on a pas scrupule à rogner pour l'occasion. Mais la démarche relève parfois d'une seconde vocation, religieuse et missionnaire : la promotion d'officiers catholiques dans les régions protestantes contribue en effet à une politique de reconquête et d'affirmation catholiques [1].

Quant à l'épiscopat lui-même, cet autre lieu de pouvoir qu'il connaît si bien, on se doute que Richelieu prend soin de l'investir. Il peut s'agir de s'assurer par d'opportunes nominations de la docilité de provinces révoltées, comme la Provence après 1631 ou le Languedoc après 1632 ; il peut s'agir de provinces dont Richelieu lui-même a le contrôle, à titre de gouverneur, comme la Bretagne ; il peut s'agir encore de faire accéder à l'épiscopat, en gage de leurs services, des créatures fidèles. Ainsi, en 1632, quand le cardinal de La Rochefoucauld, grand aumônier de France et conseiller normal du roi en matière de religion, démissionne, ce n'est autre qu'Alphonse de Richelieu qui lui succède, et sa personnalité effacée laisse le champ libre à son frère qui est l'artisan de son involontaire carrière ecclésiastique [2].

Ce favoritisme atteint cependant ses limites en matière militaire [3]. C'est que le pouvoir, incapable de financer seul la guerre, doit en laisser le soin à d'autres forces sociales – en l'espèce l'aristocratie, qui conserve dans l'armée ses positions et ses réseaux propres. Plus étrangement, Richelieu ne s'engagera jamais dans la réduction des désordres provoqués par les rivalités et querelles du commandement militaire ; ainsi, le système des intendants aux armées, mis en place afin d'assurer une gestion plus rationnelle de la chose militaire, ne concerne guère que l'aspect logistique, et la volonté cardinalice d'imposer son propre patronage et de promouvoir sa famille ne par-

---

1. C. Blanquie, *Les Présidiaux de Richelieu*, Paris, 2000. – *Id*, « L'office et la foi : la création des présidiaux dans la politique religieuse de Richelieu », dans *Bulletin de la Société de l'histoire du protestantisme français*, oct.-déc. 1999, p. 685-701.

2. J. Bergin, *The Making of the French Episcopate. 1589-1661*, Yale, 1996. – « Richelieu and his Bishops ? Ministerial Power and Episcopal Patronage under Louis XIII », dans J. Bergin et L. Brockliss (dir.), *Richelieu and his Age*, Oxford, 1992, p. 175-202.

3. C'est ce que constate l'historien David Parrott, dans son *Richelieu's Army. War, Government and Society in France (1624-1642)*, Cambridge, 2001. Voir aussi D. Parrott, « Richelieu, the *Grands*, and the French Army », dans J. Bergin et L. Brockliss (dir.), *Richelieu and his Age*, p. 135-173.

vient pas à réduire totalement ces positions traditionnelles de la grande noblesse auxquelles Son Éminence se conforme lui-même avec ses ancrages territoriaux en Poitou et Bretagne. Tout se passe comme si, en matière militaire, la haute aristocratie conservait ses anciennes prérogatives, supérieures au pouvoir plus récent de l'État…

Le monde de l'absolutisme est celui de l'obéissance des sujets et du châtiment éclatant des infractions. On connaît les conséquences de cette mise au pas sur les courtisans français avec la « civilisation des mœurs [1] ». La volonté du cardinal y trouve le lieu d'élection de son exercice et il ne fait pas bon y résister.

Mais l'obéissance s'étend bien au-delà du monde de la cour, et pénètre toute la société. En concentrant la souveraineté dans la personne sacrée du roi qui la délègue à ses agents, l'absolutisme modèle les relations humaines ; la domination du continent, à laquelle s'attelle pour lors la France, doit requérir toutes les énergies, et fait du crime de lèse-majesté royale le crime suprême. L'obéissance s'impose au duelliste comme au pauvre, pour lequel le devoir étatique de maintien de l'ordre l'emporte désormais sur le traditionnel devoir de charité.

L'obéissance doit avoir sa pédagogie, et Richelieu, dans ce but, mobilise à son service mots et images de tous ordres : littérature populaire, littérature d'opinion, belles-lettres, beaux-arts [2]… La guerre va rendre de plus en plus intenses les activités de propagande. Inversement, la censure se durcit. En janvier 1626, une déclaration royale menaçait déjà toute publication illicite de « confiscation de corps et de bien » ; le 30 mars 1635, un règlement général pour la police de Paris interdit d'imprimer et de vendre aucun écrit « sans privilège de grand sceau ou permission, à peine de vie ». Le pouvoir tient alors en main, sinon monopolise et confisque la parole publique [3] : la production des libelles chute, les publications clandestines sont de plus en plus risquées. C'est dans cette perspective qu'il faut situer le rôle de *La Gazette* de Théophraste Renaudot. Ancien médecin de Loudun et huguenot converti, il est une de ces créatures poitevines du cardinal ; il se signale auprès de Son Éminence par son sens de l'entreprise, en l'espèce journalistique. Sa *Gazette* hebdomadaire lancée le 30 mai 1631 double le *Mercure français* ; le pouvoir en comprend vite

---

1. N. Elias, *La Société de cour*, rééd., Paris, 1985.
2. *Richelieu et la culture*, Actes de colloque. Sorbonne, 1985, Paris, 1987.
3. C'est ce qu'Hélène Duccini a montré dans une étude récente : *Faire voir, faire croire. L'opinion publique sous Louis XIII*, Paris, 2003. Voir aussi J. K. Sawyer, *Printed Poison. Pamphlet, Propaganda, Facrion Politics and the Public Sphere in Early Seventeenth-Century France*, Berkeley-Los Angeles-Londres, 1990.

l'intérêt, qui y fait insérer les documents et relations jugés utiles et en fait une pièce maîtresse de son système d'information orientée. Dès lors, *La Gazette* devient la caisse de résonance privilégiée de la propagande cardinalice : un véritable « Journal officiel » dont le roi et le ministre se font volontiers les rédacteurs…

Terminons ce chapitre par l'évocation d'une célèbre affaire, qui fournira un éclairage inattendu sur cette période. Superstition et sorcellerie forment en effet la trame d'un siècle que l'on présente plus volontiers comme celui de la « modernité » ; s'il n'est que rarement mis en relation avec la politique du cardinal, ce thème est pourtant largement révélateur, autant de sa personnalité que du théâtre social dans lequel son action vise à prendre corps.

En ces années 1630, Richelieu se voit attribuer un rôle décisif dans une affaire de possession qui se déroule dans une région qu'il connaît bien [1]. Place clé du Poitou, à proximité de laquelle s'édifie désormais la nouvelle cité de Richelieu, expression de l'éminente dignité du nouveau duc et pair, ville coupée en deux par la Réforme qui y est encore majoritaire, et donc enjeu de la reconquête catholique, Loudun ne pouvait manquer de retenir l'attention vigilante du cardinal. Or voici que l'on y signale de l'agitation, à laquelle n'est pas étranger le remuant curé de la paroisse Saint-Pierre-du-Marché, un certain Urbain Grandier. À deux reprises, déjà, ce personnage a croisé et défié Richelieu : en 1618, il lui a ravi la préséance dans une procession ; en 1627, il aurait commis un pamphlet violemment hostile au ministre. Outre sa facilité de plume, on parle de ses succès féminins et de sa vie scandaleuse… En tout état de cause, c'est une personnalité trop affirmée pour la société locale qui accumule rancœurs et ressentiments à son endroit ; et maintenant, son rôle dans l'opposition faite au démantèlement du château et du donjon de Loudun, ordonné par le roi dans la foulée de la chute de La Rochelle, attire sur lui l'attention du commissaire envoyé dans la ville pour procéder à ces démolitions, le Bordelais Jean-Martin de Laubardemont, magistrat devenu tout récemment conseiller d'État, dont deux parentes sont religieuses au couvent des Ursulines de la ville. Et une banale affaire de mauvaises mœurs de se transformer en affaire diabolique.

Car, dans ce couvent des Ursulines, le diable mène bientôt grand tapage. À l'automne 1632 y commence la plus célèbre affaire de possession du siècle. Elle concerne d'abord deux religieuses ; elles

1. M. Carmona, *Les Diables de Loudun. Sorcellerie et politique sous Richelieu*, Paris, 1988. Voir aussi M. de Certeau, *La Possession de Loudun*, Paris, 1970.

seront bientôt dix-sept, sans compter les laïques, également conta-
minées. Dans le couvent en folie, les exorcistes se mettent à l'œuvre
et les curieux accourent en foule. Le suspect numéro un, désigné par
les démons eux-mêmes, n'est autre que ce curé Grandier qui est le
point de convergence de tous les désordres de la ville. L'accusation
diabolique fournit le prétexte pour se débarrasser de ce trublion qui
s'oppose non seulement, comme on l'a dit, à la démolition du
donjon, mais également au transfert vers la ville nouvelle de Richelieu des services administratifs loudunois.

L'affaire remonte au plus haut de l'État : elle vient devant le
Conseil qui se tient le 30 novembre 1633 à Rueil, chez le cardinal,
en présence du roi, du principal ministre, de Séguier, du secrétaire
d'État Phélypeaux, du père Joseph et de Laubardemont. Ce dernier
y reçoit tous pouvoirs d'enquête et de jugement contre Grandier ; en
février 1634, un nouvel arrêt confirmera ses pouvoirs que même le
Parlement de Paris, tenant ses grands jours à Poitiers, ne parviendra
pas à lui ravir. En juillet, le tribunal d'exception constitué sur
mesure par Laubardemont se réunit ; l'issue n'est pas douteuse et, le
18 août 1634, Grandier monte sur le bûcher.

Mais le diable ne s'avoue pas vaincu : après la mort de Grandier, les
exorcismes reprennent de plus belle. Finalement, une fois délivrée de
ses démons, la prieure du couvent, la mère Jeanne des Anges, fera
figure de véritable sainte. Une polémique enflera dans les années
ultérieures, qui voudra que Grandier ait été la victime des machinations
de Richelieu et du père Joseph. En réalité, le cardinal et l'Éminence
grise se sont très vite lassés de l'affaire : dès septembre 1634, Richelieu
fait la sourde oreille aux demandes de Laubardemont relatives à la
construction d'un nouveau couvent pour les Ursulines ; celles-ci
n'auront droit qu'à une pension de deux mille livres, à l'instar des
autres congrégations que soutient le cardinal pour faire pièce à la
réforme. On l'entend même railler Gaston d'Orléans qui, en mai 1635,
s'est rendu à Loudun en compagnie de Bautru pour assister aux exorcismes, et a solennellement attesté de leur efficacité : « Monseigneur, je
suis ravi de savoir que les diables de Loudun aient converti Votre
Altesse et que vous ayez une si ferme résolution de ne plus jurer que
vous ayez tout à fait oublié les serments qui auparavant étaient assez
ordinaires en votre bouche. » Et la raillerie de se poursuivre quand
Gaston tombe malade : « Ayant appris par le retour d'un des diables de
Loudun que Votre Altesse est attaquée d'un mal qui n'est pas si grand
que celui dont ces pauvres filles sont travaillées, mais qu'Elle [Votre
Altesse] a bien mérité, je n'ai pas voulu différer à envoyer ce gentilhomme vers Elle pour lui témoigner le déplaisir que j'en ai et lui offrir
les exorcismes du bon père Joseph... » Quelques jours plus tard, Riche-

lieu poursuit sur le même ton, qui ne laisse guère de place au doute sur son opinion : « Je sais bien, Monseigneur, que c'est beaucoup désirer d'une âme qui a fait de grands progrès dans le règne du vice, mais les aides que vous aurez des maîtres des diables de Loudun seront si puissantes qu'il vous sera plus aisé de faire en peu de temps un grand voyage dans le chemin de la vertu, qu'il ne vous l'a été par le passé de suivre l'exemple [des blasphémateurs] »[1]... En fait, l'implication de Richelieu est surtout un argument qui pèse lourd face à ceux qui doutent de la réalité des possessions diaboliques : « C'est Monseigneur l'éminentissime Cardinal, la première intelligence de l'État, qui croit la possession, et non seulement il la croit, mais après Sa Majesté, on doit à sa piété et à son zèle l'entreprise de cette affaire », affirme, dans sa *Véritable relation*, le père Tranquille de Saint-Rémi, capucin missionnaire, exorciste passionné tenant de la vérité diabolique de l'affaire.

L'affaire, même réduite à de justes perspectives, tire son intérêt de ce qu'elle nous révèle des mentalités d'un temps dont Richelieu participe pleinement. La France est alors marquée par un intense courant de ferveur religieuse, d'où ce que l'on peut considérer *a posteriori* comme relevant de la superstition et de l'hystérie n'est pas absent. En un monde où l'action de Dieu était omniprésente, celle du diable était reconnue par les meilleurs esprits, et il n'y a rien de surprenant à voir le cardinal partager les croyances générales de son temps et s'intéresser à l'irrationnel, au miracle, à la possession ou à la sorcellerie, en dépit de l'importance qu'il accorde, en théologie et en politique, à la raison comme guide de pensée et d'action. À ce propos, rappelons que Bérulle a commencé sa carrière comme exorciste à Romorantin, qu'Aix-en-Provence ou le Pays basque ont également été bouleversés par des affaires spectaculaires de possession.

En fait, la grande période de répression de la sorcellerie – et donc de croyance en sa réalité – est précisément contemporaine de l'affirmation de l'État moderne[2]. L'époque peut être considérée, en fin de compte, à travers le prisme du diable ; ces quelques années de la décennie 1630-1640, « tragiques » ou « baroques », sises au cœur d'un siècle que l'on a pu qualifier de « siècle des saints », sont, de

1. Avenel, V, p. 16, 443.
2. Les deux phénomènes se retrouvent réunis de manière tout à fait significative dans l'œuvre de Jean Bodin. Bodin est connu pour être l'auteur des *Six Livres de la République* (1576), premier traité de l'État moderne affirmant la théorie de la souveraineté, et donnant à la monarchie les moyens de s'affirmer comme absolue et d'assurer la paix civile sous l'égide de sa seule autorité ; or, on lui doit également une *Démonomanie des sorciers* (1580), qui inaugure, pour la France, une abondante production prônant la répression impitoyable et obsessionnelle de la sorcellerie.

ce point de vue, des années critiques ; situées entre, d'une part, l'optimisme humaniste suivi des guerres de Religion et, d'autre part, l'« apaisement » classique, elles correspondent au moment de l'affirmation de l'autorité monarchique et de la prépondérance française en Europe[1]. Le paradoxe est, finalement, que c'est le découplement entre politique et religion induit par la nouvelle théorie de la souveraineté et mis en actes par Richelieu, qui permettra l'émancipation de la raison humaine et le recul du mythe démoniaque…

---

1. R. Muchembled, *Une histoire du diable. XIIᵉ-XXᵉ siècle*, Paris, 2000.

6

Au nom de la raison ?

En ce début des années 1630, Richelieu a donc assis son pouvoir ; non une toute-puissance dans les affaires – où il conseille, et ne décide pas –, mais une mainmise plus subreptice, passant par le conseil, l'influence, les réseaux, les symboles… La force de ce programme de réduction de la France à une obéissance imposée – qui est « pour la gloire du roi » –, c'est qu'il se pare, du moins en discours, de justifications profondes, universelles ; ce programme, c'est l'avènement, en politique, de la raison. C'est de cette raison que Richelieu se réclamera toujours. S'agit-il d'une simple intention affichée, puisqu'il s'avisera, en des circonstances cruciales – nous le verrons – de s'affranchir des belles règles qu'elle ordonne ? Ou bien d'un véritable projet de politique, soumis à des vents contraires, dans lequel Richelieu persistera à croire, et à l'aune duquel il faut juger de son action ? Alors que ce prétendu gouvernement de la raison est à son apogée, mais au seuil d'être, bientôt, taillé en pièces par les passions contraires de la gloire et de la rancœur, il est temps de se pencher sur ce que l'idée de raison signifie pour le cardinal ; par elle, paraîtra en creux une nouvelle image de l'homme qui l'énonce et s'en réclame [1].

Afin de mieux comprendre ce que Richelieu entend précisément mettre sous le mot de raison [2] et, chemin faisant, réviser encore un

---

1. F. Hildesheimer, « Le *Testament politique* de Richelieu ou le règne terrestre de la raison », dans *Annuaire-Bulletin de la Société de l'histoire de France*, 1994 (1995), p. 17-34. – J. Rohou, *Le XVIIe siècle, une révolution de la condition humaine*, Paris, 2002.
2. Le mot, à l'époque de Richelieu, est polysémique. Le *Dictionnaire* de Furetière, à la fin du XVIIe siècle, ne retiendra pas moins d'une dizaine de significations : enten-

certain nombre d'idées admises à son endroit, laissons-lui la parole. La seconde partie du *Testament politique* comprend un chapitre essentiel : « Qui montre que la raison doit être la règle et la conduite d'un État » ; point culminant de l'ouvrage, il met la raison en relation avec un ensemble de notions qui en précisent la définition. D'origine divine, elle est constitutive de l'homme ; essentielle au roi qui doit l'imposer à ses sujets, elle est le fondement de l'autorité[1]. Dans l'ordre politique, la raison exige le bien public, l'obéissance et, à défaut, le châtiment ; elle promeut la réforme, l'ordre et la fermeté, en un mot l'application de la loi. Elle s'oppose aux dérèglements, à la faiblesse et aux passions, et, à ce titre, se voit finalement élevée au rang de vrai souverain des conduites humaines. La pièce de théâtre *Europe*, qui expose la politique de Richelieu et sur laquelle nous aurons l'occasion de revenir, porte la raison sur la scène, et le spectateur peut entendre ces fortes affirmations dans la bouche de son adepte et serviteur, Francion, le roi de France :

> FRANCION. – Je fais avec raison selon toutes les lois
> Ce que contre raison vous avez fait cent fois.
> IBÈRE. – Quelle est cette raison ?
> FRANCION. – Vous en dois-je le compte ?
> Je le dirai pourtant, pour éviter la honte
> Et le blâme éternel que reçoivent les Rois,
> Quand ils n'écoutent point la raison ni les lois.
> La foi tient les esprits que la vertu modère
> L'intérêt retient ceux que la raison éclaire
> La seule force tient sous le joug abattu
> L'esprit de ceux qui n'ont ni raison ni vertu
> [...]
> Le prétexte est pour vous et la raison pour moi.
> L'intérêt vous conduit, la justice est ma loi[2].

---

dement, faculté imaginative, cause, motif, argumentation, preuve, droit de poursuivre en justice, proportion géométrique, compte rendu, justice faite...

1. Le mot « raison » apparaît à 173 reprises dans l'ensemble du texte du *Testament politique* ; 45 occurrences correspondant à un autre sens que celui qui nous intéresse ici (cause, motif...), il convient de retenir le chiffre de 128 emplois. « Raisons » apparaît 12 fois ; « raisonnement », 7 fois ; « raisonnable » (un adjectif qui a alors un sens premier de proportionnalité géométrique), 27 fois ; « raison d'État », enfin, 3 fois seulement. La raison est encore mise en relation ou en opposition avec les grandes notions suivantes : « force » : 108 occurrences ; « puissance » : 77 ; « Dieu » : 59 ; « autorité » : 57 ; « gloire » et « glorieux » : 31 ; « passion » : 30. Cette liste est significative, dans la mesure où elle juxtapose des attributs que la divinité partage avec l'humanité dans ses plus illustres représentants – le roi et le cardinal –, auxquels il appartient soit de les exalter (la puissance, l'autorité, la gloire), soit de les dominer (les passions).

2. *Europe*, acte III, scène 6.

Ce bon roi est donc roi de justice et roi de raison ; pouvoir impérieux auquel il se soumet, la raison légitime son exercice.

Mais revenons au *Testament politique*. Son premier point est théorique et religieux : c'est Dieu qui a doué l'homme de raison, laquelle le définit par un comportement raisonnable : « La lumière naturelle fait connaître à un chacun que, l'homme ayant été fait raisonnable, il ne doit rien faire que par raison, puisque autrement il ferait contre sa nature, et, par conséquent, contre celui même qui en est l'auteur [1]. » Le deuxième point est politique ; la raison, ou plutôt sans doute sa manifestation publique, le raisonnement, est un principe de gouvernement : « L'homme doit souverainement faire régner la raison, ce qui ne requiert pas seulement qu'il ne fasse rien sans elle, mais l'oblige, de plus, à faire que tous ceux qui sont sous son autorité la révèrent et la suivent religieusement [2]. » De là se déduit la nécessité de l'obéissance : « Ainsi qu'il ne faut rien vouloir qui ne soit raisonnable et juste, il ne faut rien vouloir de tel que l'on ne fasse exécuter et où les commandements ne soient suivis d'obéissance, parce qu'autrement la raison ne régnerait pas souverainement [3]. » Tout est dit !

Toutefois, ce pouvoir qui se fonde en raison, si autoritaire soit-il, s'adjoint le secours de la persuasion et de l'amour – et c'est ce qui le différencie, quant à l'obéissance qu'il est en mesure de réclamer, d'un pouvoir bâti sur la force : « La pratique de cette règle est d'autant plus aisée que l'amour est le plus puissant motif qui oblige à obéir et qu'il est impossible que des sujets n'aiment pas un prince s'ils connaissent que la raison soit le guide de toutes ses actions. L'autorité contraint à l'obéissance, mais la raison y persuade et il est bien plus à propos de conduire les hommes par des moyens qui gagnent si insensiblement leurs volontés que par ceux qui, le plus souvent, ne les font agir qu'autant qu'ils les forcent [4]. » Il y a là un autre fondement du pouvoir (l'amour du chef fait, faut-il le rappeler, partie de la mystique ordinaire du pouvoir) et une référence qui, en conclusion du *Testament politique*, fait de l'amour, alors bien intéressé, qui lui est porté par ses sujets un élément de la puissance du roi : « *Section huitième. Qui montre en peu de mots que le dernier point de la puissance des princes doit consister en la possession du cœur de leurs sujets.* Les finances étant ménagées selon qu'il est porté ci-dessus, le peuple se trouvera tout à fait soulagé et le Roi

1. *Testament politique*, p. 245.
2. *Ibid.*
3. *Ibid.*
4. *Ibid.*

sera puissant par la possession du cœur de ses sujets qui, considérant le soin qu'il aura de leurs biens, seront portés à l'aimer par leurs propres intérêts[1]. » Tel est le principe par excellence de bon gouvernement… Le cœur royal fait alors figure de centre d'impulsion de la société ainsi organisée[2]. Assimilé au soleil, lui-même moteur du monde, il donne mouvement à tout l'État et distribue charges et offices, tandis que l'amour de ses sujets remonte jusqu'à lui.

Fondement de l'autorité, la raison contribue, toujours selon le *Testament politique,* à une vision hiérarchique de la société, conforme à l'ordre établi par Dieu sur le modèle de l'Église « qui veut que les inférieurs soient soumis à leurs supérieurs[3] ». Dans cette société émergent cinq éléments : le roi, les conseillers du roi, les chefs de guerre auxquels viennent s'ajouter les officiers, puis le peuple.

Le roi doit être le sujet exemplairement soumis de la raison. Le conseiller y subordonne également sa mission : « La raison est le seul et vrai motif qui doit animer et faire agir ceux qui sont dans l'emploi des affaires publiques[4] », et c'est encore la raison qui justifie le ministériat : « On peut dire hardiment que, si le souverain peut ou ne veut pas lui-même avoir l'œil sur sa carte et sur la boussole, la raison veut qu'il en donne particulièrement la charge à quelqu'un par-dessus tous les autres[5]. »

Les officiers – qui détiennent chacun une parcelle de la puissance publique dans les domaines de la justice et de la finance, domaines constitutifs de l'État – n'apparaissent qu'en corps et négativement : c'est la non-conformité de leur statut, qui inclut la vénalité des offices, à la raison qui est condamnée, mais tout aussitôt tolérée comme un de ces abus qu'il faut souffrir au nom de la raison d'État ; on en reparlera bientôt.

Pour le chef de guerre, autre soutien du pouvoir, les choses sont différentes : il n'est pas dans ses attributions de raisonner, mais d'agir, et d'agir avec hardiesse. Or, trop réfléchir peut couper l'élan des initiatives dont il doit faire preuve : « Il [est] à craindre que la prévoyance de beaucoup d'inconvénients qui peuvent arriver et n'arrivent pas ne détourne celui qui agirait avec trop de raisonnement d'entreprendre ce qui réussirait à d'autres moins spirituels et plus hardis[6]. »

1. *Ibid.,* p. 369.
2. J. Nagle, *La Civilisation du cœur. Histoire du sentiment politique en France du XIIe au XIXe siècle*, Paris, 1998.
3. *Testament politique*, p. 125.
4. *Ibid.,* p. 225.
5. *Ibid.,* p. 230.
6. *Ibid.,* p. 307.

Quant au peuple, enfin, il n'est point directement soumis à la raison ; celle-ci doit guider la conduite des gouvernants à son égard, et exige, de sa part, l'obéissance. Si le peuple est l'objet d'une vision beaucoup plus bienveillante que celle d'ordinaire prêtée à Richelieu sur la foi d'une citation méprisante tronquée (« Il les faut comparer aux mulets qui, étant accoutumés à la charge, se gâtent par un long repos plus que par le travail [1] »), il n'en reste pas moins que son intempérance naturelle, sa faiblesse d'intelligence et de caractère nécessitent de le plier à une stricte discipline, et de ne pas lui lâcher la bride : « Tous les politiques sont d'accord que, si les peuples étaient trop à leur aise, il serait impossible de les contenir dans les règles de leur devoir. Leur fondement est qu'ayant moins de connaissance que les autres ordres de l'État beaucoup plus cultivés et plus instruits, s'ils n'étaient pas retenus par quelques nécessités, difficilement demeureraient-ils dans les règles qui leur sont prescrites par la raison et par les lois. La raison ne permet pas de les exempter de toutes charges, parce qu'en perdant en tel cas la marque de leur sujétion, ils perdraient aussi la mémoire de leur condition et que, s'ils étaient libres de tributs, ils penseraient l'être de l'obéissance [2]. »

Bref, c'est une véritable cité idéale qui se déduit d'une politique raisonnée de la raison…

On a donc tendance à faire de Richelieu un pivot essentiel de la refonte de la politique et de la conception du pouvoir que connaît l'Occident à cette époque, refonte qui passe par cette institution de la raison. Il faut toutefois bien voir que le programme de réforme de l'État qui invoque ces nouvelles valeurs politiques lui est antérieur. Le cardinal est en fait le relais d'un mouvement largement entamé avec Henri IV, qui vise avant tout à la restauration de l'autorité royale : dans le tumulte des guerres de Religion, on avait promu une raison, capable de faire taire les passions et d'unir le royaume dans l'obéissance à un roi légitime ; roi, royauté, État et raison font front commun contre les troubles assimilés au mal et à la déraison. Comme le résume l'historien Denis Crouzet [3], « obéir [au roi] c'est participer pleinement à la rationalité d'un pouvoir voulu de Dieu et

1. *Ibid.*, p. 180. La suite du texte est la suivante : « mais, ainsi que ce travail doit être modéré et qu'il faut que la charge de ces animaux soit proportionnée à leurs forces, il en est de même des subsides à l'égard des peuples : s'ils n'étaient modérés, lors mêmes qu'ils seraient utiles au public, ils ne laisseraient pas d'être injustes. »

2. *Ibid.*

3. D. Crouzet, *Les Guerriers de Dieu*, Paris, 1990, t. II, p. 558.

qui est rationnel parce que Dieu est raison ». Il faut pour cela dépasser les partis confessionnels : la sécularisation de l'État et de la politique s'impose dès lors.

Le deuxième point à éclaircir est le rapport qu'entretient Richelieu avec la modernité intellectuelle qui l'environne. L'action politique du cardinal-ministre est en effet contemporaine d'un moment décisif de la pensée, qui voit des auteurs tels Machiavel, Hobbes et Descartes, puis Pierre Nicole et Malebranche, définir le « bien raisonner » et le pouvoir selon la raison [1]. Le résultat en est l'émergence de cette abstraction conceptuelle, l'État, dans laquelle chacun peut placer la référence supérieure au nom de laquelle il entend agir et être obéi. L'abstraction a, on l'a vu, un poids très concret sur les populations ; tous les biographes de Richelieu ont chanté son rôle en ce domaine. Le maître mot de l'action du ministre, on l'a déjà rencontré, c'est celui de sécularisation. Attention : sécularisation ne veut pas dire désacralisation ; la définition de l'État passe même, au XVIIe siècle, par sa resacralisation. Sur le plan des représentations politiques, l'État et la souveraineté demeurent, sans ambiguïtés, théologiquement définis [2]. Faire de Richelieu le « laïcisateur » de la politique constituerait un véritable anachronisme ; en lui, comme le signifie tout à fait expressément le chapitre du *Testament politique* « Qui fait voir que le premier fondement du bonheur d'un État est l'établissement du règne de Dieu », le politique et le chrétien partagent la même finalité ultime de cet établissement. Seulement – et c'est là la nouveauté que Richelieu est à même d'instaurer –, les deux domaines ne sont plus mêlés. Certes, le bon gouvernement conserve son origine divine, et sa justification réside dans la conformité de ses moyens et de ses fins aux principes de la conscience et de la loi divine. Mais la décision politique est indépendante de la doctrine ecclésiastique. On l'a déjà dit, mais la chose est fondamentale, l'Église – finalement l'autorité pontificale –, avec ses canons, ses règles, ses ordonnances, ne surplombe plus l'État ; elle y est intégrée comme assumant une fonction particulière, laquelle est d'administrer le spirituel.

En fin de compte, en mettant la politique sous la coupe du droit « naturel », dont les principes sont déduits par la raison qui trouve

1. Pour une large mise en situation : F. Châtelet, *Une histoire de la raison*, Paris, 1992.
2. P. Legendre, *Le Désir politique de Dieu*, Paris, 1988. – J.-F. Courtine, « L'héritage scolastique dans la problématique théologico-politique de l'âge classique », dans H. Méchoulan (dir.), *L'État baroque. 1610-1652*, Paris, 1985, p. 91-118. – A. Renaut (dir.), *Naissance de la modernité (Histoire de la philosophie politique, II)*, Paris, 1999.

son origine en Dieu, et non plus du droit ecclésiastique, le cardinal-ministre ne devance ni ne réfute les idées de son temps ; il sanctionne une évolution dont sa formation théologique l'avait fait le représentant naturel, et dont sa position politique le fait le metteur en œuvre. Ce que Richelieu retient donc en premier lieu, c'est cette indépendance du pouvoir politique vis-à-vis des injonctions romaines ; il faut situer dans ce cadre l'incompréhension de certains de ses contemporains – les anciens ligueurs par exemple –, qui, sur cette voie indéniablement nouvelle, n'ont pu le suivre [1].

Mais l'époque est encore le théâtre d'une autre innovation de la pensée, face plus grise de la raison politique moderne : elle s'incarne dans l'héritage de Machiavel, qui fait reposer le pouvoir sur la force, ou encore en Hobbes, qui, en expliquant le passage de l'état de nature à la société civile par le calcul égoïstement rationnel de l'individu, fait de l'État le détenteur absolu d'une volonté qui ne souffre aucune opposition. À cet égard, il faut faire justice d'un mythe largement répandu, celui d'un Richelieu tenant pur et dur de ce que l'on qualifie de raison d'État. Cette vision des choses, issue de la littérature polémique du XVIIᵉ siècle [2], a assimilé Richelieu aux politiques sans scrupules, mus exclusivement par leur intérêt propre.

En réalité, la raison dont Richelieu veut l'avènement n'est pas cette fameuse raison d'État [3] ; elle lui est même directement opposée. Il est significatif de constater que l'expression « raison d'État » est employée dans le *Testament politique* en trois occasions seulement, et toujours avec une connotation négative : elle s'oppose directement à la raison, qui recommande par exemple la suppression de la vénalité des offices, ce qu'interdit la raison d'État et ce à quoi Richelieu lui-même se résout. Cet exemple, dont nous avons déjà parlé, est à cet égard éloquent : quand bien même Richelieu opte pour des solutions qui violent quelque peu sa morale politique déclarée – puisqu'il renonce finalement à réformer ce système –, il

1. Autre exemple, Omer Talon, l'avocat général du Parlement de Paris : J. Cornette, *La Mélancolie du pouvoir. Omer Talon et le procès de la raison d'État*, Paris, 1998.
2. Elle a en outre été confortée par une historiographie dominée par Friedrich Meinecke, lequel, brossant en 1924 un vaste panorama de l'histoire des idées et de la pensée politique européenne (*L'Idée de la raison d'État dans l'histoire des temps modernes*, Genève, 1973), a posé Machiavel comme le fondateur de la pensée politique moderne et de la doctrine de l'État, et a fait de Richelieu son disciple.
3. D. Reynié et Ch. Lazzeri, *La Raison d'État*, 2 vol., Paris, 1994. – Y.-Ch. Zarka (dir.), *Raison et déraison d'État*, Paris, 1994. – É. Thuau, *Raison d'État et pensée politique à l'époque de Richelieu*, Paris, 1966.

le fait toujours, en dernier ressort, pour le bénéfice et la bonne marche d'un État qui reste ouvrage de raison. On est ainsi fort éloigné de la réalité lorsque l'on fait du cardinal un machiavélique, adepte d'une nouvelle religion d'État d'où les principes sont bannis au profit de l'opportunisme et de la dissimulation. Richelieu n'en est en rien théoricien de la raison d'État face à laquelle son usage du mot le montre en permanence méfiant, voire hostile [1].

De la raison, on l'a dit, Richelieu se veut donc une incarnation politique ; mais il entend encore asseoir son action sur des principes fermes, et lui donner d'éminentes justifications.

À ce titre, il faut en premier lieu faire un sort à une vision qui voudrait tisser, à partir d'une lecture superficielle des textes, un lien entre Richelieu et son contemporain Descartes. Formellement, le discours de Richelieu sur la raison, comme attribut de l'esprit humain, semble en effet très proche de celui du philosophe : la raison est avant tout critère de classement et de jugement ; elle veut que « le particulier se hasarde pour le général [2] » ; que les inférieurs soient soumis à leurs supérieurs ; que l'on mette en même catégorie les choses que l'on ne peut vérifier et celles qui ne sont pas ; que l'on tire de l'ordre du désordre ; finalement, la raison doit décider de toutes sortes de différends, commander les lois les plus parfaites que l'homme peut souffrir, puisqu'en fin de compte l'homme qui est raisonnable de par sa nature ne doit rien faire que par raison. Quant à l'ordre du discours, voici ce que dit encore le théologien : « Les philosophes nous apprennent qu'il est impossible de bien connaître une espèce si on n'a premièrement connaissance de son genre. La raison m'oblige donc de mettre en avant la définition de l'oraison en général, auparavant que de descendre ses parties [3]. » Voici qui fait immanquablement penser au *Discours de la méthode*, publié en 1637...

Méfions-nous toutefois de la facilité de tels rapprochements. Il apparaît en effet rapidement, à qui ne se limite pas à la surface des énoncés, que les deux hommes s'opposent radicalement sur le plan des idées. Si le cardinal rapporte la raison à Dieu, Descartes, lui, part du *cogito* pour fonder une connaissance raisonnable qui aboutit

---

1. F. Hildesheimer, « Le *Testament politique* de Richelieu ou le règne terrestre de la raison », art. cité. – M. Cottret, « Raison d'État et politique chrétienne entre Richelieu et Bossuet », dans *Bulletin de la Société de l'histoire du protestantisme français*, 1992, p. 515-536. – W. F. Church, *Richelieu and Reason of States*, Princeton, 1972.
2. *Testament politique*, p. 156.
3. *Traité de la perfection du chrétien*, p. 290.

à Dieu. Pour lui, connaître, c'est voir avec évidence et attention ; pour Richelieu, connaître, c'est avant tout fonder l'action, voire même agir. Le cardinal est encore, et très normalement, un scolastique de son époque, et ce que l'on peut prendre chez lui pour du cartésianisme répond d'abord à un souci de facilité d'expression : diviser les problèmes, progresser méthodiquement, les exposer le plus simplement et le plus logiquement possible… Tout concourt à fonder un mode de pensée et d'exposé qui va de l'avant, qui s'assure de vaincre les difficultés et de convaincre ses interlocuteurs.

L'action raisonnée et raisonnable est une action froide, qui découpe les problèmes, sépare le réel de l'apparence, cherche à connaître et à conclure en toute maîtrise des événements. Elle a un ennemi déclaré : les passions, œuvres du corps, sous l'influence desquelles les sens se troublent et les sentiments prennent la haute main sur les volontés. On peut même, en lisant le théologien, établir les correspondances suivantes : les sens, le sentiment et les passions s'opposent respectivement à la raison, au raisonnement et à la prudence, cette dernière étant la vertu de l'homme d'action raisonnable – on y reviendra. « Car souvent la passion de l'amour emporterait l'homme au-delà des bornes de la raison, si elle n'était réglée par la prudence[1]. » Dans la même veine, le politique se livre inlassablement au décri des passions et à l'apologie de la raison.

Mais qu'évoque – peut-être inconsciemment – Richelieu lorsqu'il écrit : « Ceux qui sont vindicatifs de leur nature, qui suivent plutôt leurs passions que la raison et qui, au lieu de faire choix des hommes par la seule considération de leur capacité aux choses auxquelles on les veut employer, les portent seulement parce qu'ils les reconnaissent affectionnés à leurs personnes et attachés à leurs intérêts, ne peuvent encore être estimés avoir la probité requise au maniement des États[2] » ? N'est-il pas ici question de la partie passionnée, émotionnelle, « féminine » de sa propre personnalité ? Celui qui prêchait si volontiers pour le règne exclusif de la raison n'était-il pas connu pour sa capacité lacrymale et ses violentes colères, pour ses phases de dépression et ses maux incessants, pour ses tentations de fuite et de renoncement, pour son chantage permanent à la démission ? Si cohérent soit-il, son discours en noir et blanc opposant passion et raison reste dans le domaine de la pure rhétorique, et c'est bien l'émotion – une émotion à la palette de nuances plus chatoyante – qui le dirige en

1. *Ibid.*, p. 413.
2. *Testament politique*, p. 218.

maintes circonstances, au moins autant que la souveraine et mâle raison[1]...

D'ailleurs, dans le contexte d'incertitude et d'approximation permanentes que nous avons reconnu être celui dans lequel Richelieu était condamné à élaborer ses stratégies politiques et à déterminer ses choix, le froid raisonnement pouvait-il trouver son assise ? Les informations qu'il cherche à glaner en tout lieu et selon tout moyen nourrissent certes, tant qu'il est possible, son raisonnement, mais se prolongent encore en impressionnant ses sentiments et son imagination ; le résultat de tous ces mouvements intimes lui fait déterminer les solutions à proposer à la ratification du roi. Restituer au cardinal cette partie émotionnelle de sa personnalité, c'est, assurément, non pas ternir son image éthérée d'incarnation de la raison pure, mais mieux comprendre dans sa pleine humanité une personnalité fascinante de par sa volonté de dominer et d'unifier un ensemble complexe de phénomènes, et de transformer un fonctionnement intellectuel raisonnable en action politique efficace.

À la lecture de l'ensemble des œuvres émanant du cabinet de Richelieu, il apparaît qu'il existait pour lui différentes manières de raisonner : une forme de réflexion dominée par l'idéal raisonnable de clarté – c'est ce qui a suggéré l'assimilation cartésienne –, mais aussi une dialectique de type scolastique, ainsi qu'une argumentation de type humaniste, faisant appel aux références du passé. L'ensemble forme un arsenal rhétorique dominé par un impératif formel de facilité qui lui est propre, et Richelieu se fait fort, avec son aide, de clarifier toute question. Le terrain où il prend à cœur de l'éprouver, davantage encore que l'argumentation politique, c'est, on y reviendra plus longuement, la controverse théologique.

En réalité, Richelieu, même s'il rejoint parfois le discours des philosophes et des moralistes, se rattache pleinement à l'héritage catholique thomiste. Les nombreuses citations que nous avons don-

---

1. C'est là que Richelieu rejoindrait, en dépit de leurs divergences, Descartes, lequel, en séparant strictement le corps des activités spirituelles, a promu une conception dualiste durable que le développement des neurosciences remet aujourd'hui en question. Selon la vision qui découle des acquis contemporains de ces sciences et condamne « l'erreur de Descartes » (A. R. Damasio, *L'Erreur de Descartes. La raison des émotions*, trad. fr., Paris, 1995), la capacité émotionnelle interviendrait à égalité avec l'exercice de la raison et du jugement dans les domaines où règne l'incertitude, car la capacité d'anticiper, de former des plans d'action suppose de ressentir autant que de connaître. En tout cela, les processus émotionnels lient l'esprit au corps ; et peut-on, dans le cas du cardinal (et de Louis XIII), faire fi de ce corps souffrant et capricieux qui se rappelle sans cesse à lui, et sur lequel il a voulu étendre le contrôle de la raison ?

nées ont certes démontré la place que la notion tenait dans sa pensée, comme définition de l'humain et norme de conduite. Il reste que la raison n'est pas, en fin de compte, sa valeur ultime ; si sa place est au sommet dans l'ordre de la connaissance humaine, elle n'est pas suffisante pour fonder la foi, laquelle ne relève pas du domaine humain où la raison est opératoire. Or la fin ultime de l'homme n'est pas la vie dans la cité, mais la vie de l'âme chrétienne. En d'autres termes, Richelieu est bien loin de penser l'autonomie du sujet sous l'égide de la raison ; Dieu demeure la référence suprême, et cette raison qui définit l'homme le relie, tout compte fait, à ce Dieu qu'il lui faut reconnaître et auquel il doit se soumettre : « Mais c'est une chose si connue d'un chacun par sa propre raison qu'il ne tire pas son être de lui-même, mais qu'il a un Dieu pour créateur et, par conséquent, pour directeur, qu'il n'y a personne qui ne sente que la nature a imprimé cette vérité dans son cœur avec des caractères qui ne peuvent s'effacer [1] ».

Assurément, l'exercice cardinalice de la raison dépend d'une vision religieuse, celle de l'évêque de la réforme catholique que Richelieu n'a jamais cessé d'être. Comme ministre, son souci constant est d'instaurer, par l'exercice du gouvernement auprès du roi, le règne de Dieu ; c'est dans ce but qu'il donne la priorité à l'action, cette action dont la rationalité est le lieu d'exercice.

Davantage, la raison ne se limite pas pour lui à la raison humaine dès lors que l'on quitte le domaine de l'action humaine pour celui de la vie spirituelle : « Nous ne sommes pas chrétiens par le sentiment qui est commun aux bêtes, mais par la raison qui est propre aux hommes, et par une raison divine, du tout particulière à ceux qui ont la foi [2]. » Cette phrase postule une double caractérisation de la raison : « la » raison de l'homme et « une » raison divine coexistent sous la plume de Richelieu. La première, logique et raisonnable, qui doit régir la vie ordinaire des hommes, se trouve comme dépassée par les derniers degrés de la vie spirituelle, au stade de la vie unitive des mystiques. De là le double appel fait à la raison humaine : il est nécessaire de s'y conformer pour les actions qui relèvent de la vie sociale, comme il est nécessaire d'y renoncer et de la dépasser pour progresser dans la vie spirituelle individuelle. Au terme de la marche du chrétien vers la perfection, cette raison qui fondait l'humain se perd dans l'absolue transcendance de la foi et de l'amour ; c'est là sa grandeur et sa limitation. C'est aussi le fondement de l'identification à Dieu du principe de raison.

1. *Testament politique*, p. 164.
2. *Traité de la perfection du chrétien*, p. 187.

La question est maintenant de savoir si ce clair programme soutient, chez le cardinal, l'épreuve de la réalité. On aura l'occasion de revenir sur cette question, mais on peut d'ores et déjà rapidement constater que, sous la surface de l'intraitable raison qui est celle du politique autant que de l'ecclésiastique, gît encore une autre réalité : celle du noble d'épée qu'il est par sa naissance et son éducation ; celle du cardinal duc et pair qu'il est devenu. Et pour ces deux personnages, les valeurs liées à l'honneur font tout naturellement figure d'exceptions aux principes de la raison. Sous sa plume, toutes les dérogations qu'il autorise à l'ordre de la raison concernent de fait des catégories sociales bien particulières : les évêques et les magistrats, pour le recrutement desquels les critères sociaux s'imposent, honneur et noblesse obligent ; les gentilshommes, pour lesquels la liaison entre l'honneur et la noblesse rejoint la question cruciale des duels dont on a déjà amplement parlé ; les ambassadeurs, qui « mettent en compromis la réputation des princes et le bien des États tout ensemble [1] » ; les rois, au plus haut point, pour lesquels l'honneur peut prendre le pas sur l'intérêt de l'État, et même sur ce qui est dû à Dieu dans le cadre du respect de la parole et de la réputation qui s'y attache.

---

1. *Testament politique*, p. 272.

En passant par la Lorraine

En ce début de décennie 1630, en Allemagne, la guerre continue de plus belle. Gustave-Adolphe s'avère désormais un allié bien encombrant. Fort de ses succès, le Suédois échappe à tout contrôle : il n'a que faire des avis de la France et n'a plus l'intention de respecter la neutralité des États catholiques, songeant même à faire subir à ces derniers sa politique de conquête et même à s'affronter à Maximilien de Bavière. Pour tenter d'échapper au péril suédois, l'Électeur de Trèves se met, le 9 avril 1632, sous la protection du roi de France, lui accordant le droit de tenir garnison à Ehrenbreitstein et Philippsburg, sur la rive droite du Rhin – deux points essentiels sur la route des Alpes aux Pays-Bas, avec Strasbourg, la protestante, qui est tombée aux mains de Gustave-Adolphe. L'empereur, quant à lui, n'a eu, on l'a vu, d'autre solution que de rappeler sans condition Wallenstein, seul capable de lui fournir l'armée dont il a le plus grand besoin.

En juin 1632, les Hollandais assiègent Maastricht qui capitule en août. L'épisode met un temps les forces espagnoles à l'écart du jeu. Face à face, Suédois et troupes de Wallenstein ravagent à l'envi les provinces allemandes. Le 17 octobre 1632, on se rencontre à Lützen. La bataille marque la fin d'une épopée : militairement vaincu, le champion de l'empereur sort de la bataille sans armée, mais vainqueur du fait de la mort de Gustave-Adolphe, tombé au combat. Le roi de Suède laisse une fille unique, Christine, âgée de six ans, avec, comme mentor, un authentique homme d'État, son énergique chancelier Axel Oxenstierna. Quand la nouvelle arrive en France, Richelieu est en Saintonge, faisant laborieusement route vers Paris après l'exécution de Montmorency : c'est à la fois un coup dur, car cette mort est prématurée, et un énorme soulagement.

Il faut aussitôt tenter d'obtenir d'Oxenstierna que la Suède ne se désengage pas et continue à patronner l'opposition des princes allemands à l'empereur qu'a sanctionnée en 1633 l'Union de Heilbronn, tout en poursuivant l'avancée française vers le Rhin.

C'est à ce moment que s'ébruite la nouvelle du mariage lorrain de Gaston, avoué *in extremis* par Montmorency. Monsieur cède à la panique de son favori Puylaurens qui lui remontre que sa sécurité est menacée, et se laisse persuader de fuir une nouvelle fois hors du royaume. Le voilà à nouveau aux Pays-Bas espagnols. Il y reçoit cette fois un accueil peu enthousiaste ; seul Toiras, depuis Casal où il commande la garnison française, semble lui accorder une oreille favorable ; un courrier intercepté révèle l'affaire, et Toiras, promu aussitôt dans l'ordre du Saint-Esprit, quitte opportunément son commandement, confié à un fidèle. Dans cet imbroglio, tout le monde négocie avec tout le monde : Gaston avec l'Espagne, avec Wallenstein, avec le duc de Lorraine, mais aussi avec Richelieu, lequel négocie également avec Wallenstein, qui semble disposé à trahir Ferdinand II, et surtout avec l'indispensable Suède. Oxenstierna a besoin du soutien financier de la France, laquelle concourt à la conclusion d'une ligue avec les États rhénans et la Suède en février 1633.

Vainqueur à Lützen, Wallenstein n'en a pas moins perdu, avec la mort de Gustave-Adolphe, la raison d'être de ses pouvoirs étendus ; l'empereur n'a plus de raison de respecter son autonomie stratégique et prête même l'oreille aux attaques de ses adversaires qui l'accusent de fomenter des menées hostiles. Mais du côté de Wallenstein, la logique n'est guère au rendez-vous ; le marquis de Feuquières, l'un des meilleurs agents diplomatiques du temps, ambassadeur auprès des princes allemands, a, en dépit de sa grande connaissance des affaires du Nord, bien du mal à y voir clair dans son éventuel dessein de se tailler une principauté indépendante en Bohême, ses atermoiements face aux offres de soutien de la France, sa superstition croissante, ses propositions d'alliance à l'Électeur de Saxe contre lequel il est censé guerroyer...

Profitant du répit offert par ces ballets diplomatiques, le roi et son ministre se tournent sans bienveillance aucune vers la Lorraine. Le duché lorrain est bel et bien devenu la Valteline de ces années 1633-1634, et la volonté de le soumettre le point désormais intangible de la politique de Richelieu. Il faut commencer par s'enlever du pied cette épine, afin de pouvoir glisser militairement vers l'Allemagne et s'ouvrir des têtes de pont dans la perspective d'une guerre future. Charles IV est reconnu coupable d'avoir éludé ses engagements envers la France, et la sanction est la saisie du Barrois mouvant (arrêt du Parlement de Paris du 30 juillet 1633). La nouvelle campagne militaire que mène Louis XIII à l'été 1633 est une promenade, parsemée d'épisodes tragi-comiques, au fil des revirements et palinodies du duc et de son frère, le cardinal de Lorraine. Le roi occupe le Barrois et, dans la foulée, met le siège devant Nancy. Charles IV doit une nouvelle fois céder : par le traité de Charmes (20 septembre 1633), il renonce à tout engagement militaire en Allemagne sans autorisation du roi de France, et lui remet en gage un quartier de Nancy. Le 25 septembre, le roi et le cardinal font leur entrée dans la ville.

En octobre, sur le chemin du retour, le roi souffre de ses habituels « bouffements de ventre » à Château-Thierry ; le ministre, d'un abcès « aux parties que vous savez » à Saint-Dizier. Les deux malades finissent par regagner leurs résidences respectives de Saint-Germain et de Rueil.

Les intrigues fomentées par la reine mère profitent de ce contexte trouble ; au Conseil, le 18 décembre, on évoque à nouveau la possibilité de son retour, mais, en dépit des protestations officielles de bonne volonté, celui-ci est peu souhaité. En revanche, faire revenir dans le royaume Gaston, l'héritier du trône, est important. Monsieur est un gage de poids aux mains des adversaires de la France, alors que l'intérêt de la politique étrangère de la France se tourne de plus en plus vers l'Allemagne.

De son côté, Gaston – qui voit en outre les désaccords s'amplifier avec sa mère, pour le plus grand déplaisir du nouveau gouverneur des Pays-Bas espagnols, le marquis d'Aytona, lequel a succédé à la défunte infante Isabelle – négocie avec l'Espagne. Richelieu achète Puylaurens : le favori de Monsieur travaille maintenant pour son compte au retour de son maître dans le royaume. Entre la fin de 1633 et le début de 1634, les conditions de ce retour sont l'objet de tractations : Louis XIII s'y montre moins bien disposé que le cardinal, quant à lui plus politique. Celles-ci échouent : Gaston, avec une fermeté inhabituelle de sa part, entend ne rien céder sur la question de son mariage et refuse que sa femme soit assignée à résidence à Blois, jusqu'à ce qu'une commission pontificale décide de la suite de l'affaire…

Cette question du mariage lorrain requiert l'intérêt soutenu du monde politique, judiciaire et ecclésiastique. Les implications dynastiques et les aspects successoraux qu'elle couvre sont au moins aussi importants que la guerre étrangère : en épousant secrètement la jeune sœur du duc Charles IV de Lorraine, Gaston s'est allié à une famille qui prétend à la couronne de France détenue par son frère. Reste que la situation est délicate : seule Rome pourrait invalider le sacrement, et, de ce fait, la question épineuse des relations avec le Saint-Siège se trouve en cause... À défaut de son accord, il faut constituer un dossier juridique solide, permettant d'instruire un procès en règle devant le Parlement de Paris. Faire déclarer cette union nulle, comme le veulent Louis XIII et Richelieu, est juridiquement défendable : en effet, même si, sacramentellement, c'est le consentement des époux qui fait le mariage, ce dernier est néanmoins considéré, en France, comme un contrat civil, auquel le sacrement vient s'ajouter. Et dans cet esprit, aux termes de l'ordonnance de Blois de 1579[1], le consentement des parents, la présence du curé d'un des mariés, et de témoins de la qualité requise, étaient nécessaires pour avaliser le mariage, faute de quoi il y avait crime de rapt, et en l'espèce « rapt d'un fils de France »...

Richelieu entend tirer tout le parti procédurier possible de cette situation, et mène l'affaire devant le Parlement. Le 5 septembre 1634, celui-ci déclare le mariage de Gaston non valable, et le duc de Lorraine coupable du crime de rapt. Évidemment, Rome s'empresse de contester ce jugement rendu sur une matière ecclésiastique par une juridiction civile, d'autant plus que Gaston en avait appelé au pape et réitéré son consentement à Bruxelles devant l'archevêque de Malines. Le pape Urbain VIII demande par bref la révocation de l'arrêt du Parlement. Docteurs de Louvain et théologiens royaux argumentent alors pour ou contre la validité du mariage ; à l'arrière-plan se dessine le spectre du schisme anglican, dont tout le monde se souvient qu'il était intervenu à propos d'un mariage royal...

Monsieur est toujours en Lorraine, quand, le 25 février 1634, Wallenstein disparaît. Les velléités du condottiere de déserter la cause impériale avaient été rapportées à Ferdinand II par ses lieutenants ; l'empereur les délie de leur devoir d'obéissance, et ces derniers d'assassiner Wallenstein. Ferdinand retrouve ainsi la maîtrise d'une armée débarrassée de son inquiétant chef ; sa position en est confortée.

Richelieu, dans ses *Mémoires*, retrace l'itinéraire de Wallenstein en tirant de sa fin cette leçon aux résonances fort personnelles : « Sa mort est un prodigieux exemple, ou de la méconnaissance d'un serviteur, ou de la cruauté d'un maître[2]. » Car la nouvelle de cette mort lui parvient à Rueil en même temps que l'accueil fait par Louis XIII

---

1. Ordonnance prise par Henri III en mai 1579 à la suite des États généraux tenus à Blois, article XL : « Nous défendons étroitement [aux curés et vicaires] de passer outre à la célébration desdits mariages, s'il ne leur apparaît du consentement des pères, mères, tuteurs ou curateurs, sur peine d'être punis comme fauteurs du crime de rapt. »

2. *Mémoires*, éd. Petitot, VIII, p. 100.

à l'assassinat du condottiere : le roi s'en est ouvertement réjoui, déclarant même qu'il souhaitait que tous les traîtres à leur souverain trouvent le même sort. Cette oraison funèbre n'est pas du goût de Richelieu, et, dès qu'il se rendra auprès du roi, il n'aura de cesse de lui remontrer que rien n'est plus malvenu que de louer des assassins : le souverain se donne ainsi la réputation d'être cruel, là où il devrait seulement aspirer à la gloire d'être juste. Sans doute les deux hommes pensent-ils, sans se le dire, à Concini… Richelieu n'hésitera pas à mettre une nouvelle fois respectueusement Sa Majesté en garde lors de la rédaction de son *Testament politique* : « Étant difficile de retenir ses premiers mouvements et ses subites agitations d'esprit qui l'emportent quelquefois si l'on n'y prend garde, je ne serais pas son serviteur si je ne l'avertissais que sa réputation et ses intérêts requièrent qu'Elle en ait un soin particulier, vu même que telle liberté de langue, qui ne pourra blesser la conscience, ne laissera pas de nuire beaucoup à ses affaires [1]. »

En dépit de ces frictions verbales, le soutien du roi ne se dément pas. Louis attribue même à la protection rapprochée de son ministre une nouvelle compagnie de cent mousquetaires, choisis par lui-même, car auteurs de libelles et fauteurs d'attentats ne désarment point. Pire, l'alliance que recherchent désormais les ennemis du cardinal n'est rien de moins que satanique. Marie de Médicis et le père Chanteloube, qui fut naguère son conseiller militaire, devenu oratorien sous l'influence de Bérulle, « ne se contentaient pas d'attenter à la vie du Cardinal par assassinat et par poison, ils y employaient encore l'art du diable et toutes les exécrations les plus horribles de la magie, qui furent en si grand nombre, et tant de gens se trouvaient nécessaires à le commettre qu'enfin les plus timides vinrent à révéler ce qu'ils avaient commencé. Nicolas Gargant avait entrepris de faire mourir par sortilège le Cardinal, sur les assurances qui lui avaient été données de récompense et de retraite en Flandre, lorsqu'il aurait exécuté ce damnable dessein ; pour cet effet, il s'associa à un autre magicien, prêtre, Adrien Bouchart ; toutes les exécrations qu'ils déployèrent à cette fin furent vaines : le Démon leur dit que Dieu ne lui donnait pas la puissance de lui faire mal [2]. » Gargant et Bouchart furent condamnés à mort par cette Chambre de l'Arsenal dont nous avons parlé. La cour de parlement qui est établie en 1633 à Metz, dans les Trois-Évêchés, en manifestation de la domination française, a même, d'entrée de jeu, à instruire les procès d'un certain Alpheston et de Blaise Rouffet, prévenus de conspira-

---

1. *Testament politique*, p. 197.
2. *Mémoires*, éd. Petitot, VIII, p. 49.

tion contre la vie du principal ministre à l'initiative du même Chanteloube ; les deux hommes sont exécutés ; leurs commanditaires aussi, mais en effigie. En avril 1634 encore, on exerce des poursuites à l'encontre d'un prêtre de Saint-André-des-Arts, un certain Le Tonnelier, et d'une dame de Gravelle, tous deux convaincus de communication avec l'entourage de la reine mère, en l'espèce avec Mathieu de Morgues. Le premier est condamné à être exécuté, la seconde à la prison à vie, sous le double chef d'intelligence avec l'ennemi et d'attentat sur la personne du ministre.

Les maladies n'épargnent pas davantage le cardinal, et l'éprouvent même de manière fort humiliante. Au château de Fleury, où il réside au printemps de 1634, « ou c'est un feu d'hémorroïdes internes que l'on ne voit pas, ou c'est un nouveau commencement de ce que je crains [1] » ; le mal lui interdit d'être aux côtés du roi.

Et les sujets de déconvenue ne manquent pas : le 12 mai 1634, Monsieur se décide à conclure un accord avec l'Espagne : pour deux ans, il s'engage à ne pas traiter avec son frère sans l'assentiment de son beau-frère Philippe IV, qui met à sa disposition des troupes et une confortable pension ; le but, c'est d'envahir le royaume. La providentielle interception de courrier sur un vaisseau jeté à la côte fait que l'original du traité ratifié par l'Espagne tombe dans les mains du roi. Par ailleurs, voici que les Espagnols pèsent d'un poids militaire nouveau sur les affaires de l'Empire : à la suite de la mort en 1633 de l'archiduchesse Isabelle, qui gouvernait les Pays-Bas espagnols, une armée espagnole placée sous le commandement du frère de Philippe IV, don Ferdinand d'Autriche, archevêque de Tolède, dit le « cardinal-infant », est parvenue à franchir les Alpes ; elle a fait sa jonction avec les troupes impériales, et, les 5 et 6 septembre 1634, a défait les Suédois à Nördlingen. Les électeurs de Saxe et de Brandebourg font alors défection au camp protestant et traitent avec Ferdinand II, lequel retrouve alors tout le pouvoir qu'il avait perdu depuis 1628.

Malgré ces revers, la réaction française est rapide. Pour Richelieu, la nouvelle situation oblige à se tourner plus que jamais vers la Suède. On envoie des missions diplomatiques dans toutes les directions : d'Avaux part en Suède ; Feuquières parcourt l'Allemagne, distribuant au nom de la France présents de prix et pensions. Pour la Suède, c'est le célèbre jurisconsulte Hugo Grotius qui est envoyé à Paris en qualité d'ambassadeur au début de 1635. Mais les négociations sont fort malaisées : on discute sur des points de cérémonial ; on conteste la personne de l'ambassadeur dont Riche-

1. Avenel, IV, p. 557.

lieu, lors d'un précédent séjour en France, n'a guère apprécié la fermeté de caractère[1]. Oxenstierna lui-même est reçu à la cour en avril : le roi s'entretient avec lui par le truchement de Grotius, et c'est directement en latin que le cardinal et le chancelier se congratulent et mènent leurs entretiens ; finalement, l'accord est renouvelé.

Avant toute autre chose, il faut régler une bonne fois la question lorraine et obtenir le retour de Gaston. Ces affaires sont rondement menées : la Lorraine est à nouveau attaquée ; la chute de la place de La Mothe assiégée par La Force « rend la vie » au cardinal ; Charles IV doit à nouveau remettre Nancy aux mains du roi de France et en raser les murailles ; après un intermède rocambolesque, en janvier 1634, où le duc abdique au profit de son frère, le cardinal de Lorraine, qui devient l'éphémère duc François et convole avec la duchesse Claude, héritière du duché, Charles IV passe au service de l'empereur. La France occupe alors ses États et étend sa protection à plusieurs villes et seigneuries alsaciennes, reportant vers le Rhin une possible ligne de front capable, en cas de conflit, de faire face aux troupes du cardinal-infant et de l'empereur.

Avant de céder Nancy, le cardinal de Lorraine a joué un dernier tour aux Français : à la barbe des assiégeants, il en a fait sortir la princesse Marguerite, qui a ainsi pu rejoindre son époux à Bruxelles. Cependant, la défaite suédoise de Nördlingen a ému Gaston qui la ressent comme un échec de la France, et manifeste subitement une fibre patriotique inattendue ; il refuse de s'associer aux réjouissances décrétées à Bruxelles (notamment un feu d'artifice dont l'apothéose représente un aigle fondant sur une fleur de lys et la jetant à terre), et, après avoir négocié un nouvel accord de retour en grâce fort profitable, s'évade des Pays-Bas espagnols, le 8 octobre, et regagne la France en laissant son épouse à Bruxelles. C'est le retour de l'enfant prodigue : on jure de s'aimer, Monsieur, « le plus débauché et le meilleur prince du monde », bavarde à tort et à travers. Richelieu dépense une énergie énorme pour le contrôler *via* son conseiller Puylaurens, qu'il estime, comme on l'a dit, gagné à sa cause. Pour sceller la réconciliation, il offre la main de sa cousine Mlle de Pontchâteau, la fille d'une des sœurs de son père, à Puylaurens, qui accède, dans la foulée, à la dignité de duc et pair ; les deux époux sont faits duc et duchesse d'Aiguillon. Le 28 novembre 1634, le cardinal célèbre ainsi un triple mariage, illustrant une fois de plus sa famille : Marie de Pontchâteau, l'aînée, épouse Bernard

---

1. En 1631, Richelieu a en effet fait perdre sa pension à Grotius, qui refuse de se soumettre, avec un dévouement total, à la politique de la France et à ses vues.

de Nogaret, duc de La Valette, le fils du duc d'Épernon – une vieille connaissance dont la légendaire indépendance doit s'accommoder de cette alliance, ainsi que de l'allégeance de son second fils, le cardinal, à Richelieu ; la cadette, Marguerite, épouse Puylaurens ; Françoise-Marguerite du Plessis de Chivray, une autre de ses cousines, fille d'Hector, seigneur du Plessis, convole avec le comte de Guiche, futur comte de Gramont. La noce, magnifique, a lieu à l'Arsenal, chez le maréchal de La Meilleraye, grand maître de l'artillerie, et autre cousin de Richelieu.

Dès lors, si Louis XIII venait à mourir, Richelieu pourrait, par l'entremise du nouveau duc d'Aiguillon, espérer demeurer au pouvoir auprès du nouveau roi Gaston. Cependant Puylaurens – dit par Tallemant « le petit Dieu » – a caché au cardinal un fait essentiel : Gaston a adressé une lettre au pape, afin de s'assurer par avance que tout ce qui pourrait être entrepris contre son mariage soit susceptible d'être contesté et dénoncé par Rome. Pour Richelieu, il est clair que son nouveau cousin continue en sous-main ses intrigues, et son élévation est anéantie en six semaines ; début 1635, Puylaurens est arrêté sur ordre du roi et emprisonné à Vincennes ; il meurt le 1er juillet dans son cachot qui, toujours selon Tallemant, vaut « son pesant d'arsenic ».

De Blois où il est désormais installé et tient sa cour, Monsieur ne s'insurge pas. En revanche, il se révèle toujours intraitable sur la question de son « démariage », et c'est en vain que théologiens et juristes argumentent devant lui. Ce refus catégorique déconcerte fort le cardinal, qui a eu la faiblesse de croire aux belles promesses de Puylaurens ; mais, après tout, le retour de Gaston a ôté aux Espagnols la possession d'un pion capital, et c'est bien là l'essentiel. Qui plus est, le prince est en des mains sûres, puisque le fidèle Léon Bouthillier-Chavigny, avec les titres et fonctions de chancelier et surintendant de sa maison, monte la garde. La surveillance est étroite et les alarmes sont vives : on craint qu'il ne passe en Angleterre lorsqu'il se rend tout simplement à Loudun assister au dernier spectacle à la mode, l'exorcisme des ursulines... De toute manière, la confiance ne sera jamais de mise, d'autant que Monsieur a un nouveau confident, son grand veneur, Montrésor ; cette forte personnalité, imprégnée de stoïcisme, campe sur une haine absolue à l'endroit du cardinal en qui il voit un tyran à abattre.

Il est temps, cependant, de régler une fois pour toutes l'affaire du mariage. Faute de pouvoir rallier Rome à sa volonté, le Conseil décide de se tourner, après le Parlement, vers une autorité ecclésiastique plus à sa main : cette fameuse Assemblée du clergé, qui doit justement se réunir en mai 1635. La question qui lui est soumise est de savoir si le mariage des princes du sang peut être légitime sans le consentement de celui qui détient la couronne, et même contre sa volonté déclarée. Une commission est chargée d'en traiter comme d'une question de principe, en se référant aux lois fondamentales du royaume. On consulte les docteurs en théologie, sur lesquels la pression est grande pour qu'ils opinent dans le sens souhaité par le pouvoir. Le 6 juillet 1635, Pierre Fenouillet, évêque de Montpellier, présente le rapport de la commission ; ses conclusions vont dans le sens attendu : le mariage est un contrat civil élevé à la dignité de sacrement et, comme pour tout contrat civil, le roi a pouvoir d'y établir des règles et empêchements pour le bien public. L'Assemblée se rallie à ces conclusions, et son texte, minutieusement élaboré, soumis et corrigé par Richelieu lui-même, porte que « la coutume de France ne permet pas que les princes du sang, et plus particulièrement les plus proches et qui sont présomptifs héritiers de la Couronne, se marient sans le consentement du roi, beaucoup moins contre sa volonté et défense. Que tels mariages ainsi faits sont illégitimes, invalides et nuls [1]… ».

Cet avis restera secret, tout comme l'acte par lequel, le 16 août 1635, Monsieur, capitulant, avait souscrit, à Rueil, dans le cabinet même de Richelieu, à la nullité de son mariage. Mais l'affaire n'est pas scellée : souvenons-nous en effet que Gaston avait protesté par avance de la nullité de l'acte… Fenouillet, sur ordre de Richelieu, part pour Rome tenter d'obtenir l'assentiment du pape. Urbain VIII prend acte, mais se garde de donner son accord et demeure sur la réserve, faisant traîner l'affaire, demandant l'envoi d'un rapport supplémentaire. Ces nouvelles affectent profondément Richelieu et renforcent Gaston dans sa résistance.

Depuis la défaite suédoise de septembre 1634, le cardinal sait qu'il va falloir entrer en guerre. La situation dans l'Empire est en train de changer : la Suède est affaiblie ; les princes protestants se sont rapprochés de Ferdinand II, et semblent de plus en plus favorables à la conclusion d'un accord qui les dégagerait d'une guerre insupportable ; cette paix ne servirait en rien les intérêts français. Qu'adviendrait-il si l'empereur, vainqueur à l'Est, se retournait contre la France avec l'appui de l'Espagne ? Louis XIII est également décidé à l'affrontement, et montre de l'impatience. Encore faut-il que la France soit prête, financièrement et militairement, et qu'elle dispose d'alliés ; un affaiblissement des Habsbourg est

---

1. P. Blet, *Le Clergé du Grand Siècle en ses assemblées. 1615-1715*, Paris, 1995.

certes souhaitable, mais pas au point que la France se retrouve un jour seule contre le parti protestant. Par ailleurs, il ne s'agit pas que l'opposition intérieure entrave l'effort à l'extérieur ; il est encore à espérer que la santé du roi et du cardinal leur donne la capacité d'affronter un conflit qui pourra être long – et qui, de fait, durera vingt-cinq ans.

Encore quelques préliminaires diplomatiques sont nécessaires : la signature, le 8 février 1635, à Paris, d'un traité d'alliance offensive et défensive avec les Provinces-Unies, prévoyant le maintien de la religion catholique dans ces territoires alliés du Roi Très Chrétien ; la confirmation de l'alliance suédoise par la signature, le 28 avril à Compiègne, avec Oxenstierna, d'un traité d'alliance garantissant le rétablissement du culte catholique dans les conquêtes protestantes.

Tout semble être en place, les alliances nouées et la situation clarifiée ; la guerre ouverte apparaît maintenant inévitable.

8

La guerre selon Richelieu

Les armes vont donc prendre la parole, et notre récit devra rendre compte des événements eux-mêmes : la confusion brutale des conflits, les renversements multiples des rapports de force, la dimension européenne, les soubresauts intérieurs... Mais, pour l'heure, suspendons-en le fil pour surplomber un temps toute cette affaire. La guerre bouleversera le cours du ministériat ; elle mettra à mal cet empire de la raison, si chèrement rêvé par notre cardinal ; elle suscitera, non dans la concorde et le lustre, mais dans le sang et la misère, un ordre étatique neuf pour le royaume. Il nous faut prendre la mesure de ce bouleversement ; pour ce faire, il faut donc, avant que de parler de campagne et de batailles, mettre au jour ce que fut l'état d'esprit de nos principaux personnages – le ministre, et son roi – à l'orée des feux de la guerre ; il nous faut ainsi nous préparer au choc des intentions, des dispositions, et du réel, qui naîtra à partir de 1635...

Des deux protagonistes principaux du pouvoir, c'est le roi qui est, à l'évidence, le plus impatient de se lancer dans les combats ; Louis XIII, qui est à la fois monarque glorieux et soldat dans l'âme, s'y trouve à son affaire, s'occupant lui-même de tous ces détails d'intendance qui lui sont si chers : choix des itinéraires et des étapes ; organisation des transports et des campements ; plans d'attaque et de défense... Dans le feu de l'action, il se sent sur un pied de plus grande égalité avec son ministre qu'à la table du Conseil, face aux subtilités de la diplomatie qui sont le domaine du cardinal et du père Joseph. En dépit de sa condition de clerc, le cardinal, quant à lui, dès qu'il est question de mener les affaires militaires, se souvient de sa formation : il participe aux campagnes et à la conduite des opérations, pour lesquelles il relaie le roi.

Il n'empêche que Richelieu s'avance dans cette guerre « à pas de plomb[1] », n'entendant s'engager qu'une fois toutes les autres possibilités diplomatiques explorées[2]. Cet adepte de la raison et de la prudence peut-il, en effet, entrer de gaieté de cœur dans cet imbroglio qui concerne directement l'Allemagne et non la France, dont tant d'aspects demeurent hors de son atteinte, pour lequel il sait que rien n'est encore prêt – comme cela s'avérera très rapidement –, et qu'il sera de toute façon odieux au royaume auquel il ne peut promettre que du sang et des larmes ? Les subsides fournis au roi de Suède ont déjà donné des arguments aux opposants à la guerre : obligeant à recourir à de nombreux expédients, ils ont alimenté les révoltes intérieures. Est-il possible de s'engager plus avant quand la ruine du royaume se profile si clairement à l'horizon ? Certes, la situation de la France fait illusion au-dehors, et les étrangers sont convaincus que sa richesse est à la hauteur des subsides qu'elle distribue si généreusement ; mais ce bluff ne supportera pas le choc de la réalité de la guerre.

En outre, la conscience ecclésiastique du cardinal ne peut demeurer insensible à ce qui est l'un des risques majeurs du conflit à venir : la guerre du Roi Très Chrétien et du roi catholique ne peut qu'être funeste à la chrétienté, car casser l'hégémonie des Habsbourg revient à faire échouer la reconquête catholique de l'Allemagne. Mais « la réputation est si importante à un grand prince qu'on ne saurait lui proposer aucun avantage qui puisse compenser la perte qu'il ferait s'il manquait aux engagements de sa parole et de sa foi[3] ». L'idéal chevaleresque l'emporte sur les impératifs de la raison, et la prudence doit céder le pas à l'honneur ; il faut au plus vite laver la défaite de Nördlingen qui, comme l'a fort justement compris Gaston d'Orléans, a atteint la France à travers son allié suédois ; qui plus est, l'inquiétante Espagne dispose maintenant

1. « Section 4ᵉ, Qui représente quel doit être le cœur et la force des conseillers d'État. Le courage dont il s'agit maintenant ne requiert pas qu'un homme soit hardi jusqu'à mépriser toutes sortes de périls. Il n'y a rien de plus capable de perdre les États, et tant s'en faut que le conseiller d'État doive se conduire ainsi, qu'au contraire il doit aller, presque en toutes occasions, à pas de plomb et ne rien entreprendre qu'avec grande considération à temps et à propos » (*Testament politique*, p. 220).

2. H. Weber, « Vom verdeckten zum offenen Krieg. Richelieus Kriegsgründe uns Kriegsziele. 1634/35 », dans K. Repgen (dir.), *Krieg und Politik. 1618-1648*, Munich, 1988, p. 203-217.

3. *Testament politique*, p. 271.

d'une très forte armée qui menace directement la frontière du royaume.

Si elle est devenue inévitable, l'option belliqueuse n'est donc pas, de la part du cardinal, un choix délibéré. Une telle répugnance correspond parfaitement à sa formation ecclésiastique : selon la tradition augustinienne reprise par saint Thomas, la paix est le bien le plus important pour une société, celui par lequel on peut juger un régime politique. C'est donc tout naturellement que la paix revient sous sa plume comme une référence constante, et les témoignages contemporains sont nombreux, qui affirment qu'elle fut bien l'un de ses principaux objectifs [1]. Aubery, son premier biographe, écrit : « Il est indubitable qu'il n'avait point de plus forte passion, que de faire la paix générale, aux conditions les plus honorables et plus glorieuses pour la France, ayant dit plusieurs fois qu'il ne mourrait jamais content qu'il ne l'eût signée [2]. »

De surcroît, si Richelieu est si impatient d'atteindre cette paix, c'est qu'elle doit permettre de passer à l'étape suivante de son action : cette réforme intérieure du royaume, dont il a tant été question dans les années 1626-1627, et dont il reconnaît toujours la nécessité. Autrement dit, il faut à la France « une bonne paix qui assure le repos pour l'avenir [3] », « un repos qui vous donne moyen de combler votre État de toutes sortes d'avantages [4] ».

Quelle paix, d'ailleurs ? Une paix chrétienne, territorialement blanche comme prévue naguère à Ratisbonne, ou dans le traité que Gaston d'Orléans et les conjurés qui l'entourent concluent avec l'Espagne ? Une paix sûre, excluant tout accord séparé ? Une paix avantageuse, posant la question du sort des éventuelles conquêtes territoriales ?

Cette bonne paix, on sait que le cardinal ne la verra pas. Il la considérera cependant comme acquise au moment de la rédaction de son *Testament politique* (sans doute à la mi-1640) : la table en laisse la date en blanc, et le texte parle comme si elle était déjà conclue. Que penser du fait que ce texte n'ait pas été poursuivi par le récit des actions militairement les plus glorieuses, celles des années 1641 et 1642 ? Il est vrai que c'est au roi que l'on devra alors la politique la plus offensive et les revendications territoriales les plus affirmées, le cardinal, toujours indispensable pour son art de la négocia-

---

1. F. Hildesheimer, « Guerre et paix selon Richelieu », dans L. Bély (dir.), *L'Europe des traités de Westphalie*, Paris, 2000, p. 31-54.

2. Aubery, p. 582.

3. *Testament politique*, p. 347.

4. *Ibid.*, p. 86.

tion, ne faisant plus que suivre le souverain dans une guerre qui se prolonge au-delà de ce qu'il prévoyait.

Pour lui, guerre et paix ne s'excluent donc pas, mais entre elles il y a un passage de relais qui sera particulièrement sensible dans le *Testament politique*. L'emploi des deux mots n'y est pas symétrique : la guerre l'emporte largement en fréquence (gens de guerre aidant) et une section lui est spécialement consacrée ; en fait, il s'agit surtout d'une réalité incarnée, une guerre qui exige des moyens financiers, beaucoup de moyens jusqu'à épuiser le royaume. La paix, moins souvent évoquée, se distingue par une certaine abstraction ; c'est la négociation qui en est le moyen concret et s'oppose directement à la guerre : cette dernière est quelquefois nécessaire, alors qu'il faut sans cesse négocier et, en fait, il y a bien davantage prise de relais qu'opposition-exclusion.

Mais si la paix est l'objectif ouvertement revendiqué, le chemin qui y mène passe bel et bien par la guerre, et même par « une grande guerre contre des ennemis très puissants [1] ». À partir de 1637, l'un des arguments constant des détracteurs du cardinal sera de le présenter comme un fauteur et un prolongateur de la guerre, un obstacle à la paix par passion du pouvoir. Sous une plume de propagandiste, la formule « qui veut la paix prépare la guerre », se mue facilement en « qui veut (en fait) la guerre prépare (en belles paroles) la paix »… Richelieu bâtit son système par rapport à un trio de valeurs : justice, religion et raison.

En réalité, la justification de la guerre que le ministre s'attache à donner, en 1640, est autrement plus riche que ne veulent bien le dire ses ennemis ; donnons-lui donc simplement la parole. Gardons, en outre, toujours à l'esprit que, de 1600 à 1715, il n'y eut que sept années complètes sans guerre majeure en Europe ; quelles qu'aient pu être les ambitions pacifistes de Richelieu, c'est bien la guerre qui constitue alors l'arrière-plan normal de toute réflexion politique à échelle européenne.

« Au jugement des mieux sensés, la guerre est quelquefois un mal inévitable et, en d'autres rencontres, il est absolument nécessaire et tel que l'on en peut tirer du bien. Les États en ont besoin en certains temps pour purger leurs humeurs, pour recouvrer ce qui leur appartient, pour venger une injure dont l'impunité en attirerait une autre, pour garantir d'oppression leurs alliés, pour arrêter le cours et l'orgueil d'un conquérant, pour prévenir les maux dont on est apparemment menacé et dont on ne saurait s'exempter par d'autres voies, et enfin pour divers autres accidents [2]. » Ainsi débute la sec-

1. *Ibid.*, p. 347.
2. *Ibid.*, p. 295.

tion du *Testament politique* consacrée à la guerre. Richelieu continue ainsi : « Je soutiens, et c'est chose véritable, qu'il n'y en peut arriver d'heureuse qui ne soit juste, parce que, si elle ne l'était pas, quand l'événement en serait bon selon le monde, il en faudrait rendre compte au tribunal de Dieu. En cette considération, la première chose qu'il faut faire, lorsqu'on est contraint de venir aux armes, est de bien examiner l'équité qui les met en main, ce qui doit être fait avec des docteurs [en théologie] de capacité et de probité requise [1]. » La guerre, état de force temporaire, doit non seulement assurer le bien de l'État, mais encore être juste pour être agréée de Dieu.

On voit combien il faut, dans ce domaine, reconsidérer l'opinion commune qui fait du cardinal, comme le prétend notamment Henry Kissinger, « le seul homme d'État de son époque à se délester des contraintes morales et religieuses de la période médiévale [2] ». Au vrai, pour Richelieu, la guerre et la paix demeurent toujours étroitement liées à des impératifs d'ordre religieux. Le cardinal restera toujours soucieux de s'assurer de la légitimité spirituelle de sa politique, et, en particulier, de la justesse des guerres dans lesquelles, avec le roi, il engage le royaume. Premier corollaire, les actions menées doivent être en conformité avec les intérêts de la religion. Là gît toute la difficulté, déjà évoquée, de la politique française des alliances protestantes dans l'Empire ; leur justification constante, c'est bien la défense, à grande échelle, du catholicisme. Second corollaire, la guerre de conquête se voit *a priori* exclue : le refus en 1632 des propositions suédoises, ou encore, en avril 1634, celui de l'offre du stathouder des Provinces-Unies de partage des Pays-Bas espagnols apportent la preuve de l'adhésion de Richelieu à une vision théologique des menées de guerre. L'historien des relations entre la France et l'Empire, Klaus Malettke, confirme d'ailleurs que toutes les acquisitions territoriales que le ministre fut amené à envisager doivent toujours être vues dans le contexte de la sauvegarde et de la garantie de la paix [3].

Une autre condition de l'entrée en guerre, c'est de se conformer à la raison. Force et violence, essences de la guerre, bien qu'elles soient *a priori* les antagonistes de la raison, doivent contribuer pourtant à en imposer le règne. Une maxime figurant dans le célèbre *Avis donné au Roi après la prise de La Rochelle pour le bien de ses*

1. *Ibid.*
2. H. Kissinger, *Diplomatie*, trad. fr., Paris, 1996, p. 56.
3. K. Malettke, *Les Relations entre la France et le Saint-Empire au XVIIe siècle*, p. 116-117.

affaires résume cet impératif : « Il faut être fort par raison et non par passion [1] ». Comme le rappelle encore Richelieu, c'est « un dire commun que quiconque a la force a d'ordinaire la raison [2] » ; la grande différence, c'est que la guerre encadrée par l'action raisonnable, contrairement au déploiement de la force brute ou au déchaînement de la colère, a pour fin de conduire de la guerre à la paix.

Les exigences auxquelles la guerre est soumise, la paix y sera également subordonnée. Ainsi, si avantageuse soit-elle pour l'État qui la conclut, la paix ne saurait intervenir au détriment des intérêts de la religion, supérieurs à la justice même. Une fois encore, le bien de l'État ne saurait être dissocié du règne de Dieu. Tels sont les buts de l'action politique, il y a là une expression de la grande leçon qui se dégage du *Testament*. L'expression et le moyen concret de la paix, c'est la négociation. Si la guerre est « quelquefois » nécessaire, c'est « sans cesse » qu'il faut négocier : les deux activités se suppléent l'une à l'autre, bien davantage qu'elles ne s'opposent. Ce qui ne signifie pas qu'il faille vouloir toujours la paix, à tout prix ; justement, la force des armes peut permettre d'obtenir ce que n'a pas acquis la raison de la négociation. Mieux vaut ne pas conclure que de conclure une mauvaise paix ; l'échec de Ratisbonne ou, antérieurement, le traité passé par Bérulle et du Fargis avec l'Espagne, sont condamnables à ces motifs : « Un ambassadeur mal choisi pour faire un grand traité peut, par son ignorance, porter un notable préjudice [3]. »

Incarnée dans le traité, la négociation de la paix engage la réputation du prince. Or cette réputation surpasse même l'intérêt de l'État : « Les rois doivent bien prendre garde aux traités qu'ils font, mais quand ils sont faits, ils doivent les observer avec religion. Je sais bien que beaucoup de politiques enseignent le contraire, mais, sans considérer en ce lieu ce que la foi chrétienne peut fournir contre ces maximes, je soutiens que, puisque la perte de l'honneur est plus que celle de perdre la vie, un grand prince doit plutôt hasarder sa personne, et même l'intérêt de son État, que de manquer à sa parole qu'il ne peut violer sans perdre sa réputation et, par conséquent, la plus grande force des souverains [4]. » On a vu que c'est ainsi qu'a été motivée l'entrée en guerre...

Autre fruit de la négociation, la constitution de coalitions, constante de la politique mise en œuvre depuis l'affaire de la Valteline. Dans ses écrits, Richelieu évoque, associe et oppose deux combi-

---

1. Grillon, IV, p. 37.
2. *Testament politique*, p. 271.
3. *Ibid.*, p. 274.
4. *Ibid.*, p. 271.

naisons : les alliances et les ligues. Les premières sont des unions entre puissances réalisées normalement par mariages ; les secondes se forment par des accords conclus entre plusieurs personnes, dans le but de se secourir mutuellement. Les alliances ont la stabilité de l'institution familiale [1], les ligues sont purement circonstancielles : dans leur mauvaise partie, elles peuvent être assimilées à des cabales, complots ou factions [2], mais on appellera également « ligues » les alliances défensives conclues avec les protestants, dont Richelieu défendra la légitimité. Il n'en reste pas moins que, sous la plume du cardinal, la politique traditionnelle d'alliances matrimoniales est assurément perçue comme supérieure à la pratique de la constitution de ligues ; d'où l'attachement à l'alliance anglaise en dépit des déboires dont elle est la source. Cette distinction rejoint directement, remarquons-le, celle des puissances dynastiques d'une part, « couronnes » de premier rang et lieu d'alliances matrimoniales, et des puissances électives d'autre part, puissances secondaires, « ligueuses ». Les premières sont facteurs de stabilité, tandis que les secondes se sont avérées les plus dangereux fauteurs de guerre – la succession de Mantoue l'a amplement démontré [3].

On reconnaît volontiers à Richelieu le programme de réduction de l'aspiration espagnole à la monarchie universelle. Il s'agit non seulement de mettre un terme aux conflits armés qui peuvent en découler, mais encore de poser des conditions pour que cette domination ne puisse plus s'exercer à l'avenir. À ce titre, on prête au cardinal-ministre le dessein de promouvoir un équilibre des forces en Europe, qui correspond à une vision religieuse de la géographie politique du continent : la chrétienté est composée d'acteurs divers, dotés par la volonté divine d'atouts divers [4]. Cependant, toujours sans entrer dans un anachronique débat portant sur la perception

1. L. Bély, *La Société des princes. XVIᵉ- XVIIIᵉ siècle*, Paris, 1999.
2. Les ligues font notamment partie de ces rituels des révoltes nobiliaires décrits par Arlette Jouanna (*Le Devoir de révolte*, p. 368-377).
3. De la constatation de ce danger viendra l'idée d'organiser les puissances secondaires, tant en Italie que dans l'Empire, en ligues dont la France se ferait le protecteur, un souci qui se fait jour dans toutes les négociations et qui sera bien formalisé dans la section 4 des instructions de la paix de Westphalie prévoyant la création de deux ligues en Allemagne et en Italie, afin d'assurer des sécurités collectives. Un programme qui se heurte au refus de l'empereur de reconnaître aux États qui relèvent de lui une souveraineté emportant le droit de contracter des alliances, lequel ne cédera précisément qu'avec les négociations de Westphalie.
4. H. Weber, « Chrétienté et équilibre européen dans la politique du cardinal de Richelieu », dans *XVIIᵉ siècle*, 1990, p. 7-16. – H. Weber, « Dieu, le Roi et la chrétienté. Aspects de la politique du cardinal de Richelieu », dans *Francia*, n° 13, 1985 [1986], p. 233-245.

européenne de Richelieu, constatons que l'Europe est un parent très
pauvre de sa vision politique telle qu'il l'expose lui-même [1]. Quant à
la chrétienté, elle est la grande absente de ses écrits, qui ne l'évoquent jamais comme entité politique. Quoi qu'il en soit, si la gloire
du Roi Très Chrétien doit être à la mesure de l'Europe, il n'est nullement question d'hégémonie ou d'empire ; l'Europe est un théâtre,
pas une ambition. Voilà qui amène encore à relativiser d'éventuelles
visées supranationales de la part de notre cardinal !

Par ailleurs, Richelieu ne se contente pas de justifier sa politique
extérieure dans des ouvrages théoriques. Il la défend aussi sur les
planches. Les années du *Testament politique* voient la création
d'*Europe,* « comédie héroïque » à thèse politique, dont la paternité
officielle revient à Desmarets de Saint-Sorlin, mais à laquelle la
plume cardinalice n'aurait pas été étrangère [2].

Voici le centre de l'intrigue : Europe est aux prises avec Ibère, cet
« amant basané » espagnol, qui, partageant son cœur entre elle et
Amérique, rêve de l'assujettir et non de la défendre. Le roi de
France, Francion, accroît sa gloire en se faisant son protecteur –
notamment en se mettant au service désintéressé des petites puissances. La pièce martèle le refus de Francion de tout asservissement
des autres États : la défense des libertés publiques est l'unique but
de son entrée en guerre. La lecture est claire : à l'asservissement par
l'Espagne désireuse de s'assurer la monarchie universelle, la France
oppose sa protection désintéressée, à l'écart de tout esprit de
conquête.

> Pour moi, je ne prétends ni conquête ni bien,
> Si l'intérêt public ne marche avant le mien [3].

« C'est pour la seule paix que je soutiens la guerre [4] », affirmera
encore le héros d'*Europe*. Telle est la thématique simple que le cardinal et ses pamphlétaires adoptent continûment, amalgamant habilement la sécurité de la France, la gloire du roi et le soutien du ciel.
L'hypocrite Espagne se sert de la religion comme d'un écran pour
masquer ses visées impérialistes ; pour le roi de France, au

---

1. L'Europe apparaît en effet à quatre reprises seulement dans le *Testament politique*, contre 88 occurrences pour l'Espagne et les Espagnols, 41 pour Rome, 42
pour l'Italie et les Italiens, 37 pour l'Angleterre et les Anglais, 10 pour l'Autriche
à égalité avec l'Allemagne, 7 pour la Suède, 5 pour les Grisons.

2. F. Hildesheimer, « L'Europe de Richelieu », dans *L'Europe à la recherche de
son identité*, Paris, CTHS, 2002, p. 131-144.

3. *Europe*, acte 5, scène 6.

4. *Ibid.*, acte 5, scène 4.

contraire, la guerre constitue une mission divine : il est de sa vocation de protéger toutes les libertés publiques, au sein d'une chrétienté qui n'est pas homogène, mais composée, par la volonté divine, de forces diversifiées, et organisées géographiquement. Cette vision des choses est, notons-le, confortée par les résultats que la France obtiendra alors – la pièce s'articulera en effet sur les succès militaires des années 1640-1643. Cette paix que prétend incarner Francion est bien définie par Austrasie – la Lorraine –, très passagèrement ralliée à la cause française au début de l'acte 5 :

> Il [Francion] est sans intérêt, sans orgueil, sans malice.
> Son cœur franc veut la paix, sans fard sans artifice.
> [...]
> Il agit par sagesse et non pas par contrainte.
> [...]
> Ce grand Roi nous fait voir par de nobles effets
> L'infaillible chemin pour aller à la paix :
> Il rend ce qu'il a pris ; il n'est point d'autre voie
> [...]
> Il faut que par la paix chacun rende son bien.
> Ce qu'il prend sur Ibère, est pour ravoir le sien.
> [...]
> C'est pour lui maintenant que combattent les Cieux.
> Rendre le bien d'autrui, c'est s'acquérir les Dieux [1].

Sans être dupe de la propagande qui s'y déploie, la lecture attentive de la pièce montre au moins une chose : le cardinal y rejette absolument l'idée que la guerre doit constituer un état durable. Elle met encore en évidence la nécessité de conformer l'action politique à la raison, et le fait que guerre et paix sont subordonnées à des impératifs supérieurs, non discutables car d'ordre religieux.

La guerre du cardinal s'organise ainsi en fonction de la paix ; cette vision des choses implique, de la part du prince, de déployer des vertus de gouvernement spécifiques qui règlent et cadrent son action.

Dans la pratique, la première qualité des actions humaines visant à atteindre la paix, c'est la prudence [2]. Par prudence, on entend alors bien plus qu'une forme d'habileté consistant à éviter de s'exposer

1. *Ibid.*, acte 5, scène 2.
2. La prudence est la vertu politique qui, dans le *Testament politique*, est, de loin, la plus évoquée : elle y apparaît à 46 reprises. Outre les questions de guerre et de paix, elle y sert notamment de justification à la conduite du roi envers sa mère et son frère, au siège de La Rochelle, au châtiment de Montmorency, mais aussi au maintien de la vénalité des offices.

excessivement dans les situations difficiles. La prudence, c'est une vertu active qui s'applique au domaine de l'action, en quelque sorte l'art de diriger sa vie ; c'est la qualité essentielle de celui qui agit dans le monde, donc la vertu politique par excellence [1].

La prudence a constitué l'argument central, lors du changement de politique « en souplesse » proposé par le cardinal à son entrée au Conseil : « On ne pouvait continuer le procédé de ceux à qui Votre Majesté avait confié le timon de son État sans tout perdre, et, d'autre part, on ne pouvait aussi le changer tout d'un coup sans violer les droits de la prudence qui ne permet pas qu'on passe d'une extrémité à l'autre sans milieu [2]. » Elle servira encore de justification à la stratégie attentiste de la guerre couverte : « C'est un effet d'une prudence singulière d'avoir occupé dix ans durant toutes les forces des ennemis de votre État par celles de vos alliés en mettant la main à la bourse et non aux armes, [...] vous avez fait comme ces grands économes qui, ayant été soigneux d'épargner de l'argent, savent le dépenser à propos pour se garantir d'une plus grande perte [3]. »

Notons encore que cette prudence n'est en outre pas exempte, dans sa mise en œuvre, de ce que le langage courant appellerait machiavélisme : « La prudence veut qu'on se serve des hommes selon leur portée et que l'art supplée au défaut de la nature [4]. » On aboutit ainsi tout logiquement à la définition d'une prudence d'État qui déroge autant à la prudence que la raison d'État dérogeait à la raison : « Il faut, en certaines rencontres où il s'agit du salut de l'État, une vertu mâle qui passe parfois par-dessus les règles de la prudence ordinaire [5]... »

Mais la paix générale ne nécessiterait-elle qu'une bonne application politique de la prudence ? Non : elle sera aussi une manifestation de la protection divine. « Dieu concourt en toutes les occasions des hommes par une coopération générale qui suit leur dessein, et

1. En cela, Richelieu est héritier de la double tradition du néo-stoïcisme et de l'aristotélisme, transmise par Thomas d'Aquin. Elle se rattache à la conception aristotélicienne d'un monde de l'action à la fois rationnel et contingent, fait d'événements tous singuliers, au milieu desquels se débat l'homme d'action : la prudence consiste à tirer parti des enseignements donnés par les événements singuliers pour agir le moins hasardeusement possible dans une nouvelle situation inédite. Elle hérite de la morale stoïcienne, revivifiée au XVIe siècle par les politiques, en ce qu'elle induit une théorie de l'action adaptée au monde réel, à l'écart de toute intervention surnaturelle.

2. *Testament politique*, p. 42.

3. *Ibid.*, p. 74.

4. *Ibid.*, p. 305.

5. *Ibid.*, p. 70.

c'est à eux d'user en toutes choses de leur liberté selon la prudence dont la divine sagesse les a rendus capables [1]. »

Il est une autre qualité princière, nécessaire, non seulement aux menées de guerre et de paix, mais encore, de manière générale, à cette conduite moderne du pouvoir que prône Richelieu. L'une induit l'autre ; c'est pourquoi il est opportun, ici, de la présenter. Cette seconde qualité humaine du politique, c'est la volonté [2]. Comme toujours, elle est essentiellement appliquée au roi, mais aussi à son reflet fidèle, le conseiller. La volonté et la raison combattant avec un héroïsme cornélien la turbulence d'un royaume indiscipliné, telle est l'image classique de l'action politique de Louis XIII et de Richelieu. Une définition subtile des deux notions dans leurs relations au pouvoir se dégage à la lecture des textes, l'une apparaissant comme le nécessaire modérateur de la dérive de l'autre : « Puis donc que la prudence n'oblige pas seulement à empêcher qu'on ne nuise à l'État, mais aussi qu'on ne lui puisse nuire, parce que souvent en avoir le pouvoir en fait naître la volonté, puisque aussi la faiblesse de notre condition humaine requiert un contrepoids en toutes choses et que c'est le fondement de la justice [3]... » La volonté du roi est le fondement mais aussi la limite de l'absolutisme, à condition de « faire vouloir aux princes ce qui leur est non seulement utile, mais tout à fait nécessaire [4] ». Cette volonté, pour être juste, doit être fondée en raison et être limitée par la raison ; ainsi Richelieu, en ministre et en prélat tout à la fois, se permet-il d'écrire à l'attention du roi, à propos des levées d'impôts : « Si le prince outrepasse [les bornes de la raison], tirant plus de ses sujets qu'il ne doit, bien qu'en ce cas ils lui doivent obéissance, il en sera responsable devant Dieu qui lui en demandera un compte bien exact [5]. »

Voici comment on pourrait donc résumer la vision cardinalice d'une politique de la raison : les hommes qui font l'Histoire doivent s'y distinguer par leurs qualités de prudence et de volonté, afin de s'acquérir la bénédiction divine, sanction du succès de leur action. S'il y a un moment où ces principes doivent s'affirmer, c'est bien la guerre : il en va de la réussite des actions menées, mais il en va aussi de la justesse morale et spirituelle d'une violence sur laquelle Dieu

1. *Ibid.*, p. 155. Cette phrase constitue d'ailleurs une véritable prise de position médiane dans le problème de la grâce divine et de la liberté humaine.
2. En termes d'occurrences, la volonté vient néanmoins loin derrière la prudence : la notion est présente à 22 reprises dans le *Testament politique*.
3. *Ibid.*, p. 143.
4. *Ibid.*, p. 192.
5. *Ibid.*, p. 349.

pourrait demander des comptes ; il en va, enfin, de la maîtrise du pouvoir en ces temps troublés et soumis à la démesure ; pour y parvenir, la pratique de la prudence est autant l'apanage du roi que celui de son conseiller, que le cardinal présente, en ce domaine aussi, comme le reflet fidèle de son maître.

Une question reste encore à poser, qui est de savoir dans quelle mesure la guerre elle-même prend sens, au-delà des contingences des relations européennes, dans le supposé « grand dessein » cardinalice de réédification de l'État.

D'une manière générale, guerre et paix sont au cœur de l'organisation sociale : certaines sociétés s'organisent en fonction de la guerre, d'autres autour de la paix. La construction de l'État dit moderne correspondrait au passage d'un stade à l'autre, à un certain déclin de la noblesse d'épée et à l'ascension de la noblesse de robe, des hommes de loi promouvant l'idée de raison appliquée à l'action gouvernementale. Tandis que l'ancien idéal chevaleresque de quête de gloire militaire poussait à la déraison de la guerre, État et raison se seraient unis, sous l'impulsion de ces nouveaux serviteurs de l'État, en réaction contre les troubles qu'a connus le royaume.

Mais les choses ne sont pas forcément si simples. La guerre contribue également à la promotion de cet État froid et réducteur à l'obéissance auquel on associe sans hésiter Richelieu. C'est pourquoi la rationalisation politique n'aboutit pas à l'extinction du bellicisme. Ce qu'elle implique avant tout, c'est une inversion des valeurs : la guerre résulte d'un choix maîtrisé ; on vit en paix, et on entre en guerre. Ce choix, qui est le privilège des forts, on le trouve exprimé chez Richelieu lorsqu'il est question de passer de la guerre couverte à la guerre ouverte : « Plusieurs choses sont à remarquer dans cette guerre : La première est que Votre Majesté n'y est entrée que lors qu'Elle n'a pu l'éviter et qu'Elle en est sortie qu'alors qu'Elle l'a dû faire[1]. »

Par ailleurs, le mouvement d'étatisation s'accompagne d'une volonté de rationalisation de la guerre ; le panache cède de plus en plus à la démarche méthodologique, structurée et rationnelle[2]. La victoire définitive n'est plus le résultat aléatoire ou providentiel d'une bataille décisive : la gestion et la défense d'une place demandent organisation et prévision ; un siège n'est pas un coup de main, mais a ses règles techniques et son cérémonial ; la défense des frontières nécessite, de plus en plus, la mise en place d'un système coordonné.

1. *Ibid.*, p. 81.
2. J. Chagniot, *Guerre et société à l'époque moderne*, Paris, 2001.

Sur tous ces points, l'un des grands obstacles que discerne Richelieu tient à « la légèreté et l'impatience » qui caractérisent les Français, une indiscipline qui les oppose, en particulier, aux Espagnols [1]. Or, de cette discipline, vertu militaire par excellence, la société civile – notamment en France, où elle a été trop longtemps livrée aux guerres intestines – peut et doit s'inspirer. « Le parfait soldat stoïcien », qui unit les vertus stoïciennes et chrétiennes aux valeurs militaires, devient « modèle de la discipline d'État [2] ». Son succès auprès des élites du royaume, qui, comme le grand prévôt père du cardinal, ont souscrit à l'avènement restaurateur d'Henri IV et contribué à faire barrage à la crise de conscience collective des guerres de Religion, se prolonge avec Richelieu. C'est à l'image du soldat que les sujets doivent obéissance à leur souverain, car obéir, « c'est participer pleinement à la rationalité d'un pouvoir voulu de Dieu, incarné par le Roi, et qui est rationnel parce que Dieu est raison [3] ».

Telles sont les grandes perspectives que dessine Richelieu et qui définissent « sa » guerre, telle qu'il l'imagine et la justifie. Sauf que, on l'a vu, c'est sans entrain, et presque malgré lui, que le principal ministre, en ce début de 1635, engage la France dans le conflit européen. Cette guerre n'est pas, fondamentalement, la sienne ; c'est celle de son roi, lequel se veut un roi de gloire.

1. *Testament politique*, p. 296.
2. J. Cornette, *Essai sur la souveraineté dans la France du Grand Siècle*, Paris, 1993, p. 50. Les textes d'auteurs comme Juste Lipse, Guillaume du Vair, Pierre Charron ou encore Corneille participent, à la même époque, à la construction de cet idéal, adaptable à la société civile sous l'égide de l'État royal.
3. Pierre Charron, *De la sagesse*, 1601.

9

Le prix de la gloire

Être roi de guerre, roi soldat à la tête de ses troupes, voilà à quoi son éducation conduit Louis : il le fut à Ré, au pas de Suse, en Lorraine, et tous les thuriféraires insistent sur son courage physique. Seule sa présence effective est efficace, comme elle l'est au Parlement pour imposer l'enregistrement d'un édit contesté. Être roi de gloire, telle est l'obsession, on l'a compris, du monarque : on a vu combien il avait été blessé par le manque d'autorité de la couronne alors que les Brulart étaient au pouvoir ; Richelieu s'était, alors, posé en homme capable de restaurer son prestige.

Ce choix de la gloire et de la guerre qui la nourrit sera, pour le royaume, un cauchemar – et cela, en toute déraison. Bien sûr, cette guerre, au bout du compte, apportera la gloire tant espérée ; mais auparavant, il faudra traverser une dépression économique majeure, la peste – qui, précisément dans les années 1630, pour la dernière fois de son histoire, s'étend à l'ensemble du royaume –, ainsi que d'innombrables révoltes intérieures, et autant de répressions. Parce que la guerre coûte cher, horriblement cher, à la gloire du roi répondra la misère de ses sujets. Et de la catastrophe qui s'inaugure, Richelieu n'est pas innocent, et s'en fera même l'administrateur : « Pour la gloire de votre personne et pour l'avantage de votre État » ; c'est en ces termes, on l'a vu, qu'il justifie son action, passant sous silence, comme allant de soi, l'impitoyable sujétion qu'impose désormais ce glorieux programme au royaume qui doit le supporter.

C'est donc un inexorable engrenage qui fera de cette guerre mal préparée, mal fondée, à la fois la banqueroute du royaume et le terreau d'un État de terreur et de déraison, face sombre de l'affirmation de l'État moderne, laquelle, dans les adversités sociales et économiques, va se poursuivre.

Premières données du problème, les réalités ordinaires du monde militaire au seuil des conflits. En dépit de la volonté de rationalisation et de centralisation étatique, la gestion de la guerre conserve, en 1635, une grande part d'improvisation ; un système de larges délégations demeure, qui permet, bon an mal an, à la machine martiale de fonctionner. L'armée est une entreprise privée : chaque colonel ou maître de camp est propriétaire de son régiment, chaque capitaine de sa compagnie. Théoriquement, le roi assure l'entretien et dispose du monopole de la levée des troupes ; il a cependant bien du mal à le faire respecter, d'abord parce que la paix intérieure n'a pas encore cours au royaume de France, ensuite parce que, dans les faits, ainsi qu'on l'a déjà noté, la noblesse est encore très fortement maîtresse du jeu. Ce qui engendre un autre problème : les plus grands capitaines du temps (Rohan, Toiras) sont perçus par le pouvoir comme dangereux, et donc étroitement contrôlés ; on leur préférera souvent d'autres, plus dociles mais médiocres – même si des fidèles du cardinal, comme Sourdis ou La Valette, s'avéreront être parmi les meilleurs généraux. En outre, de nombreuses rivalités entre chefs de guerre subsistent, qui ne vont pas tarder à s'exprimer dans les campagnes, parasitant la conduite des opérations.

En temps de paix, les effectifs sont réduits et dispersés. La plupart des troupes tiennent position sur les frontières sensibles : celles des provinces méridionales, celles de Bourgogne, plus tard celles du Nord-Est. Aux traditionnelles formations d'origine féodale, qui relèvent du devoir militaire des sujets (le ban et l'arrière-ban, autrement dit les nobles devant au roi le service d'ost, les milices), sont venues s'ajouter des troupes permanentes : la maison militaire du roi et les compagnies d'ordonnance[1] constituaient l'« ordinaire des guerres » ; les mercenaires, recrutés de plus en plus à l'étranger, constituaient, eux, l'« extraordinaire des guerres ». Ces différentes troupes représentent désormais le gros de l'armée royale, divisée en régiments. Cependant, leurs effectifs théoriques et réels ont bien du mal à coïncider. En 1635, l'armée royale peut être évaluée à quelque 70 000 hommes[2] ; en 1642, elle en réunira plus de 100 000.

1. Corps de troupe à la charge d'un capitaine.
2. Les historiens débattent pour connaître l'importance exacte des troupes que la France était, alors, en mesure d'engager. Il semble en tout cas que les chiffres de 60 000 hommes de pied et de 9 000 cavaliers, au moment de l'entrée en guerre, soient plus proches de la réalité que les 134 000 hommes et 21 000 cavaliers dont se targuent les documents officiels. Qui plus est, comme on le verra, ces effectifs auront tendance, au cours des campagnes, à fondre comme neige au soleil…

Cet accroissement s'accompagne d'un encadrement institutionnel peu à peu renforcé : le développement de l'institution des secrétaires d'État révèle combien la guerre, les affaires étrangères et la marine, qui s'y taillent des domaines administratifs propres, deviennent des secteurs clés de l'activité étatique. Il faut toutefois attendre 1636, avec l'arrivée au secrétariat d'État de la Guerre de Sublet de Noyers – encore un fidèle de Richelieu qui a démontré ses capacités comme intendant aux armées [1] –, pour que l'administration de la guerre acquiert enfin une certaine efficacité. Sur le terrain, celle-ci reste néanmoins très relative : dans une lettre qui fait suite à la commission de Michel Le Tellier comme intendant à l'armée d'Italie en 1640, Bullion, le surintendant des Finances, expose la difficulté qu'il y a à obtenir un simple état chiffré des effectifs ; quant à Richelieu, il considère avec un froid réalisme qu'il convient de diviser par deux toute évaluation officielle qui lui parvient du secrétariat d'État de la Guerre.

Outre le nombre incertain, sans cesse réduit par la désertion et les maladies, la qualité des hommes est médiocre ; la discipline est fort aléatoire, et l'intendance est gangrenée par l'omniprésence de la fraude. La solde parvient difficilement aux soldats qu'il faut bien laisser vivre sur l'habitant, et auxquels l'anarchie profite. La guerre nourrit la guerre et ruine le pays où elle se déroule.

Finalement, les troupes ne peuvent exercer qu'une présence diffuse, et les campagnes, pour des raisons d'intendance, sont obligatoirement courtes. L'effort ne peut être poursuivi durablement et, dans ces conditions, les succès ponctuels des batailles, que l'on est incapable d'exploiter, sont insuffisants à faire capituler l'ennemi : la guerre est avant tout une guerre d'usure, d'épuisement de l'adversaire. Le meilleur est celui qui tient sur la durée ; de ce fait, le conflit ne peut être que discontinu, long, et extrêmement coûteux. En vérité, ni sur le plan logistique, ni sur le plan stratégique, l'armée française n'est, en 1635, prête pour soutenir une grande guerre.

Seconde donnée du problème, la capacité du royaume à absorber le long effort de guerre. « Le nerf de la guerre, mais aussi la graisse de la paix [2] », comme le dit Richelieu, c'est bien l'argent. L'essentiel des dépenses de l'État moderne est militaire ; la difficulté qu'il rencontre sans trêve est de disposer de l'argent qu'il souhaite au

---

1. C. Schmidt, « Le rôle et les attributions d'un intendant des finances aux armées : Sublet de Noyers de 1632 à 1636 », dans *Revue d'histoire moderne et contemporaine*, II, 1901.
2. *Testament politique*, p. 326.

moment où il le désire, étant entendu que la monnaie métallique d'or et surtout d'argent est le seul moyen de paiement que l'on connaît. Or la France est dépourvue des ressources minières qui font la richesse de l'Espagne, forte de l'or et de l'argent du Nouveau Monde. Le pouvoir ne dispose alors que d'une seule solution pour couvrir ses dépenses : organiser la perception de ressources sans cesse accrues, et donc se financer par une fiscalité de plus en plus pesante. Que la guerre se déroule ou non sur le territoire national, elle reste supportée par l'ensemble des populations ; en fin de compte, la « grande guerre » n'est gagnée aux frontières que grâce à la petite guerre menée dans les provinces par les archers et fusiliers chargés du recouvrement des impôts. Elle impose au royaume un véritable état d'urgence, et permet l'établissement d'une dictature fiscale.

La fiscalisation des ressources de l'État a une histoire et des implications sur lesquelles il n'est pas inutile de s'arrêter un instant. Jusqu'à la fin du XIVe siècle, les monarchies pouvaient encore vivre sur leurs ressources « ordinaires », autrement dit celles provenant de l'exploitation du Domaine royal. Les guerres les obligent toutefois à recourir aux finances « extraordinaires », par la création d'impôts publics ; en 1450, Charles VII crée la taille pour financer les compagnies d'ordonnance, c'est-à-dire la première armée permanente du royaume. À partir de là, les traditionnels revenus « ordinaires » deviennent des ressources subsidiaires, et l'on assiste à un transfert de signification : l'« ordinaire » en vient à désigner les impôts maintenant permanents, et l'« extraordinaire » des contributions casuelles, c'est-à-dire attachées à des cas particuliers ou des circonstances exceptionnelles. De plus, le système de l'affermage de la perception des impôts (délégation de la perception à des fermiers, agents privés) se développe, et il est fait un appel de plus en plus considérable au crédit.

Au XVIe siècle, les guerres d'Italie imposent une augmentation substantielle des ressources royales. De nouvelles formes de prélèvements pèsent sur des catégories jusque-là non assujetties (villes, clergé, officiers), et les institutions financières sont l'objet d'une profonde réorganisation. Le règne d'Henri IV voit un nouvel accroissement sensible de la pression fiscale ; quant aux dépenses, elles restent en augmentation lente de 1597 à 1633, puis la préparation de l'entrée en guerre ouverte leur fait connaître une hausse spectaculaire. Jusqu'en 1618, leur maximum est de 35 millions de livres ; de 1618 à 1631, elles connaissent une expansion modérée de 33 à 55 millions, pour passer, dans les années 1631-1635, de 39 à 208 millions ; par la suite, elles oscillent entre 85 et 143 millions.

Parallèlement, l'escalade fiscale est vertigineuse : de 20 millions de livres sous Henri IV, la taille passe à 82 millions en 1641 [1].

L'affaire se corse du fait que ce tour de vis fiscal intervient dans une conjoncture économique fort défavorable. Les révoltes populaires qui se multiplient alors, successivement en Guyenne, Charente, Angoumois, Saintonge, Périgord, Gascogne, Normandie, résultent du refus des nouveautés fiscales écrasantes imposées par cet État de guerre. De fait, les recettes de la fiscalité ordinaire atteignent rapidement les limites que lui impose l'état du pays, et ne peuvent plus suffire aux besoins du royaume. Force est alors de recourir aux revenus extraordinaires et expédients en tous genres : de 6,2 % sous Sully, leur part passe à un maximum de 89,6 % avec Richelieu.

Négligeant les privilèges, Richelieu n'hésite pas, alors, à mettre à contribution jusqu'à l'ordre ecclésiastique. De défenseur sourcilleux des privilèges de son ordre, il devient son bourreau. Les négociations engagées avec l'Assemblée du clergé, qui se réunit au moment de l'entrée en guerre, sont délicates : le prétexte des dons gratuits qu'elle avait consentis en 1621 et 1625 était la lutte contre l'hérésie protestante ; cette fois, il s'agit de soutenir une guerre contre l'Espagne catholique, même si le motif formel de sa déclaration, comme on le verra, est la défense d'un prince ecclésiastique, l'archevêque de Trèves. Richelieu se révèle inflexible pour exiger le soutien du clergé sous forme d'un don gratuit de près de quatre millions ; sa pression ne se relâchera pas les années suivantes.

Tout cela s'avère encore insuffisant. Les dépenses, qui sont en augmentation lente de 1597 à 1633, décollent à partir de 1634 avec la préparation de l'entrée en guerre ouverte. Les revenus, quant à eux, stagneront jusqu'en 1637, puis augmenteront de 1637 à 1643, mais il s'agira d'augmentations de courte durée : le niveau atteint les années précédentes semble un plafond impossible à dépasser. L'Espagne, qui se livre simultanément, à partir des années 1630, à un matraquage fiscal comparable, ne parvient d'ailleurs pas non plus à surmonter les limites du système : en 1632, quand le Conseil d'État espagnol discute de l'éventualité d'une guerre contre la France, Olivarès, lucide, fait la remarque que ce serait pour l'Espagne « la ruine finale ». Même renforcée de mille manières, les impositions ne peuvent plus suffire aux besoins de l'État.

On fait alors flèche de tout bois : emprunts, traités, ventes d'offices, vénalité… et on a recours à des financiers, qui vont bientôt

---

1. J.-R. Mallet, *Compte rendu de l'administration des finances du royaume de France*, Londres, 1789 (chiffres à utiliser avec précaution).

envahir la sphère de l'argent public, et se l'approprieront même en certains domaines. Ils créeront ainsi un système qui subsistera, une fois la paix revenue ; c'est ce qu'on a pu appeler le « système fisco-financier », qui se met en place dès la première moitié du XVIIᵉ siècle, et qui voit l'intéressement dans les affaires du roi devenir une lucrative activité pour ceux qui en ont la capacité financière.

Richelieu lui-même semble décidé à ne négliger aucune piste. Son premier biographe, Aubery, rapporte sans autre explication que Naudé tenait de Citoys, le médecin de Richelieu, que le cardinal était l'auteur d'un traité des métaux en latin [1] ; peut-être s'agissait-il d'un intérêt motivé par le désir d'enrichir le royaume en lui procurant ces métaux précieux qui assurent la suprématie espagnole et lui font défaut ? Un souci dont témoignent un règlement de 1626 sur les mines et la commission qu'il avait donnée en 1627, et qu'il renouvelle en 1635 « pour toutes recherches minières en France » à un certain Jean du Chastelet, baron de Beausoleil, qui prospectait en compagnie de sa femme, Martine de Bertereau, et prétendait être en mesure de faire sortir des trésors des entrailles de la terre, ou, à tout le moins, de l'informer sur ces matières. La protection du cardinal, à qui Martine de Bertereau dédiera encore en 1640 un ouvrage intitulé *La Restitution de Pluton*, n'empêchera pas le couple d'être accusé de magie et emprisonné.

Sans parler de ce capucin défroqué nommé Pigard et se faisant appeler Dubois, devenu luthérien et alchimiste, dont le père Joseph s'engoue et dont Richelieu, en 1636, espère qu'il va remplir d'or le trésor royal. On n'hésite pas à en faire l'expérience en lui faisant transmuer sous les yeux du roi et de la cour quelques balles de mousquet en lingot d'or, mais l'expérience s'avère sans suite et le cardinal, déçu et lassé, et de ce fait impitoyable, fait condamner l'escroc à mort pour magie, fausse monnaie et autres crimes.

Plus généralement, on peut parler du passage, au XVIIᵉ siècle, de l'État de justice à l'État de finances, ou plutôt de la suprématie nouvelle, dans la seconde moitié du siècle, du second sur le premier, marquée par l'affermissement de l'administration des Finances [2]. Cette profonde mutation, c'est bien la guerre qui la provoque. Toutefois, les mécanismes financiers et économiques en jeu sont loin d'être clairement perçus, et *a fortiori* maîtrisés par les contemporains, lesquels en restent, même pour ceux qui sont au faîte du pou-

1. Aubery, p. 609.
2. M. Antoine, *Le Cœur de l'État. Surintendance, contrôle général et intendances des Finances. 1552-1791*, Paris, 2003.

voir et ont le maniement des affaires, à des raisonnements fort simples. Ainsi en va-t-il de Richelieu, qui confesse son ignorance dans ces matières, et s'en remet au surintendant des Finances, Bullion. Le cardinal se borne à constater l'impérieuse nécessité de ressources abondantes à laquelle contraignent les entreprises de gloire militaire : « Un prince nécessiteux ne saurait entreprendre aucune action glorieuse et, la nécessité engendrant le mépris, il ne saurait être en cet état sans être exposé à l'effort de ses ennemis et aux envieux de sa grandeur. L'or et l'argent sont les tyrans du monde et, bien que leur empire soit de soi-même injuste, il est quelquefois si raisonnable qu'il en faut souffrir la domination, et quelquefois il est si déréglé qu'il est impossible de n'en détester pas le joug comme du tout insupportable. Il faut qu'il y ait, ainsi que je l'ai déjà remarqué, de la proportion entre ce que le prince tire de ses sujets et ce qu'ils lui peuvent donner, non seulement sans leur ruine, mais sans une notable incommodité. Ainsi qu'il ne faut point excéder la portée de ceux qui donnent, aussi ne faut-il pas exiger moins que la nécessité de l'État le requiert [1]. » Ce souhait de faire œuvre de raison en matière de finances et de fiscalité, exprimé dans les années 1640, pourrait bien sonner comme un tardif repentir…

« À l'époque "moderne", du XVIᵉ au XVIIIᵉ siècle, [l'État] n'a finalement été qu'un État militaire chargé presque exclusivement du contrôle des pulsions de violence : protection et éventuellement conquête à l'extérieur, contrôle de la violence privée à l'intérieur. Le reste était en quelque sorte la conséquence de cet état de fait [2]. » L'État moderne est bien un État de guerre. Le temps du « roi de guerre » étudié par l'historien Joël Cornette correspond à ce « premier XVIIᵉ siècle », qui voit la volonté de sacrifier tout autre dessein à l'effort de guerre dont Richelieu, pour la France (« Il faut quitter toute pensée de repos, d'épargne et de règlement du dedans du royaume »), et Olivarès, pour l'Espagne (selon qui la guerre, bien qu'étant « la ruine finale », reste tout aussi inévitable), apparaissent les champions pour leurs souverains respectifs, dont il leur appartient de faire triompher la gloire. Cette politique de gloire sera la matrice de toutes les violences : violences militaires ; violences économiques ; violence de la réduction à l'obéissance, et ainsi violence de la loi. Voici quelles sont les futures œuvres de Richelieu, serviteur zélé de cet État et de ce roi avide de gloire, un cardinal-

---

1. *Testament politique*, p. 343. R. Bonney, « Louis XIII, Richelieu and the Royal Finances », dans J. Bergin et L. Brockliss (dir.), *Richelieu and his Age*, p. 99-133.

2. J. Meyer, *Le Poids de l'État*, Paris, 1983.

ministre tel que l'image nous en a été transmise par ses adversaires et confortée par la littérature romantique – « l'homme à la main sanglante, à la robe écarlate » de Victor Hugo, qui passe, impitoyable, à l'arrière-plan de la scène de *Marion Delorme*.

Car c'est bien le cardinal-ministre qui assura la transition, à travers un État de guerre de plus en plus gourmand en hommes et en argent, de la royauté du roi de justice héritée de Saint Louis à la monarchie administrative de Louis XIV et Colbert et à l'État dit « de finances ». À plus court terme, pourtant, en récompense d'années de sacrifice et d'efforts, ce sera une guerre à poursuivre et un problème financier insupportable aux populations que Richelieu et Louis XIII légueront à Mazarin.

10

L'échec de la guerre éclair

Faisons retour sur le théâtre des opérations du printemps 1635, en ce moment où l'intervention directe dans le conflit, imminente, n'attend plus que de trouver son prétexte formel. Le 26 mars, les troupes du cardinal-infant prennent Trèves et s'emparent de la personne de l'archevêque Philippe de Sötern, lequel s'était placé sous la protection française. Puisque les rois « doivent observer les traités avec religion[1] », on dispose de la *justa causa* réclamé par Richelieu pour engager les hostilités. En conséquence, le Conseil se réunit à Rueil en urgence, le 1er avril 1635. Un dernier ultimatum est rejeté, le 4 mai, par le cardinal-infant. Le 19 mai, un héraut d'armes en cotte violette, aux armes de France et de Navarre, coiffé d'une toque, tenant en main son bâton, et précédé du trompette ordinaire du roi, apporte, selon les plus pures formes féodales, la déclaration de guerre à Bruxelles. Ressuscitant un cérémonial inusité, il dépose solennellement la déclaration dont, à son retour, il clouera un second exemplaire sur un poteau de la dernière barrière de la frontière.

La déclaration s'adresse au seul Philippe IV, et non à l'empereur. Pourtant c'est bien l'Empire qui est au centre des opérations et au cœur des préoccupations de la diplomatie ; mais Richelieu entend se ménager la possibilité d'une paix séparée, pour diviser les deux branches des Habsbourg. Il ne compte combattre l'empereur que dans la mesure où celui-ci joue le jeu de la puissance politique de Madrid, dont il redoute par-dessus tout les visées hégémoniques et l'action en Italie ou aux Pays-Bas. De plus, précisons-le, il n'est pour le moment aucunement question d'attaquer l'Espagne directement : le pays est stérile, hostile, et de surcroît défendu par la

1. *Testament politique*, p. 271.

barrière des Pyrénées, frontière sur laquelle on n'entretient qu'un petit corps d'armée défensif.

Voilà donc la situation : en 1635, au moment, paradoxalement, où la paix semble restaurée dans l'Empire entre les États allemands, la France choisit de déclarer la guerre à l'Espagne, mais de la mener dans l'Empire, puisque le prétexte en est la défense des libertés germaniques. S'ouvre ainsi ce que les anciens manuels, soucieux de divisions chronologiques, nomment « la période française » de la guerre de Trente Ans.

La *Succincte narration des grandes actions du roi* qui sert de prélude au *Testament politique* nous emmène sur le terrain des opérations militaires ; on y trouve une version des événements largement reprise par l'historiographie et, en conséquence, bien connue : d'abord, le recours à la guerre couverte qui offrait les avantages de préserver le repos et les finances du royaume ; ensuite, l'entrée en guerre ouverte ; le constant souci de la réputation du roi dans la gestion et le respect des alliances ; la multiplicité des fronts et la grandeur inédite de la charge militaire et financière.

En fait, au moment où la déclaration de guerre est apportée à Bruxelles, les opérations ont déjà commencé. Dès le 8 mai, une armée française a franchi la frontière des Ardennes, afin de rejoindre les alliés Hollandais, et de conquérir les Pays-Bas espagnols.

C'est sous le signe de la gloire que débute en Flandre une campagne que l'on pense rapide. Le 22 mai, la bataille d'Avein, près de Liège, est gagnée ; les maréchaux de Châtillon (un protestant, petit-fils de Coligny) et de Brézé (le beau-frère de Richelieu qui commande ce jour-là l'armée) y défont le prince Thomas de Savoie, frère du duc Victor-Amédée, qui avait ouvertement rallié la cause espagnole. La propagande fait état sans retenue du glorieux tableau de chasse : 5 000 morts, 1 500 blessés, 600 prisonniers, 16 pièces de canon prises chez l'ennemi ; dans l'armée du roi : 100 morts ou blessés. Louis XIII est comparé à « Hercule imperator », et Richelieu écrit : « Il plaira au Roi commander, cette après-dîner [du 27 mai] de faire une dépêche à Paris et à toutes les autres villes du royaume, pour chanter le *Te Deum* de la bataille en laquelle il a plu à Dieu lui donner la victoire[1]. » Et la moindre des satisfactions n'est pas le déplaisir de Marie de Médicis, qui s'imagine prise par les troupes françaises victorieuses et à nouveau prisonnière en France.

L'armée française fait jonction avec les Hollandais. Cependant, faute d'une logistique efficace capable de la supporter, la guerre

1. Lettre du 27 mai 1635, Avenel, V, p. 30.

éclair s'enraie rapidement. La seconde partie de l'année est en effet bien décevante et incohérente : les Hollandais, une fois en Flandres, sèment la terreur, et s'aliènent les populations en prenant et mettant férocement à sac Tirlemont. L'armée française, quant à elle, s'enlise dans les difficultés du commandement – Châtillon et Brézé se brouillent, le premier se prévalant de son ancienneté –, et les problèmes d'intendance prennent des proportions alarmantes ; les généraux sont dans l'incapacité de nourrir leurs troupes qui sèment l'épouvante sur le terrain. L'armée française paraît à proximité de Bruxelles, mais ne peut s'y maintenir ; avec le prince d'Orange, Frédéric-Henri, stathouder de Hollande et généralissime, on tente le siège de Louvain, qui doit être levé faute de vivres.

Suite à cet échec, chacun reprend son autonomie stratégique et opère de son côté. L'alliance hollandaise se révèle alors fort décevante : les Hollandais se concentrent sur la défense, et l'on soupçonne le prince d'Orange de négocier pour son compte avec les Espagnols. Brézé est rappelé. L'armée victorieuse en mai a fondu au cours du mois de juin ; en septembre, la campagne se termine piteusement : ce qui reste des troupes françaises est rapatrié par mer par les Hollandais. Le bilan qu'en tire Richelieu, même exprimé pour le roi en termes diplomatiques, est âpre : « En 1635, l'armée que Votre Majesté envoya dans les Pays-Bas gagna à son entrée une célèbre bataille auparavant qu'être jointe à celle des États-Généraux, et, si le prince d'Orange, les commandant toutes deux, n'eût aucun succès digne de ses grandes forces et de l'attente qu'on avait d'un capitaine de sa réputation, la faute ne peut vous en être imputée. Ayant soumis vos armes au commandement de ce prince, c'était à lui à poursuivre la pointe d'une armée qu'il recevait victorieuse, mais la lenteur d'une nation pesante ne sut profiter de l'ardeur de la vôtre qui demande des exécutions plutôt que des conseils et qui, ne venant pas promptement aux mains, perd l'avantage que le feu de sa nature lui donne sur toutes les autres nations du monde[1]. »

Non seulement l'offensive franco-hollandaise, qui devait porter un coup décisif à l'Espagne, est un fiasco, mais la France encourt même, désormais, le risque d'une attaque espagnole à partir des Flandres. En outre, il ne faut pas compter sur un quelconque soutien anglais motivé par une sympathie envers les Hollandais protestants : soucieuse de ses intérêts avant tout, l'Angleterre se révèle plutôt pro-espagnole, car elle ne voit pas d'un bon œil la pos-

---

1. *Testament politique*, p. 76.

sible expansion de la puissance française vers l'Escaut prévue dans le traité franco-hollandais.

Dans le même temps, il faut soutenir trois autres « guerres » : celle d'Allemagne, « jeu forcé[1] », puisqu'elle est imposée par les événements antérieurs à l'entrée de la France dans le conflit ; celle, intermédiaire entre l'Allemagne et l'Italie, des Grisons ; celle d'Italie enfin, où l'on veut attaquer les Espagnols en leur cœur milanais, et obliger le duc de Savoie à se dévoiler.

L'armée d'Allemagne est commandée par le cardinal de La Valette, assisté du marquis de Feuquières ; l'armée de Lorraine par le duc d'Angoulême et le maréchal de La Force. Comme sur les autres fronts, la campagne de 1635 a débuté par un succès : Charles IV est refoulé au-delà du Rhin. Mais, à terme, le problème est toujours le même : faute de pouvoir faire subsister son armée loin de ses bases, La Force ne peut poursuivre le duc ; pire, celui-ci, avec l'appui d'une petite armée d'Impériaux commandés par Gallas, reparaît dans ses États ; de nombreuses villes se soulèvent et se rallient au Lorrain. Il faut prévoir d'envoyer des renforts pour venger cet affront, qui atteint particulièrement le roi.

C'est à l'ancien rebelle et très grand stratège, Rohan, que l'on doit, depuis les Grisons, les succès les plus remarquables : « En même temps, le duc de Rohan, favorisé des principales têtes des Grisons qui désiraient leur liberté, entra heureusement dans leur pays à force ouverte. Dès avril 1635, avant même la déclaration officielle de guerre, il se saisit des passages et des postes les plus importants et les fortifia nonobstant les oppositions que le voisinage des Milanais donna moyen aux Espagnols d'y apporter commodément du secours[2]. » Rohan chasse brillamment Impériaux et Espagnols qui cherchaient à le prendre en tenaille. Ses campagnes dans les Grisons et en Valteline sont des réussites stratégiques remarquables, compte tenu du terrain accidenté sur lequel elles se déroulent. Cependant, ces exploits ont lieu sur un front désormais secondaire ; l'essentiel se joue maintenant ailleurs.

Au même moment, en revanche, du côté du Milanais, le harcèlement des positions espagnoles ne donne lieu à aucune action éclatante. « Les ducs de Savoie et de Créqui, qui commandaient vos armées en Italie, prirent un fort dans le Milanais et en bâtirent un autre sur le Pô, qui fut une fâcheuse épine aux pieds de vos ennemis[3]. »

1. *Ibid.*, p. 75.
2. *Ibid.*, p. 76-77.
3. *Ibid.*, p. 77.

Créqui s'empare de Vilate, Candia et Sartiana en Milanais, mais
échoue devant Valanza où le rejoint le duc de Savoie ; entre les
deux hommes, les relations sont exécrables. Toujours au sud, le
royaume essuie un échec maritime qui doit faire douloureusement
constater au grand maître de la navigation, une fois de plus, l'infériorité maritime de la France : le 13 septembre 1635, la flotte espagnole s'empare sans coup férir des îles de Lérins, au large de
Cannes, et s'y établit.

En clair, l'entrée en guerre s'est faite trop tôt pour pouvoir
inquiéter l'Espagne, trop tard pour être de quelque secours aux protestants d'Allemagne. Face à eux, les Français trouvent en effet un
empereur dont la situation s'est améliorée depuis qu'il a, en dépit de
ses scrupules de conscience, renoncé à imposer avec intransigeance
le catholicisme [1]. Entre les deux branches des Habsbourg, la solida-
rité fonctionne parfaitement, tandis qu'entre la France et la Suède
qui, bien qu'alliée de la France, n'est pas en guerre contre
l'Espagne, il n'y a aucune coordination ; il faut même parer sans
cesse à l'éventualité de voir les Suédois négocier une paix séparée.
Qui plus est, maintenant, les frontières françaises sont directement
exposées.

Bref, les appréhensions du cardinal quant à l'entrée en guerre
étaient légitimes... Ce qui n'empêche pas le roi de lui faire porter la
responsabilité de cette impréparation qui l'exaspère. En outre, Louis
veut exercer désormais pleinement son métier de roi ; il se fait fort
d'acquérir une vue d'ensemble de la situation politique et militaire,
étudie lui-même les rapports et les projets, décide de leur exécution
et y veille avec une pointilleuse constance. S'il faut reconnaître que,
dans l'adversité, Sa Majesté n'hésite pas à payer de sa personne, le
souverain cause à son ministre autant de soucis à lui seul que toutes
les armées réunies.

Dès le début des opérations, en effet, les relations de Richelieu et
de son roi de guerre se crispent ; Louis supporte de plus en plus mal
les initiatives ministérielles. Significative est l'affaire suivante : un
mémoire joint à une lettre de Richelieu adressée de Rueil au roi le
1er juillet 1635 débattait de la question de savoir s'il fallait laisser à
l'armée les gardes du roi ou les faire revenir. Bouthillier, qui est à

1. Cette voie de conciliation trouvera son aboutissement par la signature, le
30 mai 1636, à Prague, d'un traité avec l'Électeur de Saxe. Tandis que ce dernier
abandonne l'alliance suédoise, l'empereur concède l'exercice de la religion protestante dans l'Empire, hors les États héréditaires de la maison d'Autriche. Le traité
pacifie l'Empire et apporte à Ferdinand le ralliement de nombreuses principautés :
le Brandebourg, le Mecklembourg, les villes libres...

Fontainebleau auprès du roi, relate au cardinal, dans une missive du 3 juillet suivant, la réaction de Louis XIII : « Sa Majesté s'est piquée avec déplaisir de ce que vous avez mis dans le mémoire au sujet des gardes, de la sûreté de sa personne et de son État … » Le roi y voit une intention blessante de la part de son ministre : « Sa Majesté m'a ajouté que ce que vous disiez de ses gardes était pour rejeter sur Elle ce qui pourrait arriver de mal. Bref, Monseigneur, ce mémoire a fait un très mauvais effet. » Aussitôt Richelieu reprend la plume pour se laver de ces soupçons et, le lendemain, le même Bouthillier lui écrit que le roi avait été indisposé à son retour de la chasse : « Son ventre bouffe… un lavement l'a soulagé fort ; mais ce qui l'a soulagé le plus a été votre dernière d'hier […]. J'avais dit à Sa Majesté ce que je devais de l'agitation perpétuelle de votre esprit, continuellement ouvert pour la conduite pénible de ses affaires ; du chagrin causé aussi par la longueur de votre mal, et autres choses semblables, pour lui faire connaître que le mémoire n'était que pour son bien et pour son service. » Le même jour, le fils de Bouthillier, Léon, s'emploie, de son côté, à calmer les alarmes du cardinal : « Je vous dirai seulement que le Roi vient de partir présentement pour aller à Fleury en la meilleure humeur du monde, et avec plus de tendresse pour vous qu'elle n'en a jamais eu [1]. » Richelieu réagit comme à son ordinaire : il est malade ; son « mal de Bordeaux lui est revenu pour la troisième fois » et « l'expérience de trois maladies lui ayant fait connaître que le débordement de son sang vient des travaux de son malheureux esprit et de l'ébranlement du plus faible et plus délicat corps qui soit au monde », il conclut en suggérant une fois encore son possible retrait des affaires : « Si j'ai passé jusqu'à présent pour un bon diamant, je me considère maintenant comme un diamant d'Alençon qui (à proprement parler) n'est pas plus fort que du verre » [2].

L'été 1635 voit de surcroît la guerre de propagande prise d'une vigueur nouvelle. Paraît le très violent pamphlet *Mars gallicus*, dû à l'évêque d'Ypres Cornelius Jansen, dit Jansénius. Le texte attaque sans ménagement la politique du roi de France, lequel est assimilé aux rois d'Israël et de Juda qui avaient fait alliance avec les païens en dépit des dénonciations des prophètes. Les polémistes à la solde des Espagnols ne sont pas en reste pour discréditer la monarchie française ; le cabinet de presse de Richelieu s'emploie avec activité à y répondre. On attaque par ailleurs l'amour du théâtre du cardinal, un goût qui vient de se manifester en pleine lumière avec les repré-

1. Avenel, V, p. 85-86.
2. *Ibid.*, p. 55.

sentations, au début de 1635, de cette *Comédie des Tuileries* dont il refuse d'endosser la paternité au profit de Chapelain, mais qui lui donne, dans l'opinion, une image de frivolité peu en accord avec les exigences de la guerre [1] :

> Lorsqu'il doit penser aux combats
> Il prend ses comiques ébats,
> Et pour ouvrage se propose
> Quelque poème pour Bellerose [acteur célèbre].
> Il décrit de fausses douleurs
> Quand l'État sent de vrais malheurs.
> Il trace une pièce nouvelle
> Quand on emporte La Capelle.
> Et consulte encore Boisrobert
> Quand une province se perd [2].

Qui plus est et malgré ces divertissements, le roi s'ennuie à la cour, et on le voit « en perpétuelle picoterie » avec Saint-Simon, son favori du moment. Louis veut rejoindre l'armée de Lorraine et y rétablir la situation : l'irruption du duc Charles dans ses anciens États est pour lui un affront qu'il veut laver personnellement. Et Richelieu, son aîné de seize ans, ne peut plus le suivre, forcé qu'il est d'économiser des réserves vitales de plus en plus réduites ; il en fait sans détour l'aveu : « Expérimentant tous les jours qu'un chemin de quatre lieues, quoique en litière, et un travail de quatre heures de suite me changent en un instant en quelque bonne disposition que je sois, je ne saurais offrir que ma bonne volonté [3] ». En juin, Louis XIII se rend à Rueil pour visiter son ministre ; là, Son

---

1. Fin 1634 ou début 1635, en effet, le poète Chapelain, l'un des membres de l'Académie, a reçu « un original » de Richelieu avec ordre de s'en attribuer la paternité. Il s'agit du canevas d'une comédie d'apparat à laquelle Boisrobert et divers auteurs de l'entourage de Son Éminence ont également collaboré, et qui est destinée à montrer aux Italiens de quoi sont capables les auteurs français. Dans cette *Comédie des Tuileries* aux multiples péripéties, Aglante, sous le nom d'emprunt de Philène, courtise Cléonice, se faisant elle-même appelée Mégate, pour laquelle il éprouve une irrésistible passion, passion partagée qui poussera les amants, au cours d'une unique journée bien remplie, au suicide, puis à la reconnaissance qui prélude à leur mariage final. Une première représentation a lieu en février 1635. Le cardinal refuse toujours d'endosser la paternité de la pièce, mais lui assure un public choisi : le 4 mars, la pièce est donnée à l'Arsenal devant Anne d'Autriche ; le 16 avril, « en l'Hôtel de Son Éminence », devant le roi, la reine et Monsieur.
2. *Le gouvernement présent et éloge de Son Éminence, ou pièce de mille vers appelée par cette raison la Miliade*, s.d., pamphlet attribué à l'abbé d'Esteban qui irrita au plus haut point le cardinal.
3. Avenel, V, p. 326.

Éminence trouve mille objections au départ du roi qui, naturellement, s'obstine.

Il est peu de dire que le cardinal ne voit pas d'un bon œil partir le roi. Tout d'abord, il n'ignore rien de l'état d'impréparation militaire dans lequel se trouve encore le royaume ; en outre, ces obligations militaires, l'éloignant de lui, peuvent toujours donner l'occasion à un nouveau favori de s'insinuer dans l'esprit du roi, et y ruiner son crédit. Il y a plus : Pavie naguère, plus récemment la mort de Gustave-Adolphe ont fait toucher du doigt les dangers encourus, d'autant que Louis XIII n'a toujours pas d'héritier. À ces inconvénients s'ajoutent, selon Richelieu, le caractère et la santé du roi, inquiet et instable. Paroles blessantes et réconciliations se succèdent jusqu'au 23 août ; ce jour-là, au château de Noisy, le comte de Nogent accueille le roi et le ministre, puis « Son Éminence prend congé de Sa Majesté, qui lui témoigne par de très grandes caresses et embrassades réitérées, combien sa personne et ses services lui sont agréables[1]. » Le ministre est investi du pouvoir de « commander en son absence, en la ville de Paris, Île-de-France, Picardie et Normandie et pays voisins ». Le roi s'engage à « confirmer et approuver tout ce qui par sondit cousin aura ainsi été fait et arrêté[2] » ; cela réglé, il se rend sur le front. Heureusement, Léon Chavigny est du voyage, en mission d'informateur.

La correspondance qui suit cette séparation est pleine d'humeur. Le roi découvre l'inorganisation, le dénuement des troupes, le désordre omniprésent, toutes choses qu'il impute aussitôt au cardinal : « Je suis très fâché de vous écrire qu'il n'y a, à Saint-Dizier, ni trésorier ni munitionnaire et que toutes les troupes sont sur le point de se débander[3]... » Aussitôt, Richelieu de se disculper : « Sa Majesté est trop bonne et trop juste pour me rendre responsable des défauts d'autrui, et a trop d'expérience pour ne considérer pas que jamais aux grandes affaires les effets répondent à point nommé à tous les ordres qui ont été donnés ; il n'y a que Dieu qui le puisse faire. Encore sa bonté est-elle telle que, laissant agir les hommes selon leurs infirmités, il souffre la différence qu'il y a entre leurs exécutions et leurs volontés. Le Roi sait bien que je me suis toujours inquiété des retardements des trésoriers et munitionnaires, et que j'ai dit plusieurs fois publiquement dans ses Conseils que ce n'était rien de mettre des armées sur pied, si on ne donnait ordre de les faire payer à temps et si on ne pourvoyait sérieusement aux

1. *La Gazette*, 1635, p. 24.
2. Avenel, V, p. 153.
3. *Ibid.*, V, p. 161.

vivres [1]. » Et c'est pour Richelieu une nouvelle crise d'hémorroïdes, sur lesquelles il faut porter le fer.

D'autant que le danger tant redouté par le cardinal se précise : on murmure qu'Adrien de Montluc, comte de Cramail, fort lié au comte de Soissons, à la princesse de Conti et à la Du Fargis, parle fort librement au roi contre son ministre, insinuant même que ce dernier se repose et jouit de la société de Paris, tandis que Sa Majesté est exposée aux hasards de la guerre... L'intrigue prend à nouveau le pas sur la grande stratégie : Richelieu cherche éperdument à se défaire de ce comploteur.

On prend Saint-Mihiel, capitale du duché de Bar, au tout début d'octobre ; l'armée royale s'avère toutefois d'une faiblesse désespérante qui mortifie le roi, retombé en mélancolie. Les contrariétés aggravent son état : tout ce qu'il voit le « met en cervelle [2] » ; malade, il ne parvient guère à donner le change. À Neuchâtel, il doit s'arrêter deux jours pour être saigné ; il veut maintenant regagner Paris et la compagnie de son ministre, tandis que Gallas et les Impériaux se rapprochent et font leur jonction avec l'armée du duc de Lorraine. Le 22 octobre, Louis retrouve le cardinal à Rueil. Celui-ci ne perd pas de temps : Cramail, faisant les frais de ces retrouvailles, est envoyé à l'ombre de la Bastille.

Toujours en octobre, intervient la signature d'un traité longtemps espéré : l'armée de Bernard de Saxe-Weimar passe dans le camp de la France. Talentueux entrepreneur de guerre au service de la cause protestante, Saxe-Weimar a successivement servi Mansfeld, Maurice de Nassau et Gustave-Adolphe dont il prolonge le talent de stratège. Contre le paiement annuel de 1,6 million d'écus, assorti de la promesse du landgraviat d'Alsace, le Roi Très Chrétien bénéficie désormais du soutien d'une excellente armée, essentiellement composée de Suédois et d'Allemands [3].

La Valette, Saxe-Weimar, le duc d'Angoulême et La Force, en s'unissant et surtout en profitant des intempéries, réussissent à libérer la Lorraine et à interdire l'entrée des ennemis en France. La face est sauvée en fin de campagne, mais c'est un pis-aller en comparaison des grands et rapides succès escomptés. Qui plus est, le ralliement d'un chef de guerre de si haute réputation est certes un grand événement, de bon augure pour la campagne de 1636, mais il ne concerne que le front allemand, alors que la frontière flamande est toujours sous haute menace et, de ce côté, le pire reste à venir...

1. *Ibid.*, V, p. 231.
2. Chavigny à Richelieu, 9 octobre 1635.
3. Turenne, qui sert comme maréchal de camp, s'y initie à l'art militaire.

Car, à la fin de la campagne de 1635, force est de constater que le bilan n'a rien de glorieux, et l'entrée en guerre n'apparaît pas comme ayant été une idée judicieuse. Les ennemis du cardinal enfoncent le clou : depuis Anvers, Marie de Médicis saisit l'occasion pour tenter de reprendre l'avantage et prêcher la paix en chargeant la barque de son ennemi. Elle s'adresse alors au pape et, par lui, à son fils, prétendant s'entremettre pour une paix générale entre les princes chrétiens. La propagande pro- et anti-espagnole fait rage : d'un côté, on rappelle les entreprises espagnoles contre la France ; de l'autre, on vilipende le dessein obsessionnel du cardinal d'abattre l'Espagne, dessein assimilé à une passion aveugle entraînant malgré lui un roi faible dans une entreprise folle.

Une campagne se termine ; une autre doit aussitôt se préparer et le despotique ministre ignore la trêve hivernale pour déployer une activité fébrile au service de l'effort de guerre. Quelle que soit la saison et où qu'il soit, il entend être lui-même le centre de l'action : « Le séjour du premier ministre ne pouvait être plus laborieux ni plus utile qu'au cœur du royaume, et près de la ville capitale, où résident les finances et les nerfs de la guerre, et d'où il pouvait mieux distribuer aux autres parties de l'État les ordres nécessaires et remédier plus efficacement au besoin de toutes les armées, dont il avait pris depuis peu la surintendance générale des vivres [1]. »

1. Aubery, p. 253.

IV
L'HISTOIRE INACHEVÉE
1636-1642

1

L'année terrible

L'offensive éclair de 1635 a été un échec ; c'est un long conflit, une guerre d'usure qu'il va maintenant falloir assumer et gérer, une guerre à laquelle l'opinion n'a pas été préparée. La déclaration de guerre à l'Espagne peut apparaître, rétrospectivement, comme une faute fatale.

Au sein de l'équipe gouvernementale, les jalousies prennent prétexte des mauvais résultats pour obtenir le renvoi du secrétaire d'État de la Guerre, Abel Servien, qui occupe ce poste depuis 1630. Le 17 février 1636, il est remplacé par François Sublet, seigneur de Noyers et baron de Dangu, l'un de ces dévots qui ont rallié les options politiques de Richelieu. Sublet va désormais représenter pour lui, outre un administrateur laborieux et talentueux, un fidèle à toute épreuve, utilisé pour la gestion des affaires publiques, mais également privées ; en sa faveur, Richelieu fait d'ailleurs régler par le trésor royal l'office acheté à Servien. Comme son maître, soucieux d'exécution et contrôlant jusqu'aux détails, durant les sept années qui suivent, Sublet aura en charge l'administration de la guerre, c'est-à-dire le contrôle des feuilles d'appel des troupes, du recrutement, des levées, le financement de l'entretien des armées, de l'armement, des fortifications…, une activité inlassable qui trouve son expression dans les quelque dix-huit mille lettres et dépêches qu'il nous a laissées. Après et avec Léon Bouthillier-Chavigny, c'est le second des piliers sur lesquels s'appuie le cardinal vieillissant, sa garde rapprochée. Sa confiance en eux est absolue : ainsi, Sa Majesté et Son Éminence étant le plus souvent séparées dans leurs résidences respectives, et contraintes par leur état de santé à se ménager, ce sont eux qui font office de moyen de communication sûr et rapide par lequel Elles échangent leurs sentiments sur les affaires d'État : autrement dit, il leur incombe de contrôler, voire de manœuvrer le roi et d'apaiser les angoisses sans cesse renaissantes de Richelieu quant aux dispositions du souverain à son endroit.

Au printemps de la nouvelle année, les opérations militaires, interrompues à la mauvaise saison, reprennent sur tous les fronts – en Italie, en Franche-Comté, en Alsace, en Allemagne, aux Pays-Bas. Espérant toujours une victoire décisive, on a profité de l'hiver pour resserrer l'alliance suédoise, au prix d'un paiement régulier des subsides ; on s'est rapproché du landgraviat calviniste de Hesse-Cassel ; on a tenté, enfin, de parer au plus pressé s'agissant des fortifications des places frontières, ainsi que de mettre sur pied six nouvelles armées et un embryon de marine. De leur côté, les Habsbourg ont travaillé à unir leurs forces, ainsi qu'à alimenter, chez l'ennemi, l'opposition intérieure.

Les maux qui accablent Richelieu le tiennent toujours éloigné de la cour et de l'armée. En mai 1636, il écrit au roi : « Je me compare aux femmes grosses qui, s'étant blessées [ayant eu une fausse couche] plusieurs fois l'été, appréhendant ce temps plus qu'un autre, sont plus obligées à se conserver [1]. » Le chef de guerre qu'il se voudrait être, de son propre aveu, en est réduit à garder la chambre de la manière la moins glorieuse, comme une femme malade ! Le recours au ciel s'impose ; les archives des religieuses calvairiennes contiennent la « copie du vœu fait par Monseigneur l'éminentissime cardinal-duc de Richelieu, écrit et signé de sa propre main, le huitième jour de juillet 1636, de donner mil livres de rente annuelle et perpétuelle au monastère du Calvaire de la crucifixion situé au Marais du Temple », à charge pour les religieuses d'y tenir une lampe d'argent « expressément, continuellement allumée devant l'autel de la sacrée Vierge, et y faire dire tous les samedis une messe en son honneur, pendant laquelle les bonnes âmes qui seront en ladite maison se souviendront de la sienne, bien qu'elle en soit indigne, demandant à Dieu qu'il daigne par sa grâce la mettre en état qu'elle lui soit agréable en ce monde et en l'autre. Et en suite de quoi, elles le supplieront aussi qu'il lui plaise de toucher le cœur des chrétiens et de tous les hommes qu'il ne met au monde que pour le connaître, l'aimer et le servir… » [2].

1. Avenel, V, p. 459.
2. *Ibid.*, p. 498.

Au même moment, le cardinal suggère au roi de demander la protection de la Vierge pour le succès des armées françaises et de placer une lampe perpétuelle devant son autel à Notre-Dame de Paris ; or, cette protection tarde toujours à se faire sentir. Bien au contraire, les Habsbourg unissent leurs forces : sans déclarer formellement la guerre à la France, l'empereur laisse le cardinal-infant publier un manifeste, en juillet, proclamant la communauté de stratégie qui unit l'Espagne et l'Empire. Dans le même temps, les Espagnols, sous la conduite du même cardinal-infant, s'attaquent à la frontière de Picardie où les fragiles défenses françaises s'effondrent : successivement, les places fortes de La Capelle, Vervins et du Catelet se rendent, à la plus grande fureur du cardinal qui n'a pas de mots assez durs à l'endroit de leurs gouverneurs. La défaite dont ils sont cause, par leur lâcheté et leur incapacité, en a fait, à ses yeux, des traîtres et des criminels de lèse-majesté ; leur châtiment doit être exemplaire. Il doit pourtant se contenter de peines symboliques ; le 14 août, en place de Grève, deux d'entre eux, Saint-Léger et du Bec, qui, prévenus, ont pu fuir, sont écartelés en effigie ; leurs biens sont confisqués et leur postérité à jamais déclarée roturière : ceux qui leur donnent assistance seront considérés comme criminels.

Le 2 août, à Chaillot où il réside, le cardinal trouve encore la force de donner une fastueuse réception en l'honneur de la reine… Aussitôt après, les nouvelles dramatiques recommencent de toutes parts à l'accabler ; impossible de s'abuser plus longtemps : la situation militaire devient catastrophique. Le 4 août, les ennemis forcent le passage de la Somme, tandis que les Croates du Flamand Jean de Werth, qui ont pris le contrôle de la Lorraine et de la Champagne, ravagent les campagnes ; le 5, c'est au tour de Roye de tomber ; le 7, la place de Corbie, dernier rempart sur la route de Paris, est investie et se rend le 15 sans résistance, tandis que les estafettes ennemies parviennent à Pontoise ; dans le même temps, les Impériaux progressent en Lorraine et les Espagnols envahissent la Bourgogne.

La panique gagne Paris et le ministre en est la cible honnie. Le peuple, le Parlement, les nobles, tous se déchaînent contre lui, dénoncent son imprévoyance, son népotisme et son faste ; tout est prétexte à dénigrement : pourquoi a-t-il adressé « trois bateaux de musique » à la reine dont il espère se concilier les bonnes grâces, alors qu'il n'y a pas d'argent pour fortifier la frontière ? Pourquoi la capitale n'a-t-elle plus de fortifications en état de la protéger ? Pourquoi cette réception à Chaillot, quand les frontières sont sur le point de céder de tous côtés ? Sa conduite et sa personne sont passées au crible de la critique la plus acerbe : les cours souveraines, Parlement en tête, vont jusqu'à se scandaliser des trois mouches qu'elles remarquent sur son visage, simples emplâtres destinés à traiter des furoncles ; le président de Mesmes suggère que l'on trouvera l'argent nécessaire à la défense du pays dans ses places fortes du Havre et de Brouage… On le hue dans la rue, lui et ses gardes, la foule s'amasse aux portes de son palais, on placarde des affiches injurieuses sur les murs. Et toujours ce spectre de Concini qui ne cesse de le hanter, ce caractère dépressif qui le paralyse et… ses hémorroïdes qui le crucifient ! Il ne sait que fondre en larmes et parle de démission ou de mort, songeant encore, avant tout, à la fuite.

C'est le roi et lui seul, une nouvelle fois, qui sait se dominer et faire face, en première ligne, provoquant un sursaut populaire au profit de la monarchie qu'il incarne. Sa solidité est sans emphase ; Louis décide, commande et agit en chef ; déclarant la patrie en danger, il communie avec son peuple dans un véritable élan de ferveur nationale.

Auprès du cardinal frappé d'impuissance, l'Éminence grise, le tenace père Joseph, s'emporte jusqu'à le traiter, dit-on, de « poule mouillée »… Le père flagelle : « Votre faiblesse est-elle le moyen d'attirer la divine miséricorde ? N'est-elle pas faite plutôt pour exciter la colère de Dieu et enflammer sa vengeance [1] ? » En prônant la persévérance qui doit être considérée comme un devoir religieux, il parvient à toucher son maître : Richelieu en conçoit un regain de ferveur mystique qui lui fait recouvrer le courage nécessaire pour paraître calme et serein. Il s'affiche sans escorte dans les rues de la capitale ; avec le vieux maréchal de La Force, populaire compagnon d'Henri IV que « le peuple aime », il se montre à nouveau sur le Pont-Neuf, tout comme il l'avait fait en 1617 au lendemain de l'assassinat de Concini, et s'entretient familièrement avec les passants.

Avec l'appui de la municipalité parisienne, Louis XIII multiplie les ordonnances exceptionnelles dans le but de constituer une armée de résistance et de pourvoir à son entretien. C'est un véritable élan : les volontaires affluent, qui donnent naissance à une armée de 12 000 hommes à pied et 3 000 chevaux, confiée à La Force. Même Monsieur s'associe à ce mouvement : entrant dans Paris à la tête de 800 cavaliers de la noblesse de son apanage et 4 000 hommes à pied, il est fait généralissime ! Les ponts sur l'Oise sont détruits, les passages contrôlés de l'Oise à la Somme, fours et moulins démolis pour interdire tout ravitaillement aux ennemis. Dès la fin du mois d'août, Paris n'est plus menacé.

1. Lepré-Balain, *La Vie du R. P. Joseph de Paris…*, 1648, p. 469.

L'armée, portée à cinquante mille hommes, passe la Somme. Sous la conduite de Gaston, secondé par le comte de Soissons, dont la cavalerie n'a cessé de combattre pour contenir l'avancée ennemie, et par La Force, elle reprend Roye ; puis, sous les ordres du roi accompagné du cardinal, elle marche sur Corbie et assiège la place, qui est délivrée le 14 novembre. Richelieu paie de sa personne : d'abord demeuré à Paris comme commandant pour le roi, il a rejoint le souverain, au début de septembre, en son quartier général d'Amiens. Le 25 octobre, sa fureur s'abat sur Soyecourt, le lieutenant général en Picardie, qui, au bout de huit jours seulement, en août, a piteusement abandonné Corbie ; Soyecourt, considéré comme traître, est exécuté – en effigie, lui aussi, puisque, dès sa capitulation, il s'est réfugié en Angleterre pour échapper aux prévisibles poursuites.

Mais le cardinal, à Amiens, a lui-même encore une fois échappé à la mort. Un nouveau complot s'y est noué, et, comme de coutume, Monsieur en est à l'origine… Évincé de son commandement par le roi, peu soucieux de le voir se couvrir de gloire, et humilié par Richelieu qui l'a sèchement empêché de passer en revue les troupes lors de l'investissement de Corbie, Gaston remâche toutes les rancœurs accumulées contre le ministre, notamment à l'occasion de son mariage. Le séjour à Amiens est l'occasion rêvée pour en tirer vengeance. Montrésor, son grand veneur et conseiller favori, déterminé à exploiter ces bonnes dispositions, se serait alors associé avec son cousin Saint-Ibar, le favori du comte de Soissons, lui-même menacé par la rancune du cardinal en raison de son refus d'épouser sa nièce, pour entraîner leurs maîtres dans une nouvelle conjuration ; cette fois, il s'agit de passer à l'action violente et de tuer purement et simplement le tyran exécré. Les *Mémoires* de Montrésor, seul narrateur du complot, nous rapportent l'embuscade tendue le 25 octobre, à l'issue d'une séance du Conseil, alors que Richelieu s'est départi de son habituelle escorte militaire. Le roi parti, le duc de Soissons aborde le ministre dans la cour, au pied de l'escalier ; les conjurés sont prêts autour de Gaston, mais celui-ci ne donne pas le signal convenu : velléitaire comme à l'accoutumée, et toujours peu disposé à laisser porter la main sur un prêtre, qui plus est un cardinal-duc, Gaston ne peut baisser les paupières pour le clignement d'œil qui ordonnerait l'exécution, et brusquement s'engouffre dans l'escalier, laissant à Son Éminence le temps de s'éclipser. Pareille occasion ne se reproduira plus, et il ne reste à Monsieur et à Soissons, pris de panique une fois rentrés à Paris et craignant d'être arrêtés, qu'à se réfugier au plus vite dans leurs provinces respectives et s'enfermer, l'un à Blois, l'autre à Sedan. L'attentat ayant piteusement échoué, l'opposition nobiliaire en est réduite à renouer avec ses pratiques traditionnelles de parti d'opposition : se retirer de la cour et soulever les provinces ; en l'espèce, Montrésor est envoyé en ambassade auprès du vieux duc d'Épernon pour tenter une action en Guyenne, mais sa démarche ne suscite aucun écho.

Une fois de plus, la fortune a veillé sur Richelieu. En dépit des soupçons de peste qui ont porté le roi à regagner Paris, il demeure encore quelques jours en Picardie, sur le théâtre des opérations, pour « achever de donner ordre aux affaires », autrement dit visiter la place reconquise de Corbie et y faire pendre deux notables soupçonnés d'intelligence avec l'ennemi ; veiller à la réfection et à l'approvisionnement des places de la frontière ; subir la réception que lui réserve à Amiens le duc d'Angoulême qui l'accable de deux jours de copieuses harangues assorties de maigres agapes ; alimenter la propagande gouvernementale à travers *La Gazette*, en donnant un article à la gloire de Sa Majesté et de Son Éminence. Puis il s'en retourne à petites journées à Rueil.

Si la Picardie est sauvée, on n'a pas pu, dans le même temps, supporter l'effort du siège de Dole. Du 27 mai au 14 août 1636, Condé, piètre stratège, assiège la place franc-comtoise, qui résiste ; il doit l'abandonner pour revenir à marche forcée contribuer à la défense de Paris, alors que la ville est délivrée par le duc de Lorraine. Voici comment, dans son *Testament politique*, Richelieu résume l'affaire : « Si le siège de Dole ne vous réussit pas, la raison qui oblige chacun à courre [courir] au plus pressé en fut la seule cause. Votre Majesté en divertit ses forces avec d'autant plus de prudence qu'il était plus important de reprendre Corbie que de prendre Dole [1]. » Et le cardinal, ainsi, de faire contre mauvaise fortune bon cœur ! De surcroît, une seconde nouvelle offre une revanche : après la Picardie, la Bourgogne est délivrée. Monsieur le Prince y met en échec Gallas et le duc de Lorraine qui assiégeaient la petite place de Saint-Jean-de-Losne, glorieusement dite pour l'occasion « Saint-Jean-Belle-Défense » ; à la mi-novembre, les ennemis lèvent le siège et se retirent de la province. En revanche, le « travail des îles », autrement dit la reconquête des îles de Lérins, qui tient tant à cœur au grand maître de la navigation, est pour l'instant un échec, le commandement de l'armée navale – Sourdis, d'Harcourt et Vitry – se chamaillant ouvertement au lieu d'intervenir efficacement. Et dans le Sud-Ouest, la France subit encore quelques attaques directes des Espagnols qui franchissent la Bidassoa, vers Hendaye, Ciboure et Saint-Jean-de-Luz qu'ils occupent, menaçant Bayonne.

---

1. *Testament politique*, p. 78.

Les provinces qui ont servi de théâtre aux opérations militaires – la Picardie, la Bourgogne – sont ravagées, pillées par les ennemis, puis par les armées françaises. Pour mener la guerre il faut à tout prix de l'argent et, en sus de la guerre étrangère, à l'intérieur du royaume, les révoltes paysannes des « croquants » s'intensifient en proportion d'une pression fiscale de plus en plus insupportable. Le refus de payer les tailles est manifeste dès 1635 dans les villes, et la révolte s'étend en juin 1636 aux campagnes de l'Ouest : Angoumois, Saintonge et Poitou se soulèvent contre les « Messieurs de Paris, partisans et autres », dont on cherche à saisir les commis pour les « tailler tout vivants en petits morceaux dont chacun prenait sa pièce pour attacher à la porte de sa maison » ; l'envoi de troupes, mais aussi une politique de suspension de certaines levées et un opportun pardon royal apaisent pour un temps la flambée de violence, mais l'incendie se réveillera bientôt en Périgord en en Angoumois[1]. L'année de Corbie se termine plus mal que bien.

Mais c'est hors du royaume que se poursuit l'essentiel des opérations militaires : l'Électeur de Saxe, qui a déclaré la guerre à la Suède, est aux prises avec le maréchal Banér qui malmène ses troupes et met au pillage son électorat. Les Suédois tirent leur épingle du jeu et se rendent maîtres de l'Allemagne du Nord. Par ailleurs, un changement intervient à la tête de l'Empire : Ferdinand III, qui a été élu roi des Romains le 22 décembre 1636 à la diète de Ratisbonne, se trouve tout naturellement désigné pour la succession impériale et la poursuite de la politique catholique et dynastique, quand son père, Ferdinand II, meurt le 15 février 1637. La passation des pouvoirs ne remet en rien en cause la puissance des Habsbourg, bien au contraire : celle-ci ne connaît plus d'opposition, et paraît à son zénith ; la France, plus que jamais prise en tenailles entre Vienne et Madrid, semble bien être condamnée à subir leur suprématie.

Pour autant, on ne renonce pas totalement à l'idée d'une négociation pacificatrice : Richelieu tente de l'engager secrètement avec Madrid par l'entremise de religieux minimes sous couvert d'acquérir des reliques d'Isidore de Séville, mais Olivarès s'y refuse. Dans le même temps, le pape Urbain VIII impose l'idée d'une conférence à Cologne pour régler les affaires de la France et de l'Empire (ainsi qu'à Lübeck pour ce dernier et la Suède). Peut-être trouvera-t-on là une ouverture diplomatique ? Le 24 octobre,

1. Y.-M. Bercé, *Croquants et nu-pieds. Les soulèvements paysans en France*, p. 50 sq.

les légats arrivent à Cologne ; ils y sont rejoints par les envoyés de l'empereur et du roi d'Espagne. Mais le congrès achoppe sur la question des passeports à délivrer aux négociateurs. La France, en effet, réclame, avant tous pourparlers, la présence de l'ensemble des belligérants, y compris les seigneurs allemands alliés au Roi Très Chrétien ; or l'empereur refuse d'accorder à ces derniers le moindre sauf-conduit. Dès lors, les envoyés français refusent de rejoindre Cologne ; on n'y verra pas davantage de représentants de la Suède, des Provinces-Unies ni des autres puissances protestantes conviées, aucune ne daignant honorer de sa présence la table des négociations. La première tentative diplomatique sérieuse depuis 1635 tourne donc court.

Dans Paris désormais à l'abri des incursions de l'ennemi, le théâtre est à nouveau possible, et Son Éminence n'hésite pas à revenir à sa divertissante passion. Le 8 janvier 1637, au Palais-Cardinal, en présence du couple royal et du nonce, une fastueuse réception inclut la représentation de *La Grande Pastorale*, pièce dont le texte ne nous a pas été conservé. Les cinq cents vers dont Son Éminence aurait été l'auteur furent, dit-on, soumis d'abord à Chapelain, dont les observations, bien que formulées en termes diplomatiques, choquèrent tant la vanité cardinalice que, « sans achever de les lire, il les mit en pièces » ; la nuit suivante, il aurait fait recoller les morceaux, et, « après avoir lu d'un bout à l'autre et fait grande réflexion, il envoya réveiller M. Boisrobert pour lui dire qu'il voyait bien que MM. de l'Académie française s'entendaient mieux que lui en ces matières et qu'il ne fallait plus parler de cette impression [1] »…

Le 22 février suivant, toujours au Palais-Cardinal et devant un parterre comprenant la famille royale et toute la cour, c'est la représentation de *L'Aveugle de Smyrne*, nouvelle variation sur le thème du mariage contrarié, autre production des cinq auteurs de l'entourage du cardinal, qui sera publiée avec *La Comédie des Tuileries* de 1635. Si les langues mal intentionnées persistent à critiquer ces fêtes dispendieuses dans une France de plus en plus exsangue, il est possible d'y voir, au-delà du simple divertissement et de la vanité d'auteur d'un ministre, la volonté de montrer que tout est toujours sous le contrôle d'un pouvoir tenu fermement en main.

---

1. Pellisson, *Histoire de l'Académie française*, 1653.

2

À la grâce de Dieu

Revenons un instant sur l'un des rares succès français de cette année 1636 : la levée du siège de Saint-Jean-de-Losne. Richelieu commente l'événement en ces termes : « Secouru par la hardiesse d'un chef qui a surpris avec adresse les ennemis, [il] est clairement ce qui fut dit lorsque La Capelle était assiégée et qu'il fut répondu que la hardiesse et l'adresse d'un chef surprendraient les ennemis et secourraient la ville. Et depuis, La Capelle étant prise, il lui fut dit : Souviens-toi, ma fille, que je ne t'ai point nommé La Capelle […]. La prise de Corbie m'avait été écrite par Ezéchieli, avant qu'elle capitulât *nominatim*, la personne lui ayant nommé Corbie en termes exprès […]. Je vous avoue que je suis touché au vif et j'espère que le cachet que Dieu imprime en mon cœur me demeurera à jamais. Je supplie le Roi de se souvenir de ce que dessus et de se donner de plus en plus à Dieu[1]. » À quoi fait allusion cet étrange et obscur discours ? À des révélations divines délivrées à une religieuse calvairienne et transmises par le père Joseph, « Ezéchieli », à Richelieu qui a, dès le 8 juillet, on l'a vu, gratifié du don de mille livres de rente annuelle le couvent d'où proviennent des prédictions si réconfortantes.

Sur le cardinal, la crise de 1636 aura des effets durables dans le domaine de la spiritualité ; sous l'influence du père Joseph, il développe un esprit religieux nouveau. Au capucin qui l'a exhorté et réconforté, il aurait promis « d'accomplir fidèlement ce que Dieu demandera de lui, quand il l'aura connu » et depuis lors « vécut avec plus de récollection, se confessait et communiait chaque dimanche et les fêtes principales et commença de disposer les

1. Avenel, V, p. 670, 679-680.

matières pour la composition de ce bel ouvrage qu'il acheva depuis[1] ». C'est le temps, non certes des méditations et extases mystiques, auxquelles Richelieu ne s'est pas brutalement converti, mais de l'espérance fébrile en des révélations, des inspirations divines et des miracles. Une telle attente religieuse du succès n'a, pour lui, rien de déraisonnable : par-delà la raison humaine, logique et calculatrice, qui régit la vie ordinaire des hommes, réside une autre raison, celle de Dieu, qui inspire la vie spirituelle.

L'eschatologie marque de son empreinte les dernières années du cardinal de raison ; l'espoir de la victoire des armes et du triomphe sur la maladie leur donne une coloration de lutte entre les forces du ciel et les puissances infernales, tonalité trop souvent insoupçonnée, car elle cadre mal avec l'image classique et olympienne du politique absolu. Son Éminence manifeste cependant une ferveur accrue et entend faire partager au roi ses dispositions dévotes : « Je crois assurément que plus Votre Majesté s'attachera à Dieu, plus ses affaires prospéreront-elles[2]. » Quand, dans le *Testament politique*, il écrit au roi : « En votre conduite, la prudence et la bénédiction de Dieu ont marché de même pas », ses mots sont assurément à prendre au pied de la lettre : la bénédiction de Dieu sanctionne la légitimité de la politique proposée au roi par son ministre. Telle est la profonde croyance de Richelieu et, à ses côtés, du père Joseph ; pour la partager, Louis XIII n'a pas à forcer son naturel, lui auquel Richelieu concède : « ce serait une chose superflue d'exhorter Votre Majesté à la dévotion. Elle y est si portée par son inclination et si confirmée par l'habitude de la vertu qu'il n'est pas à craindre que jamais il [*sic*] ne s'en sépare[3] ». Et le roi de reconnaître lui aussi : « Depuis la prise de Corbie, je me suis mis dans la dévotion beaucoup plus que devant. » Le roi et son ministre partagent en définitive la certitude d'une irruption possible du divin dans les affaires humaines.

À titre personnel, Richelieu peut ressentir quelque inquiétude pour un salut éternel dont ses ennemis ne manquaient pas une occasion de lui rappeler combien il serait problématique ; là encore, le cardinal ne saurait laisser une accusation sans réfutation. Ne s'agit-il pas de se persuader, voire de persuader Dieu de la légitimité non seulement de ses options, mais bel et bien de son propre salut éternel ? Celui que l'on voit plus volontiers en train de retailler sans états d'âme la carte de l'Europe travaille alors à un *Traité de la perfection du chrétien*. Le texte retrace un itinéraire spirituel qui sera

1. Lepré-Balain, *La Vie du R. P. Joseph de Paris...*
2. 25 mai 1636 au roi, Avenel, V, p. 471.
3. *Testament politique*, p. 191.

présenté en ces termes au public par son préfacier, à l'occasion de son édition posthume procurée en 1646 par les soins de sa nièce, alors duchesse d'Aiguillon : « Je remarquerai seulement une circonstance merveilleuse de la naissance de cet ouvrage : qu'il fut commencé pendant le siège de Corbie et mis en l'état où il est pendant celui de Hesdin, et qu'ainsi cet ouvrage de paix a été conçu et enfanté durant les plus grands orages de la guerre. Ce qui fera sans doute admirer la piété et le zèle véritablement chrétien, aussi bien que la force et l'étendue de l'esprit de ce grand homme qui, pendant que son prince remportait tant de glorieuses victoires sur les ennemis de son État, ne se contentait pas de l'assister de ses conseils comme un autre Moïse pour le succès et pour la prospérité de ses armes [1]. »

Certes, Tallemant des Réaux, comme à son ordinaire, persifle : « Dans la préface, il dit qu'il a fait ce livre durant les désordres de Corbie : c'est une vanité ridicule. Quand cela serait, à quoi il n'y a nulle assurance, car il n'en avait pas le loisir et avait assez d'autres choses dans la tête, il ne faudrait pas le dire. M. Desmarets, par l'ordre de Mme d'Aiguillon, et M. de Chartres, Lescot qui avait été son confesseur, ont un peu revu cet ouvrage [2]. » Mais l'argument, compte tenu de ce qu'on sait de la manière ordinaire de travailler de notre cardinal, ne tient pas : que des collaborateurs aient contribué à la mise en forme de ses ouvrages politiques ou théâtraux vaut pour ses œuvres de théologie ; si la main du cardinal ne tient pas seule la plume, son esprit préside à la conception de l'ouvrage.

En fait, confronté à une guerre dont l'issue est plus qu'incertaine, Richelieu doit impérativement se trouver une raison d'exister et d'agir et c'est à Dieu qu'il s'attache désormais. Le climat de religiosité nouveau qu'il développe en ces années ultimes trouve là sa justification et son expression. Mettre en cause la politique qu'il suit, il ne saurait pour lui en être question ; Dieu, ultime appui, est donc instamment prié de venir à son secours et de lui donner raison, d'accorder sa bénédiction à sa politique pour y rallier le roi ; et il est prié directement, non par l'intercession des saints ou de la Vierge : la dévotion du cardinal-ministre est un dialogue avec le Seigneur lui-même.

Le *Traité de la perfection du chrétien* prend ainsi un caractère souvent très personnel ; la question n'est pas seulement d'instruire les autres, ce qui est le devoir de l'ecclésiastique, mais encore de travailler à un perfectionnement personnel qui participe du salut général de l'humanité. « Chacun est obligé par ces considérations

1. *Traité de la perfection du chrétien*, p. 98.
2. Tallemant, *Historiettes*, I, p. 270.

[la constatation de la misère terrestre et de la félicité céleste], non seulement de travailler soigneusement à son salut particulier, mais encore, s'il les pèse bien, il trouvera qu'il n'y a rien qu'il ne doive faire pour le salut général de tous les hommes. Je confesse que cette dernière pensée a été une des plus puissantes qui m'a fait entreprendre cet ouvrage, bien que mon premier dessein ait été de me tracer le chemin que je dois suivre moi-même. […] Si ceux qui le liront me veulent croire, nous marcherons d'un même pied dans les voies que je leur découvre, leur salut m'étant si cher qu'en ce sujet je ne distingue point leur intérêt du mien [1]. »

Richelieu y développe ainsi des thèmes qui lui tiennent particulièrement à cœur et auxquels il a longuement réfléchi. Le premier est celui de l'amour, qui est au cœur de la foi, d'où se déduisent des conséquences pratiques : « Par exemple, je m'humilie devant Dieu parce que je l'aime et que, l'aimant, je veux honorer sa grandeur par mon abaissement » ; ensuite, l'accès aux états mystiques, domaine où il ne s'exprime directement que pour évoquer ses insuffisances, et réconforter ceux qui sont dépourvus d'expérience directe en la matière, peut-être en se consolant lui-même : « Je supplie ceux à qui Dieu ne donne pas ce trait d'oraison de ne laisser pas d'en faire état. Je les supplie aussi de ne s'estimer pas plus imparfaits pour être privés de cette grâce et de croire qu'ils ne seront pas moins agréables à Dieu pourvu qu'ils le servent fidèlement selon la portée de leur esprit et la capacité qu'il leur a donnée, puisque la vraie contemplation porte à bien faire et à pratiquer les vertus, dont l'exercice est presque toujours plus méritoire qu'une pure contemplation » [2].

Ajoutons qu'il lui est sans doute, même inconsciemment, d'un grand secours d'affirmer tout au long d'un chapitre que « Dieu départ plus souvent le dernier degré de contemplation aux femmes qu'aux hommes » ; l'inaptitude contemplative de Richelieu signifie implicitement sa mâle aptitude politique ! Comment en effet pourrait-il, pour s'anéantir en Dieu, renoncer à l'exercice de la raison qui est la source de son pouvoir, lequel est toute sa vie ? Il s'emploie dès lors à justifier ce qu'il ne peut abandonner et, en fin de compte, la discussion des mérites comparés des vies active et contemplative, à laquelle il se livre dans ce traité, affirme, en contradiction avec l'opinion commune, la supériorité de la première : « C'est encore une opinion qui se trouve en beaucoup d'esprits de croire qu'il est impossible de se donner parfaitement à

1. *Traité de la perfection du chrétien*, p. 104.
2. *Ibid.*, p. 364.

Dieu si on ne se délivre tout à fait du monde et des affaires. Mais le zèle que ma condition m'oblige d'avoir pour le bien public de l'Église et de l'État, pour la gloire de Dieu et le salut des âmes me fait dire au contraire qu'on ne saurait mieux employer son travail qu'aux lieux où il se trouve une plus grande moisson à faire lorsque le divin père de famille nous y appelle [1]. » Une telle prise de position achève de démontrer qu'en dépit de ses nombreux exposés convenus le *Traité de la perfection du chrétien* constitue bien une œuvre personnelle, écrite par Richelieu pour lui-même, alors que l'heure du jugement dernier approche.

En guise de morale, enfin, ce conseil spirituel en forme de règle de vie « dans le monde » pose que « l'une des meilleures maximes qu'on puisse avoir dans la pratique du monde est de travailler avec autant de soin en toutes les affaires qu'on veut entreprendre comme si Dieu ne nous y aidait point, et, après en avoir ainsi usé, se confier en Dieu aussi absolument que si lui seul devait avoir soin de ce que nous voulons sans que nous nous en mêlassions ». Avec de tels conseils, Richelieu balise une voie essentiellement terrestre et active qui s'éloigne de celle, mystique et ascétique, décrite dans la littérature de spiritualité de son temps. Le *Traité de la perfection du chrétien* apparaît bel et bien destiné à poser d'abord les règles de vie du chrétien dans le monde. Le *Traité* rejoint de ce point de vue l'*Instruction du chrétien*, œuvre de jeunesse, et le *Testament politique* contemporain, dont il fait figure de prolongement plus exigeant. Richelieu y décline une réflexion sur sa condition de chrétien au fait des affaires (« La connaissance que le cours des affaires m'a donné de ce qui se passe dans le monde… ») ; sa dévotion en découle : « Chacun doit accommoder sa dévotion à sa condition et non sa condition à certaines règles spirituelles qui, pour n'avoir aucune proportion au genre de vie de celui qui les veut pratiquer, sont comme des greffes excellentes, lesquelles, étant entées sur des sauvageons qui n'ont aucune affinité avec leur nature, les font périr au lieu d'y porter du fruit [2]. » D'où il résulte, bien sûr, que celui qui est attaché à la vie active par son état satisfait au dessein de Dieu, et n'a pas à s'en retirer pour un mode de vie contemplatif qui ne lui conviendrait pas. Plus qu'un examen de conscience, il s'agit bien d'une véritable autojustification.

En ce qui concerne la doctrine, on a principalement retenu sa prise de position marquée en faveur de l'attrition, position jugée

1. *Ibid.*, p. 429.
2. *Ibid.*, p. 435.

souvent laxiste. L'image de Richelieu en théologien complaisant a été très largement le fruit de la propagande menée par les jansénistes, se posant en champions de la rigueur et de la morale à la suite du premier martyr que l'abbaye de Port-Royal eut à déplorer – et à mettre au compte du despotisme ministériel – en la personne de l'abbé de Saint-Cyran[1]. La question est en fait beaucoup plus importante qu'il ne peut nous sembler aujourd'hui, puisque ce qu'elle met en cause – encore et toujours –, c'est le salut de l'âme. En l'espèce, il s'agit de savoir si le cœur du pénitent est broyé (contrit) par l'amour de Dieu ou simplement brisé (attrit) par la peur de l'enfer, et si, dans le second cas, il peut obtenir le pardon, ce que le cardinal affirme résolument en mettant à profit les positions moyennes prises par le concile de Trente et les marges d'interprétation qu'elles supposaient. Ainsi, pour Richelieu théologien, la seule peur de l'enfer (un enfer qu'il ne s'attarde d'ailleurs pas à décrire) est suffisante au rétablissement de l'état de grâce en l'homme, moyennant l'indispensable médiation de l'Église. Finalement, l'attritionnisme exposé par le cardinal est une voie adaptée aux capacités ordinaires de l'âme humaine : elle y est conduite dans un chemin facile car logique, clair et solidement argumenté, empreint d'un souci de régularité et d'exigence, et balisé par l'obéissance volontaire à l'institution ecclésiastique. On peut rapprocher cette position attritionniste de la dialectique luthérienne de la peur de l'enfer et de la certitude de la grâce, qui repose sur le postulat de l'incapacité fondamentale de l'homme à accomplir dans l'amour les commandements de Dieu, et donc à être sauvé – mis à part que l'auteur du *Traité de la perfection du chrétien* coupe court au débat sur la grâce, qui fait alors couler tant d'encre, mais ne l'intéresse guère car il ne peut qu'entraver la marche des affaires.

Bref, même vu sous l'angle – moins connu et pourtant essentiel – du théologien et de l'homme de foi, la personnalité de Richelieu,

---

1. L'abbé de Saint-Cyran et Richelieu s'étaient, on le rappelle, bien connus au temps de l'épiscopat de Richelieu à Luçon, et ils avaient même coopéré, tant qu'il s'était agi de réformes institutionnelles ponctuelles. Mais, le 14 mai 1638, Saint-Cyran, devenu opposant religieux et politique, sorte de successeur de Bérulle à la tête des dévots, est arrêté sous le prétexte de soutenir une opinion hostile à celle du cardinal, précisément sur la question de l'attrition, et conduit à Vincennes d'où il ne sera libéré que le 6 février 1643, après la mort de Richelieu, peu de temps avant sa propre mort, le 11 octobre suivant. F. Hildesheimer, « Richelieu et le jansénisme, ou ce que l'attrition veut dire », dans *Jansenismus, Quietismus, Pietismus*, Göttingen, 2002, p. 11-38.

avant tout homme d'action, reste d'une parfaite cohérence. Le renouveau religieux des dernières années de sa vie le concerne sans doute très intimement, mais n'est en rien une retraite mystique ni un ralliement aux thèses politiques du parti dévot, et ne prélude à aucun rapprochement politique avec la très catholique Espagne.

3

Intrigues à la cour

Si dépassé qu'il paraisse, le parti dévot n'a d'ailleurs pas désarmé. Cette vieille connaissance, partie prenante de toutes les cabales visant à se débarrasser de celui qui l'a trahie, est toujours à l'œuvre pour tenter de renverser le cardinal ; or, en cette période particulièrement troublée, les intrigues de palais sont légion. La mésentente retrouvée du couple royal, au milieu des années 1630, leur donne une importance particulière. Au début de l'année 1630, on a pourtant noté un rapprochement entre Louis XIII et Anne d'Autriche et conçu l'espoir de la naissance d'un dauphin ; mais la reine a fait une nouvelle fausse couche, et le roi, toujours à la recherche d'affections sincères et désintéressées, s'est pris d'une chaste passion pour Marie de Hautefort. Il persuade la reine de la prendre dans sa maison. L'événement est l'un de ceux dont bruit une cour qui se régale d'anecdotes – et l'on jase encore après ce jour où le roi utilise une paire de pincettes pour se saisir d'un billet placé dans le décolleté de sa dame où il ne veut porter la main… L'égérie partage l'hostilité d'Anne d'Autriche envers le cardinal et, de caractère impérieux, ne se prive point de mortifier un Louis XIII moqué et amoureux.

Et puis, en 1635, la blonde effrontée est remplacée par une brune pudique et dévote. Les rumeurs de la cour et de la ville rapportent maintenant les amours innocentes du roi et de « la petite », Louise-Angélique de La Fayette, une autre des filles d'honneur de la reine, âgée de seize ans. Richelieu voit d'abord d'un bon œil cette nouvelle intrigue dont l'héroïne lui paraît dépourvue de tête politique et bien moins dangereuse que la précédente, mais la jeune favorite, non seulement ne lui donne aucune prise, mais encore ne se révèle pas plus favorable au cardinal, sauf qu'elle manifeste le désir de prendre le voile, ce qui permettrait de l'éloigner plus facilement. La première partie de l'année 1636 est consacrée à ces manœuvres, mais le roi est pris et l'influence dévote de Louise-Angélique se révèle plus difficile à contrôler que prévu : elle fortifie les doutes et les scrupules du monarque quant à la politique menée contre les puissances catholiques à l'impulsion du principal ministre.

Richelieu connaît de surcroît de nouvelles alarmes du côté de Gaston d'Orléans. L'unanimité patriotique de la reprise de Corbie n'a duré qu'un bref instant, et l'attentat manqué d'Amiens a bien montré que les rancœurs de Monsieur demeuraient vives. Respectivement réfugiés, comme on l'a dit, à Blois et à Sedan, Gaston et le comte de Soissons, qui se sont fait promesse de « ne jamais consentir à aucun accommodement particulier », inquiètent le cardinal et réjouissent fort Marie de Médicis, laquelle voit apparaître en filigrane son retour triomphal dans le royaume. Il faut à tout prix trouver un accord et surmonter ces « brouilleries » avant de reprendre la campagne militaire. Telle est la conclusion du Conseil qui, le 11 janvier 1637, consacre ses débats à cet épineux sujet. Pour mener la guerre aux frontières, il faut d'abord, une fois de plus, liquider l'opposition intérieure.

Le roi, accompagné de La Force, s'approche en personne de Blois, tandis que les négociations se poursuivent et que, dans l'entourage de Gaston, opposants et partisans du cardinal s'affrontent. Le 8 février, une entrevue entre les deux frères rétablit une apparente harmonie, sans que soit véritablement réglée la récurrente question du mariage lorrain de Monsieur : l'entretien de Madame et de sa maison est prévu par l'accord arraché à l'occasion de cette nouvelle réconciliation, mais reporté « après célébration du mariage » ; Gaston doit se contenter de cet espoir. Rome admet le vice de forme dénoncé par l'Assemblée du clergé en 1635, mais persiste à refuser d'en faire une cause d'invalidité du sacrement. L'affaire traînera jusqu'à la mort de Richelieu, quand Louis XIII consentira enfin à reconnaître le mariage de son frère.

Il nous faut ici faire état d'un épisode auquel beaucoup de contemporains ont accordé de l'importance : l'opposition acharnée du cardinal à l'alliance lorraine aurait été due à son désir de marier le prince avec sa nièce favorite, afin d'élever sa famille à un statut quasi royal. Richelieu lui-même n'a jamais rien dit de ce projet, mais divers mémorialistes le mentionnent. Au printemps de 1636, le nonce Bolognetti y fait allusion en soulignant l'opposition du roi à cette mésalliance de son frère. Le 30 juin, en effet, le diplomate romain écrit : « Le bruit du mariage avec Madame de Combalet s'apaise quelque peu. On dit que Bautru, se trouvant avec le roi, aurait fait des vœux pour le mariage de Monsieur, ce que Sa Majesté avait approuvé, puis avait prononcé le nom de Madame de Combalet, et que Sa Majesté en aurait montré du déplaisir. Le cardinal se serait plaint de Bautru et de ceux qui parlaient de ce mariage de Monsieur avec sa nièce, comme s'il n'y avait jamais pensé. Mais on croit que ces plaintes de Son Éminence sont pour conduire l'affaire plus secrètement et pour que la proposition en vienne d'autres personnes. » Richelieu se tourne ensuite, pour sa nièce, vers une alliance avec le comte de Soissons que celui-ci refuse avec hauteur, sous prétexte que le premier mari de la dame était de trop petite extraction, et à laquelle Gaston s'oppose par amitié pour Monsieur le Comte. En août 1637 encore, Mme de Combalet est reçue à Blois, et Richelieu, qui l'estime de ce fait courtisée par Gaston, ose cette mise au point ambiguë : « Je ne sais si je dois me réjouir et vous remercier de l'honneur qu'il a plu à Votre Altesse faire à ma nièce, étant en doute si c'est parce que vous croyez qu'elle puisse devenir telle que vous avez jusqu'ici témoigné désirer les dames, ou parce que vous commencez à faire cas des femmes de bien[1]. »

À la même époque survient une autre péripétie, celle-ci relevant de la légende de Richelieu, et dont il est facile de faire justice[2]. En janvier 1637, Corneille fait jouer avec un immense succès *Le Cid* : « Tout Paris pour Chimène a les yeux de Rodrigue », écrit Boileau. Le roi se fait représenter la pièce au Louvre à plusieurs reprises, et Richelieu fait de même en son hôtel. La pièce est d'ailleurs dédiée à Mme de Combalet et son auteur, aussitôt anobli[3], bénéficie d'une pension et obtient un privilège pour l'impression. Ce succès et ces témoignages de bienveillance, mais aussi sans doute l'arrogance agressive de Corneille, lequel s'autorise de son succès pour refuser toute critique, suscitent la jalousie de ses confrères et donnent lieu à une violente polémique avec trois d'entre eux, Scudéry, Mairet et Claveret ; la pièce est accusée de n'être conforme ni aux règles, ni aux bienséances, voire de démarquer une œuvre espagnole. À la fin de mai, Scudéry s'adresse à « l'illustre Académie » nouvellement fondée (ses lettres patentes de fondation sont encore à l'enregistrement par le Parlement de Paris) et requiert son jugement. Richelieu acquiesce à l'intervention

1. G. Dethan, *Gaston d'Orléans, conspirateur et prince charmant*, p. 250.
2. L. Batiffol, *Corneille et Richelieu. La légende des persécutions de l'auteur du « Cid »*, Paris, 1936.
3. En fait, c'est à travers son père, maître des Eaux et Forêts, que Corneille bénéficie de cette mesure.

de la jeune compagnie qu'il protège, et à qui revient la mission difficile de censurer les fautes de forme que l'on a pu relever dans l'ouvrage, tout en respectant la faveur dont celui-ci est l'objet ; il se fait lire les *Sentiments de l'Académie sur le Cid* et y apporte lui-même des nuances. À la fin de l'année, le cardinal impose silence aux polémiques renaissantes, tout en continuant de manifester sa bienveillance à un Corneille qui lui dédicacera sa pièce suivante, *Horace*.

On est donc fort éloigné de la légende (qui prend sa source dans l'*Histoire de l'Académie française* de Pellisson, datant de 1653, et s'amplifie outre mesure au XIXe siècle) d'une condamnation ayant pour ressort la jalousie littéraire de Richelieu, lequel aurait persécuté Corneille par l'intermédiaire de l'Académie française ; aussi peu fondée, la légende d'un *Cid* dont le sujet aurait été suggéré à Corneille par une Anne d'Autriche-Chimène y réglant sur la scène ses comptes avec un ministre détesté. En revanche, la querelle et l'intervention d'une institution proche du pouvoir rappellent clairement que c'est à ce dernier qu'il appartient de consacrer, pour le plus grand profit de l'État, toute gloire, y compris littéraire. On peut néanmoins estimer que, quels que soient l'amour des belles-lettres de Son Éminence et ses ambitions en ce domaine, son esprit est assurément plus souvent attaché à d'autres objets en cette tumultueuse année 1637.

L'accommodement avec Gaston ayant eu lieu, il ne reste plus que le comte de Soissons, opposant déterminé, avec qui les négociations occupent le premier semestre de l'année, sans que l'on se persuade, de part et d'autre, d'une quelconque sincérité, d'autant que des lettres une fois de plus interceptées font connaître les tractations de Monsieur le Comte avec l'Espagne. Les *Mémoires* de Richelieu résument ainsi l'accord signé à Bruxelles par Marie de Médicis et le cardinal-infant, un accord directement dirigé contre lui : « Il était convenu entre eux que le roi d'Espagne ne ferait ni paix ni trêve avec la France sans obtenir un établissement pour la reine mère et le comte de Soissons dans le royaume, avec les satisfactions qu'ils pouvaient raisonnablement désirer, ce que ladite dame entendait ne pouvoir jamais être, que le cardinal ne fût mort ou disgracié et hors du service du roi. En ce cas, bien que les intérêts de l'empereur et des deux Couronnes ne fussent pas encore ajustés, dès que ladite dame aurait mandé qu'elle serait satisfaite et ceux qui dépendent d'elle, elle serait en neutralité avec eux et aurait quatre mois de temps pour travailler à terminer les différends d'entre les deux Couronnes, et dès lors aussi commencerait une trêve qui durerait quinze jours, durant laquelle il ne se ferait aucun acte d'hostilité par les armées du roi catholique contre la France [1]. » L'inquiétude de Richelieu est vive, mais il n'en faut rien montrer. Il s'agit de négocier et de composer, en vérité d'étouffer Soissons sous un déluge de faveurs pour le détourner du parti de l'Espagne et de Marie de Médicis. On finit par y parvenir : le 26 juillet, Monsieur le Comte signe un acte d'obéissance et de fidélité, tandis que le roi oublie ses fautes ; Soissons est autorisé à demeurer à Sedan pour quatre ans – soit jusqu'en 1641. Tout semble pour le moment rentrer dans l'ordre.

Ce danger provisoirement conjuré, il en est un autre encore plus virulent, car il émane de la reine elle-même. Entre Anne d'Autriche et le cardinal, l'entente cordiale n'est pas de mise, et les ragots vont bon train, qui accusent le ministre d'avoir un faible pour une souveraine qui le déteste car il l'a séparée de son entourage et la tient sous haute surveillance. Peu sensible aux réceptions fastueuses qu'il donne en son honneur, elle n'hésite pas à lui manifester publiquement son hostilité, à l'automne 1636, aux Tuileries, en refusant avec hauteur d'accéder à sa demande d'arrêter son carrosse pour l'entretenir. Elle trouve refuge dans la piété et pratique de fréquentes retraites au Val-de-Grâce. Ce sont toujours des correspondances « providentiellement » interceptées par les sbires du cardinal, à la fin de juillet 1637, qui font connaître à ce dernier que la reine de France, demeurée espagnole de cœur, profite de ses pieux séjours pour entretenir des liaisons dangereuses avec des suspects ou des ennemis : avec Madeleine de Silly, dame du Fargis, et avec le marquis de Mirabel, ancien ambassadeur d'Espagne en France, ou encore avec les ministres d'Espagne qu'elle a rencontrés en France, le cardinal-infant, le duc de Lorraine, la reine d'Angleterre, et surtout avec la duchesse de Chevreuse, qui, exilée près de Tours, n'a en rien renoncé à ses intrigues et entend maintenant fédérer les ennemis de la France. On apprend même qu'il y a, cachée sur une terrasse communiquant avec le cabinet de la reine, une compromettante cassette... Bref, la reine a une filière de correspondance avec la cour de Madrid et un dessein politique qui veut contraindre la France à traiter avec les Habsbourg : autrement dit, elle se rend coupable, en temps de guerre, d'intelligence avec l'ennemi. Cette fois, ce n'est pas un complot visant directement la personne de Richelieu, mais une affaire politique qui peut fort mal tourner si les Espagnols décident d'en tirer parti.

Richelieu, qui a aussitôt informé le roi et patiemment constitué son dossier à charge, décide de crever l'abcès et de confondre la

1. *Mémoires*, éd. Petitot, IX, p. 371.

souveraine. En août 1637, on passe à l'action en mettant la main sur
La Porte, portemanteau ordinaire de la reine, agent de transmission
des missives compromettantes, en possession d'une lettre adressée à
la duchesse de Chevreuse. On perquisitionne au Val-de-Grâce : le
chancelier Séguier s'y rend en personne avec l'archevêque de Paris
et interroge l'abbesse, la Franc-Comtoise Louise de Milley, déposée
sur-le-champ et expédiée vers La Charité-sur-Loire. Mais rien de
très positif ne ressort de ces investigations. Sur ordre du roi, le chancelier se rend à Chantilly pour interroger la reine elle-même ; celle-
ci, qui ne peut longtemps nier, est finalement réduite aux aveux et à
un humiliant recours au cardinal à qui échoit ainsi le beau rôle de
conciliateur : Son Éminence la pousse, aussi respectueusement
qu'implacablement, à tout lui découvrir – « Il y a plus, Madame... ».
C'est une véritable confession qu'elle lui fait seule à seul : « Entre
autres choses, elle a témoigné quelquefois des mécontentements
de l'état auquel elle était et a écrit et reçu des lettres du marquis de
Mirabel, qui étaient en des termes qui devaient déplaire au Roi.
Elle a donné avis du voyage d'un ministre en Espagne pour qu'on
eût l'œil ouvert à prendre garde à quel dessein on l'envoyait » ;
elle « a donné avis au marquis de Mirabel qu'on parlait ici de
l'accommodement de M. de Lorraine et qu'on y prît garde. Elle a
témoigné être en peine de ce qu'on disait que les Anglais s'accom-
modaient avec la France, au lieu de demeurer unis à l'Espagne, et la
lettre dont La Porte s'est trouvé chargé devait être portée à la dame
de Chevreuse... »[1].

Anne d'Autriche est brisée : sa trahison est patente, puisqu'elle
n'a pas agi en reine de France, mais en Espagnole, contre les intérêts
de sa patrie d'adoption. Réclusion dans un couvent, procès,
répudiation ? Telles sont les sanctions qu'elle peut craindre, et le
cardinal a beau jeu de se montrer paternel et compréhensif. Son
plaisir est assurément grand quand elle s'écrie : « Quelle bonté faut-
il que vous ayez, Monsieur le cardinal ! J'aurai toute ma vie la
reconnaissance et l'obligation que je pense avoir à ceux qui me
tirent de cette affaire. Donnez-moi la main. » Et Richelieu de
refuser « par respect » pour s'empresser d'aller rendre compte au
roi. Commentant cet épisode, ses ennemis clament que le cardinal a
cherché à se venger du mépris de la reine en obtenant une
répudiation ; en fait, il entend détruire son réseau et mettre fin à ses
intrigues, ce à quoi il parvient.

Suit une deuxième séance d'humiliation de la reine face à un roi
glacial ; la mise en forme de ses aveux ; l'obtention du pardon

1. Avenel, V, p. 835-839.

consécutif du roi, rechignant et imposant ses exigences de contrôle du courrier et des correspondants de son épouse. Ce qui fut signé à Chantilly le 17 août 1637 et confirmé par cette mention autographe : « Je promets au Roi d'observer religieusement le contenu ci-dessus. » Ces lignes tracées, la reine voit le roi entrer dans sa chambre et l'embrasser à la prière du cardinal, promu arbitre de la paix du ménage royal ; mais une reine peut-elle aimer le redoutable témoin de son humiliation domestique ?

Il n'empêche que, pour Richelieu, l'essentiel est acquis et le danger conjuré. Il ne reste plus qu'à obtenir les aveux de La Porte – qui, depuis son cachot de la Bastille, s'obstine, pour protéger sa maîtresse, à nier l'évidence – ainsi que ceux de l'abbesse du Val-de-Grâce exilée à La Charité. Les choses sont moins faciles, on s'en doute, avec la duchesse de Chevreuse que Richelieu cherche à se concilier, mais qui, loin de se fier à ses bonnes paroles, prend la fuite : celle que l'abbé du Dorat, émissaire choisi par le cardinal pour l'amadouer et l'interroger tout à la fois, estime être « la plus grande ennemie qu'ait le cardinal et qui l'a le plus désobligé », quitte Tours dans son carrosse ; déguisée en page, elle chevauche ensuite vers Poitiers et disparaît dans une voiture à six chevaux que le roi d'Espagne Philippe IV envoie à sa rencontre. D'Espagne elle passera en Angleterre, continuant sans trêve ces intrigues qui font sa vie.

Cependant, si l'on en croit les *Mémoires* de Richelieu, « de tous ceux qui se comportèrent mal en cette affaire et témoignèrent mauvaise volonté au gouvernement présent, il n'y en eut point qui allât si avant que le petit père Caussin [1] ». Ce pieux jésuite, auteur d'un ouvrage de spiritualité intitulé *La Cour sainte*, est devenu confesseur de Louis XIII par la grâce du cardinal et en dépit de l'avis négatif de ses supérieurs, qui l'estiment inapte à cette fonction éminemment politique ; il est en effet « d'une candeur rare, d'une sincérité exubérante, d'une franchise de langage presque brutale ; lorsqu'il avait une idée en tête ou qu'il entendait un appel de sa conscience, il n'était plus maître de lui, il fonçait tout droit, sans craindre ni ménager personne [2] ». La mission qui lui a été assignée par le puissant ministre est, sans aucunement se mêler de politique, de « découdre » la chaste liaison du roi avec Mlle de La Fayette en poussant l'égérie vers le cloître avant qu'elle ne parvienne à inspirer à son soupirant des sentiments d'hostilité envers le cardinal. Pour

1. *Mémoires*, éd. Petitot, X, p. 191 sq.
2. P. Fourqueray, *Histoire de la Compagnie de Jésus*.

Richelieu, il s'agit d'une véritable affaire d'État : derrière elle, il y a la crainte de la renaissance du parti dévot ; on comprend, dès lors, qu'éliminer cette dangereuse dame de cœur mobilise une part très importante de son énergie et de son crédit.

Si la vocation de Louise-Angélique est réelle, et si le cardinal est fort pressé de la voir s'accomplir, Louis XIII l'est beaucoup moins, et Richelieu doit également contrôler son affliction, se faire tout à la fois confident, ami, consolateur et directeur de conscience. Le 19 mai 1637, c'est la déchirante séparation que Richelieu apprend avec soulagement : le matin, dans la chambre de la reine à Saint-Germain, Louise-Angélique demande son congé, tandis que le roi, déchiré de douleur, lui accorde d'aller où Dieu l'appelle : « Il n'appartient pas à un homme de s'opposer à sa volonté. Je pourrais de mon autorité royale vous retenir à la cour et défendre à tous les monastères de mon royaume de vous recevoir, mais je connais cette sorte de vie si excellente, que je ne veux pas avoir à me reprocher de vous avoir détournée d'un si grand bien[1]. » Puis Louis monte en carrosse pour Versailles ; le soir même, Louise entre au couvent de la Visitation de la rue Saint-Antoine à Paris.

Inconsolable, le souverain s'alite à Versailles où Richelieu vient le visiter. De toute urgence il faut lui trouver une remplaçante pour occuper son cœur ; le cardinal entend s'y employer, mais se fait fort maladroitement entremetteur. À la fin d'une lettre du 4 juin consacrée aux affaires de la guerre, on lit ainsi : « Je change de matière pour dire à Votre Majesté qu'un religieux est allé trouver Mlle de Chemerault [autre demoiselle d'honneur] pour lui dire qu'il savait de bon lieu que vous la vouliez aimer, qu'il l'en avertissait et de plus que, si elle voulait se laisser conduire par ses avis en cette affection, ses affaires iraient bien. Cet avis est très véritable. Sa Majesté n'en fera pas semblant, s'il lui plaît[2]. » Ce que refuse dignement ce dernier : « L'ayant promis à La Fayette, à laquelle je n'ai jamais manqué de parole ni elle à moi, je persisterai jusqu'à la mort dans ledit dessein de ne m'engager à personne et essaierai de vivre le mieux que je pourrai en ce monde pour faire en sorte de gagner le paradis, qui est le seul but qu'on doit avoir en ce monde. Voilà mon intention, en laquelle je persisterai tant que le bon Dieu me fera la grâce de vivre. » Et d'ajouter : « Vous pouvez savoir que, depuis que je suis ici, je n'ai parlé à femme ni fille du monde qu'à la reine[3]. »

1. P. de Rochemonteix, *Nicolas Caussin*, Paris, 1911, p. 128-130.
2. Avenel, V, p. 784.
3. M. Vaunois, *Vie de Louis XIII*, 1936, p. 452.

Mais, le 30 juin, une très inquiétante nouvelle se fait jour ; le père Caussin écrit : « Je viens d'apprendre que le Roi, étant entré assez soudainement dans Paris, est descendu à la Visitation pour y voir Mlle de La Fayette »… Son Éminence en conçoit le plus vif mécontentement, d'autant qu'il apprend que l'entretien a duré trois grandes heures. Pour lui, il ne s'agit pas d'une bagatelle : cette visite dont le roi ne l'a pas informé constitue une grave affaire d'État qu'il convient de surveiller de près…

Car les visites se renouvellent. Le père Caussin et la visitandine – qui a pris le voile le 22 juillet – partagent maintenant le même pieux dessein : combattre dans l'esprit de Louis XIII la politique de Richelieu qu'ils jugent contraire à la paix de l'Église et au repos de la chrétienté, néfaste au peuple et à l'union de la famille royale ; et la visitandine de tenter de persuader Louis XIII de reprendre le chemin du lit conjugal.

C'est à la suite d'un de ces entretiens si redoutés que se produira le miracle. Au début de décembre, Louis, qui se rend de Versailles à Saint-Maur, traverse Paris et fait halte à la Visitation. Un violent orage éclate, qui lui interdit de continuer sa route et l'oblige à aller au Louvre ; là, son appartement n'étant pas préparé, il doit se résoudre à demander l'hospitalité à la reine qui y réside. Il soupe avec elle et ne la quitte qu'au matin. Six semaines plus tard, on annoncera la grossesse de la reine.

En attendant, le père Caussin se croit assez fort pour défier le ministre ; autour de Mlle de Hautefort, la précédente favorite qui est revenue en faveur dans le cœur du roi, une conjuration réunit, sous le masque de la dévotion, Louise-Angélique, Gaston et Soissons. Le bon père se fait leur porte-parole ; se prenant pour un nouveau Marillac, il s'est mis en tête de contrebalancer l'influence du principal ministre. Le 8 décembre 1637, il entreprend de détourner le roi de la politique belliqueuse du cardinal, interpellant la conscience du souverain sur ses alliances hérétiques, les souffrances de son peuple et le malheur de sa mère en exil, dont il se risque même à lui remettre une lettre…

Mais il faut croire que la police du cardinal s'immisce jusque dans le tête-à-tête de la confession, car Richelieu est immédiatement informé de l'offensive du bon père et se lance dans son habituel chantage à la démission (« mais s'il a mieux pénétré vos intentions que moi, j'estimerais être coupable si je cherchais à rendre mon absence agréable, lorsque ma présence ne pourrait vous être utile [1] »). Suit une entrevue glaciale à Rueil du cardinal avec le jésuite, au cours de laquelle ce dernier est mis en garde contre…

---

1. Avenel, V, p. 1067.

« l'esprit et l'artifice des femmes », et tout simplement poussé hors de scène ; quand arrive le roi, Richelieu, à grand renfort d'arguments éloquents et convaincants, s'assure de son soutien.

Sept ans ont passé depuis la journée des Dupes, mais le programme des dévots ne varie pas, qui veut remettre la politique sous la coupe de la religion et rappeler la reine mère. Cette fois, il s'exprime à travers la rivalité verbale de deux ecclésiastiques pour l'oreille du roi, lequel, torturé de scrupules, ne pourra tenir tête à son ministre. Si le cardinal l'emporte encore, à cette occasion, ce n'est pas, comme en 1630, par son silence respectueux, mais grâce à la persuasion autoritaire de sa parole. En effet, il se heurte cette fois à un homme d'Église dont il partage les codes rhétoriques ; maîtrisant le terrain, il gagne ses adversaires raisonnablement, au coup par coup, chacun à son tour. Sa fortune, en ces circonstances, est qu'il ne s'est trouvé directement confronté à aucune femme – même si les femmes sont omniprésentes dans l'affaire, et Richelieu ne s'y trompe pas en attaquant d'emblée le père Caussin sur ce point : les deux reines et leur entourage, Mlle de La Fayette, Mme d'Aiguillon toujours présente auprès de son oncle, demeurent en coulisses, et ne perturbent pas de leurs invectives la controverse politique où Son Éminence excelle.

Pour le « petit père », qui refuse l'offre généreuse de son vainqueur de lui conserver ses fonctions pourvu qu'il se rallie à sa politique, c'est l'exil à Rennes. Pour Richelieu, c'est une nouvelle élévation éclatante, en la personne de sa chère nièce qui, à défaut de la main de Gaston, obtient, le 1er janvier 1638, la terre d'Aiguillon érigée une nouvelle fois en duché-pairie en considération des « grands et signalés services que nous a rendus, à nous et à cette Couronne, notre cher et bien-aimé cousin le cardinal de Richelieu [1] ». Dès le 27 juin 1637, le cardinal peut écrire, rassuré : « Vous savez, grâce à Dieu, que je suis si assuré de la bonté du Roi que je n'appréhende point qu'aucun artifice puisse changer la disposition de son esprit à mon égard [2]. »

---

1. Puylaurens, fait duc d'Aiguillon en 1634, était mort en 1635 sans héritier direct, ce qui permit au cardinal de racheter la terre à sa veuve.
2. Lettre à M. d'Hémery, Avenel, VII, p. 770.

4

Dieudonné ou la divine réponse

Parmi les révélations que Dieu envoie aux religieuses calvai-riennes, dont le père Joseph dresse alors soigneusement procès-verbal, figure celle-ci, transmise par mère Anne de Jésus Crucifié : « Je fais des grâces, et après on ne s'en souvient plus quand j'ai garanti des périls. Quand cela est, je change mes grâces en puni-tions et je châtie les ingrats. [...] Il faut que ton roi ne soit de ce nombre. [...] Je veux aussi qu'il fasse honorer ma Mère en son royaume en la manière que je lui ferai connaître. Je rendrai son royaume, par l'intercession de ma Mère, la plus heureuse patrie qui soit sous le ciel [1]. » Le projet fédérateur pouvait agréer aux dévots comme à Richelieu et au père Joseph et convenait au climat mys-tique du temps. Le 10 décembre 1637, la Vierge est ainsi instituée protectrice spéciale du royaume et priée « de nous inspirer une si sainte conduite, défendre avec tant de soin ce royaume contre l'effort de nos ennemis que, quoi qu'il souffre le fléau de la guerre ou jouisse des douceurs de la paix, il ne sorte point des voies de la grâce qui conduisent à celles de la gloire ». En outre, le roi promet de faire reconstruire le grand autel de l'église cathédrale de Paris, entendant y être représenté « aux pieds du Fils et de la Mère, comme leur offrant sa couronne et son sceptre », et demande que chaque année, au jour de l'Assomption, ait lieu dans tous les dio-cèses une commémoration solennelle de ce vœu qui a pour but d'obtenir le soulagement du royaume, et non pas directement, comme on le pense souvent, la naissance d'un héritier du trône [2].

1. Fagniez, *Le Père Joseph et Richelieu*, II, p. 245-246.
2. R. Laurentin, *Le Vœu de Louis XIII*, 2ᵉ éd., Paris, 2004. Le vœu sera renouvelé le 10 février 1638, assorti de prières pour la naissance d'un dauphin.

Cela dit, la naissance d'un dauphin pouvait bien être interprétée comme la miraculeuse réponse divine à ces pieuses dispositions. Le couple royal était resté en effet stérile durant plus de vingt ans, au cours desquels Anne d'Autriche avait fait quatre fausses couches. La discorde qui régnait au sein du couple ne laissait raisonnablement présager aucun rapprochement fécond. Conséquence directe de la nuit d'orage passée avec la reine au sortir de la Visitation, et résultat indirect des prières, neuvaines et pèlerinages du monde dévot intensément mobilisé pour solliciter le ciel et en accueillir révélations et présages, c'est, le 5 septembre 1638, la naissance de Louis, dit Dieudonné, tandis que, presque au même moment, le 20 septembre, à Madrid, venait au monde l'infante Marie-Thérèse, sa future épouse.

Richelieu est alors à Saint-Quentin et, dès le lendemain, il écrit au roi et à la reine, qui lui ont adressé des courriers porteurs de la divine nouvelle, deux lettres exprimant la joie qu'il ressent à cette annonce : « Je prie Dieu de tout mon cœur pour sa conservation et, en vérité, je crois que, Dieu vous l'ayant donné, il l'a donné au monde pour de grandes choses [1]. » Aussitôt, rapporte *La Gazette*, il se rend à l'église en grand cortège en compagnie du duc d'Angoulême « où, ayant ouï la messe chantée par l'abbé Chambre, son aumônier, et le *Te Deum* et *Domine, salvum*…, il donna la bénédiction à tout le peuple qui y était en grande affluence ». « Nous avons fait florès pour la naissance de M\ le Dauphin, et nos feux de joie ont été tels que six maisons de cette ville en ont brûlé [2] », écrit-il à Chavigny. *La Gazette* rapporte encore qu'aussitôt de retour à Paris, en octobre, il se rend à Saint-Germain et y retrouve le roi « dans la chambre de Monseigneur le Dauphin, où la reine était aussi. Il serait malaisé d'exprimer de quels transports de joie Son Éminence fut touchée voyant entre le père et la mère cet admirable enfant, l'objet de ses souhaits et le dernier terme de son contentement »…

Si le roi et le cardinal exultent, Monsieur a moins de motifs de se réjouir. Chavigny rapporte à Richelieu que Gaston « est demeuré tout étourdi lorsque Madame Péronne [la sage-femme] lui a fait voir, par raison physique, que la reine était accouchée d'un fils », et ajoute : « Il faut lui pardonner s'il est un peu mélancolique. Les six mil écus que le roi lui a accordés, à la prière de Monseigneur, le consoleront un peu ; et, plus que toutes les choses du monde, l'assurance que je lui ai donnée, de la part de Son Éminence, que rien ne

1. Avenel, VI, p. 157.
2. Lettre à Chavigny, *ibid.*, p. 152.

l'empêcherait de le servir toujours[1]... » Retiré à Limours, Gaston laisse apparaître sa peine à son entourage « avec mille larmes », au dire de Nicolas Goulas, l'un de ses familiers. Le voilà désormais éliminé comme danger politique direct, et la question de son « démariage » perd ce faisant beaucoup de son intérêt politique ; il lui restera à jouer un rôle – que son frère tient à voir rester discret – en matière de commandement militaire. En apparence, cette mise sur la touche, qui se confirmera le 21 septembre 1640 avec la naissance d'un second fils de France, Philippe, duc d'Anjou, le « Petit Monsieur », inaugure un bref temps d'harmonie entre le roi, son frère et son ministre.

En tout état de cause, la naissance d'un dauphin est bien un immense événement politique. Un an tout juste après l'affaire du Val-de-Grâce qui lui a fait toucher le fond de la disgrâce, elle réhabilite Anne d'Autriche, « cette reine à laquelle, selon *La Gazette*, il ne manquait plus rien que d'être mère ». Sa maternité tardive – elle a trente-huit ans à la naissance du dauphin – lève l'hypothèque qui pesait sur la succession royale et en fait un personnage nouveau, métamorphosé, responsable et politiquement averti ; elle se rapproche du cardinal naguère abhorré, dont elle saura dorénavant ménager le pouvoir, dans l'intérêt de ses enfants.

Cette naissance donne encore une vigueur nouvelle à la politique de prestige de la royauté : elle se traduit par un regain dans l'édification des bâtiments royaux. C'est précisément en septembre 1638 que la surintendance des Bâtiments du roi est enlevée au président de Fourcy pour être confiée à un des collaborateurs très proches de Richelieu : Sublet de Noyers, déjà secrétaire d'État de la Guerre et spécialiste des fortifications, qui devient, en sus de ses fonctions militaires, un véritable ministre des Arts. On reprend alors, au Louvre, le chantier de la Galerie du bord de l'eau, laissé à l'abandon depuis Henri IV, et on requiert Nicolas Poussin que l'on fait revenir de Rome pour travailler aux chantiers du roi ; on travaille également à Fontainebleau...

Qui plus est, les années 1637-1638 sont, sur le plan militaire, celles d'un lent rétablissement de la situation, même si des finances insuffisantes ne permettent généralement pas d'exploiter à fond les avantages acquis sur le terrain. Laissons la parole au cardinal, car le récit de ces années clôt la *Succincte narration des grandes actions du roi* dont il s'est fait l'auteur : « En 1637, vous emportâtes deux places sur vos ennemis dans la Flandre et reprîtes une de celles qui,

1. *Ibid.*, p. 149.

l'an précédent, leur avaient été livrées par la lâcheté du gouverneur. Une troisième, assiégée dans le Luxembourg, fut prise peu après, et vos ennemis reçurent autant de dommage par l'entrée de vos armes en leur pays qu'ils avaient eu dessein de vous en faire par la même voie[1]. »

Ces succès sont à porter à l'actif du cardinal de La Valette, qui se couvre de gloire dans les Flandres, prenant successivement, en juin-juillet, Le Cateau-Cambrésis et Landrecies, puis Maubeuge. Le roi rêve de participer en personne à ces actions glorieuses, venger l'affront de 1636 et reprendre lui-même La Capelle ; mais Richelieu est à nouveau réticent et, bien que le roi y voie de la jalousie et en conçoive de l'humeur, il fait prévaloir son point de vue. La Capelle sera reprise le 22 septembre 1637, tandis que le cardinal-infant échoue à débloquer Maubeuge, ce qui radoucit l'humeur royale et embellit les relations avec le ministre.

En juillet, le maréchal de Châtillon a également réengagé l'offensive au Luxembourg : il prend, puis perd Ivoy et assiège Damvillers dont il vient à bout à la fin d'octobre. Il termine la campagne à bout de forces, faute, comme toujours, de moyens.

De Valteline, en revanche, les nouvelles sont franchement mauvaises : les Espagnols ont réussi à soulever contre Rohan les Grisons qui l'avaient appelé à leur secours ; manquant des subsides nécessaires pour payer ses troupes, celui-ci n'a pu guère que traiter et évacuer la Valteline ; le 5 mai 1637, les troupes françaises ont quitté les Grisons, tandis que leur chef gagnait Genève puis Venise. Sa conduite a été hautement blâmée, mais l'ancien rebelle pouvait-il véritablement inspirer confiance ?

« Si une terreur panique de celui qui commandait vos forces dans la Valteline et l'infidélité de quelqu'un de ceux pour la liberté desquels vous les aviez prises vous fit perdre et par lâcheté et par trahison tout ensemble les avantages que vous y aviez acquis par la force et par la raison, cette année fut heureusement couronnée par la reprise des îles de Sainte-Marguerite et de Saint-Honorat et par le secours de Leucate assiégée par les Espagnols[2]. » Le premier de ces succès est particulièrement cher au cœur du cardinal, car il est maritime. La reprise des Îles de Lérins constituait, pour lui, un objectif principal : c'est d'abord l'île Sainte-Marguerite qui est attaquée du 24 au 28 mars ; les Espagnols, en fait des Napolitains, se retranchent dans le fort de Sainte-Marguerite qui capitule le 12 mai, suivi de l'île Saint-Honorat. Puis c'est Leucate, place forte située en bordure

1. *Testament politique*, p. 78.
2. *Ibid.*, p. 78-79.

de mer entre Narbonne et Perpignan, assiégée par les Espagnols eux-mêmes puissamment fortifiés, qui est dégagée de nuit sous la direction de Charles de Schomberg, duc d'Halluin – fils du fidèle maréchal Henri de Schomberg, celui de Ré, La Rochelle, Suse, Castelnaudary ; à la suite de son illustre père, il est promu maréchal.

Sur le Rhin enfin, Bernard de Saxe-Weimar cherche à porter la guerre en Allemagne ; en août 1637, il passe le fleuve et met en échec Jean de Werth, mais les renforts en troupes et en argent font une fois de plus défaut et, exaspéré, il repasse le Rhin et prend ses quartiers d'hiver en Franche-Comté. Il se rend à Paris, pour mettre les Français face à la réalité ; discutant stratégie avec le père Joseph, il manifeste son agacement face aux conseils non assortis de moyens financiers d'exécution : « mais enfin, Monsieur Joseph, votre doigt n'est pas un pont ! » se serait-il exclamé, alors que l'Éminence grise lui signifiait sur une carte la nécessité de passer le Rhin…

En Allemagne, Banér tient tête victorieusement aux Impériaux ; les Suédois progressent avec succès, puis repassent l'Elbe pour se replier vers la Baltique, vainement poursuivis par Gallas.

À l'occasion de ces quelques succès, le moral revient et les relations au sein du couple dirigeant s'en ressentent heureusement : « Je me porte bien aujourd'hui et vous puis assurer que je suis plus content de vous que je ne fus jamais », écrit le roi à Richelieu le 22 octobre [1].

Avec le traité de Hambourg, en mars 1638, l'alliance suédoise est renforcée et renouvelée pour trois ans : en échange du versement d'un subside annuel d'un million de livres, la Suède s'interdit toute paix séparée. L'année 1638 permet de mettre sept armées en action (Artois, Flandres, Champagne, Luxembourg, Rhin, Franche-Comté, frontière espagnole), ainsi que la marine. La campagne s'ouvre sur une victoire de Bernard de Saxe-Weimar : remontant le Rhin, il s'attaque avec succès aux places bordant le cours du fleuve, dont la plus importante, Rheinfelden, est défendue par Jean de Werth, lequel est même fait prisonnier le 2 mars. Fribourg tombe peu après. Puis Saxe-Weimar encercle Brisach, place du pays de Bade au croisement des grandes voies de passage entre la France, l'Allemagne et l'Italie. La ville est très fortement défendue et le siège s'annonce long.

Sur les autres fronts, c'est la médiocrité du commandement – certains chefs sont trop âgés, d'autres franchement incapables – et les rivalités en son sein qui sont à l'origine des déboires. Car, sur le

1. R. et A. de Beauchamp, *Louis XIII d'après sa correspondance avec le cardinal de Richelieu*, Paris, 1902, p. 328.

plan de la préparation matérielle et de la logistique, avec le temps, bien des progrès ont été faits : le roi de France dispose pour lors de grandes armées désormais aguerries et ses services d'intendance sont mieux organisés. Engagé sous la direction du marquis de Brézé, le beau-frère de Richelieu, et du maréchal de Châtillon appuyés par La Force, le siège de Saint-Omer, dans cette Picardie où l'on veut reprendre pied, est pourtant un franc échec ; le prince Thomas de Savoie et Piccolomini forcent l'armée royale à la retraite et, passée sous le commandement du maréchal du Hallier, celle-ci borne ses ambitions à la reprise du Catelet qui était resté depuis 1636 aux mains des Espagnols ; cette fois, le roi paie de sa personne pour mobiliser les énergies.

Le 15 août, fête de la Vierge, le roi et le cardinal accomplissent les prescriptions du vœu en l'église d'Abbeville où les ont amenés ces opérations militaires, tandis qu'à Paris Mgr de Gondi préside la première procession commémorative. Une fois encore, le roi rentre le premier à Saint-Germain et laisse le cardinal sur le terrain, entre Abbeville, Picquigny et Amiens. Celui-ci est fort marri de la conduite de son beau-frère Brézé, dont l'incapacité rivalise avec l'inconscience – son seul souci étant de ne pas rater la saison des melons dans ses terres angevines : « Vu les grands biens que je vous ai faits ou que vous avez reçus, par mon moyen, de la grâce du Roi, et le mauvais état auquel étaient vos affaires lorsque vous êtes entré en mon alliance avec les beaux titres dont vous me parlez, mais si peu de bien qu'entre ce dont vous jouissez et ce que vous aviez lors, il y a différence de beaucoup à rien… En quittant ces quartiers, vous avez voulu quitter mon amitié [1]… »

En Italie, c'est la confusion : Christine de Savoie, qui exerce la régence pour son fils François-Hyacinthe, est fort impopulaire et, de surcroît, supporte mal la tutelle dans laquelle veut la tenir Richelieu ; dans son entourage, un jésuite intrigant, le père Monod, flatte la vanité de la régente et joue à fond contre la France. À la mort prématurée de son fils, qui survient le 4 octobre 1638, « Madame Royale », régente versatile que Richelieu ne parvient pas à dominer, est en butte à l'opposition de ses deux beaux-frères, le prince Thomas et le cardinal Maurice, soutenus par l'Espagne. Dans ce contexte, les positions françaises sont plus que fragiles.

Une compensation maritime – et familiale – est obtenue avec la bataille navale remportée par le général des galères François de Vignerot, marquis de Pont-Courlay, neveu de Richelieu, au large de

---

1. Avenel, VI, p. 83.

Gênes : « Enfin, le combat des galères peut-être le plus célèbre qui ait jamais été donné en mer, où quinze des vôtres en attaquèrent autant d'Espagne et les combattirent avec un si grand avantage que vos ennemis y perdirent quatre à cinq mille hommes et six galères, entre lesquelles une capitane et deux patrones, ne signalèrent pas peu une si glorieuse action, ce combat, dis-je, fait voir que la prudence de votre conduite n'a pas été seulement accompagnée de bonheur, mais que la hardiesse de ceux qui ont commandé vos armes en a été suivie [1]. »

Rien n'est jamais décisif, et à l'exultation succède l'affliction quand les affaires tournent mal. Rappelons-nous ce que Marie de Médicis disait naguère de son protégé, dépeint comme « pire qu'un dragon » quand il avait le vent en poupe, mais tout aussi bien abattu quand la fortune lui était contraire ; si, avec les années, ses forces déclinent, son caractère ne change pas ! Voici, en effet, qu'on décide de porter la guerre en Pays basque espagnol et d'ouvrir un front supplémentaire en s'affrontant directement à l'Espagne. L'affaire commence bien sur mer : le 2 juillet, la marine du cardinal se signale par un premier coup d'éclat, en prenant sans combat Los Pasajes, port de Guipuzcoa, où les Espagnols perdent « quatorze grands vaisseaux, grand nombre de canons et de toutes sortes de munitions [2] » ; le 22 août, le cardinal de Sourdis surprend la flotte espagnole, basée à proximité de Saint-Sébastian, et en vient à bout dans la rade de Guéthary. Un important corps expéditionnaire est débarqué pour soutenir les troupes qui, par terre, sont venues mettre le siège devant Fontarabie, désormais prise en tenaille et fort mal en point. Une victoire est politiquement nécessaire pour justifier la nouvelle orientation de la guerre.

Mais l'affaire tourne mal sur terre et l'entreprise qui semblait facile sombre dans la déroute. La place de Fontarabie est assiégée sous les ordres du prince de Condé et du duc de La Valette – fils du duc d'Épernon et frère du cardinal de La Valette –, et les deux généraux se supportent fort mal ; alors qu'une brèche a été ouverte dans les fortifications et que l'assaut final semble imminent, les Espagnols font irruption et, dans une sortie furieuse, mettent en déroute les assaillants dont les chefs sont incapables de réaction ; les Français sont refoulés jusqu'à la frontière. « La douleur de Fontarabie me tue », déclare le cardinal, hors de lui, aussitôt profondément déprimé, mais bien décidé à sanctionner les responsables. La faute d'insubordination et de manque de zèle est assimilée par lui à un

---

1. *Testament politique*, p. 81.
2. *Ibid.*, p. 81.

crime de haute trahison et de lèse-majesté. Les dés sont jetés : Condé, lamentable stratège, mais le mieux né des deux généraux, impute la responsabilité du désastre à La Valette, qui aurait refusé de donner à temps l'assaut et n'a pas semblé mécontent d'une retraite qui portait atteinte à sa réputation ; pire, il a préféré laisser parler ses passions plutôt que d'agir dans l'intérêt public. Naturellement, le cardinal adopte cette version qui a l'avantage de conforter, en la personne de Condé, l'intouchable hiérarchie militaire, et on choisit de charger La Valette, bien que celui-ci lui soit apparenté, du fait de son mariage avec une cousine de Richelieu ; l'incriminé préfère prendre la direction de l'Angleterre, se désignant par là même comme coupable, et se rendant justiciable du second chef d'accusation de fuite.

Le scandale est à son comble. Le roi récuse le Parlement et préside en personne l'instruction de l'affaire dans le cadre d'un Conseil élargi *ad hoc*, duquel, pour raison formelle de parenté, le cardinal s'exclut. Louis s'exprime : « Le Roi, mettant son chapeau sur la table, dit, Messieurs, n'ayant pas été nourri dans le Parlement, je n'opinerai pas si bien que vous. Je vous dirai donc à ma mode qu'il ne s'agit point de la lâcheté du duc de La Valette. Il a du cœur, il s'est battu, mais n'a pas voulu prendre Fontarabie. Il avait pris son poste à condition de donner l'assaut. Il en avait eu le commandement de Mons. le Prince, et cependant il ne l'a pas fait. Si la brèche n'était pas raisonnable, l'ordre de la guerre étant de donner l'assaut dans la poussière que la mine a élevée, dans l'effroi des assiégés, et avant qu'ils se soient reconnus [1]. » « Considérant que le duc de La Valette s'est servi de la brèche de Fontarabie pour en faire une autre à l'État, qui ne pourra jamais être réparée [2] », le jugement tombe sous la forme d'un arrêt du Conseil le 24 mai 1639, mais le coupable est déjà loin. Encore un « traître » qui sera exécuté en effigie le 8 juin en place de Grève. Comment effacer une telle humiliation ?

Encore une fois en payant de sa personne : Richelieu s'installe à Saint-Quentin pour surveiller les opérations de reprise du Catelet. Au début de septembre, on saisit des documents prouvant la trahison du beau-frère de Feuquières ; sommairement jugé, il est aussitôt décapité. Le 14 septembre, la place tombe aux mains des Français, fermant une porte aux ennemis.

En décembre, c'est un autre sujet d'exaltation : Brisach est pris [3]. La place, on s'en souvient, avait été assiégée quelque six mois plus

1. Bibl. Mazarine, ms. 4377 (Dubuisson-Aubenay).
2. Avenel, VI, p. 208.
3. « La fin couronna l'œuvre par la prise de Brisach, emporté après un long siège, deux batailles et divers combats tentés pour le secourir » (*Testament politique*, p. 80).

tôt par l'armée de Bernard de Saxe-Weimar ; sa chute ferme la communication entre le Milanais et les Pays-Bas et met à l'abri et la
Bourgogne et la Lorraine.

Cependant, la victoire s'accompagne, pour Richelieu, d'un bien
triste événement. Le 15 décembre, à Rueil, alors que le cardinal est
à la comédie, le père Joseph, dans sa chambre, qui s'apprête à écrire
à ses chères calvairiennes, est frappé d'une attaque d'apoplexie. À
l'agonisant, Richelieu n'hésite pas à annoncer en guise d'ultime joie
la bonne nouvelle ardemment espérée : « Père Joseph, père Joseph,
Brisach est à nous ! », alors que la ville résiste encore. Elle tombe le
17 décembre, mais la glorieuse nouvelle n'arrivera à la cour que le
24 ; le 18, le père Joseph meurt à l'âge de soixante et un ans.

L'affection du cardinal pour le capucin, en qui tous voyaient son
successeur désigné, s'exprime dans cette pieuse anticipation : à
celui qui l'avait depuis toujours soutenu sans faillir, il donnait de
mourir vainqueur et heureux. Mais que penser de cet entretien *in
articulo mortis* dont l'horizon se limite à une victoire militaire purement terrestre ? À vrai dire, Rome ne s'y trompait guère, qui, depuis
1632, résistait aux sollicitations françaises et se refusait à accorder à
l'Éminence grise le chapeau de cardinal, voyant en lui un tortueux
fauteur de guerre davantage qu'un docile artisan de paix. La succession politique du capucin échoira rapidement à Mazarin, alors à
Rome, et fort désireux de retrouver la France où il avait rempli les
fonctions de nonce en 1634-1635 et s'était créé un réseau d'amitiés
qu'il entretenait assidûment. Au début de janvier 1639, apprenant
que Louis XIII l'a désigné pour succéder au père Joseph comme
candidat de la France au cardinalat, Richelieu lui écrira en ces
termes chaleureux : « Monsignore Colmardo [1] connaîtra combien il
est bon s'attacher au service des grands princes et bons maîtres,
comme est celui que nous servons. Il connaîtra ensuite qu'il fait bon
avoir de bons amis et que je ne suis pas des moindres qu'il ait au
monde [2]. » En attendant le retour en France de l'Italien, c'est Chavigny qui hérite des dossiers du père Joseph.

L'année 1638 marque bien, militairement parlant, un tournant ; la
France a renoué avec le succès – surtout, il est vrai, grâce au renfort
du talent et des troupes de Bernard de Saxe-Weimar ; elle commence à se porter dans le camp espagnol, même si sa situation
financière ne lui permet toujours pas d'exploiter au mieux ses avan-

---

1. Mot inconnu du dictionnaire, désignant sans doute le « frère coupe-choux »,
l'indispensable de tous les instants, surnom familier donné à Mazarin par Richelieu.
2. G. Dethan, *Mazarin, un homme de paix à l'âge baroque*, Paris, 1981, p. 135.

tages. C'est d'ailleurs là que se termine la *Succincte narration des grandes actions du roi* : Richelieu croit désormais à la possibilité d'une paix prochaine à laquelle aspire l'opinion publique.

Et, de fait, la diplomatie est en marche : entre Madrid et Paris, les contacts qui n'avaient jamais véritablement cessé se sont intensifiés de manière significative au début de 1638, où un émissaire d'Olivarès, Miguel de Salamanque, est annoncé. En mai, le cardinal s'entretient avec lui, seul à seul, dans le plus grand secret, en pleine nuit dans une église de Compiègne : la Lorraine, que la France veut garder, et le Brésil, que l'Espagne entend bien ne pas laisser aux Hollandais qui s'en sont emparés, constituent des pierres d'achoppement. Il faut donc continuer à s'en remettre à la fortune des armes pour trancher, même si l'on conçoit bien, dans chacun des deux camps, que la guerre ne peut durer, compte tenu de la tension financière qu'elle impose.

C'est en 1638 encore que l'Angleterre opère un relatif retour sur la scène politique européenne, en liaison avec la reine mère. Sa fille, la reine Henriette, obtient du roi Charles Ier que Marie vienne la rejoindre en novembre 1638 à Londres, où se trouvent aussi nombre d'exilés et de réfugiés, tous mécontents de la politique française : la duchesse de Chevreuse, qui a abandonné la cour d'Espagne, La Valette et les autres gouverneurs condamnés en effigie. Le danger est réel : Gaston neutralisé par la naissance du dauphin, Marie de Médicis reste un élément de trouble récurrent et obstiné, et elle n'a pas renoncé à rentrer en France. Consciente qu'il lui faut se dégager de l'accusation de vivre grâce à l'hospitalité des ennemis, elle cherche des intercesseurs, d'abord aux Provinces-Unies, puis à Londres, en la personne de sa fille qui prend fait et cause pour elle. Au début de 1639, une offensive diplomatique anglaise en faveur de son retour laisse Louis XIII et Richelieu de marbre, suivis par les principaux membres du Conseil dont l'avis est unanime : le retour de la vieille reine suppose la paix, tant elle a eu de contacts avec les ennemis ; l'envoyé-intercesseur du roi d'Angleterre est courtoisement congédié avec fin de non-recevoir. Charles Ier est, quant à lui, davantage inquiet du développement maritime de la puissance française, mais il a besoin de la France – à tout le moins de sa neutralité – dans le conflit qui l'oppose aux Écossais, car Richelieu, qui se félicite de cet affrontement bienvenu, pourrait user de représailles s'il se risquait à se porter ouvertement au secours de l'Espagne. Les exilés peuvent bien s'agiter, il n'y a pour l'instant ni opposition ni soutien sérieux à prévoir de la part d'une Angleterre encore incapable de réelle intervention.

À la fin de l'année 1638, Richelieu a donc repris la main de belle façon ; il peut échafauder des stratégies d'offensive, mais aussi ébaucher des plans de paix. Or voici qu'une nouvelle tempête se profile à l'horizon, car entre le roi et le cardinal les relations se sont bien dégradées : l'épisode de Corbie a laissé des traces dans les esprits ; il a cruellement montré au roi la faiblesse du ministre, et Louis supporte de moins en moins cette personnalité mesquine, omniprésente et arrogante qui l'oblige souvent à dissimuler, y compris pour donner audience à ses propres fidèles quand ceux-ci ont déplu au ministre. L'artisan de sa gloire se fait au quotidien source d'humiliations ! C'est pourquoi les attaques portées contre la politique belliqueuse du principal ministre trouvent chez lui une oreille de plus en plus attentive. Ne lui répète-t-on pas que celui-ci veut l'éliminer pour coiffer la couronne, qu'il prolonge la guerre qui ruine le peuple dans l'unique but de se maintenir au pouvoir ? Comment subir plus longtemps ces tatillonnes injonctions qui lui prescrivent conduite à tenir et mots à prononcer ? Naguère, il admirait le verbe facile de ce ministre qui parlait si bien pour lui ; maintenant, il ne le supporte plus, bien que, circonstance aggravante, il ne puisse s'en passer. Le 24 août 1638, il lui écrit ainsi : « Je vous prie me mander, si la Reine ma mère m'envoyait quelqu'un sur les couches de la Reine, ce que j'ai à faire. » Et, de Péronne, le cardinal répond cinq jours plus tard : « Si elle envoie un gentilhomme sur le sujet de la naissance de Monsieur le Dauphin, je crois que Votre Majesté le doit recevoir, la remercier de cet envoi ; et s'il parle à Votre Majesté d'autre chose, lui répondre selon la connaissance qu'elle a de ce qui s'est passé et sa prudence accoutumée... » Et d'envoyer de surcroît à Chavigny des instructions plus précises : le roi doit se gouverner « fort froidement » avec l'éventuel envoyé qui ne doit être « gardé qu'un jour » ; Chavigny est destinataire des paroles précises que le roi devra prononcer, et c'est lui qui informe Richelieu de l'accueil que Louis fait de ses avis [1]. Le 8 novembre encore, Richelieu prescrit au roi ce qu'il doit dire à son épouse : « Si le Roi trouve bon, la Reine arrivant à Saint-Germain, Sa Majesté peut lui dire : "Je vous ai mandé que, quand Madame de Sénécé [la première dame d'honneur de la reine dont Richelieu redoute les intrigues] m'aurait obéi, je vous écouterai volontiers sur son sujet, si vous avez quelque chose à me dire"... Si la reine veut entrer davantage en discours, Sa Majesté lui répondra, s'il lui plaît, selon sa prudence, concluant qu'il lui suffit de savoir qu'il

---

1. Avenel, VI, p. 118-132.

fait les choses avec raison, sans être obligé d'en rendre compte. Après, si elle veut, elle peut ajouter etc., etc.[1] »

Les susceptibilités multiplient les sources de dissensions. La retraite de Mlle de La Fayette a laissé de nouveau le champ libre à Marie de Hautefort, revenue, on l'a vu, dans la faveur du roi, et qui nourrit des visées de plus en plus politiques ; elle travaille à saper l'influence de Richelieu, et, de concert avec Anne d'Autriche, prêche pour la conclusion rapide de la paix. Pour se garder de cette dangereuse intrigante, le cardinal cherche à promouvoir un nouveau favori et son choix se porte sur Henri de Ruzé de Coiffier d'Effiat, marquis de Cinq-Mars, fils du défunt surintendant des Finances, dont il a fait en 1636 le commandant d'une compagnie des gardes du roi. Le cardinal souhaite-t-il, en renouant avec la tradition des favoris masculins (Luynes, Chalais, Toiras, Baradat, Saint-Simon), mettre au service de son jeu politique les tendances homosexuelles latentes de Louis XIII – dont la réalité n'est affirmée par Tallemant que sur la foi de deux anecdotes bien vagues[2] ? En tout cas, le jeune Effiat, fils d'un homme que le cardinal estimait, lui paraît pouvoir jouer ce rôle sans constituer pour lui un danger. Mais, dans un premier temps, l'élu se récuse et refuse les fonctions de grand maître de la garde-robe du roi que lui propose avec insistance le cardinal, comme à Chalais, naguère ; c'est quasiment de force qu'il lui fait accepter la charge en mars 1638.

Enfin, la tension reste extrême en matière financière ; il faut obtenir à tout prix de l'argent pour soutenir l'effort de guerre. Mais le mécontentement gagne du terrain, et le royaume est en proie à une épidémie de révoltes ; le 24 mars, dans la capitale, les rentiers manifestent pour protester contre le non-paiement des rentes de l'Hôtel de Ville ; quelques meneurs sont embastillés, des parlementaires exilés. Dans un mémoire pressant adressé à Bullion, le surintendant des Finances, le 18 novembre 1638, Richelieu maintient pourtant ses exigences : « Il est impossible de tenir des garnisons si on ne les paie en deniers comptants. Je sais bien que les Messieurs des finances diront qu'ils en ont fait état, mais tels discours sont inutiles si on n'a l'argent par avance, et présentement je viens d'apprendre qu'une des places du royaume, que les ennemis regardent actuellement, est en fort mauvais état, parce que la garnison s'est toute débandée pour n'être point payée. Il est bien plus aisé à Messieurs des finances d'amasser de l'argent qu'à nous des gens. L'argent étant amassé

1. *Ibid.*, p. 235-236.
2. *Historiettes*, I, p. 346-347.

ne se perd pas, mais les soldats étant assemblés se dissipent incontinent sans argent[1]. »

Et, alors que le royaume est exsangue et que les opposants chagri-
nent chaque jour davantage la conscience du roi en lui représentant
la misère du peuple, la vie de la cour se poursuit avec son faste
habituel : au début de 1639, le Palais-Cardinal venant d'être achevé,
Richelieu y donne une fête dans la petite salle ; des enfants représentent l'*Amour tyrannique*, une nouvelle pièce de Scudéry dédiée à
Mme d'Aiguillon ; au principal intermède le roi danse sa partie,
tandis qu'en manteau long de taffetas couleur de feu, le maître des
lieux se tient aux côtés de la reine, respectueusement, un pas en
arrière. Le temps est comme suspendu et les apparences – si importantes à la cour ! – sont sauves : aux yeux du monde, l'harmonie
règne toujours entre le roi et son ministre…

---

1. Avenel, VI, p. 245.

5

Sur tous les fronts

Le 26 mai 1639, « nous sommes partis pour Abbeville ; Hesdin est assiégé, j'espère que nous en aurons bonne issue [1] ». Avec le printemps, on est reparti en campagne : c'est Charles de La Porte, marquis de La Meilleraye, grand maître de l'artillerie et cousin de Richelieu, qui est à la tête de l'armée d'Artois. Le siège de Hesdin fait figure d'affaire personnelle pour le cardinal ; parce que le renom de sa famille y est en jeu, tout doit y être exemplaire. Le 29 juin, c'est le succès espéré : Hesdin tombe. La Meilleraye est fait maréchal sur le terrain même de ses exploits ; le roi, qui, bien que souffrant d'un accès de goutte, a participé en personne aux opérations, fait son entrée dans la ville par la brèche des fortifications ; le grand maître de l'artillerie, qui l'y attend, l'aide à gravir les décombres et, parvenu au sommet, reçoit l'annonce de sa nouvelle dignité. C'est un triomphe pour le cardinal qui semble, de son quartier d'Abbeville, en mesure de tirer toutes les ficelles : car, si le nouveau maréchal est son cousin germain, il est également le beau-frère du nouveau maître de la garde-robe.

En effet, cet autre souci d'importance continue à retenir son attention vigilante : « Je prie Dieu qu'il conduise les grandes et petites affaires de Votre Majesté [2] », écrit-il le 30 avril au roi, dont la vie sentimentale lui donne toujours bien du fil à retordre. Louis XIII a alors définitivement renoncé à la hautaine Hautefort et à ce sexe faible incontrôlable dont il s'est déclaré lassé, le trouvant « de peu de sens » et « impertinent ». Son cœur a été enfin gagné par le nouveau favori, Cinq-Mars : par l'intermédiaire des courtisans à sa solde, Richelieu a

1. Avenel, VI, p. 373.
2. *Ibid.*, p. 336.

réussi à intéresser le roi au beau gentilhomme. En octobre, Cinq-Mars est promu grand écuyer, autrement dit « Monsieur le Grand ». Voici ce qu'en dit Chavigny, écrivant le 26 octobre 1639 à Mazarin, encore à Rome : « Nous avons un nouveau favori à la cour, qui est M. de St Mars, fils de feu M. le maréchal d'Effiat, dépendant tout à fait de Monseigneur le cardinal. Jamais le roi n'a eu de passion plus violente pour personne que pour lui. Sa Majesté récompense la charge de grand écuyer de France qu'a M. le duc de Bellegarde pour la lui donner. Ce n'est pas un trop vilain début pour un homme de 19 ans[1]. » Le 9 novembre, le même informateur note : « Je viens d'apprendre que le roi avait, hier au soir, dit nettement à Mad. de Autefort [*sic*] qu'elle ne devait plus prétendre à son affection, qu'il l'avait toute donnée à M. de St Mars. »

L'idée d'apparier Louis et ce joyeux garçon de dix-neuf ans était fort malheureuse. D'abord docile, Cinq-Mars, sûr de son ascendant sur le roi qui l'appelle son « cher ami », s'estime bientôt délié de ses obligations vis-à-vis de son protecteur et préfère la satisfaction de ses plaisirs à l'affection royale. Au demeurant, les deux hommes sont beaucoup trop mal assortis pour que leur association soit harmonieuse : âge, caractère, goût de la dépense, sens moral, tout les oppose ; c'est très justement que Tallemant a noté qu'« on a remarqué que le roi aimait tout ce que M. le Grand haïssait et que M. le Grand haïssait tout ce que le roi aimait[2] ». Louis, jaloux, se plaint de l'humeur légère du favori, de son caractère dépensier, de son indocilité, ne supporte ni ses frasques parisiennes ni sa tapageuse liaison avec la courtisane Marion Delorme ; le cardinal le mande à Rueil pour lui infliger des réprimandes qui irritent chaque jour davantage celui qui se croit assuré de sa faveur. Rapidement, Richelieu n'est plus guère occupé qu'à gourmander le jeune homme en lui prêchant la docilité et à solliciter l'indulgence du roi en l'incitant à la patience : « Il est impossible d'être jeune et tout à fait sage ; c'est à Votre Majesté à suppléer au défaut de ses créatures, en les conduisant par ses avis et par ses conseils[3]... »

On se brouille, on se raccommode, on rédige constats et certificats par lesquels on se promet une parfaite intelligence. Mais le cardinal a sous-estimé le jeune homme : d'épisode en épisode, le climat se détériore entre le roi et le favori, comme entre le ministre et sa créature émancipée. Le cardinal, maladroit, contrecarre systématiquement les ambitions de Cinq-Mars, qu'elles soient militaires

---

1. *Ibid.*, p. 643.
2. *Historiettes*, I, p. 398.
3. Le 11 décembre 1639, de Rueil. Avenel, VI, p. 642.

(le siège d'Arras, dont il lui refuse outrageusement la direction), sentimentales (il s'oppose aigrement à son brillant mariage avec Marie-Louise de Gonzague), ou bientôt, comme nous le verrons, politiques, et concentre sur lui sa haine. Mais, de son côté, et bien plus habilement que le naïf père Caussin, Cinq-Mars sait exploiter l'agacement du roi devant l'autorité du ministre, ainsi que ses scrupules vis-à-vis de sa politique belliqueuse. Dès mars 1639, les nuages se sont épaissis, et le bruit de la mésintelligence entre le cardinal-duc et Monsieur le Grand, dont l'indocilité s'est muée en insolence, a commencé à courir ; d'opposant, le jeune homme est devenu l'ennemi du cardinal.

Cependant, les opérations militaires se poursuivent, avec, de juin à août 1639, de nouveaux succès : en Flandres, on prend Ruminghem et Anvin ; au Luxembourg, après la défaite de Feuquières face à l'armée de Piccolomini, le 7 juin devant Thionville, le maréchal de Châtillon s'empare d'Ivoy. Du côté de l'Alsace, on peut profiter du redressement militaire opéré par Bernard de Saxe-Weimar. Mais, comme naguère Gustave-Adolphe, le meilleur général devient encombrant et ses prétentions sont sources d'inquiétude ; la prise glorieuse de Brisach les a accrues, au point qu'il refuse de remettre la place au roi, et on peut craindre maintenant qu'il ne traite directement avec l'empereur, afin de se faire concéder les terres alsaciennes qu'il occupe au nom de la France. Sa mort due à la peste, le 18 juillet, est dès lors un soulagement... Sans céder au désir de Charles Ier d'Angleterre de voir le prince palatin – le fils de Frédéric V – en prendre la tête, on récupère à grands frais ses troupes qui passent sous le commandement du duc de Longueville, assisté du brillant maréchal de Guébriant, lequel représentait déjà les intérêts français auprès du feu duc. Le 27 septembre, elles franchissent le Rhin : la *via hispanica* est bel et bien coupée ! Quant aux positions conquises en Alsace, Richelieu envisage de les rendre à l'empereur, au cours des négociations à venir, afin de permettre à la France de conserver la Lorraine.

En revanche, la Savoie donne bien du fil à retordre au cardinal. Il y est affronté à tout ce qu'il déteste : une femme et le désordre. La régente Christine y est aux prises avec les Espagnols, alliés de ses beaux-frères, le prince Thomas et le cardinal Maurice de Savoie, qui passent à l'offensive. La duchesse ne peut cependant se résoudre à confier la défense de ses intérêts à la France, dont elle craint la domination ; l'exemple de la Lorraine contrecarre, dans son esprit et dans celui de ses conseillers, « la nécessité et la raison » qui, selon le cardinal, devraient l'y inciter. Celui-ci fait arrêter et enfermer dans la forteresse de Montmélian l'intrigant père Monod, fidèle de

la duchesse. Tout le Piémont est en révolte ouverte contre la régente
assiégée dans Turin par le prince Thomas. « Au nom de Dieu, Monseigneur, mettez-vous cette fin en tête [la levée du siège de Turin] et
songez à tous les moyens qui pourront y servir. Il y va de votre réputation, qui m'est aussi chère qu'à vous même ; et de là dépend le
bon succès de toutes les affaires de la chrétienté [1] », écrit, le 16 août
1639, Richelieu au cardinal de La Valette.

C'est en effet La Valette (le cardinal militaire, l'ami fidèle resté
en parfaite faveur en dépit de la « trahison » de son frère, le duc) et
le duc de Longueville qui font face aux troupes espagnoles. Ils permettent à la duchesse de se réfugier de l'autre côté des monts, en
Savoie, tandis que le roi et son ministre sont obligés de reprendre la
route des Alpes : ils s'avancent jusqu'à Grenoble pour tenter de
« sauver les débris du naufrage de Madame de Savoie [2] » en rencontrant la souveraine dont ils n'obtiennent guère de concessions. La
régente reste en effet rétive et repousse violemment toutes les propositions françaises de mise sous tutelle ; irrité, le cardinal cherche
à négocier avec les princes, ses beaux-frères. Il s'est impliqué personnellement dans les négociations de Grenoble et son amour-
propre est blessé par leur échec ; désormais il veut sauver la face et
se pique d'un soin extrême des affaires militaires en donnant au successeur de La Valette – qui meurt de maladie le 28 septembre –, le
comte d'Harcourt, des instructions prévoyant expressément la
conduite à tenir dans tous les cas de figure possible : « si…, il
peut…, si…, il doit soigneusement penser…, si…, il doit faire [3]… ».

L'année se termine pourtant de manière plus réconfortante : alors
qu'il évacuait Chieri, le comte d'Harcourt, avec seulement cinq
mille hommes et mille cavaliers, se trouve affronté aux Espagnols
et au prince Thomas ; en dépit de son infériorité numérique, il sort
vainqueur de la rencontre. Richelieu exulte : l'honneur est sauf,
bien que la France soit maintenant quasiment expulsée d'Italie du
Nord.

Les campagnes militaires ont exigé du cardinal d'incessants
déplacements : depuis mai, avec le roi, il a parcouru la Picardie, les
Ardennes, la Champagne et la Lorraine, enfin le Dauphiné ; le
3 novembre, c'est le retour à Rueil. Deux mois plus tard, le 3 janvier
1640, l'ancien nonce Jules Mazarin, le diplomate pontifical spécialisé dans les affaires savoyardes que l'on a connu à Pignerol, et pour

1. *Ibid.*, p. 470-471.
2. *Ibid.*, p. 507.
3. *Ibid.*, p. 580-581.

lequel Louis XIII a demandé jusque-là sans succès le chapeau de cardinal, abandonne définitivement l'Italie et arrive à la cour de France. À Rome, où il passait pour trop inféodé aux intérêts français, sa carrière était contrée par les Espagnols. En France, sa faveur ne cessera de monter auprès de Richelieu ; confiance, estime réciproques et unité de vues politiques unissent les deux hommes, comme elles avaient réuni naguère Richelieu et le père Joseph au service de la politique étrangère française. Le cardinal réserve désormais à Mazarin la direction, avec d'Avaux, de la délégation que la France enverra au congrès de paix prévu à Cologne, lequel n'a toujours pas pu débuter ses travaux, mais en vue duquel on a rédigé des instructions auxquelles l'Italien a largement collaboré. En attendant un éventuel départ, celui-ci se consacrera à débrouiller les affaires savoyardes.

Les alliés de la France obtiennent eux aussi de beaux succès. Les Suédois ont repris victorieusement l'offensive ; Banér a obtenu des résultats foudroyants et bousculé les Impériaux pour se porter en Bohême. En octobre, les Hollandais, commandés par le jeune amiral Tromp, infligent à l'Espagne une cuisante et inopinée défaite navale : surprise à Douvres, la flotte espagnole est presque entièrement détruite. La situation financière de l'Espagne ne lui permet pas de mettre en chantier de nouveaux vaisseaux. La mer est libre et les Espagnols y sont aux abois ; en conséquence, les Pays-Bas espagnols, coupés de leur base, sont en fort mauvaise situation, d'autant plus que Piccolomini et le cardinal-infant sont incapables de s'entendre. Au début de 1640, la précieuse alliance hollandaise est renouvelée. Le cardinal exulte à nouveau et son imagination s'enflamme : pourquoi ne poursuivrait-on pas l'Espagne jusqu'en Amérique ?

C'est à ce moment que le rédacteur du *Testament politique* envisage la paix comme étant à portée de main ; il n'en sera rien, pourtant, puisque la guerre va se prolonger plusieurs années. Que s'est-il donc passé pour qu'un tel pronostic puisse se faire jour ? Assurément un durcissement de la politique française, qui se fait de plus en plus conquérante et exigeante, sans doute en raison de la volonté expresse du roi, laquelle s'impose au principal ministre comme à l'ensemble de ses sujets, en dépit de persistantes difficultés intérieures qui peuvent toujours tout compromettre.

À la fin du printemps 1639 éclate l'une des plus graves révoltes antifiscales que le royaume ait connues : celle des Va-nu-pieds. Devenue province frontière lors de l'invasion de la Picardie par les ennemis, la Normandie est parcourue, depuis les années 1635, par des commissaires, et la fiscalité y est l'une des plus pesantes du royaume : de 1634 à 1638, le roi l'impose de manière autoritaire sans recours aux états provinciaux. En trois ans, dans un contexte calamiteux de guerre et d'épidémie, il en tire plus de 7 millions de livres au titre des affaires extraordinaires ; emprunts, subsistance, prêts des officiers, taxes sur les aisés, sans compter la taille qui rentre de plus en plus difficilement, manifestant la résistance des villes et des officiers particulièrement mis à contribution. Ainsi Rouen fournit, en 1638, 170 000 livres de plus qu'en 1637, et, en 1639, 392 000 livres de plus qu'en 1638…, sans parler des levées et du logement de troupes.

La révolte éclate dans l'Avranchin à l'annonce de l'introduction de la gabelle ; l'émeute gagne en quelques semaines toute la Basse-Normandie et, rapidement, une armée en sabots se met sur pied avec l'appui de la noblesse locale et du clergé. Les revendications visent à la suppression des impôts et au rétablissement des anciennes franchises provinciales. Les troubles s'étendent aux villes, Rouen en août, puis Caen, Bayeux, bref à toute la province. Le 28 août, Richelieu fait à Bouthillier ce bel aveu d'impuissance : « J'ai su les désordres de Rouen, mais je ne sais pas le remède, étant impossible de trouver les gens de guerre qui sont demandés si on ne veut perdre toutes les affaires du Roi et abandonner la France aux étrangers »… « Il faut essayer de remédier à l'affaire de Normandie par prudence et par adresse le mieux qu'on pourra ; car d'espérer maintenant des gens de guerre, c'est chose du tout impossible »[1].

On trouve pourtant des troupes pour réduire la révolte. C'est le chancelier Séguier en personne qui prend la tête des opérations, entouré du Conseil et assisté d'une compagnie composée de reîtres allemands et wallons qui ont vite fait de disperser les Va-nu-pieds. Le début de l'année 1640 est consacré à une pacification-répression de la province. Créature obéissante et zélée munie de pleins pouvoirs, le chancelier ne se pique pas de compassion : Avranches est livré aux troupes ; les autorités municipales rouennaises sont suspendues, tout comme le Parlement de la province ; l'administration et la justice sont confiées à des commissions extraordinaires ; le peuple est désarmé, les impôts rétablis ; le chancelier se rend ensuite à Caen et Bayeux, puis il parcourt le Cotentin.

Ces révoltes toujours renaissantes ont pour cause la pression fiscale insupportable et, au-delà, la guerre qui l'exige ; en dépit du redressement de la situation militaire, elles peuvent tout remettre en question. Richelieu a beau jeu d'en attribuer la responsabilité à la maladresse de Messieurs du Conseil : « Je me décharge sur Mes-

1. Avenel, VI, p. 494-495, 500.

sieurs du Conseil des désordres qui peuvent arriver par la malice des traitants en pareils sujets… En voulant trop avoir, on réduira les affaires à ne rien avoir du tout… Si Messieurs du Conseil continuent à laisser la liberté aux fermiers et traitants de traiter les sujets du Roi selon leur appétit déréglé, certainement il arrivera quelque désordre à la France, pareil à ceux d'Espagne. » Il lui est également aisé de donner de beaux avis au surintendant sur lequel il se décharge de la gestion technique des finances : « À mon avis, le consentement des peuples en un temps pareil à celui-ci vaut mieux que toute la force dont on saurait user en un autre. » « Il est impossible en ce temps de ne faire que des choses agréables aux peuples. Il faut seulement avoir grand égard à ne faire que celles qui peuvent le moins désagréer » [1].

Il aura également beau jeu de formuler dans le *Testament politique* de belles maximes politiques justifiant la répression, ou spécifiant jusqu'où on peut « aller trop loin » : « Être rigoureux envers les particuliers qui font gloire de mépriser les lois et les ordonnances d'un État, c'est être bon pour le public, et on ne saurait faire un plus grand crime contre les intérêts publics qu'en se rendant indulgent envers ceux qui les violent [2]. »

Mais la réalité, qui n'a rien à voir avec ces adages simplificateurs, est transcrite dans les arrêts que prend au jour le jour le Conseil du roi pour répondre à la complexité des affaires. Les neuf cent quatre-vingt-un arrêts rendus au long des trois mois que dure la répression du soulèvement normand témoignent, de ce point de vue, de ce qu'est la gestion administrative d'un état d'urgence.

La répression normande elle-même motive près de cinquante arrêts [3]. Les travaux du Conseil témoignent encore que, hors la Normandie, des révoltes sporadiques se déclarent : contre la taxe sur les aisés à Aubigny-sur-Nère, à Moulins (et les villes de sa généralité) et à Troyes ; contre le recouvrement du droit de notification au Plessis-Praslin ; contre la perception des tailles dans des localités de l'élection de Château-Thierry ; contre les commis de l'extraordinaire des guerres à Vannes ; contre les officiers des fermes dans le Maine, contre le recouvrement de la subsistance à Limoges ; contre les fermes à Argenteuil. La plupart du temps, contrairement à ce que le cas normand pouvait laisser supposer, la rébellion n'a guère des allures massives. Il s'agit davantage de protestations individuelles

---

1. *Ibid.*, p. 881-882, 902, 515.
2. *Testament politique*, p. 258.
3. F. Hildesheimer, « Le Conseil en Normandie », dans *Revue administrative*, 1999 (*Le Conseil d'État avant le Conseil d'État*), p. 26-51.

contre les recouvreurs ou d'entraves sous des prétextes divers : à Niort, les conseillers du siège royal incitent à la révolte contre le recouvrement des seize sols de 1638 et emprisonnent Philippe Bouré, le porteur des quittances de l'Épargne, parce qu'il porte des aiguillettes d'or et de soie...

La rubrique la plus fournie – pas moins de cent soixante-dix arrêts – concerne la question des offices et des officiers [1]. Les arrêts du Conseil montrent combien ils étaient mis à contribution pour subvenir aux besoins financiers du royaume. Tous les moyens sont bons pour rentabiliser le système : on crée et on vend des offices ; on submerge les officiers de taxes. L'argent devant entrer au plus vite dans les caisses de l'État, on cherche à recouvrer jusqu'aux sommes les plus dérisoires, et on prend soin de geler les gages lorsque les charges n'ont pas été honorées : ainsi, 3 000 livres sont refusées aux officiers de finances de la généralité de Caen, qui n'ont pas satisfait au paiement de la taxe imposée sur eux pour jouir de ladite somme ; 1 900 livres, déniées à deux officiers du parlement de Dijon qui n'ont pas acquitté la taxe relative à l'hérédité ; sont encore bloquées 20 000 livres, prévues pour les gages des officiers des présidiaux supprimés d'Aix, Forcalquier et Draguignan...

Simultanément, les impôts sont relevés avec force. La taille des quartiers [2] de janvier et avril 1640 est augmentée de 2 millions de livres pour assurer le paiement des gens de guerre ; impositions de 60 000 livres supplémentaires sur la généralité de Lyon pour la subsistance des troupes, et de 50 000 livres sur la province de Dauphiné. Le 5 janvier, deux arrêts imposent au pays de Languedoc et aux généralités de Bordeaux et Montauban le paiement de 600 000 livres pour l'entretien des troupes d'Allemagne et d'Italie.

Constatant les difficultés que connaissent les rentrées, on presse les collecteurs de contraindre les contribuables récalcitrants et d'accélérer les recouvrements. Un commis de l'Épargne est envoyé dans chaque généralité pour vérifier les comptes des receveurs des finances. On exige d'eux des paiements anticipés : c'est le cas dans la généralité d'Alençon : le 1er mars, on réclame 10 000 livres sur le recouvrement des taxes sur les officiers des décimes ; le 8 mars, 800 000 livres sur la recette de la taille des quartiers de janvier et avril 1640 ; dans la généralité de Limoges, mise en demeure est faite aux collecteurs de la taille de payer sous quinzaine les sommes

---

1. Rappelons que les officiers sont les titulaires d'offices, c'est-à-dire de charges acquises contre finance, et conférant l'exercice de certaines fonctions publiques.

2. Quartier, partie d'un tout divisé en quatre, autrement dit, s'agissant d'une année, trimestre.

qu'ils doivent, assortie de la suppression des six deniers pour livre qui leur étaient attribués. Assurément, collecter des subsides pour le roi n'est pas une charge facile, comme en témoigne ce rejet de la requête des receveurs des tailles de l'élection de Dreux d'être déchargés du recouvrement des années 1638 et 1639.

Enfin, quand toutes les ressources de la fiscalité sont épuisées, reste l'expédient des emprunts, pour lesquels le Conseil prend des arrêts de création. Il y a là une formule simple et rapide : la palette des prêteurs est large ; les prêts seront remboursés sur le produit de l'imposition d'une ou plusieurs provinces, dont on anticipe la rentrée, ou de taxes particulières. Le premier trimestre de l'année est une saison particulièrement favorable aux emprunts ; en 1640, le montant total des prêts et avances, consentis exclusivement pour le paiement des troupes, y est de plus de 18 millions de livres, répartis en 27 prêts allant de 9 000 livres, pour le plus petit, à 9 millions pour le plus important. Et si les possibilités s'avèrent insuffisantes, on recourt à nouveau à l'emprunt forcé, et l'on retrouve nos vieilles connaissances que sont la taxation des aisés et des offices, leur cortège de révoltes et de séditions et les arrêts du Conseil qui les accompagnent. La boucle est alors bouclée.

À travers ces textes, on découvre le travail de fourmi quotidien, toujours à recommencer, auquel était contrainte l'administration royale pour s'imposer et imposer la politique de grandeur voulue par le roi et son ministre. On constate aussi le décalage qui pouvait exister entre les diverses formations du Conseil du roi – entre le Conseil restreint, où se discutait autour du roi la grande politique, et les séances d'administration techniques où Messieurs du Conseil, sous la présidence du chancelier, assisté des surintendants des Finances, prenaient les microdécisions qui en permettaient la mise en œuvre, et l'incarnaient pour la population. Et on conçoit, alors, l'abîme d'incompréhension qui pouvait exister entre le cardinal qui ordonnait cette politique et ceux qui la supportaient. La mort, en décembre 1640, du surintendant des Finances Claude de Bullion provoqua des mouvements de joie populaire, et il fallut enterrer nuitamment l'agent d'une politique financière honnie. Le second surintendant, Claude Bouthillier, exerce alors seul la fonction ; incarnant cette fidélité familiale absolue à Richelieu, il œuvre comme exécutant dévoué et soumis d'une politique financière qu'à travers lui le cardinal contrôle de plus en plus étroitement. Répétons-le : la puissance de Richelieu parvenue à son sommet ne réside pas dans sa connaissance intime des affaires ni dans un quelconque génie de l'organisation administrative, mais bien dans cet emploi de créatures fidèles qui mettent, avec une efficacité intéressée, l'administration au service de sa politique.

Rappelons encore que, plus largement, la guerre et la dictature des finances favorisent l'évolution des institutions : au niveau administratif central, le Conseil dirigé nominalement par le chancelier, dernier venu de l'équipe, et surtout par Bullion et Bouthillier, les surintendants des Finances. Le développement des secrétariats d'État de la Guerre et des Affaires étrangères, confiés à deux intimes du principal ministre, Sublet et Chavigny, qui le suppléent auprès du roi en son absence, ne sera plus remis en question ; les deux autres secrétaires d'État, Henri-Auguste de Loménie, seigneur de La Ville-aux-Clercs et Louis Phélypeaux, seigneur de La Vrillière, continuent à expédier les dépêches des provinces de leur ressort, mais ne partagent pas cette influence politique réservée aux seuls fidèles. Dans les plus lointaines provinces, ce sont les intendants, émanations itinérantes du Conseil, dont la présence est motivée par la double nécessité du maintien de l'ordre et d'une alimentation aussi régulière que possible des finances de l'État.

Dans la guerre européenne, ces années 1639-1640 marquent un tournant stratégique décisif : après l'Italie, l'Allemagne et les Pays-Bas, où l'Espagne est désormais neutralisée, la France décide d'attaquer directement le territoire espagnol. Une course s'engage entre les deux puissances – autrement dit entre Olivarès et Richelieu –, dans laquelle tout est bon pour tenir, comme pour déstabiliser l'adversaire. Une armée est mise sur pied en Roussillon. Elle est placée sous le commandement de Condé ; fermement invité à effacer le souvenir de Fontarabie et à se refaire une réputation plus glorieuse – autrement dit à justifier la condamnation de La Valette –, Monsieur le Prince ne réussit cependant que fort peu à se montrer à la hauteur de l'attente que l'on a de lui : le 19 juillet 1639, il parvient bien à s'emparer de la forteresse de Salses, mais une vigoureuse contre-offensive espagnole oblige à l'abandonner dès la fin de l'année.

En dépit de cette nouvelle déconvenue, un phénomène essentiel se fait jour : la fragilité d'une monarchie espagnole en forme de mosaïque. En effet, face à sa rivale, la France dispose d'un atout géopolitique indéniable : un territoire compact, d'un seul tenant ; un royaume populeux [1] constitué par l'intégration successive de pro-

---

1. J. Dupâquier (dir.), *Histoire de la population française*, II, *De la Renaissance à 1789*, 2ᵉ éd., Paris, 1991. La population du royaume de France tourne autour de vingt millions d'individus, une densité qui contraste avec le déclin démographique que connaît la Castille ; ce déclin contribue à expliquer le soulèvement des provinces périphériques contre sa domination.

vinces géographiquement voisines, dont aucune (à l'exception de la Navarre) ne formait d'État à elle seule. Toutes ces données ont favorisé l'uniformisation juridique, la centralisation administrative, et finalement l'affirmation précoce d'un État à caractère national. Tout l'inverse d'une Espagne multinationale et territorialement éclatée, agglomérat d'entités politiques disparates. L'éloignement géographique et la longueur des communications qui en découle y rendent toute centralisation administrative impossible : la monarchie espagnole n'est pas conduite par un intérêt unique et dominant, mais est la coordination d'une multitude de pays, réunis non sous la mesure de leur avantage propre, mais par héritages, pays dans chacun desquels le souverain espagnol dispose de droits et de devoirs différents. Dans ces conditions, on comprend que les exigences financières de la guerre rencontrent des oppositions déterminées.

Ainsi, la Catalogne et le Portugal, qui jouissent de la plus grande autonomie et en sont les plus jalouses, voient d'un fort mauvais œil les demandes financières que la guerre contraint Madrid à leur adresser ; et quand Olivarès envisage, pour mobiliser au service de la guerre les ressources des provinces périphériques, de mener une politique unificatrice de la péninsule Ibérique sur le modèle castillan, le plus absolutiste, le feu qui couvait s'attise de lui-même. La réaction catalane est vigoureuse, mais il n'est point immédiatement opportun, pour le cardinal, de souffler sur ces foyers de révolte ; si elle refuse de participer à une offensive contre la France, la Catalogne entend bien se défendre si celle-ci l'attaque. Richelieu, qui le sait, préfère continuer à faire porter l'effort sur le Pays basque. Toutefois, le 7 juin 1640, lors de la Fête-Dieu, un incident déclenche la colère de la foule assemblée à Barcelone : les Castillans sont chassés et doivent évacuer la province. Celle-ci se tourne alors vers la France qui signe avec elle, le 16 décembre, un traité d'alliance ; le 23 janvier 1641, Louis XIII sera élu comte de Barcelone.

La rébellion s'étend au Portugal ; peu soucieuse de répondre aux nouvelles volontés de réformes fiscales de Madrid destinées à réduire la révolte catalane, et désirant favoriser son expansion économique, la province se tourne vers l'ancienne famille régnante, les Bragance. Le 1er décembre 1640, la révolte éclate : Jean IV de Bragance est proclamé roi. Le nouveau pouvoir s'allie d'un même mouvement avec les ennemis de Madrid, concluant une trêve de dix ans avec la France et les Provinces-Unies. Sombre est l'année 1640 pour l'Espagne, qui doit reconnaître l'indépendance du Portugal et se heurte à l'ouverture d'un front intérieur avec la révolte de Catalogne, aussitôt exploitée par la France – qui, pour la première fois, trouve l'occasion de porter la guerre sur le territoire même de son ennemi[1].

Sur les autres fronts, le succès demeure au rendez-vous avec la prise d'Arras, le 9 août 1640, qui ouvre la porte à la reprise de l'Artois, le sauvetage de Casal assiégé par les Espagnols, la reprise de Turin et, à l'issue des négociations menées par Mazarin, le ralliement à la cause française du prince Thomas et du cardinal Maurice de Savoie. Enfin, face au Habsbourg de Vienne, qui a pratiquement renoncé à combattre la France, les Suédois sont toujours fort offensifs et rallient à nouveau contre Ferdinand III les princes protestants, notamment le Brandebourg qui abandonne la cause impériale.

Au cours de cette année 1640, la négociation ne semble toujours pas officiellement à l'ordre du jour. Avant la reprise d'Arras, le cardinal a bien consenti à recevoir près de Compiègne un nouvel envoyé d'Olivarès, Jacques de Brecht. À présent les Espagnols sont prêts à abandonner le duc de Lorraine, mais tiennent à obtenir des Hollandais la restitution du Brésil contre une indemnité. Richelieu ne mène pas plus avant les pourparlers ; les victoires de l'été, qui ont conforté la position française, lui permettent de conclure qu'en ces affaires « la prudence [du roi de France] et la bénédiction de Dieu ont marché de même pas[2] » – sous sa plume comme dans son esprit, la bénédiction divine constitue bien la sanction de la légitimité de la politique suivie jusque-là. Mais, en poursuivant cette guerre épuisante, peut-il encore invoquer cette prudence qui lui est si chère ? Et d'ailleurs, quel est le véritable but qu'il poursuit ?

1. P. Vilar, *La Catalogne dans l'Espagne moderne*, t. I, Paris, 1962.
2. *Testament politique*, p. 86.

6

Le grand dessein

Le grand dessein fait partie de l'arsenal d'attributs ordinaires et glorieux dont on gratifie les grands politiques. Ainsi, Richelieu aurait été le champion de la conquête des « frontières naturelles », inscrivant la France dans des limites de mers, fleuves et montagnes [1]. L'idée, en réalité, est étrangère à un temps qui s'accommode fort bien de la diversité politico-géographique : le souci stratégique de Richelieu est non de tracer des frontières géographiquement cohérentes, mais bien davantage de « s'ouvrir des portes » vers l'extérieur grâce à la possession de places fortes enclavées en territoire étranger ; de là l'importance que tiennent Pignerol, Saluces ou Philippsbourg dans les négociations. Cette stratégie constitue le lieu commun d'une diplomatie d'Ancien Régime soucieuse de mettre le pays à l'abri de l'invasion, comme de lui permettre de porter ses armes à l'extérieur. Plus récemment, Henri Hauser a découvert chez le cardinal-ministre un autre grand dessein : ouvrir à la France des routes économiques nouvelles destinées à assurer sa prospérité [2]. Mais, pour réelles, originales et intéressantes qu'elles eussent été, ces visées restèrent, à l'instar de la réforme intérieure du royaume, en lisière de ses préoccupations.

À vrai dire, l'objectif constant du principal ministre, c'est la lutte contre l'Espagne – objectif autrement plus limité que le grand projet visionnaire et prophétique d'équilibre européen dont on le crédite anachroniquement, aujourd'hui, à l'heure de la construction euro-

1. G. Zeller, « Saluces, Pignerol et Strasbourg. La politique des frontières au temps de la prépondérance espagnole », dans *Aspects de la politique française sous l'Ancien Régime*, Paris, 1964, p. 115-127.
2. H. Hauser, *La Pensée et l'Action économiques de Richelieu.*

péenne. En ce temps d'affirmation de l'État souverain, il fut avant tout en effet l'homme de la guerre, à laquelle il a tout subordonné. En revanche, une question demeure en suspens, que le récit des deux dernières années de cette guerre et de sa vie devra poser : celle de savoir jusqu'où il estimait que la gloire militaire du roi pouvait prendre le pas sur la prudence du diplomate. On ne tardera pas à y revenir.

Faisons retour, pour lors, sur ce fameux dessein. Dans son *Testament politique*, Richelieu expose ce qui ressemble bien à un vaste projet politique d'ensemble ; rappelons-en les grandes lignes : « Ruiner le parti huguenot, rabaisser l'orgueil des grands, réduire tous ses sujets en leurs devoirs et relever [le nom du roi de France] dans les nations étrangères au point où il devait être. » La vulgate historique a repris et martelé ce programme, de manière à faire du cardinal l'artisan glorieux de la grandeur monarchique. Mais ce « dessein » n'eut rien de systématique et fut à coup sûr recomposé *a posteriori*, au vu des résultats obtenus lors de la rédaction du texte, vers 1640. Au quotidien, pour se maintenir au pouvoir et dans la faveur du roi, le principal ministre a dû davantage louvoyer, et adapter ses grandes vues à des circonstances dont il était bien loin d'être le maître…

Dans l'esprit de ses contemporains, les fins du cardinal sont tout autres ; elles tiennent d'une ambition personnelle démesurée. Ses ennemis le soupçonnent du désir de prendre le pouvoir par tous les moyens – y compris en usurpant la majesté royale. De fait, on se rappelle son souci de prouver l'ancienneté et de manifester les illustres ascendances de sa famille ; souci qui reparaît en 1641, avec la parution d'un *Epitome genealogico…* dû au Catalan Manuel Fernandes de Villereal [1], lequel reprend la généalogie établie par Duchesne en 1631. Richelieu se préoccupe d'apparaître de sang royal, ce qui le rendrait digne d'un exercice temporaire du pouvoir – et sans doute se soucie-t-il, à la fin du règne, de préparer à son profit une régence qu'il sent proche.

Son désir d'illustration familiale – sa mégalomanie, diront certains – prend encore la forme de ces alliances dont on l'a vu échafauder continûment les plans. Or un noble d'origine médiocre qui prend soin de se forger des liens de parenté avec les plus grandes familles ne peut qu'être fortement suspecté de nourrir une ambition démesurée… En 1641, la grande affaire est le mariage de sa nièce, Mlle de Brézé, avec le duc d'Enghien (le futur « Grand Condé »). Cette affaire est aussi lamentable au plan humain qu'elle est socialement éclatante pour le cardinal. Claire-Clémence de Maillé-Brézé, fille de

---

1. La version française de l'*Epitome*, en préparation quand la mort saisit Richelieu, ne paraîtra qu'en 1645.

Nicole du Plessis, sœur du cardinal à l'esprit dérangé (qui, reléguée au château de Milly en Anjou, meurt en 1635), et du maréchal de Brézé, était loin d'être un parti engageant ; cette minuscule et fort disgracieuse créature, élevée par Mme Bouthillier, a pourtant fait dès 1632 l'objet d'une demande en mariage pour son fils, le duc d'Enghien, de la part du prince de Condé, désireux d'afficher ainsi son loyalisme. Condé relance le projet en 1639, sans doute pour conserver les bonnes grâces du ministre après la perte de Salses qui lui est imputable. Ajoutons que le prince, dans sa servilité, envisageait même un double mariage, et que c'est Richelieu qui refuse net de marier son neveu Jean Armand de Maillé à Mlle de Bourbon (la future duchesse de Longueville), au nom de cette évidence sociale qu'une princesse ne saurait s'allier à un simple gentilhomme. En revanche, un petit avorton de femme qui joue encore à la poupée pourra bel et bien épouser l'un des hommes les plus brillants de son temps. Il est vrai que la petite duchesse, moquée par la cour et méprisée par son mari, révélera, à Bordeaux au temps de la Fronde, et aux côtés de la duchesse de Longueville, un courage et un sens de l'opportunité qui auraient mérité mieux que la fin de vie que lui réservera son princier époux en la maintenant en captivité, à Châteauroux, pendant vingt-trois années. Il ne fera plus bon, alors, être la nièce de feu Son Éminence [1]…

Pour d'autres, l'ambition de Richelieu se situe avant tout sur le terrain ecclésiastique. Et, de fait, on ne dira jamais assez clairement combien l'évêque de Luçon devenu cardinal-ministre demeure un membre éminent de son ordre, de ce clergé dans lequel il ne fit jamais figure d'intrus. Ce point mérite que l'on s'y penche un moment, car si on peut faire justice à Richelieu d'une ample vision, c'est bien dans le domaine de la réforme de l'épiscopat et de l'affermissement du catholicisme.

Richelieu arrive au pouvoir au sortir d'une période de grands troubles religieux et, par profession comme par caractère, adhère à l'œuvre de renouveau catholique tel qu'il a été défini au concile de Trente. Même après la journée des Dupes et la défaite du parti de Marie de Médicis, il n'en continue pas moins de poursuivre l'objectif de réforme du clergé qui était celui des dévots ; cardinal et ministre, il est idéalement placé pour ce faire. Son action en termes de choix épiscopaux [2] opérés de concert avec le roi dont en la matière il est le conseiller de conscience, est, à cet égard, instruc-

---

1. Voir A. Lebigre, *La Duchesse de Longueville*, Paris, 2004.
2. Rappelons qu'en vertu du concordat de Bologne (1516) les évêques étaient nommés par le roi et institués par le pape.

tive. Autour de 1630, on l'a vu, ses choix ont répondu à la nécessité de contrôler un certain nombre de provinces. Par la suite, il s'agira davantage de mettre en place une clientèle qui lui est acquise, dont son frère Alphonse (qu'il tire du cloître pour en faire l'archevêque d'Aix, puis de Lyon, et le grand aumônier de France) est le représentant le plus évident, mais qui comprend aussi des hommes comme Henri de Sourdis, Victor Bouthillier, Philippe Cospeau, Dominique Séguier ou Léonor d'Étampes. De ce point de vue, et en dépit des affirmations du *Testament politique* sur la nécessité de lui réserver les carrières épiscopales, c'est bien la grande noblesse qui a été la vraie perdante de la crise de 1630, laquelle voit fondre ses positions dans le clergé de France : le cardinal y veut, comme interlocuteurs, des hommes à sa main, et gagnés à ses fins.

Autre souci cardinalice, la question monastique. On a vu comment Richelieu est parvenu très rapidement à réunir entre ses mains quinze abbayes, quatre prieurés, ainsi que les généralats de Chezal-Benoît, de Cîteaux et de Prémontré ; ses méthodes de gestion, on l'a dit, lui valent des profits remarquables, puisque Joseph Bergin y voit « la plus grande de ses nombreuses ressources [1] ». Mais, là encore, Richelieu ne se contente pas de faire fructifier des intérêts personnels ; il se soucie de restaurer la discipline ecclésiastique, et l'acquisition de ces spirituels domaines est le socle d'une réforme monastique qu'il engage et mène avec détermination en favorisant l'action de moines formés à l'observance régulière de la règle bénédictine, souvent mise à mal dans les établissements monastiques. « Le désir que j'ai de purger toutes mes abbayes des désordres et licences qui s'y sont glissés par le temps m'ont fait rechercher les moyens les plus convenables, et n'en ayant point jugé de plus doux et utiles, pour la décharge de ma conscience et le salut des religieux qui sont sous ma charge, que d'y établir des Pères religieux réformés qui, par leur exemple, porteront les anciens à suivre les bonnes mœurs [2]. » À plus long terme, il ne s'agit de rien de moins que d'un projet d'union de tous les bénédictins français. Une telle action rénovatrice n'ira pas sans violents conflits au sein des établissements monastiques, et rencontrera une certaine réticence de la part de Rome, où l'on se soucie peu d'accroître le pouvoir du cardinal-ministre et où l'on s'interroge sur la pureté de ses intentions ; témoin, le refus pontifical durable d'accorder à Richelieu les bulles sanctionnant son élection à la tête de Cîteaux et de Prémontré.

1. J. Bergin, *Pouvoir et fortune de Richelieu*, p. 219.
2. Dom P. Denis, *Le Cardinal de Richelieu et la Réforme des monastères bénédictins*, Paris, 1913.

La réforme voulue par Richelieu ne survivra guère à son autoritaire promoteur [1] ; il n'en reste pas moins que le dessein participe pleinement de sa personnalité ecclésiastique, au même titre que des projets plus politiques, comme la réduction de La Rochelle ou la lutte contre les duels qui répondent également aux vœux les plus chers du clergé de France. Aux affaires ecclésiastiques Richelieu n'a jamais cessé de manifester un intérêt soutenu. Ainsi, quand s'élève un différend entre l'épiscopat et les réguliers sur la liberté de ces derniers de prêcher et de confesser dans les diocèses, un sujet de conflit récurrent depuis 1625, c'est vers lui qu'on se tourne et c'est en son hôtel que s'assemblent les prélats sous la présidence du nonce pour se rallier enfin à sa médiation qui impose le respect des droits du Saint-Siège.

Jusqu'à la fin de sa vie, le principal ministre ne cesse de favoriser les actions pastorales et charitables que le zèle religieux et les malheurs des temps suscitent. Un Vincent de Paul peut compter sur son soutien et sur celui de la duchesse d'Aiguillon – d'autant plus que si « Monsieur Vincent » intervient efficacement pour soulager des misères largement causées par la politique de Richelieu, il a la prudence de ne la condamner en aucun cas.

L'implication du cardinal-ministre dans les matières ecclésiastiques relève d'un jeu à trois : Rome *via* le nonce ; la monarchie *via* la tradition du gallicanisme politique ; enfin le clergé de France, pourvoyeur de subsides. Dans les délicates relations que ces trois acteurs entretiennent, relations dont l'importance est autant politique que religieuse, Richelieu se révèle avant tout partisan de l'équilibre, se souciant de ménager avec toute sa prudence les vues de chacun. Il a assuré l'essentiel, on l'a dit, en éliminant, dès avant 1630, l'option dévote pro-romaine au profit d'un catholicisme d'État, ce qui a pacifié les relations des catholiques français avec Rome. Mais des tensions peuvent resurgir ponctuellement : le « démariage » de Gaston, la fiscalité imposée au clergé, ou les orientations de la politique étrangère française en ont été l'occasion. Malgré tout, les frictions demeurent limitées : de son côté, la papauté reste soucieuse de préserver des relations de cordiale entente avec le Roi Très Chrétien. Elles lui sont nécessaires pour sauvegarder son indépendance (notamment vis-à-vis de l'Espagne), promouvoir la protection des catholiques dans l'Empire – d'où les

---

1. Remarquons néanmoins qu'il aura un successeur en la personne de son filleul Armand Jean, fils de Denis Bouthillier, l'un des frères de Sébastien et de Claude, qui n'est autre que le célèbre abbé de Rancé, le réformateur de la Trappe.

protestations (peut-être sincères) de Richelieu affirmant que la France n'a pas d'autre dessein –, et assurer sous son égide la négociation d'une paix générale.

Dans les années 1639-1641, les affaires prennent cependant un tour conflictuel. Urbain VIII et le cardinal Barberini, son neveu, qui dirige la politique romaine, voient d'un œil peu favorable la politique anti-espagnole de la France et ses succès croissants. Les relations deviennent tendues lorsque l'on envoie comme ambassadeur à Rome le maréchal d'Estrées, ex-marquis de Cœuvres, qui, naguère, a mené en Valteline des opérations militaires contraires aux vues pontificales. Entre le Saint-Siège et l'ambassadeur français, les incidents se multiplient, et Rome fait preuve d'une mauvaise volonté de plus en plus patente à l'égard de la France : refus à Richelieu des généralats de Cîteaux et de Prémontré, refus du chapeau de cardinal au père Joseph, refus de l'octroi de la nonciature à Mazarin. En guise de représailles, le pape rappelle le nonce Bolognetti de Paris, et y dépêche en qualité de nonce extraordinaire Scoti, un prélat connu pour son ardeur au service de la cause espagnole.

Au même moment, le dialogue se crispe avec le clergé de France. La guerre contre La Rochelle a permis à la monarchie d'exiger beaucoup de lui ; dès qu'il s'agit de contribuer au financement de la guerre contre le roi catholique, la question est plus délicate. En 1636, l'ordre ecclésiastique a pourtant accordé un don gratuit de 3 500 000 livres, espérant qu'il lui assurerait l'immunité jusqu'à la fin de la guerre. Or voilà qu'en 1639-1640 c'est une nouvelle et impérieuse demande à laquelle l'Assemblée du clergé, réunie à Mantes, doit se résoudre ; elle vote les 5 500 000 livres réclamées, en dépit de l'opposition irréductible de deux prélats – l'archevêque de Sens, Octave de Bellegarde, et celui de Toulouse, Charles de Montchal –, qui sont prestement renvoyés dans leurs diocèses respectifs par lettre de cachet.

Une affaire qui n'arrange pas les relations avec Rome est celle du *Traité des droits et libertés de l'Église gallicane*. Il s'agit d'une collection de traités collationnés par l'érudit Pierre Dupuy, et complétée par un volume de « preuves » (*Preuves des libertés de l'Église gallicane*), composé de documents tirés des archives. Les volumes, imprimés sans privilège à Rouen, en 1638, connaissent un grand succès et sont épuisés en trois mois. Un arrêt du Conseil privé[1] du 20 décembre 1638 en interdit l'impression, la vente et la

1. Le Conseil privé ou des parties était la séance du Conseil du roi plus spécialement chargée de juger sous la présidence théorique du roi et effective du chancelier les affaires civiles.

diffusion sous peine d'une amende de 10 000 livres ; le 9 février 1639, l'ouvrage est censuré lors d'une Assemblée particulière de prélats qui condamnent avant tout la confusion de son plan ; il sera encore l'objet d'une censure de la faculté de théologie, et d'une mise à l'Index le 26 octobre 1640. Il n'en continue pas moins de circuler en toute liberté, et au grand dépit de Rome. Le 13 janvier 1640, le nonce Scoti écrit : « Bien que supprimé par l'assemblée des évêques, l'ouvrage n'en continue pas moins à être lu par qui le désire, le cardinal de Richelieu n'ayant pas voulu son interdiction par voie de justice[1]. » Bien que l'implication de Richelieu dans l'affaire soit généralement admise, sa position n'apparaît pas d'une parfaite clarté. Que le ministre ait, par le passé, employé pour certains travaux les services de Dupuy, la chose est bien connue ; en revanche, dans le cas précis des *Libertés*, il semble avéré qu'il n'y a pas eu entente préalable et que l'ouvrage, depuis longtemps médité par Pierre Dupuy, fut publié à l'insu de Richelieu. Pour l'ensemble du clergé, en tout cas, il n'y a guère de doute sur la collusion de Richelieu et de Dupuy, unis pour soutenir l'État dans sa quête d'autonomie vis-à-vis du Saint-Siège. Et il est vrai que le principal ministre ne s'opposa pas à la condamnation portant sur la forme confuse de l'ouvrage ; que le fond n'en ait pas été condamné lui permettait d'user, dans la mesure des besoins d'une politique tout en nuances, de l'arsenal gallican que ces *Libertés* constituaient...

En résumé, le problème ecclésiastico-politique de Richelieu est le suivant : pour asseoir l'autorité de l'État face aux prétentions romaines, il lui faut promouvoir la doctrine gallicane ; dans le même temps, il lui faut s'assurer d'une contribution financière soutenue du premier ordre du royaume aux nécessités urgentes de ce même État. Or, le clergé ne peut manquer de relier ces deux termes – les empiètements sur ses privilèges qu'impose une mainmise financière accrue, et les prétentions gallicanes de principe dont est abondamment crédité Richelieu –, qui, si l'on y regarde bien, vont dans le même sens : une coupe réglée des pouvoirs du clergé au profit de l'État, et donc du tout-puissant ministre... Poussant le soupçon jusqu'au bout, Montchal, devenu opposant irréductible à la suite de la houleuse Assemblée du clergé de 1641, lui attribue le dessein d'obtenir du pape une légation permanente, ou même d'ériger à son profit un patriarcat des Gaules ; ambition à visée

---

1. *Benche soppresso dall'assembla de vescovi, si legge da chi vuole, non havendo il cardinale di Richelieu voluto che si prohibisca giuditialmente.* (P. Blet, *Correspondance des nonces en France... (1639-1641)*, (*Acta nunciaturae gallicae*, 5), Rome-Paris, 1965, n° 189.

tyrannique qui aurait fait de lui le maître absolu de l'Église de France et de ses biens. Ce n'est rien de moins que le spectre du schisme avec Rome qui s'esquisserait alors.

Il faut toutefois faire la part de la réalité et de la hantise des ennemis du cardinal. Certes, l'idée d'une large délégation de l'autorité apostolique n'était assurément pas de nature à lui déplaire ; peut-être y a-t-il songé, notamment au lendemain de la chute de La Rochelle, ou encore en 1640 ; peut-être s'agissait-il d'un moyen de pression à l'égard de Rome. Mais le fait est qu'il n'entreprit jamais rien pour obtenir une telle charge, et qu'il manifesta toujours, au contraire, un grand souci de sauvegarder, en dépit des frictions temporaires, de bonnes relations avec le siège apostolique. Son but n'est pas de devenir le chef reconnu de l'Église française, mais bien de démêler les prérogatives des deux puissances – la royauté et la papauté –, et d'y imprimer les termes d'une autonomie relative : « Si les rois sont obligés de respecter la tiare des souverains pontifes, ils le sont aussi de conserver la puissance de leur couronne [1]. »

Si un autre chantier doit être imputé au crédit de l'action de Richelieu, et mis à l'actif d'un « dessein » cardinalice, c'est, incontestablement, la question de la réduction de la religion « prétendue réformée ». Villeroi, dans ses *Mémoires*, va jusqu'à lui attribuer « une passion démesurée de se faire un jour canoniser » en détruisant partout l'hérésie [2]. Il a éradiqué par la force la rébellion des hérétiques, maintenant la lutte passe avant tout par le discours, l'argumentation et la raison. On a rencontré, à maintes reprises, la passion de notre cardinal pour la controverse et pour ces joutes oratoires dont se méfie d'ailleurs Rome, en raison des attaques et concessions que le pouvoir pontifical pourrait y être amené à subir. Non seulement Richelieu encourage les polémistes catholiques, comme l'ex-jésuite François Véron, mais encore il veut être le Du Perron [3] de son siècle, et s'octroyer la gloire de ramener dans le

1. *Testament politique*, p. 135. Une telle position est confortée par un autre ouvrage contemporain, le *De Concordia Sacerdotii et Imperii* dû à Pierre de Marca qui rappelle la nécessaire sanction du roi aux décrets romains.
2. De modernes apologistes (R. Casin, *Un prophète de l'unité. Le cardinal de Richelieu*, Montsurs, 1980) ont été jusqu'à voir « un prophète de l'unité » – entendons : de l'unité chrétienne œcuménique – en ce cardinal qui n'avait pas hésité à placer la salle de son appartement, au château de Richelieu, sous les auspices d'une toile du Titien représentant un concert en présence de Luther et de Calvin.
3. On rappelle que l'illustre archevêque de Sens, Jacques Davy Du Perron (1556-1618) avait été le modèle de Richelieu lorsque, jeune évêque, il voulait se faire un nom dans l'ordre ecclésiastique ; très célèbre controversiste, il s'était notamment illustré devant Henri IV aux dépens du pasteur Duplessis-Mornay.

giron de l'Église romaine les adeptes de cette religion prétendument réformée, avec pour seule arme sa virtuosité verbale.

On peut estimer qu'il y a dans ce grand dessein et les conditions de son exécution comme une naïveté du cardinal. Son idée est de gagner à sa cause le plus grand nombre possible de pasteurs, par persuasion, séduction ou autorité, afin de susciter un vaste mouvement de ralliement permettant de traiter les récalcitrants en rebelles. On se souvient qu'en 1618 déjà, suite à une polémique intervenue entre le confesseur du roi, le père Arnoux, et quatre ministres protestants de Charenton, il a publié un premier traité, les *Principaux points de la foy de l'Église catholique défendus contre l'écrit adressé au Roi par les quatre ministres de Charenton*. Il ne s'arrête point en si bon chemin. À la fin de 1641, il engage des discussions avec Mestrezat, l'un des quatre ministres de Charenton concernés par ce premier traité, qu'il cherche à gagner à ses vues. Mais sa visée est plus générale ; il prétend volontiers que l'union se réaliserait facilement si l'on s'en tenait aux articles de foi de la doctrine catholique en évitant d'imposer les points non définis.

Et, le 3 septembre 1641, le nonce Grimaldi écrit qu'« une fois la paix faite, la principale pensée de Son Éminence sera de ramener les hérétiques de France à la foi catholique et c'est pourquoi il s'applique maintenant beaucoup à la faciliter, voulant réaliser non seulement par la crainte de la force, mais encore persuader par les arguments et gagner les ministres, après lesquels les peuples se convertiraient très facilement ». Pourquoi attendre la paix ? Parce que, pour l'heure, il faut se résoudre à des ménagements, auxquels contraignent les alliances protestantes... On peut d'ailleurs se demander si cet engagement n'était pas un moyen de justifier ces alliances en leur opposant ostensiblement la parfaite orthodoxie de leur promoteur. Toutefois, on ne trouve nulle trace, ni chez les adversaires ni chez les zélateurs de Son Éminence, d'une telle stratégie ; si justification il y eut, celle-ci resta de l'ordre de la conscience individuelle du cardinal-ministre, et, dans les deux domaines – alliances protestantes politiques et raisonnables à l'extérieur, retour raisonné à la foi catholique à l'intérieur –, celui-ci a sans doute le sentiment satisfaisant d'obéir à la logique de la raison.

La somme où l'on peut trouver recueilli tout l'effort controversiste de Richelieu est son *Traité qui contient la méthode la plus facile et la plus assurée pour convertir ceux qui se sont séparés de l'Église*, un volume de plus de neuf cents pages dont il déclare avoir eu le projet à Luçon et auquel il aurait travaillé durant toute sa vie : « Dans le plus fort des affaires où la conduite de l'État l'engageait, celle de travailler à l'éclaircissement de quelques points controversés en la foi était l'une de ses plus sérieuses et plus agréables occupations. C'était dans ce travail qu'il se délassait de tous les autres, et il n'y employait pas seulement ce qui lui restait des heures du jour, mais encore ordinairement une grande partie de celles de la nuit », précise Lescot, l'évêque de Chartres, le confesseur ordinaire du cardinal[1]. Inachevé, l'ouvrage sera publié à titre posthume par les soins de la duchesse d'Aiguillon en 1651. Si hors de propos, voire, disons-le, ennuyeux, que paraît l'ouvrage au lecteur d'aujourd'hui, son objet et sa méthode ont, pour l'historien, un réel intérêt : c'est peut-être même le lieu où l'on touche au plus près de la pensée, des préoccupations et du mode de fonctionnement intellectuel du cardinal.

Il est divisé en quatre livres traitant successivement : « De la vraie Église de Jésus-Christ et des marques pour la connaître. – Que l'Église des prétendus réformés n'est pas la vraie Église de Jésus-Christ et que ce titre n'appartient qu'à l'Église romaine. – Où sont examinés les points que les prétendus réformés appellent fondamentaux et où il est prouvé qu'ils n'ont pu jusqu'à cette heure les marquer précisément ni les distinguer d'avec les autres. – Où sont examinés les points que les prétendus réformés disent être non fondamentaux et où il est montré qu'ils ne sont pas mieux fondés en ces points qu'en ceux qu'ils prétendent être fondamentaux ». Chaque point est méthodiquement soumis à l'autorité de la lumière naturelle des Écritures, des Pères, puis des conciles et des papes, voire des auteurs protestants eux-mêmes – dont les éventuelles contradictions sont lourdement soulignées dans le but de débusquer dans ses derniers retranchements l'adepte de la Réforme (« J'agis contre lui par ses propres principes en le contraignant d'avouer... » ; « Par ce que je dois me contenter de convaincre ceux contre lesquels j'agis sans vouloir les accabler[2] »). À l'issue de chaque développement, Richelieu ne cache pas sa satisfaction de débatteur : « Je finis ce chapitre en suppliant le lecteur de considérer si la confession expresse que font nos adversaires que l'Église romaine est vraie Église ne nous donne pas lieu d'inférer que celle de nos adversaires ne l'est pas et s'il ne faut pas être privé de sens commun pour ne point connaître, par la force de l'argument qui a été déduit en ce chapitre, non seulement que l'on peut se sauver avec plus d'assurance dans l'Église romaine qu'en celle des prétendus réformés,

---

1. *Traité qui contient la méthode..., Avertissement.*
2. *Ibid.*, livre II, chap. II et VII. Il faut à ce titre admirer la connaissance réelle des auteurs de la Réforme dont fait preuve ici le cardinal ; connaissance que permettait sa bibliothèque, laquelle, rappelons-le, constituait en ce domaine un ensemble d'une exceptionnelle richesse, et donc un outil de travail remarquable.

mais encore que l'Église romaine est cette arche unique dans laquelle, comme disent les Pères, l'on se peut sauver du déluge de ce siècle pour arriver au port de l'éternité [1]. » À défaut de légèreté, admirons l'ardeur mise à ne laisser aucun répit à l'adversaire…

Le mobile avoué de toute cette action, c'est, avant tout, la charité : « Pour nous, si la charité ne nous obligeait à prendre soin du salut de nos frères autant que du nôtre propre, nous pourrions nous dispenser bien facilement d'entrer en conférence avec nos adversaires sur le différend dont il s'agit entre eux et nous. La possession où nous nous trouvons de la vraie Église devrait nous faire vivre pour ce regard dans un parfait repos d'esprit. Mais, parce que la charité ne nous convie pas seulement à chercher l'Église, mais aussi à la montrer aux autres après l'avoir trouvée, nous n'épargnerons aucun travail ni aucune diligence pour leur procurer un si grand bien et nous ne refuserons jamais d'avoir avec eux une communication douce et fraternelle pour les mettre dans la voie où ils doivent faire leur salut [2]. » Cette charité fraternelle ne répugne jamais, cependant, à insister avec jubilation et grande mauvaise foi sur les divergences et contradictions entre calvinistes et luthériens ; elle se permet également de couper court aux contraintes de la raison démonstrative, et préfère balayer l'adversaire par des professions d'autorité : « S'ils méprisent le salutaire conseil que je leur donne, ils trouveront bon que je leur déclare qu'étant tous coupables d'attentat contre Jésus-Christ et contre son Église, ils ne peuvent prétendre d'être enfants de la maison que le Père et le Fils ont établie en ce monde pour la faire triompher éternellement en l'autre [3]. »

Ce grand et constant dessein de réduction des protestants à un catholicisme de raison n'aboutira pas. À tout le moins lui connaissons-nous un succès, un cas de conversion *a posteriori* : celui de Jacques de Coras, de la famille du célèbre juriste toulousain Jean de Coras, pasteur à Montauban, qui, dans les années 1665, soi-disant sous cette influence convaincante, fera retour au catholicisme.

Mais la volonté de Richelieu d'en découdre verbalement afin d'affirmer les vérités de la foi ne se limite pas au protestantisme ; toute déviance trouve chez lui un contempteur avisé. Son *Traité de la perfection du chrétien* dont nous avons déjà parlé fait allusion à plusieurs autres traités, en l'espèce un traité du péché et un traité

1. *Ibid.*, livre II, chap. XII.
2. *Ibid.*, livre I, chap. III.
3. *Ibid.*, livre II, chap. XI.

contre les illuminés, dont il projette la rédaction et qui ne verront pas le jour. D'ores et déjà, le *Traité de la perfection* contenait de substantielles mises en garde témoignant du souci toujours vivace de son auteur de lutter contre toute déviance doctrinale. Ainsi de la secte des illuminés [1], qui provoque grand tapage en Picardie, au point d'avoir déclenché, en date du 30 mai 1632, un arrêt du Conseil ordonnant que les « suspects d'illuminisme soient recherchés et déférés à l'évêque d'Amiens et à l'évêque de Noyon » ; Richelieu stigmatise « les folles opinions des illuminés. [...] Je parle des personnes dont les opinions sont d'autant plus plausibles qu'ayant pour but l'épurement de l'esprit à leur mode, elles ne laissent pas de faire état de la mortification du corps et des moyens propres à tenir nos sens en bride [2] ». Ainsi des « athéistes », « ceux qui affectent en ce temps la réputation de beaux esprits, sans autre titre que celui de l'insolente profession qu'ils font de ne croire pas les premières et plus assurées vérités [3] » ; ces libertins à la mode motivent une ferme mise en garde rappelant la nécessité de l'existence de Dieu et de l'immortalité de l'âme. Dans tous ces cas, « il faut donc que ceux qui veulent faire progrès au chemin de la perfection cherchent Dieu où l'Église le montre, et non où leur esprit se l'imagine [4] ». Le rappel à l'obéissance vaut aussi dans l'ordre spirituel !

Cette volonté de s'affirmer glorieusement comme théologien lui fait prendre très au sérieux son rôle de proviseur de la Sorbonne, non seulement en ce qu'il lui permet, ainsi qu'on l'a vu, d'intervenir dans les contestations d'ordre religieux qui lui tiennent tant à cœur, mais aussi en ce qu'il lui donne l'occasion de manifester sa magnificence. Dans ces années 1640, l'heure est à la construction de cette chapelle magnifique dans laquelle il veut être enterré ; une lettre du 10 septembre de Léonor d'Étampes dit que « c'est merveille de voir cet ouvrage », commencé en 1635, et dont on est en train d'édifier le dôme. On aménage également une bibliothèque dans un bâtiment proche et, par son testament, c'est à la Sorbonne que Richelieu léguera sa propre bibliothèque. Le chantier de la Sorbonne, qui ne sera pas achevé avant sa mort, n'a pas pour fin unique sa propre glorification ; il témoigne encore du dessein de rénovation des institutions ecclésiastiques dont le cardinal estime que la charge et la gloire lui incombent [5].

1. Mouvement mystique hétérodoxe d'origine espagnole (*Alumbrados*) condamné par l'édit de Séville de 1623 qui, à partir des Flandres, se répandit en France.
2. *Traité de la perfection...*, p. 445.
3. *Ibid.*, p. 148.
4. *Ibid.*, p. 446.
5. L. Batiffol, *Autour de Richelieu*, Paris, 5e éd., 1937.

Et, finalement, on peut à bon droit estimer que le véritable « grand dessein » personnel de Richelieu a été tout simplement conforme à sa personnalité, c'est-à-dire religieux et politique. Sa cohérence est à la hauteur d'une sincérité qu'il n'y a guère lieu de mettre en doute au nom d'un quelconque diabolique machiavélisme quand elle s'exprime en ces termes de sérénité : « Et, dans cette vie même, ne voyons-nous pas que souvent les gens de bien sont en paix et en trouble tout ensemble : en paix au dedans et en trouble au dehors ; en paix au regard de l'esprit qui est tranquille et content ; en trouble au regard du corps qui est dans les douleurs ou dans les maladies ; en paix et en consolation du côté de Dieu et, du côté du monde, en guerre et en affliction [1]. »

---

1. *Traité qui contient la méthode...*, livre IV, chap. VI.

7

L'affaire Cinq-Mars

En 1640, si les affaires militaires vont mieux, il n'en va plus de même des relations au sein du couple royal, pourtant en apparence raccommodé en 1638. Le 10 septembre, Louis XIII visite la reine qui est sur le point d'accoucher une seconde fois ; le dauphin, âgé de deux ans, est auprès de sa mère et la visite se passe fort mal : l'enfant se met à hurler dès que s'approche son père, lequel se persuade que c'est la reine qui entretient chez lui cette hostilité. Blessé dans son amour-propre paternel, Louis décide d'enlever l'enfant à Anne d'Autriche qui, effondrée, ne trouve, une fois encore, d'autre intercesseur que le cardinal. Sans intervenir directement, celui-ci semble avoir conseillé à la reine de mieux disposer l'enfant à recevoir son père et à ce dernier de renoncer à son dessein, et de laisser le dauphin à sa mère. Mais les sentiments de Louis XIII à l'endroit d'Anne d'Autriche ne sont pas plus favorables pour autant ; la reine demeure toujours à la merci de l'humeur de son époux et de la bienveillance du cardinal.

À la fin de l'année, la santé du roi se détériore encore. La tuberculose pulmonaire et intestinale dont, selon toute vraisemblance, il souffre, le ronge. Entraîné par son jeune favori à des excès de table, épuisé par des parties de chasse incessantes, victime des purgations et saignées de la faculté, il s'affaiblit à vue d'œil ; les médecins ne lui donnent guère que six mois à vivre. Il n'apparaît plus guère douteux qu'une régence va s'ouvrir prochainement.

L'affaire gangrènera les deux dernières années de la vie de Richelieu. Au vrai, Sa Majesté et Son Éminence sont deux morts en sursis, à qui il incombe pourtant de préparer l'avenir du pays. Mais Richelieu veut ignorer ses propres souffrances, et son esprit est obnubilé par un seul objectif : la mort du roi mettrait un terme à l'insupportable cohabitation du ministériat, et une régence lui permettrait enfin d'exister ; la perspective de cette véritable naissance politique l'éblouit, au point de lui faire oublier que sa santé se dégrade davantage encore que celle du roi ! On le voit ainsi préparer l'opinion à sa cause. À sa solde, érudits et juristes travaillent à la constitution d'un dossier appuyant ses prétentions ; Théodore Godefroy élabore un recueil méthodique de règles et maximes en ce sens, et Dupuy, que nous avons déjà rencontré, constitue, à partir du Trésor des chartes et des registres du Parlement, un *Traité de la majorité de nos rois et des régences du royaume* (paru en 1655). Tout comme les références picturales aux hommes célèbres, ces recherches mettent l'accent sur la figure de Suger, abbé de Saint-Denis, qui se vit confier par Louis VII la régence du royaume durant la deuxième croisade, entre 1147 et 1149, un solide précédent dont le cardinal pourra se prévaloir, le moment venu…

Dans le même temps, Richelieu doit, plus que jamais, assurer au quotidien sa survie politique. Outre les révoltes populaires, le mécontentement des Grands fournit plus d'un sujet d'inquiétude ; pour la France, c'est une grave source de fragilité – que ne connaît pas sa rivale espagnole, laquelle a su s'attirer une loyauté quasiment sans faille de la part de la grande noblesse ; pour Richelieu, c'est un péril constant. En 1640, précisément, cette contestation endémique est bien près de réussir à s'emparer de vive force du pouvoir et à en éliminer le cardinal.

À l'automne, on met la main sur un gentilhomme du duc de Soubise, porteur de lettres adressées au duc d'Épernon, lesquelles parlent de raviver l'opposition des protestants. Au même moment, un ermite, Guillaume Poirier, interrogé à propos d'une banale affaire criminelle, révèle que le duc César de Vendôme, demi-frère du roi, retiré sur ses terres depuis son retour en France, lui aurait proposé d'assassiner le ministre avec deux comparses ; on arrête les trois hommes, tandis que le duc proteste de son innocence ; invité à venir se justifier à la cour, il se met en chemin, mais, pris de panique, préfère l'exil en Angleterre. La dérobade équivaut à un aveu et justifie la mise sur pied d'un tribunal extraordinaire, chargé, sous la présidence du roi, de juger par contumace le fugitif. Richelieu peut, pour une fois, se faire l'avocat de la clémence en demandant expressément un pardon auquel le roi se refuse, consentant tout au plus à suspendre le procès. L'indulgence de Son Éminence peut surprendre, mais il est vrai que l'accusation n'était guère solidement étayée, et qu'il y avait au même moment des motifs d'inquiétude bien plus fondés.

On se souvient qu'après l'attentat manqué d'Amiens, en 1636, le comte de Soissons avait cru prudent de se réfugier dans Sedan. Les faveurs qu'on lui a ménagées n'ont pas apaisé ses rancœurs : on lui a naguère retiré le commandement de l'armée de secours de Corbie ; jadis, c'est à Gaston qu'avait été accordé d'épouser Mlle de Montpensier qu'il convoitait ; et maintenant on voudrait lui imposer une alliance avec la nièce du cardinal… Depuis Sedan, le cousin et filleul de Louis XIII ressasse ses humiliations et se fait l'ennemi déclaré du principal ministre. Il reçoit le soutien d'un entourage de nobles qui veillent à justifier la révolte par un projet politique : restaurer la morale et le respect des libertés coutumières, foulées au pied par le tyrannique cardinal. Autrement dit, encore une fois, la passion est opposée à la raison, mais au prix d'une véritable inversion des valeurs défendues par le cardinal !

Le printemps 1640 voit ainsi Soissons, les ducs de Guise et de Bouillon tenir conciliabule à Sedan ; cette fois-ci, Gaston est hors de l'affaire, mais le duc de Lorraine, qui ne s'accommode pas de l'arrangement qu'il est venu conclure en personne avec Louis XIII en mars pour recouvrer ses États, y est favorable. Le complot est mené avec une détermination remarquable. Un manifeste du 2 juillet dénonce « les mauvais desseins » du ministre, énumère tous les motifs de mécontentement et réclame d'en finir avec lui ; les conjurés parient sur le soulèvement de la capitale, où l'opinion publique est de plus en plus disposée à prêter une oreille favorable à tout ce qui peut faire cesser la dictature du cardinal de guerre.

Cette menace est sans doute la plus dangereuse que Richelieu ait eu à affronter. C'est une armée de trois mille hommes – portant l'écharpe blanche, pour bien montrer qu'ils n'agissent pas contre le roi, mais pour son service – renforcée d'autant d'Impériaux qui défait, le 6 juillet 1641, l'armée royale commandée par le maréchal de Châtillon, à La Marfée, à quelques kilomètres de Sedan. Le désastre aurait nécessité d'interrompre les opérations en Picardie pour porter le gros de l'armée royale contre Monsieur le Comte, si celui-ci n'avait été frappé à mort sur le champ de bataille par un « incroyable » coup de feu accidentel. L'affaire n'a jamais totalement été éclaircie : s'est-il donné lui-même le coup fatal en remontant sa visière à l'aide de son pistolet encore armé, a-t-il trouvé la mort en poursuivant après la bataille avec Bouillon un corps de gendarmes, comme le relate l'ambassadeur vénitien, ou le coup de feu eut-il une autre provenance ? Quelle qu'en soit l'origine, celui-ci est vraiment providentiel pour un cardinal que l'annonce du résultat de la bataille a plongé dans son habituelle dépression, à tel point que Cinq-Mars a pu se payer le luxe – ou l'inconscience – de quelques hypocrites paroles de consolation. La mort du comte annoncée, Son Éminence retrouve le goût et l'activité de la revanche.

Le roi et Richelieu se déplacent en personne pour mater la révolte. Sedan est investi, et le duc de Bouillon, complice, est forcé, en contrepartie du pardon royal, de céder sa principauté, jusque-là indépendante, et de la placer sous la domination de la France. On s'occupe encore une fois du duc de Lorraine : par le traité signé à Paris et ratifié à Saint-Germain (29 mars 1641), il vient de recouvrer ses États au prix de quelques concessions – il s'est reconnu vassal de la France pour le Barrois, a abandonné Clermont en Argonne, Stenay, Jametz et Dun, et a consenti à une occupation provisoire de Nancy ; il a encore promis de ne plus s'allier aux ennemis de la France. Mais, retors comme à son ordinaire, il a protesté de la nullité de ce traité, arguant qu'il a été passé sous la contrainte, et s'est empressé de rallier la coalition. Il voit donc ses États à nouveau occupés par la France.

Au même moment, sur la frontière du Nord, les succès militaires français se multiplient : Aire sur la Lys, Lens, La Bassée, Bapaume tombent. Cette dernière victoire est l'occasion d'un épisode significatif de l'atmosphère qui régnait alors : à la capitulation de Bapaume, promesse de sauvegarde a été donnée, au nom du roi, à la garnison espagnole. Saint-Preuil, le gouverneur d'Arras, un fidèle de Richelieu, ignore cet engagement et extermine les troupes défaites. Il est aussitôt sacrifié pour l'exemple, et exécuté après un expéditif jugement, pour démontrer de manière éclatante que l'obéissance à la parole du roi ne souffre pas de manquement. La leçon doit valoir pour tous, jusqu'au plus haut de l'État…

Pour une Espagne désormais aux abois, il n'y a plus, semble-t-il, qu'une planche de salut : se débarrasser de Richelieu par l'entregent du nouveau favori du roi de France. Trahisons et conspirations, davantage qu'une victoire militaire, constituent l'ultime espoir auquel se rattache maintenant Olivarès. Car, au printemps 1641, les événements militaires sont riches des plus grandes espérances pour la France. Qui plus est, les négociations progressent : la coalition Habsbourg paraît céder aux exigences françaises sur le point qui jusque-là a bloqué toute avancée – la présence de tous ses alliés à la conférence, y compris les princes allemands en délicatesse avec l'empereur. On fixe en mars 1642 l'ouverture officielle des négociations, qui se tiendront dans deux villes de Westphalie, Münster et Osnabrück, substituées à Cologne.

Au début de cette année 1641, Son Éminence, qui a tout surmonté, semble au-dessus de toute atteinte. Le glorieux mariage du duc d'Enghien et de sa nièce, Claire-Clémence, s'accompagne de réjouissances fastueuses, qui dureront quelque trois semaines. Le 14 janvier 1641, en prélude, c'est l'inauguration de la grande salle de théâtre du Palais-Cardinal, à laquelle est convié le couple royal, accompagné de toute la cour. Celle-ci s'esclaffe sans pitié quand la minuscule fiancée, juchée sur de hauts talons, chute lors du bal qui clôture la fête, mais applaudit *Mirame*, tragi-comédie, œuvre de Desmarets « sur une idée » du propriétaire des lieux, présentée dans un décor à l'italienne avec perspective et changements à vue. Les contemporains n'hésitent pas à y voir la mise en scène d'épisodes plus ou moins récents : les tribulations de la fille du roi Mirame qui, dans cette lointaine cour de Bithynie, se laisse séduire par le favori d'un souverain ennemi, rappellent étrangement l'intrigue d'Anne d'Autriche avec Buckingham, et les accointances de la reine avec l'Espagne... : fiction théâtrale et allusions ont peut-être la vertu de dénouer et de liquider la crise entre le cardinal et la souveraine, car leurs relations vont bientôt passer de l'opposition résolue à une forme subtile d'alliance non avouée.

Depuis les galeries, les spectateurs de la pièce bénéficient d'un second spectacle dont le premier n'est finalement que le prétexte : celui de la famille royale et de leur hôte, installés sur une estrade, au milieu du parterre. En fin de compte, l'un des effets de toute cette mise en scène, c'est l'assimilation de fait du maître de cérémonie à la souveraineté monarchique. Sur cette lancée, le grand théâtre du Palais-Cardinal devient rapidement le lieu privilégié de l'autoglorification cardinalice. Les spectacles s'enchaînent, qui sont chargés de défendre et d'illustrer la politique française : le 17 février, la cour y participe à un *Ballet des prospérités des armes de France* qui, d'Arras à Casal, à travers les Alpes ou sur la mer, met en scène, à grand renfort de machineries perfectionnées, les succès militaires ; trente-six entrées en cinq actes donnent à tous les Grands de participer au triomphe du ministre. Il ne reste qu'à faire entreprendre *Europe*, cette comédie héroïque qui vaut comme apologie explicite de la politique du cardinal.

Les fidèles – Claude et Léon Bouthillier, Sublet de Noyers, Pierre Séguier et le dernier venu, Mazarin, qui, en décembre, sera finalement fait cardinal – tiennent désormais le Conseil et assurent une présence continue aux côtés du roi. Du côté du Parlement, point d'opposition à craindre. Depuis plusieurs années, on a travaillé à réduire ses velléités contestataires ; en février 1641, un édit interdit au Parlement toute initiative dans les affaires d'État, et réduit finalement le rôle de la cour souveraine à celui d'une simple chambre d'enregistrement. C'est l'occasion de réaffirmer solennellement la souveraineté absolue du roi : « Nous avons rendu à l'autorité royale la force et la majesté royale qu'elle doit avoir en un État monarchique, qui ne peut souffrir qu'on mette la main au sceptre du souverain et qu'on partage son autorité. » Aucune crise aiguë ne justifie formellement l'arrêt, et personne n'est dupe de sa véritable raison : le rôle du Parlement est en effet déterminant dans la proclamation des régents... Il s'agit donc de préparer l'avenir à plus ou moins court terme. Richelieu se montre de plus en plus pressé, de plus en plus impérieux face à ce temps qui lui échappe ; convaincu qu'il est que quitter la partie, c'est la perdre, il lui faut prendre toutes les précautions possibles, tout prévoir, tout anticiper, éliminer les éventuels obstacles. Et, pour l'heure, rien ne semble en mesure de lui résister.

C'est alors que tout va se dégrader à une incroyable vitesse.

Tandis que la partie la plus importante de sa vie va se jouer, le jeune marquis de Cinq-Mars occupe le devant de la scène à la cour. Nous avons quitté le favori en 1639, alors que ses relations avec le cardinal se sont, déjà, fortement détériorées. Or voici que Monsieur le Grand se découvre des ambitions politiques, s'oppose ouvertement à la ligne du principal ministre, et se verrait bien, pourquoi pas, en successeur de ce dernier aux affaires... À force d'exciter les scrupules royaux à l'endroit de la politique belliqueuse de la France, il semble gagner Louis XIII à ses vues : le souverain lui donne accès au Conseil, sans même en informer Richelieu. Ce dernier l'en expulse le 28 juillet, à Mézières, à la suite d'une violente algarade au cours de laquelle le ministre ne se contient plus et alterne le sarcasme et l'insulte.

Entre Richelieu et Cinq-Mars, la guerre est déclarée. Le marquis compte ses soutiens ; son appui le plus proche est son ami le parlementaire François-Auguste de Thou, fils de Jacques-Auguste de Thou, le célèbre parlementaire et historien. Ce personnage assez énigmatique, ambitieux insatisfait, farouchement hostile au cardinal, mais dévoué à la reine, livre au marquis ses conseils ; il lui ouvre des perspectives politiques nouvelles, et l'a peut-être informé du dessein de Richelieu sur une éventuelle régence. À ses côtés se tient également Marie de Gonzague, l'ancienne fiancée de Gaston, dont Cinq-Mars convoite passionnément la main, en dépit du méprisant refus que lui a opposé Richelieu.

Autour de ces protagonistes, les appuis se précisent : Bouillon, qui s'estime toujours en danger suite à sa participation à la révolte de Soissons ; Gaston, l'éternel comploteur, qui, lui aussi, vient d'être exclu du Conseil et sent venir une régence qui pourrait lui profiter, à condition que Richelieu ne la confisque pas ; le bossu Louis d'Astarac, marquis de Fontrailles, créature dévouée du marquis, animée d'une haine inextinguible contre le cardinal et obsédé par l'idée de venger la mort de Soissons.

Cinq-Mars met toute sa séduction au service de la cause : comme jadis pour Concini, il s'agit d'obtenir du roi le feu vert pour un assassinat. Si, comme à l'accoutumée, le taciturne souverain n'y acquiesce point formellement, il n'en prête pas moins, cette fois, une oreille complaisante aux conspirateurs...

En décembre 1641, un projet de traité avec l'Espagne est mis au point : Madrid doit fournir une armée de douze mille hommes et cinq mille cavaliers ; Gaston, lieutenant général du royaume (sinon futur régent), interviendrait comme représentant de son frère, lequel est considéré comme incapable dans la dépendance où le tient le cardinal, et conclurait la paix avec l'Espagne. On prend langue avec Marie de Médicis qui recouvre une dernière fois l'espoir de rentrer en France, et on tient Anne d'Autriche informée, laquelle donne son soutien aux comploteurs, tout en prenant la précaution de faire savoir à Son Éminence qu'elle condamne l'ingratitude de Monsieur le Grand à son égard. Quel que soit le sort des affaires, la reine veut en effet avoir des assurances dans les deux camps et sauvegarder son avenir politique.

En cette année 1642, et pour la première fois, se fait sentir une possible désaffection du roi pour le tyrannique ministre. Plus que jamais, Louis est bizarre et inégal, voire médisant, y compris à l'endroit de Son Éminence, sans pourtant parvenir à formuler l'ordre qui l'en débarrasserait ; ses doléances varient au gré de sa relation avec Cinq-Mars et cohabitent avec le besoin qu'il a du ministre, comme avec ses scrupules envers l'ecclésiastique. Les deux hommes sont divisés, et, au-delà des rebondissements romanesques de l'affaire, c'est sans doute le plus important : jamais le cardinal n'est apparu aussi fragile ; en dépit des efforts de toute sa vie, sa situation n'est guère plus solide qu'à son premier passage au pouvoir. Dans un climat délétère, chacun attend – espère ? – la mort de l'autre !

Au début de 1642, pendant une dizaine de jours, une nouvelle maladie du roi tient tout en suspens, mais le souverain reprend sa tâche et se passionne même pour un nouveau projet, l'invasion de l'Espagne ; ses sautes d'humeur ne l'emportent pas sur son sens de la royauté glorieuse ; le cardinal a toujours des cartes en main ! Le roi est d'humeur belliqueuse et, de cela, les conjurés, en voulant le porter à la paix, n'ont assurément pas assez tenu compte.

Les deux malades décharnés que sont Sa Majesté et Son Éminence reprennent alors la route en direction du sud et de l'Espagne. Bouillon a été éloigné par le commandement de l'armée d'Italie. Richelieu, qui sait parfaitement que le désir de gloire militaire du roi est la meilleure défense de sa politique et qu'il n'y a rien de tel que de vouloir l'empêcher pour l'opiniâtrer, l'encourage à prendre personnellement le commandement des troupes qui vont assiéger Perpignan, en dépit des mises en garde de Cinq-Mars, qui, obligé de l'accompagner, sera en position de moindre force. D'aucuns pensent même que ce voyage n'est justifié que par son désir d'isoler et d'exposer le souverain pour mieux s'emparer de la régence. De leur côté, les conjurés, continuant leur travail de sape, ont obtenu d'envoyer de Thou à Rome et à Madrid, sur ordre exprès du roi, pour enquêter sur l'état des négociations ; autrement dit, Louis XIII a semblé pour la première fois disposé à court-circuiter l'action diplomatique de Richelieu. Admet-il alors l'idée que le désir de paix affiché par ce dernier n'est qu'un simple effet d'annonce, et ne recouvre aucune volonté réelle de négociation ?

Le 3 février, le roi et le cardinal quittent Fontainebleau. Chacun est entouré d'une escorte si nombreuse qu'on fait route séparément pour se ravitailler plus aisément ; on se rejoint aux étapes. À Briare puis à Lyon, il y a de l'assassinat dans l'air ; Cinq-Mars est entouré de ses anciens camarades de la garde du roi, notamment MM. de Tréville, de Tilladet, de La Salle et des Essarts, prêts à tous les coups de main. Mais le roi ne se résout toujours pas à l'ordonner : « Il est cardinal et prêtre, je serais excommunié… », murmure-t-il, et le favori ne peut davantage s'y résoudre que naguère Gaston. De Lyon à Narbonne, le roi et le cardinal cheminent parallèlement. À Valence, le roi remet la barrette de cardinal à Mazarin. Les deux hommes se retrouvent à Narbonne à la mi-mars ; l'ambiance est de plus en plus exécrable, tandis que la campagne est engagée et que les troupes françaises progressent. Fontrailles, le conspirateur bossu dont Richelieu a jadis cruellement raillé la disgrâce, se rend à Madrid et en revient porteur du traité signé par Philippe IV ; le cardinal, dont les sbires ont suivi le conspirateur, n'en ignore rien, mais la preuve formelle lui manque.

Collioure tombe, et à la mi-avril on assiège Perpignan. Le ministre et le grand écuyer s'opposent pour l'attribution du gouvernement de Collioure ; Monsieur le Grand l'emporte, tandis que l'état de santé de Richelieu le contraint à demeurer à Narbonne où on ne peut le porter d'un lit à l'autre sans d'« extraordinaires douleurs ». Les marais languedociens lui ont causé des fièvres paludéennes qui ont également mis hors service son médecin Citoys, et son bras droit est paralysé par un abcès au moment où il a le plus besoin de s'exprimer par écrit. Il se sent perdu, séparé du roi livré à l'emprise de Cinq-Mars. Sa correspondance se fait médicale et douloureuse. Le 6 mai, « il s'est fait une nouvelle fluxion dans mon bras, et l'ancienne ouverture que Dieu et la nature avaient faite s'est rouverte, a jeté de nouveau pus en assez bonne quantité. On parle maintenant, pour me consoler, de jouer à nouveau des couteaux, à quoi j'aurai bien de la peine à me résoudre, n'ayant plus ni force ni courage pour cela[1] ». Le 8 : « J'ai souffert d'extraordinaires douleurs cette nuit. Il est arrêté qu'il me faut faire une ouverture dans le pli du bras. On craint cependant de rencontrer et couper la veine. Je suis en la main de Dieu[2]. » Le 17, c'est un nouveau petit abcès qui se fait dans le pli du bras, au-dessus de la première ouverture… C'est une chronique de santé quotidienne qui jalonne la marche vers la mort.

Le martyre qu'il subit en ce printemps de 1642 est donc physique, mais aussi moral ; il est tenu en marge de l'action. Et pourtant, cette immobilisation qui le désespère est peut-être la chance qui le fait échapper aux projets criminels et démobilise les conjurés, ces derniers comptant davantage sur la maladie que sur le poignard pour l'éliminer. Plus que jamais, la Providence divine doit veiller sur lui. « Il semble que Dieu m'envoyait cette maladie expressément pendant de si grandes persécutions, pour me mettre en un état auquel je ne pusse ignorer qu'étant inutile à moi-même, je ne pouvais être redevable de ma défense qu'à sa bonté. Il m'ôta l'usage du bras droit, à mon avis, pour faire voir que c'est de sa dextre dont il se sert pour protéger les siens, que ceux qui en sont assistés n'ont rien à craindre, et qu'il n'y a point de puissance humaine qui puisse prévaloir à sa force. Il me mit en état de ne pouvoir sortir de mon logis et du lit pour me mettre en état de ne pouvoir aller au logis du roi, qui était le seul lieu auquel ils pouvaient me tuer facilement[3]… »

Il ne survit que par l'écriture au moment même où il est, comme symboliquement, privé par ses abcès au bras de la possibilité matérielle de s'y livrer ; dicter est sa forme d'action directe, mais différée. Le 23 mai, il fait son testament. La veille, de Narbonne, Sublet qui est à ses côtés, écrit à Chavigny qui est, quant à lui, auprès du roi : « J'ai travaillé hier depuis une heure jusqu'à minuit à dresser l'affaire que vous savez suivant l'intention de notre cher malade. J'espère que ce soir l'on signera tout, ou demain au matin

1. Avenel, VI, p. 911.
2. *Ibid.*, p. 912.
3. Avenel, VII, p. 159.

pour le plus tard. Il m'a promis que, cela fait, il ne songera plus à quoi que ce soit qui lui puisse faire peine, remettant tout entre les mains de Dieu[1]. »

Tandis que, sous les murs de Perpignan, la cour parie sur sa défaite et qu'on se croirait revenu à la journée des Dupes, le roi est seul avec lui-même et, qui plus est, travaillé par ses hémorroïdes ; le favori ne le supporte plus et Louis lui-même en est exaspéré ; il est dans des dispositions détestables à l'endroit du cardinal, mais aussi de la reine à qui il songe à nouveau à retirer ses enfants. Nerveux, malade, torturé par ses scrupules et par la décision à prendre quant à son ministre, harcelé par son entourage, ce roi, dont tout dépend, ne résout rien. Il ne peut se passer de cet écran qui le protège, de ce cardinal qui lui est indispensable et insupportable à la fois. Les deux hommes, comme deux pôles, se repoussent et s'attirent. Les rumeurs font jaser la France et l'étranger, mais personne, à commencer par le cardinal, ne sait rien des véritables dispositions du roi, et cette incertitude est la pire des choses pour qui en est réduit à se raccrocher au moindre indice de faveur ou de défaveur. Il est vrai que rien ne change dans la conduite des affaires et qu'autour du roi, qui ne laisse d'ailleurs paraître aucune marque de désaccord politique avec Richelieu, ses créatures serrent les rangs ; mieux même, le 3 juin, Louis lui adresse un billet qui finit en termes fort réconfortants : « Quelque faux bruit qu'on fasse courir, je vous aime plus que jamais ; il y a trop longtemps que nous sommes ensemble pour être jamais séparés[2]. »

Mais à cette date, les nerfs de Richelieu n'ont une fois encore pas résisté ; il renonce à rejoindre Louis XIII et Cinq-Mars sous les murs de Perpignan. L'incertitude de sa disgrâce et l'image qu'il s'en fait ont vaincu sa capacité de résistance ; pris d'épouvante, il quitte Narbonne le 27 mai, pour se retrancher dans la forteresse de Tarascon, non loin de ces États pontificaux d'Avignon où, vingt-quatre ans plus tôt, il avait connu l'exil. Comme jadis, juste avant de partir, il dresse un mémoire pour sa défense ; évoquant l'épisode de la journée des Dupes – « Dieu s'est servi de l'occasion d'une porte non barrée qui me donna lieu de me défendre lorsqu'on tâchait de faire conclure l'exécution de ma ruine » –, il veut mettre en garde le roi et lui rappeler sa valeur. Mais ce plaidoyer cède aussitôt devant le désir éperdu de reconquérir la faveur royale : « Si Dieu eût appelé le Cardinal, Votre Majesté eût expérimenté ce qu'elle eût perdu ; ce serait bien pis si vous le perdiez par vous-même, vu que, en le per-

1. BNF, Dupuy, 842 (244).
2. Avenel, VI, p. 926.

dant ainsi, Votre Majesté perdrait toute la créance que l'on a en elle. Et il faut être aveugle, ou d'une grande passion contre lui ou d'une grande ignorance pour pouvoir dire le contraire. Enfin, il faut ne rien dire au roi qui ne l'oblige et qui ne lui témoigne confiance [1]. »

Passant par Agde, Marseillan, Frontignan, Richelieu atteint Arles où, le 11 juin, il a la divine surprise d'être mis en possession du traité conclu par les conjurés avec l'Espagne : « Dieu assiste le roi par des découvertes merveilleuses [2] ! » Peu importe comment le document lui est parvenu (par la reine à qui le roi reparle d'enlever ses enfants et qui aurait cherché à lui complaire, par ses espions, on ne sait toujours pas exactement), la preuve est entre ses mains, bientôt sous les yeux du roi qui ne peut plus être abusé ! Dans l'instant, il revient à la vie. Sublet et Chavigny sont dépêchés auprès de Louis XIII et le rejoignent à Narbonne le lendemain. L'accumulation des preuves entraîne l'ordre d'arrêter les conjurés ; la justice va pouvoir passer. Dans l'immédiat, il faut s'assurer de la réaction passionnelle du roi : « Je supplie le roi ne s'affliger point, et de mettre de plus en plus sa confiance en Dieu, en qui j'espère qu'avec sa grâce je mettrai la mienne toute ma vie [3]. »

Mais Louis XIII tombe malade et songe à rentrer à Paris. Il se met en route par Béziers pour prendre les eaux à Montfrin ; le 28 juin, il rencontre Richelieu à Tarascon. Celui-ci a retrouvé l'espoir : « Je crois que dorénavant que ses sentiments ne seront point traversés, que j'aurai l'honneur de me rencontrer toujours dans ses pensées… Pourvu que le roi se porte bien, tout ira bien [4]. » Sa correspondance est tout imprégnée de l'attente ardente du miracle réciproque qui leur rendra à tous deux la santé et ressoudera leur association : « Pourvu que la santé de Sa Majesté soit au point que je la souhaite, la mienne en recevra le plus grand soulagement que j'y puisse avoir [5]. » La santé du roi, la victoire et la paix sont alors réunies en un ensemble dont le sort est entre les mains de Dieu. En attendant, la situation n'est guère brillante : « Je ne suis point en état de signer aucunes dépêches [6] ».

Quand le roi et le cardinal se revoient après trois mois de séparation, ce sont deux grands malades, deux vieillards incapables de se tenir debout ou même assis qui se parlent de lit à lit ; étendus côte à côte dans une chambre du château dominant le Rhône, ils tentent

1. *Ibid.*, p. 923-924.
2. *Ibid.*, p. 931.
3. *Ibid.*, p. 933.
4. 17 juin, *ibid.*, p. 936-937.
5. 24 juin, *ibid.*, p. 939.
6. 25 juin, *ibid.*

avec difficulté de renouer le dialogue interrompu : le cardinal « fit de grands reproches à Sa Majesté et le confondit étrangement quand il lui représenta combien il avait favorisé le grand écuyer à son préjudice, un traître qui s'entendait avec ses ennemis pour lui arracher des mains une si belle conquête que Perpignan, et ce qu'il avait fait contre lui qui se sacrifiait à sa gloire et au bien du royaume. Ses lamentations furent si efficaces et ses plaintes si bien fondées et si fortes que le roi pleura à chaudes larmes et lui fit une confession générale de ce qui s'était passé à Perpignan, sans en oublier une circonstance. Après cela le roi trouva bon que le procès fût fait aux coupables et qu'ils fussent châtiés selon leurs démérites ; et ils se séparèrent ainsi le mieux du monde apparemment, mais avec la dernière défiance dans le cœur, car le roi ne pouvait digérer cette hauteur extrême de son ministre, ni le ministre oublier l'ingratitude du roi et l'on croyait qu'il avait résolu de n'aller jamais chez lui que ses gardes ne fussent mêlés parmi les siens [1] ». Ce récit en apparence si bien informé est dû à Nicolas Goulas ; il est sans doute excessif, car il semble bien qu'on ait, en ce jour de retrouvailles, choisi d'éviter soigneusement le sujet qui fâche, le point éminemment sensible d'une éventuelle adhésion royale aux noirs desseins des conjurés à l'endroit du ministre. En revanche, le climat de défiance qui subsiste entre les deux hommes y est fidèlement restitué.

Louis XIII a donc renouvelé sa confiance à son ministre, mais tout désormais l'en sépare, en dépit de l'enthousiasme thaumaturgique persistant de Richelieu qui écrit, le 29 juin, que la rencontre avec le roi « me soulagea tellement qu'en me faisant panser à six heures, je levai mon bras tout seul à la vue de toute la faculté [2] » ; mais il rechute dès le 8 juillet : « J'ai été cinq ou six jours que la faculté me croyait proche de ma guérison ; enfin l'ancienne plaie du pli du bras, dont les chairs semblaient prêtes à cicatriser, s'est rouverte, et il s'est trouvé ce matin qu'elle était pleine de chairs fongeuses dans lesquelles mettant la seringue l'injection a passé par la plaie d'en haut. Maintenant ils font état de m'y mettre un ceton [une mèche de coton], à quoi je me résous, tant j'ai envie de guérir et d'être en état de servir le roi [3]. »

Une fois encore, Richelieu triomphe du complot, mais à quel prix... Quand, en juillet, il apprend par l'interrogatoire de Cinq-Mars que le meilleur des maîtres a pu paraître acquiescer à son assassinat, le choc est terrible : jamais sans doute il n'a imaginé que

1. Goulas, *Mémoires*, I, p. 399-400.
2. Avenel, VI, p. 951.
3. Avenel, VII, p. 22.

Louis, même tacitement, admettrait sa liquidation ! Il aurait donc perdu l'oreille du roi et, avec elle, toute légitimité ; autrement dit, en triomphant des conjurés, il a tout perdu, puisqu'il a perdu le roi ! Que lui reste-t-il alors ? « Pensant et repensant souvent à l'affaire des conjurés… » « Plus je pense et repense à l'affaire de la conjuration… » Il faut tout à la fois tenter de comprendre, gérer les affaires militaires, reconquérir le roi et châtier les coupables de sa disgrâce, de Thou autant que Cinq-Mars. Son activité, sa surexcitation sont prodigieuses : de son lit qu'il ne quitte plus, « il travaille et fait écrire sous lui depuis 7 heures jusqu'à 8. Depuis 8 jusques à 9 on le panse. Depuis 9 jusques à 10 il parle à ceux qui ont à faire à lui. Depuis 10 jusques à 11 il travaille ; après cela il entend sa messe et dîne. Jusques à 2 il s'entretient avec M. le cardinal Mazarin et autres. Depuis 2 jusques à 4 il travaille, et puis il donne audience à ceux qui ont à faire à lui. Il n'a jamais plus agi pour l'affaire de Perpignan, qui continue à tenir les esprits merveilleusement en suspens [1] ».

Toujours de Tarascon, en ce mois de juillet 1642, dictant sans relâche et sur un ton qui affecte de ne rien laisser paraître de sa déconvenue, il poursuit sans trêve son entreprise de reconquête du roi. Le 7 : « Plus la malice de ce malheureux esprit [Cinq-Mars] est grande, plus la bonté de Votre Majesté paraît-elle. La raison veut bien que les rois protègent leurs serviteurs, mais c'est la bonté de son naturel qui a fait qu'elle m'a protégé avec chaleur en toutes les occasions qui s'en sont présentées [2]… » Le 13 : « La tendresse qu'il plaît au roi me témoigner avoir pour sa fidèle créature et me promettre pour toujours à l'avenir, me redonne la vie et ne facilitera pas peu ma santé, que je ne désire que pour faire voir à Sa Majesté de plus en plus la plus tendre, la plus ardente et la plus fidèle passion que jamais créature ait eu pour son maître [3]. » Le 19 encore : « Quelle est la tendresse de mon cœur envers elle et que jamais aucune passion de sujet et de serviteur n'a point égalé celle que j'aurai toute ma vie pour un si bon maître. » Bref, « Sa Majesté ayant autant de tendresse pour ses créatures qu'elles ont d'excès de passion pour sa personne et autant de confiance en elles qu'elles en prendront éternellement en sa bonté, elles mettront avec contentement mille vies, si elles en avaient autant, pour le servir et pour lui plaire [4] ».

1. Lettre du 10 août d'H. Arnault, Avenel, VII, p. 69.
2. *Ibid.*, p. 39. Tarascon, 7 juillet 1642.
3. *Ibid.*, p. 29.
4. Avenel, VI, p. 952.

Mais Sa Majesté a abandonné la partie et a pris la route de Lyon, en lui laissant le soin de régler le sort des conjurateurs et d'achever la conquête du Roussillon : Son Éminence, nommé lieutenant général au sud de la Loire, retrouve les attributions militaires des plus belles années du ministériat, alors qu'il est incapable de quitter le lit !

8

L'indifférence du roi

Le 2 août, le cardinal confesse : « Jusques à présent quatre choses m'ont travaillé l'esprit, la maladie du roi, le siège de Perpignan, le procès de M. le Grand et mon mal[1]. » Ce dernier fait toujours l'objet de comptes rendus nuancés ; le 8 août : « Mes plaies vont bien, mais je me porte mal[2] » ; le 10 : « Mes plaies vont bien, et cependant la faiblesse de mon bras et la difficulté de me lever demeurent toutes entières[3] » ; le 30 : « La plus haute de mes plaies est fermée ; l'autre le sera bientôt, mais je ne m'aide point de mon bras[4]. »

Mais les centres d'intérêt du ministre malade demeurent, en vérité, des plus divers, et s'étendent toujours jusqu'aux détails des multiples objets de l'administration des affaires publiques et domestiques. Toujours le 30 août, il s'adresse en ces termes au surintendant des Finances : « J'estime à propos que vous et M. de Noyers travailliez au retranchement des dépenses que vous jugerez moins importantes, n'étant pas encore en état de vaquer à des affaires de cette nature[5]. » Il y a en effet urgence, car la seule Catalogne coûterait par mois quelque un million deux cent mille livres, et le lieutenant général doit poursuivre l'effort en menant à terme le siège de Perpignan. Dans le même temps, il se tient informé des travaux de Richelieu, de Rueil et de Paris, veille aux achats de meubles et de bibliothèques. Le 16 septembre, il fait à Sublet cette belle déclara-

1. Avenel, VII, p. 63.
2. *Ibid.*, p. 85.
3. *Ibid.*, p. 89.
4. *Ibid.*, p. 113.
5. *Ibid.*, p. 108.

tion de principe appliquée à cet objet mineur : « L'empire de la raison devant avoir lieu partout, je suis bien aise de vous dire que quand je vous ai mandé que j'achèterais volontiers des vieilles tapisseries de la reine, j'entends si le roi ne les prend pas [1] »…

La reine, c'est une dernière fois Marie de Médicis qui, en marge de toutes les intrigues, vient de mourir à Cologne, le 3 juillet. Elle n'a en effet rien obtenu de son gendre anglais empêtré dans ses problèmes avec son Parlement, et, toujours aussi dépourvue de moyens, elle a tenté de négocier des subsides de la France contre l'engagement de s'en retourner à Florence ; en chemin, elle s'est arrêtée sur les bords du Rhin en octobre 1641, espérant que les événements de France lui permettraient d'y faire enfin une rentrée triomphale. L'arrestation de Cinq-Mars met un terme à ses espoirs et sonne la fin de sa vie.

« Ayant été enrichi par les bienfaits de la reine mère, avancé par ses soins et rendu puissant par son autorité, il lui a ravi les bonnes grâces du Roi son fils, la liberté, sa dot et son douaire ; après l'avoir tenue éloignée 12 ans, il l'a fait mourir à Cologne. Pour ne lui pardonner pas même après sa mort, il a fait mépriser ses dernières volontés et laissé pourrir son corps dans la chambre où elle était [2]. » Telles sont les graves accusations dont Richelieu est maintenant l'objet, de la part du toujours virulent Mathieu de Morgues. En fait, dès l'annonce de la dernière maladie de la vieille reine, dont il faisait toujours surveiller de très près les agissements, il avait envoyé auprès d'elle un gentilhomme porteur d'une lettre de change de cent mille livres, chargé de veiller au retour de son corps en France. Le 22 juillet 1642, à l'annonce du décès, il écrit à Sublet et Chavigny ces lignes rassurantes pour sa conscience : « Je supplie Dieu de tout mon cœur qu'il ait donné un repos éternel à l'âme de la reine. J'ai la joie d'avoir vu par des lettres qu'elle ait eu grande repentance de ses fautes, et qu'elle ait pardonné de bon cœur à ceux qu'elle tenait ses ennemis [3]. » Le 16 août, il fait célébrer à Tarascon un service solennel à son intention.

Par son testament passé à Cologne, la veille de sa mort, Marie a mis un point final à la longue histoire de la mère et du fils : « Sa Majesté supplie le roi son fils d'un amour maternel d'avoir égard aux choses non seulement ci-après déclarées, mais même d'en prendre connaissance et un soin particulier comme choses à lui

1. *Ibid.*, p. 131.
2. M. de Morgues, *Abrégé de la vie du cardinal de Richelieu pour luy servir d'épitaphe*, 1643, p. 4.
3. Avenel, VII, p. 43-44 (*ibid.*, p. 36-37).

enchargées et recommandées par la reine sa mère en la dernière heure de sa mort, laquelle a déclaré et déclare que, nonobstant tout ce qui s'est passé par avant sa sortie de France et depuis son entrée en Flandre jusques à maintenant, elle a toujours conservé et conserve en son cœur les affections et sentiments d'une reine envers son roi et les tendresses d'une mère envers son enfant, souhaitant et désirant au roi toutes sortes de bonheur, prospérité, santé, longue vie[1]… » Suit une liste de legs d'argent à ses officiers domestiques en récompense de leurs services, des dons de bijoux, une demande de célébrations de dix mille messes à payer sur ses meubles et divers legs pieux, l'essentiel de ces derniers étant laissé à l'appréciation de son fils « selon la dignité d'une reine de France ». De Richelieu, sa créature infidèle, Marie ne fait point mention explicite ; celui-ci aurait pourtant vu lui revenir, à titre pour le moins bien ambigu de legs et de témoignage de dernière pensée, un perroquet qu'il avait jadis offert à sa protectrice…

Le 17 août, après avoir pieusement célébré la mémoire de la reine, Richelieu part de Tarascon pour se rendre à Lyon où aura lieu le procès des conjurés. Il remonte le Rhône précédé de son entourage militaire ; suivent de Thou sous bonne garde, sa cour et son argenterie. Monsieur le Grand, quant à lui, est conduit par la route. Avec son comparse, le chancelier Séguier, le cardinal s'occupe de tout, veille à tout ; rien ne peut lui échapper, ni la surveillance des prisonniers, ni leurs déclarations, ni le déroulement de la procédure… Son acharnement est à la hauteur de sa conscience du danger mortel qu'il a couru. À Lyon, le 12 septembre, Cinq-Mars et de Thou, convaincus de conspiration et d'intelligence avec l'ennemi, entrent dans la légende en gravissant courageusement les marches de l'échafaud. Le même jour, le cardinal quitte la ville et adresse au roi ce double bulletin de victoire : « Votre Majesté aura tout à la fois deux nouvelles bien différentes : l'une est la reddition de Perpignan qui est la plus belle et la plus considérable place de la terre pour la France. L'autre est la condamnation et l'exécution de M. le Grand et de M. de Thou qui se sont trouvés si coupables au jugement de tous les juges qu'ils ne virent jamais un procès si clair. Ces deux événements font voir combien Dieu aime Votre Majesté[2]. » L'épisode se pare encore d'une anecdote souvent reprise à l'appui de la personnalité bizarre du roi, qui aurait déclaré cyniquement au moment de l'exécution : « Je voudrais bien voir la grimace que Monsieur le Grand doit faire à cette heure. » En fait,

1. BNF, ms. Dupuy 581 (192).
2. Avenel, VII, p. 122.

comme beaucoup des phrases qu'on lui prête, celle-ci est assurément apocryphe et butte sur une impossibilité chronologique pour le roi d'être informé « en temps réel », comme le supposerait sa macabre remarque.

Peu importent au cardinal l'émotion de l'opinion et la haine qui de tout le royaume monte contre lui : à Sublet et Chavigny, il fait le récit de la fin des conjurés en précisant avec une évidente satisfaction que de Thou, contre qui rien n'a pu faire faiblir son acharnement, « a parlé sur la sellette de son propre mouvement fort avantageusement de moi [1] ».

Sur le plan militaire, la dynamique victorieuse est désormais en marche. En Allemagne, Guébriant a écrasé l'armée impériale en janvier 1642 à Kempen, sur la rive droite du Rhin. En Méditerranée, c'est une nouvelle victoire maritime de Brézé qui, le 28 juin, après une bataille de trois jours, a détruit l'escadre espagnole ; la flotte française a ainsi gagné la maîtrise de la Méditerranée orientale. Perpignan, privée de toute possibilité de secours par la mer, a capitulé le 29 août, contrainte par la faim ; Salses, la forteresse considérée comme la clé du Roussillon, tombe le 15 septembre. Dans la douleur, le roi de guerre est devenu un roi de gloire, même si la défaite subie le 26 mai à Honnecourt a une fois encore rappelé la fragilité de la frontière du Nord-Est et réveillé le spectre de Corbie. L'heure est enfin aux vraies négociations, mais celles-ci se dessinent dans une ambiance délétère de fin de règne : règlements de comptes, chantage, maladie et mort sont à l'ordre du jour, et la conclusion de cette histoire est sur le point d'échapper à ses protagonistes.

Arrêtons-nous un instant sur les dispositions de la tête de l'État, à l'orée de ces tractations de paix que l'on envisage de mener de plus en plus sérieusement. Ce que les historiens ont du mal à déterminer, c'est la véritable répartition des responsabilités en ce domaine. Quels objectifs Richelieu voulait-il exactement défendre ? Peu d'indices nous le révèlent. On sait que le récit des événements fourni par le *Testament politique* s'interrompt en 1640, comme si Richelieu était dépassé par la poursuite de la guerre. On peut s'essayer à décrypter les instructions rédigées en vue des négociations de 1637 et 1642, mais il s'agit de textes collectifs auxquels Mazarin a largement collaboré, reflétant sans doute, davantage, les volontés du roi. On y retrouve certes les déclarations générales maintenant bien connues d'un refus français d'agrandissement sys-

---

1. 15 septembre 1642, *ibid.*, p. 125-126.

tématique, d'une politique sécuritaire de portes et passages tenant Pignerol pour acquis, ainsi que la Lorraine ; mais quelles sont les visées exactes du cardinal sur les villes d'Empire et les Trois-Évêchés, les forteresses d'Artois, l'Alsace et Brisach, le Roussillon ? Il semble qu'il ait envisagé la possibilité de restitutions à négocier, mais, en vérité, il est bien difficile de connaître le fond de sa pensée au travers de textes qui examinent plusieurs solutions alternatives.

En tout état de cause, c'est la volonté du roi qui s'impose. Un roi qui semble grisé par le succès des armes, et qui préfère à ces négociations ondoyantes les champs de bataille et leur verdict tranché... À la paix sûre du cardinal, on ne s'étonnera pas de voir Louis XIII préférer une paix avantageuse, qui lui assure la possession des territoires qu'avec l'aide de Dieu ses armes ont conquis [1]. Voici la ligne qu'il ordonne, sur un ton qui ne prête pas à discussion : « Pour ce qui est de la paix, il faudrait que je m'exposasse à la risée du monde et que je donnasse lieu à mes ennemis de me faire de nouveau la guerre quand bon leur semblerait, s'ils ne payaient les dépens de celle qu'ils m'ont contraint de leur faire. Il ne faut point parler de rendre la Lorraine, Arras, Hesdin ni Bapaume, Perpignan et le Roussillon, Brisach et les places de l'Alsace qui conjoignent avec la Lorraine. J'ai acquis Pignerol à titre trop légitime pour penser jamais à le rendre. Le rétablissement de mon neveu, le duc de Savoie, est trop juste pour que jamais je puisse consentir à la paix sans qu'il soit fait. Ces conditions accordées, je serai bien aise qu'on trouve toutes les inventions qui se pourront pour faciliter une paix générale en laquelle je ne puisse, en aucune façon, me séparer de mes alliés [2]. » Aux diplomates de composer avec ces conditions. Et, de ce point de vue, le roi peut bien voir en Richelieu, à titre personnel, un insupportable tyran, il a toujours besoin du serviteur pour mener les négociations.

Une question importante se pose donc, c'est celle des conquêtes territoriales qui ne figurent point au programme revendiqué par Richelieu et semblent susceptibles d'altérer l'harmonie de vue politique au sein du ministériat. La conquête n'est pas, pour le cardinal, le but de la guerre, mais les choses deviennent moins claires dès lors que les armes françaises connaissent le succès. À partir de la politique traditionnelle qui veut se doter de places fortes à la fois gages et portes

1. H. Weber, « Une paix sûre et prompte. Die Friedenspolitik Richelieus », dans *Zwichenstaatliche Friedenswahrung in Mittelalter und früher Neuzeit* (dir. H. Duchhardt), Vienne, 1991, p. 111-129. – « Une bonne paix. Richelieu's Foreign Policy and the Peace of Christendom », dans J. Bergin et L. Brockliss (dir.), *Richelieu and his Age*, Oxford, 1992, p. 45-69.
2. Avenel, VI, p. 177-178.

vers les pays étrangers, se fait jour la tentation de régler la question lorraine par une simple annexion, de protéger le royaume en recueillant l'héritage alsacien de Bernard de Saxe-Weimar ou par une extension vers l'Artois et les Pays-Bas espagnols, de réintégrer au royaume le Roussillon... Au fur et à mesure que le succès choisit le camp français, c'est, on va le voir, une dynamique de conquête territoriale qui se dissimule dans une guerre qui se voulait défensive et devient chaque jour davantage offensive. Les revendications territoriales, le cardinal prend, quant à lui, toujours le plus grand soin de les faire justifier par des considérations de droit solidement étayées [1]. Mais bientôt ce sera Mazarin qui maîtrisera les règles d'un jeu diplomatique qu'il mènera à son terme...

Richelieu a donc quitté Lyon : le récit romantique de son retour dans sa rouge litière, portée par de robustes pages au travers des brèches créées pour l'occasion dans les enceintes urbaines – en fait seulement pour agrandir les ouvertures des maisons dans lesquelles il réside –, puis en bateau, est dans toutes les mémoires. Le 24 août, il « vient coucher à Viviers, avec une cour royale ». Le récit de cette étape, tel que nous le livre le journal manuscrit de l'abbé Jacques de La Banne, chanoine de la cathédrale, restitue le climat qui entoure cet ultime voyage : « Il se faisait tirer contre-mont la rivière du Rhône, dans un bateau où l'on avait bâti une chambre de bois tapissée de velours rouge cramoisi à feuillages, le fond étant d'or. Dans le même bateau, il y avait une antichambre de même façon ; à la proue et au derrière du bateau, il y avait quantité de soldats de ses gardes portant la casaque écarlate en broderie d'or, d'argent et de soie, ainsi que d'autres seigneurs de marque. Son Éminence était dans un lit garni de taffetas pourpre. » Ce bateau est escorté de barques pavoisées, de régiments de chevau-légers qui marchent sur les deux rives du Rhône. Le cardinal débarque sans quitter son lit, que six hommes portent sur leurs épaules à l'aide de barres rembourrées, et, pour éviter toute secousse et tout détour, on abat, comme on l'a dit, les murs des maisons où il loge : un pan de bois qui part de la rue et aboutit aux ouvertures ainsi pratiquées lui permet une entrée directe dans la chambre où il se repose et tient sa cour. Le lendemain, il regagne le fleuve par le même chemin, et en fanfare : « Il y avait plaisir d'ouïr les trompettes qui jouaient en

1. L'historien des relations entre la France et l'Empire, Klaus Malettke (*Les Relations entre la France et le Saint Empire au XVIIᵉ siècle*, Paris, 2001, p. 116-117), confirme que toutes les acquisitions territoriales que le ministre est amené à envisager doivent toujours être vues dans le contexte de la sauvegarde et de la garantie de la paix.

Dauphiné [sur la rive gauche du Rhône] avec les réponses de celles du Vivarais [sur la rive droite] et les redits des échos de nos rochers », ajoute l'auteur de la relation [1]. Le sieur de Pontis, dont les *Mémoires* évoquent également ce parcours, dit fort joliment que, de la sorte, « il trouva moyen de marcher sans se lever de son lit [2] »...

Il séjourne un temps à Bourbon-Lancy pour y prendre les eaux ; il n'en voit pas grand effet, mais s'affaire à mettre sur pied le plan de la prochaine campagne militaire et s'inquiète de son séjour de Rueil, toujours en travaux. Il s'occupe encore de liquider définitivement les comparses de Cinq-Mars. Mazarin, lui, a pour mission de neutraliser Bouillon : négociant habilement, il obtient pour la France la principauté de Sedan qu'il occupe aussitôt en échange de la liberté du duc. Mais la principale conclusion imposée à l'affaire vise Gaston, enfin éliminé politiquement. Dès l'arrestation de Cinq-Mars, on s'était assuré qu'il ne fuirait pas à l'étranger en en faisant, dans un premier temps, le commandant en chef de l'armée de Champagne, puis en le confondant et le contraignant à livrer les conspirateurs ; il s'agit maintenant de lui faire signer une déclaration par laquelle il se déclare bien traité « s'il plaît à Sa Majesté de le laisser vivre en simple particulier en son royaume, sans gouvernement, sans compagnie de gendarmes ni de chevau-légers, ni sans jamais prétendre pareilles charges ou administrations... » Le mot « régence » n'est pas prononcé, mais cela ne trompe personne [3].

Le 13 octobre, le cardinal parvient à Fontainebleau dans son lit de taffetas pourpre ; c'est le roi qui se déplace et le rencontre à l'hôtel d'Albret ; entre eux c'est une pénible confrontation de trois heures ; l'intimité leur est devenue insupportable, et leur relation est si usée qu'elle ne semble plus leur permettre de reprendre le dialogue.

Le 17, Richelieu se rend à Paris, au Palais-Cardinal. Le sieur de Pontis, ce lieutenant des gardes du roi qui continue à refuser de lui faire allégeance, est du spectacle : « On tendit des chaînes à Paris dans toutes les rues où il devait passer, afin d'empêcher la grande confusion du peuple qui accourait de toutes parts pour voir cette espèce de triomphe d'un cardinal et d'un ministre couché dans son

1. Firmin Boissin, dans *L'Amateur d'autographes*, n° 210-211, février 1872, p. 51-52.
2. Pontis, *Mémoires*, p. 342.
3. Une très officielle déclaration royale du 1er décembre 1642, alors même que Richelieu est mourant, mettra les choses au point : Gaston y sera privé « de toute sorte d'administration de cet État et nommément de la régence pendant la minorité de nos enfants au cas où Dieu nous appelle à Lui avant qu'ils soient en âge de majorité ». Le texte en sera enregistré au Parlement le 5 décembre, au lendemain de la mort du cardinal.

lit, qui retournait avec pompe après avoir vaincu ses ennemis [1]. » Et, dans cette cohue, le cardinal ne laisse pas d'observer la foule, d'y remarquer la présence de Pontis qu'il convoque sur-le-champ au Palais-Cardinal pour tenter une fois encore de s'attacher ses services. « Il dit, étant arrivé, d'un air fort content : "Ah ! Dieu soit loué, c'est une grande douceur d'être chez soi." Et comme tous ceux devant lesquels il passait se prosternaient avec un profond respect, il leur disait seulement le *serviteur très humble*, mais d'un accent bien différent de celui dont il me le dit lorsqu'il me mit en fuite par cette seule parole dans le jardin. » Et le récit de Pontis continue, qui nous montre le cardinal, toujours entouré d'une cohue de courtisans, lui donner quelques jours plus tard audience, sans quitter son lit, pour s'enquérir doucereusement de sa conduite durant l'affaire Cinq-Mars, conduite connue de lui par une lettre interceptée où il était traité fort peu aimablement de « bonnet et toque rouge », et tenter, une fois encore, de faire passer l'opposant du service du roi au sien propre. Même malade, sinon mourant, le cardinal ne change pas de ligne de conduite ; dans les grandes comme dans les petites affaires son acharnement est extrême, comme s'il ne pouvait admettre la possibilité de son propre anéantissement dans la mort. Pontis informe aussitôt Louis XIII, lequel conseille de temporiser avec le ministre redouté afin de « lui ôter tout ombrage ». L'heure n'est toujours pas à la confiance mutuelle !

Le 26 octobre, le cardinal se fait conduire à Rueil où, quatre jours plus tard, il reçoit la visite d'Anne d'Autriche. La reine constitue désormais le dernier obstacle capable de lui barrer le chemin de la régence. Il faut soit l'écarter, soit composer avec elle ; sa misogynie le pousse assurément à la première solution, mais Anne parvient à tirer son épingle du jeu. La catharsis théâtrale de *Mirame*, l'affaire Cinq-Mars et la mort de De Thou, victime expiatoire d'un dévouement à la reine qui n'est plus de mise, ont peut-être servi à solder les comptes. Mieux vaut donc s'accommoder réciproquement pour contrôler le roi qui reste au centre des préoccupations du cardinal.

Avec Louis XIII, l'ultime et pathétique négociation est indirecte ; nous la connaissons à travers les mémoires que, de Rueil, Richelieu adresse au roi. Obsédé par l'idée que Tréville, Tilladet, La Salle et des Essarts, les complices de Cinq-Mars, sont dans l'entourage immédiat du souverain et peuvent l'influencer, le cardinal se livre à un véritable harcèlement afin qu'ils soient congédiés. Une dernière fois, il recourt au chantage à la démission (quand ce n'est pas un pur chantage, l'allusion menaçante à des révélations faites par Cinq-

---

1. Pontis, *Mémoires*, p. 342.

Mars sur sa relation avec le roi et connues de lui seul, « Sa Majesté saura qu'on a appris beaucoup de choses de M. le Grand, dont jusqu'ici on n'a pas voulu lui donner connaissance [1]... »), et énumère les conditions nécessaires pour qu'il demeure au service du roi, lequel tarde à répondre. Trois mémorandums (27 octobre, 2 novembre, mi-novembre) et une négociation pied à pied menée par Chavigny sont nécessaires pour que, le 26 novembre, Louis XIII, à contrecœur, se décide à lui donner une réponse satisfaisante : le 2 décembre, les membres de son entourage qui ont été favorables à Cinq-Mars sont éloignés (mais ils conservent charges et pensions). Le roi tient à lui témoigner son exclusive confiance, mais en quels termes : « Je n'ai rien à dire à mon cousin le cardinal de Richelieu, sinon qu'il a trop connu, pendant que le sieur de Cinq-Mars était auprès de moi, sa malice, ses impostures et ses artifices, pour qu'il puisse ajouter foi à ce qu'il a dit au préjudice de l'amitié que je porte à mondit cousin et de l'estime que je fais de sa personne. » Il est difficile d'en dire moins – même si, dans les lignes qui suivent, Louis XIII, dont la conscience scrupuleuse est assurément mise à la torture, souscrit aux exigences du toujours indispensable cardinal [2] !

Alors que la machine administrative fonctionne dorénavant sans lui, hors de sa présence, mais sous le contrôle étroit de ses proches, l'Éminence ne peut, on l'a compris, renoncer ni au pouvoir, ni à cette parole qui a toujours été sa meilleure arme. En revanche, le roi, lui, se retranche dans son mutisme indéchiffrable, insoutenable. Les deux hommes ne se parlent plus de vive voix, et, désormais, Sublet et Chavigny sont les exclusifs porte-parole de leur maître auprès du roi. Le cardinal, encore et toujours, supplie sa faveur : « Ceux qui sont éloignés de la lumière du soleil prennent plaisir à savoir que, s'il ne les éclaire de près, sa lumière leur est favorable de loin [3]. » Chavigny ne peut qu'écrire, le 7 novembre : « Je n'ai pas cru devoir montrer au Roi la lettre de Son Éminence, que je ne voie un peu plus clair à la disposition dans laquelle est son esprit »... Le tout-puissant cardinal en est réduit à la situation de pitoyable quémandeur de miettes de la faveur royale ! C'est ainsi, dans la défiance, que s'achève le ministériat.

1. Mémoire du 2 novembre. Avenel, VII, p. 169.
2. *Ibid.*, p. 177.
3. Avenel, VII, p. 60.

9

La mort d'un chrétien

Et Richelieu dicte. Plus que jamais, il se réfugie dans l'écriture, avec l'idée plus ou moins consciente qu'elle lui permettra non seulement de régler les affaires, mais encore de se survivre en ce monde et dans l'autre, d'avoir raison et de le manifester.

Son *Testament politique* constituait un dernier effort pour écrire l'histoire du règne et dicter une conduite au roi. Il y avoue : « Si mon ombre qui paraîtra dans ces mémoires peut, après ma mort, contribuer quelque chose au règlement de ce grand État, au maniement duquel il vous a plu me donner plus de part que je n'en mérite, je m'estimerai extrêmement heureux [1]. » Après 1640, l'ouvrage n'est pas poursuivi, et Louis XIII ne le lira jamais. Les *Mémoires*, quant à eux, continuent à s'élaborer dans son entourage, ainsi que les ouvrages théologiques.

Le théâtre, encore et toujours : voici qu'on achève *Europe*, cette pièce de propagande au service d'une paix que l'on sent proche. Le cardinal assiste aux répétitions en costume. Une représentation d'apparat est prévue en présence de la reine, mais il est incapable d'y paraître. On représente pourtant la pièce le 19 novembre, mais comme une simple répétition, car il ne peut davantage y assister. Mathieu de Morgues, qui n'a point désarmé, écrit : « Peu de jours avant la catastrophe de sa vie pratique, il voulut faire représenter avec une magnificence royale une comédie qu'il appela triomphe d'Europe, mais il ne put la voir jouée [2]. » Ce jour-là, Richelieu règle encore les affaires avec Mazarin, en qui il voit maintenant son successeur : « Je ne sache qu'un homme qui me puisse succéder, encore est-il étranger [3] »...

1. *Testament politique*, p. 33.
2. M. de Morgues, cité par G. Couton, *Richelieu et le théâtre*, p. 87.
3. Tallemant, *Historiettes*, II, p. 68.

Le 4 novembre, il a rejoint Paris. Le 28 novembre, il souffre de fièvre et se plaint de grandes douleurs dans les côtes ; les médecins diagnostiquent une « pleurésie fausse » et le saignent à deux reprises. Le 2 décembre, il étouffe et crache le sang. Toute la famille, Brézé, La Meilleraye, Mme d'Aiguillon, sont à son chevet. Il est à nouveau saigné deux fois et le sieur Bouvard, médecin du roi, s'installe chez lui.

À cette heure de la mort, le roi singe la parfaite entente et même l'amitié avec son ministre, qui exige la décence d'un raccommodage de façade : ce 2 décembre 1642, dans l'après-midi, juste après avoir accédé aux exigences de renvoi de M. de Tréville, le capitaine de ses mousquetaires, et venant de Saint-Germain, il rend visite au mourant, s'entretient en particulier avec lui, lui présente même les deux jaunes d'œuf qu'on veut lui faire absorber. Mais on note ce rire qu'il n'aurait pas contenu face aux tableaux qu'il contemple, une fois sorti de la chambre du cardinal, dans ce palais dont il pressent qu'il va bientôt pouvoir prendre possession. Quel soulagement pour lui d'entrevoir qu'enfin il va être débarrassé de la tyrannie de ce ministre dont les qualités, qui lui paraissaient jadis si admirables, lui sont maintenant si pesantes ; quelle appréhension aussi de devoir continuer à assumer la charge de l'État sans lui…

Sur le soir, c'est encore une double saignée pour le mourant, tandis que la fièvre redouble ; le curé de Saint-Eustache lui apporte la communion, puis, dans la nuit, l'extrême-onction.

Le lendemain, mercredi 3 décembre, le roi, informé par Bouvard de la gravité de l'état de son ministre, lui rend une ultime visite et exprime enfin de la tristesse. Le 4 décembre au matin, le mourant reçoit encore un envoyé de Gaston, puis prend congé de sa nièce en lui déclarant « qu'elle était la personne du monde qu'il avait la plus aimée ». Il est assisté dans son agonie par un carme, le père Léon de Saint-Jean, qui lui donne la dernière absolution et, vers midi, lui ferme les yeux. Le tyran, que tant de conspirateurs et d'ennemis ont tenté de faire périr de mort violente, meurt donc chrétiennement[1] dans son lit le 4 décembre 1642, à l'âge de cinquante-huit ans !

À l'annonce du décès, le roi, qui, selon Pontis, attendait la nouvelle « sans faire paraître ni joie ni tristesse », « se contenta de dire à quelques-uns qui étaient auprès de lui : "Il est mort un grand

---

1. « Aussi Dieu lui a-t-il fait cette grâce dès ce monde que l'on a jamais remarqué personne avoir rendu l'âme avec plus de résolution de quiétude d'esprit et cette grave sérénité qui paraissait en son visage ne l'a point quitté même après sa mort », conclut, à l'intention du bon peuple, *La Gazette*, embouchant sans délai la trompette de la renommée posthume.

politique" [1] », avant d'assurer aux membres de la famille du défunt la continuation de sa bienveillance ; puis, « ayant donné ordre à tout ce qui requérait sa présence, il s'en retourne à Saint-Germain », dit *La Gazette*, sans donner la main à de plus grands éloges funèbres.

À Chambord, auprès de Gaston, la nouvelle produit un effet moins mitigé : Monsieur s'écrie aussitôt « Dieu loué, mon ennemi n'est plus au monde ! », et « à la nouvelle de cette mort, chacun se crut obligé de s'aller réjouir avec Son Altesse royale et, comme il arrive d'ordinaire à la cour, cela se fit avec bruit et confusion. La plupart, moitié habillés, entrèrent dans sa chambre en ridicule équipage, afin de mieux témoigner leur zèle [2]. »

Dès que le cardinal fut mort, ses opposants relevèrent la tête et s'empressèrent d'assurer que la félicité lui avait été refusée en ce monde, en dépit des honneurs qu'il y avait connus, et qu'elle lui serait naturellement inaccessible dans l'éternité où l'attendaient les pires tourments infernaux. Sa mort et sa comparution devant Dieu sont, pour ses détracteurs, un moment de vérité privilégié sur lequel ils n'hésitent pas à fournir des informations assurées. Ainsi l'archevêque de Toulouse, Montchal, prend-il soin de rapporter, avec toute sa charité d'irréductible ennemi, le jugement de Dieu tel qu'il aurait été donné à voir à un prêtre « éminent et révéré de tous ceux qui l'ont connu et pratiqué » : « Ce bon prêtre s'approchant de l'autel pour célébrer la messe le jour de sa mort, vit toute l'enceinte du lieu allumée et remplie d'instruments de supplice. Durant le sacrifice, il lui fut montré intérieurement que c'était pour le cardinal que ces instruments de la Justice divine étaient préparés, et le cardinal étant décédé quelques heures après sans que ce prêtre qui était loin de Paris en eut su aucune nouvelle, la nuit suivante Dieu lui fit paraître en trois songes différents ce qui s'était passé devant son tribunal à cette mort [les plaintes des peuples opprimés, la vengeance demandée par l'Église pour les outrages subis emportent une condamnation sans appel]. Ses crimes paraissaient semblables à ceux d'un homme qui, poursuivant son ennemi derrière un tabernacle du Saint-Sacrement, percerait les saintes hosties de son épée pour en porter le coup dans le sein de celui qui s'en serait couvert, qu'ainsi celui-ci ne commettait pas seulement des choses très énormes, mais les commettait en souillant l'Église de mille opprobres et exerçant sur elle de très grandes violences pour en accabler ensuite les peuples qu'il violentait, les prélats de peur

1. Pontis, *Mémoires*, p. 355.
2. Goulas, *Mémoires*, I, p. 408.

qu'ils ne servissent de protecteurs à leurs troupeaux et qu'il avait rendu indignement les bouches de l'Église muettes de peur qu'elles ne publiassent ses vérités[1]. »

Autopsiée, vidée de ses entrailles, embaumée, la dépouille de Richelieu est placée sur un lit de parade devant lequel défilent les Parisiens durant trois jours, jusqu'au 13 décembre, où elle est solennellement portée en l'église de la Sorbonne pour y être ensevelie. La relation de *La Gazette* décrit « un char magnifique couvert d'un grand poêle de velours noir, croisé de satin blanc et enrichi des écussons des armes de Son Éminence, les six chevaux qui le traînaient entièrement couverts de même parure, environné de ses pages tenant chacun un gros flambeau de cire blanche, précédés et suivis d'une si grande quantité de mêmes lumières que faisaient porter et portaient devant eux les parents, alliés, amis, domestiques et officiers du défunt qui se sont trouvés ici en carrosse, à cheval et à pied, que le soir du jour auquel se fit ce convoi était plus clair que le midi. Les grandes rues de cette ville se trouvaient trop étroites pour la foule innombrable du peuple dont elles étaient bordées, comme dans les plus grandes et augustes cérémonies[2]. »

Si le cardinal a choisi de longue date le lieu de son dernier repos, à sa mort aucun tombeau glorieux n'y est prévu ; en 1646, Lemercier, l'architecte de la Sorbonne, achètera bien du marbre de Carrare que le sculpteur Berthelot doit transformer en une statue du cardinal en prière, mais celle-ci ne sera pas exécutée ; pas davantage qu'un second monument funéraire, commandé en 1650 à Simon Guillain. Ce ne sera finalement qu'en 1675 que la duchesse d'Aiguillon, à l'issue du long procès qui l'opposait aux docteurs de Sorbonne, s'entendra avec François Girardon pour l'exécution du grand tombeau, qui ne sera achevé qu'en 1694, tel qu'on peut toujours le voir aujourd'hui.

L'image qui y est offerte à la postérité est aussi significative que l'est le lieu de la sépulture. À demi couché, la main droite sur le cœur, Richelieu désigne de la main gauche un livre que la Piété, placée derrière lui, maintient ouvert, tandis qu'à ses pieds la Doctrine est en larmes. C'est bien le théologien que la duchesse, qui se considérait comme l'héritière spirituelle de son oncle, a choisi de célébrer.

La sépulture fut violée en 1793 : on exhuma le corps, et on lui coupa la tête, ainsi que le petit doigt. Les restes furent dispersés ; la

---

1. Montchal, *Mémoires*, II, p. 707-711.
2. *La Gazette* du 20 décembre 1642.

tête, conservée par les descendants d'un sans-culotte, fera retour dans le tombeau, solennellement, le 15 décembre 1886.

Dès 1642, les chirurgiens qui s'étaient livrés à l'autopsie du cardinal avaient bien évidemment trouvé dans la structure de son crâne, et *a fortiori* dans celle de son cerveau, la justification anatomique de son génie : il passe « dans l'opinion des plus habiles anatomistes pour un prodige de nature et pour une cause nécessaire de cette force de jugement extraordinaire que l'on avait admirée en sa conduite [1] ». La réalité ne pouvait en effet que conforter la réputation, voire déjà alimenter la légende. Et Louis XIII n'aura pas droit au même hommage macabre : seuls les viscères royaux – en piteux état – retiendront l'attention des médecins chargés de son autopsie.

Tout le monde a retenu la phrase adressée par Son Éminence au curé de Saint-Eustache lui demandant, au seuil de la mort, de pardonner à ses ennemis ; ce à quoi Richelieu aurait répondu avec assurance « qu'il n'en avait point que ceux de l'État [2] », fermant ainsi la porte à toute repentance. Admirée par la postérité, la formule aurait fait scandale parmi les contemporains. Il en existe une version à coloration plus religieuse : « Mon maître, voilà mon juge qui me jugera bientôt. Je le prie de bon cœur qu'il me condamne si j'ai eu autre intention que le bien de la religion et de l'État. » Quoi qu'il en soit, l'historien Yves Durand a montré qu'il fallait faire notre deuil de cette trop belle anecdote, reprise par la plupart des biographes : elle n'est qu'une invention et, de toute façon, ne révèle de son auteur que ce qu'on veut en savoir et en faire croire [3].

---

1. Procès-verbal d'autopsie, BNF, Dupuy 672.

2. Voici la version orientée qu'en donne le malveillant Montchal : « Le 4 décembre sur le midi, le Cardinal mourut d'une étrange façon. Le père Léon, carme réformé, qui l'exhortait, et encore après son curé qui lui portait le Saint-Sacrement, le sollicitant à pardonner à ses ennemis, il fit réponse qu'il n'en avait point que ceux de l'État, continuant jusqu'au dernier soupir la méthode qu'il avait tenue contre ceux qu'il haïssait, de les faire passer pour criminels de lèse-majesté. En tous ses discours il témoigna si peu de repentance de ses fautes, et si peu d'appréhension des jugements de Dieu que l'évêque de Lisieux qui s'était toujours conservé une grande liberté auprès de lui, s'étant présenté pour l'exhorter en sa dernière heure et ayant appris la grande assurance qu'il témoignait, dit à ses amis : *"Profecto nimium me terret magna illa securitas"* [À vrai dire, une telle assurance me donne les plus grandes craintes !] », Montchal, *Mémoires*, II, p. 707-711.

3. Y. Durand, « "Je n'ai jamais eu d'autres ennemis que ceux de l'État..." La mort de Richelieu et le carme Léon de Saint-Jean », dans *Études sur l'ancienne France offertes en hommage à Michel Antoine*, Paris, 2003, p. 129-152. – Autre récit : L. Lalane, « Un récit inédit de la mort du cardinal de Richelieu », dans *Revue historique*, 1894, p. 302-308.

Une phrase de son testament est bien plus remarquable : avec une tranquille assurance, Richelieu commence par y supplier « sa Divine Bonté de n'entrer point en jugement avec moi et de me pardonner mes fautes par l'application du précieux sang de Jésus-Christ, son Fils, mort en croix pour la rédemption des hommes, par l'intercession de la Sainte Vierge, sa Mère, et de tous les saints qui, après avoir vécu en l'Église catholique, apostolique et romaine, en laquelle seule on peut faire son salut sont maintenant en paradis ». Cette déclaration, qui se situe dans la tradition des Psaumes [1] et émane, rappelons-le, d'un théologien averti [2], est bel et bien susceptible de deux lectures opposées reflétant, une fois encore, la complexité de la personnalité de son auteur : profonde humilité chrétienne et soumission à l'Église, ou volonté, dont l'audace serait proprement inouïe, sinon sacrilège, de dicter sa conduite à Dieu pour échapper à son jugement ? Et dans le second cas de figure, cette assurance relève-t-elle de la simple bonne conscience d'une mission terrestre accomplie au mieux ou de la mauvaise conscience de l'impossibilité de plaider sa cause devant le souverain juge ? Une réponse peut être esquissée en reliant cette formule testamentaire à ce portrait indirect que, plus ou moins consciemment, il avait placé en tête de ce traité destiné à convertir les protestants qui lui tenait tant à cœur : « La providence de Dieu est si admirable que, lorsqu'elle destine un homme pour s'en servir à quelque fin, elle l'y achemine insensiblement et le fait penser aux moyens d'y parvenir dans le temps même qu'il semble en être diverti par d'autres occupations », comme à cette prière que, selon Aubery, on l'entendait réciter à Narbonne : « Mon Dieu, je souffre beaucoup, mais je ne demande point que vous diminuiez mes douleurs, car j'en mérite beaucoup davantage ; je vous demande seulement, mon Dieu, la patience pour les supporter. Mais sur toutes choses, je vous demande votre Paradis. Vous ne le refuserez point, mon Dieu, à ceux qui vous le demandent comme moi ; vous connaissez le fond de mon âme [3]. » Humilité et orgueil sont conjugués en toute simplicité par celui qui, prisonnier de sa personnalité, ne saurait remettre

---

1. Elle trouve son point de départ dans le Psaume 143 (142) : *Et non intras in judicium cum servo tuo : quia non justificabitur in conspectu omnis vivens* (N'entre pas en jugement avec ton serviteur : nul vivant n'est justifié devant toi).

2. Ainsi, la capacité exclusive de l'Église catholique à être la voie du salut est le point crucial de l'argumentation de Richelieu controversiste : « Si je fais voir que nos adversaires sont hors de l'Église de Jésus-Christ, qui est le seul vaisseau auquel on peut faire son salut, je décide toutes nos controverses », *Traité qui contient la méthode...*, livre I, chap. I.

3. Aubery, p. 598.

en cause son itinéraire terrestre et entend même en faire le chemin de son salut éternel...

En parcourant son testament, on ne trouvera que peu de traces de scrupule : il revient tout de même *in fine* sur sa conduite à l'égard de Marie de Médicis, qui reste jusqu'au bout, on l'a dit, son cas de conscience non résolu [1] ; de manière mineure, il se sent en devoir à l'égard de Barbin, le mentor de sa jeunesse politique, en mémoire duquel il lègue, à ses héritiers nécessiteux, une somme d'argent. Mais c'est bien la gestion posthume des affaires terrestres, la perpétuation de son nom, de ses titres et de son patrimoine qui constituent la dominante de ses dispositions. La fonction essentielle du testament est d'assurer la survie d'une famille qu'il a élevée à un rang sans pareil : Richelieu y envisage longuement et (presque) exhaustivement toutes les possibilités, programme les substitutions [2], précise les dévolutions – on verra bientôt avec quel insuccès.

Remarquons en outre que les legs au roi n'y font l'objet d'aucun développement superflu, d'aucune annotation un tant soit peu personnelle. Pour un texte rédigé en pleine crise du ministériat, ce n'est guère surprenant. Le contraste est cependant patent avec l'acte de donation du Palais-Cardinal, datant de 1636, qui reflétait un tout autre climat : Richelieu y suppliait Sa Majesté « d'ajouter aux immenses bienfaits dont il lui est redevable la faveur d'agréer qu'il lui donne quelque marque de son ressentiment [souvenir des bienfaits reçus] qui, bien que très petit en comparaison des obligations infinies qu'il a à un si bon maître, témoigne du moins à la postérité que ce n'est pas le manque d'affection, mais la disproportion si extrême qu'il y a d'un sujet à son souverain et au premier roi du monde qui l'empêche de lui rendre de plus grandes preuves de reconnaissance [3] ». Dans le testament, ce legs est simplement confirmé, et augmenté de meubles, de l'hôtel de Sillery, autre possession cardinalice, et de la somme de quinze cent mille livres « pour employer en diverses occasions qui ne peuvent souffrir la longueur des formes de finance ».

1. « Et je ne puis que je ne die pour la satisfaction de ma conscience, qu'après avoir vécu dans une santé languissante, servi heureusement dans des temps difficiles et des affaires très épineuses, et expérimenté la bonne et mauvaise fortune en diverses occasions, en rendant au roi ce à quoi sa bonté et ma naissance m'ont obligé particulièrement, je n'ai jamais manqué à ce que j'ai dû à la reine sa mère, quelques calomnies que l'on m'ait voulu imposer à ce sujet », Aubery, p. 625.
2. Subrogation d'une personne à une autre pour recueillir le profit d'une disposition. En l'espèce, disposition testamentaire prévoyant le cas où l'héritier désigné en première ligne ne pourrait ou voudrait recueillir la succession.
3. BNF, Dupuy, 590 (292). Aubery, p. 616.

Si l'on compare maintenant cette attitude avec celle du roi devant la mort, telle qu'elle nous est également connue par ses dispositions testamentaires, on se trouve confronté à deux univers non pas seulement différents, mais incommensurables. Ce que Louis XIII, qui, il est vrai, n'a pas de succession à régler, laissera peu après, c'est un simple « état des aumônes, fondations et gratifications que le Roi veut être faites en cas qu'il plaise à Dieu disposer de lui, sur l'argent de ses menus plaisirs [1]… » daté du 12 mai 1643, deux jours avant sa mort. Pas de préambule, pas de recommandations ; le luxe, la munificence et les préoccupations terrestres du ministre n'ont ici nul cours, et laissent la place à l'extrême simplicité d'un roi, soucieux uniquement du salut de son âme et du sort de ses proches serviteurs. Même face à la mort, l'Éminence de rouge soie vêtu s'oppose au souverain qui refuse toute ostentation et conserve son costume ordinaire de bas officier ! L'un, perpétuel second en ce monde, est à la recherche d'un salut public éclatant, quand l'autre, voué par sa naissance à la vie publique et au premier rôle, a pour seul désir un salut privé. On conçoit quel a pu être le sentiment de délivrance de Louis, débarrassé, par la mort, de ce ministre tout en somptuosité, et du rôle que celui-ci voulait lui faire jouer.

D'ailleurs, dès que le corps du cardinal a été enseveli, le roi se montre héritier peu élégant et fort pressé de prendre possession du Palais-Cardinal, faisant incontinent supprimer, au grand dam de la famille, l'inscription en lettres d'or de « Palais-Cardinal » qui surmontait la porte et heurtait sa majesté sans égal pour en faire le « Palais-Royal ». Louis XIII s'abstient encore de paraître le 19 janvier 1643 au service célébré à Notre-Dame à l'intention de son défunt ministre. Son soulagement est largement partagé : le père Griffet, auteur d'une *Histoire du règne de Louis XIII* parue en 1758, déclarera avoir connu des vieillards qui se souvenaient des feux de joie allumés dans les provinces pour célébrer la nouvelle de la fin de celui qu'on ressentait comme un insupportable tyran.

Et pourtant, Louis XIII ne remet pas en cause la politique de Richelieu, une politique dont on a vu que les options glorieuses étaient maintenant avant tout les siennes, celles d'un roi de gloire par devoir, obligé qu'il est à son État. En apportant cette ultime touche au portrait de Louis XIII, homme simple et souverain épris de gloire, on en confirme la complexité et la cohérence. C'est dans ce caractère à la fois difficile et estimable qu'il faut sans doute cher-

---

1. Arch. nat., J 906 (2).

cher la clé des dernières années du ministériat, où Richelieu est aux prises avec un maître qui, s'il ne supporte plus à titre personnel sa tyrannie, sait qu'il a besoin de lui pour mener à bien cette politique de gloire qu'il veut pour son État.

Entre les testaments des deux hommes, le seul point de contact, le plus petit dénominateur commun est Mazarin, témoin à celui du cardinal, exécuteur des dernières volontés du roi ; ce Mazarin que Richelieu a prescrit à Louis XIII de lui donner comme successeur pour poursuivre leur œuvre commune, et au profit duquel il troque donc son vain espoir de régence. Celui également qu'il a autrefois présenté à Anne d'Autriche sur un mode mi-grinçant, mi-prémonitoire, en lui disant : « Madame, vous l'aimerez bien, il a l'air de Bouquinquant [1] »... Avec ce second cardinal, le style, effectivement, changera – et la reine saura apprécier –, mais non le fond, et Richelieu s'assure *post mortem* une belle survie politique.

Car sa mort n'a pas pour conséquence un quelconque changement de politique. Le 3 décembre, avant de rendre à son ministre sa dernière visite, Louis XIII a, comme on l'a dit, tenu à mander auprès de lui Messieurs du Parlement pour leur commander de vérifier sans délai sa déclaration interdisant à son frère l'accès à la régence ; il déclare même « qu'il aimerait autant égorger sa femme et ses enfants que de les laisser à la discrétion de son frère [2] ». Le lendemain, immédiatement après le décès de Richelieu, il convoque les créatures du cardinal, Séguier, le chancelier, Bouthillier, le surintendant, Chavigny et Sublet, les secrétaires d'État, pour leur renouveler sa confiance et annoncer l'entrée de Mazarin au Conseil. Le seul changement sera, dans les mois qui suivront, le remplacement de Sublet de Noyers par Michel Le Tellier à la tête du département de la Guerre, signe de l'influence désormais dominante de Mazarin. Du nouveau principal ministre, il fait aussi le parrain du dauphin baptisé le 21 avril 1643.

Les deux cardinaux-ministres, dont Louis XIII a su reconnaître le mérite, sont des hommes d'État au sens moderne du terme, parmi les tout premiers. Assurément, Richelieu savait distinguer ceux qui partageaient son sens politique : après sa nièce, restée dans l'ombre du service domestique comme il sied à une femme, et le père Joseph, le capucin mystique, l'Éminence grise qui fit œuvre politique en retrait à ses côtés, ce fut le tour de l'habile Italien,

---

1. Tallemant, *Historiettes*, I, 288.
2. Goulas, *Mémoires*, I, p. 410.

« l'illustre Colmardo » au caractère si différent du sien, aussitôt reconnu comme collaborateur d'élite et tiré de l'ombre.

Avec Mazarin, l'héritage politique est donc sauf. En revanche, du côté de sa propre famille, la succession de Richelieu sera beaucoup moins bien assurée, et ce en dépit du souci extrême de tout disposer dont il avait fait preuve dans son testament et du zèle de la duchesse d'Aiguillon[1]. Son petit-neveu Armand Jean de Vignerot, fils du marquis de Pont-Courlay, y est institué légataire universel ; il doit abandonner son nom pour perpétuer celui des Richelieu. À son autre petit-neveu Armand de Brézé, il laisse Fronsac. Pour chacun, il érige un majorat[2] qui doit ensuite passer au plus ancien mâle de la descendance en ligne directe ; théoriquement, la perpétuation du nom et du patrimoine est garantie. Par défaut, tous les autres cas de figure étaient passés en revue, afin d'assurer avec honneur la survivance de la famille ; tous les cas de figure, sauf un : remis au chancelier Séguier, puis déposé chez le notaire de Richelieu le 28 janvier 1643, ce testament se trouve en effet immédiatement en butte aux attaques de Brézé, dont la plus jeune fille n'y figure pas, alors qu'*ab intestat*[3] elle aurait pu apparaître comme destinataire des deux tiers de l'héritage. Mme d'Aiguillon s'acharne à assurer l'exécution des dispositions du défunt cardinal, au prix d'un accord entre les héritiers, intervenu le 31 mars. Celui-ci ne met pas fin, toutefois, à d'autres revendications, comme celles des Condé, qui s'attribueront la part Brézé de l'héritage (Fronsac notamment) ; l'affaire ne sera réglée qu'en 1674. Les difficultés de la succession feront que, le 14 février 1660, le Parlement ordonnera le transfert à la Sorbonne de la bibliothèque que le cardinal lui avait léguée, mais qui aurait dû demeurer en son hôtel et y être ouverte au public. Les contestations, ainsi que les dettes de toutes natures, obéreront l'administration de la duchesse d'Aiguillon ; pire, ses efforts se verront inlassablement contrariés par la mésentente qui s'affirme entre elle et son neveu, le jeune et nouveau duc de Richelieu.

Louis XIII, quant à lui, poursuivant sans ménagement et sans élégance sa liquidation personnelle de l'héritage, n'hésite pas à s'attribuer d'office une part du pactole ; outre ses legs, il s'accapare plus d'un million de livres provenant de Brouage et du Havre, tandis qu'il refuse avec obstination le remboursement des dettes de la cou-

---

1. J. Bergin, *Pouvoir et fortune de Richelieu*, chap. VIII.
2. Un majorat est constitué de biens attribués exclusivement à l'aîné des successibles pour éviter leur morcellement par les partages héréditaires.
3. Dans le cadre d'une succession non testamentaire.

ronne – ce qui en fait, en fin de compte, l'un des principaux bénéficiaires de la fortune du cardinal. Ces mesquineries successoriales trahissent bien la faillite d'une relation humaine, laquelle n'a pas, cependant, entraîné la répudiation de l'œuvre entreprise, ensemble, pour la gloire et l'avantage de l'État. Ici réside la part de grandeur de Louis XIII, « roi cornélien », qui a su triompher des passions pour se conformer aux directives du cardinal et, ce faisant, se soumettre à l'empire de cette raison qui « doit être le flambeau qui éclaire les princes en leur conduite et en celle de leur État [1] ».

1. *Testament politique*, p. 246. Du côté espagnol, la disgrâce d'Olivarès, que Philippe IV rend responsable des échecs subis, suit de fort peu la mort de son homologue français ; le 17 janvier 1643, le *valido* laisse le pouvoir à son neveu Luis de Haro qui sera l'interlocuteur de Mazarin pour les négociations de paix à venir.

Épilogue

À en croire la tradition, au commencement était le génie de Richelieu. L'aura de merveilleux qui nimbe la biographie des grands hommes tend en effet à estomper des débuts de carrière incertains, afin de mieux laisser éclater une soudaine accession à la lumière du pouvoir – en l'espèce, par la grâce de Louis XIII, un jour de novembre 1630 dit « journée des Dupes », pour la plus grande gloire de la France éternelle. Le phénomène est plus prodigieux encore si l'on ajoute que le héros est d'origine obscure, de petite noblesse provinciale et ruinée, et qu'il s'est élevé sans appuis, par la seule force de son génie, lequel suffit à expliquer le succès que sa politique sera immanquablement vouée à rencontrer.

Ce splendide tableau monochrome masque la réalité d'un laborieux apprentissage de la survie politique ; celui-ci s'est déroulé dans le long temps de l'incertitude, nécessitant une persévérance obstinée, jalonnée à temps et à contretemps de plaidoyers *pro domo*, passant par la conquête de la reine mère, Marie de Médicis, et la patiente constitution d'un réseau de fidèles, pour accéder, enfin et laborieusement, au roi Louis XIII. Cet improbable parcours, qui occupa la plus grande partie de la vie de son auteur, oblige à revoir la fable du destin providentiel devant lequel tout aurait rapidement cédé. Il faut aussi faire le deuil d'un Richelieu archétype de l'ambitieux : une telle lecture, si elle le rend plus facile à comprendre aujourd'hui, est anachronique, car étrangère à sa double réalité sociale de noble d'épée et de dignitaire ecclésiastique, pour qui l'accession au pouvoir représentait un destin qui, s'il n'allait pas de soi, n'avait rien d'exceptionnel.

Son entrée au Conseil, le 29 avril 1624, semble être un véritable triomphe pour la reine mère. La suite de l'histoire montre qu'il n'en fut rien, et la désillusion de la souveraine fut à la mesure de la trahison dont elle s'estima victime. Parvenu au pouvoir « à la prière de la reine [1] », voilà que Richelieu abandonne sa protectrice et passe de sa mouvance à celle du roi, abri indispensable pour se garantir des revirements de fortune de la cour. Cette fidélité rompue de Richelieu fut la cause du principal et plus durable trouble de conscience de celui qui gouverna lui-même à travers ses fidèles créatures.

Et l'infraction était de taille, car la fidélité fait partie des nécessaires qualités du « conseiller parfait », tel que Richelieu lui-même en dresse le portrait – son autoportrait idéalisé – à l'intention de Louis XIII : « Il n'y a pas lieu de présumer que celui qui a été fidèle toute sa vie devienne infidèle en un instant, sans sujet et sans raison, principalement si tous les intérêts de sa fortune sont attachés à celle de son maître [2]. » Il lui faut donc se laver de ce reproche de trahison et se faire admettre par un Louis XIII longtemps rétif, mais soucieux du bon succès de ses affaires.

Pour le roi, le « grand orage », cette crise de deux années dénouée à l'issue de la journée des Dupes, dans la soirée du 11 novembre 1630, est l'occasion d'un choix politique décisif sur lequel il ne reviendra plus. Pour le ministre, c'est enfin la véritable prise de pouvoir. Pour tous les deux, débute véritablement le système de gouvernement appelé « ministériat ». À l'engagement du ministre – « Je lui promets qu'il ne sera jour de ma vie que je ne tâche de me mettre en l'esprit ce que j'y devrais avoir à l'heure de ma mort sur le sujet des affaires publiques dont il lui plaît se décharger sur moi [3] » – répond la solennelle confirmation du roi : « Vous saurez une fois pour toutes que j'ai entière confiance en lui [4]. »

Désormais, l'histoire d'une ascension se transforme pour de bon en celle d'une politique. L'image du tenant inflexible d'une terrible raison d'État, laquelle a contribué largement à forger l'image classique de l'homme d'État, est un de ces stéréotypes persistants qui peuplent encore aujourd'hui nos esprits ; mais la raison du cardinal n'est pas la raison d'État de Machiavel. Et puis Richelieu est aiguillonné par le sentiment aigu de sa propre fragilité physique, comme de celle de Louis XIII. C'est sans doute ce qui le pousse à exercer le pouvoir avec la dernière vigueur – et le chantier est vaste : il s'agit de rétablir, au nom du roi, l'ordre en France et la suprématie française en Europe. Dans ce dessein, les puissances du

1. Avenel, II, p. 4.
2. *Testament politique*, p. 212, 238.
3. *Ibid.* p. 373.
4. Louis XIII au parlement de Paris. 30 mai 1631.

verbe, de l'image, de l'argent ou, en ultime recours, l'autorité divine, sont mises à contribution. L'habile homme se transforme en grand homme, tout à la fois duc et pair, ministre, cardinal et général, à mesure que sa vie tend à se confondre avec les péripéties de la politique française. C'est exactement ce qu'il voulait, puisqu'il a tenu à fournir la matière d'une histoire donnant de lui une image correspondant à ses vœux ; une histoire que, longtemps, biographes et mémorialistes ont reprise sans la remettre en question.

Pour évoquer ces années, une image s'impose : l'homme rouge, l'Éminentissime, en pied et debout, tel qu'immortalisé par Philippe de Champaigne en ses fameux grands portraits ; un cardinal, certes, mais surtout un très grand seigneur, en posture quasi royale. C'est bien ainsi que Richelieu a voulu se contempler et poser pour la postérité.

Et pourtant, un renversement de perspective est nécessaire : dans l'association du ministériat, c'est à Louis XIII qu'on doit restituer le premier rôle qui lui était échu par naissance, et qu'il sut tenir avec plus de bonheur qu'on ne veut bien le dire ordinairement. Un roi de raison s'appuyant par raison sur un cardinal qui veut faire souverainement régner la raison, ainsi peut être défini le ministériat, alliance de deux personnalités complémentaires. Louis XIII a parfaitement compris la grandeur du « métier » de roi qu'il assume pleinement à défaut de le trouver délicieux… C'est lui et lui seul qui prit les décisions qui orientèrent définitivement la politique française. Il est en première ligne, et sa responsabilité est totale, tout comme la conscience qu'il en a : « Je dois plus au bien de mon royaume qu'à quelque autre chose [1] ». Au roi la décision dans son caractère tranchant et laconique, au principal ministre la préparation et la justification d'une décision qui ne peut être sienne.

Cette raison toute-puissante, les dernières années du ministériat vont la mettre à mal. Rébellions et complots, aléas de la guerre, proximité de la mort s'unissent pour la défier. Pour Richelieu, la guerre se déroule aussi bien sur la scène européenne que dans l'arène de la cour, menaçant à tout moment de briser son bien le plus précieux : sa relation au roi. Mais c'est l'usure qui l'emporte : de difficile qu'elle était, l'intimité devient insupportable à ces deux grands malades d'État que sont le roi et son principal ministre. Défiance et crainte s'installent, une névrose qui se développe dans un climat de conspiration et d'espionnage, mais aussi de religiosité exacerbée. La facilité intellectuelle et la virtuosité verbale de Richelieu deviennent insupportables à un roi qui préfère agir que parler,

1. Avenel, IV, p. 370. Le roi à M. le Prince, 10 septembre 1632.

être à la tête de son armée plutôt qu'à la table de négociations où son ministre ne cesse de le ramener. Le rôle ordinairement dévolu au langage de souder une association tombe, dans ce cas particulier, à plat et le ministériat tant célébré révèle toute sa fragilité quand la parole du ministre se brise sur le silence du roi.

Mais les hommes (y compris les rois) passent, alors que l'État demeure ; cette étatisation du pouvoir royal est la grande leçon politique de la modernité, celle que Louis XIII et Richelieu ont œuvré à dégager. Si, à la fin de leur vie, les deux hommes ont rompu les liens humains qui les unissaient, leur accord politique a tenu bon : ni l'un ni l'autre n'a remis en question son attachement à la gloire de l'État, ainsi que la certitude d'une suprématie nécessaire de la France en Europe. Confronté à l'approche de sa propre mort, comprenant que le roi va lui survivre, Richelieu désigne Mazarin comme son successeur ; il retrouve alors son ascendant pour cet ultime acte de survie politique qui rencontre l'accord immédiat du souverain.

Louis meurt cinq mois après lui. En moins d'une année, de juillet 1642 à mai 1643, le roi, sa mère et son ministre ont quitté la scène terrestre. Avant de mourir, le 14 mai 1643, Louis XIII, qui n'a rien oublié ni pardonné, a prévu une restriction des droits de sa chère épouse : tout en ordonnant qu'elle soit établie régente, il a voulu la flanquer d'un conseil composé de Gaston, revenu en grâce et nommé lieutenant général du royaume, du prince de Condé, de Mazarin, du chancelier Séguier, du surintendant Bouthillier et du secrétaire d'État Chavigny ; cette déclaration a bien été enregistrée par le Parlement le 21 avril, lequel, dès le 18 mai, casse tout aussi docilement en lit de justice les volontés du feu roi pour donner à Anne d'Autriche toute liberté de composer le Conseil de régence. À la surprise générale, celle-ci annonce qu'elle met Mazarin à sa tête. En revanche, c'est à travers les Bouthillier qu'elle liquide définitivement son contentieux avec Richelieu : « Sitôt que la reine se vit indépendante et maîtresse absolue, elle chassa Chavigny du Conseil et ôta les finances à Bouthillier son père [1]... » Le 7 octobre 1643, accompagnée de ses enfants, elle quitte le Louvre et s'installe au « Palais-Royal », acceptant ainsi le legs de son défunt ennemi.

Pas davantage que la mort du ministre, celle du roi n'engendre une quelconque rupture dans la conduite des opérations militaires.

---

1. Mme de Motteville, *Mémoires*, éd. Petitot, 1824, II, p. 8. La reine donne les finances au président de Bailleul et Chavigny vend sa charge de secrétaire d'État à Henri-Louis de Loménie, comte de Brienne.

Le règne de Louis XIV s'ouvre glorieusement : sur terre, avec, en mai 1643, la destruction de la supposée invincible armée espagnole des Pays-Bas par le duc d'Enghien, le neveu par alliance de Richelieu, à Rocroi ; sur mer, quatre mois après, avec l'éclatante victoire navale remportée sur la flotte espagnole près de Carthagène par Maillé-Brézé, le petit-neveu du cardinal. Les négociations de Münster et Osnabrück aboutissent à la paix partielle de 1648 : les traités de Westphalie consacrent la victoire de la politique française et l'échec des Habsbourg de Vienne, dont l'autorité impériale s'affaiblit considérablement.

Mais la véritable paix reste à venir. En attendant, la guerre continue avec l'Espagne pour qui la situation est encore favorable, puisque la France entre à nouveau dans une période de faiblesse intérieure. La poursuite de la guerre, avec ses alternances de revers et de succès, et le retour sur la scène européenne de l'Angleterre qui s'allie au plus offrant, c'est-à-dire en l'espèce à la France, sera l'un des principaux soucis de Mazarin. Celui-ci doit en même temps gérer avec la régente les années difficiles de la Fronde (1648-1652) où l'on retrouve la main plus ou moins cachée de l'Espagne : la trahison de Condé sera l'une des pierres d'achoppement des négociations qui reprennent en 1654, et conduisent à la paix générale de 1659-1660 (paix des Pyrénées), laquelle se traduit, pour l'Espagne, par la perte du Roussillon et de la Cerdagne.

La France que lègue Richelieu *via* Mazarin à Louis XIV est devenue la première puissance européenne. Pour l'Europe, il y a en quelque sorte liquidation du passé : fin des conflits internes en Italie ; fin de l'union des deux branches des Habsbourg ; affaiblissement de l'Empire et d'une Allemagne ravagée par la guerre et menacée par les Turcs ; retour au premier plan de l'Angleterre, qui s'affirme comme une puissance navale en rivalité avec les Provinces-Unies indépendantes et la Suède, nouvelle puissance de la Baltique ; toutes ces transformations sont à porter au crédit de ces années. L'effacement de l'Espagne, puis l'avènement d'un Bourbon sur son trône en 1700 laisseront la place libre à une autre histoire, celle de la rivalité franco-anglaise qui prévaudra au XVIIIᵉ siècle.

Laissons Richelieu tirer pour Louis XIII la morale d'une histoire qu'il a si largement contribué à écrire : « Si c'est un effet d'une prudence singulière d'avoir occupé dix ans durant toutes les forces des ennemis de votre État par celles de vos alliés en mettant la main à la bourse et non aux armes, étant entré en guerre ouverte lorsque vos alliés ne paraissaient plus subsister seuls, en est une autre de sagesse et de prudence tout ensemble, qui justifie bien que, ménageant le repos du royaume, vous avez fait comme ces grands économes qui, ayant été soigneux d'épargner de l'argent, savent le dépenser à propos pour se garantir d'une plus grande perte. » « Plusieurs choses sont à remarquer dans cette guerre : la première est que Votre Majesté n'y est entrée que lors qu'Elle n'a pu l'éviter et qu'Elle en est sortie qu'alors qu'Elle l'a dû faire »[1].

On a coutume de mettre au bilan du cardinal l'établissement de la monarchie absolue, que Louis XIV portera à son point de perfection. En fait, l'absolutisme est le fruit d'une longue tradition, qui s'ancre dans la pratique médiévale du gouvernement monarchique ; l'époque moderne fortifie cet héritage : la définition juridique de la souveraineté qui s'y développe permet d'établir, au-dessus même de la personne sacrée du roi, un État souverain.

La difficile fonction de principal ministre est, à l'échelle européenne, caractéristique d'un temps de transition entre le gouvernement, à l'origine « domestique », d'un roi entouré de sa famille et de ses conseillers, et le gouvernement personnel d'un souverain absolu au sens propre du terme[2]. C'est à ce conseiller privilégié qu'il revient d'endosser et d'assumer les changements de pratique gouvernementale, de soutenir la réduction générale à l'obéissance et de supporter le poids des mécontentements qui en résultent. Il permet au roi, pour qui il constitue un écran protecteur, de contrôler étroitement la machine de l'État tout en sauvegardant son image traditionnelle de justicier et de protecteur du royaume. Toutes les monarchies européennes ont un temps adopté cette combinaison de transition : le pertinent parallèle proposé par John Elliott[3] entre Richelieu et Olivarès montre les similitudes de leurs situations ; Mazarin reprend des mains de Richelieu un flambeau qui ne s'éteindra en France que dans la seconde moitié du XVIIe siècle.

La spécificité du ministériat français réside malgré tout en ce qu'il s'appuie sur une tradition, dont Richelieu a sans cesse tenu à se réclamer : celle de ces *tutores regni*, ces hommes d'Église qui justifiaient leur autorité par le poids institutionnel qu'ils représentaient. Le principal ministre se réfère expressément à Suger, à Georges d'Amboise (cardinal et puissant conseiller de Louis XII) ou encore au cardinal Ximenès (chancelier des Rois Catholiques Ferdinand et Isabelle, puis régent d'Espagne), tandis qu'il se refuse à toute assimilation avec de simples favoris, tel le maréchal d'Ancre, dont le destin tragique n'a cessé de le poursuivre et, sans doute, de l'obséder.

1. *Testament politique*, p. 74 et 81.
2. L. Brockliss et J. Elliott (dir.), *The World of the Favorite, 1500-1770*. Colloque, Oxford, 1996.
3. J. H. Elliott, *Richelieu et Olivarès*, trad. fr., Paris, 1991.

Cependant, s'il a concentré sur sa personne l'hostilité de ceux que le nouveau système privaient de leur pouvoir ou de leur influence, Richelieu a connu une exceptionnelle longévité : il a exercé le pouvoir dix-huit ans durant et est mort dans son lit ; il a été affronté à bien des soulèvements, conjurations et révoltes ; aucun n'a eu l'ampleur de ces grandes crises de la Ligue et de la Fronde entre lesquelles il se situe. Force est alors d'admettre que son action a aussi connu l'adhésion d'une partie importante des sujets du roi, de tous ceux qui, lassés des troubles civils, avaient adhéré à la politique d'Henri IV de restauration d'un État monarchique affirmant son autorité sur ses sujets, de quelque confession religieuse qu'ils soient ; ces « bons Français », qui font passer leur sentiment national avant une appartenance religieuse contenue dans la sphère de la vie privée, soutiennent la politique du cardinal-ministre.

Ce qui conduit à une perception plus nuancée de l'absolutisme, partagée aujourd'hui par les historiens : plutôt que la marque d'un pouvoir intransigeant qui s'impose d'en haut à tous, ceux-ci préfèrent y discerner la manifestation d'une autorité consentie par ceux qui y avaient intérêt. Cette autorité est, le plus souvent, inlassablement négociée, prise qu'elle est dans l'enchevêtrement de pouvoirs et de particularismes locaux qui constituaient la France de l'Ancien Régime, et que la monarchie, si absolue fût-elle, n'avait pas le pouvoir d'annihiler.

Dans une telle perspective, « les années Richelieu » prennent leur pleine signification. Ces années 1630-1640 sont un âge véritablement baroque dans sa diversité, qui voient la parution du *Testament politique*, du *Cid* et du *Discours de la méthode*, et sont grosses de l'ordre étatique moderne. Dans une phase sombre (dépression conjoncturelle, peste, guerre…), on assiste à un moment de transition politiquement décisif, le choix entre l'État national sécularisé et l'ancienne chrétienté. Un choix qui n'est pas simplement politique, mais qui résulte de mutations religieuses et intellectuelles : l'avènement d'une raison autonome sous le regard encore omniprésent de Dieu (car, rappelons-le une dernière fois, sécularisation n'équivaut pas à désacralisation, bien au contraire). Un choix qui fut économiquement catastrophique et socialement lourd de conséquences, et qui a fait naître un certain désenchantement chez ceux qui l'ont subi – encore qu'il faille faire le partage entre ce que les contemporains en ont perçu, et ce que les historiens postérieurs ont apprécié. Une histoire qui est celle, pour l'Europe, du passage de la « prépondérance » de l'Espagne à celle de la France.

Dans la vie et l'action de Richelieu, les ruptures ont davantage marqué que les continuités. Pour ses contemporains, le cardinal est un briseur de tabous, celui qui n'hésite pas à rompre les anciennes solidarités, à contracter des alliances hérétiques, à empiéter sur le pouvoir même du roi, à mépriser les intérêts les plus sacrés de la religion dont il fait pourtant profession. De ce fait, il est indéniablement en phase avec les changements dans l'art de gouverner qui affectent les monarchies du temps ; davantage, il devient, pour chacun, le double incarné de cet impitoyable « monstre froid » qu'est l'État. C'est, autrement dit, la raison d'État faite homme, un homme qui ignore toute concession, sauf celle motivée par son intérêt propre, qu'il identifie à celui du pouvoir... En revanche, les scénarios répétitifs qui donnent à sa vie son rythme particulier, les recommencements divers de la journée des Dupes et les révoltes et conjurations toujours renaissantes, ont moins retenu l'attention que cette inflexible marche d'une autorité sans limites. C'est ainsi que le cardinal en finit par s'identifier à l'abstraction du pouvoir, une abstraction par laquelle il nous semble accéder à l'universel et à l'intemporel, à moins qu'il ne s'y dissolve pour disparaître.

Faisons toutefois justice de sa qualité de novateur institutionnel. Son « programme » est fort limité ; c'est la certitude inébranlable de sa capacité politique qui y supplée. Chez lui, la manière l'emporte le plus souvent sur la nouveauté du fond ; Richelieu est novateur par sa volonté d'exécution inlassablement poursuivie, par sa méthode de gouvernement, et non par un bouleversement systématique des institutions, qu'il se contente d'instrumentaliser en y plaçant ses fidèles créatures. Finalement, on ne peut guère, en ce temps, distinguer entre les institutions et les personnes qui les incarnent et établir une séparation entre des sphères publique et privée. Armand Jean du Plessis est ainsi absorbé par le cardinal-principal ministre et pleinement identifié par sa fonction. Mais, on l'a vu, on chercherait vainement dans le *Testament politique*, communément qualifié depuis Sainte-Beuve de « bréviaire des politiciens », un vaste plan de réforme du royaume. Que signifie la « guérison » de l'État « malade », un de ces lieux communs chéris du cardinal ? Tout simplement son retour à un état antérieur ; pour lui, le but de toute réformation, qu'elle soit politique ou religieuse, vise à retrouver la pureté des origines, non à innover.

Son génie propre est d'identifier les priorités, de s'y tenir et de tout y subordonner, voire y sacrifier, sans états d'âme : c'est le choix décisif de la politique étrangère et de la lutte contre la maison d'Espagne qu'avec le roi il impose au royaume et à laquelle il sacrifie la réforme intérieure, renvoyée après la conclusion de la paix. La guerre, qui en fut la conséquence, s'avéra l'agent le plus efficace du renforcement du pouvoir du « roi de guerre », un roi fiscalement exigeant pour ses peuples. Les révoltes populaires, nobiliaires et parlementaires, toutes durement réprimées, furent le contrecoup de l'affirmation de cet État sans états d'âme qui exigeait une universelle réduction à l'obéissance. C'est peut-être par ce chemin qu'on rejoint une certaine idée de « salut public » ou de ce que Richelieu lui-même nomme les « intérêts publics [1] ».

Peut-on alors parler de modernité ? Les milieux anticléricaux de la fin du XIXᵉ siècle ont vu dans le cardinal le premier « laïcisateur » de la politique, une vision qui imprègne les manuels scolaires de la IIIᵉ République. Gare à l'anachronisme... Richelieu fut intimement un chrétien attentif à l'accomplissement de ses devoirs de prélat. Pour lui, l'action politique ne se concevait pas sans finalité religieuse, puisque « le premier fondement du bonheur d'un État est l'établissement du règne de Dieu [2] ».

La grande source de son énergie réside dans ce discours toujours continué qui concerne le pouvoir et la foi, le salut éternel de l'homme et le salut temporel des États. Aujourd'hui, il nous importe de nous souvenir que le génie du cardinal-ministre est d'avoir cru à la possibilité de mener une action politique sécularisée sans se sentir en contradiction avec sa foi religieuse ; et c'est sans doute là que se situe le legs qu'il peut encore nous délivrer.

---

1. « On ne saurait s'imaginer le mal qui arrive à un État quand on préfère les intérêts particuliers aux publics et que ces derniers sont réglés par les autres », *Testament politique*, p. 249.
2. *Ibid.*, p. 241.

ANNEXES

Richelieu et les archives

« Il existe un océan de papiers de Richelieu ou sur
Richelieu. Néanmoins, c'est un des hommes les plus
difficiles à connaître et dont il est le plus malaisé de
savoir ce qu'il a fait. »

Roland Mousnier, *L'Homme rouge*, p. XIV.

L'histoire s'écrit avec des sources ; Richelieu représente de ce point de
vue un cas de figure exceptionnel, et justifie l'écriture historique « avec
guillemets », étant donné la masse de documents qu'il a rassemblés, produits et conservés. On bénéfice de nombreux témoignages confirmant
l'intérêt que Richelieu portait aux archives[1], au regard d'une histoire dont
il se savait acteur et se voulait auteur – même si son action n'a pas été marquée par une pleine cohérence, ni sa volonté toujours suivie d'effet. Le
problème, tel qu'il se posait au cardinal, revêt deux aspects complémentaires, lesquels demeurent familiers à l'archiviste d'aujourd'hui : d'une
part, la conservation et la mise en ordre des documents légués par les
prédécesseurs ; d'autre part, la gestion des archives produites au jour le
jour.

Avant tout, la préoccupation de Richelieu témoigne d'une évolution historique qui attribue une importance capitale à la conservation et à la gestion des sources écrites, qu'elles soient administratives ou ecclésiastiques.
C'est en effet au début du XVIIe siècle que commence à s'imposer le
recours politique aux archives. La première mission qui leur est assignée

---

1. La toute première trace remonte à l'époque de Luçon. Peu de jours après son
arrivée, en effet, le jeune et nouvel évêque se préoccupe d'étayer ses droits par des
documents qu'il réclame à ses parents : « C'est chose qui ne vous sert de rien et qui
pourrait être utile à cette église, à laquelle étant appelé, je me sens obligé de
rechercher ce qui est de la conservation des droits qui m'ont été donnés en dépôt »
(Avenel, I, p. 17. Voir L. Lacroix, *Richelieu à Luçon*, Paris, 1890, p. 81).

relève de ce que l'on appellera plus tard les « *bella diplomatica* », les guerres par chartes et titres interposés. Il s'agit de rechercher dans les archives les éléments et les précédents qui confortent les droits du roi, ou assurent la cohérence de sa politique.

Dès son premier passage aux affaires, Richelieu a pu apprécier la difficulté d'accès aux documents susceptibles de lui fournir les informations dont il avait besoin. Selon l'usage, les documents restent alors la propriété particulière de ceux qui ont eu en charge les affaires, puis passent à leurs héritiers. C'est ce à quoi le jeune secrétaire d'État se trouve confronté en 1616 : son prédécesseur, Villeroy, s'est retiré avec ses archives.

À peine installé au pouvoir, et en manque d'informations sur la situation diplomatique, il écrit à Servien pour « mendier » une copie de « l'instruction que vous emportâtes d'ici à votre partement, et de plus me donner une connaissance exacte de ce qui s'est passé en l'État où vous êtes[1]... ». Des demandes analogues sont adressées à tous les ambassadeurs[2]. Son entourage aussi est mis à contribution : Morgues, Fancan, Arnauld d'Andilly, tandis que chercheurs, juristes et érudits sont appelés à la rescousse, soit pour produire des mémoires, soit pour fournir les documents que, à titre de collectionneurs, ils peuvent détenir : Dupuy, Godefroy, l'historiographe Scipion Dupleix[3]... Ces travaux sont intégrés aux archives du secrétaire d'État, qui se préoccupe d'en organiser une conservation méthodique : « Il est à propos de faire des extraits de mémoires qui sont donnés pour les affaires du roi ou pour les autres et retenir mémoire et minute de ce qui s'expédie, arrivant suivant que l'on a besoin, longtemps après l'expédition, d'un papier qui a été jusqu'alors inutile. [...] Celui qui garde les papiers doit les mettre chacun avec ceux de même nature, et en si bon ordre qu'il en puisse répondre[4]. »

Chez le principal ministre, cet intérêt se poursuit. En 1625, Richelieu demande des recherches dans le chartrier de Thouars sur les charges d'amiral de Guyenne et de Bretagne[5]. Le 25 novembre 1631, une note porte qu'« il faudrait avoir extrait de l'histoire qui portât les brouilleries qu'il y a eu d'ordinaire, soit en France, soit ailleurs, entre les rois et leurs frères ; entre les rois et leurs mères ; entre les rois et leurs enfants. Voir aussi ce qui se trouvera dans l'histoire du maintien que les rois ont donné à leurs ministres contre ceux qui les ont choqués ; des punitions qu'on a données à ceux qui ont donné de mauvais conseils aux enfants et aux frères du Roi au préjudice de l'État[6] ». En 1641, prévoyant la fin du roi et

1. Avenel, *Lettres...*, I, p. 196.

2. Griselle, *Documents d'histoire*, t. II, 1911, p. 349.

3. L. Delavaud, « Quelques collaborateurs de Richelieu », dans *Rapports et notices...*, fasc. V, Paris, 1914, p. 140-144. Sur l'importance de tels travaux pour l'élaboration des instructions de paix . F. Dickmann, *Friedensrecht und Friedenssicherung*, Göttingen, 1971.

4. Cité dans A. Baschet, *Histoire du dépôt des Affaires étrangères...*, Paris, 1875, p. 23.

5. Grillon, 1625, n° 80.

6. Grillon, 1631, p. 681.

l'imminence d'une régence, il met, on l'a dit, les érudits au travail afin d'étayer par l'histoire ses éventuelles prétentions[1].

Ces recherches aboutissent à la rédaction de nombreux mémoires (certains sont dans les papiers de Richelieu) et même à la publication de traités[2]. De l'utilité ponctuelle pour la gestion des affaires, on est ainsi passé à une véritable mise de la recherche documentaire au service de l'État[3].

C'est en 1628, à l'occasion de la recherche du contrat de mariage de Louis XIII – qui a échappé au dépôt et sera finalement découvert chez un épicier –, qu'on se préoccupe sérieusement du sort des archives de l'administration royale. Les archives du roi[4], depuis leur reconstitution consécutive à leur perte à la bataille de Fréteval (1194), étaient conservées dans le Trésor des chartes situé au Palais. Celui-ci était confié à la charge de Mathieu Molé, procureur général du roi au parlement de Paris (les deux charges avaient été unies). Le 11 mai 1615, un arrêt du Conseil ordonna d'en dresser un inventaire, tâche qui fut confiée à Théodore Godefroy et Pierre Dupuy, lesquels trouvèrent le dépôt dans un triste état, mais réalisèrent un inventaire devenu un classique du genre[5].

Le développement de l'administration, notamment des secrétariats d'État qui conservaient leurs archives par-devers eux, entraîna la multiplication des lieux de conservation. La volonté de remédier à cet état de choses est attestée par plusieurs textes[6] ; un projet daté du 23 septembre 1628, à l'époque du camp de La Rochelle, portait que : « Le Roi voulant pourvoir au bon ordre des affaires de son État et faire que ceux qui y seront employés aient une entière connaissance des choses qui le concernent, tant au regard des étrangers que de ceux de son royaume, et puissent, par ce moyen, conserver plus assurément les droits et avantages de sa couronne, considérant que les actes de ses affaires, demeurant ès mains de ceux qui

1. M. Laurain-Portemer, *Une tête à gouverner quatre empires. Études mazarines*, II, Paris, 1997, p. 274-280, 303-303.
2. Entre autres exemples, celui de Pierre Dupuy, *Traité touchant les droits du Roi très-chrétien sur plusieurs États et seigneuries possédées par divers princes voisins contestées par les princes étrangers. Recherches pour montrer que plusieurs provinces et villes du royaume sont du domaine du Roi. Usurpations faites sur les trois évêchés, Metz, Toul et Verdun ; et quelques autres traités concernant les matières publiques* (1625). Le même Dupuy mettra aussi les ressources du Trésor des chartes au service de la conception monarchique de l'Église gallicane (1639).
3. B. Barret-Kriegel, *Les Historiens de la monarchie*, t. I, *Jean Mabillon*, Paris, 1988, p. 80-81.
4. F. Hildesheimer, *Les Archives de France mémoire de l'histoire*, Paris, 1997, p. 21.
5. C. Cavillon, « Les inventaires du Trésor des chartes et de la Chambre des comptes de Paris à l'époque moderne », dans *La Gazette des Archives*, 3e tr. 1994, p. 285-303.
6. Textes dans O. Ranum, *Les Créatures de Richelieu*, Paris, 1966, p. 227-235 et Grillon, I, p. 160-161 et 300-301.

les reçoivent, se confondent parmi les papiers des familles particulières, en cette sorte que la mémoire s'en perd au grand préjudice de son État, a ordonné et ordonne qu'il sera tenu registre, par celui des ministres de son État que Sa Majesté ordonnera, dans lequel seront enregistrés tous les traités, lettres, accords et actes de paix, trêves, mariages, alliances, négociations, reconnaissances, concessions et autres de quelque nature que ce soit concernant son État et affaires passés avec les princes, potentats, seigneuries, communautés et les particuliers, tant dedans que dehors le royaume, et qu'il sera fait une exacte recherche des actes de même nature qui se sont passez par ci-devant, lesquels seront enregistrés dans un autre registre séparé ; et que les originaux de ces actes, tant du passé que de l'avenir, seront portés au Trésor des chartes et ajoutés à l'inventaire d'icelui[1]. »

La minute de ce texte fait partie des papiers de Richelieu, même si rien ne prouve qu'il en soit l'auteur. Ce projet – souvent cité comme témoignant de la volonté d'imposer une solution centralisatrice globale au problème des archives – est prolongé par des lettres patentes du 10 décembre 1628 qui ordonnent la réintégration au Trésor de tous les titres se trouvant en mains privées, et interdisent toute sortie de document pour une autre raison que la défense des droits du roi[2]. À l'initiative de Molé, soutenu par Marillac[3], ce texte reçut un commencement d'exécution. Mais l'harmonie ne règne pas entre Richelieu et le maître du dépôt, à tel point que le cardinal imagine de le doubler en créant un second Trésor des chartes, dans la mouvance directe du roi. Formé dès 1626, ce projet prend corps en 1630, avec la chute de Marillac ; en avril 1631, un édit crée deux gardes des registres de la Chancellerie, du Conseil et du Contrôle général, et dispose que ces registres, qui jusque-là auraient normalement dû prendre le chemin du vieux Trésor des chartes, seraient conservés au Louvre[4]. Cette nouvelle procédure rencontre la résistance de Molé qui s'adresse au nouveau garde des Sceaux, Pierre Séguier, pour en éviter l'exécution ; le dépôt au Louvre ne sera effectif pour les registres du Conseil qu'au XVIIIe siècle.

---

1. *Ibid.*, 1628, n° 539.

2. BNF, Dupuy, n° 581, fol. 79.

3. L'intérêt de Marillac pour la conservation des archives se manifeste à la même époque à l'égard des établissements religieux : « Les titres et enseignements des abbayes et autres monastères seront inventoriés en présence de nos procureurs, et copies desdits inventaires dûment collationnées mises ès greffes de nos juridictions prochaines, et lesdits titres ès archives d'iceux monastères ou en autre lieu sûr, qui sera choisi par le titulaire avec les religieux, et enfermés sous trois clés, dont le titulaire ou commandataire aura l'une, les prieurs claustraux une autre, et la troisième mise ès mains de celui que lesdits religieux choisiront » (art. 34 du code Michau, janvier 1629).

4. Ils y seraient déposés, pour ceux du Conseil, trois mois après le quartier expiré, et pour ceux de la Chancellerie et du Contrôle général, trois mois après chaque année expirée. *Additions* de Cl. Joly du traité des *Offices* d'E. Girard, t. I, p. CCLXXXI.

À défaut d'avoir imposé la centralisation des archives de l'administration royale, Richelieu intervient ponctuellement pour régler le sort des archives de ses contemporains. Il semble que ce soit Bérulle qui ait attiré son attention sur le problème et son importance politique quand, le 18 mai 1624, après le décès de Barbin, il lui écrit : « Je devais [...] vous mander qu'il ne vous serait pas peut-être inutile d'en faire arrêter prudemment et promptement tous ses papiers, où sans doute il y a plusieurs choses qui concernent la Reine mère et encore vos intérêts particuliers [1]... » L'action archivistique de Richelieu en ce domaine ne fut pourtant pas exempte d'une apparente incohérence : ainsi, à la mort de Nicolas de Villeroy, le 12 décembre 1617, il s'empresse de faire saisir et inventorier ses papiers concernant les affaires d'État, mais c'est pour les remettre en fin de compte à son gendre, Puysieux [2] ; il fait également saisir ceux du garde des Sceaux, Caumartin. Après 1638, il fait l'acquisition pour le roi des papiers de Loménie de Brienne, seigneur de La Ville-aux-Clercs, qu'il place dans sa propre bibliothèque en raison de leur valeur documentaire. On verra ci-après quel fut le sort de ses propres archives qui, considérées par lui comme privées, mirent un certain temps à rejoindre les dépôts publics.

1. Grillon, 1624, n° 12.
2. Arnauld d'Andilly, *Journal*, éd. A. Halphen, Paris, 1857, p. 337-338.

Les archives et Richelieu

Richelieu ne s'est pas soucié du destin de ses propres papiers. S'il prévoit minutieusement le sort de sa bibliothèque dans son testament dicté à Narbonne, le 23 mai 1642, il n'indique rien quant à ses archives, dont l'essentiel était conservé dans sa demeure de Rueil, ainsi que dans des portefeuilles qui ne le quittaient jamais. On peut, avec Pierre Grillon [1], supposer que les papiers politiques concernant les affaires en cours demeurèrent aux mains de Mazarin et on sait que d'autres documents restèrent aux secrétaires de Richelieu, comme Michel Le Masle, ou aux secrétaires d'État et autres collaborateurs du principal ministre (Léon Bouthillier, François Sublet de Noyers, Bullion, Schomberg...). Les autres papiers revinrent, par droit d'héritage comme meubles, à la nièce du défunt, Marie-Madeleine de Vignerot, duchesse d'Aiguillon ; ils étaient contenus dans plusieurs malles, mais ne constituaient pas, loin de là, l'ensemble des archives du cardinal. La duchesse, soucieuse de promouvoir la mémoire de son oncle, en assura la gestion et en contrôla l'ouverture aux historiens [2]. Cet ensemble documentaire échut ensuite à la seconde duchesse d'Aiguillon, Marie-Thérèse de Vignerot, héritière de sa tante, qui s'en montra moins vigilante gardienne ; une partie de ces papiers disparut alors. À sa mort, en 1704, les archives restantes furent retirées de sa suc-

---

1. Cf. P. Grillon, « Les papiers d'État du cardinal de Richelieu à travers les dépôts d'archives et les collections particulières », dans *Revue d'histoire diplomatique*, 1973, p. 5-24. – M.-C. Vignal, « Des papiers d'État d'un ministre aux archives diplomatiques du ministère des Affaires étrangères : la destinée des dossiers politiques de Richelieu », dans *XVII*e *siècle*, 208, 2000.

2. Y eurent accès : Charles Vialart, évêque d'Avranches, qui publie anonymement une *Histoire du ministère d'Armand Jean du Plessis, cardinal-duc de Richelieu, sous le règne de Louis le Juste, XIII*e *du nom...* 1649 ; A. Aubery, *Histoire du cardinal-duc de Richelieu* et *Mémoires pour l'histoire du cardinal de Richelieu*, 1660 ; le père Le Moyne, dont le travail ne sera pas publié ; Vittorio Siri, enfin, pour ses *Memorie recondite*, 1676.

cession à l'initiative du secrétaire d'État aux Affaires étrangères, Jean-Baptiste Colbert de Torcy, comme intéressant directement le service de l'État. Le fonds fut placé dans les archives de ce département ministériel et leur classement confié à l'abbé Joachim Le Grand. Après cinq déménagements et de nombreux prélèvements par les amateurs d'autographes, il suivit le sort du dépôt des archives des Affaires étrangères (fonds de France) fondé par Torcy en 1709-1710. L'ensemble documentaire demeuré aux mains de Claude et Léon Bouthillier rejoignit le dépôt après 1730[1].

Les prélèvements opérés dans les papiers de Richelieu, depuis leur ouverture par les deux duchesses d'Aiguillon, puis par l'abbé Le Grand lui-même, eurent pour conséquence de disperser nombre de documents isolés dans diverses collections particulières conservées en de multiples dépôts.

Quant au sort des documents d'ordre spécifiquement privé qui ne présentaient pas d'intérêt pour la couronne, il est plus obscur ; l'essentiel de ces papiers était aux mains non du cardinal, mais de son secrétaire-intendant, Michel Le Masle[2] qui, à sa mort en 1662, légua ses biens à l'Hôtel-Dieu de Paris. Ces documents disparurent dans les incendies de la Commune en 1871[3].

Il est bien évident que la quête des sources d'archives relatives au cardinal ne saurait se limiter à ce qu'on appelle les papiers de Richelieu, ces documents émanés ou reçus par son cabinet. Composante essentielle, ces papiers d'administration – d'État, même – ne forment pas, loin s'en faut, l'ensemble des archives administratives de la période ; leur consultation ne saurait dispenser l'historien de celle des autres fonds d'archives conservés tant au niveau central qu'à l'échelon local, où l'on trouvera ce qui concerne l'application effective de la politique voulue par Louis XIII et son ministre. Présenter ceux-ci reviendrait à rédiger un véritable guide des archives de la période, et toucherait la plupart des dépôts européens, les fonds publics comme les fonds privés. Joseph Bergin a ainsi renouvelé la connaissance de la fortune de Richelieu en étendant l'enquête à des sources extérieures et indirectes, comme les minutes notariales de son notaire, Pierre Parque[4].

1. P. Lelong, *Bibliothèque historique*, t. III (« Inventaire des manuscrits de Claude Bouthillier, ministre et secrétaire d'État, et de Léon Bouthillier, comte de Chavigny, aussi secrétaire d'État… »). Voir aussi A. Baschet, *Histoire du dépôt des Archives des Affaires étrangères*, Paris, 1875, p. 237-241.
2. G. Jubert, « Michel Le Masle, chanoine de Notre-Dame de Paris, secrétaire de Richelieu (1587-1662) », dans *Bulletin de la Société de l'histoire de Paris et de l'Île-de-France*, 1991, p. 103-140. Le Masle avait, en 1646, fait donation de sa bibliothèque, qui comprenait une copie du *Testament politique* de Richelieu, à la Sorbonne.
3. Quelques-uns avaient été publiés : L. Brièle, « Documents inédits sur le cardinal de Richelieu », dans *Revue historique et nobiliaire d'Anjou*, n° 6, 1870-1871, p. 457-463, 536-555, et *Collection de documents pour servir à l'histoire des hôpitaux de Paris*, t. V, 1887.
4. Arch. nat. M.C. Étude LXXXVI.

Soyons néanmoins prévenus que la multiplication des sources n'assure pas forcément l'impartialité. L'écrit, qu'il soit théorique ou administratif, a en effet de larges tendances à se situer toujours du côté du pouvoir : « gouverner c'est faire croire » – un piège qui s'applique *a posteriori* à celui qui interroge les archives... L'intérêt du pouvoir oriente la rédaction, mais aussi les choix de conservation ; rappelons-nous par exemple que furent volontairement soustraits les documents du procès Chalais mettant en cause Anne d'Autriche, détruits après la comparution de la reine devant le Conseil, le 10 septembre 1626.

Ajoutons enfin que l'on ne saurait passer sous silence l'apport essentiel des « sources narratives », qu'il s'agisse des relations diplomatiques ou des très nombreux *Mémoires* contemporains, qui ont contribué à la construction de l'image de Richelieu.

Conservés pour l'essentiel aux Archives des Affaires étrangères, les papiers de Richelieu *stricto sensu* ont fait l'objet de plusieurs éditions. Avocat au Parlement et aux Conseils du Roi, habitué de la défense des prétentions françaises face aux Habsbourg, Antoine Aubery, qui fit paraître en 1660 une monumentale *Histoire du cardinal-duc de Richelieu*, fut à cet égard un précurseur. Cet apologiste sait tourner tous les événements à l'avantage de son héros et du roi avec lequel Richelieu forme, à le lire, un duo sans faille. Reconnaissons à Aubery d'avoir rassemblé de nombreux documents administratifs, dont beaucoup lui avaient été confiés par la duchesse d'Aiguillon elle-même ; il poussa ses recherches dans les collections particulières, notamment dans la bibliothèque de Dupuy dont il était l'ami, ainsi que dans d'autres cabinets. Il put ainsi compléter son œuvre par la publication de deux volumes in-folio contenant environ cinq cents pièces sous le titre de *Mémoires pour l'histoire du cardinal-duc de Richelieu*. Un compilateur anonyme utilisa par la suite cette source sans même la citer [1].

C'est en 1853 que parut le premier volume de l'édition des *Lettres, Instructions diplomatiques et Papiers d'État du cardinal de Richelieu* due à Louis-Martial Avenel (1783-1875). Cet homme de lettres, qui fut bibliothécaire à la Sorbonne et conservateur de la bibliothèque Sainte-Geneviève, publia, en huit volumes, 3 817 pièces accompagnées de notes et de commentaires souvent fort étendus. Son travail de chercheur d'archives s'accompagnait d'une mise au point critique qui l'amena à éclaircir de nombreux points non seulement de diplomatique, mais encore d'histoire administrative et politique. Il contribua ainsi notablement à une meilleure connaissance de l'époque du ministériat de Richelieu [2]. Cependant, Avenel n'avait pas eu à sa disposition la totalité des papiers conservés au dépôt des

---

1. Voir *infra*, Sources et bibliographie.
2. *Lettres, instructions diplomatiques et papiers d'État du cardinal de Richelieu*, par M. Avenel, Paris, 8 vol., 1853-1877 (*Collection de documents inédits sur l'histoire de France*). Nombre des remarques contenues dans l'annotation de ces volumes ont tenu lieu de « découvertes » ultérieures pour nombre d'historiens de Richelieu et ont été utilisées à l'appui de « nouvelles » lectures.

Affaires étrangères, n'ayant pu consulter que 51 volumes sur les 130 existants. Par ailleurs, il s'était forgé une image de Richelieu conforme aux idées de son siècle, qui postulaient la primauté des affaires étrangères et militaires, et privilégia donc l'édition de documents se rapportant aux options et à l'action de son héros. « Bien que formulée dans l'obscurité apparente d'une édition savante [1] », cette pratique influença ceux qui utilisèrent cette source exclusive.

Plus d'un siècle après, une nouvelle édition fut entreprise, à l'initiative de la Commission internationale pour l'édition des sources de l'histoire européenne. Elle comprend plusieurs sections : la première (politique intérieure), confiée à Pierre Grillon (et interrompue du fait du décès de celui-ci), compte six volumes consacrés aux années 1624-1631 ; la seconde (politique extérieure) est pour l'instant limitée à l'Empire allemand [2].

Le résultat est sensiblement différent : ainsi, les années 1624 à 1631 comptent, pour la seule politique intérieure, 4 265 pièces. Là où Avenel a été guidé, dans ses choix d'éditeur, par la préoccupation de retrouver les minutes considérées comme au contact direct du génie de Richelieu, Grillon substitue une appréhension beaucoup plus vaste, allant bien au-delà des seuls textes et instructions rédigés par les soins ou sous le contrôle direct de Richelieu qui, pour son prédécesseur, constituaient les papiers d'État participant directement à la mystérieuse alchimie du pouvoir.

En outre, certains documents ont donné matière à diverses publications spécialisées, d'ampleur plus limitée, mais sortant de l'ombre des correspondances avec divers contemporains, comme Louis XIII, Bérulle ou Sourdis [3].

---

1. J. Bergin, *L'Ascension de Richelieu*, p. 28.
2. *Les Papiers de Richelieu. Section politique intérieure. Correspondance et papiers d'État*, publiés par P. Grillon, Paris, 6 vol., 1975-1985 (index pour les t. I à III et IV à VI). – *Id., Section politique extérieure. Correspondance et papiers d'État, Empire allemand*, t. I, 1616-1629, Paris, 1982 (par A. Wild) ; t. II et III, 1629-1642, Paris, 1997-1999 (par A. V. Hartmann) ; index par A. Berger, Paris, 2003 (Collection *Monumenta Europae historica*).
3. Voir *infra*, Sources et bibliographie.

Écrire l'Histoire

Devenu ministre, Richelieu entend relier la production de documents administratifs et le témoignage historique. Les documents d'archives provenant de son cabinet sont en effet porteurs d'annotations qui nous renvoient à d'autres types de sources : on y lit des mentions comme « employé », « pour la feuille x », « voir correction, p. x ». Des études menées avec une érudition exemplaire ont bien montré que l'activité des collaborateurs de Richelieu ne se bornait pas à l'expédition des affaires et à la production des documents s'y rapportant, mais que ceux-ci étaient repris et remaniés pour la composition d'ouvrages d'histoire. La rédaction de pièces historiques se serait donc trouvée intégrée à la routine des affaires, immédiatement liée à l'expédition des documents d'administration.

Au sein même du cabinet de Richelieu, les documents étaient classés par affaires en des sortes de recueils factices, juxtaposant des originaux des pièces reçues ou demandées par le cardinal ainsi que des copies regroupées par thèmes et par ordre de date. Appelés « cahiers », « livres », « journaux » ou « cahiers-journaux », ces recueils formaient en quelque sorte la trame d'un exposé à venir pour lequel les documents étaient soit résumés, soit, directement sur l'original, préparés pour leur utilisation par l'indication des passages à reproduire, ou la transformation en style indirect. Une indication sur leur constitution et sur leur destination figure dans cette note adressée le 28 décembre 1637 au secrétaire d'État à la Guerre : « Je prie M. de Noyers de me faire faire par ses commis des copies de toutes les instructions, ordres et dépêches importantes qu'il a expédiées cette année, qui peuvent servir de mémoire pour l'histoire, afin qu'on les ajoute à mes journaux [1]. »

1. Citée par F. Bruel, « Le titre originel des *Mémoires* de Richelieu », dans *Rapports et notices...*, fasc. III, p. 254. Les éditeurs ont distingué plusieurs types de journaux. Laissons la parole au plus assidu et plus engagé d'entre eux, Robert Lavollée (« Les différentes étapes de la rédaction des *Mémoires...* », dans *Rapports et notices...*, fasc. 5) : « Le terme de *Journal*, écrit-il, a plusieurs significations et il est certain que les rédacteurs des *Mémoires* ne se sont pas fait faute

Tout cet ensemble documentaire pourrait en fin de compte être rapproché de la construction d'annales, mot au demeurant jamais employé par ses artisans, en dépit de l'influence de Tacite sur leur conception de l'Histoire. Il est néanmoins impossible d'affirmer quel fut le résultat de ce travail de recyclage documentaire et quelle part Richelieu fut susceptible d'y prendre... Ce qui est indiscutable, c'est la volonté du ministre de construire son image pour la postérité et, partant, de se faire historien. Or, étant entendu que l'on n'est jamais mieux servi que par soi-même, le mieux est de se charger de sa propre glorification en transformant ses actions en histoire. En dépit de l'existence d'historiographes avec lesquels il ne dédaigna pas de collaborer en leur communiquant des documents de son cabinet, en leur fournissant des indications ou en leur proposant des corrections [1], Richelieu s'est voulu son propre historiographe, ou plutôt celui du roi, dont il n'est que l'instrument. Le texte de référence en ce domaine est l'Épître de dédicace au Roi qui ouvre la plus célèbre de ses œuvres, son *Testament politique*. C'est de ce texte qu'il convient de partir dans la mesure où il établit l'ambition historique de son auteur et pose sans le résoudre le problème de sa réalisation partielle :

---

d'employer ce mot en lui donnant des sens différents. Le plus souvent, cependant, le mot "journal" désigne un ensemble de documents se rapportant soit à l'histoire des événements d'une période ou d'un pays déterminé, soit à tel personnage important de l'époque (ambassadeur, chef d'armée, prince), soit à telle affaire : un mot type, caractérisant la nature et la composition des dossiers ainsi constitués, leur servait comme d'étiquette. » À signaler également, des « gros journaux » rassemblant des pièces d'intérêt général, ainsi que des journaux « rédigés », constituant de véritables dossiers directement utilisables, enfin des journaux annuels dits « diaires », abrégés chronologiques des événements d'une année indiquant en marge dans quels dossiers se trouvent les documents se rapportant aux événements relatés. « En résumé, écrit Lavollée, nous trouvons, en fait de journaux, les "journaux" proprement dits ou "cahiers", les "gros journaux", les "journaux rédigés" et enfin les "diaires". »

Selon ce même auteur, enclin à considérer que toute cette construction avait pour finalité directe la rédaction, sous la direction effective de Richelieu, de l'histoire du règne de Louis XIII connue sous le nom de *Mémoires* de Richelieu, il faudrait compléter cet ensemble par les « feuilles », première ébauche de rédaction, canevas succinct auquel renvoient des mentions portées au dos des documents originaux, et dont nous n'avons conservé que des épaves (distinctes des « feuilles de correction » qui concernent le premier manuscrit des *Mémoires*).

1. O. Ranum, *Artisans of Glory. Writers and Historical Thought in Seventeenth-century France*, Chapel Hill, 1979. Beaucoup d'auteurs ont donc travaillé et produit, parfois avec la caution de Richelieu, mais celui-ci, en dépit de leurs œuvres, s'est voulu et revendiqué historien. Deux témoignages mis en valeur par Orest Ranum (« Richelieu, l'histoire et les historiographes », dans *Richelieu et la culture*, Paris, 1987, p. 125) en apportent la preuve. Écrivant en 1627 au duc de Guise pour l'inciter à livrer bataille à la flotte espagnole, il note : « Par ce moyen, vous acquerrez une si grande gloire que si M. Bernard n'est pas capable d'écrire, je m'offre d'en être historien. » En 1631, Arnauld d'Andilly écrit que « M. le cardinal dit que, si on l'irritait davantage, il publierait l'histoire du temps de son administration où ceux qui l'auraient provoqué à cela verraient des choses qui leur feraient maudire l'heure qu'ils auraient pensé à le fâcher ».

« Sire,

Aussitôt qu'il a plu à Votre Majesté me donner part au maniement de ses affaires, je me proposai de n'oublier aucune chose qui pût dépendre de mon industrie pour faciliter les grands desseins qu'Elle avait, aussi utiles à cet État que glorieux à sa personne.

Dieu ayant béni mes intentions jusqu'à tel point que la vertu et le bonheur de Votre Majesté, qui ont étonné le siècle présent, seront en admiration à ceux de l'avenir, j'estimai que les glorieux succès qui lui sont arrivés m'obligeraient à lui faire son histoire, tant pour empêcher que beaucoup de circonstances dignes de ne mourir jamais dans la mémoire des hommes ne fussent ensevelies dans l'oubli par l'ignorance de ceux qui ne le peuvent savoir comme moi, afin que le passé servît de règle à l'avenir.

Peu de temps après avoir eu cette pensée, je me mis à y travailler, croyant que je ne pouvais commencer trop tôt ce que je ne devais finir qu'avec ma vie.

J'amassai non seulement avec soin la matière d'un tel ouvrage, mais, qui plus est, j'en réduisis une partie en ordre et mis le cours de quelques années quasi en l'état auquel je prétendais le mettre au jour.

J'avoue qu'encore qu'il y ait plus de contentement à fournir la matière de l'histoire qu'à lui donner la forme, ce ne m'était pas peu de plaisir de représenter ce qui ne s'était fait qu'avec peine.

Comme je goûtais la douceur de ce travail, les maladies et les continuelles incommodités auxquelles la faiblesse de ma complexion et le faix des affaires m'ont réduit me contraignirent de l'abandonner pour être de trop longue haleine.

Étant réduit à cette extrémité de ne pouvoir faire en ce sujet ce que je désirais avec passion pour la gloire de votre personne et pour l'avantage de votre État, j'ai cru qu'au moins je ne pouvais me dispenser de laisser à Votre Majesté quelques mémoires de ce que j'estime le plus important pour le gouvernement de ce Royaume sans en être responsable devant Dieu[1]... »

Cette lettre dédicace du *Testament politique*, en dépit des suspicions dont elle peut être l'objet[2], reste le seul texte de référence, malheureusement peu explicite. Richelieu a eu le dessein d'écrire, ou plutôt de présider à l'écriture de l'histoire du règne de Louis XIII, mais n'a pu le mener à son terme, telle est la seule conclusion que l'on peut en tirer. Ce constat a débouché sur d'intenses polémiques érudites quant à l'authentification des textes auxquels il aurait pu mettre la main, lesquels n'ont été découverts qu'assez tard. En l'espèce, il s'agit du *Testament politique* et des

1. *Testament politique*, p. 31-32.
2. J. Engel (« Zur Frage der Echtheit von Richelieus *Testament politique* », dans *Kallen Festschrift*, 1957, p. 185-218) en a donné une analyse philologique détaillée et, de son caractère impersonnel, conclut qu'elle ne saurait émaner de la plume même de Richelieu. Nonobstant, W. Church, en 1972, continue à soutenir qu'on peut personnellement l'attribuer à Richelieu (*Richelieu and Reason of State*, p. 480, note 55).

Mémoires, le problème étant de savoir s'ils ont été rédigés sous la direction de leur supposé auteur ou après sa mort.

« Cette pièce verra le jour sous le titre de mon *Testament politique*, parce qu'elle est faite pour servir, après ma mort, à la police et à la conduite de votre royaume, si Votre Majesté l'en juge digne, parce qu'elle contiendra mes derniers désirs à cet égard, et qu'en vous la laissant, je consigne à V. M. tout ce que je lui puis léguer de meilleur quand il plaira à Dieu m'appeler de cette vie[1] » : telle est la définition donnée par son auteur d'un texte dont le caractère et l'authenticité furent l'objet de longues controverses.

Il présente deux parties fort dissemblables : une *Succincte narration des grandes actions du roi* retraçant l'histoire des années 1624 à 1638, puis un programme de réforme intérieure du royaume dont la mise en œuvre est rendue possible par la paix considérée comme proche. L'ouvrage a été laissé par Richelieu dans un état d'inachèvement variable selon les parties : les développements « techniques » portant sur l'Église et sur « la puissance du prince » (l'armée, le commerce et les finances) sont les plus inaboutis. En revanche, l'Épître au roi, la *Succincte narration* et toute la partie médiane relative au gouvernement et à l'État ne souffrent pas de ce défaut.

La question de l'authenticité du *Testament politique* ne peut être tranchée, pour une raison simple : nous ne disposons pas d'un manuscrit original. Aucune mention n'en existe, ni dans l'inventaire des livres du cardinal rédigé après sa mort, ni dans celui des ouvrages dont son secrétaire Le Masle fit don à la Sorbonne. Nous n'en avons que des copies. L'historien Louis André en a recensé dix-sept et a conclu que « seize copies sont d'un même modèle et qu'une seule est d'une façon différente[2] » ; Edmond Esmonin en a retrouvé huit autres[3].

Louis André soutenait que le *Testament politique* devait demeurer secret, ignoré de tous sauf de son destinataire, le roi Louis XIII, dont le texte trace un portrait non exempt de défauts et qui, par conséquent, ne pouvait être divulgué. Roland Mousnier, se fondant sur quelques passages du texte (« cette pièce verra le jour… », « Si mon but était de m'acquérir par cet ouvrage l'inclination du peuple… ») estimait qu'une publication n'était pas exclue du projet du cardinal ; quoi qu'il en soit, cette publication n'intervint pas de son vivant.

Le texte du *Testament politique* fut porté à la connaissance du public par sa première édition, réalisée à Amsterdam en 1688 par le protestant français

1. *Testament politique*, p. 32.
2. Cardinal de Richelieu, *Testament politique*. Édition critique publiée avec une introduction et des notes par Louis André et une préface de Léon Noël, Paris, 1947.
3. E. Esmonin, « De l'authenticité du *Testament politique* de Richelieu », dans *Études sur la France des XVIIᵉ et XVIIIᵉ siècles*, Paris, 1964, p. 219-132.

Manuscrit le plus complet du *Testament politique*, la meilleure copie d'un texte dont on n'a jamais retrouvé l'original (archives du ministère des Affaires étrangères, ms. 82).

Desbordes, désireux de combattre l'intolérance religieuse de Louis XIV en montrant combien elle était éloignée de la pensée de Richelieu[1] ; elle fut sans doute réalisée grâce à une copie très défectueuse, transmise par un autre protestant, Viguier, gardien du château de Richelieu. Le succès fut grand : jusqu'en 1740, il y eut dix-sept tirages.

Immédiatement se posa la question de son authenticité. Le premier à réagir fut Antoine Aubery, biographe de Richelieu et au surplus, on l'a vu, éditeur de nombreux documents provenant de son cabinet[2], qui, publiant alors une *Histoire du cardinal Mazarin*[3], mit en cause la valeur d'un document dont il n'avait pas eu connaissance précédemment. La critique fut poursuivie avec plus ou moins de vigueur par d'autres historiens[4] jusqu'à Montesquieu qui attribue le *Testament politique* à un familier de Richelieu, l'abbé de Bourzeis[5]. Puis c'est Voltaire qui met son inlassable talent de polémiste et de publiciste au service de la contestation – du dénigrement même – du *Testament politique*. Pendant près de quarante ans, de 1737 à 1776, il s'obstine à nier la paternité du cardinal, finissant par se rallier à l'hypothèse Bourzeis. Il entasse argument sur argument pour tenter de persuader le monde des savants et du pouvoir, sans grand écho finalement[6].

Une tradition opposée existait en faveur de l'authenticité. Elle s'appuyait sur l'opinion d'un certain nombre d'auteurs[7], ainsi que sur des indices[8], mais surtout sur une tradition familiale constamment attestée. Face à Voltaire, deux académiciens, Foncemagne et Ménard, s'emploient à défendre ce texte en réfutant les vingt et une critiques du philosophe-historien[9].

Le silence se fait après Voltaire, et quand, en 1880, Gabriel Hanotaux publie des *Maximes et papiers d'État,* il établit un lien entre ces petites pièces en forme de maximes et le *Testament*, où certaines apparaissent, et

1. *Testament politique d'Armand du Plessis, cardinal duc de Richelieu...*, Amsterdam, H. Dcsbordes, 1688, 2 tomes en 1 vol.

2. *Histoire du cardinal duc de Richelieu*, par le sieur Aubery..., Paris, 1660, et *Mémoires pour l'histoire du cardinal duc de Richelieu*, recueillis par le sieur Aubery..., 2 vol., Paris, 1660.

3. *Histoire du cardinal Mazarin*, 2 vol., Paris, 1688.

4. Leclerc, *Vie du cardinal duc de Richelieu*, 1695. – Le Vassor, *Histoire de Louis XIII*, 2ᵉ éd., Amsterdam, 1712. – Bonaventure d'Argonne, *Mélanges de littérature et d'histoire*, 1699. – R. Richard, *Parallèle du cardinal de Richelieu et du cardinal Mazarin*, Paris, 1716.

5. *Esprit des lois*, I, 49.

6. *Conseils à un journaliste*, 1737. *Mensonges imprimés* et *Raisons de croire que le livre intitulé Testament politique est un ouvrage supposé*, 1749. *Doutes nouveaux. Nouveaux doutes* et *Lettre à un chevalier*, 1764. *Arbitrage entre M. de Voltaire et M. Foncemagne*, 1765.

7. La Bruyère, Malézieu, le maréchal de Villars, Fleury, Fénelon, Langlet-Dufresnoy, Amelot de La Houssaye, B. de La Monnoye, le père Lelong, J.-F. Melon.

8. Montchal, *Mémoires*, Rottcrdam, 1718, t. I, p. 331.

9. Foncemagne, *Lettre sur le Testament politique*, 1764, et L. Ménard, *Réfutation du sentiment de M. de Voltaire*, 1750.

dont les historiens de l'époque admettent l'authenticité[1]. Mais Hanotaux fondait sa démonstration sur l'écriture d'un texte publié par Avenel sous forme de fac-similé et par lui attribué au cardinal, lequel sera restitué à la plume de Charpentier, son secrétaire ; sa preuve « décisive et irrémédiable » de l'authenticité du *Testament* ne survit pas à cette rectification paléographique. Le terme – provisoire – de ces discussions intervient en 1947 avec l'édition du texte par Louis André, qui estime que le *Testament* a été composé entre 1634 et 1638, dans le secret, pour l'essentiel par le père Joseph[2].

Reprenant le dossier, Edmond Esmonin a montré que les témoignages visant à prouver l'attribution à Richelieu peuvent tous être démontés, et tient pour assuré le lien avec les *Mémoires*, aboutissant à la même difficulté : la date de composition, du vivant ou après la mort de Richelieu[3]. À son tour, Joseph Engel s'est livré à une sévère critique du travail de Louis André, estimant, on l'a vu, que le caractère impersonnel de la lettre de dédicace interdisait de l'attribuer à la plume de Richelieu. Son vœu de voir réaliser une édition scientifique du *Testament politique* fut accompli en 1995, avec une nouvelle édition à partir du manuscrit 82 des Affaires étrangères[4].

Aujourd'hui, nous sommes dégagés de ces débats portant sur l'attribution formelle à Richelieu, débats sans doute trop influencés par la notion d'auteur unique léguée par le XIXe siècle. On admet donc que la pensée est bien de Richelieu telle que la connaissait son entourage, mais non la réalisation matérielle. Faisant le point sur la question en 1985, Roland Mousnier écrivait : « L'hypercritique conduit à autant d'erreurs que l'absence de critique. Concluons donc qu'il est probable que le *Testament politique* a été voulu par Richelieu. Il est probable aussi que le ministre a indiqué l'idée générale, les principaux points à traiter à ses secrétaires ou à des écrivains à sa solde, a fourni des documents, a dicté ou lu et annoté une partie au moins de ce qui avait été écrit […]. Donc il est probable que le *Testament politique* exprime bien sa pensée ou du moins celle de son entourage pénétré de sa doctrine. Dans ce dernier cas, l'ouvrage aurait encore presque autant d'importance[5]. » On ne peut que se rallier à cette opinion qui rejette les arguties du débat sans en méconnaître l'enjeu et permet de repartir sur des bases de bon sens.

Le débat sur l'authenticité[6] domine aussi l'histoire de la publication des supposés *Mémoires* de Richelieu. Il est important d'en retracer le chemine-

1. Fagniez, Batiffol, Delavaud, Hauser…
2. Sur les éditions du *Testament politique*, voir *infra*, Sources et bibliographie.
3. E. Esmonin, art. cité.
4. *Le Testament politique de Richelieu*, édité par F. Hildesheimer, Paris, Société de l'histoire de France, 1995.
5. « Le *Testament politique* de Richelieu », dans *Richelieu et le monde de l'esprit*, Paris, 1985, p. 297-304.
6. Récit détaillé dans F. Hildesheimer, « Une controverse interrompue ou les limites de l'érudition. La question des *Mémoires* de Richelieu », dans *Annuaire-Bulletin de la Société de l'histoire de France*, 1991-1992, p. 185-209.

ment car, s'il est aujourd'hui obsolète, on lui doit de considérables avancées dans la connaissance érudite des écritures et du cabinet de Richelieu.

Ce que les éditeurs successifs ont entendu par *Mémoires de Richelieu* est en réalité un ensemble composite réparti entre divers manuscrits :

– les années 1600-1610, rédigées à la première personne et concernant des faits rapportés de seconde main, sont connues par deux copies ;

– les années 1610-1624 se trouvent dans un manuscrit conservé aux Archives des Affaires étrangères, connu depuis Avenel sous l'appellation de « manuscrit B ». La partie 1610-1619 figure dans les deux copies précitées, et l'ensemble 1600-1619 a été publiée en 1730 sous le titre d'*Histoire de la mère et du fils* et attribué à Mézeray de qui provenait l'une des copies ;

– les années 1624-1630 forment la suite du manuscrit B, mais également l'intégralité d'un autre manuscrit des Affaires étrangères, dit « manuscrit A », car présentant un état antérieur du texte[1] ;

– enfin, les années 1630-1638 constituent la fin du manuscrit B[2].

La découverte au XVIIIe siècle de ce manuscrit B s'accompagna de son identification à l'*Histoire* annoncée par Richelieu dans l'épître de dédicace du *Testament politique*[3]. Dans sa *Lettre sur le Testament politique* publiée en 1764 en réponse à Voltaire, l'érudit académicien Foncemagne mentionnait incidemment avoir consulté au ministère des Affaires étrangères un manuscrit en huit volumes : « Un heureux hasard m'a fait tomber sur un manuscrit que j'oserais presque vous annoncer comme l'original complet de cette histoire. L'écriture est d'un copiste, mais dans les corrections marginales et interlinéaires, qui sont en assez grand nombre, j'ai cru reconnaître celle du cardinal. » En dépit de son absence d'attribution formelle, le témoignage de Foncemagne devait avoir valeur d'une authentification et fit prendre au manuscrit B l'appellation de *Mémoires de Richelieu* qui lui fut conférée par les responsables des Archives des Affaires étrangères.

Si la découverte du manuscrit B date de 1764, l'existence des *Mémoires* de Richelieu était connue de certains de ses contemporains, du moins après la mort du ministre. Mais pour ceux-ci, il n'était pas question de lui en attribuer la paternité directe ; celle-ci était expressément imputée à Achille Harlay de Sancy, évêque de Saint-Malo et proche de Richelieu. Vittorio Siri cite une *Historia manoscritta del Vescovo di S. Malo* parmi les sources de ses *Memorie recondite* publiés en 1679, et Tallemant rapporte que

---

1. Le manuscrit A est coté France 57 aux Archives du ministère des Affaires étrangères ; les huit volumes du manuscrit B, France 49-56.

2. À quoi on peut ajouter, pour 1639, la reconstitution faite par Robert Lavollée de l'histoire des affaires d'Italie à partir du ms. fr. 17 554 de la Bibliothèque nationale (R. Lavollée, « Un chapitre en préparation des Mémoires de Richelieu [texte inédit] », dans *Rapports et notices sur l'édition des Mémoires du cardinal de Richelieu*, fasc. II, Paris, 1906, 246 p.).

3. Antérieurement, les *Mémoires* étaient connus par la publication de quelques fragments ; voir *infra*, Sources et bibliographie.

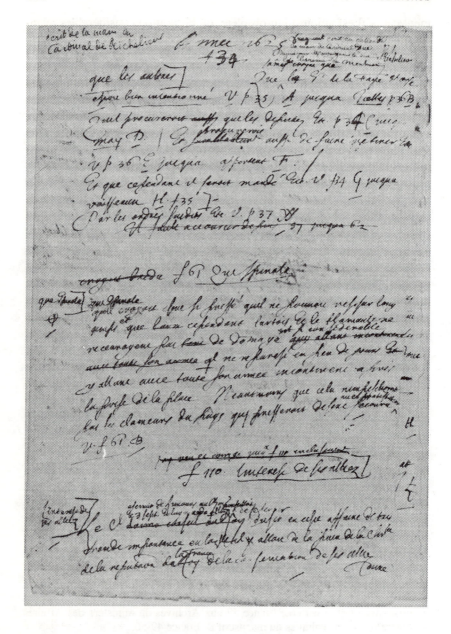

Feuille de corrections de la main du « secrétaire des Mémoires », Harlay de Sancy, évêque de Saint-Malo. Année 1625 (Archives nationales).

« l'évêque de Saint-Malo travaillait à l'histoire sur les mémoires du cardinal ». De ce texte, il existait même plusieurs copies, dans les papiers d'Achille de Harlay, de Séguier, de Dupuy.

En 1823, Petitot obtint l'autorisation d'en prendre copie pour le publier sous ce titre dans sa *Collection des Mémoires relatifs à l'Histoire de France*[1] ; en 1837, Michaud et Poujoulat firent de même pour leur *Nouvelle collection*[2] et, dans les deux cas, personne ne songea à contester l'attribution à Richelieu. En 1851, Léopold Ranke conclut positivement son examen de la question de l'authenticité des *Mémoires*, alors que Sainte-Beuve exprimait quelques doutes dans ses *Causeries du lundi*. Champollion-Figeac, éditeur des *Mémoires* du président Molé, ne vit dans les *Mémoires* de Richelieu qu'un travail de compilation. Mais aucun de ces auteurs ne procéda à l'étude des manuscrits, tâche qui devait revenir à l'infatigable Avenel.

Ses quatre articles publiés dans *Le Journal des savants* de 1858 et 1859[3] impressionnent par la qualité de la collation des sources dont Avenel était de loin le meilleur connaisseur. C'est à lui qu'on doit l'exhumation du manuscrit A et d'autres fragments, la confrontation avec les documents d'archives, l'examen des modes de travail du cabinet de Richelieu, enfin la mise en évidence de l'existence de celui qu'il a nommé sans parvenir à l'identifier « le secrétaire des *Mémoires* ». Mais son attribution des *Mémoires* à Richelieu n'est guère convaincante : « En un mot, les *Mémoires* de Richelieu ont été composés de son vivant, dans son cabinet, par des gens à lui, avec des matériaux qu'il avait préparés pour cet usage ; voilà sa part dans l'œuvre, et elle est considérable. » Or, parallèlement, Avenel devait admettre que le cardinal n'avait ni révisé, ni même vu ces manuscrits d'où se dégagerait son image, ce qui est, à tout le moins, troublant... De ses études se dégageait en tout état de cause l'impérieuse nécessité d'une édition véritablement critique.

Un jeune chartiste, Gabriel Hanotaux, s'en fait le chantre, qui, s'il ne la réalisera pas, l'accompagnera de son constant intérêt. L'entreprise allait occuper la Société de l'histoire de France jusqu'en 1931, sans parvenir à l'achèvement ; elle s'accompagna d'un remarquable effort d'érudition critique, qui échoua malgré tout à établir l'authenticité du texte.

Car en 1921, un grand connaisseur du monde du cardinal, Louis Batiffol, autre chartiste, a lancé un véritable pavé dans cet océan de certitudes, en posant la question que tout le monde supposait résolue : « Dans quelle mesure Richelieu est-il donc responsable des affirmations que contiennent les *Mémoires* ? Quelle est sa part exacte dans la composition et la rédaction du document ? » Et de se livrer à l'examen d'une question dont il montre qu'elle n'a point été élucidée par les récents travaux des érudits édi-

---

1. 10 vol. (1610-1638), 2ᵉ série, t. XXI *bis* à XXX, Paris, 1823.
2. 3 vol. (1610-1638), 2ᵉ série, t. 7-9, Paris, 1837-1838.
3. M. Avenel, « Des mémoires manuscrits de Richelieu », dans *Le Journal des savants*, mars 1858, p. 154-176, août 1858, p. 496-520, février 1859, p. 107-126, mai 1859, p. 300-318.

teurs[1]. Sa conclusion est sans appel : « Richelieu est étranger à la rédaction de ses prétendus "Mémoires" [...] En définitive, le document connu sous le nom de *Mémoires de Richelieu* est donc bien le second état imparfait, compilation encore provisoire et ébauchée de pièces d'archives, d'une histoire du cardinal qu'après sa mort, la duchesse d'Aiguillon a fait entreprendre pour se conformer aux recommandations de son oncle. [...] Pourtant on ne peut pas dire littéralement que les *Mémoires de Richelieu* soient "apocryphes", ou "qu'ils ne soient pas authentiques". Leurs auteurs n'ont pas eu la moindre intention de nous tromper. Ce ne sont pas eux qui ont appelé le document *Mémoires de Richelieu* et ce ne sont pas eux qui ont dit que ce fut le cardinal qui les eût écrits. Ils se sont bornés à préparer une histoire du ministère de Richelieu le moins mal qu'ils ont pu : leurs intentions étaient modestes et honnêtes ; c'est nous qui nous sommes trompés nous-mêmes... »

Malgré la pertinence de nombreux points de cette brillante démonstration, l'éditeur Robert Lavollée maintient intégralement sa position : à partir de sources très différentes (les insinuations ecclésiastiques du diocèse de Saint-Malo qu'il met à contribution pour établir l'emploi du temps de Sancy), il entend démontrer que Sancy a bien travaillé du vivant et sous la direction effective de Richelieu. Mais il lui reste un problème à résoudre : comment expliquer l'absence de tout document portant témoignage sur cette entreprise. Qu'à cela ne tienne : « Du reste, le silence de l'entourage même du cardinal n'est pas inexplicable. Il est vraisemblable, il est même logique que les *Mémoires* aient été rédigés dans le plus grand secret possible. [...] Le mystère dont il était nécessaire d'entourer l'élaboration de l'"Histoire" explique peut-être que l'on ne relève aucune allusion à la tâche accomplie par le "secrétaire des *Mémoires*", ni dans les lettres de Richelieu, ni dans la correspondance de Harlay ou de Charpentier. » Et de conclure que « les *Mémoires* restent ce qu'on a généralement cru qu'ils étaient, une "Histoire du règne de Louis XIII", sorte d'apologie du premier ministre, composée à l'aide de documents contemporains par le commandement du cardinal, sous sa direction, et avec sa collaboration directe et personnelle, quoique partielle »[2].

À ce stade de la polémique, apparaît un nouvel expert, Pierre Bertrand, ancien bibliothécaire du Quai d'Orsay et proche d'Hanotaux, connu comme éditeur des *Lettres de Talleyrand à Napoléon* et ayant déjà exercé son talent de critique à l'endroit des *Mémoires* de Talleyrand. En 1922, il prend position dans deux articles de la *Revue historique*[3] où il propose de reconsidérer entièrement la question. Il suggère un examen des modes de travail du cabinet de Richelieu en fonction de son action politique au quotidien, bien plus sûre que l'obsession dont on y aurait fait preuve, si l'on en croyait les éditeurs des *Mémoires*, d'un projet d'« Histoire » ; une attention portée, au-

---

1. L. Batiffol, « La question des Mémoires de Richelieu : les Mémoires sont-ils l'œuvre du cardinal ? », dans *Rapports et notices...*, fasc. 6, 1921.

2. R. Lavollée, « De l'authenticité des Mémoires du cardinal de Richelieu », *ibid.*, fasc. 7, 1922.

3. P. Bertrand, « Les vrais et les faux Mémoires du cardinal de Richelieu », dans *Revue historique*, 1922, p. 40-65 et 198-227.

delà du document individuel, aux fonds d'archives et à leurs vicissitudes et notamment aux papiers complémentaires des Bouthillier ; la reconsidération – déjà proposée par Batiffol – du manuscrit A, qui pourrait bien être l'histoire chronique voulue par Richelieu.

Enfin, au travail sur les écritures, réalisé par les érudits collaborateurs de la Société de l'histoire de France, Pierre Bertrand apporte un notable complément grâce à l'étude des encres et des papiers des deux manuscrits. Il en déduit une unité de direction dans leur copie, mais des modes de composition fort différents : le manuscrit A aurait été copié lentement et par à-coups sous la direction de Charpentier avant la mort de Richelieu et sans intervention de Sancy ; en revanche, la copie du manuscrit B, réalisée par les mêmes scripteurs, aurait été réalisée à une autre époque, ce qui conforterait l'hypothèse Batiffol d'une intervention de Harlay de Sancy postérieure à la mort du cardinal.

Dernier spécialiste à entrer en scène sur la question précise de l'authenticité, Maximin Deloche réintroduit la personnalité de Richelieu comme élément du dossier : il pose que le témoignage de Richelieu peut fournir des données d'un intérêt tout spécial et, à partir de considérations psychologiques et d'analyses stylistiques, concentre l'attention sur la partie initiale des *Mémoires*, la partie 1600-1623, qu'il considère comme « absolument authentique » : non une compilation de documents, mais une œuvre littéraire personnelle. Toutefois, comme ses devanciers, Deloche n'apporte aucune preuve décisive d'attribution de tout ou partie des *Mémoires* à Richelieu. Tout au plus démontre-t-il une certaine conformité aux thèmes et au style de son époque. Après lui, d'ailleurs, la querelle prend fin sans avoir débouché sur une attribution formelle, comme si la question avait perdu son caractère crucial.

Enfin, aux suggestions de Pierre Bertrand il convient aujourd'hui d'ajouter la piste ouverte par Jörg Wollenberg, attirant l'attention sur l'intérêt des papiers de Loménie de Brienne : acquis pour le roi par Richelieu, après la mort de Loménie en 1638, ils furent placés dans sa propre bibliothèque, mais inventoriés séparément. Leur utilisation par les rédacteurs des *Mémoires* plaiderait aussi pour une rédaction tardive de celles-ci[1], ce qui semble au bout du compte être l'hypothèse la plus formellement vraisemblable.

En 1880, Gabriel Hanotaux publia l'ouvrage qui faisait de lui le spécialiste de Richelieu et de ses papiers. Ses relations dans le monde politique lui ayant permis d'accéder aux archives du Quai d'Orsay, il y avait découvert les papiers du cardinal. Mais c'est à la Bibliothèque nationale qu'il exhuma un manuscrit qu'il publia, on l'a dit, sous le titre de *Maximes d'État et fragments politiques du cardinal de Richelieu*, n'hésitant pas à y voir « le travail intime qui se faisait dans la pensée et sous la plume de l'homme d'État[2] ». L'historien affirmait la connivence de Richelieu avec

1. J. Wollenberg, *Les Trois Richelieu*, p. 58 et 70.
2. *Maximes et papiers d'État du cardinal de Richelieu*, édités par G. Hanotaux, Paris, 1880.

la raison d'État : qualifier des maximes « d'État » implique qu'elles soient au-dessus de simples maximes... De plus, ainsi qu'on l'a vu, il estimait que ce recueil avait fait partie des travaux préparatoires à la rédaction du *Testament politique* et constituait une preuve de son authenticité. Les *Maximes* prirent place aux côtés des travaux d'Avenel dans la *Collection des documents inédits sur l'histoire de France*.

En fait, le statut de ces maximes est plus complexe qu'il n'y paraissait à leur éditeur. Il ne s'agit pas de créations originales, mais d'un recueil de citations, prêtes à emploi et réemploi, que Richelieu tire de ses lectures ou fait sélectionner par ses collaborateurs, et qu'il s'attribue. Les maximes reprennent très souvent des idées humanistes, tirées d'écrivains connus – auteurs antiques, espagnols, italiens –, des ouvrages des politiques, ou encore de la correspondance reçue [1], et dans lesquelles le cardinal trouve cette expression simple et frappante qu'il affectionne. Christian Jouhaud estime que « Richelieu avait le souci de garder sous la main de petits blocs de langage prêts à l'emploi, prêts à servir, comme autant de pièces éclatantes, dans la matière de son argumentation. Il ne s'agissait pas seulement d'ornementation mais surtout de pointes acérées, sélectionnées pour atteindre un destinataire particulier dans une situation particulière [2] ».

Cette destination *a priori* ciblée ne paraît pourtant pas assurée : s'il s'agit bien de citations à venir, celles-ci paraissent davantage avoir été puisées dans le grand réservoir des vérités admises par tous et destinées à tous ; platitude et lieux communs sont loin d'en être exclus. On se situe dans l'espace traditionnel de la rhétorique, qui fait appel à l'opinion en usant du « sens commun » : l'orateur y alimente son inspiration et ses arguments à partir des précédents accumulés par les générations antérieures. « Ainsi entendues, estime Jörg Wollenberg, les *Maximes politiques* ne représentent plus la formulation d'aphorismes pleins d'esprit ou de pointes paradoxales, ni non plus de directives politiques rigides ou de "règles politiques", elles sont plutôt l'expression d'expériences communes et de connaissances historiques acquises, destinées à servir l'argumentation et la propagande politiques [3]. »

Qui, au demeurant, a effectué la compilation ? Ces « fragments politiques », appellation proposée par Edmond Esmonin et plus conforme à leur véritable nature, relèvent sans doute pour la plupart du travail de documentation pratiqué au sein du cabinet de Richelieu et sont des copies, amassées par l'équipe au cours de ses travaux de recherche et de dépouillements documentaires [4].

---

1. Les papiers de Le Masle permettent de connaître ce mode de travail de sélection d'extraits qui s'accompagnaient de remarques et de sentences intercalées par une autre main. J. Wollenberg, *Les Trois Richelieu*, p. 91-92.
2. Chr. Jouhaud, *La Main de Richelieu*, p. 154.
3. J. Wollenberg, *Les Trois Richelieu*, p. 96. Présentation générale : G. Thuillier, « Maximes d'État du cardinal de Richelieu », dans *La Revue administrative*, 1956.
4. E. Esmonin, art. cité, p. 276-277.

Les écritures, le monde des collaborateurs, les méthodes de travail, les liens entre les documents à leurs divers stades d'utilisation, la connaissance de l'environnement, tels sont, en fin de compte, les grands apports de l'érudition appliquée à la critique de l'œuvre de Richelieu, à défaut de certitudes définitives quant à son authenticité. Dans ces conditions, le débat ayant tourné court, il n'est pas étonnant que notre soif de connaître reste inassouvie, moins en raison des incertitudes formelles qui demeurent, que d'une absence passée inaperçue de la plupart des polémistes : celle de l'homme Richelieu et du contenu des œuvres qui sont pourtant le moyen d'accès privilégié à sa personnalité. L'impossibilité d'arriver à des certitudes formelles débouche sur le paradoxe développé par Christian Jouhaud : « Car c'est là, dans l'écriture, que ce thème de la main cachée peut trouver l'un de ses plus solides soubassements. Si l'on passe de la question des œuvres de Richelieu à celle de son écriture, non pas de son style mais de sa graphie, on découvre immédiatement que les certitudes ont fondu et qu'il reste le doute et la modestie des trouvailles. D'un érudit à l'autre, la même constatation : le prédécesseur aurait échoué dans sa tentative d'identification de ce qui serait *vraiment* sorti de la plume du cardinal[1]. » Après Avenel qui publie en fac-similé ce qu'il croit être l'écriture de Richelieu, il y a Hanotaux qui se fonde sur lui ; après Hanotaux, il y a Lavollée qui montre qu'il s'agissait de l'écriture de Charpentier et identifie quelques lignes de l'écriture qu'il attribue au cardinal ; après Lavollée, il y a Jouhaud qui met à mal les minces certitudes de son prédécesseur portant sur une note de fin de lettre supposée autographe en démontrant que, pour le destinataire, l'écriture simulée du secrétaire « de la main » pouvait paraître plus authentique que celle, inconnue de lui, du cardinal…

« Reste alors une question troublante. Pourquoi les secrétaires "à la main" imitaient-ils l'écriture de Richelieu non seulement sur les originaux des lettres, mais aussi sur certaines minutes conservées dans les archives du cardinal ? Est-ce encore une question de destinataire ? S'agit-il de servir le même simulacre à ceux qui avaient, ou auront, accès aux archives, afin de laisser croire à l'omniprésence du ministre ? Ou bien l'imitation collait-elle à ce point à la plume des secrétaires qu'elle en était devenue presque spontanée ? Ou bien encore s'agissait-il, de leur part, d'une sorte de marque implicite de déférence à l'égard d'un maître vénéré ? Ou peut-être d'une commodité de classement ? Ou d'un archivage de la "main", en même temps que du texte en vue d'une utilisation future ? On se trouve ici pris dans un jeu de miroirs à la Orson Welles…

Toutes ces questions se ramènent à une seule, fondamentale : à quel usage les archives du cardinal étaient-elles destinées[2] ? »

Cette question que pose Christian Jouhaud en entraîne d'autres : s'agissait-il d'un brouillage de pistes ou d'un simple alignement entre gestion des actions et gestion des écritures ? La main du ministre restant cachée, la

1. Chr. Jouhaud, *La Main de Richelieu*, p. 113.
2. *Ibid.*, p. 117-118.

forme suggérait-elle le fond ? Pourquoi ce travail acharné sur des documents raturés, recopiés, classés, insérés dans des ébauches d'histoire ? Pourquoi autant d'évidences, de propos de simple bon sens loués comme des traits de génie ?

Cette platitude fascinante a été bien notée en son temps par l'esprit critique de Voltaire et reprise avec moins de force par quelques historiens comme Étienne Thuau, lequel se livre à un étonnant mélange de lecture lucide et d'*a priori* sur le génie de Richelieu : « C'est assurément dans les maximes de gouvernement que l'originalité de Richelieu apparaît le plus nettement. Il ne faut pas cependant croire que leur nouveauté soit à la mesure de la personnalité du ministre... Certaines d'entre elles appartiennent aux lieux communs de la littérature politique[1]. »

Avenel, tout dévoué à son grand homme, n'y voyait que du feu : « Ses lettres sont remplies d'idées élevées, des principes de l'équité la plus exacte, d'une bienveillance habituelle, et surtout on y remarque déjà une habileté profonde à manier les hommes. Il loue avec effusion et comme trouvant plaisir à louer. Il loue encore, même lorsqu'il sait que la louange est peu méritée ; mais c'est un moyen d'échauffer les dévouements tièdes et d'engager les fidélités douteuses.

« Quant aux reproches, il en a toujours été très sobre, et, malgré la sévérité connue de son caractère, il se déchargeait volontiers sur les secrétaires d'État du soin des paroles fâcheuses. Il a souvent puni, rarement réprimandé. [...] Il a fallu étudier Richelieu dans sa correspondance pour connaître cette nuance inaperçue de son caractère[2]. »

Et Pierre Bertrand, devant l'inconsistance de ces formules, d'en tirer argument pour refuser l'attribution des *Mémoires* à celui qui pour lui était *a priori* « un lion[3] ».

Le problème est pour nous de nous dégager du préjugé laudateur de l'historien, et de considérer le peu qui nous reste, dans l'espoir d'y entrapercevoir une personnalité non encore déformée par le filtre de l'historiographie ; là réside tout l'enjeu de la « main ».

Une chose est certaine : la conviction de Richelieu que la France avait besoin d'une Histoire qui fût l'expression de sa vision des événements contemporains et justifiât les options qu'il avait imposées. Sur le modèle de César, une de ses idées constantes a été que l'homme qui accomplit de grandes actions ne peut se passer du recours à l'écrit pour témoigner de sa gloire. Comme le dit fort à propos Joseph Bergin : « Il ne fait aucun doute que des documents comme les *Mémoires* et le *Testament politique* sont le fruit d'une compréhension supérieure, non seulement des réalités politiques, mais également de l'utilité politique de forcer la main à l'histoire elle-même[4]. »

1. É. Thuau, *Raison d'État et pensée politique à l'époque de Richelieu*, p. 353.
2. Avenel, I, p. XCIV.
3. P. Bertrand, art. cité, p. 209.
4. J. Bergin, *L'Ascension de Richelieu*, p. 32.

Richelieu l'a dit : dès son entrée au Conseil, il a eu le dessein de se faire historien du règne, et ce dessein, il l'a eu jusqu'à sa mort, jusqu'à son *Testament politique*. C'est pour lui un devoir : il croit profondément que l'action politique qu'il a menée sous la protection divine au service du roi s'incarne dans l'Histoire qu'il lui revient d'établir et de transmettre, et il ne doute pas de la capacité de l'organisation de son cabinet pour parvenir à ce but [1]. Mais de quelle écriture de l'histoire s'agit-il ?

Les *Mémoires* auxquels travaillaient les collaborateurs de Richelieu à partir des documents d'archives, et auxquels ils ont très vraisemblablement continué à travailler après sa mort, n'excluent point la mise en forme ultérieure à laquelle Richelieu n'a pu veiller.

On peut sans doute affirmer, après Louis André, que le *Testament* est né de l'échec de l'Histoire. Sa première partie, la *Succincte narration des grandes actions du Roi,* constituerait le dernier effort de Richelieu pour écrire son histoire, au moment où il estime que la paix, quasiment établie, permet d'envisager un avenir dégagé rendant possible la réforme du royaume décrite dans la suite du texte. Le style de la *Succincte narration* correspond bien à ses habitudes de brièveté, et nombre de passages, on l'a vu, à son désir d'autojustification. Il est cependant hâtif de ne voir dans la *Succincte narration* qu'une entreprise de légitimation *a posteriori* de ses actions. Ce texte correspond bien à la conception profonde de l'histoire selon Richelieu, et au rôle qu'il lui assigne, lequel est dynamique : tout individu raisonnable peut, à partir du récit des faits passés, se former un jugement, et en déduire une conduite pour le présent. Ce qui s'accompagne chez lui d'une vision théologique, d'une philosophie morale de l'histoire : l'action de Dieu s'exerce à travers le roi, et lui-même n'en est que l'instrument.

De l'histoire à la propagande, il y a un itinéraire tout pragmatique que Richelieu et Louis XIII ne s'interdirent pas de parcourir : le roi et le ministre ne négligeaient pas d'informer ni d'orienter l'opinion en faisant œuvre de journaliste et de publiciste. Le cabinet de Richelieu y a activement participé, par le moyen de polémistes employés pour réfuter les critiques et soutenir sa politique ; à maintes reprises, on l'a vu, ils se sont engagés dans de violentes « guerres de plumes ». La littérature d'opinion rédigée sous l'égide de l'Éminentissime a cependant une signification qui dépasse son contexte circonstanciel ; elle peut être considérée comme le laboratoire d'une réflexion, un premier effort de formulation qui sera repris dans les ouvrages plus systématiques ; en d'autres termes, l'étape conflictuelle de la formulation des idées politiques.

On sait que son entourage est aussi formé d'hommes de lettres et de beaux esprits et on connaît ses relations quasi passionnelles avec le théâtre. La démarche en recherche de paternité a également été appliquée à

1. O. Ranum, « Richelieu, the Historian », dans *Cahiers du XVIIᵉ siècle. An Interdisciplinarian Journal*, t. I, 1987, p. 63-78.

l'œuvre théâtrale supposée de Richelieu, mais dans un contexte différent, car le problème ici n'est pas l'aveu, mais le désaveu cardinalice.

En revanche, les ouvrages de théologie ne posent pas de problème majeur d'attribution puisqu'ils furent conçus en vue de la publication et que deux d'entre eux furent édités du vivant de leur auteur et sous son nom. Leur destin historiographique fut cependant différent, car ces textes ont peu retenu l'attention des historiens, davantage préoccupés, en Richelieu, de l'homme politique.

Or, les deux domaines en faveur desquels Richelieu, malgré le poids des affaires, n'a jamais abandonné son dessein d'écriture sont la théologie et l'histoire. Que l'évêque de Luçon ait pris soin d'instruire ses ouailles ou que l'homme politique novice se soit penché vers l'histoire pour y chercher un soutien était, somme toute, chose parfaitement normale ; que le principal ministre ait continué à se soucier de la perfection du chrétien et qu'il n'ait jamais abandonné le projet d'histoire, alors que l'expérience du pouvoir l'avait fortifié et que l'urgence des affaires aurait pu l'en détourner, est infiniment plus révélateur, car conjoindre les deux approches, c'est sans doute retrouver sa définition d'homme d'Église et d'État capable de décliner son talent sur tous les fronts, y compris sur celui de l'écriture.

La fortune posthume du cardinal

> « Plus on étudie Richelieu et son temps, plus le
> poids de la tradition historiographique incorporée par
> les multiples travaux qui lui sont consacrés devient
> manifeste […]. Toute tentative pour les affronter doit
> commencer par une discussion des documents sur les-
> quels repose cette tradition. »
>
> Joseph Bergin, *L'Ascension de Richelieu*, p. 26.

À la mort du cardinal, le *Mercure français* le proclame « sans contredit
le plus grand homme de son siècle [1] ». Cependant, à ce moment, la partie
est encore fort loin d'être gagnée pour la France. De ce qu'elle le fut, on
conclut que la vie du cardinal fut l'exacte copie de ce qu'il en fit exprimer,
tant il est vrai que l'histoire est bel et bien écrite par les vainqueurs. Richelieu constitue de ce point de vue un cas typique de mainmise sur l'Histoire,
qui a lui-même imposé son image de forgeron de l'État français. Créateur
et metteur en mots de son rôle et de celui du roi, son maître, il fut, en fin de
compte, un formidable acteur, un artiste capable même, dans le feu de la
scène, de se copier lui-même, en un subtil jeu de miroirs où la postérité et
l'Histoire prendront ensuite leur place. Le rôle crée le personnage autant
que le personnage crée le rôle ; les artistes exigent une légende et les héros
réclament des mythes ; l'Histoire forge ensuite des archétypes et Richelieu
en vient alors à concentrer sur sa personne les aspirations humaines
concernant le pouvoir.

Ce rôle est double par essence. Au dire de Nicolas Goulas, « les honnêtes gens de la cour et de Paris parlèrent diversement de la vie de ce grand
homme ; les uns disaient qu'elle était toute noire de crimes et qu'il avait
toujours tout sacrifié pour sa fortune… ; les autres soutenaient au contraire
qu'il n'était rien de si beau que le cours continuel de grandes et héroïques

---

1. T. XXIV, 1642, p. 574

actions de Sa Majesté durant son ministère[1]... » Ainsi, à sa mort, les jugements portés sur lui procèdent de partis pris totalement opposés et sa
légende se développe, noire pour ses détracteurs, dorée pour ses partisans.
Des critiques et polémiques de ses ennemis pourtant largement amorties
(ainsi, l'histoire vengeresse du règne de Louis XIII annoncée par Mathieu
de Morgues ne verra jamais le jour), se dégage un Richelieu amoral, séide
de la raison d'État, une image qui n'est pas exempte d'une certaine admiration pour cet accoucheur au forceps de la France moderne dont se réclament Colbert et Louvois, héritiers infidèles de Mazarin : sa tyrannie fut le
passage obligé de son avènement. Il incite à l'effort et au dépassement,
brise tous les tabous. Il est « calamité, mal nécessaire ou bien absolu »
(L. Avezou) et le voilà devenu pour la postérité un « héros ».

À partir de là, son image ne se modifie plus guère ; elle domine le règne
de Louis XIII. La Rochefoucauld en a fixé la vulgate :

« J'entrai dans le monde quelque temps devant la disgrâce de la Reine
mère, Marie de Médicis. Le roi Louis XIII, son fils, avait une santé faible,
que les fatigues de la chasse avaient usée avant l'âge ; ses incommodités
augmentaient ses chagrins et les défauts de son humeur : il était sévère,
défiant et haïssant le monde ; il voulait être gouverné et portait impatiemment de l'être. Il avait un esprit de détail appliqué uniquement à de petites
choses, et ce qu'il savait de la guerre convenait plus à un simple officier
qu'à un roi.

« Le cardinal de Richelieu gouvernait l'État, et il devait toute son élévation à la Reine mère. Il avait l'esprit vaste et pénétrant, l'humeur âpre et
difficile ; il était libéral, hardi dans ses projets, timide pour sa personne. Il
voulut rétablir l'autorité du Roi et la sienne propre par la ruine des huguenots et des grandes maisons du royaume, pour attaquer ensuite la maison
d'Autriche et abaisser une puissance si redoutable à la France. Tout ce qui
n'était pas dévoué à ses volontés était exposé à sa haine, et il ne gardait
point de bornes pour élever ses créatures ni pour perdre ses ennemis. La
passion qu'il avait eue depuis longtemps pour la Reine s'était convertie en
dépit : elle avait de l'aversion pour lui, et il croyait que d'autres attache-
ments ne lui étaient pas désagréables. Le Roi était naturellement jaloux, et
sa jalousie, fomentée par celle du cardinal de Richelieu, aurait suffi pour
l'aigrir contre la Reine, quand même la stérilité de leur mariage et l'incom-
patibilité de leurs humeurs n'y aurait pas contribué[2]. »

Suivant les époques, cette image prend simplement des nuances différentes en fonction du contexte politique et de la découverte des sources
(écrits de Richelieu et de son cabinet, mémoires nobiliaires) à l'origine des
interminables querelles érudites que nous venons de retracer. Au fil du
temps, le cardinal est intégré à l'Histoire, en commençant par un XVIIIe siècle
sans doute moralement moins exigeant envers un ecclésiastique.

Puis, la Révolution est l'occasion d'une nouvelle lecture, elle-même à
l'origine d'une double appréciation : le serviteur de la monarchie se trans-

---

1. Goulas, *Mémoires*, I, p. 414-415.
2. La Rochefoucauld, *Mémoires* [1624-1625], Paris, 1964, p. 39.

forme en précurseur de sa chute car on estime qu'en rognant les ongles de la noblesse, il a permis le renversement de valeurs qui y a abouti ; en cela il provoque sympathie ou hostilité selon que l'on est pour ou contre la Révolution. Il est l'homme rouge de la passion et de la Révolution. En effet, aux polémiques politiques et débats érudits le xixᵉ siècle ajoute la littérature : le passif est alors du domaine de celle-ci qui met en scène le rouge tyran, le positif s'identifiant plus volontiers à la politique où l'on reconnaît sa grandeur.

Cette légende noire amplement propagée par la littérature romantique se compose d'anecdotes sinistres et sanglantes qui forgent son image de politique impitoyable, uniquement préoccupé de son triomphe temporel, et de chrétien hypocrite cachant la noirceur de son âme sous la pourpre cardinalice. Il prend ainsi les traits du machiavélique et froid partisan de la raison d'État, l'image devenue traditionnelle d'un tout-puissant ministre manipulant un roi fantoche, laquelle ne cadre ni avec la personnalité de Louis XIII, ni avec la tradition d'absolutisme monarchique à laquelle ce roi appartient pleinement. Cette diabolisation atteint son entourage avec l'image de l'Éminence grise, le simple capucin encore plus pervers que l'homme rouge, tyran lui-même manipulé par ses séides, tels Laubardemont ou Laffemas. Il faudra du temps pour que les études érudites restituent à cet entourage ses vrais caractères et fonctions.

Avec la défaite de 1870 viennent sur le devant de la scène les thématiques des frontières naturelles et de l'aventure coloniale où il aurait été un clairvoyant précurseur. Plus généralement, l'image traditionnelle de l'homme rouge à la main sanglante promue par les romantiques se fond alors dans celle du grand politique français, centralisateur avant les jacobins, laïc chanté par les nationalistes pour délivrer une positive mais marginale leçon de patriotisme qui, au xxᵉ siècle, s'élargit à l'Europe et fait, au terme du parcours, par un étonnant retournement du faucon une colombe, du destructeur de la chrétienté un apôtre de l'unité… Cependant le cardinal a perdu de son relief de personnage capable d'inspirer des créations et le cinéma ne lui accorde plus la même carrière que naguère le théâtre ou le roman. En dépit de multiples propositions en ce sens, aucune promotion de l'ENA ne se l'est donné pour parrain…

Dans tous les cas, l'image de Richelieu propagée par l'historiographie est avant tout politique ; elle a contribué à forger celle, générique, de l'homme d'État national, à laquelle se sont reliés une série d'hommes politiques ayant invoqué sa figure à l'appui de leur vision de la politique contemporaine.

Parmi ceux-ci se détache la figure de Gabriel Hanotaux, qui, fort de ses qualifications de chartiste, de diplomate et de ministre [1], allait, dans les années qui précédèrent la Grande Guerre, quasiment incarner la recherche autour de Richelieu. Élément moteur des travaux de publication des textes de Richelieu, il y puise naturellement pour forger dans sa grande biogra-

---

1. Gabriel Hanotaux (1853-1944) fut ministre des Affaires étrangères de 1894 à 1898.

phie, achevée trois ans après sa mort par le duc de La Force, une image durable, celle de l'homme politique idéal dont la France ne cesse d'avoir besoin, l'incarnation du « clair génie » français : « J'ai trouvé en Richelieu un génie abordable, accessible, d'une psychologie plutôt simple et facile à déchiffrer. En m'approchant, j'ai vu s'évanouir le spectre vêtu de rouge qui passe au cinquième acte de *Marion Delorme*, le sphinx impassible et muet qu'évoque la page, d'ailleurs admirable, de Michelet. J'ai vu un homme d'État français, au sens pratique et positif, au coup d'œil froid et sûr, à la main rude. Je l'ai rattaché sans effort à la série de nos grands politiques, aux Philippe le Bel, aux Charles V, aux Louis XI, aux hommes de la Révolution. Ce qui le distingue, c'est la clarté, la logique, la mesure dans l'énergie ; il faut ajouter une souplesse, une agilité merveilleuse[1]. »

L'homme d'État du classicisme français triomphant, le précurseur de l'unification et de la centralisation administrative, dont l'image cuirassée, défiant les flots sur la digue de La Rochelle, est encore largement dominante, règnent encore dans les esprits. Il s'agit de statufier un héros omniprésent, forgeant l'histoire de son temps et dont le génie constitue l'explication nécessaire et suffisante devant laquelle on ne peut que s'incliner. Le cardinal de La Rochelle, c'est le cardinal de la France éternelle. Les effets du nationalisme ambiant, et des débats autour de la laïcité se conjuguent pour produire ce personnage, objet d'admiration et de crainte révérencielle dépourvues de critique.

Aucun des deux éditeurs – Avenel et Grillon – n'aura la tentation de se faire biographe et les biographies du cardinal souffrent des conséquences de cette coupure entre l'érudition, qui est au contact des documents, et la présentation historique, trop souvent marquée par les stéréotypes et qui ne se renouvelle pas toujours en fonction des avancées de la recherche documentaire. L'érudition et l'histoire sont demeurés domaines séparés, bien que la seconde dépende de la première : les sources des biographies sont pour la plupart limitées aux documents publiés avec leur accent mis sur l'action personnelle de Richelieu dans les domaines de la guerre et de la diplomatie. Sans vouloir établir de palmarès, présentons de ce point de vue quelques exemples.

Il est tout d'abord impossible de ne pas mentionner la place tenue par Richelieu dans l'étude de la raison d'État à laquelle s'est livrée Meinecke en 1924 : il s'y trouve placé dans une galerie de portraits qui va de Machiavel et Guichardin à Bismarck en passant par Frédéric II comme artisan de l'absolutisme triomphant qui débouche sur l'État national allemand. Sa personnalité ainsi lue se trouve bien dépourvue d'humanité, mais apporte une contribution majeure à l'histoire de l'État gouvernée par une raison d'État qui justifie tout, ainsi qu'à la constitution de l'image classique de l'homme d'État national.

Les biographies qui paraissent dans la première moitié du XXe siècle sont des œuvres de seconde main, des biographies littéraires, académiques comme celles d'Auguste Bailly ou de Philippe Erlanger, qui chantent la

---

1. Préface, p. VI.

grandeur de leur héros ; une biographie contestataire, celle d'Hilaire Belloc, historien catholique irlandais, qui donne une vision farouchement critique d'un Richelieu destructeur de l'Europe chrétienne.

Diplomate-historien à l'instar d'Hanotaux, Carl J. Burckhard, tout en prétendant se borner aux prolégomènes d'une biographie, nous donne trois volumes denses, avant tout soucieux de politique étrangère [1]. Son premier volume date de 1933 et participe de l'apologie de l'homme fort qui était dans l'air du temps ; les volumes suivants sont sous l'emprise des événements de la Seconde Guerre mondiale et du climat nouveau de guerre froide. Le portrait qu'il dresse de son héros au chapitre v de son deuxième volume, y compris dans ses aspects anecdotiques, fait figure de classique, mais Burckhard biographe butte sur l'impossibilité de donner aux douze dernières années de son récit un cadre biographique.

Tandis qu'en France la synthèse de Victor-Lucien Tapié mettait à sa plus juste place la personnalité de Louis XIII [2], à partir des années 1960, les historiens étrangers, notamment anglo-saxons, apportant leur contribution à la connaissance du premier xviie siècle, font évoluer l'image classique de Richelieu restituée dans le cadre plus large de la montée de l'absolutisme : le retour direct aux sources pour alimenter la connaissance du personnage est le fait des Anglo-Saxons : Elisabeth Marwik [3], Orest Ranum [4], Joseph Bergin [5] récusent l'approche du biographe concentrée sur le personnage pour l'ouvrir à l'entourage, au contexte y compris documentaire ; ils alignent les cotes d'archives et, il faut bien le dire, renouvellent en conséquence directe l'image de leur personnage ; et en développant le parallèle avec Olivarès, sir John Elliott ajoute sa touche au portrait et montre que la démarche biographique ne peut être développée indépendamment d'un plus large horizon historique [6].

Mais, plus près de nous, l'historien-biographe Michel Carmona reprend pourtant trait pour trait le portrait classique de l'historiographie française tout en voulant voir en Richelieu « un Français moyen avec ses qualités et défauts poussés au paroxysme » ; un second volume sera nécessaire pour compléter cette biographie [7] qui offre l'agrément de donner à lire ce dont on était communément persuadé.

Le dernier grand biographe de Richelieu, Roland Mousnier, appelle quant à lui à une relecture directe des sources, et met l'accent sur l'appartenance du cardinal à l'ordre ecclésiastique et au monde de la foi, mais son titre, *L'Homme rouge*, avec sa référence à la vision romantique du car-

---

1. *Richelieu*, 3 vol., Paris, 1970.
2. V.-L. Tapié, *La France de Louis XIII et Richelieu*, Paris, 1967.
3. *The Young Richelieu. A Psychoanalytic Approach to Leadership*, Chicago, 1980.
4. *Les Créatures de Richelieu. Secrétaires d'État et surintendants des Finances. 1635-1643*, Paris, 1966.
5. *Pouvoir et fortune de Richelieu*, Paris, 1987, et *L'Ascension de Richelieu*, Paris, 1994.
6. J. H. Elliott, *Richelieu et Olivarès*, trad. fr., Paris, 1991.
7. *La France de Richelieu*, Paris, 1984 (citation p. 719 du tome 1).

dinal, témoigne de la permanence d'une image prégnante de la grandeur du héros[1] ; de plus, l'ouvrage est handicapé par l'irruption de plus en plus foisonnante du contexte au fur et à mesure qu'avance un récit qui se veut exhaustif.

Enfin, l'essai de François Bluche a le mérite d'attirer l'attention sur la mode des relectures intéressantes quand elles décapent la propagande et la légende, sans aller jusqu'à dire systématiquement le contraire de ce qui était admis auparavant...

Or, l'historien, dans la mesure où il fréquente directement les sources, ne peut aujourd'hui que ressentir une dysharmonie entre ce que les textes font pressentir et la présentation qui est faite de Richelieu. Et le lien est évident entre cette relation plus ou moins directe aux sources et une présentation du personnage qui fasse justice des stéréotypes issus de l'image classique due à Hanotaux, du tout politique dominé par la froide raison d'État qui fait fi des intérêts particuliers pour l'affirmation et le profit de l'État français. C'est cette démarche qui permet d'accéder à une approche psychologique vraisemblable, à tout le moins légitime pour l'historien aussi respectueux de son personnage qu'il est désireux de le connaître.

On ne peut vraiment comprendre le développement de la carrière et la permanence de la démarche de Richelieu si l'on passe sous silence son caractère d'homme d'Église dont l'engagement ne s'est jamais démenti, mais s'est davantage incarné dans l'action politique. Par tempérament et par vocation, le cardinal-ministre est demeuré théologien, pasteur et controversiste, désireux de convertir et de persuader par la parole et par la plume, convaincu d'être l'instrument dont Dieu se servait aux côtés du roi pour établir son règne. Ses contemporains, sensibles à l'apparente sécularisation de plusieurs aspects de sa politique, ont été amenés à mettre en doute la sincérité de son engagement religieux, et les historiens ont été certainement influencés par ces critiques, négligeant toute une partie de son œuvre considérée par eux *a priori* comme dépourvue d'originalité et de profondeur. Celle-ci n'a suscité qu'une véritable étude, la thèse de L. Valentin, professeur de lettres à la faculté libre de Toulouse, publiée en 1900 en latin et très largement ignorée par les biographes du cardinal[2]. Il s'agissait pourtant d'un travail consciencieux de compilation et d'analyse littéraire et théologique, naturellement marqué par l'opinion du temps sur le « génie » éminent de Richelieu. Depuis lors, quelques articles ont attiré l'attention sur sa qualité de théologien[3], mais, de ce point de vue, le personnage reste entièrement à rééquilibrer et à replacer en son temps où politique et religion étaient indissociables. Car à la constance de la pensée

---

1. Image volontairement assumée par Pierre Ripert (*Richelieu et Mazarin*, Toulouse, 2002), qui entend renouer avec l'histoire anecdotique des manuels scolaires du XIXᵉ siècle.
2. L. Valentin, *Richelius, scriptor ecclesiasticus*, Toulouse, 1900.
3. Notamment du P. Blet, de J. de Viguerie, J. Orcibal ou encore J. Jacquart.

de Richelieu et de son discours répond la constance de la non-lecture qui en a été faite, tant est forte cette image d'archétype de l'homme d'État national.

Aux historiens, il convient d'ajouter trois politiques qui prolongent la tradition d'Hanotaux en percevant Richelieu à travers le filtre de leur expérience ou de leurs présupposés. Et l'on constate qu'à l'âge de la Vᵉ République et de l'Europe, ils continuent à véhiculer les stéréotypes traditionnels.

Edgar Faure [1], pourtant très soucieux de proposer une approche qui tienne compte des acquis de l'historiographie, ainsi que des analogies avec l'époque contemporaine et son expérience politique, y adapte l'image traditionnelle du héros de l'histoire nationale. « À une époque transitionnelle peut répondre un caractère décisif. Ce n'est pas toujours le cas : ce le fut. […] Le premier ministre – il en a la fonction et non pas le titre […] – assume la réalité du pouvoir, quelle que soit la part de consentement et de responsabilité que l'on doive reconnaître à Louis XIII. Sans doute, la conception longtemps dominante d'un roi pantin, dont le ministre tire les ficelles, "soumettant tout à son maître, qu'il soumet lui-même [2]" est-elle sévèrement contestée par les historiens les plus récents (elle l'était d'ailleurs par Saint-Simon). Mais il ne s'agit, dans la meilleure hypothèse, que d'une symbiose. Dans les grandes affaires du règne, Richelieu apporte et impose des vues personnelles, procédant d'une inspiration soutenue, tendant à des fins constantes, doctrinées avec complaisance et appliquées avec rigueur. Le gouvernement du cardinal-duc apporte un schéma exemplaire à l'appui de la thèse carlylienne du rôle historique du héros. » On est seulement au tout début de son introduction intitulée « problématique de Richelieu » !

La réception, en janvier 1989, de Michel Debré à l'Académie française au fauteuil du duc Louis de Broglie, est l'occasion pour le nouveau promu d'évoquer la révolution scientifique et de traiter la question originale de la persistance d'une civilisation universelle occidentale et, à l'intérieur de celle-ci, de l'identité nationale française. Richelieu et de Gaulle sont alors appelés à la rescousse : « Il y aura bientôt un demi-siècle que j'attends l'historien sincère et profond qui établira un parallèle entre le cardinal de Richelieu et le général de Gaulle ; entre le fondateur de l'État moderne et le restaurateur de la République. […] Richelieu et de Gaulle, ayant tous deux reconstitué l'État, ayant ainsi rendu aux Français confiance en même temps qu'ils imposaient son respect au monde entier, ont fait de la politique étrangère la grande affaire et la raison d'être d'un État digne de ce nom [3]. »

1. « Marie de Médicis "homme et roi" », *Figaro littéraire*, 26 janvier 1963. « La disgrâce de Sully », *ibid.*, 2 février 1963. La biographie qu'il avait entreprise semble avoir tourné court sans que l'on sache pourquoi.

2. Danjou et Cimber, *Archives curieuses de l'histoire de France*, 2ᵉ série, t. I. *Introduction.*

3. *Le Monde*, 22-23 janvier 1989, p. 10.

Henry Kissinger, enfin, élargit l'évocation à la scène internationale[1] : « Peu d'hommes d'État peuvent se targuer d'avoir autant marqué l'histoire. Richelieu fut le père de l'État moderne. Il vulgarisa la notion de raison d'État et l'appliqua avec persévérance au profit de son pays. Sous son égide, la raison d'État se substitua à la vieille notion médiévale de "valeurs morales universelles" comme principe opérant de la politique de la France. » « Bien que religieux par nature, il considérait sa responsabilité de ministre sous un angle entièrement séculier. Peut-être Richelieu cherchait-il personnellement le salut, mais celui-ci n'avait aucune raison d'être pour l'homme d'État. "L'homme est immortel, son salut est dans l'autre vie, déclara-t-il un jour. L'État n'a pas d'immortalité, son salut est maintenant ou jamais." » Et d'en faire, on l'a vu, « le seul homme d'État de son époque à se délester des contraintes morales et religieuses de la période médiévale ».

« À feuilleter, survoler, dévorer, travailler tout ce qui peut être lu sur Richelieu (Dieu sait si l'on peut en lire), on ne voit plus que les livres, l'éclat de certains, la nullité de beaucoup, les recopiages, les polémiques. Et Richelieu devient peu à peu ce qui leur échappe. Richelieu – Armand Jean du Plessis – a-t-il existé ? Les récits ne l'ont-ils pas inventé (une main de fer dans un gant de velours) ? A-t-il été autre chose qu'une signature au bas d'une lettre ? Autre chose qu'un bon sujet pour les peintures de Philippe de Champaigne[2] ? » Telle est la stimulante mise en garde de Christian Jouhaud qui vise sans ménagements « le groupe replet des faiseurs de biographies vendues au poids[3] » et le non moins stimulant défi à relever pour l'historien par lui sensibilisé à la subjectivité fondamentale de sa démarche. Faut-il pour autant conclure définitivement à l'impossibilité d'une biographie savante du cardinal ?

« L'histoire des hommes est faite au moins autant d'actes de parole que de faits », notait fort justement Marc Fumaroli dans la préface de la réédition de son *Âge de l'éloquence*[4]. Cette constatation s'applique de manière éminente à Richelieu qui a su constamment conjuguer les deux activités et il appartient aux historiens de ne plus privilégier l'action aux dépens des mots pour lui rendre sa propre intelligibilité.

1. H. Kissinger, *Diplomatie*, New York-Londres-Toronto, 1995, trad. fr., p. 49-56.
2. Chr. Jouhaud, *La Main de Richelieu*, p. 7.
3. *Ibid.*, p. 13.
4. Paris, 1994, p. II.

Chronologie

Pour les années 1624 à 1642, la chronologie est doublée d'un « itinéraire » de Richelieu indiquant les localités où sa présence est formellement attestée par un document ; il s'agit d'un instrument de référence forcément provisoire et lacunaire (fourchettes chronologiques souvent incertaines, itinérance de la cour en région parisienne insaisissable au jour le jour…), mais qui, en l'état, offre l'intérêt de compléter le récit biographique en en rappelant le cadre géographique. Pour plus de détails de chronologie générale, on dispose de : J. Cornette, *Les Années cardinales*, Paris, 2000.

1569

21 août. Mariage de François du Plessis et de Suzanne de La Porte.

1576

François du Plessis devient grand prévôt de France.
Début de la Ligue.

1577

4 novembre. Naissance de François Le Clerc du Tremblay (le père Joseph).
Naissance de Françoise du Plessis.

1579

Naissance d'Henri du Plessis.

1581

Naissance d'Isabelle du Plessis.

1582

Naissance d'Alphonse du Plessis.

1584

Henri III fait don de l'évêché de Luçon aux du Plessis.

1585

7 juillet. Traité de Nemours : Henri III s'allie avec la Ligue. Début de la 8e guerre de Religion.
9 septembre. Henri de Navarre est déchu de ses droits à la couronne de France par le pape Sixte-Quint. Naissance de Richelieu.
31 décembre. François du Plessis est fait chevalier du Saint-Esprit.

1586

5 mai. Baptême de Richelieu à Saint-Eustache.
Naissance de Nicole du Plessis.

1587

20 octobre. Bataille de Coutras : victoire d'Henri de Navarre sur l'armée royale.

1588

12-13 mai. Journée des Barricades. Fuite du roi à Tours.
21 juillet. Henri III signe l'édit d'union avec les ligueurs.
Octobre. Seconds États généraux de Blois.
23 décembre. Le duc de Guise est assassiné.

1589

5 janvier. Mort de Catherine de Médicis.
1er-2 août. Henri III est assassiné par Jacques Clément ; avènement d'Henri IV.
16 septembre. Bataille d'Arques : victoire d'Henri IV sur la Ligue.

1590

14 mars. Bataille d'Ivry.
Mai-juin. Siège de Paris par Henri IV.
10 juin. Mort de François du Plessis.

1593

26 janvier. Réunion des États généraux de la Ligue.
25 juillet. Abjuration d'Henri IV.

1594

27 février. Sacre d'Henri IV à Chartres.
22 mars. Entrée d'Henri IV à Paris.
Septembre. Armand Jean du Plessis entre au collège de Navarre.

1595

16 janvier. Henri IV déclare la guerre à l'Espagne.
5 juin. Bataille de Fontaine-Française.
17 septembre. Absolution d'Henri IV par le pape Clément VIII.

1596

26 mai. Ligue avec la Hollande et l'Angleterre contre l'Espagne.
4 novembre. Assemblée des notables à Rouen.

1597

11 mars. Prise d'Amiens par les Espagnols.
25 septembre. Reprise d'Amiens.

1598

13 avril. Signature de l'édit de Nantes.
2 mai. Traité de Vervins avec l'Espagne.
13 septembre. Mort de Philippe II d'Espagne ; avènement de Philippe III.

1599

25 février. Enregistrement par le parlement de Paris de l'édit de Nantes.
17 décembre. Dissolution du mariage d'Henri IV et de Marguerite de Valois.

1600

27 février. Traité de Paris avec la Savoie, prévoyant la restitution à la France du marquisat de Saluces.

11 août. Henri IV déclare la guerre à la Savoie.
5 octobre. Mariage par procuration d'Henri IV et de Marie de Médicis.
17 décembre. Bénédiction du mariage à Lyon.

1601
17 janvier. Paix de Lyon avec la Savoie qui cède la Bresse, le Bugey, le Valromey et le pays de Gex en échange du marquisat de Saluces.
27 septembre. Naissance du dauphin, futur Louis XIII.

1602
Alphonse du Plessis entre à la Grande Chartreuse.
29 janvier. Renouvellement de l'alliance avec les cantons suisses.
Avril. Édit de Blois contre les duels.
14 juillet. Naissance de Mazarin à Pescina (Abruzzes).
31 juillet. Exécution de Biron.
22 novembre. Naissance d'Élisabeth de France, future épouse de Philippe IV d'Espagne.

1603
24 mars. Mort d'Élisabeth Ire. Jacques Ier roi d'Angleterre.
9 août. Traité d'Hampton Court : alliance avec l'Angleterre.

1604
28 août. Paix entre l'Espagne et l'Angleterre.
12 octobre. Traité de Paris avec l'Espagne.
17 octobre. Les carmélites s'installent à Paris.
12 décembre. Édit de création de la paulette.

1606
10 février. Naissance de Christine de France, future épouse de Victor-Amédée Ier de Savoie.
8 avril. Naissance du futur Philippe IV d'Espagne.
18 décembre. Richelieu est nommé évêque de Luçon.

1607
17 avril. Richelieu est sacré évêque à Rome.
Septembre. Nicolas Brûlart de Sillery, chancelier.
29 octobre. Richelieu soutient sa thèse à Paris.
31 octobre. Richelieu est admis à la Sorbonne.

1608
23 janvier. Alliance avec les Provinces-Unies.
25 avril. Naissance de Gaston, duc d'Anjou, futur duc d'Orléans.
21 décembre. Richelieu prend possession du diocèse de Luçon.
François de Sales publie l'*Introduction à la vie dévote*.

1609
25 mars. Ouverture de la succession de Clèves et Juliers.
9 avril. Trêve de douze ans entre l'Espagne et les Provinces-Unies.
18 juin. Édit contre les duels.
25 novembre. Naissance d'Henriette de France, future épouse de Charles Ier d'Angleterre.

1610
Février. Alliance avec les princes protestants d'Allemagne.
25 avril. Traité de Brusol : alliance franco-savoyarde.

13 mai. Sacre de Marie de Médicis à Saint-Denis.
14 mai. Assassinat d'Henri IV. Louis XIII devient roi.
15 mai. Marie de Médicis est régente.
Juillet. Richelieu vient à Paris.
26 juillet. Concini entre au Conseil.
17 octobre. Louis XIII est sacré à Reims.

1611
26 janvier. Sully démissionne. Pierre Jeannin devient contrôleur général des Finances.
30 avril. L'alliance franco-espagnole prévoit le mariage de Louis XIII avec l'infante Anne et d'Élisabeth de France avec l'infant Philippe.
30 octobre. Mort de Charles IX de Suède. Gustave-Adolphe devient roi.
11 novembre. Pierre de Bérulle crée l'Oratoire.
Richelieu est à Luçon.

1612
26 janvier. Déclaration des mariages espagnols.
Carême. Richelieu est à Paris.
13 juin. Mathias II est couronné empereur.
25 août. Signature des contrats de mariage.
Fin 1612. Richelieu est à Luçon.

1613
19 novembre. Concini maréchal de France.
Novembre. Michel de Marillac entre au Conseil.

1614
Février. Révolte ouverte des Grands.
15 mai. Traité de Sainte-Menehould avec les princes révoltés.
7 juin. Convocation des États généraux.
24 août. Richelieu est élu député du clergé aux États généraux.
27 septembre. Majorité de Louis XIII.
2 octobre. Prorogation de la régence.
Octobre. Pierre Jeannin devient surintendant des Finances.
27 octobre. Ouverture des États généraux à Paris.

1615
23 février. Séance de clôture des États généraux. Richelieu orateur du clergé.
Septembre. Nouvelle prise d'armes des Grands.
1er novembre. Richelieu devient aumônier de la reine Anne d'Autriche.
7 octobre. Élisabeth de France est échangée contre Anne d'Autriche sur la Bidassoa.
28 novembre. Mariage de Louis XIII et d'Anne d'Autriche à Bordeaux.

1616
28 avril. Disgrâce du chancelier Brûlart de Sillery.
Avril. Richelieu est à Paris.
3 mai. Paix de Loudun avec Condé.
16 mai. Guillaume du Vair est fait garde des Sceaux.
30 mai. Barbin devient contrôleur général des Finances, Mangot secrétaire d'État.
Juillet. Richelieu se rend à Bourges auprès de Condé.
20 juillet. Retour de Condé à Paris.
1er septembre. Arrestation de Condé.

19 octobre. Luynes est fait grand fauconnier.

14 novembre. Mort de Suzanne de La Porte.

24 novembre. Concini renvoie les barbons.

25 novembre. Mangot devient garde des Sceaux, Richelieu secrétaire d'État.

8 décembre. Enterrement de Suzanne de La Porte, auquel Richelieu n'assiste pas.

1617

18 janvier. Manifeste de Richelieu contre les Grands révoltés.

24 avril. Assassinat de Concini. Richelieu est privé de sa charge, Luynes prend le pouvoir.

30 avril. Rappel des barbons.

3 mai. Exil de Marie de Médicis à Blois.

16 mai. Luynes est fait capitaine de la Bastille.

19 mai. Richelieu est à Blois ; il devient chef du Conseil et garde des Sceaux de la reine mère.

11 juin. Richelieu quitte Blois.

15 juin. Richelieu est assigné à résidence à Luçon.

8 juillet. Léonora Galigaï est brûlée pour sorcellerie et lèse-majesté.

4 décembre. Ouverture de l'Assemblée des notables à Rouen.

1618

Janvier. Luynes dirige le Conseil.

17 avril. Richelieu est exilé à Avignon.

23 mai. Défenestration de Prague. Début de la guerre de Trente Ans.

24 octobre. Louis XIII renvoie les dames d'atours espagnoles d'Anne d'Autriche. Publication de l'*Instruction du chrétien.*

1619

10 février. Christine de France épouse Victor-Amédée Ier de Savoie.

21-22 février. Marie de Médicis s'évade de Blois. Première guerre de la mère et du fils.

20 mars. Mort de l'empereur Mathias.

27 mars. Richelieu est appelé auprès de Marie de Médicis à Angoulême.

30 avril. Traité d'Angoulême entre Louis XIII et Marie de Médicis.

Juin. Richelieu devient chancelier de Marie de Médicis.

20 juin. Henri de Schomberg est fait surintendant des Finances.

8 juillet. Henri du Plessis, frère aîné de Richelieu, est tué en duel.

26 juillet. Frédéric V, électeur palatin, est élu roi de Bohême.

28 août. Ferdinand II de Habsbourg devient empereur.

Août. Luynes est fait duc et pair.

5 septembre. Louis XIII rencontre sa mère à Couzières.

Richelieu est à Luçon, puis à Angers auprès de la reine mère.

1620

Juin. Début de la seconde guerre de la mère et du fils.

3 juillet. Traité d'Ulm entre les princes protestants et la Ligue catholique d'Allemagne.

7 août. Drôlerie des Ponts-de-Cé.

10 août. Traité d'Angers.

Septembre-octobre. Louis XIII rétablit le catholicisme en Béarn.

Octobre. L'Espagne occupe la Valteline.

8 novembre. Bataille de la Montagne Blanche.

1621

31 mars. Mort de Philippe III ; Philippe IV roi d'Espagne.

2 avril. Luynes est fait connétable.

10 avril. Fin de la trêve de douze ans aux Pays-Bas.

25 avril. Traité de Madrid entre l'Espagne et la France : la Valteline est rendue aux Grisons.

Août. Fin de la trêve de douze ans entre l'Espagne et les Provinces-Unies.

15 décembre. Mort de Luynes.

1622

29 janvier. Traité de Milan : les Grisons renoncent à leur souveraineté au profit de l'Espagne.

Mars-octobre. Poursuite des opérations contre les protestants.

Mai. Soulèvement des Grisons contre les Espagnols.

2 septembre. Richelieu devient proviseur de Sorbonne.

5 septembre. Richelieu est fait cardinal.

Septembre. L'Espagne occupe les forts de la Valteline.

Octobre. Paix de Montpellier avec les protestants.

12 décembre. Remise du chapeau de cardinal à Richelieu.

1623

Février. Disgrâce de Schomberg ; La Vieuville devient surintendant des Finances.

7 février. Alliance avec la Savoie et Venise contre l'occupation de la Valteline.

14 février. L'Espagne accepte de remettre les forts de Valteline aux troupes pontificales.

25 février. Le duc de Bavière devient électeur à la place du Palatin.

19 mai. Richelieu renonce à l'évêché de Luçon.

9 septembre. Richelieu vend sa charge d'aumônier de la reine.

1624

Janvier-février.	Disgrâce des Brûlart. Étienne d'Aligre est fait garde des Sceaux.	
Avril	29 avril. Richelieu entre au Conseil.	Compiègne
Juin	10 juin. Traité de Compiègne : alliance avec les Provinces-Unies.	Compiègne
Juillet		Compiègne
Août	13 août. La Vieuville est arrêté. Richelieu devient chef du Conseil.	Compiègne Saint-Germain
Septembre		Saint-Germain
Octobre	3 octobre. Étienne Ier d'Aligre est chancelier.	Saint-Germain
Novembre	Occupation de la Valteline.	Paris
Décembre	25 décembre. « Instructions secrètes » ou Grand Mémorial » d'Olivarès.	Paris

1625

Janvier	Soulèvement protestant.	Paris
Février		Paris
Mars	27 mars. Mort de Jacques Ier d'Angleterre. Charles Ier est fait roi.	Paris

Mai	11 mai. Mariage par procuration d'Henriette de France et de Charles Ier d'Angleterre. 25 mai. Reddition de Breda.	
Juin	Mai-juin. Séjour de Buckingham à Paris.	Fontainebleau, Courances, Dampierre, La Saussaye, Limours, Maison-Rouge, Fleury
Juillet		*Id.*
Août		*Id.*
Septembre	29 septembre. Assemblée de Fontainebleau au sujet de la Valteline.	*Id.*
Octobre		Paris, Fontainebleau
Novembre		*Id.*
Décembre		*Id.*

1626

Janvier	Michel de Marillac devient surintendant des Finances.	Paris
Février	5 février. Paix de La Rochelle. Édit contre les duels.	Paris
Mars	5 mars. Traité de Monçon entre la France et l'Espagne.	
Avril		24 avril : Fleury
Mai	4 mai. Arrestation d'Ornano. 20 mai. Richelieu obtient une garde armée.	Limours-Fontainebleau
Juin	13 juin. Arrestation des Vendôme. 26 juin. Richelieu est déchargé des obligations mineures pour se consacrer aux grandes affaires.	Limours-Fontainebleau 13 juin : Romilly ; Blois-Tours ; Richelieu
Juillet	8 juillet. Chalais est arrêté.	Blois-Tours ; 10 juillet : Nantes
Août	5 août. Gaston épouse Marie de Montpensier. 19 août. Chalais est exécuté.	… 23 août : Nantes
Septembre	10 septembre. Anne d'Autriche comparaît devant le Conseil. 28 septembre. Mort de Lesdiguières. Suppression de la connétablie.	8 septembre : Conneré (Sarthe) ; 20 septembre : Pontoise
Octobre	Richelieu est fait grand maître, chef et surintendant général de la Navigation et du Commerce de France.	Pontoise
Novembre	Assemblée des notables.	… 11 novembre : Pontoise ; 25 novembre : La Chaussée ; Paris
Décembre	Assemblée des notables.	Paris

1627

Janvier	Assemblée des notables. Suppression de l'amirauté.	Paris
Février	Assemblée des notables. 4 février. Richelieu devient gouverneur de Brouage.	Paris
Mars	20 mars. Traité de Madrid. Alliance avec l'Espagne contre l'Angleterre.	Paris ; 12 mars : Jouy-en-Josas ; 15 mars : Paris
Avril		Paris
Mai	12 mai. Bouteville et Des Chapelles se battent en duel place Royale.	Paris
Juin	22 juin. Bouteville et Des Chapelles sont exécutés. 28 juin. Marie de Médicis fait don du Petit-Luxembourg à Richelieu.	Paris ; 18 juin : Chaillot ; 29 juin : Villeroy
Juillet	20 juillet. Les Anglais sont à Ré.	Villeroy ; 19-24 juillet : Escharçon
Août	30 août. Bérulle est fait cardinal.	… 7 août : Villeroy ; 23 août : Dollinville, Maisons-Laffitte, Saint-Germain
Septembre	12 septembre. Début du siège de La Rochelle.	… 15 septembre. *Id.* ; 18-21 septembre : Paris ; 22 septembre : La Jarne ; 24 septembre : Lonjumeau ; 25 septembre : Chanteloup ; 27 septembre : Angerville
Octobre	10 octobre. Louis XIII est devant La Rochelle.	1er-4 octobre : Blois ; 4-6 octobre : Richelieu ; 11 octobre : Niort ; 12 octobre : Pont-la-Pierre ; 26 octobre : Brouage
Novembre	10 novembre. Les Anglais quittent Ré. Novembre-mars 1628. Construction de la digue de La Rochelle.	… 4 novembre : Brouage ; 6 novembre… : Aytré, Pont-la-Pierre, camp devant La Rochelle
Décembre	26 décembre. Mort du duc de Mantoue Vincent II. Ouverture de la succession de Mantoue.	Aytré, Pont-la-Pierre, camp devant La Rochelle

1628

Janvier		La Rochelle (Marans, Brouage, La Sauzaie)
Février	9 février. Richelieu, lieutenant général, commande l'armée de Poitou, Saintonge, Aunis et Angoumois, pour faire le siège de La Rochelle. 10 février. Louis XIII quitte La Rochelle.	*Id.*
Mars	20 mars. Ferdinand II refuse l'investiture de Mantoue au duc de Nevers.	*Id.*

Avril	17 avril. Louis XIII revient devant La Rochelle.	*Id.*
Mai	18 mai. Retour de la flotte anglaise de Denbigh en Angleterre.	*Id.*
Juin		*Id.*
Juillet		*Id.*
Août		*Id.*
Septembre	2 septembre. Assassinat de Buckingham. 30 septembre. La flotte anglaise de Lindsey devant La Rochelle.	*Id.*
Octobre	28 octobre. Capitulation de La Rochelle.	*Id.*
Novembre		*Id.* 20 novembre : Champdeniers (Deux-Sèvres)
Décembre		22 décembre : Paris

1629

Janvier	15 janvier. Enregistrement par le Parlement du code Michau. 16 janvier. Départ du roi pour l'Italie.	Janvier : Paris ; 26 janvier : Troyes, Praslin
Février		1er février : Dijon ; 5 février : Chalon-sur-Saône ; 8-9 février : Mâcon ; 13 février : Chirens ; 21 février : Grenoble ; 24 février : Saint-Bonnet
Mars	6 mars. Les Français forcent le pas de Suse. Édit de Restitution. 11 mars. Traité de Suse avec la Savoie. 18 mars. Levée du siège de Casal.	3 mars : Oulx ; 8-13 mars : Chiomonte ; 14 mars… : Suse
Avril	19 avril. Ligue entre la France, Venise et la Savoie. 24 avril. Paix avec l'Angleterre.	… Suse…
Mai	14-27 mai. Siège de Privas.	… 9 mai : Suse ; 12 mai : Oulx ; 14 mai : Gap ; 21 mai… : camp devant Privas
Juin	2 juin. Louis de Marillac est fait maréchal de France. 17 juin. Capitulation d'Alès. 28 juin. Édit de grâce d'Alès.	… 3 juin : camp devant Privas ; 8 juin : camp de Saint-Ambroix ; 10-24 juin : camp d'Alès ; 29 juin : Aigremont ; 30 juin… : Saint-Chaptes
Juillet	Juillet. Édit de Nîmes.	1er juillet : Saint-Chaptes ; 6-7 juillet : Saint-Privas ; 10 juillet : Beaucaire ; 14 juillet : Uzès ; 16-17 juillet : Nîmes ; 20-24 juillet : Montpellier ; 30 juillet… : Pézenas

Août	21 août. Richelieu entre à Montauban.	… 5 août : Pézenas ; 12 août : Albi ; 18 août : Saint-Géry ; 20-21 août : Montauban ; 24 août : Saint-Géry ; 27 août : Rodez
Septembre	3 septembre. Gaston d'Orléans est en Lorraine.	2 septembre : Brioude ; 3-4 septembre : Clermont ; 7 septembre : Effiat ; 14 septembre… : Fontainebleau
Octobre	2 octobre. Mort de Bérulle. 9 octobre. Richelieu devient lieutenant général au gouvernement de Brouage, Oléron, Ré, Marans, Royan et Saint-Jean-d'Angély. 21 octobre. Son frère Alphonse devient cardinal.	Fontainebleau
Décembre	4 décembre. Richelieu est lieutenant général commandant l'armée d'Italie. 31 décembre. Richelieu part pour une deuxième campagne d'Italie.	10-29 décembre : Paris

1630

Janvier	2 janvier. Accommodement avec Gaston d'Orléans. 28 janvier. Première rencontre de Richelieu avec Mazarin à Lyon.	1er janvier : Fontainebleau ; 2 janvier : Nemours ; 3 janvier : La Bussière (Loiret) ; 11-12 janvier : Decize ; 16 janvier : Charlieu ; 18-30 janvier : Lyon
Février		5-6 février : Grenoble ; 7 février : Vizille ; 12-14 février : Embrun ; ? février-2 mars : Oulx
Mars	23 mars. Prise de Pignerol par les Français.	5-13 mars : Suse ; 13 mars : Cazalette ; 14 mars-3 mai : camp devant Pignerol
Avril	10 mai. Louis XIII rejoint Richelieu à Lyon.	Pignerol
Mai	18 juillet. Les Impériaux prennent Mantoue. 26 juillet. Mort de Charles-Emmanuel Ier de Savoie. Avènement de Victor-Amédée.	6 mai : La Batie ; 9-20 mai : Grenoble, Artas ; 25 mai : Arby ; 27 mai : Annecy ; 30 mai : Faverges
Juin		2-11 juin : Conflans (Savoie) ; 12-13 juin : Saint-Pierre-d'Albigny ; 15-20 juin : Chambéry ; 25-29 juin : Grenoble ; 30 juin : Domaine (Isère)
Juillet		1er juillet : Aiguebelle ; 3 juillet : La Chambre ; 5 juillet…. : Saint-Jean-de-Maurienne
Août	13 août. Ferdinand II renvoie Wallenstein.	… 16 août : Saint-Jean-de-Maurienne ; 19 août : Pontcharra ; 23 août… : Lyon

Septembre	22-30 septembre. Louis XIII est malade à Lyon.	Lyon
Octobre	13 octobre. Le père Joseph et Brûlart de Léon signent la paix de Ratisbonne. 22 octobre. Richelieu désavoue la paix de Ratisbonne. 26 octobre. Levée du siège de Casal.	… 19 octobre : Lyon ; 20 octobre : Saint-Symphorien-en-Laye ; 21-22 octobre : Roanne
Novembre	10-11 novembre. Journée des Dupes. 12 novembre. Disgrâce de Marillac. Châteauneuf est garde des Sceaux. 21 novembre. Le maréchal de Marillac est arrêté.	5 novembre : Fontainebleau ; 10-11 novembre : Paris ; 12-17 novembre : Versailles ; 21 novembre… : Saint-Germain
Décembre	11 décembre. Abel Servien est nommé secrétaire d'État à la Guerre. 12 décembre. Richelieu est gouverneur et lieutenant général de l'Aunis, La Rochelle et l'île de Ré.	… Saint-Germain… ; 31 décembre : Paris

1631

Janvier	23 janvier. Traité de Bärwalde : alliance franco-suédoise. 30 janvier. Gaston d'Orléans quitte la cour.	… Paris ; 13-15 janvier : Bois-le-Vicomte ; 21-24 janvier : Paris
Février	23 février. Marie de Médicis est assignée à résidence à Compiègne.	15 février : Bois-le-Vicomte ; 21-22 février : Compiègne ; 24 février : Senlis
Mars	Mars. Gaston d'Orléans quitte le royaume.	3 mars : Paris ; 15 mars : Étampes ; 19 mars : Paris
Avril		1er-7 avril : Dijon ; 12-16 avril : Fontainebleau
Mai	30 mai. Théophraste Renaudot fonde *La Gazette*. 30 mai. De Nancy, Gaston d'Orléans lance son Manifeste contre Richelieu.	7 mai : Fleury
Juin	19 juin. Traité de Cherasco.	2 juin : Leuville-sur-Orge
Juillet	18 juillet. Marie de Médicis quitte la France pour les Pays-Bas.	2-14 juillet : Saint-Germain ; 22-24 juillet : Paris ; 26 juillet… : Bois-le-Vicomte
Août	5 août. Gaston d'Orléans rejoint Marie de Médicis. Août/4 septembre. Richelieu est fait duc et pair.	26 août : Bois-le-Vicomte ; 29 août : Villemareuil (Seine-et-Marne) ; 30 août-1er septembre : Monceaux
Septembre	5 septembre. Richelieu est reçu au Parlement. 7/16 septembre. Richelieu devient gouverneur et amiral de Bretagne. 17 septembre. Gustave-Adolphe remporte la victoire de Breitenfeld.	5 septembre : Paris ; 12 septembre : Nanteuil-lès-Meaux ; 17 septembre : Compiègne ; 19 septembre : Compiègne ; 21 septembre : Monceaux ; 25 septembre : Paris ; 30 septembre : Vandeuvre-sur-Barse

Octobre		1ᵉʳ octobre : Troyes ; 3 octobre : Pont-sur-Seine ; 11-14 octobre : Fontainebleau ; 28 octobre… : Château-Thierry
Décembre		… 9 décembre : Château-Thierry ; 16 décembre : Châlons-sur-Marne, Sainte-Menehould ; 17 décembre : Dombasle-en-Argonne ; 21-31 décembre : Metz

1632

Janvier	3 janvier. Gaston d'Orléans épouse secrètement Marguerite de Lorraine. 6 janvier. Traités de Vic avec la Lorraine.	4 janvier Moyen-Vic ; 13 janvier : Vic ; 24 janvier… : Metz
Février		… 9 février : Metz ; 12 février : Verdun ; 17 février : Montmirail ; 25-28 février : Jouy
Mars	2 mars. Richelieu est gouverneur de Nantes.	2 mars… : Saint-Germain
Avril		… 11 avril : Saint-Germain
Mai	10 mai. Louis de Marillac est exécuté. 14 mai. Richelieu est nommé dans l'ordre du Saint-Esprit. 30 mai. L'archevêque de Trèves se met sous la protection du roi de France.	1ᵉʳ-4 mai : Paris ; 15 mai : Clermont ; 19 mai : Amiens ; 29 mai : Calais
Juin		1ᵉʳ juin : Amiens ; 3-4 juin : Corbie ; 11 juin : Laon ; 21 juin : Saint-Mihiel ; 27 juin : Liverdun
Juillet	Léon Bouthillier est nommé secrétaire d'État aux Affaires étrangères. 27 juillet. Mort du maréchal d'Effiat.	6 juillet : Pont-à-Mousson ; 14 juillet : Étoges et Baye (Marne) ; 20 juillet : Monceau ; 22-25 juillet : Bois-le-Vicomte
Août	4 août. Claude de Bullion et Claude Bouthillier deviennent surintendants des Finances. 7 août. Mort de Michel de Marillac.	2-6 août : Saint-Germain ; 8 août : Rueil ; 13 août : Paris ; 16 août : Fontainebleau ; 20 août : Nogent-sur-Vernisson (Loiret) ; 22 août : Bony ; 23-24 août : Cosne-sur-Loire ; 25 août : La Charité-sur-Loire ; 26 août : Nevers
Septembre	1ᵉʳ septembre. Bataille de Castelnaudary. Défaite de Gaston d'Orléans et du duc de Montmorency.	4 septembre : Saint-Symphorien ; 7-9 septembre : Lyon ; 13-16 septembre : Montélimart ; 16-17 septembre : Pont-Saint-Esprit ; 18 septembre : Beaucaire ; 24 septembre… : Montpellier

Octobre	Début de l'affaire des convulsionnaires au couvent des Ursulines de Loudun. 30 octobre. Montmorency est exécuté.	… 3 octobre : Montpellier ; 14 ocobre : Béziers ; 17 octobre : Castelnaudary ; 30 octobre : Toulouse
Novembre	6 novembre. Gaston d'Orléans s'enfuit de Tours et se réfugie à Bruxelles. 16 novembre. Bataille de Lützen ; mort de Gustave-Adolphe. 17 novembre. Mort du maréchal de Schomberg.	1er-2 novembre : Grenade ; 5-6 novembre : Lectoure ; 7 novembre : Casteljaloux ; 13 novembre : Bordeaux ; 30 novembre : Saujon ; 26 novembre : Cozes (Charente-Maritime)
Décembre		9-10 décembre : Brouage (Richelieu) ; 15 décembre : Mauzé (Deux-Sèvres) ; 16 décembre : Niort ; 25 décembre : Couziers (Indre-et-Loire) ; 31 décembre : Beaugency

1633

Janvier		4 janvier : Dourdan ; Paris, Rueil
Février	25 février. Pierre Séguier est fait garde des Sceaux à la place de Châteauneuf.	Paris, Rueil
Mars		Paris, Rueil
Avril	13 avril. Ligue de Heilbronn.	Paris, Rueil ; 20-22 avril : Beaumont
Mai	5 mai. Richelieu est commandeur de l'ordre du Saint-Esprit.	1er mai : Juvisy ; Mai… Fleury
Juin		… 2 juin : Fleury ; 2-3 juin : Fontainebleau ; 19-24 juin : Forges
Juillet		
Août		12 août : Monceaux ; 14 août : Villemareuil ; 18 août : Château-Thierry ; 22 août : Châlons-sur-Marne
Septembre	5 septembre. Alliance à Francfort entre la France et l'Union de Heilbronn. 20 septembre. Occupation de la Lorraine. Traité de Charmes.	12-16 septembre : Devant Nancy ; 18-21 septembre : Charmes ; 28 septembre : Nancy
Octobre		15-19 octobre. Saint-Dizier ; 25 octobre… Sézanne
Novembre		… 5 novembre : Sézanne ; 8 novembre : Fontenay ; 20 novembre… Rueil
Décembre		Rueil

1634

Janvier	Janvier/5 juillet. Richelieu est fait duc de Fronsac et pour la seconde fois pair de France.	Janvier : Rueil ; 18 janvier : Paris
Février	25 février. Assassinat de Wallenstein.	
Mars		11 mars : Paris ; 13-21 mars : Royaumont
Avril	15 avril. Traité avec les Provinces-Unies.	23-24 avril : Rueil
Mai		10-31 mai : Fleury
Juin		9 juin : Juvisy
Juillet		3-5 juillet : Rueil ; 11-21 juillet : Paris ; 28 juillet : Chantilly
Août	18 août. Urbain Grandier est exécuté à Loudun.	25-28 août : Royaumont
Septembre	6 septembre. Les Suédois sont défaits par les Impériaux à Nördlingen.	1ᵉʳ septembre : Paris ; 5 septembre : Bois-le-Vicomte ; 12 septembre : Villemareuil ; 13-22 septembre : Paris ; 26 septembre : Le Plessis-aux-Bois
Octobre	8 octobre. Gaston d'Orléans rentre en France.	6-7 octobre : Chilly ; 18 octobre : Paris ; 19-23 octobre : Rueil ; 26 octobre : Versailles
Novembre	1ᵉʳ novembre. Traité de Paris avec la Suède et les princes allemands. 24 novembre. Préliminaires de Pirna entre l'empereur et les Électeurs de Saxe et de Brandebourg. 26 novembre. Mazarin est nommé nonce extraordinaire à Paris.	2 novembre : Paris ; 5 novembre… : Rueil
Décembre	Décembre. Puylaurens est fait duc et pair.	Rueil

1635

Janvier	Janvier. Les Impériaux prennent Philippsbourg. 29 janvier. Lettres patentes créant l'Académie française.	Rueil
Février	8 février. Traité avec les Provinces-Unies. 14 février. Puylaurens est arrêté.	8-20 février : Paris
Mars	4 mars. La *Comédie des Tuileries* est donnée à l'Arsenal. 26 mars. Les Espagnols s'emparent de Trèves et de son électeur.	2-5 mars : Rueil ; 13-27 mars : Royaumont ; 30 mars… : Rueil

Avril	28 avril. Traité de Compiègne avec la Suède.	… 12 avril : Rueil ; 20 avril : Bois-le-Vicomte ; 22-30 avril : Compiègne ; 30 avril : Mouchy
Mai	15 mai. Pose de la première pierre de l'église de la Sorbonne. 19 mai. La France déclare la guerre à l'Espagne. 22 mai. Victoire française à Avein. 30 mai. Paix de Prague entre l'empereur et les princes protestants. Abandon de l'édit de Restitution.	3-6 mai : Péronne ; 8-10 mai : Saint-Quentin ; 14-15 mai : Neufchâtel ; 20-24 mai : Château-Thierry ; 27 mai… : Condé
Juin		… 5 juin : Condé ; 7 juin : La Ferté ; 8 juin : Bois-le-Vicomte ; 12 juin… : Rueil
Juillet	11 juillet. Traité de Rivoli avec la Savoie, Parme, Modène et Mantoue.	Rueil
Août	23 août. Richelieu est commandant à Paris, en Île-de-France, en Picardie, en Normandie et provinces voisines en l'absence du roi.	Rueil ; 6 août : Chantilly (?) ; 14 août : Royaumont ; 21-28 août : Conflans
Septembre		… 5 septembre : Rueil ; 10-20 septembre : Charonne ; 23-28 septembre : Conflans ; 29 septembre-15 octobre : Rueil
Octobre	27 octobre. Traité de Saint-Germain-en-Laye avec Bernard de Saxe-Weimar.	… 15 octobre : Rueil ; 16-17 octobre : Berny ; 18-19 octobre : Chilly ; 23 octobre… : Rueil
Novembre		Rueil
Décembre	19 décembre. Séguier devient chancelier. 23 décembre. Richelieu est général de Prémontré.	Rueil ; 19 décembre : Paris

1636

Janvier		Rueil ; 6-10 janvier : Paris
Février	16 février. Sublet de Noyers devient secrétaire d'État à la Guerre.	Rueil ; 8 février : Orléans ; 10 février : Paris
Mars		Rueil ; 28 mars : Paris-Rueil
Avril	20 avril. Traité de Wismar. Confirmation de l'alliance avec la Suède.	2 avril-11 mai : Charonne ; 20-27 avril : Chantilly-Royaumont
Mai	29 mai. début du siège de Dole.	12 mai : Versailles ; 14-21 mai : Rueil ; 26 mai… Conflans
Juin	6 juin. Acte de donation au roi du Palais-Cardinal.	… 29 juin : Conflans ; 30 juin : Paris

Juillet	9 juillet. Les Espagnols prennent La Capelle. 25 juillet. Les Espagnols prennent Le Catelet.	5-13 juillet : Charonne ; 13 juillet : Rueil ; 20 juillet : Charonne ; 23 juillet… : Chaillot
Août	5 août. Capitulation de Roye. 15 août. Les Espagnols prennent Corbie. Condé lève le siège de Dole.	… 5 août : Chaillot ; 8-24 août : Paris ; 25 août : Rueil
Septembre	18 septembre. Gaston d'Orléans reprend Roye. Septembre. Les Espagnols occupent les îles de Lérins.	3-4 septembre : Goussainville ; 12-20 septembre : Abbaye de La Victoire (près Senlis) ; 23 septembre : Borrin ; 26-30 septembre : Roye
Octobre	Octobre. Complot d'Amiens contre Richelieu. Octobre-novembre. Siège de Saint-Jean-de-Losne.	2-29 octobre : Amiens ; 29 octobre : Piquigny ; 30 octobre… Abbeville
Novembre	14 novembre. Reprise de Corbie.	1er-2 novembre : Abbeville ; 5 novembre : Piquigny ; 5-19 novembre : Amiens ; 19 novembre : Corbie ; 20-21 novembre : Bouillancourt ; 21 novembre : Le Plessis-Saint-Just, Merlou ; 24 novembre : Presle ; 25 novembre… : Rueil
Décembre	22 décembre. Élection de Ferdinand, roi de Hongrie, fils de Ferdinand II, roi des Romains.	Rueil ; 30 décembre : Paris

1637

Janvier	8 janvier. *La Grande Pastorale* est donnée au Palais-Cardinal.	1er- ? janvier : Rueil ; 8 janvier : Paris ; 14 janvier : Paris ; 21 janvier : Paris ; 30 janvier : Artenay
Février	15 février. Mort de Ferdinand II. Ferdinand III empereur.	1er-6 février : Orléans ; 11 février : Angerville ; 12 février : Etrechy ; 15-16 février : Paris
Mars Avril		1er mars… Rueil … 16 avril : Rueil ; 24 avril : Charonne
Mai	Mai. Reprise des îles de Lérins.	5 mai : Paris ; 6 mai : Rueil ; 8-10 mai : Charonne ; 13 mai : Rueil ; 17 mai : Charonne ; 28 mai… : Rueil
Juin		… 7 juin : Rueil ; 9 juin : Chilly ; 12 juin… : Rueil
Juillet		… 10 juillet : Rueil ; 29 juillet : Paris ; 31 juillet : Rueil
Août	Août. Anne d'Autriche est convaincue d'intelligence avec l'Espagne.	3-4 août : Chaillot ; 10-14 août : La Capelle ; 20 août : Royaumont ; 22 août : Paris ; 28 août : Conflans ; 28-30 août : Rueil

Septembre		7-8 septembre : Paris ; 10-18 septembre : Conflans ; 19 septembre : Rueil ; 20 septembre : Paris ; 21 septembre : Conflans ; 22 septembre… : Charonne
Octobre	8 octobre. Mort de Victor-Amédée Ier de Savoie. Régence de la duchesse Christine.	… 10 octobre : Charonne ; 12 octobre : Rueil ; 13 octobre : Charonne ; 25 octobre : Rueil ; 27 octobre : Saint-Germain ; 29 octobre… : Rueil
Novembre		Rueil
Décembre	5 décembre. Conception du dauphin. 10 décembre. Disgrâce du père Caussin. 10 décembre. Vœu de Louis XIII qui consacre le royaume à la Vierge.	Rueil

1638

Janvier	1er janvier. La terre d'Aiguillon érigée en duché-pairie pour Mme de Combalet.	Rueil
Février	10 février. Confirmation du vœu de Louis XIII.	*Id.*
Mars	3 mars. Victoire de Bernard de Saxe-Weimar à Rheinfelden. 6 mars. Traité de Hambourg avec la Suède. 27 mars. Cinq-Mars est nommé grand maître de la garde-robe du roi.	*Id.*
Avril		*Id :* ; 28 avril-1er mai : Royaumont
Mai	14 mai. Saint-Cyran est arrêté.	5 mai : Rueil ; 5-15 mai : Compiègne ; 17 mai : Mouchy ; 22 mai : Compiègne, Saint-Germain ? ; 28 mai… : Rueil
Juin		… Rueil… ; 18 juin : Fontainebleau
Juillet		… 17 juillet : Rueil ; 16 juillet : Saint-Germain ; 19 juillet : Royaumont ; 20 juillet : Clermont ; 23-24 juillet : Amiens ; 27 juillet : Airaines
Août	22 août. Victoire navale sur les Espagnols à Guéthary.	2-16 août : Abbeville ; 18 août : Piquigny ; 21-24 août : Amiens ; 24-27 août : Chaulnes ; 29-30 août : Péronne ; 31 août-1er septembre : Ham

Septembre	5 septembre. Naissance du dauphin. 7 septembre. Défaite de Fontarabie. 14 septembre. Reprise du Catelet.	2-17 septembre : Saint-Quentin ; 18-25 septembre : Magny
Octobre	4 octobre. Mort du duc François-Hyacinthe de Savoie. Nouvelle régence.	1er-30 octobre : Rueil ; 5-7 octobre : Paris ; 22 octobre : Paris, Rueil ; 29-30 octobre : Saint-Germain
Novembre	5 novembre. Marie de Médicis est à Londres.	1er-13 novembre : Rueil ; 18 novembre : Paris ; 23 novembre… : Rueil
Décembre	18 décembre. Mort du père Joseph. 19 décembre. Prise de Brisach.	Rueil

1639

Janvier		5 janvier : Rueil ; 6 janvier : Villeroy ; 7 janvier : Rueil ; 10 janvier : Paris ; 15-17 janvier : Rueil ; 24 janvier : Paris
Février		9-24 février : Rueil
Mars		17 mars : Saint-Germain ; 26 mars… Rueil
Avril	Troubles en Écosse.	… 20 avril : Rueil ; 26 avril : Saint-Germain ; 27 avril… : Rueil
Mai		… 24 mai : Rueil ; 26 mai : Pontoise ; 27 mai : Houdan ; 29 mai : Saint-Manny ; 31 mai… : Abbeville
Juin	8 juin. Le duc de La Valette est exécuté en effigie. 29 juin. Prise de Hesdin.	… Abbeville…
Juillet	18 juillet. Mort de Bernard de Saxe-Weimar. 19 juillet. Condé prend Salses.	… 8 juillet : Abbeville ; 11 juillet : Corbie ; 14 juillet : Péronne ; 14-15 juillet : Ham ; 17-19 juillet : Saint-Quentin ; 21 juillet : Guise ; 22 juillet : Marle ; 24 juillet : Rethel ; 26-28 juillet : Mézières ; 30-31 juillet : Donchery ; 31 juillet… : Mouzon
Août		… 12 août : Mouzon ; 14-16 août : Sainte-Menehould ; 19 août : Saint-Dizier ; 20 août : Joinville ; 25-29 août : Langres
Septembre	28 septembre. Mort du cardinal de La Valette.	4-11 septembre : Châlon-sur-Saône ; 5 septembre : Saint-Jean-de-Losne ; 13-14 septembre : Mâcon ; 18-19 septembre : Lyon ; 23 septembre… : Grenoble

Octobre	21 octobre. Victoire navale des Hollandais sur la flotte espagnole devant Douvres.	... 4 octobre : Grenoble ; 22-24 octobre : Lyon ; 27 octobre : Saint-Symphorien ; 31 octobre : Montargis
Novembre	15 novembre. Cinq-Mars est fait grand écuyer.	2 novembre : Briare ; 3 novembre... : Rueil
Décembre	Décembre. Perte de Salses.	Rueil ; 14 décembre : Paris

1640

Janvier	2 janvier. Entré du chancelier Séguier à Rouen. Répression de la révolte des Va-nu-pieds de Normandie. 3 janvier. Mazarin en France.	Rueil
Février	3 février. Richelieu est gouverneur du Havre-de-Grâce.	Rueil
Mars		Rueil
Avril		Rueil ; 14 avril : Paris
Mai		2 mai : Saint-Brice ; 3-6 mai : Royaumont ; 8 mai : Nanteuil ; 15-28 mai : Soissons
Juin		2-18 juin : Blérancourt ; 18-19 juin : Chaulnes ; 20 juin... : Amiens
Juillet		Amiens
Août	9 août. Prise d'Arras.	Amiens
Septembre	21 septembre. Naissance de Philippe, duc d'Anjou.	... 8 septembre : Amiens ; 21-26 septembre : Chaulnes
Octobre		3 octobre... : Rueil ; 13 octobre, Paris
Novembre		... Rueil... ; 1er et 20 novembre : Paris
Décembre	29 décembre. Mort de Bullion. Décembre. Révolte de Catalogne et du Portugal.	... Rueil... ; 7, 18 et 23 décembre : Paris

1641

Janvier	14 janvier. *Mirame*. 23 janvier. Alliance avec la Catalogne ; Louis XIII est fait comte de Barcelone.	... Rueil... ; 2, 14 janvier : Paris
Février	1er février. Alliance avec le Portugal 11 février. Le duc d'Enghien épouse la nièce de Richelieu, Claire-Clémence de Maillé. 21 février. Le Parlement se voit interdire les affaires politiques.	... Rueil... ; 9 février, 12, 28 février : Paris
Mars	29 mars. Traité de Paris (ou de Saint-Germain) avec le duc de Lorraine.	... Rueil...

Avril		… Rueil… ; 29 avril : Paris
Mai		… Rueil… ; 10 mai : Paris
Juin		30 mai-27 juin : Abbeville ; 29 juin : Corbie
Juillet	6 juillet. Bataille de La Marfée : victoire et mort du comte de Soissons.	1ᵉʳ-9 juillet : Péronne ; 9 juillet : Chaulnes ; 10 juillet : Roye ; 12 juillet : Soissons ; 15-23 juillet : Reims ; 28 juillet : Rethel
Août	5 août. Traité avec le duc de Bouillon.	3-4 août : Mézières ; 5 août : devant Sedan ; 16 août : Blérancourt ; 18 août : Oye ; 22 août… : Amiens
Septembre		… 10 septembre : Amiens ; 10 septembre : Corbie ; 17-19 septembre : Chaunes ; 29 septembre… : Amiens
Octobre		… 10 octobre : Amiens ; 18-27 octobre : Chaunes ; 30 octobre : Liancourt
Novembre	9 novembre. Saint-Preuil, gouverneur d'Arras, est exécuté.	8 novembre… Rueil ; 25 novembre : Paris
Décembre	15 décembre. Mazarin devient cardinal. 22 décembre. Mort de Sully.	… Rueil ; 29 décembre : Paris

1642

Janvier	Janvier. Révolution d'Angleterre. Fuite de Charles Iᵉʳ. 17 janvier. Les Impériaux battus à Kempen.	Rueil
Février		3 février : Fontainebleau ; 8 février : La Charité ; 10 février : Nevers ; 20 février : Lyon ; 28 février : Valence
Mars	13 mars. Traité des conjurés avec l'Espagne.	6 mars : Beaucaire ; 14 mars : Agde ; 19 mars : Narbonne
Avril	Avril. Prise de Collioure.	… Narbonne…
Mai	23 mai. Testament de Richelieu 26 mai. Défaite d'Honnecourt.	… 27 mai : Narbonne
Juin	13 juin. Arrestation de Cinq-Mars et de Thou. 23 juin. Le duc de Bouillon est arrêté.	4 juin : Agde ; 5 juin : Marseillan, Frontignan ; 10 juin : Arles ; 13 juin… : Tarascon
Juillet	3 juillet. Mort de Marie de Médicis.	… Tarascon…
Août	29 août. Chute de Perpignan.	… 17 août : Tarascon ; 20-21 août : Mornas ; 22-23 août : Pont-Saint-Esprit ; 28 août : La Voute ; 30 août : Valence

Septembre	12 septembre. Cinq-Mars et de Thou sont exécutés. 15 septembre. Chute de Salses. 29 septembre. Occupation de Sedan.	3 septembre : Condrieux ; 4 septembre : Vienne ; 6-9 septembre : Lyon ; 12-13 septembre : Lentilly ; 15 septembre : Tarare ; 15-16 septembre : La Fontaine près Saint-Symphorien ; 18 septembre : Roanne ; 21 septembre : Digouain ; 22 septembre... : Bourbon-Lancy
Octobre		... 2 octobre : Bourbon-Lancy ; 3 octobre : Decize ; 7 octobre : Briare ; 11 octobre : Ferrière (entre Montargis et Nemours) ; 13 octobre : Fontainebleau ; 17-23 octobre : Paris ; 26 octobre... : Rueil
Novembre	2 novembre. Victoire suédoise à Breitenfeld.	... 3 novembre : Rueil ; 4 novembre... : Paris
Décembre	4 décembre. Mort de Richelieu. 5 décembre. Mazarin entre au Conseil. 13 décembre. Inhumation de Richelieu à la Sorbonne.	... Paris

1643

17 janvier. Philippe IV renvoie Olivarès.
10 avril. Disgrâce de Sublet de Noyers.
21 avril. Baptême de Louis XIV.
4 mai. Le Tellier devient secrétaire d'État à la Guerre.
14 mai. Mort de Louis XIII.
18 mai. Anne d'Autriche devient régente, Mazarin principal ministre. Claude Bouthillier et Chavigny sont renvoyés.
19 mai. Bataille de Rocroi.
14 septembre. Victoire navale française au large de Carthagène.

1644

Ouverture des congrès de Münster et Osnabrück.

1646

Publication du *Traité de la Perfection du chrétien.*

1648

24 octobre. Paix de Westphalie.

1651

Publication du *Traité qui contient la méthode pour convertir ceux qui se sont séparés de l'Église.*

1659

7 novembre. Paix des Pyrénées.

1675

17 avril. Mort de la duchesse d'Aiguillon.

1688

Publication du *Testament politique.*

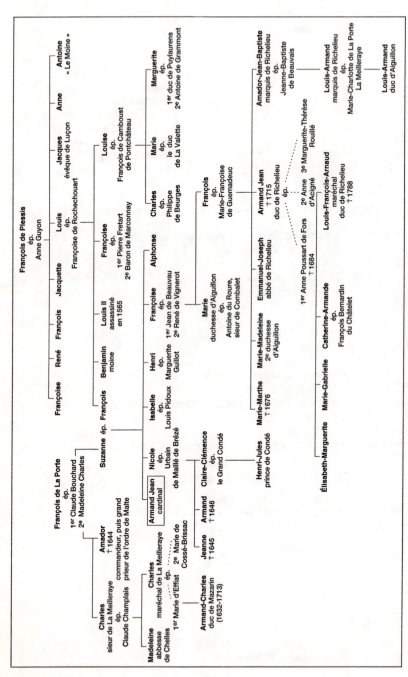

Généalogie du cardinal de Richelieu

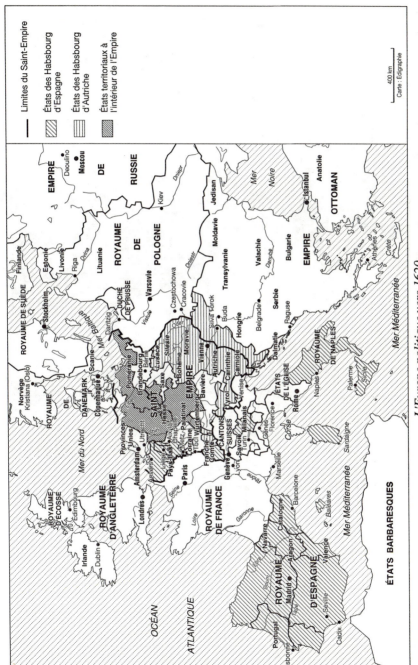

Légende

Limites du Saint-Empire

//// États des Habsbourg d'Espagne

|||| États des Habsbourg d'Autriche

▨ États territoriaux à l'intérieur de l'Empire

400 km

Carte : Edigraphie

L'Europe politique vers 1620

Labels sur la carte :

OCÉAN ATLANTIQUE

ÉTATS BARBARESQUES

ROYAUME D'ESPAGNE — Portugal, Lisbonne, Cadix, Séville, Madrid, Tage, Duero, Ebre, Navarre, Catalogne, Aragon, Valence, Barcelone, Baléares

Mer Méditerranée

ROYAUME DE FRANCE — Paris, Seine, Loire, Garonne, Rhône, Lyon, Marseille

ROYAUME D'ANGLETERRE — Londres

ROYAUME D'ÉCOSSE — Edimbourg

Irlande, Dublin

Mer du Nord

Provinces Unies, Amsterdam, Anvers

Pays-Bas, Artois, Flandre, Franche-Comté

SAINT EMPIRE — Hesse, Palatinat, Metz, Toul, Verdun, Lorraine, Alsace, Wurtemberg, Bavière, Tyrol, Carinthie, Carniole, Autriche, Vienne, Bohême, Moravie, Silésie, Lusace, Saxe, Brandebourg, Poméranie, Berlin, Magdebourg

CANTONS SUISSES, Genève, Savoie, Turin, Milanais, Gênes

Venise, Florence, ÉTATS DE L'ÉGLISE, Rome, Corse, Sardaigne

ROYAUME DE NAPLES, Naples, Palerme, Sicile

NORVÈGE, Kristiana (Oslo)

ROYAUME DE DANEMARK, Copenhague, Scanie

ROYAUME DE SUÈDE, Stockholm, Finlande

Mer Baltique, Dantzig, DUCHÉ DE PRUSSE

Norvège

ROYAUME DE POLOGNE — Vistule, Oder, Varsovie, Cracovie, Czestochowa, Lituanie, Riga, Livonie, Estonie, Dvina

EMPIRE DE RUSSIE — Moscou, Deoulino, Kiev, Dniepr, Dniestr

Hongrie, Buda, Silvá Török, Belgrade, Serbie, Transylvanie, Moldavie, Valachie, Bulgarie, Danube, Jedisan

Raguse, Dalmatie

EMPIRE OTTOMAN — Istanbul, Anatolie, Athènes, Crète, Mer Noire

Mer Méditerranée

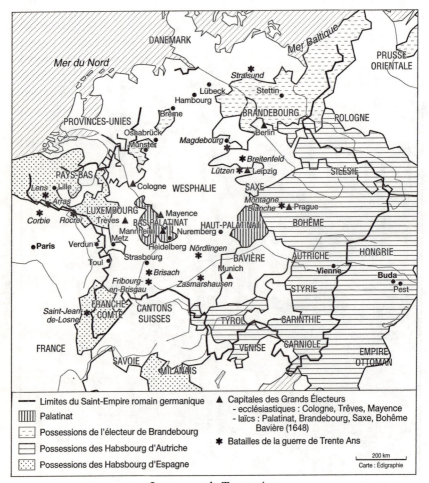

La guerre de Trente Ans

Sources et bibliographie

ŒUVRES ET PAPIERS DE RICHELIEU

Correspondance et papiers d'État

Éditions systématiques

Lettres, instructions diplomatiques et papiers d'État du cardinal de Richelieu, par M. Avenel, Paris, 8 vol., 1853-1877 (Collection de documents inédits sur l'histoire de France).
Les papiers de Richelieu. Section politique intérieure. Correspondance et papiers d'État (par P. Grillon), Paris, 6 vol. et index pour les t. I à III et IV à VI, 1975-1997. – *Idem. Section politique extérieure. Correspondance et papiers d'État, Empire allemand* (par A. Wild et A. V. Hartmann), 3 vol. 1982-1999 et index, par A. Berger, 2003 (collection Monumenta Europae historica).
Acta Pacis Westphalicae (éd. M. Braubach et K. Repgen), *Série I, Instruktionen, Frankreich, Schweden, Kaiser*, Münster, 1962.

Éditions ponctuelles (liste non exhaustive)

Mémoires pour l'histoire du cardinal duc de Richelieu, recueillis par le sieur Aubery... 2 vol., in-folio, Paris, 1660 (autre édition, Cologne, 1667, 5 vol., in-12).
Autres compilations anonymes : *Lettres du cardinal de Richelieu, où l'on voit la fine politique et le secret de ses plus grandes négociations*, Paris, 1695 (286 lettres). *Lettres du cardinal de Richelieu...*, Cologne, 1695. *Lettres du cardinal-duc de Richelieu, où l'on a joint des mémoires et instructions secrètes de ce ministre pour les ambassadeurs de France en diverses cours, avec quelques relations curieuses servant d'éclaircissement ausdites lettres et mémoires*, Paris, 1696, 2 vol. (499 lettres).
E. Barry, *Quelques lettres inédites du cardinal de Richelieu, 1635-1642*, Extr. de *Mémoires de l'Académie des sciences de Toulouse*, 1874.

R. et A. de Beauchamp, *Louis XIII d'après sa correspondance avec le cardinal de Richelieu*, Paris, 1902.

L. Brièle, « Documents inédits sur le cardinal de Richelieu », dans *Revue historique et nobiliaire d'Anjou*, n° 6, 1870-1871, p. 457-463, 536-555, et *Collection de documents pour servir à l'histoire des hôpitaux de Paris*, t. V, 1887.

Correspondance inédite du duc de Rohan, du cardinal de Richelieu et de Louis de Montcalm, sieur de Saint-Véran et de Candiac, au sujet de la paix d'Alais, 1629..., Extr. de *Bulletin de la Société de l'histoire du protestantisme français*, septembre-octobre 1862.

J. Dagens, *Correspondance du cardinal Pierre de Bérulle*, Paris-Louvain, 1936-1939, 3 vol.

A. Dragonetti de Torres, *Lettere inedite dei cardinali di Richelieu, de Joyeuse, de Bentivoglio, Baronio, Bellarmino, Maurizio di Savoia ed altri... dirette... cardinali Ludovico e Cosimo de Torres*, Aquila, 1929.

Y. Fernillot, « Le fonds Richelieu à la Sorbonne : deux lettres inédites de Charles de Valois et du roi Louis XIII au cardinal de Richelieu », dans *Mélanges de la bibliothèque de la Sorbonne*, 1984, n° 5, p. 46-55.

E. Griselle, *Louis XIII et Richelieu. Lettres et pièces diplomatiques*, Paris, 1911.

E. Griselle, *Lettres de la main de Louis XIII*, Paris, 1914 (2 vol.).

G. La Caille, *Lettres inédites de Louis XIII à Richelieu*, Paris, 1901.

R. Lavollée, « Quelques lettres inédites du cardinal de Richelieu provenant de la collection M. Gordon-Bennett », dans *Annuaire-Bulletin de la Société de l'histoire de France*, 1907, 9 p.

Lettres de Louis XIII au cardinal de Richelieu et à M. de Bullion..., Extr. de *Mélanges publiés par la Société des bibliophiles français*, Paris, 1903.

E. Roschach, « Note sur trois lettres inédites du cardinal de Richelieu conservées au château de Pinsaguel », dans *Mémoires de l'Académie des sciences, inscriptions et belles-lettres de Toulouse*, 1875, 14 p.

E. Sue, *Correspondance d'Henri Escoubleau de Sourdis... augmentée des ordres, instructions et lettres de Louis XIII et du cardinal de Richelieu... concernant les opérations des flottes françaises de 1636 à 1642...*, Paris, 1839, 3 vol.

Le Testament politique

Première édition : *Testament politique d'Armand du Plessis, cardinal de Richelieu...*, Amsterdam, H. Desbordes, 1688.

En 1764, une seconde édition due à Marin semble avoir utilisé de meilleurs manuscrits mais avoir coupé le texte, modifié la disposition des chapitres. En revanche, elle apportait un certain nombre de textes en complément (*Maximes d'État ou Testament politique d'Armand du Plessis, cardinal duc de Richelieu* [éditées par François-Louis-Claude Marini, dit Marin], Paris, impr. de Le Breton, 1764, 2 vol. Suivi d'observations historiques sur le *Testament politique* du cardinal de Richelieu et de la lettre sur le *Testament politique* par Étienne Lauréault de Foncemagne).

Œuvres du cardinal de Richelieu, avec une introduction et des notes par Roger Gaucheron, Paris, 1929 (extraits du *Testament politique*, choix de maximes et de lettres) [texte fortement tronqué et ordre bouleversé].

Cardinal de Richelieu, *Testament politique*. Édition critique publiée avec une introduction et des notes par Louis André et une préface de Léon Noël, Paris, 1947.

(Appendices : Assemblée du clergé [1641]. Note mise par Huet. Souvenirs de Mme de Genlis. Avertissement à l'édition de 1668. Parties de texte omises dans le ms. édité. Controverse Voltaire-Gamonet). [Cette édition de Louis André du manuscrit provenant de Le Masle marque un net progrès. Son introduction, qui fait le point provisoire des manuscrits et des problèmes d'authenticité, constitue toujours un élément irremplaçable de connaissance du texte, même si, aujourd'hui, ses hypothèses quant à la paternité du texte ne sauraient, on l'a vu, être soutenues. Mais elle souffre d'un vice de fond : le choix du manuscrit édité.]

Testament politique de Richelieu, édité par F. Hildesheimer, Paris, Société de l'histoire de France, 1995 [édition à partir du ms. 82 des Affaires étrangères considéré comme le plus proche de Richelieu].

Les Maximes

Maximes d'État et fragments politiques du cardinal de Richelieu, publiés par G. Hanotaux, Paris, 1880.

Œuvres historiques

Mémoires du cardinal de Richelieu. Édition Petitot, 10 vol. (1610-1638), Collection de mémoires relatifs à l'histoire de France, 2e série, t. XXI *bis* à XXX, Paris, 1823.

Idem. Édition Michaud et Poujoulat. 3 vol. (1610-1638), Nouvelle collection de mémoires pour servir à l'histoire de France, 2e série, t. VII à IX, Paris, 1837-1838.

Idem. Édition de la Société de l'histoire de France (1600-1629), 10 vol., Paris, 1907-1931.

Jusque-là, les *Mémoires* étaient connus par la publication de quelques fragments : le rassemblement des premiers est dû à des éditeurs « hostiles » : *Journal de Monsieur le cardinal-duc de Richelieu qu'il a fait durant le grand orage de la cour, tiré de ses mémoires qu'il a écrits de sa main*, s. l., 1648 et 1649 (réimpression sous le titre : *Mémoires du cardinal de Richelieu contenant tout ce qui s'est passé à la cour pendant son administration, ensemble les procès de Monsieur le maréchal de Marillac, de Montmorency, de Saint-Preuil, de Cinq-Mars et de Thou, avec plusieurs autres pièces que l'on a trouvées après sa mort écrites de sa main*, Gouda, 1650, réimpr. 1652, 1664, 1665, 1666). Republié dans *Archives curieuses de l'histoire de France...*, publiées par F. Danjou, 2e série, t. V. – La seconde publication est le début de ce qui constituera les *Mémoires* : l'*Histoire de la mère et du fils, c'est-à-dire de Marie de Médicis, femme du grand Henri et mère de Louis XIII, roi de France et de Navarre, par François Eudes de Mézeray, historiographe de France* (identification donnée par le P. Lelong dans sa *Bibliothèque historique de la France* en 1719), Amsterdam, 1730 (réédition en 1743 sous le titre d'*Histoire de la régence* et, en 1821, sous le titre de *Mémoires du cardinal de Richelieu* (éd. Petitot, Collection de mémoires relatifs à l'histoire de France, 2e série, t. X-XI).

Ouvrages théologiques

Briefve et facile instruction pour les confesseurs, par H.-J. Flavigny, Fontenay, 1613.

Principaux points de la foy de l'Église catholique défendus contre l'écrit adressé au Roi par les quatre ministres de Charenton, 1618. Reproduits par Migne dans les *Démonstrations évangéliques...*, t. III, Paris, 1842.

Instruction du chrétien, 1618. Réimprimée en 1866 par Migne au tome 88 de sa *Collection intégrale et universelle des orateurs sacrés du premier et du second ordre...*, p. 234-367, elle a fait l'objet d'une reproduction récente (La Roche-sur-Yon, 1996).

Traité de la perfection du chrétien, 1646. Édition critique par S.-M. Morgain et F. Hildesheimer, Paris, 2002.

Traité qui contient la méthode pour convertir ceux qui se sont séparés de l'Église, 1651.

Œuvres oratoires : Migne, *Collection intégrale et universelle des orateurs sacrés du premier et du second ordre...*, t. 88, 1866.

Sermon prononcé à Noël 1618 : publié par le P. Ingold, « Un sermon inédit de Richelieu », dans *Semaine catholique [du diocèse de Luçon]*, 22 décembre 1888.

Divers

Ordonnance de dernière volonté de M. le cardinal de Richelieu en forme de testament [23 mai 1642], nombreuses éditions anciennes, notamment dans Aubery, ou dans *Le Conservateur*, 1757. Réédité dans A. Bailly, *Richelieu*, Paris, 1939, p. 325-346, et dans Danjou, *op. cit.*

H. Lévi, « L'inventaire après décès du cardinal de Richelieu », dans *Archives de l'art français*, 1985, t. XXVII, p. 9-83.

Œuvres théâtrales (participation)

L'Aveugle de Smyrne
La Comédie des Tuileries
Mirame
Europe

AUTRES SOURCES

Correspondance des nonces

P. Blet, *Correspondance du nonce en France Ranuccio Scotti. 1639-1641*, Paris-Rome, 1964 (*Acta nunciaturae gallicae*, 4).

Lettere diplomatiche di Guido Bentivoglio [...], éd. L. Scarabelli, 2 vol., Turin, 1852.

La nunziatura di Francia del cardinale Guido Bentivoglio [...], éd. L. de Sterrani, 2 vol., Florence, 1863.

Relations des ambassadeurs vénitiens

E. Alberi, *Relazioni degli ambasciatori veniti al Senato*, Florence, 1839-1863.

N. Barozzi, *Relazioni degli stati europei al Senato dagli ambasciatori veniti nel secolo decimosettimo*, 11 vol., Venise, 1856-1879.

Mémoires

R. Arnauld d'Andilly, *Mémoires*, éd. Michaud et Poujoulat, 2ᵉ série, t. VIII, Paris, 1838.

F. de Bassompierre, *Mémoires. Histoire de ma vie*, éd. Chantérac, Paris, Société de l'histoire de France, 4 vol., 1870-1876.

Brienne, *Mémoires du comte de Brienne,* éd. Michaud et Poujoulat, 1838.

Fontenay-Mareuil, *Mémoires*, éd. Michaud et Poujoulat, 2ᵉ série, t. V, Paris, 1837.

Fontrailles, *Relation faite des choses particulières de la cour arrivées pendant la faveur de M. de Cinq-Mars...*, éd. Michaud et Poujoulat, 3ᵉ série, t. III, Paris, 1838.

Mémoires de Nicolas Goulas, gentilhomme ordinaire de la chambre du duc d'Orléans, éd. Ch. Constant, t. I, Paris, Société de l'histoire de France, Paris, 1879.

P. de La Porte, *Mémoires contenant plusieurs particularités des règnes de Louis XIII et de Louis XIV*, éd. Michaud et Poujoulat, 3ᵉ série, t. II, Paris, 1839.

La Rochefoucauld, *Mémoires*, Paris, 1964.

Loménie de Brienne, *Mémoires contenant les événements les plus remarquables du règne de Louis XIII et ceux du règne de Louis XIV jusqu'à la mort du cardinal Mazarin*, éd. Michaud et Poujoulat, 3ᵉ série, t. III, Paris, 1838.

M. Molé, *Mémoires*, éd. A. Champollion-Figeac, Paris, Société de l'histoire de France, 4 vol., 1855-1857.

Montchal, *Mémoires*, Rotterdam, 1718, 2 vol.

Montglat, *Mémoires contenant l'histoire de la guerre entre la France et la maison d'Autriche durant l'administration du cardinal de Richelieu et du cardinal Mazarin...*, éd. Michaud et Poujoulat, 3ᵉ série, t. V, Paris, 1838.

Montrésor, *Mémoires*, éd. Michaud et Poujoulat, 3ᵉ série, t. III, Paris, 1838.

Mᵐᵉ de Motteville, *Mémoires*, éd. Michaud et Poujoulat, 2ᵉ série, t. X, Paris, 1838.

L. de Nogaret, cardinal de La Valette, *Mémoires*, Paris, 1771.

L de Pontis, *Mémoires du sieur de Pontis*, éd. Petitot, Paris, 1824.

Cardinal de Retz, *Mémoires*, éd. S. Bertière, Paris, 1998.

H. de Rohan, *Mémoire sur les choses advenues depuis la mort de Henri le Grand jusques à la paix avec les réformés au mois de juin 1629*, éd. Michaud et Poujoulat, 2ᵉ série, t. V, Paris, 1837.

Saint-Simon, *Mémoires* éd. A. de Boislisle, 41 vol., Paris, 1879-1928.

V. Siri, *Memorie recondite*, 1676.

Sully, *Mémoires des sages et royales oeconomies d'Estat de Henry le Grand*, éd. Petitot, t. IX, Paris, 1821.
Tallemant des Réaux, *Historiettes*, 2 vol, Paris, 1960-1961.
O. Talon, *Mémoires*, éd. Michaud et Poujoulat, 3ᵉ série, t. VI, Paris, 1838.

Presse

Le Mercure français.
La Gazette.

Historiographes et anciens biographes de Louis XIII

S. Dupleix, *Histoire de Louis le Juste, XIIIᵉ du nom, roy de France et de Navarre*, Paris, 1633.
H. Griffet, *Histoire du roi Louis XIII*, Paris, 1757, 2 vol.
Le Vassor, *Histoire de Louis XIII,* Amsterdam, 1757, 5 vol.
Ch. Sorel, *Histoire du Roy Louis XIII*, Paris, 1646 [continuation de Ch. Bernard].

BIOGRAPHIES ET ÉTUDES HISTORIQUES

Richelieu

Aubery, *Histoire du cardinal-duc de Richelieu*, 1660, 2 vol.
G. Hanotaux et duc de La Force, *Histoire du cardinal de Richelieu*, 7 vol., Paris, 1893-1947.
A.-F.-Ch. Beaupoil de Saint-Aulaire, *Richelieu*, Paris, 1932.
H. Belloc, *Richelieu*, Paris, 1933.
A. Bailly, *Richelieu*, Paris, 1939.
Ph. Erlanger, *Richelieu*, 3 vol., Paris, 1967-1970.
C. J. Burckhardt, *Richelieu*, 3 vol., trad. fr., Paris, 1970-1975.
M. Carmona, *Richelieu. L'ambition et le pouvoir,* Paris, 1983.
R. J. Knecht, *Richelieu*, Londres-New York, 1991.
R. Mousnier, *L'Homme rouge ou la Vie du cardinal de Richelieu*, Paris, 1992.
G. Bordonove, *Richelieu tel qu'en lui-même*, Paris, 1997.
F. Bluche, *Richelieu*, Paris, 2003.

La famille du Plessis

L. Batiffol, *Un frère de Richelieu, le cardinal Alphonse de Richelieu*, Paris, 1936.
A. Bonneau-Avenant, *La Duchesse d'Aiguillon, nièce du cardinal de Richelieu. Sa vie, ses œuvres charitables*, Paris, 1879.

M. Deloche, *Les Richelieu. Le père du cardinal, François du Plessis, grand prévôt de France*, Paris, 1923.

M. Deloche et Pidoux de La Maduère, « Une sœur ignorée de Richelieu », dans *Revue des Deux Mondes*, t. XXXVI, 1936, p. 162-179.

P. R. La Bruyère, *Maillé-Brézé, général des galères, grand amiral. 1619-1646*, Paris, 1945.

A.-D. La Fontenelle de Vaudoré, *Le Maréchal de La Meilleraye*, Paris, 1839.

H. P. Martin-Civat (P.), « Lointaines ascendances charentaises du cardinal de Richelieu », dans *Bulletin de l'Institut historique et archéologique de Cognac*, n° 1, 1962, p. 40-44.

P. Minot, *Sur quelques cas de psychopathie dans la famille du cardinal de Richelieu (étude de psychopathologie historique)*, Paris, 1927.

Les contemporains de Richelieu

Nous donnons les études qui suivent dans l'ordre alphabétique des personnages auxquels elles sont consacrées.

C. Dulong, *Anne d'Autriche, mère de Louis XIV*, Paris, 1980.

R. Kleinman, *Anne d'Autriche*, Paris, 1993.

P. Sonnino, « From D'Avaux to *Devot* : Politics and Religion in the Thirty Years War », dans *History, the Journal of the Historical Association*, vol. 87, n° 286, avril 2002, p. 192-203.

J. Castarède, *Bassompierre, maréchal gentilhomme, rival de Richelieu*, Paris, 2002.

R. Kerviler, *Guillaume Bautru, comte de Serrand*, Paris, 1876.

H. Houssaye, *Le Cardinal de Bérulle et le Cardinal de Richelieu*, Paris, 1875.

F. Monfort, *Petite vie de Pierre de Bérulle*, Paris, 1997.

S.-M. Morgain, *La Théologie politique de Pierre de Bérulle (1598-1629)*, Paris, 2001.

E. Magne, *Le Plaisant Abbé de Boisrobert*, Paris, 1909.

A. Iline, « François Le Métel de Boisrobert (1592-1662), écrivain et homme de pouvoir », dans *Positions de thèses des élèves [de l'École des chartes] de la promotion 2004*, Paris, 2004, p. 121-126.

Y. Le Guillou, « Les Bouthillier. De l'avocat au surintendant (v. 1540-1682). Histoire d'une ascension sociale et formation d'une fortune », dans *Positions des thèses des élèves [de l'École des chartes] de la promotion 1997*, Paris, 1997, p. 213-216.

Y. Le Guillou, « Denis Bouthillier (1540-1621), avocat au parlement de Paris », dans *RSIHPA*, n° 7, 1995, p. 3-33.

O. Ranum, « Léon Bouthillier, comte de Chavigny, créature de Richelieu et secrétaire d'État aux Affaires étrangères », dans *Revue d'histoire diplomatique*, n° 4, 1960, p. 323-334. Voir aussi *infra* : Y. Le Guillou, « L'enrichissement des surintendants Bullion et Bouthillier ». – O. Ranum, *Les Créatures de Richelieu* [Claude et Léon Bouthillier, Bullion]. – L. Petit, « Un fils naturel de Richelieu » [Léon Bouthillier].

M. Duchein, *Le Duc de Buckingham*, Paris, 2001.

J.-P. Labatut, « Aspects de la fortune de Bullion », dans *XVIIᵉ siècle*, 1963, p. 11-39. Voir aussi *infra* : Y. Le Guillou, « L'enrichissement des surintendants Bullion et

Bouthillier ». – O. Ranum, *Les Créatures de Richelieu* [Claude et Léon Bouthillier, Bullion].

C. De Rochemonteix, *Nicolas Caussin, confesseur du roi Louis XIII, et le cardinal de Richelieu*, Paris, 1911.

M. Duchein, *Charles Ier d'Angleterre*, Paris, 2000.

G. Poisson, *La Duchesse de Chevreuse*, Paris, 1999.

Chr. Bouyer, *La Duchesse de Chevreuse*, Paris, 2002.

Ph. Erlanger, *Cinq-Mars ou la Passion de la fatalité*, Paris, 1962. Voir aussi *infra* : P. de Vaissière, *Conjuration de Cinq-Mars*.

H. Duccini, *Concini : grandeur et misère du favori de Marie de Médicis*, Paris, 1991.

K. Béguin, *Les Princes de Condé*, Paris, 1999.

É. Jacques, *Philippe Cospeau. Un ami-ennemi de Richelieu*, Paris, 1989.

G. H. Hall, *Richelieu's Desmarets and the Century of Louis XIII*, Oxford, 1990

R. Kerviler, *Jean Desmaretz de Saint-Sorlin*, Paris, 1879.

M. Chaintron, *Le Duc d'Épernon*, Paris, 1998.

G. Fagniez, « Fancan et Richelieu », dans *Revue historique*, 1911, p. 59-78 et 310-322. Voir aussi *infra* : C. Parrot, *Fancan et Richelieu*.

J. Poivre, « La carrière mouvementée d'un pasteur "apostat" au début du XVIIe siècle : Jérémie Ferrier », dans *Bibliothèque de l'École des chartes*, 1988, t. 146, p. 131-161.

G. Mongrédien, *Léonora Galigaï. Un procès de sorcellerie sous Louis XIII*, Paris, 1968.

G. Dethan, *Gaston d'Orléans, conspirateur et prince charmant*, Paris, 1959.

Chr. Bouyer, *Gaston d'Orléans*, Paris, 1999.

G. Droysen, *Gustav Adolf*, 2 vol., Leipzig, 1869-1870.

M. Roberts, *The Sweden of Gustav-Adolf*, Londres, 1958.

J. Magne, *Marie de Hautefort*, Paris, 2000.

J.-P. Babelon, *Henri IV*, Paris, 1982.

M. Duchein, *Jacques Ier Stuart*, Paris, 2003.

G. Fagniez, *Le Père Joseph et Richelieu*, Paris, 1894, 2 vol.

B. Pierre, *Le Père Joseph*, à paraître en 2006.

A. Huxley, *L'Éminence grise* [le père Joseph], *essai biographique sur les rapports de la politique et de la religion*, Paris, 1980 (1re éd. 1941).

H. J. de Nompar de Caumont de La Force, *Le Maréchal de La Force*, 3e éd., Paris, 1927.

Vicomte de Noailles, *Le Cardinal de La Valette*, Paris, 1906.

G. Jubert, « Michel Le Masle, chanoine de Notre-Dame de Paris, secrétaire de Richelieu (1587-1662) », dans *Bulletin de la Société de l'histoire de Paris et de l'Île-de-France*, 1991, p. 103-140.

H. Baraude, *Lopez, agent financier et confident de Richelieu*, Paris, 1933.

F. Hildesheimer, « Une créature de Richelieu : Alphonse Lopez, le "seigneur Hebreo" », dans *Mélanges en l'honneur de Bernhardt Blumenkranz*, Paris, 1985, p. 293-299.

P. Chevallier, *Louis XIII, roi cornélien*, Paris, 1979 (rééd. 1994).

A. Lloyd Moote, *Louis XIII, the Just*, Berkeley, 1989.

E. Wirth Marvick, *Louis XIII. The Making of a King*, New Haven, 1986.

M. Foisil, *L'Enfant Louis XIII. L'éducation d'un roi. 1601-1617*, Paris, 1996.

V. Cousin, « Le duc et connétable de Luynes », dans *Le Journal des savants*, 1861-1863.

Comte de Villermont, *Ernest de Mansfeld*, 2 vol., Bruxelles, 1861-1863.

M. Carmona, *Marie de Médicis*, Paris, 1981.

J.-F. Dubost, *Marie de Médicis*, à paraître en 2005.

D. A. Bailey, « The Family and Early Career of Michel de Marillac (1560-1632) », dans *Society and Institutions in Early Modern France*, 1991.

S.-M. Morgain, « La disgrâce de Michel de Marillac. Édition critique du *Papier envoyé de Lisieux à la Révérende Mère Madeleine de Saint-Joseph, du 26 décembre 1630* », dans *Histoire et Archives*, n° 7, janvier-juin 2000, p. 49-79. Voir aussi *infra* : G. Pagès, « Autour du "grand orage". Richelieu et Marillac ».

– P. de Vaissière, *L'Affaire du maréchal de Marillac*.

G. Dethan, *Mazarin, un homme de paix à l'âge baroque. 1602-1661*, Paris, 1981.

P. Goubert, *Mazarin*, Paris, 1990.

C. Dulong, *Mazarin*, Paris, 1999.

M. Laurain-Portemer, *Une tête à gouverner quatre empires. Études mazarines*, II, Paris, 1997.

F. Kermina, *Les Montmorency*, Paris, 2002.

J. Elliott, *Olivarès (1587-1645). L'Espagne de Philippe IV*, Paris, 1992. Voir aussi *infra* : J. Elliott, *Richelieu et Olivarès*.

Chr. Bailly, *Théophraste Renaudot. Un homme d'influence au temps de Louis XIII et de la Fronde*, Paris, 1987.

P. et S. Deyon, *Henri de Rohan*, Paris, 2000.

B. Röse, *Herzog Bernhard der Grosse von Saxe-Weimar*, 2 vol., Weimar, 1828-1829.

Denis Richet, « Carrière et fortune du chancelier Séguier », dans *De la Réforme à la Révolution. Études sur la France moderne*, Paris, 1991, p. 155-316.

René Kerviler, *Le Chancelier Pierre Séguier*, Paris, 1874.

F. Hildesheimer, « Richelieu et Séguier ou l'invention d'une créature », dans *Études sur l'ancienne France offertes à Michel Antoine*, Paris, 2003, p. 209-226.

R. Kerviler, *Jean de Silhon*, Paris, 1876.

R Kerviler, *La Presse politique sous Richelieu et l'Académicien Jean de Sirmond*, Paris, 1876.

C. Schmidt, « Le rôle et les attributions d'un intendant des Finances aux armées : Sublet de Noyers de 1632 à 1636 », dans *Revue d'histoire moderne et contemporaine*, II, 1901. Voir aussi *infra* : O. Ranum, *Les Créatures de Richelieu* [Sublet de Noyers].

J. Cornette, *La Mélancolie du pouvoir. Omer Talon et le procès de la raison d'État*, Paris, 1998.

J. Nouaillac, *Villeroy*, Paris, 1908.

L. von Ranke, *Wallenstein*, Leipzig, 1869.

J. Pekař, *Wallenstein. 1630-1634*, 2 vol., Berlin, 1937.

G. Mann, *Wallenstein. Sein Leben*, Francfort, 1971.

Richelieu et son temps

R. Abad, « Une première Fronde au temps de Richelieu ? L'émeute parisienne des 3-4 février 1631 et ses suites », dans *XVIIᵉ siècle*, n° 218, janv.-mars 2003, p. 39-70.

M. Antoine, « Genèse de l'institution des intendants », dans *Le Journal des savants*, juillet-décembre 1982, p. 283-317.

M. Antoine, « Des chevauchées aux intendances : filiation réelle ou putative », dans *Annuaire-Bulletin de la Société de l'histoire de France,* 1994, p. 35-65.

G. d'Avenel, *Richelieu et la monarchie absolue,* 4 vol., Paris, 1884-1890.

G. d'Avenel, *La Noblesse française sous Richelieu,* Paris, 1914.

D. A. Bailey, *Writers against the Cardinal : a Study of the Pamphlets which Attacked the Person and Policies of Cardinal Richelieu during the Decade 1630-1640,* University of Minnesota, 1972.

B. Barbiche, *Les Institutions de la monarchie française à l'époque moderne,* Paris, 2e éd., 2001.

L. Batiffol, *Richelieu et le roi Louis XIII. Les véritables rapports du souverain et de son ministre,* Paris, 1934.

L. Batiffol, *Autour de Richelieu. Sa fortune. Ses gardes et mousquetaires. La Sorbonne. Le château de Richelieu,* Paris, 5e éd., 1937.

D. C. Baxter, *Servants of the Sword. French Intendants of the Army (1635-1670),* Urbana, 1976.

F. Bayard, *Le Monde des financiers,* Paris, 1988.

L. Bély, *Les Relations internationales en Europe. XVIIe-XVIIIe siècle,* Paris, 1992.

Y.-M. Bercé, *Histoire des croquants. Étude des soulèvements populaires au XVIIe siècle dans le sud-ouest de la France,* 2 vol., Genève, 1974.

Y.-M. Bercé, « Richelieu : la maîtrise de l'histoire et le conformisme historique », dans *Idéologie et propagande en France.* Colloque d'Haïfa (dir. M. Yardeni), Paris, 1987, p. 99-106.

Y.-M. Bercé, « Introduction » à *Complots et conjurations dans l'Europe moderne,* Rome, 1996.

Y.-M. Bercé, « Exercice de complot et secret d'État dans la France de 1640 », dans *Vives Lettres,* n° 1, 1996, p. 63-73.

J. Bérenger, « Pour une enquête européenne : le problème du ministériat au XVIIe siècle », dans *Annales ESC,* 1974, n° 29/1, p. 166-192.

J. Bergin, *Pouvoir et fortune de Richelieu,* trad. fr., Paris, 1987.

J. Bergin, *L'Ascension de Richelieu,* trad. fr., Paris, 1994.

J. Bergin et L. Brockliss (dir.), *Richelieu and his Age,* Oxford, 1992.

M. Bertaud, « Le conseiller du prince d'après les *Mémoires* de Richelieu et son *Testament politique* », dans *Les Valeurs chez les mémorialistes français du XVIIe siècle,* Strasbourg-Metz, 1979, p. 111-129.

F. Billacois, *Le Duel dans la société française du XVIIe-XVIIIe siècle,* Paris, 1986.

C. Blanquie, « L'office et la foi : la création des présidiaux dans la politique religieuse de Richelieu », dans *Bulletin de la Société de l'histoire du protestantisme français,* oct.-déc. 1999, p. 685-701.

C. Blanquie, *Les Présidiaux de Richelieu,* Paris, 2000.

C. Blanquie, *Les Institutions de la France des Bourbons (1589-1789),* Paris, 2003.

V. du Bled, *Les Amis du cardinal de Richelieu,* Paris, 1903.

P. Blet, « Richelieu et les débuts de Mazarin », dans *Revue d'histoire moderne et contemporaine,* t. VI, 1959, p. 241-268.

P. Blet, « Le plan de Richelieu pour la réunion des protestants », dans *Gregorianum,* t. 48, 1967, p. 100-129.

P. Blet, *Le Clergé du Grand Siècle en ses assemblées. 1615-1715,* Paris, 1995.

L.-A. Boiteux, *Richelieu « grand maître de la navigation et du commerce »,* Paris, 1955.

R. Bonney, *Political Change in France under Richelieu and Mazarin. 1624-1661,* Oxford, 1978.

L. Brockliss et J. Elliott (dir.), *The World of the Favorite, 1500-1770.* Colloque, Oxford, 1996.

N. Bulst, R. Descimon, A. Guerreau (dir.), *L'État ou le Roi. La fondation de la modernité monarchique en France (XIVᵉ-XVIIᵉ siècles). Table ronde, 25 mai 1991,* Paris, 1996.

J. Caillet, *L'Administration en France sous le ministère du cardinal de Richelieu,* Paris, 1863.

J. Canu, *Louis XIII et Richelieu,* Paris, 1944.

M. Carmona, *La France de Richelieu,* Paris, 1984.

M. Carmona, *Les Diables de Loudun. Sorcellerie et politique sous Richelieu,* Paris, 1988.

R. Casin, *Un prophète de l'unité. Le cardinal de Richelieu,* Montsurs, 1980.

P. Castagnos, *Richelieu face à la mer,* Rennes, 1989.

M. de Certeau, *La Possession de Loudun,* Paris, 1970.

J. Chagniot, *Guerre et société à l'époque moderne,* Paris, 2001.

A. Chéruel, *Histoire de l'administration monarchique,* Paris, 1855.

P. Chevallier, « La véritable journée des Dupes (11 novembre 1630). Étude critique des journées des 10 et 11 novembre 1630 d'après les dépêches diplomatiques », dans *Mémoires de la Société académique de l'Aube,* t. CVIII, 1974-1977, 63 p.

H. de Chizeray, *Le Cardinal de Richelieu et son duché-pairie,* Paris, 1961.

W. F. Church, *Richelieu and Reason of States,* Princeton, 1972.

L. Cognet, « La spiritualité de Richelieu », dans *Études franciscaines,* 1952, p. 85-91.

Complots et coups d'État sur la scène de théâtre, XVIᵉ-XVIIᵉ siècles, Vives Lettres, n° 4, 1998.

J.-M. Constant, *Les Conjurateurs. Le premier libéralisme politique sous Richelieu,* Paris, 1987.

J.-M. Constant, « L'amitié : le moteur de la mobilisation politique de la noblesse dans la première moitié du XVIIᵉ siècle », dans *XVIIᵉ siècle,* oct.-déc. 1999, p. 593-608.

J. Cornette, *Le Roi de guerre. Essai sur la souveraineté dans la France du Grand Siècle,* Paris, 1993.

J. Cornette (dir.), *La Monarchie entre Renaissance et Révolution. 1515-1792,* Paris, 2000.

A. Corvisier (dir.), *Histoire militaire de la France,* Paris, 1992.

F. Cosandey, *La Reine de France. Symbole et pouvoir,* Paris, 2000.

F. Cosandey et R. Descimon, *L'Absolutisme en France. Histoire et historiographie,* Paris, 2002.

M. Cottret, « Raison d'État et politique chrétienne entre Richelieu et Bossuet », dans *Bulletin de la Société de l'histoire du protestantisme français,* 1992, p. 515-536.

L. Crété, *La Rochelle au temps du grand siège. 1627-1628,* Paris, 2001.

S. H. De Franceschi, « La genèse française du catholicisme d'État et son aboutissement au début du ministériat de Richelieu », dans *Annuaire-Bulletin de la Société de l'histoire de France,* 2001 [2003], p. 19-63.

A. Degert, « Le chapeau de cardinal de Richelieu », dans *Revue historique,* t. 118, 1915, p. 225-288.

M. Deloche, *La Maison du cardinal de Richelieu,* Paris, 1912.

M. Deloche, *Autour de la plume du cardinal de Richelieu,* Paris, 1920.

M. Deloche, *Le Cardinal de Richelieu et les Femmes,* Paris, 1931.

Dom P. Denis, *Le Cardinal de Richelieu et la Réforme des monastères bénédictins,* Paris, 1913.

R. Descimon et A. Guery, « Un État des temps modernes ? », dans A. Bruguière et J. Revel, *Histoire de la France. L'État et les pouvoirs*, Paris, 1989, p. 181-356.

D. Dessert, *Argent, pouvoir et société au Grand Siècle*, Paris, 1984.

F. Dickmann, « Rechtsgedanke und Machtpolitik bei Richelieu. Studien an neuentdeckten Quellen », dans *Historische Zeitschrift*, 1963, n° 2, p. 265-319.

F. Dickmann, *Der Westphäliche Frieden*, Münster, 2ᵉ éd., 1965.

F. Dickmann, *Friedensrecht und Friedensiecherung*, Göttingen, 1971.

B. Dorival, « Art et politique en France au XVIIᵉ siècle : la galerie des hommes illustres du Palais-Cardinal », dans *Bulletin de la Société de l'art français*, 1973, p. 43-60.

G. Dotoli (dir.), *Politique et littérature en France aux XVIᵉ et XVIIᵉ siècles*. Actes du colloque international, Monopoli, 28 sept.-1ᵉʳ oct. 1995, Bari-Paris, 1997.

J.-F. Dubost, *La France italienne. XVIᵉ-XVIIᵉ siècle*, Paris, 1997.

H. Duccini, *Faire voir, faire croire. L'opinion publique sous Louis XIII*, Paris, 2003.

K. M. Dunkley, « Patronage and Power in the 17th century France : Richelieu's Clients and the Estates of Brittany », dans *Parliaments, Estates and Representation*, vol. 1, n° 1, 1981, p. 1-12.

Y. Durand (éd.), *Hommage à Roland Mousnier. Clientèles et fidélités en Europe à l'époque moderne*, Paris, 1981.

Y. Durand, « "Je n'ai jamais eu d'autres ennemis que ceux de l'État…" La mort de Richelieu et le carme Léon de Saint-Jean », dans *Études sur l'ancienne France offertes en hommage à Michel Antoine*, Paris, 2003, p. 129-152.

J. H. Elliott, *Richelieu et Olivarès*, trad. fr., Paris, 1991.

S. Externbrink, *Le Cœur du monde. Frankreich und die norditalischen Staaten (Mantua, parma, Savoyen) im Zeitalter Richelieus (1624-1635)*, Münster, 1999.

S. Externbrink, « "Le cœur du monde" et la "liberté de l'Italie" : aspects de la politique italienne de Richelieu », dans *Revue d'histoire diplomatique*, 2000, p. 181-208.

G. Fagniez, « L'opinion publique et la presse politique sous Louis XIII (1624-1626) », dans *Revue d'histoire diplomatique*, 1900, p. 352-401.

M. Fogel, *Les Cérémonies de l'information dans la France du XVIᵉ au XVIIIᵉ siècle*, Paris, 1985.

M. Foisil, *La Révolte des Nu-Pieds et les Révoltes normandes de 1639*, Paris, 1970.

C. Gantet, *Guerre, paix et construction des États. 1618-1714*, Paris, 2003.

D. Gasparro et J.-M. Moret, « Le Diomède Richelieu et le Diomède Albani. Survie et rencontre de deux statues antiques », dans *Revue archéologique*, 1999/2, p. 227-281.

H. T. Goldfarb (dir.), *Richelieu. L'art et le pouvoir*, Montréal-Cologne, 2002 [catalogue d'exposition].

F. Graziani et F. Solinas (dir.), *Le Siècle de Marie de Médicis. Actes du séminaire de la chaire de Rhétorique et Société en Europe (XVIᵉ-XVIIᵉ s.) du Collège de France* [Paris, janvier 2000], Alessandria, 2003.

M. Haehl, *Les Affaires étrangères au temps de Richelieu. 1624-1642*, Paris, 2005.

A. V. Hartmann, *Rêveurs de paix : Friedenspläne bei Crucé, Richelieu und Sully*, Hambourg, 1995.

A. V. Hartmann, *Von Regensburg nach Hamburg. Die diplomatischen Beziehungen zwischen dem französischen König und dem Kaiser vom Regensburger Vertrag (13. Oktober 1630) bis zum Hamburger Präliminarfrieden (25. Dezember 1641)*, Münster, 1998.

H. Hauser, *La Pensée et l'Action économiques de Richelieu*, Paris, 1944.

F. Hildesheimer, *Richelieu. Une certaine idée de l'État*, Paris, 1985.

F. Hildesheimer, *Relectures de Richelieu*, Paris, 2000.

F. Hildesheimer, *Du Siècle d'or au Grand Siècle. L'État en France et en Espagne. XVIᵉ-XVIIᵉ siècle*, 2ᵉ éd., Paris, 2000.

F. Hildesheimer, « Raison, puissance, force et richesse. Richelieu et la mer », dans *Chronique d'histoire maritime*, n° 11, 1ᵉʳ semestre 1985, p. 1-5.

F. Hildesheimer, « Le *Testament politique* de Richelieu ou le règne terrestre de la raison », dans *Annuaire-Bulletin de la Société de l'histoire de France*, 1994 (1995), p. 17-34.

F. Hildesheimer, « Au cœur religieux du ministériat. La place de Dieu dans le *Testament politique* de Richelieu », dans *Revue d'histoire de l'Église de France*, 1998, p. 21-38.

F. Hildesheimer, « Pardonner ou châtier ? Richelieu ou l'impossible clémence », dans *Cahiers de l'Institut d'anthropologie juridique de Limoges*, n° 3, 1999, p. 425-463.

F. Hildesheimer, « Le Conseil en Normandie », dans *Le Conseil d'État avant le Conseil d'État, Revue administrative*, 1999, p. 27-51.

F. Hildesheimer, « Richelieu et la raison d'État. La conquête de l'innocence », dans *Cahiers de l'Institut d'anthropologie juridique de Limoges*, n° 6, 1999, p. 425-463.

F. Hildesheimer, « Les scrupules de Richelieu », dans *Le Journal des savants*, janvier-juin 2000, p. 99-122.

F. Hildesheimer, « Guerre et paix selon Richelieu », dans L. Bély (dir.), *L'Europe des traités de Westphalie*, Paris, 2000, p. 31-54.

F. Hildesheimer, « Richelieu et le jansénisme, ou ce que l'attrition veut dire », dans *Jansenismus, Quietismus, Pietismus*, Göttingen, 2002, p. 11-38.

F. Hildesheimer, « L'Europe de Richelieu », dans *L'Europe à la recherche de son identité*, Paris, CTHS, 2002, p. 131-144.

F. Hildesheimer, « Richelieu, Éminence grise de Louis XIII ? », dans *Histoire et Archives*, n° 14, juillet-décembre 2003, p. 25-40.

J. Jehasse, « Le juste et l'injuste sous Richelieu (1635) », dans *Le Juste et l'Injuste à la Renaissance et à l'âge classique*, Saint-Étienne, 1986, p. 143-156.

J. Joncheray, « L'*Instruction du chrétien* de Richelieu. Prône ou catéchisme ? », dans *Aux origines du catéchisme*. Actes de colloque, 1988, Paris, 1989, p. 229-246.

A. Jouanna, *Le Devoir de révolte*, Paris, 1989.

Chr. Jouhaud, *La Main de Richelieu ou le Pouvoir cardinal*, Paris, 1991.

Chr. Jouhaud, *Les Pouvoirs de la littérature : histoire d'un paradoxe*, Paris, 2000.

S. Kettering, *Friendship and Clientage in Early Modern France*, dans *French History*, vol. 6, n° 2, 1992, p. 139-158.

G. Lacour-Gayet, *Les Idées maritimes de Richelieu*, Paris, 1910.

G. Lacour-Gayet, *La Marine militaire de la France sous les règnes de Louis XIII et Louis XIV*, t. I, Paris, 1911.

L. Lacroix, *Richelieu à Luçon. Sa jeunesse, son épiscopat*, Paris, 1890.

L. Lalane, « Un récit inédit de la mort du cardinal de Richelieu », dans *Revue historique*, 1894, p. 302-308.

R. Laurentin, *Le Vœu de Louis XIII*, 2ᵉ éd., Paris, 2004.

J. Leclerc, « Les principes de Richelieu sur la sécularisation de la politique française », dans *Cahiers d'histoire*, t. IV, 1959, p. 41-52.

Y. Le Guillou, « L'enrichissement des surintendants Bullion et Bouthillier ou le détournement des fonds publics sous Louis XIII » dans *XVIIᵉ siècle*, 2001/2, p. 195-205.

A. Leman, *Richelieu et Olivarès. Leurs négociations secrètes de 1638 à 1642 pour le rétablissement de la paix*, Lille, 1938.

S. H. Lim, *La Pensée politique des « bons catholiques » dans la première moitié du XVIIᵉ siècle*, thèse, Paris IV, 1998.

J. A. Lynn, « The Growth of the French Army during the Seventeenth Century », *Armed Forces and Society*, 6, 1980, p. 568-585.

K. Malettke, *Les Relations entre la France et le Saint Empire au XVIIᵉ siècle*, Paris, 2001.

Marie de Médicis. Un gouvernement par les arts, Paris, 2003 [catalogue d'exposition, Blois, 2004].

H. Méchoulan (dir.), *L'État baroque. 1610-1652*, Paris, 1985.

F. Meinecke, *L'Idée de la raison d'État dans l'histoire des temps modernes*, Genève, 1973.

H. Merlin, *Public et littérature en France au XVIIᵉ siècle*, Paris, 1994.

J. Meyer, *La Naissance de Louis XIV*, Bruxelles, 1989.

G. Mongrédien, *La Journée des Dupes, 10 novembre 1630*, Paris, 1967.

S.-M. Morgain, « L'Église est-elle dans l'État ou l'État est-il dans l'Église ? La révolution des années 1615 », dans *Pierre d'angle*, 1999, p. 73-86.

S.-M. Morgain, « Richelieu lecteur de sainte Thérèse », dans *Revue d'histoire de l'Église de France*, t. 90, janv.-juin 2004, p. 160-173.

R. Mousnier, « Les règlements du Conseil du roi sous le règne de Louis XIII », dans *Annuaire-Bulletin de la Société de l'histoire de France*, 1946-1947.

R. Mousnier, « Le Conseil du roi de la mort d'Henri IV au gouvernement personnel de Louis XIX », dans *La Plume, la Faucille et le Marteau*, Paris, 1970.

R. Mousnier, *La Vénalité des offices sous Henri IV et Louis XIII*, Paris, 1971.

R. Mousnier, *Les Institutions de la France sous la monarchie absolue*, 2 vol., Paris, 1974-1980.

R. Mousnier, *Paris, capitale au temps de Richelieu et de Mazarin*, Paris, 1978.

R. Muchembled, *L'Invention de l'homme moderne*, Paris, 1988.

R. Muchembled, *Le Temps des supplices. De l'obéissance sous les rois absolus. XVᵉ-XVIIIᵉ siècle*, Paris, 1992.

D. Nordmann, « Droits historiques et construction géographique de l'espace français au XVIIᵉ siècle », dans N. Bulst, R. Descimon et A. Guerreau (dir.), *L'État ou le Roi. Les fondations de la modernité monarchique en France (XIVᵉ-XVIIᵉ siècle)*, Paris, 1996, p. 103-113.

D. Nordmann, *Frontières de France. De l'espace au territoire*, Paris, 1998.

G. Oestreich, *Neostoicism and the Earley Modern State*, Cambridge, 1982.

J. Orcibal, « Richelieu, homme d'Église, homme d'État. À propos d'un livre récent », dans *Revue d'histoire de l'Église de France*, t. 34, 1948, p. 94-101.

G. Pagès, « Autour du "grand orage". Richelieu et Marillac : deux politiques », dans *Revue historique*, 1937, p. 63-97.

G. Pagès, « Le Conseil du roi sous Louis XIII », dans *Revue d'histoire moderne*, 1937, p. 294-324.

G. Pagès, *La Guerre de Trente Ans*, Paris, 1939.

1648. La paix de Westphalie, vers l'Europe moderne, Paris, 1998.

G. Parker, *La Guerre de Trente Ans*, Paris, 1987.

C. Parrot, *Fancan et Richelieu : le problème protestant sous Louis XIII*, Montbéliard, 1903.

D. Parrott, *Richelieu's Army. War, Government and Society in France (1624-1642)*, Cambridge, 2001.

J. Petit, *L'Assemblée des notables de 1626-27*, Paris, 1936.

L. Petit, « Un fils naturel de Richelieu », dans *Revue des Deux Mondes*, 15 juillet 1966, p. 207-219.

M. Pierret, *Richelieu ou la déraison d'État*, Paris, 1972.

R. Pintard, « Pastorale et comédie héroïque chez Richelieu », dans *Revue d'histoire littéraire de la France*, 1964, p. 447-451.

R. Pithon, « Les débuts difficiles du ministère de Richelieu et la crise de la Valteline », dans *Revue d'histoire diplomatique*, n° 4, 1960, p. 298-322.

M. Prestwich, « The Huguenots under Richelieu and Mazarin, 1629-1661 : a Golden Age », dans *Huguenots in Britain and their French Background, 1550-1800*, 1987.

M. Prestwich, « Religious Frontiers and Coexistence in Paris in the Age of Richelieu and Mazarin », dans *Les Frontières religieuses en Europe du XVe au XVIIe siècle*, 1992, p. 259-271.

O. Ranum, « Richelieu and the Great Nobility : Some Aspects of Early Modern Political Motives », dans *French Historical Studies*, n° 3, 1963, p. 284-304.

O. Ranum, *Les Créatures de Richelieu. Secrétaires d'État et surintendants des Finances. 1635-1643*, Paris, 1966.

O. Ranum, *Artisans of Glory, Writershand Historical Trought in Seventeenth Century France*, Chapel Hill, 1980.

O. Ranum, « Richelieu, the Historian », dans *Cahiers du dix-septième siècle. An Interdisciplinarian Journal*, I, 1987, p. 63-78.

O. Ranum, « Clemency in Corneille and Richelieu in 1642 », dans *Cahiers d'histoire*, t. XVI/2, 1996, p. 80-100.

O. Ranum, *Paris in the Age of Absolutism*, 2e éd., Pennsylvania State University, 2002.

K. Repgen (dir.), *Krieg und Politik. 1618-1648*, Munich, 1988.

D. Reynié et Ch. Lazzeri, *La Raison d'État*, 2 vol., Paris, 1994.

Richelieu, Paris, 1972 (« Génies et réalités »).

Richelieu et le monde de l'esprit, Paris, Sorbonne, 1985 [catalogue d'exposition].

Richelieu et la culture, actes de colloque. Sorbonne, 1985, Paris, 1987.

D. Richet, *La France moderne : l'esprit des institutions*, Paris, 1973.

P. Ripert, *Richelieu et Mazarin. Le temps des cardinaux*, Toulouse, 2002.

J. K. Sawyer, *Printed Poison. Pamphlet Propaganda, Faction Politics, and the Public Sphere in Early Seventeenth-Century France*, Berkeley, 1990.

H. Sée, *Les Idées politiques en France au XVIIe siècle*, Paris, 1923 (rééd. 1980).

V.-L. Tapié, *La Politique étrangère de la France et le Début de la guerre de Trente Ans (1616-1621)*, Paris, 1934.

V.-L. Tapié, *La France de Louis XIII et Richelieu*, Paris, 1967.

V.-L. Tapié, *La Guerre de Trente Ans*, Paris, 1989.

J.-L. Thireau (dir.), *Le Droit entre laïcisation et néo-sacralisation*, Paris, 1997.

É. Thuau, *Raison d'État et pensée politique à l'époque de Richelieu*, Paris, 1966.

A. Tischer, *Französische Diplomatie und Diplomaten auf dem westfälischen Friedenkongreß. Außenpolitik unter Richelieu und Mazarin*, Münster, 1999.

M. Topin, *Louis XIII et Richelieu. Étude historique*, Paris, 1876.

P. de Vaissière, *Un grand procès sous Richelieu. L'affaire du maréchal de Marillac*, Paris, 1924.

P. de Vaissière, *Conjuration de Cinq-Mars*, Paris, 1926.

L. Valentin, *Richelius scriptor ecclesiasticus*, Toulouse, 1900.

F. de Vaux de Foletier, *Le Siège de La Rochelle*, La Rochelle, 1978.

M.-C. Vignal-Souleyreau, *Richelieu et la Lorraine*, Paris, 2004.

H. Weber, « Richelieu et le Rhin », dans *Revue historique*, 239, 1968, p. 265-280.

H. Weber, « Dieu, le roi et la chrétienté. Aspects de la politique du cardinal de Richelieu », dans *Francia*, n° 13, 1985 [1986], p. 233-245.

H. Weber, « Chrétienté et équilibre européen dans la politique du cardinal de Richelieu », dans *XVIIe siècle*, 1990, p. 7-16.

H. Weber, « Une paix sûre et prompte. Die Friedenspolitik Richelieus », dans *Zwischenstaatliche Freidenswahrung in Mittelalter und früher Neuzeit* (dir. H. Duchhardt), Vienne, 1991, p. 111-129.

H. Winschermann, *Schloss Richelieu. Studien zu Baugeschichte und Ausstattung*, 1971.

E. Wirth Marvick, *The Young Richelieu. A Psychoanalytic Approach to Leadership*, Chicago-Londres, 1983.

J. Wollemberg, *Les Trois Richelieu. Servir Dieu, le Roi et la Raison*, trad. fr., Paris, 1995.

F. Zagnoli, *Histoire pathologique du cardinal de Richelieu*, thèse de médecine, Bordeaux II, 1984.

Y.-Ch. Zarka (dir.), *Raison et déraison d'État*, Paris, 1994.

B. Zeller, *Louis XIII, Marie de Médicis, Richelieu ministre, étude nouvelle d'après les documents florentins et vénitiens*, Paris, 1899.

G. Zeller, « Saluces, Pignerol et Strasbourg. La politique des frontières au temps de la prépondérance espagnole », dans *Aspects de la politique française sous l'Ancien Régime*, Paris, 1964, p. 115-127.

Les recherches et polémiques autour des œuvres

L. L. Albina, « Voltaire et le *Testament politique* de Richelieu » [en russe], dans *Annuaires d'études françaises*, Moscou, 1968, p. 251-259.

L. L. Albina, « Le *Testament politique* de Richelieu : discussions sur l'authenticité » [en russe], dans *Novajaji novejsaje istorija*, Moscou, 1982, n° 1, p. 56-74.

L. André, « *Testament politique* du cardinal de Richelieu », communications à l'Académie des sciences morales et politiques, octobre 1944 et février 1946.

L. André (éd.), *Testament politique. Édition critique*, Paris, 1947 [*Introduction*, p. 33-80].

M. Avenel, « Des Mémoires manuscrits de Richelieu », dans *Le Journal des savants,* mars 1858, p. 154-176, août 1858, p. 496-520, février 1859, p. 107-126, mai 1859, p. 300-318.

A. Baschet, *Histoire du dépôt des Affaires étrangères...*, Paris, 1875.

L. Batiffol, « La question des *Mémoires* de Richelieu : les *Mémoires* sont-ils l'œuvre du cardinal ? », dans *Rapports et notices sur l'édition des Mémoires de Richelieu*, Paris, Société de l'histoire de France, t. III, 6e fasc., 1921.

L. Bertrand, « Les vrais et les faux *Mémoires* du cardinal de Richelieu », dans *Revue historique*, 1922, t. 141, p. 40-65 et 198-227.

F. L. Bruel, « Le titre originel des *Mémoires* de Richelieu », dans *Rapports et notices sur l'édition des Mémoires du cardinal de Richelieu*, t. I, fasc. 3, Paris, Société de l'histoire de France, 1907.

G. Couton, *Richelieu et le théâtre*, Lyon, 1986.

L. Delavaud, « Rapport [sur l'édition des *Mémoires* de Richelieu] », dans *Rapports et notices sur l'édition des Mémoires de Richelieu*, Paris, Société de l'histoire de France, t. II, 5e fasc., 1914.

L. Delavaud, « Quelques collaborateurs de Richelieu », *ibid.*

L. Delavaud, « Quelques remarques sur la question de l'authenticité des *Mémoires* de Richelieu », *ibid.*, t. III, 6ᵉ fasc., 1921.

M. Deloche, « Les vrais Mémoires du Cardinal de Richelieu », dans *Revue des questions historiques,* octobre 1928, p. 1-56.

M. Deloche, « Le *Testament politique* du cardinal de Richelieu », dans *Revue historique,* 1930, t. 165, p. 43-76.

E. Esmonin, « Observations sur le *Testament politique* de Richelieu », dans *Bulletin de la Société d'histoire moderne,* n° 25-26, 1951-1952.

E. Esmonin, « De l'authenticité du *Testament politique* de Richelieu », dans *Études sur la France des XVIIᵉ et XVIIIᵉ siècles,* Paris, 1964, p. 219-232.

Ch. Giry-Deloison et R. Mettam (éd.), *Patronages et clientèles. 1550-1750 (France, Angleterre, Espagne, Italie),* Villeneuve-d'Ascq-Londres, [1990] (coll. « Histoire et littérature régionale », 10).

P. Grillon, « Les papiers d'État du cardinal de Richelieu à travers les dépôts d'archives et collections particulières », dans *Revue d'histoire diplomatique,* 1973, p. 5-24.

P. Grillon, « La correspondance politique de Richelieu : problèmes, recherches et perspectives », dans *Anthinea,* 1974, n° 7, p. 23-27.

P. Grillon, « Les papiers de Richelieu : leur histoire et leur publication (1642-1985) », dans *Richelieu et la culture.* Colloque (novembre 1985), Paris, 1987, p. 199-205.

W. Hageman, *Richelieus politisches Testament,* Berlin, 1934.

G. Hanotaux, « Étude sur des maximes d'État et des fragments politiques inédits du cardinal de Richelieu », dans *Le Journal des savants,* 1879, p. 429-446, 502-513, 561-571.

F. Hildesheimer, « Une controverse interrompue ou les limites de l'érudition : la question des Mémoires de Richelieu », dans *Annuaire-Bulletin de la Société de l'histoire de France,* 1991-1992 (1993), p. 185-209.

F. Hildesheimer, « La production documentaire de Richelieu. Des textes à relire ou à lire », dans *Histoire et Archives,* n° 3, 1998, p. 83-111.

Chr. Jouhaud, « Les *Mémoires* de Richelieu : une logique manufacturière », dans *Mots. Les langages du politique,* 1992, n° 32, p. 81-93.

Chr. Jouhaud, « Richelieu's Workshop : from Archive to Manuscript, from the Production of Writings to the Writing of History », dans *South Atlantic Quaterly,* 1992, n° 91 (4), p. 993-1010.

L. Lacour, *Richelieu dramaturge et ses collaborateurs,* Paris, 1926.

Ph. Lauer, « L'écriture du cardinal de Richelieu révélée par son propre témoignage », dans *Rapports et notices sur l'édition des Mémoires de Richelieu,* Paris, Société de l'histoire de France, t. II, 5ᵉ fasc., 1914.

R. Lavollée, « Le secrétaire des *Mémoires* de Richelieu », dans *Rapports et notices sur l'édition des Mémoires du cardinal de Richelieu,* t. I, 1ᵉʳ fasc., Paris, Société de l'histoire de France, 1905.

R. Lavollée, « La filiation des manuscrits B du dépôt des Affaires étrangères, Harlay, Dupuy et Leber de la Bibliothèque de Rouen », *ibid.*

R. Lavollée, « La collaboration de Harlay de Sancy à l'Histoire de la mère et du fils », *ibid.*

R. Lavollée, « Un chapitre en préparation des *Mémoires* de Richelieu (texte inédit). Introduction. Projet de l'histoire des affaires d'Italie de l'année 1639 », *ibid.,* 2ᵉ fasc., 1906.

R. Lavollée, « La véritable écriture du cardinal de Richelieu et celle de ses principaux secrétaires », *ibid.,* t. II, 4ᵉ fasc., 1907.

R. Lavollée, « Les différentes étapes de la rédaction des *Mémoires*. Les manuscrits et les ouvriers des *Mémoires* », *ibid.*, 5ᵉ fasc., 1914.

R. Lavollée, « De l'authenticité des *Mémoires* du cardinal de Richelieu », *ibid.*, t. III, 7ᵉ fasc., 1922.

L. Lecestre, « Un mémoire inédit de Richelieu contre Cinq-Mars », dans *Revue des questions historiques*, 1888, 19 p.

L. Lecestre, « Les inventaires des papiers de Richelieu », dans *Rapports et notices sur l'édition des Mémoires de Richelieu*, Paris, Société de l'histoire de France, t. I, 3ᵉ fasc., 1907.

A. de Maurepas, « À propos du corpus des papiers d'État de Richelieu », dans *Genova e Francia al crocevia dell'Europa (1624-1642). I tempi di storia*, Gênes, 1989, p. 97-99.

W. Mommsen, *Richelieus politisches Testament*, Berlin, 1926.

R. Mousnier, « Le *Testament politique* de Richelieu », dans *Revue historique*, 1949/1, p. 55-71 et « *Addendum* », *ibid.*, 1949/3, p. 137.

R. Mousnier, « Le *Testament politique* de Richelieu », dans *Richelieu et le monde de l'esprit*, catalogue d'exposition, Sorbonne, novembre 1985, p. 297-304 (texte repris dans *L'Homme rouge ou la Vie du cardinal de Richelieu*, Paris, 1992, p. 747-755).

G. de Mun, « Les sources des *Mémoires* de Richelieu de 1635 à 1639 », dans *Rapports et notices sur l'édition des Mémoires de Richelieu*, Paris, Société de l'histoire de France, t. I, 3ᵉ fasc., 1907.

T. C. Murray, « Richelieu's Theatre : The Mirror of a Prince », dans *Renaissance Drama*, 1978, p. 275-298.

J. Parmentier, *Étude sur un supplément inédit des Mémoires de Richelieu, manuscrit qui, sur la foi de M. Léopold Ranke, célèbre historien allemand, a passé pour les mémoires du Père Joseph*, Paris, 1878.

R. Pithon, « À propos du *Testament politique* de Richelieu », dans *Schweizerische Zeitschrift für Geschichte*, 1956, p. 177-214.

Poincaré, « Rapports [sur l'édition des *Mémoires* de Richelieu] », dans *Rapports et notices sur l'édition des Mémoires du cardinal de Richelieu*, t. I, fasc. 1, Paris, Société de l'histoire de France, 1905.

O. Ranum, « Les papiers de Richelieu », dans *Revue d'histoire diplomatique*, 1975, n° 1-2, p. 144-149.

Rapports et notices sur l'édition des Mémoires du cardinal de Richelieu, Paris, Société de l'histoire de France, 3 vol. en 7 fasc., Paris, 1905-1922. Voir : L. Batiffol, F. Bruel, L. Delavaud, G. de Mun, J. Lair, Ph. Lauer, R. Lavollée, L. Lecestre, Poincaré.

M.-C. Vignal, « Des papiers d'État d'un ministre aux archives diplomatiques du ministère des Affaires étrangères : la destinée des dossiers politiques de Richelieu », dans *XVIIᵉ siècle*, n° 208, 2000.

La bibliothèque de Richelieu

L. L. Albina, « La bibliothèque privée de Richelieu », dans *Annuaire d'études françaises*, 1971, p. 268-275.

L. L. Albina, « Les livres du cardinal de Richelieu » [en russe], dans *Kniga : Issledovaniâ i Materialy*, 1990, n° 61, p. 144-152.

J. Artier, « La bibliothèque du cardinal de Richelieu », dans *Histoire des bibliothèques françaises*, Paris, 1988, p. 127-133.

Ch. Astruc, « Les manuscrits grecs de Richelieu », dans *Scriptorium*, 1952, p. 3-17.

J. Bonnerot, « Les manuscrits de Richelieu à la Sorbonne », dans *Revue d'histoire diplomatique*, 1956, n° 2, p. 145-150.

R. Damien, *Bibliothèque et État. Naissance d'une raison politique dans la France du XVIIᵉ siècle*, Paris, 1995.

J. Flouret, « La bibliothèque de Richelieu », dans *Revue française d'histoire du livre*, n° 24, 1979, p. 3-11.

J. Flouret, « La bibliothèque de Richelieu », dans *Richelieu et le monde de l'esprit*, Paris, 1985, p. 249-251.

A. Franklin, *La Sorbonne, ses origines, sa bibliothèque, les débuts de l'imprimerie à Paris et la succession de Richelieu d'après des documents inédits*, 2ᵉ éd., Paris, 1875.

P. Gasnault, « Note sur les livres de Richelieu », dans *Mélanges de la bibliothèque de la Sorbonne*, 1988, t. 8, p. 185-189.

Cl Joly (dir.), *Histoire des bibliothèques françaises. Les bibliothèques sous l'Ancien Régime*, Paris, 1988.

M. Laurain-Portemer, « Richelieu canoniste d'après sa bibliothèque », dans *Richelieu et le monde de l'esprit*, Paris, 1985, p. 293-295.

M. et J. Portemer, « Une bibliothèque canonique au XVIIᵉ siècle, les fonds de Richelieu », dans *Études d'histoire du droit canonique dédiées à G. Le Bras*, t. I, 1965, p. 307-323.

J. Wollenberg, *Les trois Richelieu. Servir Dieu, le Roi et la Raison*, trad. fr., Paris, 1995.

La « légende » de Richelieu

L. Avezou, *La Légende de Richelieu*, à paraître.

L. Avezou, « Sully, Richelieu : deux mythes en parallèle », dans *Hypothèses 2000 : travaux de l'École doctorale d'histoire de l'Université de Paris I*, Paris, 2002, p. 41-48.

L. Avezou, « Le tombeau littéraire de Richelieu : genèse d'une héroïsation », dans *Hypothèses 2001 : travaux de l'École doctorale d'histoire de l'Université de Paris I*, Paris, 2002, p. 181-190.

L. Avezou, « Le Rouge et le Noir. Richelieu personnage littéraire », dans *Annuaire-Bulletin de la Société de l'histoire de France*, 2002, Paris, 2004, p. 55-75.

H. Brohm, *Das Richelieu Bild in französichen historischen Roman von der Restauration bis zur Zweiten Republik*, Francfort-Paris, 1995.

G. Ferretti, « Élites et peuples à Paris, 1642-1650. La naissance de l'historiographie sur Richelieu », dans *Nouvelles de la République des Lettres*, 1997, p. 103-130.

G. Ferretti, « Littérature clandestine et lutte politique : l'héritage de Richelieu au temps de Mazarin », dans L. Bély (dir.), *L'Europe des traités de Westphalie : esprit de la diplomatie et diplomatie de l'esprit*, Paris, 2000, p. 469-485.

G. Ferretti, « Autour de la bibliothèque du Roi : la littérature d'opposition sous la régence d'Anne d'Autriche », dans *Revue de Saintonge et de l'Aunis*, 26, 2000, p. 45-52.

R. Mousnier, « Histoire et mythe », dans *Richelieu*, Paris, 1972 (« Génies et réalités »), p. 239-252.

Index

Cet index recense les personnages historiques qui apparaissent dans ce livre *(signalés en petites capitales), ainsi que les lieux, batailles ou traités les plus importants (en romain). Les notes ne sont pas indexées.*

385, 387, 399, 403, 404, 405, 406, 415, 416, 419, 427, 429, 432, 433, 435, 439, 451, 452, 454, 455, 457, 458, 486, 487, 489, 490.

ESSARTS, des, capitaine des gardes, 455, 470.

ESTRÉES, François Annibal, maréchal d', 66, 129, 440.

ÉTAMPES de VALENÇAY, Achille d', 150.

ÉTAMPES de VALENÇAY, Léonor d', évêque de Chartres, 163, 295, 438, 446.

Europe, 19, 45, 73, 86, 115, 131, 132, 134, 136, 138, 140, 160, 163, 171, 194, 202, 207, 243, 245, 247, 266, 272, 273, 328, 354, 357, 358, 394, 484, 485, 486, 489, 521, 523, 525.

Falaise, 21.

FANCAN, François DORVAL-LANGLOIS, sieur de, 162, 189, 268, 294, 494.

FARGIS, Charles d'ANGENNE, sieur du, 140, 188, 189, 356.

FARGIS, Madeleine de SILLY, Mme du, 242, 380, 404.

Faye-la-Vineuse, 286.

FELTON, John, 201.

FÉNELON, François de SALIGNAC DE LA MOTHE, 161.

FENOUILLET, Pierre, évêque de Montpellier, 349.

FERDINAND II, empereur d'Allemagne, 104, 105, 106, 130, 132, 204, 227, 228, 229, 245, 248, 273, 341, 342, 344, 346, 347, 349, 372, 376, 387, 391, 425.

FERDINAND II d'Aragon, 487.

FERDINAND III, empereur d'Allemagne, 391, 392, 403, 434.

FERDINAND D'AUTRICHE, don, archevêque de Tolède, 346.

Fère, La, 256.

FERRIER, Jérémie, pasteur, 162.

FERRON, Rémy du, 165.

FEUQUIÈRES, marquis de, 342, 346, 375, 417, 425.

Flandres, 74, 142, 187, 243, 345, 373, 374, 412, 413, 414, 425, 464.

FLAVIGNY, Jacques de, grand vicaire de Luçon, 41.

Fleury-en-Bière, 150, 157, 166, 265, 284, 346, 377.

Florence, 463.

FONCEMAGNE, académicien, 507, 509.

Fontainebleau, 80, 139, 150, 157, 158, 126, 219, 249, 284, 377, 412, 455, 468.

Fontarabie, 416, 417, 432.

FONTENAY-MAREUIL, 203.

FONTEVRAULT, abbesse de, 54.

FONTRAILLES, Louis d'ASTARAC, marquis de, 111, 454, 455.

Forcalquier, 430.

FOUQUET, François, 152.

Fouquières, 291.

FOURCY, président de, 412.

FOURIER, Pierre, 251.

Francfort, 105.

Franche-Comté, 53, 54, 209, 243, 249, 386, 414.

Francini, 290.

FRANÇOIS Ier, roi de France, 135.

FRANÇOIS DE SALES, 42, 99.

FRÉDÉRIC II, roi de Prusse, 522.

FRÉDÉRIC V, comte palatin, 105, 106, 130, 135, 245, 248, 425.

Fréteval, 495.

Fribourg, 414.

Fronsac, 282, 289, 480.

Frontignan, 285, 458.

GALIGAÏ, Léonora, 52, 65, 66, 80.

GALLAS, général baron Matthias, 375, 380, 390, 414.

Gap, 212.

GARGANT, Nicolas, 345.

Garonne, 258.

Gascogne, 368.

GAYANT, Louis, président au parlement, 316.

Gélase (fort de), 211.

Gênes, 129, 133, 137, 138, 143, 212, 416.

Genève, 161, 209, 212, 413.

Gex (pays de), 188.

GIRARDON, François, 474.

GODEFROY, Théodore, érudit, 252, 449, 494, 495.

GODIN, Jacques, 267.

GONDI, François de, archevêque de Paris, 415.

Gonesse, 21.

GONTAUT-BIRON, Armand de, 16.

GONZAGUE, Marie-Louise de, 425, 453.

GOULAS, Nicolas, 110, 159, 412, 459, 519.

GOURNAY, Marie de JARS, Mlle de, 9.

GRANDIER, Urbain, 325, 326.

Table des crédits

p. 1 : Philippe de Champaigne, *Portrait de Richelieu*, Strasbourg, musée des Beaux-Arts de Strasbourg, photographie A. Plisson.

p. 2 (haut) : École française du XVIIᵉ siècle, *Suzanne de La Porte, mère de Richelieu*, Paris, Chancellerie des universités, photographie Thierry Mille/ © Flammarion. (bas) Charles Martin, *Marie de Médicis et Louis XIII enfant*, Blois, musée des Beaux-Arts.

p. 3 (haut) : Jean Nocret ou *Anne d'Autriche représentée en grand costume royal, assise près d'une table portant ses gants*, Versailles, châteaux de Versailles et de Trianon, photographie RMN/© droits réservés. (bas) : Van Dyck, *Gaston de France, duc d'Orléans*, Chantilly, musée Condé, photographie RMN/© Harry Bréjat.

p. 4 : Philippe de Champaigne, *Portrait de Louis XIII en pied*, Amboise, fondation Saint-Louis.

p. 5 : Philippe de Champaigne, *Portrait de Richelieu en pied*, Paris, Chancellerie des universités, photographie Thierry Mille/© Flammarion.

p. 6 (haut) : Paul Delaroche, *Richelieu remontant le Rhône*, Paris, musée du Louvre, DAG, photographie RMN/© Michèle Bellot. (bas) : Henri Motte, *Richelieu sur la digue de La Rochelle*, musée de La Rochelle, © Bridgeman-Giraudon.

p. 7 (bas) : Claude Mellan, *Visage de Richelieu mort*, Stockholm, Nationalmusem.

p. 8 : Philippe de Champaigne. *Portrait de Richelieu écrivant à sa table de travail*, Paris, Chancellerie des universités, photographie Thierry Mille/ © Flammarion.

Table

CET OUVRAGE
A ÉTÉ TRANSCODÉ
ET ACHEVÉ D'IMPRIMER
SUR ROTO-PAGE
PAR L'IMPRIMERIE FLOCH
À MAYENNE EN OCTOBRE 2004

N° d'éd. FU029002. N° d'impr. 61372.
D.L. : septembre 2004.
(Imprimé en France)